BAEDEKER

USA NORDOSTEN

»

Wenn du immer alle Regeln befolgst, verpasst du den ganzen Spaß.

«

Katharine Hepburn

baedeker.com

DAS IST DER NORDOSTEN DER USA

TOUREN

LEGENDE

Baedeker Wissen

● Textspecial, Infografik & 3D

Baedeker-Sterneziele

★★ Top-Reiseziele

★ Herausragende Ziele

ZIELE VON A BIS Z

HINTERGRUND

ERLEBEN & GENIESSEN

PRAKTISCHE INFOS

ANHANG

PREISKATEGORIEN

Restaurants
für ein Hauptgericht

€€€€	ab 36 $
€€€	26 – 36 $
€€	16 – 26 $
€	bis 16 $

Hotels
Für ein Doppelzimmer; zzgl. Steuern (bis 15 % des Nettobetrags)

€€€€	über 280 $
€€€	200 – 280 $
€€	120 – 200 $
€	unter 120 $

MAGISCHE MOMENTE

ÜBERRASCHENDES

D
DAS IST …

der Nordosten der USA

Die fünf großen Themen rund um Neuengland und seine Nacbarn. Lassen Sie sich inspirieren!

Der Indian Summer zieht ein in Tyringham in den Berkshires. ►

EXTREM-WANDERN LIGHT

Begegnungen mit den eigenen Ängsten sind die Spezialität des Appalachian Trail. Dafür ist er mit 3500 km von Georgia bis zum Mount Katahdin auch lang genug. Millionen Amerikaner nehmen ihn alljährlich unter die Stiefel.

Wer diese Tafel auf dem Gipfel des Mt. Katahdin liest, hat es geschafft. ►

TAHDIN
PEAK — ELEVATION 5267 FT.
TERMINUS OF THE
ACHIAN TRAIL
FOOTPATH EXTENDING OVER
TO SPRINGER MTN. GEORGIA
CAMPGROUND 5·2
BRANCH AT ABOL BRIDGE 15·1
STATE LINE 281·4
N. H. 332·5
GEORGIA 2178·3
STATE PARK

DOCH kaum mehr als 400 Wanderer im Jahr machen den Trail von Anfang bis Ende und nähen sich nachher den Ehrentitel »Thru-Hiker« auf die Joppe.

Stephen King lässt grüßen

Stephen Kings »Das Mädchen« geht einem in diesen Wäldern nicht aus dem Kopf. Ein paar Schritte weg vom Trail, und schon ist man vom Dickicht verschluckt. Unheimlich. Der Meister des Horrors lässt die kleine Trisha fortan durch die Wildnis irren. Was würde man in so einer Situation tun? Nein, man wäre nicht gewappnet. Man wird ja schon unruhig, wenn zehn Minuten lang keine rote Markierung zu sehen ist.

Strapazen, die sich lohnen

Der Abschnitt durch die **White Mountains in New Hampshire** und Maine zählt zu den schönsten – und härtesten – des Trails. Wer ihn in Angriff nimmt, muss fit sein. Schon die ersten zwölf Kilometer vom Besucherzentrum in Pinkham Notch zur Madison-Hütte haben es in sich. Doch für den Ausblick lohnt sich die siebenstündige Strapaze: Vom Gipfel des Mount Madison aus liegt der vom Extremwetter glatt gehobelte Mount Washington zum Greifen nahe. Die Hütte ruht auf einem Sattel tief unter einem. Noch 300 Höhenmeter. Abwärts dieses Mal, und wieder über ein Geröllfeld. Nie schmeckte die Bohnensuppe besser als nach dieser Anstrengung.

Das **Hüttensystem** des Appalachian Mountain Club (AMC) umfasst acht bewirtschaftete Hütten sowie weitere unbewirtschaftete Unterkünfte und Unterstände. Die Hütten liegen jeweils einen Tagesmarsch auseinander und bieten Abendessen und Frühstück sowie vierstöckige Etagenbetten. Decken und Kopfkissen werden gestellt, Duschen gibt es nicht.

Abends sitzen die erschöpften Wochenendwanderer neben halb verwilderten Waldmenschen, den **Thru-Hikern,** am Tisch. Bis zu sechs Monate brauchen sie von Georgia bis nach Maine und schlafen in der Regel unterm Sternenhimmel.

Über der Baumgrenze

Doch dieser Hike ist auch mit reservierter Koje hart genug. Zum Beispiel die elf Kilometer über den zerklüfteten Mount Adams (1749 m) und den Mount Jefferson (1714 m), immer **über der Baumgrenze,** mit spektakulären Aussichten über die kahlen Gipfel der Presidential Range.

Das nächste Ziel, die **Lake-of-the-Clouds-Hütte**, sitzt auf einem Sattel auf der anderen Seite des Mount Washington – einziges Zeichen menschlicher Anwesenheit in einer hochalpinen Kulisse aus Stein und Geröll. Der Muskelkater des ersten Abends ist Geschichte. Noch acht Kilometer zur Mizpah-Hütte. Zuletzt geht es steil, fast senkrecht, zurück in den Wald. Die Gelenke knacken. Die Wurzeln alter Nadelbäume ragen wie Gerippe aus dem Trail hervor. Der Rucksack verfängt sich, auf den letzten müden Metern ein ziemliches Ärgernis. Doch dann kommt die Mizpah-Hütte in Sicht. Und so bleibt die Erinnerung an eine fantastische Wanderung in einer ebensolchen Landschaft.

Der Mt. Washington ist mit einer Höhe von 1917 m der höchste Berg im Nordosten der USA.

AM MOUNT WASHINGTON

Schon die ersten zwölf Kilometer vom Besucherzentrum in Pinkham Notch zur Madison-Hütte haben es in sich. Auf halber Strecke biegt der über die Ostflanke des Mount Washington verlaufende Trail bergwärts und strebt – nein, nicht in knieschonenden Serpentinen – sondern schnurgerade die bis zu 70 Prozent steile Osgoode Ridge hinauf. Am Ende dieses fiesen Stairmaster balanciert man – oder krabbelt, je nach Verfassung – über einen düsteren Geröllhaufen namens Mount Madison wieder talwärts. (▶ S. 201)

PFEIFENPUTZER FÜR DIE SEELE

»Gute Nacht, ihr Prinzen von Maine, ihr Könige von Neuengland ...« Was für ein herrlicher Satz. Unwillkürlich lehnt man sich zurück und beginnt zu träumen. Wo liegt dieses Maine? Wer lebt dort?

Groß, grün und undurchdringlich: die Wälder von Maine ►

Der sanfte Riese stört sich nicht am Paddelboot. Solange der Abstand stimmt.

DER Schriftsteller John Irving lässt den Arzt Wilbur Larch diesen Satz in seinem Bestseller »Gottes Werk und Teufels Beitrag« sagen. Irving ummauerte Larchs Waisenhaus mit dichtem, tiefgrünem Wald und ließ als einzige Verbindung zur Außenwelt nur eine holprige Landstraße zu, die dazu noch in eine einzige Richtung führte: zur Küste.

Wälder versus Stadt

Der Roman spielt in den 1930er- und 1940er-Jahren, doch geändert hat sich an der **Dichotomie Maines** seitdem nichts. Die Wälder im Innern sind noch immer groß, grün und undurchdringlich, und der Asphalt, wenn es ihn denn gibt, strebt nach wie vor dem Meer entgegen. Dort liegen auch heute die meisten Städte, leben die meisten Menschen, findet das moderne Maine statt. Die Wälder hingegen, die hier nur »the Maine Woods« genannt werden, sind so leer geblieben, dass Gegenden wie das Piscataquis County, wo nur drei Menschen auf dem Quadratkilometer leben, bereits als »voll« gelten.

Unter Maine-iacs

Wer unter dieser tiefgrünen Decke lebt, pflegt dem Klischeebild des kultivierten Neuengländers so ganz und gar nicht zu entsprechen. Wer hier wohnt, wurde hier geboren und will hier auch sterben. Trägt Jeans, Wolljacke und Baseballmütze und betreibt, wenn er – oder sie – nicht mit einem der riesigen Holztransporter über die unbefestigten »logging roads« brettert, einen General

Store, einen Outfitter für Jäger und Angler oder ein kleines B&B. Die an der Küste nennen diesen Waldbewohner dann auch schon mal »Maine-iac«, seiner Ecken und Kanten und Unabhängigkeit wegen, und das ist durchaus nicht negativ gemeint.

Seelenreinigung

Die Wälder von Maine reinigen die Seele. Einer der ersten, der das erkannte, war **Henry David Thoreau** (1817–1862). Der große Philosoph, Wehrdienst- und Steuerverweigerer unternahm mehrere Wander- und Paddeltouren rund um den Moosehead Lake und bestieg auch den Mount Katahdin. Ihm folgten Kanufahrer und Hiker, darunter abenteuerliche Gestalten, die auf dem Appalachian Trail aus Georgia heraufkommen und am Ende ihrer mehrmonatigen Wanderung die härteste aller Prüfungen zu bestehen haben. Nein, nicht die Besteigung des Mount Katahdin (1605 m), der sich majestätisch über die Wälder erhebt. Auch nicht das Absolvieren des Thoreau-Wabanaki-Trail, der Thoreaus Spuren folgt. Vielmehr verdichtet sich südlich vom »Berg der Berge«, zwischen dem Nest Monson und Abol Bridge am Südrand des Baxter State Park, die **Wildnis** zu einem derartig eng verknoteten Ineinander aus Bäumen, Büschen, Felsen und Sümpfen, dass auch hartgesottene Wanderer in diesem »100-Mile-Wilderness« genannten Korridor schon aufgegeben haben. Doch bereits ein kurzer Abstecher in diese grüne, geheimnisvolle Wildnis ist ein Labsal für Seele, Geist und Körper, wo man zu sich selber finden kann.

DO IT ONCE AND DO IT RIGHT!

Die Glaubensgemeinschaft der Shaker wurde im 18. Jh. im englischen Manchester von der Textilarbeiterin Ann Lee gegründet und kam 1774 nach Amerika. Grundlage des Shaker-Glaubens war das Streben nach Vollkommenheit durch größere Nähe zu Gott. Der Weg ins Paradies auf Erden führte über harte Arbeit, Disziplin und Ehelosigkeit.

Die Rundscheune im Hancock Shaker Village ist einmalig. ▶

UM 1840 erlebte die »United Society of Believers in Christ's Second Appearing« genannte Gemeinschaft ihre Blütezeit: 6000 Mitglieder lebten und arbeiteten in 19 Gemeinden, die meisten davon in Neuengland, mit kleineren Ablegern in New York und Pennsylvania. Zulauf erhielten die zölibatär und völlig gleichberechtigt lebenden »Brüder« und »Schwestern« durch Waisenkinder, die dann ganz bei ihnen blieben.

Woher der Name kommt

Der Name »Shaker« bezieht sich auf eine Erscheinung der Anfangsjahre: Manche »Believer« wurden während der Gottesdienste von wilden Zuckungen befallen, wenn sie sich **vom Heiligen Geist ergriffen** fühlten.
Alle Shaker-Gemeinden waren autark. Als glänzende Farmer und Handwerker bekannt, waren sie allen Neuerungen und Verbesserungen gegenüber offen, gemäß dem Leitspruch eines ihrer Oberhirten, dass man durchaus das Recht habe, die Erfindungen der Menschen zu verbessern, solange sie nicht eitlem Ruhm oder etwas Überflüssigem dienten.

Das Vermächtnis

Zu Beginn des dritten Jahrtausends steht diese interessante Glaubensgemeinschaft jedoch praktisch vor dem Aus. Die letzte ihrer Gemeinden befindet sich in **Sabbathday Lake** in Maine (▶ S. 103) und wird von nur noch zwei Shakern geführt. Dem augenfälligsten Vermächtnis der Shaker begegnet man indes überall in Neuengland: Bei ihren einfachen, aber zeitlos schönen und, wie es scheint, für die Ewigkeit gemachten Möbeln – Shaker-Leitspruch: »Do it once & do it right!« – gibt allein die Funktion die Form vor. Bestechend klare Linien statt sinn- und nutzloser Schnörkel sind ihr Markenzeichen. Dafür werden in Möbelgeschäften und auf Auktionen horrende Preise verlangt.

Die Möbel gibt es noch

Etwas günstiger kommt man in auf den Shaker-Möbel spezialisierten Werkstätten und Schreinereien weg. »Ihre reduzierten Formen konkurrieren nicht mit anderen Möbeln und passen deshalb zu jeder Einrichtung«, sagt der deutschstämmige Möbelbauer **Chris Becks-**

BESTES HANDWERK
Den eleganten Sprossenstuhl im Hancock Shaker Village hebt man mühelos am ausgestreckten Arm. Er stammt aus dem Mt. Lebanon Shaker Village und kam später in eine Grundschule in Pittsfield. Dort wurde er vom Kurator entdeckt und zurückgeholt. Jahrzehntelang rüde misshandelt, weist er nur ein paar Kratzer auf. Nicht schlecht für einen Stuhl aus dem Jahr 1840! Tischlerhandwerk vom allerfeinsten und für viele Neuenglandreisende Grund genug, sich auf die Suche nach perfekten, zeitlos schönen Shakermöbeln zu begeben. (▶ S. 116).

voort aus Maine. Seit über 40 Jahren baut er Möbel im Shaker-Stil. Für ihn ist jedes Möbel im Shaker-Design so etwas wie **materialisierte Philosophie.** Nützlichkeit ist ihr höchstes Prinzip. Gern zitiert Becksvoort einen weiteren Shaker-Leitsatz: »Alle Schönheit, die sich nicht auf einen Nutzen gründet, wirkt bald geschmacklos und muss laufend durch Neues ersetzt werden.«
Ein Besuch in den Ausstellungsräumen dieser kleinen Betriebe ist stets ein hoher **ästhetischer Genuss** und führt durchaus in Versuchung, einzukaufen. Etwa zwei Dutzend Werkstätten haben sich zur den New Hampshire Furniture Masters zusammengeschlossen. Wer sich informieren möchte: Kontakte und Adressen gibt es unter https://furniture masters.org.

OBEN: Shaker-Möbel und -Geschirr können mühelos mit modernem Design mithalten.
UNTEN: Praktizierende Shaker gibt es kaum noch. Diese Damen sind nur Schauspielerinnen.

FRE
OM VERM

ALLES IM GRÜNEN BEREICH

Recycling, getrennt entsorgen, kompostieren und lokal einkaufen: Umweltverträglich handeln und denken war schon Alltag in Vermont, als der Rest Amerikas gerade erst damit anfing. In den einschlägigen Rankings wird der Staat stets als einer der grünsten Amerikas gelistet.

◄ Schon in der Staatsflagge demonstriert Vermont den grünen Anspruch.

IMMER wieder erwähnt werden dabei fünf Grundsätze: Umweltschutz, Wiederaufforstung, Landschenkungen, erneuerbare Energie und das Verbot von Reklametafeln am Straßenrand. Doch der Reihe nach.

So funktioniert's

Da ist zunächst das Engagement im Umweltschutz. Seit 1977 hat der gemeinnützige Vermont Land Trust rund 2300 Quadratkilometer nicht genutztes, in Privatbesitz befindliches Land unter Schutz gestellt. Die gezielte Wiederaufforstung des Staats, der um 1860 bereits zur Hälfte kahlgeschlagen war, ist der zweite. Heute sind **drei Viertel Vermonts wieder dicht bewaldet.** Großzügige Landschenkungen so reicher wie weitsichtiger Vermonter wie des Gouverneurs Redfield Proctor jr. sind ein weiterer Grund. Dass die größte Stadt **Burlington** die erste Stadt der USA ist, die ihren elektrischen Strom **zu 100 Prozent aus erneuerbarer Energie** gewinnt, ist ebenso Vermonter Wirklichkeit wie ein Gesetz, dass Reklametafeln am Straßenrand schlichtweg verbietet. So effektiv ist dieses Gesetz, dass Reisende tatsächlich merken, dass sie die Grenze zu Vermont überquert haben!

Eigensinniges Völkchen

Die Eigensinnigkeit der Vermonter hat Tradition. Es begann schon damit, dass man sich 1777 nicht den 13 in die Unabhängigkeit stürmenden Kolonien anschloss, sondern lieber einen eigenen Staat mit eigenem Geld und eigenen Botschaftern in Europa gründete und sich den jungen USA erst 14 Jahre später anschloss. Bis heute gibt es eine politisch links orientierte Gruppierung, die als **»Second Vermont Republic«** (http://vermontrepublic.org/) die Wiederherstellung der Unabhängigkeit fordert und in Umfragen Zustimmung von 10 bis 15 Prozent der Wahlberechtigten erhält. Das bekannteste Gesicht dieses in so vieler Hinsicht anderen Amerikas ist **Bernie Sanders.** Der Vermont in

SCHÜTZENSWERTES GRÜN

Wie viele Grüntöne gibt es? Zig, möchte man hier in der Granville Gulf Reservation sagen, und marschiert los. Hauptattraktion sind die Moss Glen Falls, ein über mehrere Stufen 30 m in die Tiefe donnernder Wasserfall. 1927 schenkte der damalige Governeur den Landstreifen am Hwy. 100 dem Staat Vermont mit der Auflage, ihn für immer zu schützen und zu erhalten. Typisch Vermont, schon damals, und im Rest der USA bis heute eher unüblich. Denn der kleine Bundesstaat ist der grünste der USA!

Washington vertretende, parteilose Senator, der zuletzt bei den Vorwahlen zur US-Präsidentschaft als Kandidat für sozialdemokratische Ideen trommelte, begann als Bürgermeister in Burlington. Dort setzte er sich erfolgreich für soziale Projekte wie die Revitalisierung der Innenstadt, bezahlbare Immobilien und die Verschönerung der Seeufer mit öffentlichen Parks und Radwegen ein.

Anders als der Rest

Kein Wunder also, das »Our Bernie« der populärste Vermonter ist und dass man hier so richtig stolz auf den **Staat der grünen Berge** – nichts anderes bedeutet Vermont auf französisch – und bestens über alles informiert ist, was einen vom Rest der USA abhebt. Wie zum Beispiel, dass man die einzige Hauptstadt ohne ein McDonald's-Restaurant hat und dass man der einzige Bundesstaat ist, wo die alten Tante-Emma-Läden, die nur lokale Produkte führenden General Stores, überlebt haben und die **Farmers Markets** genannten Bauernmärkte flächendeckend schon seit zwei Generationen florieren. Das kommt dem mitteleuropäischen Ideal recht nahe, auch wenn es das dort selbst kaum noch gibt.

GESCHICHTE, SPANNEND INSZENIERT

Wie man Kindern und auch Erwachsenen das Interesse an Geschichte austreiben kann? Ganz einfach: Indem man eine stattliche Anzahl von Jahreszahlen herunterbetet und im Wesentlichen von Kaisern und Königen spricht. Letzteres wäre in den USA sowieso nicht möglich, aber auch sonst gibt man sich hier viel Mühe, die Vergangenheit anschaulich aufzubereiten.

◄ Kaffeepause beim »Living History« in Gettysburg, ganz ohne Schlachtenlärm

ALLES ECHT

»Schauen Sie sich unbedingt die blutgetränkten Tragbahren an. Da hinten, in der Ausstellung mit den Zelten!« Die Dame an der Kasse des Gettysburg Museum of the American Civil War spart nicht mit sachdienlichen Hinweisen, während sie die Tickets ausdruckt. »Die Einschläge in den Bettpfosten sind auch nicht schlecht.« Zerlöcherte Regimentsfahnen, Zeltheringe, zerfetzte Schuhsohlen: Das Museum zeigt in zwölf Galerien, was in den über 150 Jahren nach der blutigsten Schlacht des Bürgerkriegs aus der Erde gekratzt wurde. (► S. 288)

AMERIKANER mögen gute Geschichten. Vor allem, wenn sie spannend und mit einem kräftigen Schuss Action gewürzt sind.

Details und »human touch«

Die Detailversessenheit und die Lust am »human touch« mag erklären, warum Besucherinnen und Besucher **der Schlachtfelder Pennsylvanias** stets zuverlässig darüber aufgeklärt werden, dass hier ein entfernter Verwandter von General XY übernachtet und dort ein Leutnant Z sein Fernrohr verloren hat. Wenn derartige Hinterlassenschaften dann auch noch von einem der gottähnlichen Heroen der amerikanischen Geschichte stammen, berichten sofort alle US-Medien darüber. Zuletzt so geschehen 2018, als ein Bibliothekar des Union College im Bundesstaat New York zwischen zwei ziemlich brüchigen Seiten eine **Locke des ersten Präsidenten der USA** entdeckte. Solche Funde erfahren quasi religiöse Verehrung und finden ihren Weg in sonst nur Reliquien vorbehaltene Vitrinen.

Geschichte und Kommerz

Dem europäischen Besucher des Gettysburg Museum kommt das zunächst etwas sonderbar und vielleicht »typisch amerikanisch« vor. Doch Amerikaner sind keineswegs die ignoranten Zeitgenossen, für die man sie im Rest der Welt so gerne hält. Bei Jahreszahlen und historischen Ereignissen ihrer Geschichte sind sie ziemlich fit. Nur beim Herstellen von Zusammenhängen hapert es gelegentlich, das behaupten zumindest die Kritiker – was allerdings kein Alleinstellungsmerkmal der Nordamerikaner ist. Dafür kennen sie keine Berührungsängste, wenn es um die **Kommerzialisierung historischer Stätten** geht. Also sollte man sich auch in Gettysburg auf einiges gefasst machen. Etwa auf Rudel mehr oder weniger sicherer Segway-Fahrer, die um die Denkmäler kreisen wie Heringsschwärme. Oder auf eine mit billigen Souvenirshops gespickte Steinwehr-Avenue, an der man »Battle-of-Gettysburg«-Pyjamas kaufen und sich mit »Battlefield Fries« stärken kann. Last but not least auf mindestens ein Dutzend verschiedener Geistertouren im Ort. Denn auf dem Schlachtfeld liegen ja noch mindestens 1000 Leichen, die nachts einfach spuken müssen.

Kleine und große Gedenkstätten

Nicht immer ist es aber gleich ein riesiges Schlachtfeld wie Gettysburg oder ein trutziges Fort wie Ticonderoga. Auch aus vielen kleineren Begebenheiten oder **steinernen Überbleibseln** einer mehr oder weniger ruhmreichen Vergangenheit lässt sich historischer Honig saugen und Einheimischen wie Touristen in ebenso zweckdienlicher wie faszinierender Form nahebringen. Die Spanne reicht vom Hexenmuseum und dem Witch Dungeon Museum in Salem (MA) über die Plimoth Plantation (MA) und die multimedial aufbereiteten Scharmützel der »minute men« mit den Truppen seiner britischen Majestät auf dem Village Green in Lexington (MA) bis zu den Heimen von Mark Twain und Harriet Beecher-Stowe in Hartford (CT).

Das Schlachtfeld von Gettysburg in Pennsylvania ist nationaler Wallfahrtsort.

T
TOUREN

Durchdacht, inspirierend, entspannt

Mit unseren Tourenvorschlägen lernen Sie die besten Seiten im Nordosten der USA kennen.

Bei einer Tour im Herbst durch Vermont lässt sich der Indian Summer genießen. ▶

UNTERWEGS IM NORDOSTEN DER USA

USA, Autofahrerland. Doch während die Roadtrip-Klischees vor allem im Westen angesiedelt sind, ist der kleinräumigere Nordosten nichts für Kilometerfresser. Hier kurven zweispurige Landstraßen durch pastorale Idyllen und laden zur Entdeckung der Langsamkeit ein. Wie schön!

Unamerikanisch bescheidene Entfernungen

Alle, denen lange Autofahrten ein Graus sind, dürfen aufatmen: Sie werden nie länger als ein paar Stunden am Stück am Steuer verbringen. Die Entfernungen sind europäisch bescheiden. Schon die Geografie lässt nur wenige jener vielspurigen Interstates zu, auf denen man in den USA sonst schnell unterwegs ist. Vor allem Neuengland, aber auch Upstate New York, zwingen dazu, **den Fuß vom Gas zu nehmen**. Die von Norden nach Süden verlaufenden Appalachen mit ihren engen Tälern sind veritable Verkehrsblockaden, und wer die wenigen Interstates verlässt, sollte sich auf kurvenreiche Landpartien gefasst machen, wo es kaum über 50 mi/80 km in der Stunde hinausgeht. In Pennsylvania kommt dazu, dass das Straßennetz oft noch aus der Postkutschenzeit stammt: Während die Straßen im Rest des Landes an den Peripherien der Städte verlegt wurden, führen Pennsylvanias Überlandstrecken oft noch mitten durch sie hindurch. Staus auf historischen Main Streets gehören daher zu jeder Pennsylvania-Tour. Auch wenn all dies den gängigen Erwartungen an einen Amerikaurlaub widerspricht: Besucherinnen und Besucher entdecken so – mitunter zwangsläufig – das leisere Amerika abseits der großen, aber letztlich langweiligen Interstates.

Mit dem Auto

Mit dem **bereits daheim gebuchten Mietwagen** ist man unabhängig und gelangt problemlos in die National und State Parks. Außerhalb Bostons, New Yorks und Philadelphias ist das Navigieren einfach, auf dem Autofahrerkontinent sind die Straßen gemeinhin in gutem Zustand und alle Destinationen in der Regelverständlich ausgeschildert. Vor einem Besuch der drei größten **Ballungsräume** sollte man jedoch die Karten studieren oder das Navi einschalten. Vor allem auf den nach Boston und New York City führenden Interstates und Highways sind die Ausfahrten so dicht gesät, dass eine falsche Abfahrt leicht der Beginn einer Odyssee durch Industriegebiete sein kann.

Wohnmobile stehen für die große Freiheit. In Zeiten hoher Benzinpreise sollte man sich jedoch ernsthaft fragen, ob man einem durstigen Camper den Zuschlag gibt. Hinzu kommen die oft engen Straßen, vor allem in den White Mountains, in den Adirondacks und in den Alleghenies. Wildes Campen ist in den USA im Prinzip verboten, sodass man auf kostenpflichtige Campingplätze angewiesen bleibt.

Bei Rundreisen bis Mitte Juni (z. B. ab Boston oder New York) sollte man mit dem Besuch der Atlantikküste beginnen, denn nördlich von Cape Cod gibt es weniger Nebeltage, und erst später in das noch relativ kühle Bergland fahren. Nach Mitte Juni verfährt man genau andersherum: zunächst in die Berge oder an die Großen Seen, dann an die Küste. Hitzeperioden lassen sich auch gut auf den deutlich kühleren Inseln vor der Küste überstehen.

Tourenplanung mit dem Wetter

VON NEW YORK CITY NACH BOSTON UND ZURÜCK

Start und Ziel: New York City | **Länge:** 620 mi/990 km

Tour 1

Die eleganten Treffpunkte des alten und neuen Geldes, die verschachtelten Walfängerstädtchen, faule Tage an tollen Stränden und liebliche Landschaften im Hinterland: Diese Tour legt Ihnen die Schokoladenseite des Nordostens zu Füßen und jede Menge Geschichte als Vanillesauce dazu. Schließlich wird hier der Gründungsmythos der USA aufgeführt.

In Connecticut

Auf dem Interstate I-95, dem »New England Thruway«, lässt man ❶★★ **New York City** problemlos und schnell hinter sich. Im Bundesstaat **Connecticut** befindet man sich zwar immer noch im urbanen Siedlungsbrei des »Big Apple«, doch nun wechselt man auf den US 1. Falls Interesse am ersten Super Zirkus der Welt besteht, lohnt sich ein Aufenthalt in ❷ **Bridgeport**, um das Amerikas größtem Zirkus-Mann P. T. Barnum gewidmete Museum zu besuchen. Eher obligatorisch hingegen ist die nächste Station. Links vom Highway und mitten in ❸★ **New Haven** liegt der Campus der altehrwürdigen Yale University, einer der traditionsreichen Elite-Universitäten der USA. Eine halbe Autostunde weiter östlich mündet der »Rhine of America«, der Connecticut River, breit und langsam in den Long Island Sound. Stromaufwärts, im dicht bewaldeten **Connecticut River Valley**, verstecken sich einige der ältesten Dörfer des Landes. Wenn man nicht das gesamte Tal aufwärts fahren will, sollte man sich zumindest das malerische Essex und das verträumte Old Saybrook ansehen, zwei Städtchen aus den Kindertagen Neuenglands. Zurück am Atlantik, setzt man die Reise über New London mit schönen Kunstgalerien und der Marinebasis Groton nach ❹★ **Mystic** fort. Der Museumshafen Mystic Seaport gilt als die Attraktion des Bundesstaats schlechthin. Wenig später fährt man bereits nach »Little Rhody« hinein. Falls man rasch nach Massachusetts will, durchquert man das winzige **Rhode Island** auf der I-95 in Richtung Boston. Allerdings verpasst man dann auch eine Menge, so zum Beispiel einen Abstecher in die Welt der Reichen und Schönen in ❺ **Newport**, der »Party-Town« der College Kids Neuenglands und Yachthafen der New Yorker Society, die sich hier schon vor weit mehr als einhundert Jahren märchenhafte Schlösser errichtete. Zudem lockt das wohlhabende »Little Rhody« auch mit Badeurlaub: Die Strände der tief in den Bundesstaat hineinreichenden **Narragansett Bay** sind lang, breit und gelb. Was will man mehr?

Dann kommt Massachusetts. Ab der Hafenstadt Fall River folgt man dem stark befahrenen US 6 entlang der Küste bis 6★**New Bedford**. Die Hafen- und Arbeiterstadt war einst der wichtigste Walfängerhafen der Welt und inspirierte den Schriftsteller Herman Melville zu seinem berühmten Klassiker »Moby Dick«. Die aufregende Geschichte der Stadt erzählt das höchst imposante New Bedford Whaling Museum. Zu viel Historie, zu wenig Urlaub? Kein Problem, die kleinräumige Geografie im Nordosten ermöglicht schnelle Wechsel. Die hakenförmig in den Atlantik ragende, vor allem aus Wald und Sand bestehende Halbinsel 7★★**Cape Cod** ist als das »Sylt der Ostküste« berühmt für ihre Strände und Freizeitmöglichkeiten. Und wenn man einmal hier ist: Die Ferieninseln **Martha's Vineyard** und ★★**Nantucket** zu besuchen ist fast schon obligatorisch.

In Massachusetts

Mit frischen Kräften – aber im Grunde sind auch die nächsten Ziele nicht wirklich anstrengend – erreichen Sie nun den vielleicht geschichtsträchtigsten Abschnitt Ihrer Reise. Wie die ersten Siedler, die berühmten Pilgerväter und -mütter, sich in der Neuen Welt einrichteten, erfahren Sie in dem detailgetreu nachgebauten, palisadenbewehrten Museumsdorf ★**Plimoth Plantation** unweit des heutigen 8 **Plymouth**. Dann: 9★★**Boston**! Fast jeder Pflas-

WENN DIE BLÄTTER FALLEN ...

... machen sich Millionen von Amerikanern vor allem in die Wälder des Nordostens auf, um die Farbenpracht des Indian Summer zu erleben. Was in Deutschland profan als Altweibersommer daherkommt, hat in den USA Event-Charakter und führt regelmäßig zu Verkehrschaos und ausgebuchten Hotels.

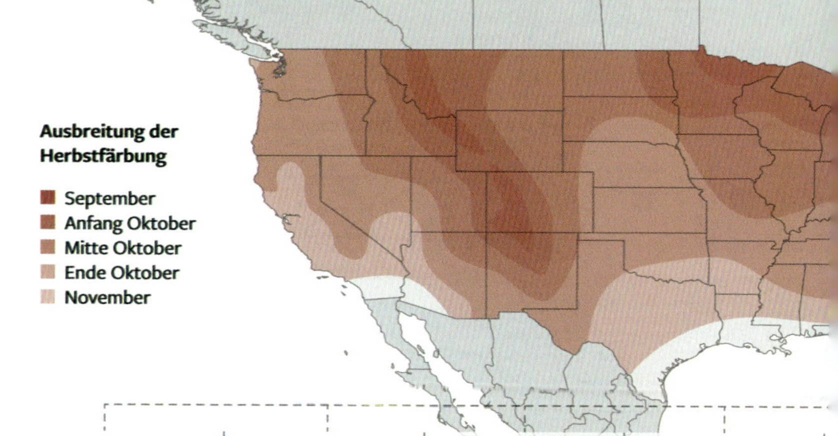

BAEDEKER WISSEN

Ausbreitung der Herbstfärbung

- September
- Anfang Oktober
- Mitte Oktober
- Ende Oktober
- November

Mitte September

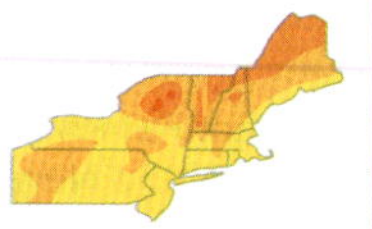

Ende September

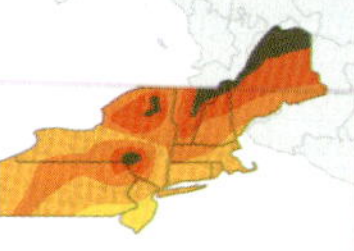

Anfang. Oktober

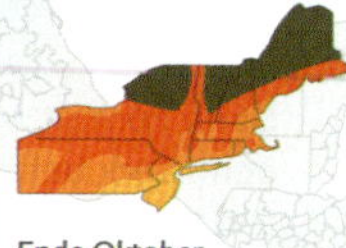

Ende Oktober

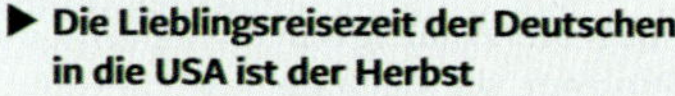

▶ Die Lieblingsreisezeit der Deutschen in die USA ist der Herbst

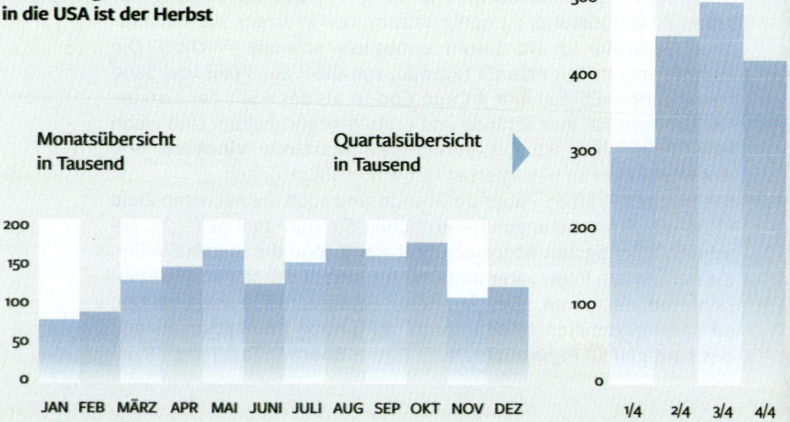

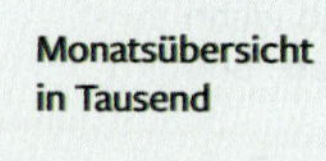

Monatsübersicht in Tausend

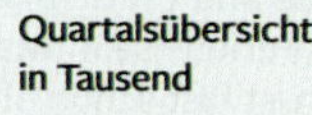

Quartalsübersicht in Tausend

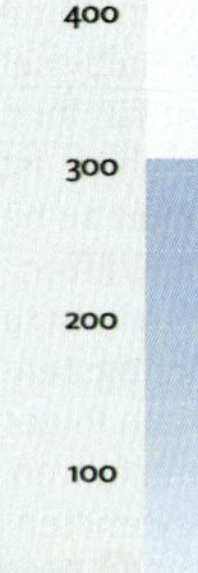

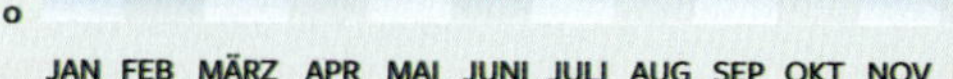

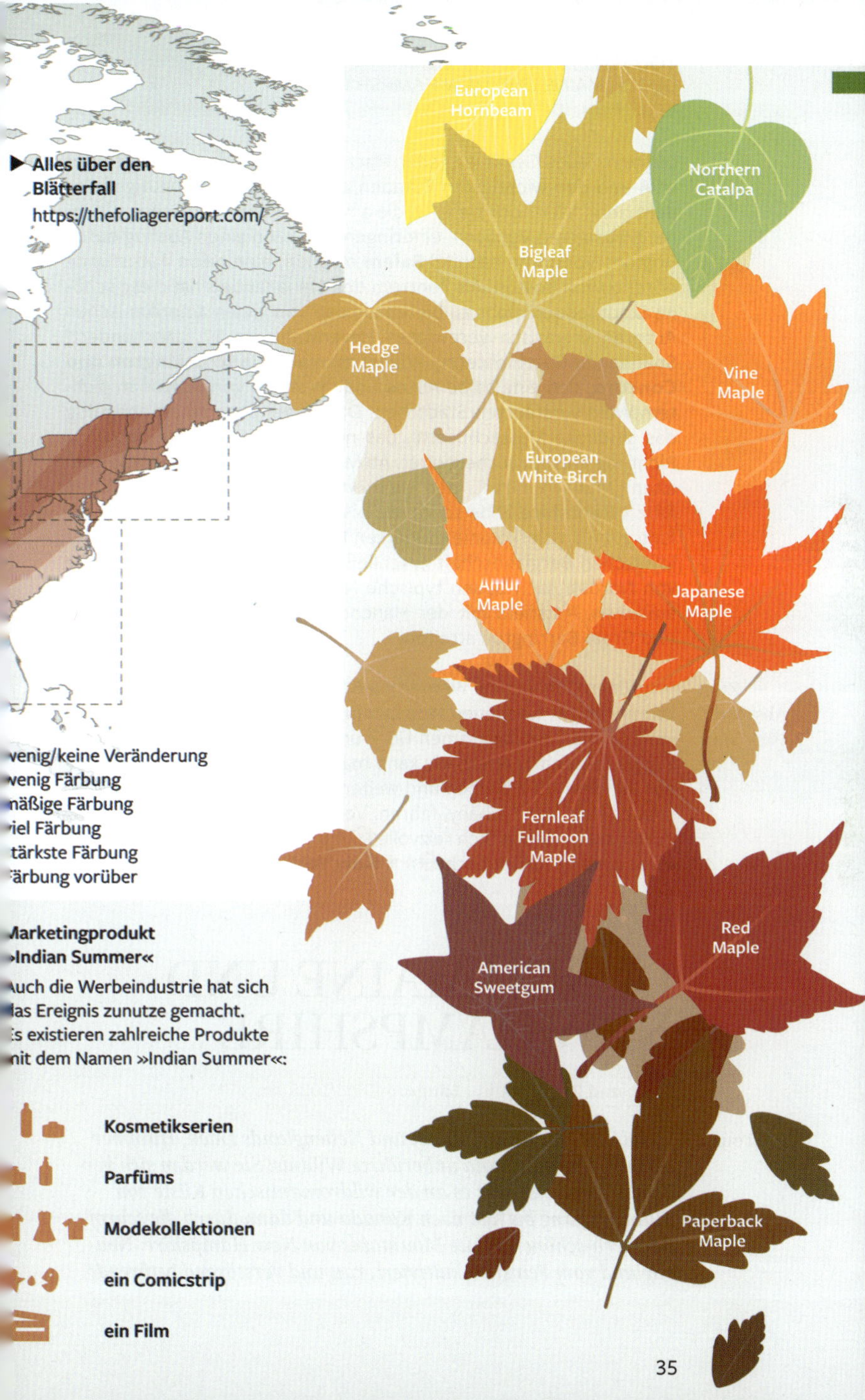

▶ **Alles über den Blätterfall**
https://thefoliagereport.com/

Marketingprodukt »Indian Summer«

Auch die Werbeindustrie hat sich das Ereignis zunutze gemacht. Es existieren zahlreiche Produkte mit dem Namen »Indian Summer«:

- **Kosmetikserien**
- **Parfüms**
- **Modekollektionen**
- **ein Comicstrip**
- **ein Film**

terstein, jedes Gemäuer, jeder Platz kündet von den Anfängen der USA und den wichtigsten Etappen auf dem Weg zur heutigen Supermacht. Wer noch tiefer in die amerikanische Geschichte – in ihrer grausigeren Version – eindringen will, kann einen Ausflug durch Bostons Vorstädte nach ⑩ **Salem** machen, eine halbe Autostunde nördlich von Boston. Als Zentrum des Chinahandels hat diese schöne Stadt jedoch mehr zu bieten als den von vielen amerikanischen Autoren literarisch verewigten Hexenwahn im 17. Jahrhundert! Spannende Geschichte(n) erfährt man auch in ⑪ **Lexington und Concord**, den eine halbe Autostunde westlich von Boston in dichtem Wald versteckten Städtchen. Dann aber übernimmt endgültig das ländliche Massachusetts, das nun rechts und links des US 2 Richtung Westen vorbeigleitet. Ab Millers Falls folgt die Straße dem alten Mohawk Trail, der sich kurvenreich in die lieblichen ⑫★★**Berkshire Hills** schraubt, bis zum von der Industrieansiedlung zur Künstlerkolonie mutierten North Adams. Mehr von dieser idyllischen Berglandschaft erschließt Ihnen der US 7, auf dem Sie von Norden nach Süden typische Neuenglandstädtchen wie Williamstown, Pittsfield mit der Hancock Shaker Village, Stockbridge und Great Barrington streifen.

Zum Abschluss New York City

Im grünen Connecticut werden die Berkshire Hills vom engeren, aber kaum weniger fotogenen **Housatonic Valley** abgelöst. Bei Danbury verlässt man den langsamen US 7 und nimmt den I-84/684 für eine zügige Rückfahrt. Alternativ kann man auch über Williamstown hinaus auf dem US 2 bleiben und weiter in die Hauptstadt des Bundesstaates New York, Albany, fahren. Von dort aus folgt man dem US-9 durch das landschaftlich reizvolle ⑬★★**Hudson Valley** am Hudson River entlang zurück nach ①★★**New York City**.

DURCH MAINE UND NEW HAMPSHIRE

Start und Ziel: Boston | **Länge:** 640 mi/1025 km

Tour 2

Heroische Geschichte, Kunst und Neuenglands Dach, Hummer bis zum Abwinken und unberührte Wildnis: Sie werden sich verlieben! Zunächst geht es an der wildromantischen Küste von Maine entlang bis fast nach Kanada und dann durch die schroffen, herb-schönen White Mountains von New Hampshire. Neuengland vom Feinsten: kultiviert, rau und verstörend betörend!

In Massachusetts

Man startet in 1 ★★**Boston** und folgt der alten Küstenstraße US-1A (später MA-129) Richtung Nordost. Erster Halt ist 2 **Salem**, die Schülern und Schülerinnen aus dem Englischunterricht (»The Crucible« von Arthur Miller) bekannte Stadt der Hexenprozesse von 1692. Nach Besichtigung der »hexigen« Sehenswürdigkeiten und des hervorragenden, dem Chinahandel gewidmeten Peabody Essex Museum kann man sich an den Stränden von 3 **Cape Ann** entspannen.

Durch New Hampshire nach Maine

Bei Newburyport gelangen Sie auf den landeinwärts verlaufenden US-1 und erreichen New Hampshire. Dieser Bundesstaat findet eigentlich im Landesinnern statt und verfügt nur über wenige, zudem noch arg verbaute Küstenkilometer. Die große Ausnahme bildet das verwinkelte 4★**Portsmouth:** In der Altstadt steigt man aus und schlendert durch Daniel, State und Court Street. Maine beginnt gleich jenseits der Stadtgrenze. **Kennebunkport**, als Ferienresidenz der Präsidentenfamilie Bush bekannt, ist das berühmteste der schönen Resort-Städtchen der Südküste Maines. Hinter 5 **Portland**, der größten Stadt des Bundesstaates, zweigt der US 1 nach Osten ab und begleitet die herbschöne Schärenküste. Hier wird man zum Entdecker und folgt den immer wieder zum Wasser abzweigenden, zu schönen Orten und Plätzen führenden Stichstraßen: in die Schiffsbauerstadt Bath zum Beispiel, zum wunderbaren Popham Beach, zum einzigartig gelegenen Yacht- und Fischerhafen 6 **Camden** oder auf die romantische Halbinsel Blue Hill Peninsula. Landschaftlicher Höhe- und Wendepunkt der Rundfahrt ist der 7★★**Acadia National Park**, der einzige Nationalpark Neuenglands.

Durch Maine wieder nach New Hampshire

Der Weg zu den nächsten Natur-Highlights führt über den US 1 in die Stephen-King-Stadt Bangor. Dort wechselt man auf den I-95/495, auf dem man zunächst **Augusta**, die Hauptstadt von Maine, streift und später von Auburn aus auf der ME 26 landeinwärts. Das schläfrige 8 **Bethel**, heute als Basis für erlebnisreiche Trips in die Bergwelt geschätzt, vermittelt einen ersten Eindruck von den allmählich steil aufragenden Giganten mit den nackten Felsenkuppen, den 9★**White Mountains**. Gleich ein paar Tage lassen sich hier und im benachbarten New Hampshire, wo sich der größere Teil der White Mountains erstreckt, verbringen. Danach geht es auf der NH 16 nach Süden zum inselübersäten 10★**Lake Winnipesaukee**. Auf dieser Straße erreicht man bald wieder die Küste und kann noch am gleichen Abend zurück sein in 1★★**Boston**.

DURCH VERMONT, NEW HAMPSHIRE UND NEW YORK

Start und Ziel: Montréal | **Länge:** 940 mi/1500 km

Tour 3

Sind Sie eine Entdeckernatur? Dann beginnen Sie Ihren Roadtrip im kanadischen Montréal und erkunden Sie die landschaftlichen Schönheiten im Norden des Nordostens.

In Vermont und New Hampshire

Von ❶ **Montréal** geht es zunächst auf den Autoroutes 10 und 55 zur amerikanischen Grenze. Bei Stanstead (Québec) reist man in die USA ein. Die raue und dünn besiedelte Landschaft des ❷ **Northeast Kingdom** liegt vor der Motorhaube. Via US 5 streift man den ins Hügelland eingebetteten Lake Willoughby. Vom altmodisch wirkenden Hauptort St. Johnsbury führt der I-93 schnell nach Littleton, von dort der US 302 Richtung ❸★**White Mountains**. Die NH 302 schlängelt sich ins Herz der »Whites«, den spektakulären Crawford Notch State Park, zum historischen, zu Füßen des ★**Mt. Washington** liegenden Mt. Washington Hotel und zum Verkehrsknotenpunkt North Conway. Von hier lohnt sich ein Abstecher auf der NH 16 Richtung Gorham. Kurz hinter North Conway klettert die Straße in engen Serpentinen bergan. Auf halber Strecke erklimmt die kurvenreiche Mt. Washington Autoroute den höchsten Berg im Nordosten der USA. Weiter südlich, in Conway, wird die Reise auf der aussichtsreichen Panoramastraße Kancamagus Highway (NH 112) nach Westen fortgesetzt. In Lincoln kreuzt man den I-93. Nicht entgehen lassen sollten Sie sich den weiter nördlich gelegenen Franconia Notch State

Park. So eng wie sonst selten in den »Whites« stehen hier die Berge beieinander. Danach geht es auf dem US 302 ins lieblichere Vermont weiter. Das kantige Barre mit seinen Marmorbrüchen und natürlich das feine 4★**Montpelier**, die kleinste Hauptstadt eines US-Bundesstaats, sind die nächsten Ziele. In Montpelier lässt sich ein wenig Lifestyle tanken, denn hier gibt es die meisten Coffeeshops und Bistros der Gegend! Solchermaßen gestärkt reist man auf dem US 7 weiter an die »Westcoast« von Neuengland: So nennen überzeugte Yankees das Ufer des langgestreckten **Lake Champlain** an der Grenze zum Bundesstaat New York. Hier liegt auch die Universitätsstadt 5★**Burlington**. Danach gibt's Vermont pur. Der Landstrich, den der US 7 von Burlington aus in südlicher Richtung durchquert, zeigt Ihnen Städtchen und Dörfer wie aus dem Bilderbuch – vor allem bei einem Abstecher durch die Middlebury Gaps. In Bennington endet diese Straße, dort wird in Richtung Albany im Nachbarstaat New York abgebogen.

In New York

Wo und wie die Ostküstenelite seit mehr als hundert Jahren kurt und sich die Zeit mit Pferderennen vertreibt, erfährt man im altmodisch-mondänen 6 **Saratoga Springs** nördlich der etwas gesichtslosen Hauptstadt **Albany**. Mutter Natur folgt auf dem Fuße: Erst der US 9 und später die NY 73 führen über Glens Falls und am schönen Lake George vorbei nach Lake Placid, bereits zweimal Ausrichter der Olympischen Winterspiele und Hauptferienort der 7 **Adirondacks**. Vorbei an Seen, Bergen und durch dichte Wälder geht es nun nach Watertown am Südufer des Lake Ontario. Watertown ist das Tor zu den 8★**Thousand Islands**, einer märchenhaften Inselwelt im St.-Lorenz-Strom. Die Rückfahrt folgt dem Strom auf US-Seite, bis es bei Cornwall wieder über die Grenze und auf kanadischer Seite zurück nach 1 **Montréal** geht.

DURCH NEW YORK UND PENNSYLVANIA

Start und Ziel: New York City | **Länge:** 1065 mi/1700 km

Tour 4

So viele Gesichter hat der Nordosten! Mögen Sie Trubel und Action? Dann sind New York City, Philadelphia und die Niagarafälle das Richtige für Sie! Haben Sie es lieber etwas beschaulicher? Können Sie haben: etwa bei den Amischen in Lancaster County und im Gebiet der idyllischen Finger Lakes.

In New York

Man verlässt ❶★★**New York City** via Yonkers und fährt im grünen ❷★★**Hudson Valley** auf dem US-9 bis nach Albany. Nach einer kurzen Stippvisite dort geht es nach Westen durchs Mohawk Valley auf der NY 5 durch Utica nach **Syracuse**, dem Tor zu den ❸★★**Finger Lakes**. Die romantische Seenlandschaft ist ein Erholungsgebiet par excellence – Lifestyle und über 100 Weingüter, deren Chardonnays, Pinot Noirs und Vidal Blancs schon viele Preise gewannen. Via **Rochester** folgt das Südufer des Lake Ontario mit schönen Badeplätze, und schließlich ❹★**Niagara Falls**. Das Städtchen an der Grenze zu Kanada besitzt mit den Niagarafällen vor der Haustür eine der meistbesuchten Tourismusattraktionen der Welt. Der Trubel ist entsprechend, dennoch sollten Sie dieses wunderbare Naturschauspiel gesehen haben.

In Pennsylvania

Besondere Aufmerksamkeit verdient ❺★★ **Pittsburgh**. Die einstige Stahlhochburg des Landes hat einen bemerkenswerten Wandel zur Kunst- und Kulturmetropole vollzogen und ist mit erstklassigen Museen wie dem Andy Warhol Museum eine weltweit anerkannte Kunstdestination. Wer sich für alte Eisenbahnen begeistert, sollte von hier aus via US-22 nach Osten durch die ❻ **Southern Allegha-**

nies zur **Horseshoe Curve** fahren. Schneller nach 7 **Harrisburg** geht es auf dem »Pennsylvania Turnpike« (I-70/76). Schon bald hinter der Hauptstadt Pennsylvanias beginnen die Uhren langsamer zu ticken, denn jetzt erreicht man das 8★**Pennsylvania Dutch Country** mit dem Hauptort Lancaster. Hier nimmt man sich am besten zwei oder gar drei Tage Zeit und fährt vor allem vorsichtig: Auf den Landstraßen sind die Amish mit ihren Pferdefuhrwerken unterwegs! Von Lancaster aus ist es nicht mehr weit – am besten via US 30 – nach 9★★**Philadelphia**. Nach zwei, drei Tagen in der »Wiege der Nation« geht es zurück nach 1★★**New York City**.

AUF DEN SPUREN DES UNABHÄNGIGKEITSKRIEGS

Start und Ziel: Boston | **Länge:** 620 mi/998 km

Tour 5

Boston war die »Brutstätte« revolutionären Gedankenguts, in Philadelphia mündete die Unzufriedenheit in die Unabhängigkeitserklärung. In dieser Region wurde erbittert um die Zukunft des Kontinents gefochten. »Living History« heißt das Zauberwort: Selten ist Geschichtstourismus spannender.

In der DNA der Nation verankert

Boston und **Philadelphia** verbindet jeder Amerikaner mit dem Unabhängigkeitskrieg (1775–1783). Dazwischen liegen gut 500 Kilometer, auf denen Briten und Amerikaner während der ersten Phase des Kriegs zahlreiche Schlachten und Scharmützel austrugen, dass diese Tour zu den wohl spannendsten Kapiteln aus den Kindertagen der Supermacht führt.

Hier fing alles an

Man beginnt in 1★★**Boston** und schaut sich dort die Stätten des vorrevolutionären, von königlichen Knebelsteuern geplagten Amerika an. Dann geht es auf der vierspurigen I-93 Richtung Norden nach 2 **Lexington**. Dort fiel am 17. April 1775 der berühmte erste Schuss des »american revolutionary war«, hier gab es die ersten Opfer des achtjährigen Waffengangs. Anschließend folgt man den amerikanischen »Minute Men« und ihren Widersachern, den königlichen Rotröcken, auf der alten Lexington Road (Rte. 2A) durch dicht bewaldetes Hügelland nach 3 **Concord**. Dort wurden die Soldaten von den amerikanischen Milizen im ersten richtigen Gefecht des Kriegs zu-

rückgeworfen und erlitten auf dem Rückzug nach Boston weitere schwere Verluste. Nach der Schlacht von **Bunker Hill** am 17. Juni 1775 und der fortwährenden Belagerung Bostons durch General Washington bis zum 17. März 1776 verlagerte sich der Krieg von Neuengland in den Süden. Die Kanonen und weiteres schweres Material für die Belagerung stammten übrigens aus dem Überfall der »Green Mountain Boys« unter Ethan Allen auf das britische ④ **Fort Ticon-**

»Washington Crossing the Delaware«. Emanuel Gottlieb Leutze malte dieses Bild 1851 in Düsseldorf.

deroga am Westufer des Lake Champlain, von Concord aus auf den Straßen MA 2 und MA 140, in New Hampshire auf den NH 12, NH 133, NH 103, NH 7 und NH 4 und in Vermont via US 7 und US 4 zum bereits im Nachbarstaat gelegenen Fort am Westufer des Lake Champlain.

Nun folgt man der NY 22 durch die landschaftlich reizvollen Adirondacks im Staat New York nach 5 **Bennington** (VT), das zwischen die Green Mountains und die Taconic Range eingebettet ist. Hier erinnert das monumentale **Bennington Battle Monument** an eine besonders brutal geführte Schlacht zwischen amerikanischen Milizen und aus englischen Soldaten und hessischen Söldnern bestehenden königlichen Truppen am 16. August 1777. Der Sieg der Amerikaner führte zum massenhaften Absprung indigener Verbündeter der Briten und stärkte die etwas lädierte Kampfmoral der Kolonisten. 71 km nordwestlich von Bennington kassierten die Engländer im Herbst 1777 zwei Niederlagen, die als Wendepunkte des Kriegs gelten.

Von Bennington aus fährt man auf den kurvenreichen NY 7, NY 22, NY 67, NY 22 und NY 29 quer durch die Adirondacks. Nächstes Ziel ist der feine Kurort 6 **Saratoga Springs**. Dort erinnert der **Saratoga National Historic Park** an die beiden Schlachten im Herbst 1777. Mit den Siegen über die Rotröcke drehte sich nicht nur das Kriegsglück zugunsten der Amerikaner. Wenig später trat auch Frankreich aufseiten der Kolonisten in den Krieg ein. Doch während

der Kriegsausgang hier immer noch auf Messers Schneide stand, hatten die Väter der Verfassung bereits am 4. Juli 1776 im 400 km weiter südlich gelegenen ⑧★★**Philadelphia** die Unabhängigkeitserklärung unterzeichnet.
Bevor man auf den I-87 und I-78 in die Stadt »der brüderlichen Liebe« einrollt und dort die »Independence«-Stätten abhakt, sollte man auf der Höhe von Trenton auf die PA 29 nach ⑦ **New Hope** abbiegen. Kurz vor dem Städtchen lohnt der **Washington Crossing State Park** einen Besuch. Dort gab General Washington der Sache der Kolonisten den wieder einmal dringend benötigten Moralschub, als er in der Nacht zum 26. Dezember 1776 an der Spitze seiner Truppen den Delaware River überquerte und den Gegner in Trenton überraschte. Der deutsch-amerikanische Maler Emanuel Gottlieb Leutze hielt diesen Moment in einem dramatischen Gemälde fest, heute die Ikone der Historienmalerei in den USA.

Z
ZIELE

Magisch, aufregend, einfach schön

Alle Reiseziele sind alphabetisch geordnet. Sie haben die Freiheit der Reiseplanung.

Wunderbare Idylle bei Cape Neddick an der Granitküste von Maine ►

CONNECTICUT

Fläche: 12 550 km² | **Einwohner:** 3,6 Mio. | **Hauptstadt:** Hartford
Beiname: The Constitution State

Klein, aber fein. Und oho! Der drittkleinste Bundesstaat der USA ist erstaunlich facettenreich. Die schönsten Künste kann er, und Kultur und Geschichte sowieso, er hat coole Strände, ein relaxtes Beachlife und erträgt die nicht totzufotografierenden Neuengland-Idyllen in seinen Wäldern mit stoischer Gelassenheit. Kein Zweifel: Dieser Zwerg ist sehenswert!

Klein, aber oho!

Weil bereits im 19. Jh. das allmählich schrumpfende Farmland mehr in Naturschutz- als in Industriegebiete verwandelt wurde, erfreut sich Connecticut heute eines besonders hohen, Arbeit und Freizeit verbindenden Lebensstandards. Selbst die doch eher nüchterne Hauptstadt Hartford liegt keine halbe Autostunde von grünen Weiden mit glücklichen Holsteiner Kühen entfernt. Connecticut wird von den Ausläufern der nördlichen Appalachen geprägt, die hier fast bis an den Atlantik heranreichen. Fjordartige Buchten prägen die Küste, wo relativ kurze, aber wasserreiche Flüsse münden.

Der Staat trägt den Namen des Flusses, der ihn von Nord nach Süd halbiert: »Quinnehktuhqut« stammt aus einer Algonquin-Sprache und bedeutet »am Ufer des großen Flusses, der sich hebt und senkt«. Am stärksten urbanisiert ist die Küste westlich des Flusses; östlich davon blieb sie meist von Städteplanern verschont. Dort liegen schöne Strände und makellos gepflegte Städtchen. Landeinwärts sind der Housatonic River, das Connecticut River Valley und die Litchfield Hills weitere Hingucker.

Patriotisch und erfindungsreich

Geschichte

1638 schlossen sich die seit 1623 am Connecticut River gegründeten Siedlungen zur Hartford Colony zusammen und nahmen die »Fundamental Orders of Connecticut« an, **die erste geschriebene Verfassung der Neuen Welt**. Patriotisch blieben die Einwohner Connecticuts auch danach. 1687 versteckten sie ihre Verfassung vor den königlichen Beamten in einer Eiche, im Unabhängigkeitskrieg stellten sie die Hälfte der Rebellenarmee George Washingtons. Zu Beginn des

19. Jh.s lieferten sie bemerkenswerte Kostproben der berühmten »Yankee Ingenuity« ab: Sie entwickelten sie das erste Dampfschiff der Welt, das erste Fließband, den Colt-Revolver, die Baumwollentkörnungsmaschine und das Winchester-Gewehr. Dem Staat brachte die rastlose Suche nach neuen Produkten und geeigneten Absatzmärkten bald den zweiten Beinamen »Gadget State« ein (»der Staat, der den Dreh raus hat«). Von der durch die Depression in den 1930ern ausgelösten Wirtschaftskrise erholte sich der von der verarbeitenden Industrie abhängige Staat erst 20 Jahre später. Seit den 1990ern werden die Innenstädte saniert, in einer landesweit als vorbildlich geltenden Weise. Die Finanzkrise 2008 bis 2012 und das Massaker an der Schule von Sandy Hook (2012) versetzten ihm zwar schwere Schläge, doch 2021 gehörte er mit **durchschnittlich 83 600 $** zumindest zu den Bundesstaaten mit dem höchsten Einkommen pro Haushalt.

Dicht bevölkert

Bevölkerung

Mit einer Bevölkerungsdichte von 280 Einw./km² steht Connecticut an **vierter Stelle in den USA**. Von den rund 3,6 Mio. Einwohnern sind gut 12,7 % Afro-Amerikaner. Dies ist der höchste Anteil in den Neuengland-Staaten. Die größten Städte sind Bridgeport mit 148 000 Einwohnern, New Haven mit 135 000 und Hartford mit 120 600.

Der Connecticut River gab dem Staat den Namen.

THE GREATEST SHOW ON EARTH!

Phineas Taylor Barnum wurde am 5. Juli 1810 in Bethel, CT, geboren. Mit 24 ging er nach New York, wo er die ehemalige Sklavin Joice Heth kennenlernte. Sie behauptete, 161 Jahre alt und außerdem George Washingtons Amme gewesen zu sein. Das war natürlich glatt gelogen.

Barnum heuerte sie trotzdem an, hängte seinen Händler-Job an den Nagel und tingelte mit ihr und anderen »Kuriositäten« – u. a. einer »Meerjungfrau« aus einem ausgestopften Affentorso mit ausgestopftem Fischschwanz – über die Dörfer. Bald vergrößerte er seine menschliche Menagerie um **die Siamesischen Zwillinge Chiang und Eng**, die er in seinem 1841 am Broadway in New York eröffneten »American Museum« ausstellte. 1842 entdeckte er in Bridgeport einen vier Jahre alten Liliputaner, brachte ihm Singen und Tanzen bei, nannte ihn **»Tom Thumb«** (nach einer englischen Märchenfigur) und ließ ihn auftreten.

Große Erfolge in Europa

Mit ihm als Zugnummer reiste er 1844 nach Europa. Sie durften sogar vor Queen Victoria auftreten, die sich über Tom Thumbs Napoleon-Parodie besonders amüsiert haben soll. Barnum, auch **»Prinz Schwindel«** genannt, kehrte als gemachter Mann zurück, baute in Bridgeport einen orientalischen Palast und konnte Jenny Lind, »die schwedische Nachtigall«, verpflichten. Dann investierte er in marode Firmen und war 1855 bankrott. Mit Unterstützung von Tom Thumb, mit dem er abermals Europa durchreiste, berappelte er sich wieder.

Zirkus

Sein Hauptgeschäft blieben **»Freak Shows«**, d. h. die Zurschaustellung bärtiger Damen, ganzkörpertätowierter Männer, Liliputaner und Riesen. 1870 organisierte er mit William C. Coup einen Wanderzirkus mit insgesamt 500 Menschen und 200 Pferden. Ein Erfolg stellte sich aber erst ein, als er 1881 mit James A. Bailey **»The Barnum and Bailey Greatest Show on Earth«** zusammenstellte. Zugnummer war »Jumbo«, der angeblich größte Elefant der Welt. In den 1870er-Jahren wurde Barnum zweimal zum Bürgermeister von Bridgeport gewählt. Bis zu seiner Schließung 2017 war »Barnum and Bailey Ringling Brothers« **der größte Zirkus der Erde.**

Versicherung und Industrie

Wirtschaft

So schön ist Connecticut, dass man der Hauptstadt Hartford den Langeweile signalisierenden Beinamen »Versicherungshauptstadt der USA« glatt nachsieht, und auch, dass Präzisionsinstrumente, Mikrochips, Chemikalien und Düsentriebwerke die bekanntesten Produkte des **Constitution State** sind.

BRIDGEPORT

Region: Fairfield/Southwest | **Höhe:** 0–5 m ü. d. M.
Einwohner: 148 000

Die Industriestadt am Long Island Sound liegt bereits im Sog des Molochs New York. Für Normaltouristen gibt es keinen Grund für einen Besuch. Zirkusfans dagegen führen die Stadt auf der Bucketlist.

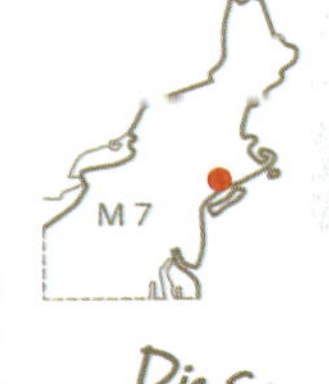

Dass Bridgeport 1639 gegründet und bis weit ins 19. Jahrhundert von Walfang und verarbeitender Industrie lebte, ist da schnell abgehakt. Richtig berühmt wurde Bridgeport nämlich durch zwei besonders ungewöhnliche Männer. Der eine hieß Charles Stratton (1838–1883) und wurde nie größer als 102 Zentimeter. Der andere war Phineas T. Barnum (1810–1891), der ebenso genial wie gerissene Zirkusmann und Promoter der »Greatest Show on Earth«. Barnum entdeckte Stratton, als dieser vier Jahre alt war, gab ihm den Künstlernamen »General Tom Thumb« und schickte ihn mit seinem Zirkus auf Tournee durch Amerika und Europa.

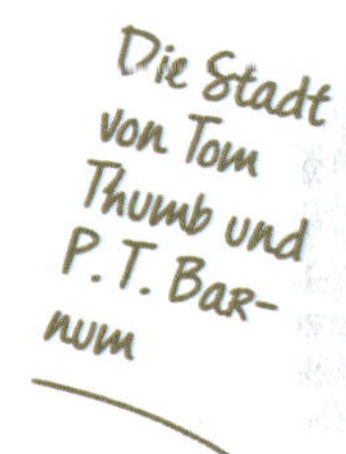

BRIDGEPORT ERLEBEN

BRIDGEPORT REGIONAL BUSINESS COUNCIL
10 Middle St.
Bridgeport, CT 06604
Tel. 1 203 3 35 38 00
www.brbc.org

HOTEL ZERO DEGREES NORWALK €€€
Das moderne Hotel an der Main Street beeindruckt mit großen, lichten Zimmern und dem Gourmetrestaurant Mediterraneo, wo Spezialitäten aus dem Mittelmeerraum serviert werden.
353 Main Ave., Norwalk, CT 06851
Tel. 1 203 7 50 98 00
www.hotelzerodegrees.com

Wohin in Bridgeport und Umgebung?

Hereinspaziert, hereinspaziert!

Barnum Museum

Das Barnum Museum beschäftigt sich mit Barnums schillernder Persönlichkeit und zeigt zahlreiche Raritäten, u. a. handgearbeitete Zirkusmodelle und Kostüme einstiger Zirkusstars. Das Museum selbst ist wegen Tornadoschäden **immer noch geschlossen**. Eine Wiedereröffnung ist geplant, wann ist jedoch noch nicht klar. Und – the show must go on – in einem Seitenflügel werden die schönsten und ungewöhnlichsten Artefakte ausgestellt.

820 Main St. | Info-Tel. 1 203 3 31 11 04 | www.barnum-museum.org

Wie geschaffen für Motivscouts

Norwalk

Norwalk ist schöner als Bridgeport. Das freundliche Hafenstädtchen 13 mi/21 km südöstlich erlebte in den 1990er-Jahren ein energisches Facelift seiner Waterkant mit Restaurants, Galerien, trendigen Boutiquen und der Washington Street. Dort wurden viele **Hollywood-Filme mit Neuengland-Hintergrund** gedreht, so auch »The Stepford Wives« (2004) mit Nicole Kidman und »Confessions of a Shopaholic« (2009) mit Isla Fisher und John Goodman. Hauptattraktion ist das kleine, aber gute **Maritime Aquarium** mit Meeresbewohnern aus heimischen und exotischen Gewässern. Im IMAX-Kino werden sehenswerte Naturfilme gezeigt.

Maritime Aquarium: 10 N Water St. | tgl. 10–17, Juli/Aug. bis 18 Uhr
Eintritt: ab 19,95 $ | www.maritimeaquarium.org

BRISTOL

Region: Litchfield Hills/Northwest | **Höhe:** 88 m ü. d. M.
Einwohner: 60 600

Knapp 300 Uhrmacher machten hier einst die »Zeit«: Das behäbige Städtchen war im 19. Jahrhundert das Zentrum der amerikanischen Uhrenindustrie. Doch die Zeiten ändern sich. Heute nimmt man sie sportlich.

Zeitmesser jeglicher Größe, am Fließband hergestellt, verließen die Fabriken Richtung Westen, um Siedlern und Native Americans zu melden, was die Uhr geschlagen hatte. So bedeutend war die Uhrenindustrie von Bristol, dass sogar zwei Nachbarorte – Terryville und Thomaston – nach besonders erfolgreichen Uhrmachern benannt wurden. Heute ist Bristol bekannt als Sitz von ESPN, dem größten Sportfernsehsender im Land.

BRISTOL ERLEBEN

BRISTOL DEVELOPMENT AUTHORITY
111 North Main St.
Bristol, CT 06010
Tel. 1 860 5 84 61 85
www.bristolallheart.com

PLYMOUTH MOTOR LODGE €
Einfaches Motel mit 13 sauberen Zimmern, Flachbildschirm und freiem WLAN. Wenige Minuten westlich von Bristol.
325 Main St.
Terryville, CT 06786
Tel. 855 516 1090.

Wohin in Bristol und Umgebung?

American Clock & Watch Museum

Wissen, was die Stunde geschlagen hat
Die schönsten Uhren aus hiesiger Produktion und der Werdegang des Zeitmessers von der klobigen Standuhr hin zur flachen Designeruhr: Eine wunderbare Ausstellung im 1801 erbauten Lewis House präsentiert rund **3000 Chronometer** aller Preis- und Größenklassen. Ein Leckerbissen für Fans des traditionellen Uhrmacherhandwerks!
100 Maple St. | Mi.–So., 10–17 Uhr, | Eintritt: 8 $
www.clockmuseum.org

New England Carousel Museum

Nostalgie pur
Einfach schön: Dieses kleine Museum zeigt herrlich nostalgische alte **Kirmeskarussells!** Als Zugabe gibt's noch eine Kunstsammlung und das Museum of Fire History.
95 Riverside Ave. | Mi.–Sa. 10–17, So. 12–17 Uhr | Eintritt: 10 $
www.thecarouselmuseum.org

Lake Compounce Theme Park

Altmodisch im besten Sinne
Vielleicht noch etwas mehr Nostalgie gefällig? Der älteste durchgehend geöffnete **Vergnügungspark** der USA wurde 1846 am gleichnamigen See eröffnet und bietet neben magenumdrehenden »Thrill Rides« auch hübsch altmodische Attraktionen, darunter eine hölzerne Achterbahn und einen Badestrand mit Kiosken aus der guten alten Zeit.
I-84, Exit 31 | Memorial Day–Ende Sept. Mi.–Mo. 9–20 Uhr
Eintritt: ab 40 $ | www.lakecompounce.com

CONNECTICUT VALLEY

Regionen: River Valley/Central | **Höhe:** 0–667 m ü. d. M.

In Neuengland nennt man ihn stolz den »Rhein Amerikas«. Das mag zwar weit hergeholt sein, doch immerhin: Der Connecticut River fließt ebenso majestätisch durch ein grünes Hügelland dem Long Island Sound entgegen. Schön schläfrige Städtchen begleiten ihn dabei.

Diese idyllische Landschaft lockte auch die eine oder andere Prominenz. Beispielsweise lebte die unvergleichliche **Katharine Hepburn** in Old Saybrock. Wer dort wohnen darf, bestimmen die Einwohner, doch wer hätte zu einer solchen Legende wohl nein gesagt!? Ansonsten findet man Kunst und Kultur und kann gelegentlich einen Blick erhaschen auf Villen von Menschen, für die der Ausdruck »gut betucht« ein absolutes Understatement wäre.

Wohin im Connecticut Valley?

Kultur im weitesten Sinne

★ East Haddam

Die Erkundung des Valley beginnt am besten in East Haddam, etwa 20 mi/32 km landeinwärts. Das zauberhafte Uferstädtchen ist berühmt für sein **Goodspeed Opera House**, ein viktorianisches Schmuckstück von 1876, einst Ziel der kunstbeflissenen, per Raddampfer anreisenden New Yorker. Heute führt das mit filigranen Türmchen verzierte, von der gemeinnützigen Organisation Godspeed Musicals betriebene Haus von April bis Dezember vor allem Musicals auf, von denen es manche sogar an den Broadway schaffen.

Etwas südlich von East Haddam thront hoch über dem Fluss das einzige Schloss des Tals: **Gillette Castle** wurde 1919 vom damals als »Sherlock Holmes« berühmt gewordenen Schauspieler William Gillette gebaut und erinnert bizarr an transsylvanische Vampirschlösser. Schöner als die mit Originalmöbeln Gillettes eingerichteten 24 Zimmer – manche Möbel stehen auf Gleitschienen, eine Marotte des »Schlossherrn« – ist jedoch der Blick von der Terrasse auf den Connecticut River. Übrigens ist das gesamte Areal samt »Schloss« heute als State Park ausgewiesen.

Goodspeed Opera House: Spielplan, Karten Tel. 1 860 8 73 86 68 www.goodspeed.org

Gillette Castle: 67 River Rd. | Memorial Day–Columbus Day tgl. 8–Sonnenuntergang | Eintritt: 6 $ | www.friendsofgillettecastle.org

DAS CONNECTICUT VALLEY ERLEBEN

MIDDLESEX COUNTY CHAMBER OF COMMERCE

393 Main St.
Middletown, CT 06457
Tel. 1 860 3 47 69 24
https://www.middlesexchamber.com

GENERAL STORE

Die berühmte Katharine Hepburn traf sich hier mit Nachbarinnen zu Klatsch und Tratsch. Im anno 1790 eröffneten James Gallery & Soda Fountain in der Pennywise Lane 2 in Old Saybrook gibt es außer Sprudel aus einer altbekannten Quelle vor allem köstliche hausgemachte Eiscreme wie zu Omas Zeiten.
Übrigens: Eine Tafel erinnert an den Marquis de Lafayette. Der Held des Unabhängigkeitskriegs kaufte 1824 hier Seife ... oder ein Paar Socken, so genau weiß das niemand mehr. Dem General Store ist das hübsche James Pharmacy B&B angegliedert.
https://jamespharmacybnb.com

OLD LYME INN €€-€€€

Große helle Zimmer geschmackvoll eingerichtet. Nach einem Zimmer mit Kamin fragen! Restaurant, Bar und kleiner Jazzklub im Haus.
85 Lyme St., Old Lyme, Tel. 860 434 2600, www.oldlymeinn.com

THE GRISWOLD INN €€€

33 Zimmer. Seit 1776 als Hotel in Betrieb, ist diese alte Herberge längst selbst eine Attraktion. Über Restaurant (Ribs, Fisch, Shrimps) und dunkler Taverne (Pubfood, Craftbier) liegen die urgemütlichen, allerdings recht kleinen Zimmer.
36 Main St., Essex, CT 06426
Tel. 1 860 7 67 17 76
www.griswoldinn.com

FRESH SALT €€€

Serviert werden traditionelle Seafood-Gerichte mit globalem Twist. Hervorragende Weinkarte, toller Blick auf Fluss und Sound. Öffnungszeiten für die versch. Mahlzeiten des Tags siehe Website.
2 Bridge St., Old Saybrook
Tel. 1 860 3 95 20 00
https://www.saybrook.com/eat-drink/fresh-salt/

Elegant und traditionsbewusst

Essex

Bis Mitte des 19. Jh.s ein blühendes Schiffsbau- und Handelszentrum, träumt das Städtchen südlich von East Haddam am Westufer heute von vergangener Größe. Wo einst tätowierte Seebären Rumfässer über die Straße rollten, schlendern heute sonnengebräunte Yachtbesitzer, die ihre Boote in den Marinas vertäut haben, über die gepflegte Main Street. Charmant ist v. a. die im **Erscheinungsbild**

Von der Terrasse von Gillette Castle sah William Gillette alias »Sherlock Holmes« den Connecticut River.

um 1880 eingefrorene Hauptstraße, gesäumt von eleganten Bekleidungsläden, teuren Boutiquen und guten Restaurants. Kein Wunder also, dass Essex zu den lebenswertesten Städte der USA zählt! Und was gibt's dort sonst noch? Das **Connecticut River Museum** in einem alten Lagerhaus: Es schildert ebenso detailreich wie liebevoll die manchmal dramatische Geschichte der Schifffahrt auf dem Fluss. Übrigens: Die schönsten Uferabschnitte erkundet man nicht im Auto, sondern an Bord des alten Raddampfers »Becky Thatcher«.

Connecticut River Museum: Steamboat Dock, 67 Main St. | Mo.–Fr. 9–17, Sa./So. 10–17 Uhr | Eintritt: 12 $ | www.ctrivermuseum.org
Essex Steam Train & Riverboat: 1 Railroad Ave., Exit 3
Fahrplan u. Tickets Tel. 1 860 7 67 01 03
www.essexsteamtrain.com

Hier lebte ein Hollywood-Star

★ Old Saybrook

Die von verlandeten Buchten und Landzungen zerfransten Sandbänke in der Mündung des Connecticut River verbieten größeren Schiffen inzwischen die Fahrt flussaufwärts, sodass die hiesigen Orte von der Zeit vergessen wurden.

Ein recht verschlafenes »Dornröschen« ist **Old Saybrook**, das englische Siedler 1635 den holländischen Kolonisten abnahmen. Im

Zentrum dieses langjährigen Wohnorts der Hollywood-Legende Katharine Hepburn – unvergessen bleibt ihr Satz: »Liebe Mädchen kommen in den Himmel, böse überall hin!« – nehmen gut bestückte Antiquitätenläden, gemütliche Restaurants und hübsche Straßencafés das Tempo aus dem Schritt. Bis heute ist Old Saybrook mit seinem innerörtlichen Golfplatz so exklusiv, dass seine gut betuchten Bewohner selbst darüber bestimmen, wer zuziehen darf und wer nicht!
Auf der anderen Seite der Mündung liegt Old Lyme. Hier sollte man unbedingt das **Florence Griswold Museum** ansehen. Das um einen modernen Anbau erweiterte einstige Zentrum der amerikanischen Impressionisten beherbergt heute Werke einiger prominenter Mitglieder der damaligen Künstlerkolonie, darunter Childe Hassam und Willard Metcalf.
Florence Griswold Museum: 96 Lyme St.
Di.–Sa. 10–17, So. ab 13 Uhr | **Eintritt:** 12 $
https://florencegriswoldmuseum.org

★★ HARTFORD

Region: River Valley/Central | **Höhe:** 30 m ü. d. M.
Einwohner: 125 000

Die Hauptstadt von Connecticut gilt zwar als Versicherungsmetropole der USA, ist aber alles andere als langweilig. Dafür sorgt allein schon das Haus, das Mark Twain baute. Hinzu kommt die bescheidene Hütte einer berühmten Nachbarin.

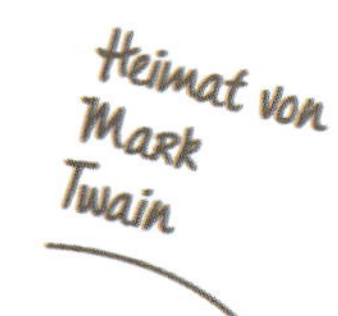

Doch bis es so weit war, mussten die holländischen Siedler hier 1633 erstmal ein Dorf gründen, das ihnen drei Jahre später prompt englische Kolonisten wegnahmen. Deren aufmüpfige Nachfahren versteckten 1687 die liberale Stadtverfassung vor der strengen Ordnungsmacht in einer hohlen Eiche. Im 19. Jahrhundert entwickelte sich Hartford dann zu Amerikas Versicherungsmetropole, nachdem die Hartford Fire Insurance nach dem New Yorker Großbrand von 1831 als Einzige auszahlen konnte. Heute sitzen über drei Dutzend Versicherungen in Hartford. So erfolgreich war die Branche, dass die Hartforder in den 1870er-Jahren sich mit Prominenten aus Kunst und Kultur, darunter Mark Twain und Harriet Beecher-Stowe, umgeben konnten. Inzwischen residieren neben Versicherungen hier auch bedeutende Firmen der verarbeitenden Industrie, allen voran der Triebwerkhersteller Pratt & Whitney und die Colt Factory.

HARTFORD ERLEBEN

METROHARTFORD ALLIANCE
31 Pratt St., Hartford, CT 06103
Tel. 1 860 5 25 44 51
www.metrohartford.com

Von Juni bis November bieten Bauern der Umgebung auf dem Farmers Market im Stadtzentrum (855 Main St., Mo., Mi., Fr.) ihre Produkte feil.

❶ MAX DOWNTOWN €€€€
Schicker Yuppie-Hangout. Spezialität: Schwertfisch mit Paprikasauce und fein angemachte Salate.
105 Asylum St.
Tel. 1 860 5 22 25 30
https://maxdowntown.com/
Mo.–Fr. 11.30–14.30, Mo.–Do. 17–22, Fr./Sa. bis 22, So. 16–21 Uhr

❷ PEPPERCORN'S GRILL €€€
Elegante italienische Trattoria mitten in der Stadt, seit 30 Jahren von Sal und Dino betrieben.
357 Main St.
Tel. 1 860 5 47 17 14
http://peppercornsgrill.com/

❶ THE ATLANTIC MOTOR INN €€
Viel Motel für wenig Geld: Sympathische Bleibe vor den Toren der Stadt, mit schönen Zimmer und vielen Annehmlichkeiten.
1840 Berlin Turnpike Wethersfield
Tel. 860 529 7421
www.atlanticinnct.com

❷ RESIDENCE INN DOWNTOWN MARRIOTT €€€
120 modern eingerichtete Suiten mit Küche in guter Lage nicht weit vom Old State House.
942 Main St.
Hartford, CT 06103
Tel. 1 860 5 24 55 50
www.marriott.com

Wohin in Hartford?

Repräsentativer Sitz

Old State House

1792 von Charles Bulfinch im Federal Style erschaffen, beherbergte der elegante Repräsentativbau erst die Regierung Connecticuts und bis 1915 das Rathaus. 1839 fand hier der berühmte **Prozess um die von der »Amistad« geflohenen Sklaven** statt, das House of Representatives Chamber ist nahezu unverändert zu besichtigen. Sehenswert sind auch die einst begehrte Royal Charter von 1662 und die »Fundamental Orders« von 1638. Hinter dem Old State House erhebt sich schiffsförmig die Kulisse des Phoenix Mutual Life Insurance Building.
800 Main St. | Okt.–Juli Mo.–Fr. 10–17, sonst Di.–Sa. 10–17 Uhr
Eintritt: 6 $ | www.ctosh.org

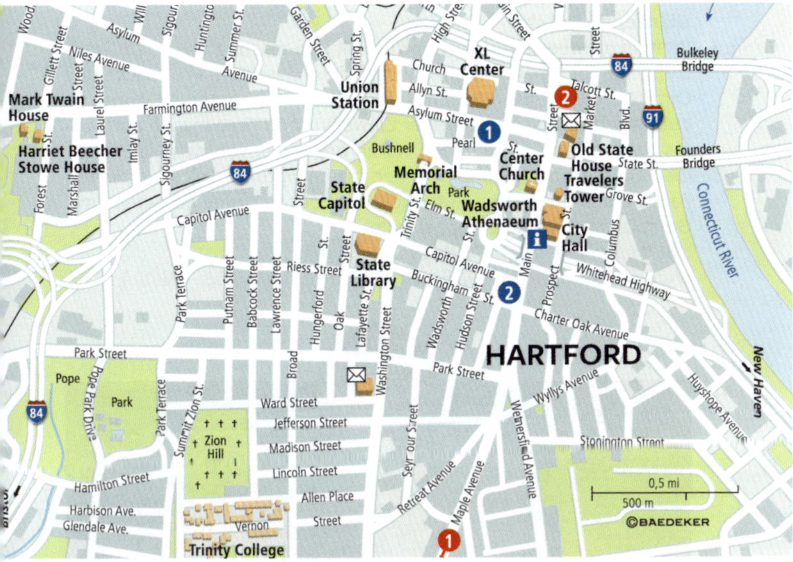

1 Max Downtown
2 Peppercorn's Grill

1 The Atlantic Motor Inn
2 Residence Inn Marriott

Zeugen der Anfänge

Center Church

Wenige Schritte südlich steht die Center Church (675 Main St.), ein Gotteshaus, das 1807 anstelle eines ersten, 1636 aus rohen Holzbalken gezimmerten Versammlungshauses errichtet wurde. An sie grenzt der **älteste Friedhof der Stadt**, auf dem Stadtgründer beigesetzt sind.

Verschiedene Kulturen

Wadsworth Atheneum

Die bereits 1842 eröffnete Ausstellung gilt als **das älteste Kunstmuseum der USA** und besitzt als größten Schatz eine Gemäldesammlung von Künstlern der besonders in den USA berühmten Hudson River School, dazu Alte Meister des 16. und 17. Jh.s sowie Arbeiten zeitgenössischer Amerikaner und Europäer. Das im Haus untergebrachte **Amistad Center for Art & Culture** dokumentiert die Kultur der Afro-Amerikaner von der Sklaverei bis zur Gegenwart.

Neben dem Wadsworth Atheneum kann man im Travelers Tower die 100 Stufen hinauf zur Beobachtungsplattform klettern. Die Mühe wird mit einem tollen Blick über die Stadt belohnt.

Athenaneum: 600 Main St. | Mi.–Fr. 11–17, Sa./So. 10–17 Uhr
Eintritt: 15 $ | www.thewadsworth.org
Tower: Mai–Okt. Mo.–Fr. 10–15 Uhr | Eintritt frei

Glänzende Pracht

Capitol

Weithin sichtbar auf dem **Capitol Hill** und mächtig über dem weitläufigen, vom berühmten Landschaftsarchitekten Frederick Law Olmsted konzipierten Bushnell Park thronend, verstörte **Connecticuts Regierungssitz** bei seiner Einweihung 1879 so manch aufrechtes Yankee-Gemüt: Nicht alle waren begeistert von den vielen Türmen und Türmchen und von der mit Skulpturen reich verzierten Fassade aus Connecticut-Marmor, über der sich eine gewaltige, mit Goldplättchen belegte Kuppel wölbt.

210 Capitol Ave. | Mo.–Fr. 8–15 Uhr | Eintritt frei
www.ctvisit.com/listings/state-capitol-legislative-office-building

HIER DURFTE ER

Wer kennt sie nicht, die Abenteuer von Tom Sawyer und Huckleberry Finn? Mark Twain gilt als Amerikas größter Schriftsteller. Sein Arbeitszimmer unterm Dach des Mark Twain House in Hartford atmet noch immer den Geist des des genialen Humoristen und Humanisten. Man hört es förmlich, das Klack-Klack vom Billardtisch, riecht die Zigarren und meint, ihn fluchen zu hören. Denn diese Klause war der einzige Ort im Haus, wo ihm seine geliebte Livy all das erlaubte

Hier entstand »Tom Sawyer«

Mark Twain House & Museum

»The House that Mark built« – das Haus an der Farmington Avenue trägt bis zum letzten Stein die Handschrift des weltberühmten Schriftstellers und Vaters von Tom Sawyer und Huckleberry Finn. Mark Twain kam anno 1874 nach Hartford und überwachte die Bauarbeiten persönlich. Er ließ selbst die **Ziegelsteine als Deko-Material** verwenden, indem er sie in Ausrichtung und Winkel zu geometrischen Mustern verschieben ließ. Heraus kam dabei ein heimeliges, blutrotes Haus mit Giebeln, Türmchen und Balkonen, stilistisch irgendwo zwischen entspannter Neugotik und Skihütte angesiedelt. 19 Räume nehmen Besucher mit viel Walnussholz und schweren Polstermöbeln gefangen. In der Bibliothek möchte man gleich mit einem Buch in einem der Ohrensessel versinken. Mark Twains Reich war ein kleines Arbeitszimmer unterm Dach. Viele Originalmöbel stehen noch an ihrem Platz, u. a. der Billardtisch und der kleine Schreibtisch, an dem Klassiker wie »The Adventures of Tom Sawyer« (1876) und »Life on the Mississippi« (1883) entstanden.

351 Farmington Ave. | April–Dez. Mo.–Sa. 9.30–17, So. 12–17.30 Uhr
Eintritt: 26 $ | www.marktwainhouse.org

Kämpferin gegen die Sklaverei

Harriet Beecher-Stowe Center

Twains Nachbarin war übrigens die Schriftstellerin und Abolitionistin **Harriet Beecher-Stowe** (1811–1896). Die weithin geschätzte Autorin von »Onkel Toms Hütte« setzte sich vehement für die Abschaffung der Sklaverei ein. Sie verbrachte ihre letzten Lebensjahre in diesem einfachen viktorianischen Cottage. Eine kleine Ausstellung beschreibt ihr Leben und den Einfluss ihres Buchs auf die Antisklaverei-Bewegung.

77 Forest St. | Memorial Day–Columbus Day Mo.–Sa. 9.30–16.30, So. ab 12 Uhr, sonst Mo. geschlossen | Eintritt inkl. Tour: 20 $
www.harrietbeecherstowecenter.org

Rund um Hartford

Zahlungsverweigerung

Wethersfield

Im edlen Wettstreit darüber, wer den britischen Kolonialherren zuerst eine Nase drehte, kann das 5 mi/8 km südlich von Hartford gelegene Wethersfield mit einem Trumpf aufwarten: 1640 verurteilte der britische Hof die Altvorderen wegen einer unerlaubten Versammlung zu einer Geldstrafe von 5 Pfund, die sie einfach nicht bezahlten! Heute präsentiert sich Old Wethersby dem Besucher mit restaurierten Bauten aus dem 17. und 18. Jh. – ihre Besitzer brachten an der Frontseite stolz und gut sichtbar das Baujahr an – v. a. in der Main Street als wahres **Schaufenster amerikanischer Kolonialromantik**.

Aus grauer Vorzeit

Dinosaur State Park

Etwa 10 mi/16 km südlich von Hartford erstreckt sich der »Jurassic Park« des Bundesstaats Connecticut. Wo heute das Städtchen Rocky Hill liegt, stapften im Zeitalter der Trias **Eubrontes-Saurier** durchs Gelände und hinterließen etliche Fußabdrücke. Im Besucherzentrum, einem Diorama mit Retro-Charme, kann man die nachgemachten Echsen unter einem silbrig glänzenden Kuppeldach bestaunen.

400 West St. | Di.–So. 9–16.30 Uhr | Eintritt: 6 $
www.dinosaurstatepark.org

Hardware der früheren Sorte

New Britain

New Britain, 15 mi/24 km südwestlich von Hartford, kam im 19. Jh. mit der Produktion von **Eisenwaren** zu Wohlstand, was ihr den Namen »Hardware City« und schöne Art-déco-Häuser in der Innenstadt eintrug. Eine Broschüre des Besucherzentrums (1 Grove St.) lädt zur »Architectural Walking Tour« ein.

Die Einnahmen aus der Eisenindustrie flossen auch in das kleine, aber feine **New Britain Museum of American Art**. Es gibt einen Überblick über amerikanische Malerei von der Kolonialzeit bis zur Gegenwart und zeigt schöne Werke der Hudson River School sowie Fotoausstellungen zeitgenössischer Prominenter.

56 Lexington St. | So., Di./Mi., Fr. 11–17, Do. bis 20, Sa. 10–17 Uhr
Eintritt: 15 $ | www.nbmaa.org

LITCHFIELD HILLS

Region: Litchfield Hills/Western | **Höhe:** 150–706 m ü. d. M.

M 7

Westlich von Connecticuts Hauptstadt Hartford liegt ein Stück Neuengland aus dem Bilderbuch: Klare Flüsse plätschern durch niedliches Hügelland, hie und da spannen sich romantische »Covered Bridges« à la »Bridges of Madison County« darüber.

Housatonic Valley

In den Litchfield Hills fließt der Housatonic River durch eine von Fastfood-Ketten und Neonreklame nahezu verschont gebliebene Landschaft. Der schönste Weg am Fluss entlang ist die CT 7, die alte Fernstraße von New York ins kanadische Montréal. Von der überdachten Brücke bei Bulls Bridge nach West Cornwall folgt sie seinen Windungen und gibt hin und wieder den Blick auf die hübschen Wochenendhäuser betuchter New Yorker frei. Einige Kanu- und Kajakverleihfirmen haben den Fluss so großzügig untereinander aufgeteilt, dass Paddler das klare Wasser meist ganz für sich alleine haben.

DIE LITCHFIELD HILLS ERLEBEN

WESTERN CONNECTICUT CVB
PO Box 968, Litchfield,
CT 06759-0968
Tel. 1 860 5 67 45 06
www.litchfieldhills.com

THE VILLAGE RESTAURANT €€€
»Prime Rib night«! DER Treffpunkt mit amerikanischer, etwas italienisch angehauchter Küche und beliebtem »Tap Room«.
25 West St., Litchfield
Tel. 1 860 5 67 83 07
https://village-litchfield.com
So.–Do. 11.30–21.30, Fr.–So. bis 22 Uhr

WEST STREET GRILL €€€
Als das nette Grillrestaurant 1990 eröffnet wurde, haben ihm Foodkritiker keine Zukunft beschieden. 30 Jahre später ist es noch immer da, denn die französisch inspirierte Bistroküche ist eine Klasse für sich.
43 West St., Litchfield
Tel. 1 860 5 67 38 85
www.weststreetgrill.com

LITCHFIELD INN €€-€€€
Das weitläufige Boutique-Hotel in einem schönen Park am Stadtrand wartet mit 12 viktorianisch eingerichteten Zimmern und dem urigen Restaurant »Tavern Off The Green« auf.
432 Bantam Rd.
Litchfield, CT 06759
Tel. 1 860 5 67 45 03
www.litchfieldinnct.com

Wohin in den Litchfield Hills?

Wie gemalt

Kent, Cornwall Bridge, West Cornwall

Gleich mehrere Ortschaften verdienen den Tritt auf die Bremse. Das sich an die Foothills der Litchfield Hills schmiegende Kent ist ein **Künstlerrefugium**, wo Maler und Bildhauer ihre Werke in kleinen Läden am Straßenrand ausstellen. Im urigen **General Store** von Cornwall Bridge kann man seinen Reiseproviant auffüllen. West Cornwall wirkt wie gemalt und bietet mit einer überdachten Brücke und einer renommierten Schreinerei unmittelbar am Fluss, die hochwertige Möbel im **Shaker-Design** herstellt, unwiderstehliche Fotomotive.

England in der Neuen Welt

Litchfield

Der größte Ort der Litchfield Hills liegt etwa eine halbe Autostunde westlich von ▶Hartford, CT in einer dicht bewaldeten Hügellandschaft. Litchfield gilt als **eine der schönsten Siedlungen Neueng-**

Wohlstand zeigt sich in Litchfield auch an der Kirche.

lands. Breite Alleen und gepflegte Rasenflächen mit stolzen alten Residenzen zeugen von neuenglischem Bürgersinn und gediegenem Wohlstand. Anfang des 18. Jh.s gegründet, ließen sich hier Schreiner, Uhrmacher und Tischler nieder, aber auch Lehrer und Ärzte.
Noch im 18. Jh. wurden hier die **erste Hochschule für Mädchen** und die Litchfield Law School gegründet. Das atemlose 19. Jh. samt Industrialisierung raste jedoch an Litchfield vorbei. Man darf sich daher auf eine nahezu unverbaute Stadt mit einem Green aus der guten alten Zeit freuen – und vor der Erkundung in einem der Bistros dort einen kräftigen Cappuccino genießen. Im am Green liegende Museum der **Litchfield Historical Society** (7 South St.) wird man mit charmant-verstaubter Detailverliebtheit durch die Geschichte des Orts geführt. Der Eintrittspreis berechtigt auch zum Besuch der Tapping Reeve House and Litchfield Law School. Im **Tapping Reeve House** (82 South St.), einem recht einfachen Holzhaus von 1774, empfing der Jurist Tapping Reeve 1784 die ersten Studenten der noch jungen USA. Eine kleine Ausstellung erinnert an die Wiege der amerikanischen Juristerei, wo auch spätere Gouverneure, Senatorinnen und Bundesrichter den Vorlesungen lauschten.

Litchfield Historical Society: April–Nov. Di.–Sa. 11–17, So. 13–17 Uhr | Eintritt frei | www.litchfieldhistoricalsociety.org

MYSTIC

Region: Mystic Country/Eastern | **Höhe:** 0–3 m ü. d. M.
Einwohner: 4100

Julia-Roberts-Fans kennen Mystic aus »Mystic Pizza« (dt. »Pizza Pizza«). Zwar wurde der Film im nahe gelegenen Stonington gedreht, aber die Pizzeria ist immer noch da. Außerdem hat der alte Walfängerhafen natürlich viel mehr zu bieten.

Früher liefen hier einige der schnellsten Clipper vom Stapel, heute schlägt der Ort aus seiner Glanzzeit Kapital. Mystic, Schiffsbauzentrum und Walfängerhafen, steht seit 400 Jahren im Zeichen der Seefahrt. An den Wohlstand erinnern die schmucken Kapitänshäuser entlang der Gravel und der High Street. Nach dem Ende des Walfangs sattelten die Werften auf Segeljachten. Bis heute genießen Mystics Schiffskonstrukteure den Ruf als beste Bootsbauer der Ostküste.

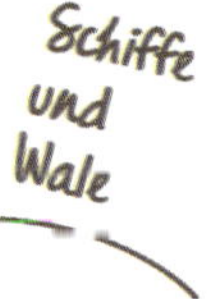

Wohin in Mystic und Umgebung?

Mystic Seaport

Ruhmreiche Zeiten
Mystic Seaport ist das größte **der Seefahrt gewidmete Freilichtmuseum in den USA**. Am Ufer des Mystic River wurde ein Hafenstädtchen des 19. Jh.s aufgebaut, mit Werften, Seilereien, Kapitänshäusern, einer Kerzenzieherwerkstatt und natürlich auch einer

MYSTIC ERLEBEN

GREATER MYSTIC CHAMBER OF COMMERCE
22 E. Main St.
Mystic, CT 06355
Tel. 1 860 5 72 95 78
www.mysticchamber.org

MYSTIC PIZZA **€-€€**
»A Slice of Heaven«: Wer ein T-Shirt mit dieser Aufschrift erwerben und in der Pizzeria essen möchte, die die Drehbuchautorin Amy Jones zu dem Film inspirierte, der Julia Roberts zum Durchbruch verhalf, bitte sehr.
56 W Main St.
Mystic, CT 06355
Tel. 1 860 5 36 37 00
https://www.mysticpizzaoriginal.com

S & P OYSTER COMPANY **€€**
Hier gibt es Seafood und Lobster Rolls mit Blick auf den Mystic River.
1 Holmes St., Mystic
Tel. 1 860 5 36 26 74
https://sp-oyster.com

richtigen Hafenspelunke, die in längst vergangene Walfängerzeiten entführt. Im sogenannten Preservation Shipyard, wo im Jahr 2000 der Nachbau des berüchtigten Sklavenschiffs »Amistad« für den Steven-Spielberg-Film vom Stapel lief, kann man Bootsbauern über die Schultern schauen. Maritime Ausstellungsgegenstände wie Galionsfiguren und Schiffsmodelle ergänzen den Anschauungsunterricht.
Wahre Prunkstücke sind über ein Dutzend Museumsschiffe. Sie liegen an der Pier, allen voran die gewaltige, 1841 gebaute **»Charles W. Morgan«**, das letzte erhaltene hölzerne Walfängerschiff. Der Zweimaster umrundete mehrmals die Erde und wurde erst 1921 ausgemustert. Die »Joseph Conrad« wurde 1882 in Dänemark gebaut und dient heute noch als Schulschiff, der Dampfer »Sabino« (1908) schippert noch heute von Mai bis Oktober auf dem Mystic River umher.
75 Greenmanville Ave. | tgl. 9–17 Uhr | 28 $. | www.mysticseaport.org

Faszinierende Unterwasserwelt

Mystic Aquarium

Das Aquarium zieht mit über **3500 verschiedenen Meeresbewohnern** Interessierte aus aller Welt an. Belugawale, Seehunde und Seelöwen entführen in die Unterwasserwelt Ergänzt wird das Ganze durch einen »Rochen-Streichelzoo« und eine Regenwaldabteilung.
Das Institute for Exploration des Tiefseeforschers Dr. Robert Ballard informiert über die jüngsten Ergebnisse der Tiefseeforschung.
55 Coogan Blvd. | April–Okt. tgl. 9–18, Nov./März tgl. 9–16, Dez.–Feb. tgl. 10–16 Uhr | Eintritt: ab 37 $ | www.mysticaquarium.org

Die »Chalres W. Morgan« war über 80 Jahre lang im Einsatz.

Früher Polarforscher

Stonington

Wenige Kilometer östlich von Mystic erreicht man ein weiteres kleines Schmuckstück. Früher ein wohlhabender Walfängerhafen, erinnern heute schöne alte Häuser rund um das Green an Stoningtons goldene Ära. Auch Polarforscher **Nat Palmer**, der 1821 tief in die Antarktis vorstieß, brach von hier auf.
Spannende Anekdoten aus seinem Leben hört man im Nathaniel B. Palmer House, einer viktorianischen Villa hoch über dem Städtchen. Über gleich drei Bundesstaaten reicht der Blick vom 1823 eingeweihten steinernen Leuchtturm des **Old Lighthouse Museum**. Zu sehen sind u. a. auch eine komplette Walfängerausrüstung und als Reminiszenz an die große Zeit des Chinahandels chinesische Handelsware.

Nathaniel B. Palmer House: N Water & Palmer Sts. | Mai–Okt. Di.–So. 13–17 Uhr | Eintritt: 9 $ | www.stoningtonhistory.org/palmer
Old Lighthouse Mueum: 7 Water St. | Mai–Okt. tgl. 10–17 Uhr Eintritt: 10 $ | www.stoningtonhistory.org/light

 NEW HAVEN

Region: Greater New Haven/South Central | **Höhe:** 0–112 m ü. d. M.
Einwohner: 131 000

»Studierte in Yale«: Diese drei Worte öffnen noch immer den Weg in die Chefetage. Die alte Elite-Uni prägt das Zentrum. In Würde erstarrt ist die Stadt jedoch nicht, sonst wären Korkenzieher, Dauerlutscher und Hamburger nie hier erfunden worden.

New Haven wurde 1638 von Puritanern gegründet und kam 1662 zur Connecticut Colony. Im 19. Jh. machte die berühmte »Yankee Ingenuity« die Stadt zur Kreativ-Werkstatt, die neben Waffen, Uhren und Fahrgestellen auch immer neue Erfindungen für den Alltag ausspuckte, darunter den Korkenzieher, den stählernen Angelhaken und den Hamburger, jenen Fleischklops, der heute eher mit der weltgrößten Fastfood-Kette in Verbindung gebracht wird. Anno 1903 packte Louis Lassen angeblich als Erster eine gegrillte Hackfleischscheibe zwischen zwei profane Weißbrotschnitten. Seitdem gilt der Imbiss **»Louis' Lunch«** in 261 Crown Street als die **Wiege des Hamburgers**. Im 20. Jh. verödete die Innenstadt, als Industrie und Bevölkerung in die Vororte abwanderten, und erst ein groß angelegtes Restaurierungsprogramm rettete die City vor dem Verfall. Heute ist New Haven mit einer aktiven Studierendenszene, hervorragenden Museen und schattigen Alleen ein attraktiver Stopover.

NEW HAVEN ERLEBEN

VISIT NEW HAVEN
5 Science Park
New Haven, CT 06511
Tel. 1 230 7 77 85 50
www.visitnewhaven.com

Die meisten Cafés und Galerien findet man an der Chapel Street. Am Abend sorgen rund um Yale einige irische Pubs für feucht-fröhliche Entschleunigung. Wer Klassik mag, geht ins Shubert Performing Arts Center.
Shubert: 247 College St.
https://shubert.com

❶ MI Y A'S SUSHI €€
Hier entstehen das beste Sushi, Dim Sum und Sashimi weit und breit!
68 Howe St., Tel. 1 203 7 77 97 60
www.miyassushi.com

❷ NEW HAVEN HOTEL €€-€€€
92 Zimmer. Freundliches Stadthotel in der Nähe der Yale University.
229 George St.
New Haven, CT 06510
Tel. 1 203 4 98 31 00
www.newhavenhotel.com

❶ STUDY AT YALE €€-€€€
124 Zimmer. Das europäisch nüchtern anmutende Hotel liegt im Zentrum und spielt mit dem Uni-Thema: Bücherregale in der Lobby und den Zimmern.
1157 Chapel St., New Haven, CT 06511
Tel. 1 203 5 03 39 00
www.studyatyale.com

 Yale University

Kaderschmiede

Hier lernt Amerikas Elite

Die 1716 nach New Haven verlegte Campus-Universität mitten in der Stadt ist eine der besten Hochschulen des Landes und gehört zur renommierten Gruppe der Ivy-League-Universitäten (▶ Baedeker Wissen, S. 70/71). Restaurants, Cafés und Theater der Umgebung nehmen ihrer ernsten neogotischen Architektur ein wenig die Spitze. Schon 1718 wurde sie nach ihrem Gönner **Elihu Yale** benannt, 1810 kamen die medizinische und 1824 die juristische Fakultät hinzu. Auf der Liste der Yale-Absolventen stehen neben John F. Kennedy u. a. Jodie Foster und Bill Clinton. Die hochwertige Ausbildung der amerikanischen Elite hat übrigens ihren Preis: Durchschnittlich 50 000 Dollar kostet die Eltern das Studium pro Kind und Jahr. Amüsante, von Studierenden geführte Touren durch die aus einem Dutzend Colleges bestehende Traditionsuni beginnen am **Yale Visitor Center** und informieren nicht nur über Wichtiges, sondern auch Erbauliches – wie die Frage, ob Bill Clinton einst wirk-

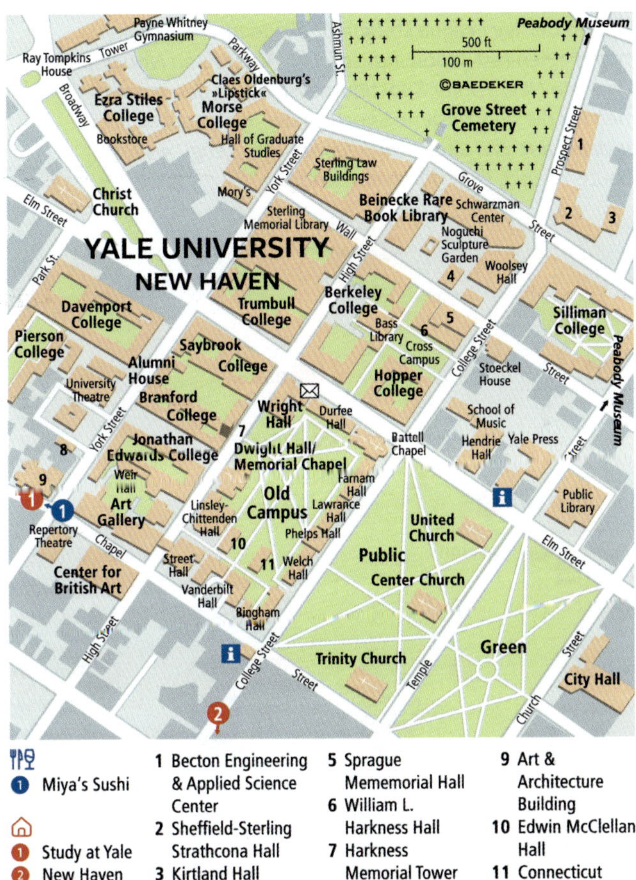

lich inhalierte. Die architektonische Vielfalt der Stadt studiert man am besten an The Green. Wo einst die Kühe friedlich grasten, recken heute drei zwischen 1812 und 1815 errichtete Kirchen ihre markanten Türme in den Himmel: die neugotische Trinity Church, die georgianische Center Church und die im Federal Style erbaute United Church. Die höchste Spitze gehört allerdings dem 66 m hohen neugotischen Harkness Tower von 1920.

Yale Visitor Center: 149 Elm St. | Mo.–Fr. 9–16.30, Sa./So. 11–16 Uhr, auch Führungen
www.yale.edu/visitor/

ELITE-SCHMIEDEN – DIE IVY LEAGUE

Die Universitäten der Ivy League stehen für akademische Exzellenz, Elitedenken und einen fast schon industriellen Ausstoß an Nobelpreisträgern. Es war ein New Yorker Sportjournalist, der in den 1930ern diesen Namen für die gemeinsame Sportliga der acht Hochschulen prägte. Wer dabei auch an altehrwürdige, von Efeu (engl. »ivy«) umrankte Bauten denkt, liegt durchaus richtig.

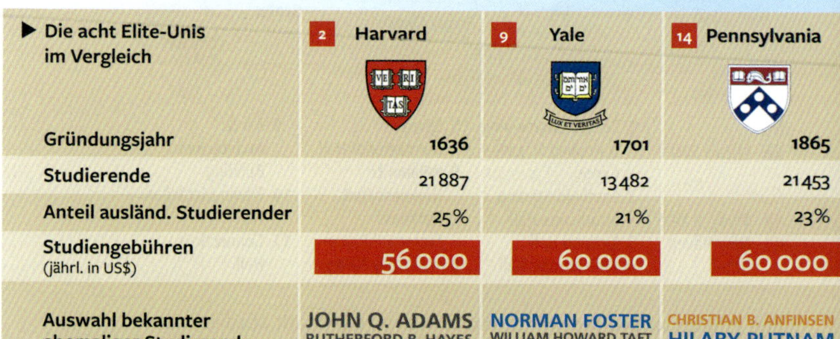

▶ Die acht Elite-Unis im Vergleich	2 Harvard	9 Yale	14 Pennsylvania
Gründungsjahr	1636	1701	1865
Studierende	21 887	13 482	21 453
Anteil ausländ. Studierender	25 %	21 %	23 %
Studiengebühren (jährl. in US$)	56 000	60 000	60 000
Auswahl bekannter ehemaliger Studierende ■ Präsidenten ■ Nobelpreisträger ■ Andere	JOHN Q. ADAMS RUTHERFORD B. HAYES HENRY KISSINGER BARACK OBAMA MARK ZUCKERBERG AL GORE FRANKLIN D. ROOSEVELT WALTER GILBERT JOHN F. KENNEDY BILL GATES SHELDON GLASHOW THEODORE ROOSEVELT JOHN ADAMS CHRISTIAN ANFINSEN GEORGE W. BUSH MATT DAMON	NORMAN FOSTER WILLIAM HOWARD TAFT GEORGE AKERLOF BILL CLINTON MURRAY GELL-MANN JODIE FOSTER DICKINSON WOODRUFF RICHARDS JOHN F. ENDERS KARL CARSTENS SINCLAIR LEWIS GEORGE HOYT WHIPPLE GEORGE H. W. BUSH LARS ONSAGER JOSHUA LEDERBERG BILL MOSELEY GEORGE W. BUSH	CHRISTIAN B. ANFINSEN HILARY PUTNAM STANLEY B. PRUSINER KWAME NKRUMAH GERALD M. EDELMAN KLAUS ZUMWINKEL EI-ICHI NEGISHI HARRY F. BISEL MICHAEL S. BROWN WALTER SELTZER DONALD J. TRUMP, SR WILLIAM H. HARRISON AHMED H. ZEWAIL WARREN BUFFETT MARTIN LUTHER KING

BAEDEKER WISSEN

▶ Weltweites Ranking der besten Unis
Quelle: Times Higher Education Wordl University Ranking 2023
(www.timeshighereducation.com/world-university-rankings/2023/world-ranking)

1	University of Oxford (GB)
2	**Harvard University (MA/USA)**
3	University of Cambridge GB)
4	Stanford University (CA/USA)
5	Massachusetts Institute of Technology (MA/USA)
6	California Institute of Technology (CA/USA)
7	**Princeton University (NJ/USA)**
8	University of California, Berkeley (CA/USA)
9	**Yale University (CT/USA)**
	...
11	**Columbia University (NY/USA)**
14	**University of Pennsylvania (PA/USA)**
20	**Cornell University (NY/USA)**
30	Technische Universität München (D)
33	Ludwig-Maximilians-Universität München (D)
43	Ruprecht-Karls-Universität Heidelberg (D)
61	**Brown University (RI/USA)**
123	**Dartmouth College (NH/USA)**

11 Columbia	7 Princeton	20 Cornell	61 Brown	123 Dartmouth
1754	1746	1865	1764	1769
21781	8279	24027	10037	6440
38%	23%	26%	21%	15%
64000	56000	61000	62000	61000

Columbia: LOU GEHRIG, IRVING LANGMUIR, DWIGHT D. EISENHOWER, ROBERT A. MILLIKAN, JIM JARMUSCH, HERMANN J. MULLER, DAN FLAVIN, RICHARD HAMILTON, BARACK OBAMA, FRITZ STERN, JOHN H. NORTHROP, NICHOLAS MURRAY BUTLER, WARREN BUFFETT, ALEXANDER HAMILTON, FRANKLIN D. ROOSEVELT, JOHN JAY, THEODORE ROOSEVELT, MAX ABRAMOVITZ

Princeton: JEFF BEZOS, WILLIAM COLBY, ALBERT EINSTEIN, WOODROW WILSON, CARL ICAHN, JOHN F. KENNEDY, PAUL KRUGMAN, MARIO VARGAS LLOSA, JAMES MADISON, THOMAS MANN, JOHN NASH, DONALD RUMSFELD, EUGENE O'NEILL, DAVID PETRAEUS

Cornell: HANS BETHE, MALCOLM BILSON, RICHARD FEYNMAN, REGINALD FILS-AIME, PEARL S. BUCK, SHELDON GLASHOW, GREG GRAFFIN, ROALD HOFFMANN, NORA STANTON BLATCH BARNEY, HU SHI, REM KOOLHAAS, HUEY LEWIS, BARBARA MCCLINTOCK, TONI MORRISON, FRANK HUNTER, STEVEN WEINBERG

Brown: JERRY WHITE, JOHN D. ROCKEFELLER, JR., EMMA WATSON, LEON NEIL COOPER, DOUG LIMAN, VERNON L. SMITH, DAVIS GUGGENHEIM, KATE BURTON, LARS ONSAGER, YAYA DACOSTA, TODD HAYNES, CRAIG C. MELLO, JOHN F. KENNEDY JR., LISA LOEB, GEORGE SNELL

Dartmouth: OWEN CHAMBERLAIN, NORMAN MACLEAN, JOHN MCCARTHY, ED HEALEY, JAMES NACHTWEY, ROBERT FROST, SHONDA RHIMES, BARRY SHARPLESS, TIMOTHY F. GEITHNER, AISHA TYLER, ROBERT M. GROVES, GUS SONNENBERG, DANIEL WEBSTER, GEORGE DAVIS SNELL, PETER BOLDT

Vom Manuskript bis zu britischer Kunst

Museen und Sammlungen

Yale ist auch für seine Museen berühmt. Die **Beinecke Rare Book & Manuscript Library** bewahrt zahlreiche wertvolle Dokumente, darunter eine Gutenberg-Bibel. Das **Peabody Museum of Natural History** zeigt umfangreiche paläontologische Sammlungen. Wertvolle antike Keramik und Werke von Berühmtheiten wie Picasso, van Gogh und Homer Winslow sind in der **Yale University Art Gallery** zu sehen. Das **Yale Center for British Art** beherbergt mit über 1300 Gemälden, 10 000 Zeichnungen und 20 000 Schriften und Drucken die größte Sammlung britischen Kunstschaffens außerhalb Großbritanniens.
Auf dem **Friedhof an der Grove Street** findet man die Gräber bekannter Persönlichkeiten wie Eli Whitney (Erfinder der Baumwollentkörnungsmaschine) und Charles Goodyear (Gummi-Magnat).

Beinecke Library: 121 Wall St. | Mo. 10–19, Di.–Do. 9–19, Fr. 9–17, Sa. 12–17, So. 12–16 Uhr | www.library.yale.edu/beinecke
Peabody Museum: 170 Whitney Ave. | Di.–Sa. 10–17, So. 12–17 Uhr Eintritt: 15 $ | http://peabody.yale.edu
Yale University Art Gallery: 1111 Chapel St., Di.–Fr. 10–17, So. 11–17 Uhr, Eintritt frei, http://artgallery.yale.edu
Yale Center for British Art: 1080 Chapel St. | Di.–Fr. 10–17, Sa./So. 12–17 Uhr | Eintritt frei | http://britishart.yale.edu

NEW LONDON

Region: Mystic Country/Eastern | **Höhe:** 0–8 m ü. d. M.
Einwohner: 28 000

N 7

Die Stadt am Thames River hat von Piraten bis zu Freizeit-Skippern jede Menge seefahrendes Volk. Wer zum Wasser ein besonderes Verhältnis hat, ist hier richtig. Hinzu kommt eine blühende unabhängige Kunstszene.

Heimathafen der Piraten

Ein natürlicher Tiefseehafen machte New London im 18. Jh. zu einem Stützpunkt der »Privateers«: Die amerikanischen Freibeuter kaperten mit Billigung der abtrünnigen Kolonien englische Handelsschiffe, weshalb eine britische Flotte New London 1781 kurzerhand niederbrannte. Bis 1850 erlebte die Stadt dank des Walfangs eine zweite Blütezeit, deren Glanz sich noch heute in herrlichen Greek-Revival-Häusern an der Whale Oil Row widerspiegelt. Wichtigste Arbeitgeber heute sind die Werften und die US Coast Guard Academy. Ein Dutzend hervorragender Galerien, die v. a. aufstrebende junge Künstlerinnen und Künstler der Region ausstellen, machen die zwei Blocks vom Flussufer liegende Green Street zur Galeriemeile der Stadt.

NEW LONDON ERLEBEN

NEW LONDON CITY HALL
181 State St.
New London, CT 06320
Tel. 1 860 4 47 52 01
visitnewlondon.org

ON THE WATERFRONT €€
Hier am Wasser der Stadt fühlen sich besonders Familien wohl, denn außer schmackhaften Fischgerichten gibt's auch Pasta, Wraps und Paninis. Unbedingt die Tageskarte studieren!
250 Pequot Ave.
Tel. 1 860 4 44 28 00
https://onthewaterfrontnl.com
Di. 14–21, Mi./Do. 12–21, Fr./Sa. 12–22, So. 12–20.30 Uhr

RED ROOF INN €€
Das verkehrsgünstig am I-95 gelegene Motel punktet mit Fußgängernähe zu allen Attraktionen der Stadt. Vergleichsweise preiswert.
707 Colman St.
New London, CT 06320
Tel. 1 860 4 44 00 01
www.redroof.com

Wohin in New London und Umgebung?

Spezielles Dämmmaterial

Downtown, Hempsted Houses

Der **historische Kern** der Stadt liegt am Flussufer und zeigt sich mit den alten Häusern an der Starr Street von seiner besten Seite. Näher anschauen sollte man sich die aus der Kolonialzeit stammenden Hempsted Houses – so sind z. B. die Außenwände des 1678 errichteten Joshua Hempsted House mit Seetang isoliert und die niedrigen Räume mit Möbeln der zweiten Siedlergeneration ausgestattet.

Hempsted Houses: Hempsted u. Jay Sts. | Mai–Mitte Okt. Do.–So. 12–16 Uhr | Geführte Tour: 12 $ | www.ctlandmarks.org

So wohnte der Dramatiker

Monte Cristo Cottage

Ein Denkmal am Hafen ehrt – auch wenn man ihn in New London lange für einen nichtsnutzigen Trunkenbold hielt – **Eugene O'Neill** (1888–1953), den wohl berühmtesten Bürger der Stadt. Der große Dramatiker und Literaturnobelpreisträger verbrachte viele Sommer im Monte Cristo Cottage, wo man mit seinem Lebenswerk bekannt gemacht wird; zu sehen gibt es überdies vielerlei persönliche Gegenstände.

325 Pequot Ave. | Di.–Sa. 10–17, So. 13–17 Uhr | Eintritt: 10 $
https://www.theoneill.org/mcc

»USS NAUTILUS«

Die »USS Nautilus«, das sechste Schiff dieses Namens und gebaut in Groton, CT, war das erste atomar betriebene U-Boot der Welt. Im August 1958 unterquerte sie als erstes U-Boot den Nordpol.

»Operation Sunshine«
Am 23. Juli 1958 verließ die »Nautilus« unter Commander William R. Anderson Pearl Harbor auf Hawaii, tauchte am 1. August bei Point Barrow vor Alaska ab und erreichte am 3. August um 23:15 Uhr den geografischen Nordpol. In der Nähe von Grönland tauchte sie am 5. August nach 96-stündiger Unterwasserfahrt wieder auf, nahm Kurs auf den britischen Hafen Portland. Von dort steuerte sie New York an, wo sie am 25. August eintraf. Man hatte gezeigt, dass atomgetriebene U-Boote dank ihrer überragenden Tauchfähigkeit unentdeckt bis vor die Tore der damaligen Sowjetunion kommen konnten. Die Antwort hatte die Rote Flotte schon parat: Bereits seit dem 3. Juli 1958 war die »Leninski Komsomol«, das erste sowjetische Atom-U-Boot einsatzbereit. Sie unterquerte jedoch erst im Juni 1962 den Nordpol.

1 Angriffszentrale
Von hier wurden Torpedoangriffe gesteuert und die beiden Periskope bedient.

2 Kontrollraum
Von hier aus wurde das Schiff gesteuert. Die »Nautilus« konnte über 200 Meter tief abtauchen.

3 Mannschaftsmesse
Größter Raum im Boot. Alle sechs Stunden wurden Mahlzeiten ausgegeben.

4 Torpedoraum
Die »Nautilus« war mit 6 Torpedorohren ausgerüstet und führte 24 Torpedos mit. Unmittelbar hinter dem Torpedoraum schloss sich eine Mannschaftsunterkunft an.

5 Reaktorraum
Die »Nautilus« wurde von einem Druckwasserreaktor angetrieben. Damit konnte das Boot theoretisch ohne Wartung 90000 km zurücklegen und erreichte eine Geschwindigkeit von max. 20 kn (41 km/h).

Technische Daten

Kiellegung: 14. Juni 1952 auf der Werft von General Dynamics in Groton
Stapellauf: 21. Januar 1954
Außerdienststellung: 3. März 1980
Wasserverdrängung: 3520 t (voll beladen)
Länge: 97,5 m
Breite: 8,5 m
Höhe: 7,9 m
Besatzung: 105 Mann
Bewaffnung: 6 Torpedorohre

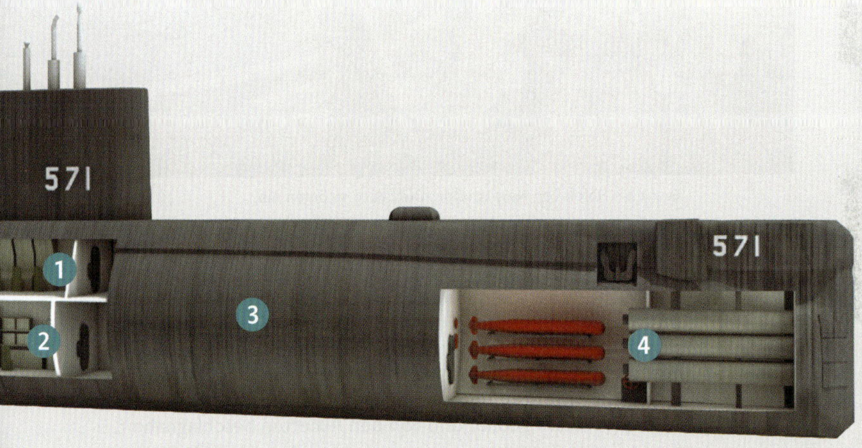

6 Heckräume
Das Heck war in fünf Abteilungen gegliedert: Notausstieg, Kontrollraum für Luftversorgung und Hydraulik, Mannschaftsraum und Krankenstation, Stauraum und Kontrollraum für Propellerwelle und Ruderblätter.

Event am Hafen von New London. Die Leute strömen hin.

Nachwuchs für die Küstenwache

US Coast Guard Academy

Der weitläufige, auffallend rotziegelige Gebäudekomplex am Thames River beherbergt die renommierte Militärakademie und dazu ein Museum mit u. a. Galionsfiguren und herrlichen Schiffsmodellen. Wenn sie im Hafen liegt, lohnt sich auch die Begehung der **»USS Eagle«**, des Schulschiffs der amerikanischen Küstenwache. Ironischerweise wurde der herrliche Dreimaster 1936 in Deutschland als Schulschiff »Horst Wessel« gebaut und von den Alliierten beschlagnahmt.

Coast Guard Academy: 15 Mohegan Ave. | Mo.–Fr. 9–16.30 Uhr
Eintritt frei, nur mit Anmeldung in der Waesche Hall | www.uscga.edu
»USS Eagle«: i. d. R. Fr.–So. 13–17 Uhr

Einmal quer durch amerikanische Kunst

Lyman Allyn Art Museum

Die der Coast Guard Academy gegenüberliegende und nach einem Walfänger-Kapitän benannte Kunstausstellung beherbergt mit der **»American Collection«** einen hochinteressanten Querschnitt durch das Kunstschaffen in den Vereinigten Staaten und beeindruckende Exponate zeitgenössischer amerikanischer Kreativer.

625 Williams St.| Di.–Sa. 10–17, So. 13–17 Uhr | Eintritt: 12 $
www.lymanallyn.org

Groton

Spezielle Unterwasserwelt

Das gegenüber von New London gelegene Groton ist keine Schönheit, doch der größte Arbeitgeber lässt Ästhetik wohl auch nicht zu: Der Ort an der Mündung des Thames River in den Long Island Sound nennt sich unbescheiden »U-Boot-Hauptstadt der Welt«, denn hier residiert der **Rüstungskonzern General Dynamics**, der größte U-Boot-Hersteller der Vereinigten Staaten. Ferner ist Groton Heimathafen der amerikanischen U-Boot-Flotte. Der nicht zugängliche Marinestützpunkt umfasst riesige Werftanlagen.

U-Boot-Hauptstadt der Welt

General Dynamics baute 1954 die legendäre **»USS Nautilus«** (▶ Baedeker Wissen, S. 74/75). Das 1980 ausgemusterte Boot ist die Hauptattraktion des Submarine Force Museum gleich neben dem U-Boot-Stützpunkt.

Submarine Force Museum: Crystal Lake Rd. | Mai–Sept. Mi.–Mo. 9–17, sonst Mi.–Mo. 9–16 Uhr | Eintritt frei | www.ussnautilus.org

Größtes Casino der Welt

Die Indigenen Neuenglands waren bereits 50 Jahre nach der Ankunft der Weißen so gut wie von der Bildfläche verschwunden. Zumindest die Mashantucket-Pequot haben ihr Schicksal korrigieren können – so gut, dass plötzlich Hunderte ihrer weißen Nachbarn Ureinwohnerblut in ihren Adern entdeckten, um ein Stück vom großen Kuchen zu ergattern. Der besteht aus dem **Foxwoods Resort Casino** in Ledyard, 20 Autominuten nördlich von Groton, mit 6400 Slot Machines, 350 Spieltischen, drei Luxushotels und über zwei Dutzend Restaurants. Das Casino ist das größte seiner Art der Welt, es zieht täglich 40 000 Menschen an und wirft über eine Million Dollar ab.

Mashantucket Pequot Tribal Nation

Die Einnahmen finanzieren auch das hervorragende **Mashantucket Pequot Museum & Research Center**. Mit Multimedia und großem materiellem Aufwand wird hier die 11 000 Jahre alte Kulturgeschichte des Stamms aufbereitet. Highlights sind die Darstellung einer Karibu-Jagd vor 11 000 Jahren, ein Pequot-Dorf aus dem 16. und ein Wehrdorf aus dem 17. Jahrhundert.

110 Pequot Trail | April–Okt. Mi.–Sa. 9–17, letzter Einlass 15 Uhr
Eintritt: 25 $ | www.pequotmuseum.org

MAINE

Fläche: 79 939 km² | **Einwohner:** 1,33 Mio. | **Hauptstadt:** Augusta
Beiname: Pine Tree State

Hummer. Fernblick. Brandung. Leuchttürme, kleine Hafenstädtchen. Elche, Biber und Wölfe in endlosen Wäldern. Hier in der herbschönen Nordostecke der USA lässt sich auf langen Strandspaziergängen erahnen, wie das Leben auch sein könnte.

Raue Natur, Hummer satt

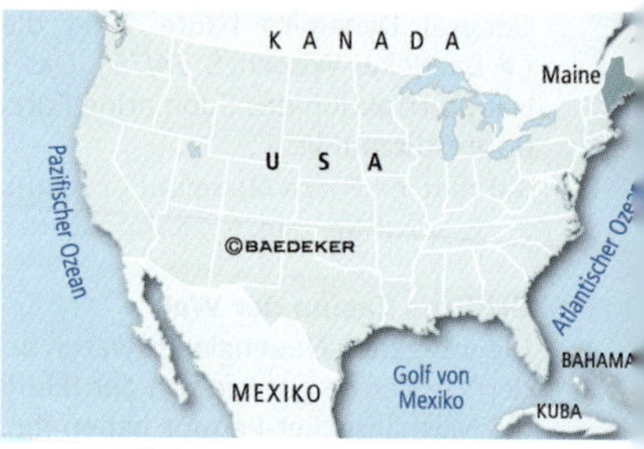

Größer als die übrigen Neuenglandstaaten zusammen, ist der Pine Tree State so etwas wie der ungeschliffene Kontrapunkt zur manikürten Neuenglandidylle der Nachbarn. Menschenleere Wälder bedecken das Binnenland des Staats, Domäne von Bibern, Wölfen, Elchen und Wanderern. Die höchsten Erhebungen sind der Mount Katahdin (1605 m ü. d. M.), ein monumentaler Granitklotz im Baxter State Park, und die beeindruckenden Ausläufer der White Mountains drüben in New Hampshire. Die extrem zergliederte Felsenküste bringt fast 5600 km Küstenlinie zustande, davor schwimmen rund 5000 Inseln und Schären. Für Besucher bedeutet dies: Maine findet hauptsächlich an der Küste statt!

Umstrittenes Land

Geschichte

1604 ankerte **Samuel de Champlain** in den Gewässern um Mount Desert Island, doch waren es Engländer, die anno 1607 die kurzlebige Popham Colony gründeten. Die nächsten hundert Jahre rangen beide um die Vorherrschaft. Während des Unabhängigkeitskriegs hielten die Engländer die Küste, im Krieg von 1812 brandschatzten sie die inzwischen amerikanischen Hafenstädte Maines.

Erst 1820 wurde Maine Bundesstaat, doch fortan blühte die Wirtschaft. Holzwirtschaft und Fischfang spülten Geld in die Kassen, heute verschlafene Städtchen wie Wiscasset, Searsport und Bath waren bedeutende Schiffsbauzentren. Amerikas Expansion nach Westen und die Industrialisierung trafen den jungen US-Bundesstaat Maine umso härter. Sie lösten einen dramatischen Bevölkerungsschwund aus und bewirkten eine lange wirtschaftliche Talfahrt, die während der Depression ihren Tiefpunkt erreichte. Die nach dem Zweiten Weltkrieg begonnene Diversifizierung zeigte

Früchte. Mit der Finanz- und Wirtschaftskrise 2007 trübte sich dieses Bild vorübergehend ein. Seitdem kommt dem Tourismus eine immer größere Bedeutung zu.

Klein und bescheiden

Von Maines 1,385 Mio. Einwohnern sind 95,2 % Weiße. Nur noch der weiter westlich gelegene Bundesstaat Vermont übertrifft diesen Wert ziemlich knapp. Ansonsten gibt sich der Staat bescheiden: Die größte Stadt, Portland, hat gerade mal 68 000 Einwohner, gefolgt von Lewiston mit 37 000.

Kulinarisch orientiert

Wirtschaft

Holz, Papier, Kartoffeln und – jawohl – **Blaubeeren** sind die ökonomischen Standbeine, ebenso der **Hummerfang:** Über die Hälfte dieser in den USA verspeisten oder exportierten Schalentiere werden vor den Küsten von Maine in Reusen aus dem Atlantik gehievt. Der Schiffbau, einst prestigeträchtiges Aushängeschild, konzentriert sich heute in Bath; ein Teil der US-Atom-U-Boote wird in Kittery gewartet. Sicherstellen sollen Maines Zukunft jedoch Dienstleistungsindustrien, v. a. der **Tourismus**. Das Geschäft mit den Besuchern konzentriert sich auf die Küste: Segeltörns mit historischen Windjammern, Walbeobachtungstouren, Angelexkursionen und andere Ausflüge; im Binnenland werden Flüsse wie der Kennebec und der Penobscot als Paddel- und Rafting-Reviere vermarktet.

Mit solchen Bojen markieren die Hummerfischer von Maine ihre Reusen.

★★ ACADIA NATIONAL PARK · MOUNT DESERT ISLAND

Region: Down & East Acadia | **Fläche:** 142 km²

»Wo die Berge das Meer treffen«, schwärmen die Broschüren und haben damit ausnahmsweise einmal recht. Der einzige Nationalpark Neuenglands schützt ein wunderbares Ineinander von Wasser, Land und Himmel.

Perle in Neu-englands Krone

Das größtenteils auf Mt. Desert Island eingerichtete Naturschutzgebiet ist die unumstrittene »Perle in Neuenglands Krone«: Bis zu 500 m steil aus dem Meer ragende Granitbuckel, tiefe Fjorde und idyllische Seen sind seine Markenzeichen. Experten haben innerhalb der Parkgrenzen **über 500 Baum- und Pflanzenarten** sowie **rund 300 Vogelarten** gezählt. Den wenig gastfreundlichen Namen erhielt die Insel 1604 von Samuel de Champlain: Der Seefahrer aus Frankreich fand ihre felsigen Gipfel »bar aller Bäume« vor. Die Ostküstenelite des 19. Jh.s konnte das jedoch nicht schrecken. Sie machte hier Urlaub, allen voran die Rockefellers, Fords und Astors. Den Umweltbewussten unter ihnen ist der Nationalpark zu verdanken: Eine Gruppe um John D. Rockefeller vermachte ihr Land zu Beginn des 20. Jh.s der Regierung mit der Auflage, die Natur für alle Zeit durch einen Nationalpark zu schützen. Ganzjährig geöffnet, liegen die besten Zeiten für einen Besuch außerhalb der US-Schulferien (Juli/August). Parkinfos gibt es im Thompson Island Information Center direkt an der ME 3 und im Hulls Cove Visitor Center am Parkeingang nordwestlich von Bar Harbor. Im Park selbst gibt es außer Campingplätzen keine Unterkünfte. Wer eine feste Bleibe sucht, wird in Bar Harbor und anderen Orten auf Mt. Desert Island fündig.

Wohin im ★★ Acadia National Park?

Wandern, schauen, erholen

Park Loop Road

Auch wenn man lieber wandert: Diese 43 km lange Panoramastrecke sollte man wenigstens einmal gefahren sein! Sie beginnt am Hulls Cove Visitors Center und folgt als Einbahnstraße im Uhrzeigersinn zunächst der Ostküste, um dann Richtung Jordan Pond landeinwärts zu schwenken. Unterwegs passiert sie mächtige Granitbrocken und tolle Aussichtspunkte auf die Frenchman Bay. Man sollte zwei Tage

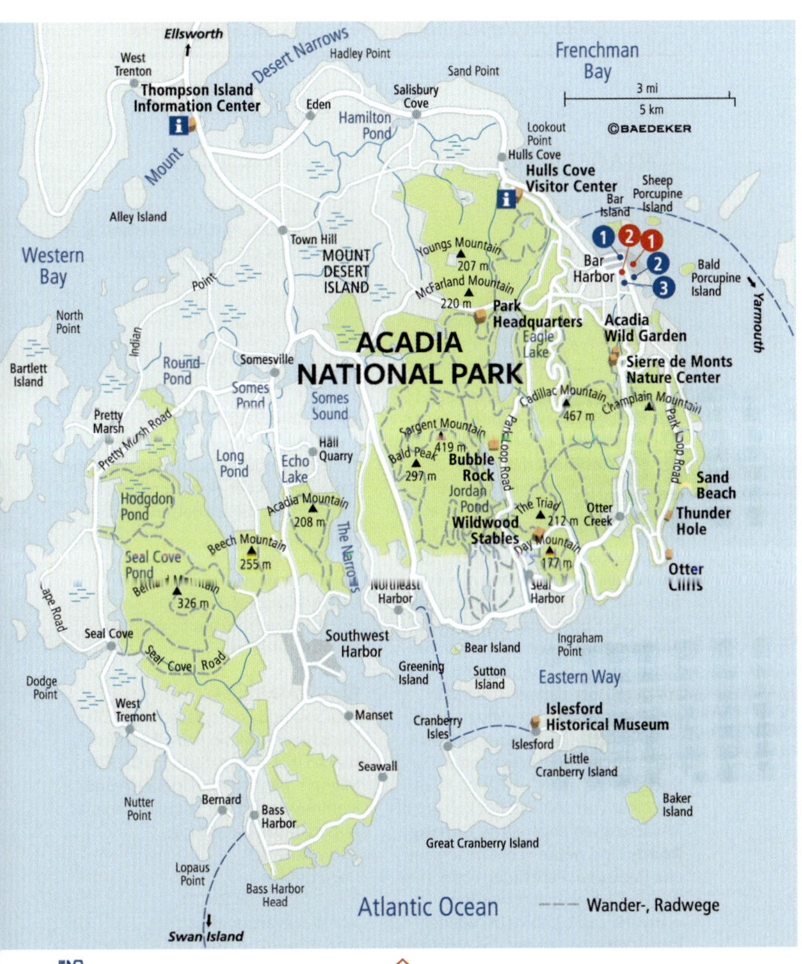

❶ Galyn's ❷ Havana ❸ Salt & Steel ❶ Balance Rock Inn ❷ Acadia Hotel

einplanen: einen für Mt. Desert Island, einen weiteren für einen der vielen am Straßenrand beginnenden Hiking Trails. Der **Frenchman Bay Overlook** bietet eine grandiose Aussicht über die Bay hinüber zur Schoodic Peninsula. Ein hübscher, von Felsen umschlossener Sandstrand ist – wie der Name schon sagt – der **Sand Beach**. Als »natürliche Wasserkanone« bekannt ist die Unterwasserhöhle namens **Thunder Hole** und steil aus dem Meer ragen die **Otter Cliffs**.

DEN ACADIA NATIONAL PARK ERLEBEN

ACADIA NATIONAL PARK INFORMATION CENTER

PO Box 177, Bar Harbor,
ME 04609
Tel. 1 207 2 88 33 38
www.nps.gov/acad
Eintritt: Mai–Okt. 35 $, 7 Tage gültig, pro Auto inkl. Passagiere.

Man sollte zumindest einen der 15 rundgeschliffenen Granitbuckel erklommen haben. Beliebtestes Ziel ist der **Mt. Cadillac**, mit 466 m die höchste Erhebung im Nationalpark (auch Fahrstraße). Oben bietet sich ein toller Rundblick, vor allem kurz nach Sonnenuntergang, wenn die Tourbusse wieder verschwunden sind. Auf dem ca. 5 km langen Jordan Pond Shore Trail rund um den **Jordan Pond** geht es ruhiger zu. Richtig ins Schwitzen kommt man auf dem Dorr Ladder Trail: Man arbeitet sich über gewaltige Granitbrocken und überwindet schwere Stellen nur mithilfe von Leitern und Stiegen.

Die einst von John D. Rockefeller als Privatstraßen angelegten **Carriage Roads** sind heute recht beschauliche Radwege. Fahrräder können in Bar Harbor gemietet werden.

»Anyone can climb« (dt. »Jeder kann klettern«) lautet das Motto dieser Kletterschule. Mit erfahrenen Lehrkräften geht es in die Felswände der Steilküste des Parks.

Atlantic Climbing School
67 Main St., Bar Harbor
Tel. 1 207 2 88 25 21

Wer sich das Ganze vom Wasser aus anschauen möchte, sollte eine Paddeltour rund um die Frenchman Bay in Erwägung ziehen.

Costal Kayaking Tours
48 Cottage St., Bar Harbor
Tel. 1 207 2 88 96 05

Walbeobachtungstouren veranstaltet von Juni bis Oktober Bar Harbor.

Whale Watch Co., 1 West St.
Bar Harbor
Tel. 800 526 8615

❶ GALYN'S RESTAURANT €€€

Leckere Kreationen – vor allem frisches Seafood, Ribs und Steaks – genießt man in der skihüttenähnlichen Atmosphäre dieses netten Familienbetriebs.

17 Main St.
Bar Harbor
Tel. 1 207 2 88 97 06
www.galynsbarharbor.com
Tgl. 16–21 Uhr

❷ HAVANA €€€

Seafood und ökologisch einwandfreie Gerichte mit »latin flair« bedeutet hier so viel wie Seafood Paella, Filet Mignon mit Aji-Amarillo-Sauce und Hummerfleisch mit gegrillter Ananas. Außen Tapas-Bar & Grill.

318 Main St.
Bar Harbor
Tel. 1 207 2 88 28 22
www.havanamaine.com
Anf. Juni–Aug. tgl. 17–21 Uhr

❸ SALT & STEEL €

In diesem netten Lokal gibt's klassische Bistro-Cusine mit mediterranem und südamerikanischem Einschlag.

321 Main St.,
ar Harbor
Tel. 1 207 2 88 04 47
www.saltandsteelbh.com
Mi.–So. 17–21 Uhr

AUF ZUR SONNE!

Nicht nur, dass im pinkfarbenen Granit nach einem Regenguss die warmen Farben der Sonne golden schimmern. Auch sonst sind die Sonnenauf- und -untergänge vom Mount Cadillac aus einfach märchenhaft. Der Berg im Acadia National Park ist der höchste in diesem Küstenabschnitt von Maine und sein 360-Grad-Rundumblick einer der schönsten im Nordosten. Wer fotografiert, sollte gelegentlich eine(n) Begleiter(in) ins Bild stellen, um einen noch besseren Eindruck von den grandios offenen Räumen hier oben zu bekommen.

1 BALANCE ROCK INN €€€€
14 Zimmer, 3 Suiten. Schöner schlafen und mit dem Blick auf die Frenchman Bay aufwachen. Die meisten Zimmer verfügen über Whirlpool und Kamin.
21 Albert Meadows
Bar Harbor, ME 04609
Tel. 1 207 2 88 2610
www.balancerockinn.com

1 ACADIA HOTEL €€-€€€
10 Zimmer stehen zur Verfügung. Viel Hotel für vergleichsweise wenig Geld in diesem schönen Boutiquehotel am Green.
98 Eden St.
Bar Harbor, ME 04609
Tel. 1 207 2 88 57 21
www.acadiahotel.com

Wohin noch auf Mount Desert Island?

Beliebte Sommerfrische

Bar Harbor

Der perfekte Ort für den abendlichen Sundowner mit Meeresblick! Bar Harbor ist der größte Ort der Insel und das Tor zum Nationalpark. Die bezaubernde Lage des einstigen Fischerhafens lockte schon die Bostoner Oberschicht des 19. Jh.s an und um 1900 war Bar Harbor die beliebteste Sommerfrische der Superreichen nach ▶ Newport, RI. Heerscharen dienstbarer Geister kümmerten sich damals in herrschaftlichen Residenzen um das Wohlergehen von Rockefeller & Co. Weltwirtschaftskrise und, man lese und staune, die **Einführung der Einkommenssteuer** machten dem Treiben jedoch ein Ende. Das Feuer von 1947, das fast alle der protzigen Heime in Schutt und

Bass Harbour Lighthouse: Es verwundert nicht, dass es so oft fotografiert wird.

Asche legte, zog auch optisch den Schlussstrich unter diese Ära. Heute ist Bar Harbor ein Resortstädtchen mit allen Vor- und Nachteilen, die Popularität und Platzmangel mit sich bringen. Hotels und Motels säumen bereits die einzige Zufahrtsstraße, weitere Unterkünfte, Restaurants und Souvenirläden konzentrieren sich rund um die Main Street und im Bereich der Mount Desert Street. Wie das im Juli und August überlaufene Städtchen früher ausgesehen hat, zeigen die alten Fotos im **Bar Harbor Historical Society Museum**.

Historical Society Museum: 33 Ledgelawn Ave.
Juni–Okt. Mo.–Fr. 13–16 Uhr | Eintritt frei
www.barharborhistorical.org

Maritimes zum Anschauen

Southwest Harbor
Bass Harbor Head

Im nahen Southwest Harbor kann man den **Hummerfischern** zusehen, wie sie ihren Fang anlanden. Auf hohem Felsen über dem wogenden Atlantik thront südlich von Southwest Harbor das schwarz-weiße **Bass Harbor Lighthouse**, eines der beliebtesten Fotomotive von Maine.

Mount Desert Oceanarium: an der Route 3
Öffnungszeiten siehe Homepage | Eintritt: 18 $
www.theoceanarium.com

★ BATH

Region: Mid Coast | **Höhe:** 1 m ü. d. M. | **Einwohner:** 8700

Die sympathische Arbeiterstadt 60 km nordöstlich von Portland am Kennebec River lebt vom Schiffsbau, seit die ersten Kolonisten hier das erste hochseetüchtige Segelschiff Nordamerikas, die »Virginia«, zimmerten. Tatsächlich lief hier ein Viertel aller hölzernen Handelsschiffe der jungen USA vom Stapel!

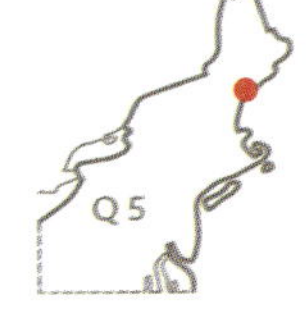

Bis heute nutzt die US Navy die Werften von Bath Iron Works unten am Fluss: Gelegentlich sieht man dort das eine oder andere Kriegsschiff vor Anker liegen. Eine Blütezeit erlebte Bath im 18. und 19. Jh. als Heimathafen einer bis nach China reisenden Handelsflotte. Während der beiden Weltkriege und im Kalten Krieg stieg Bath auf den Bau von Kriegsschiffen um. Die Abrüstung brachte Bath an den Rand des Ruins, doch die Umstellung auf Frachtschiffe und weitere Aufträge des Pentagons haben die Talfahrt vorerst gestoppt. So sind die zu General Dynamics gehörenden Bath Iron Works der größte Arbeitgeber nicht nur der Stadt, sondern des ganzen Bundesstaats.

BATH UND UMGEBUNG ERLEBEN

BATH/BRUNSWICK HARBOR REGION CHAMBER OF COMMERCE
8 Venture Ave., Brunswick, ME 04011
Tel. 1 207 7 25 87 97
www.midcoastmaine.com

BOOTHBAY REGION INFO CENTER
Rte. 27 & 323 Adams Pond Rd. Boothbay, ME 04537
Tel. 1 207 6 33 47 43
www.boothbay.org

J.R. MAXWELL & CO. €€€
Kolossale Hummer, frisches Seafood und besonders aufmerksamer Service, in der Altstadt am Wasser.
122 Front St., Bath
Tel. 207 4 43 20 14
www.jrmaxwells.com

TOPSIDE €€€
21 gemütliche Zimmer. Altes Kapitänshaus, herrliche Aussicht aufs Meer.
McKown Hill, Boothbay Harbor ME 04538 | Tel. 1 207 6 33 54 04
www.topsideinn.com

HOLIDAY INN BATH €€
Modernes Mitglied der Hotelkette nahe des Maine Maritime Museum.
139 Richardson St., Bath, ME 04530 | Tel. 1 207 4 43 97 41
www.ichotelsgroup.com

Von Boothbay Harbor aus, einem geschäftigen Hafen, lassen sich wunderbare Törns die Küste entlang unternehmen. Wer **Wale beobachten** oder einen Sonnenuntergang auf dem Schiff genießen möchte, vertraut sich Boothbay Wale Watch an.
Balmy Day Cruises: 8, 42 Commercial St. | Tel. 1 207 6 33 22 84, www.balmydayscruises.com
Boothbay Whale Watch: Pier 6 Tel. 1 207 6 33 35 00

Wohin in Bath und Umgebung?

Maine Maritime Museum

Wie ein Schiff gebaut wird
Auf dem Gelände und in Gebäuden der Percy und Small Shipyards, die einst **einige der größten Segelschiffe der Welt** bauten, darunter 1909 mit der »Wyoming« den weltgrößten hölzernen Schoner, widmet sich dieses Museum der glanzvollen Geschichte des Schiffbaus in Bath. Im »Apprentice Shop« kann man Schiffbauern über die Schulter schauen und erfährt viel über den Hummerfang. An der Pier liegen historische Schiffe, etwa der 1942 gebaute, fast 50 m lange Schoner »Sherman Zwicker«, der einst vor den Grand Banks fischte.
243 Washington St. | tgl. 9.30–17 Uhr | 20 $
www.mainemaritimemuseum.org

Etwas für Locationscouts

Popham Beach

Dies ist einer der schönsten, längsten und fotogensten Sandstrände in Maine. Die kurze Fahrt dorthin ist ein Muss! Genüsslich kurvt die ME 209 durch lichte Wäldchen und bietet immer wieder schöne Blicke auf Buchten und Priele. 1607 errichteten englische Siedler am Ende der Landzunge die kurzlebige Popham Colony, eine der ersten britischen Kolonien in Nordamerika. Sie scheiterte schon nach kurzer Zeit – im Jahr darauf segelten die Überlebenden an Bord der »Virginia« nach England zurück. Das Interesse gilt heute dem **Unionsfort Popham** und dem als State Park geschützten **Popham Beach**. Der Sandstrand mit den bei Ebbe zu Fuß erreichbaren Felseninseln ist ein wahrer Hingucker. Kevin-Costner-Fans wird's interessieren: Viele Szenen der in North Carolina spielenden Hollywood-Schmonzette **»Message in a Bottle«** (»Der Beginn einer großen Liebe«) wurden hier gedreht.

Klein, aber fein

Brunswick

Es ist hübsch anzusehen mit seinen Alleen und schönen alten Häuser, es hat ein behagliches Tempo, eine kleine, aber feine Kunstszene und eine erfreuliche Kaffeehauskultur. Brunswick liegt etwas westlich von Bath und erlaubt mit viktorianischen Bauten an Federal Street und Park Row einen Blick zurück in die »gute alte Zeit«. Das **Bowdoin College Museum of Art** zeigt amerikanische Malerei, u. a. von Winslow Homer und Gilbert Stuart. Auf dem Campus widmet sich das **Peary-MacMillan Arctic Museum** den Verdiensten seiner beiden berühmtesten Absolventen, der Polarforscher Robert E. Peary und Donald B. MacMillan. Zur Zeit der Recherche zog das Peary-MacMillan Arctic Museum gerade in das John and Lile Gibbons Center. Eröffnung ist im Frühsommer 2023.

Bowdoin College Museum of Art: Di.–Sa. 10–17, So. ab 14 Uhr
Eintritt frei | www.bowdoin.edu/art-museum

Peary-MacMillan Arctic Museum: Di.–Sa. 10–17, So. ab 14 Uhr
Eintritt frei | www.bowdoin.edu/arctic-museum

Trubel? Das war mal.

Wiscasset

Kaum zu glauben: Um 1800 war das ca. 10 mi/16 km nördlich von Bath gelegene Städtchen am Sheepscot River der geschäftigste Hafen nördlich von Boston. Der **Embargo Act von 1807**, der während der napoleonischen Kriege das Anlegen von französischen und britischen Schiffen in den USA untersagte, versetzte der Hafenstadt den Todesstoß. Seither liegt Wiscasset im Dornröschenschlaf. Elegante Kapitänshäuser und große Kirchen erinnern an jene Zeit. Ein paar Restaurants mit Blick auf den träge fließenden Sheepscot verführen zur Rast.

Das »wahre« Maine

Boothbay Harbor

Doch wo liegt das typische, das wahre Maine? Die Suche danach hat diesen einstigen Fischerhafen 11 mi/18 km südlich von Wiscasset am

Ende der felsigen **Boothbay Peninsula** zu einem lauten Touristen- und Seglertreff gemacht. Ende Juni wird es noch enger im Hafenbecken, denn während der dreitägigen **Windjammer Days** geben sich prächtige Zwei- und Dreimastschoner hier ein Stelldichein. Am charmantesten ist Boothbay Harbor während eines Segeltörns vom Wasser aus. Zahlreiche Chartergesellschaften bieten ein- und mehrtägige Ausflüge vor der tief zerlappten Küste an, Walbeobachtung inklusive.

Pemaquid Point

Man stelle sich die letzten drei Kandidaten eines Schönheitswettbewerbs vor. Pemaquid Point wäre garantiert darunter. Man erreicht die Stelle von Wiscasset aus auf der US 1 via Damariscotta und dort auf der ME 130 nach Süden. Selten hat die Eiszeit in Neuengland derart **fotogene Formen im Fels** hinterlassen wie auf dieser Landspitze. Der von hellen Längsstreifen durchzogene dunkle Fels hebt sich eindrucksvoll vom tief blauen, gegen die Klippen anrollenden Meer ab. Ein weißer Leuchtturm mit schwarzer Kappe, 1827 von John Quincy Adams in Auftrag gegeben, vervollständigt das Bild, das zu den meistgemalten und -fotografierten Bildern im Nordosten gehört. Das **Pemaquid Point Lighthouse** beherbergt ein kleines Museum über den Alltag der Fischer und Leuchtturmwärter.

Lighthouse: Memorial Day–Columbus Day tgl. 10.30–17 Uhr
Eintritt 3 $ | www.lighthouse.cc/pemaquid

Auch Pemaquid Point bietet fantastische Fotomotive.

★ BAXTER STATE PARK · MOOSEHEAD LAKE

Region: The Maine Highlands | **Fläche:** 810 km²
Höhe: 1200–1605 m ü. d. M.

Schwarzbären und Elche, ein gewaltiger Inselberg in einem Meer aus dichten Wäldern. Als Kontrast dazu eine urtümliche Wasserlandschaft: Ein alter Elchbulle pflügt mit seinen mächtigen Schaufeln das klare Wasser, fleißige Biber schieben Äste über das Wasser zu ihren Burgen, am Himmel kreisen Weißkopfseeadler. Diese Wildnis im zentralen Norden schützt ein Stück Maine im Urzustand.

Die Crème de la Crème der Tierwelt des Nordosten haust in diesen dunklen Wäldern des Baxter State Park, dazu zählen Wölfe, Biber und Fischadler. Von A nach B gelangt man nur auf Wanderwegen und unbefestigten, oft schlecht ausgezeichneten Holzabfuhrstraßen. Das hier ist etwas für echte Naturfreaks. Die Region um den Moosehead Lake ist eines der wenigen Gebiete im Nordosten, das dem europäischen Wildnisklischee nahekommt. Straßen und Städte gibt es kaum, dafür umso mehr Wald und Tausende oft namenlose Seen, die insgesamt ein Viertel Neuenglands ausmachen.

BAXTER STATE PARK ERLEBEN

BAXTER STATE PARK PARK MANAGER

64 Balsam Dr., Millinocket 04462
Tel. 1 207 7 23 5140
baxterstatepark.org/
Die Zufahrten sind Mitte Mai bis Mitte Oktober täglich von 8 bis 16 Uhr geöffnet. Der Nordosteingang (von Bangor aus via I-95 und ME 159 über Patten) und der Südeingang (I-95 und ME 157 via Millinocket) sind die populärsten Eingänge. Motorräder und übergroße Mobile Homes sind nicht zugelassen. Wanderer und Camper müssen sich vor Beginn ihrer Touren am Eingang registrieren.

Im Schutzgebiet gibt es nur zehn sehr einfache Campingplätze, die vier Monate im Voraus online im Park gebucht werden müssen.

Bei Katahdin Outfitters, einem als sehr erfahrenen geltenden Anbieter, kann man begleitete Kanu- und Kajaktouren auf dem Allagash Waterway buchen.
PO Box 34, Millinocket, ME 04462,
Tel. 1 207 7 23 57 00
www.katahdinoutfitters.com

Zum Moosehead Lake sollte man eine Angel oder ein Kanu mitnehmen.

Wohin im Baxter State Park?

Mount Katahdin

Nur für Unerschrockene

Von den Haupteingängen führen alle Wege irgendwann auf die Park Road, die als einzige den Park durchquert. Sie ist wie die übrigen Straßen unbefestigt und öffnet nur selten den Blick auf das Hinterland. Der Mount Katahdin (1605 m ü. d. M.) ragt mit seinem großen Gipfelblock aus Granit imposant aus dem Wäldermeer heraus. Wer hinauf will: Der **Hunt Trail** (16,8 km) führt in einer anstrengenden Tageswanderung auf den Gipfel. Anstrengend ist auch der gut 5 km lange, ebenfalls über die Baumgrenze gehende **Helon Taylor Trail**. Er erfordert Trittsicherheit und die Bereitschaft, auch mal auf allen Vieren über massive Felsen zu klettern. Der Trail endet auf dem Pamola Peak mit fantastischen Ausblicken. Von hier führt der ca. 2 km lange **Knife Edge Trail** hinüber zum Gipfel des Mount Kathadin – ein technisch anspruchsvoller und nur bei Windstille zu absolvierender, kaum meterbreiter Pfad, der beidseits gut 600 m fast senkrecht abfällt! Lohnend ist auch der **Sandy Stream Pond Trail** (2,5 km) mit schönen Blicken auf den Berg.

Allagash Waterway

Kondition sollte man mitbringen

Für Kanuten und Rafter ist der Allagash Waterway nordwestlich des Baxter State Park, eine rund **160 km lange Strecke** durch eine wald-

MOOSEHEAD LAKE ERLEBEN

MOOSEHEAD LAKE REGION CHAMBER OF COMMERCE

480 Moosehead Lake Rd.,
PO Box 581
Greenville, ME 04441
Tel. 1 207 6 95 27 02
www.themainehighlands.com

In Monson (südwestlich von Greenville) beginnt die **»100-Mile-Wilderness«** als letzter Abschnitt des Appalachian Trail. Diese 160 km zum Mount Katahdin fordern auch erfahrene Bergwanderer heraus. Für jedermann machbar ist hingegen der Trail auf den Mount Kineo.

Südwestlich von Greenville rauscht der **Kennebec River** durch die engen Schluchten der Kennebec Gorge. Northern Outdoors knapp 40 Kilometer südwestlich von Greenville bietet von Mai bis Oktober verschiedene, unvergessliche Raftingtrips an.

Der 1914 gebaute Dampfer **»Katahdin«** unternimmt von Memorial Day bis weit in den Herbst schöne Touren über die fotogensten Abschnitte des Moosehead Lake.

Northern Outdoors: 1771 US 201, The Forks
Tel. 1 207 6 63 44 66, www.northernoutdoors.com

Katahdin Cruises: 12 Lily Bay Rd., Greenville, Tel. 1 207 6 95 27 16, www.katahdincruises.com

STRESS-FREE MOOSE PUB & CAFE €€€

Hier erzählen sich Abenteurer von nah und fern tolle »tall tales« und Jägerlatein bei riesigen Burgern und Bier.
65 Pritham Ave., Greenville
Tel. 1 207 6 95 31 00
https://stressfreemoose.com
So.–Do. 11–21, Fr./Sa. 11–22 Uhr

LODGE AT MOOSEHEAD LAKE €€€€

5 Zimmer und 3 Suiten, alle mit Elchthemen, und wunderbare Blicke auf den Seen und die endlosen Wälder von Maine! Den Sundowner trinkt man am besten auf dem Rasen vor dem Haus.
Lily Bay Rd., Greenville, ME 04441
Tel. 1 207 6 95 44 00
www.lodgeatmooseheadlake.com

reiche Flusslandschaft. Mit Stromschnellen und Kanu-Tragestrecken erfordert er ein Zeitbudget von acht Tagen und natürlich auch eine gute Kondition. Bester Einstieg in den Allagash Waterway ist der Chamberlain Lake westlich vom Baxter State Park. Unerfahrene Naturfreunde sollten sich unbedingt einem der zahlreichen Ausrüster anvertrauen.

Wohin am Moosehead Lake?

Wildnis, wie man sie sich vorstellt

Die Region um den Moosehead Lake im Norden Maines ist eines der wenigen Gebiete im Nordosten, das dem europäischen Wildniskli-

schee nahekommt. Straßen und Städte gibt es kaum, dafür umso mehr **Wald und Tausende oft namenloser Seen**, die insgesamt ein Viertel Neuenglands ausmachen. »Unberührt« ist diese Wildnis jedoch längst nicht mehr. Die Wälder bestehen fast durchweg aus Bäumen der dritten oder gar vierten Generation, denn die prachtvollen, oft jahrhundertealten Kiefern endeten schon vor 150 Jahren als Masten von Segelschiffen. Dennoch gibt es hier auch noch relativ naturbelassene Enklaven.
Brennpunkt ist der 187 km² große Moosehead Lake. Er ist ein wahres **Angler- und Kanuparadies**. Als Ausgangspunkt für eine Erkundung dieses Gewässers bietet sich das schläfrige, 156 mi/250 km nördlich von F Portland gelegene **Greenville** am Südufer des Sees an. Dort gibt es außer einem Museum zur Geschichte der Region auch »Outfitter«, die Angel- und Kanutrips auf dem See organisieren.

BETHEL · WHITE MOUNTAINS NATIONAL FOREST

Region: Maine Lakes & Mountains | **Höhe:** 212 m ü. d. M.
Einwohner: 2500

Nicht umsonst haben sie Horror-Autor Stephen King inspiriert. In den tiefsten Wäldern Maines, eingemauert von den Ausläufern der White Mountains, erwartet man zu Recht alles andere als aparte Neuengland-Idylle.

Mit hübschen alten Häuschen, Restaurants und Cafés ist der Ort im Schatten der Mahoosuc Mountains eine ideale Basis für Tagestouren in die nahen White Mountains. Und natürlich während des Indian Summer, wenn sich das endlose Grün in flammende Gelb- und Rottöne verwandelt.

Wohin in Bethel und den White Mountains?

Typisch Neuengland

Bethel

Obwohl erst während der 1980er-Jahre von einigen unternehmerisch engagierten Hoteliers aus dem Dornröschenschlaf gerissen, hat Bethel seine typische Neuengland-Atmosphäre trotz der Ent-

BETHEL ERLEBEN

BETHEL AREA CHAMBER OF COMMERCE
8 Station Place, PO Box 1247
Bethel, ME 04217
Tel. 800 442 5826
www.bethelmaine.com

THE BETHEL INN €€€€
Traditionsreiche Herberge mit 62 Zimmern, feinem Dining Room und eigenem Golfplatz, kostet entsprechend.
On the Common
Tel. 1 207 8 24 21 75
www.bethelinn.com

wicklung des riesigen **Sunday River Ski Resort** im nahen Newry noch bewahrt. Über die Geschichte dieser Region kann sich der Besucher im **Robinson House** des Regional History Center eine aus historischen Fotos und volkskundlichen Artefakten zusammengestellte Ausstellung ansehen.
14 Broad St. | Di.–Fr. 10–16 Uhr
Eintritt: kleine Spende erbeten
www.bethelhistorical.org

Einsame Täler

Evans Notch

Westlich von Bethel gelangt man in eines der schönsten unbewohnten Täler der White Mountains: Evans Notch. Dazu biegt man von der ME 2 nach 14 mi/25 km links auf die ME 113 nach North Chatham ab. Eng an die Hänge geschmiegt, begleitet die Straße hoch über dem Fluss das **Cold River Valley** und gibt herrliche Blicke auf die bis in den Frühsommer schneebedeckten White Mountains frei.

Etwas für Wanderfreunde

Grafton Notch State Park

Schon der Weg zum Grafton Notch State Park ist das Ziel. Von Bethel aus folgt man der ME 26 für 25 mi/40 km nordwestwärts durch das **Bear River Valley**, dann ansteigend durch Mischwald und Fels. Stärker befahren ist die Straße im Juli und August, wenn die Frankokanadier aus Québec sich auf die Fahrt zur Küste machen. **An der Straße beginnende Trails** enden an einigen schönen Fotomotiven: den Screw Auger Falls und den Mother Walker Falls, von denen aus der Old Speck Mountain (1274 m ü. d. M.), Maines dritthöchster Berg, zu sehen ist. Wo die ME 26 den Appalachian Trail kreuzt, kann man auf dem Eyebrow Trail zur über 240 m hohen Eyebrow-Felswand marschieren und schöne Blicke auf das Bear River Valley genießen.

BLUE HILL PENINSULA · ★ DEER ISLE

Region: Down East & Acadia Region

Nur wenige Touristen verirren sich hierher: Ein Ausflug an die Ostseite der Penobscot Bay führt in ein USA aus der Zeit vor Fastfood und Interstates. Wer also mal so richtig abschalten will, sollte diese Gegend in Erwägung ziehen.

Der Zeit entronnen

Autofahrer grüßen einander per Handzeichen, man kennt sich. Gespräche kommen schnell zustande, Türen werden selten abgeschlossen. Dichte Wälder, fette Weiden und verschlafene Nester, winzige Fischerhäfen, deren Einwohner den köstlichen Hummer aus der Tiefe hieven, prägen die Blue Hill Peninsula und die vorgelagerte, per Damm mit dem Festland verbundene Insel Deer Isle. Für die knapp 60 mi/100 km lange Rundfahrt sollte man einen ganzen Tag veranschlagen. Dazu verlässt man Bucksport auf der US 1 nach Norden und biegt wenig später bei Orland auf die ME 175 nach Süden ab.

BLUE HILL PENINSULA & DEER ISLE ERLEBEN

BLUE HILL PENINSULA CHAMBER OF COMMERCE

16 South St., PO Box 520
Blue Hill, ME 04614
Tel. 1 207 3 74 32 42
www.bluehillpeninsula.org

ARBORVINE €€€

Raffinierte Spezialitäten wie Tournedos Bordelaise mit Ziegenkäse sind das perfekte Ende eines schönen Tages auf der Halbinsel.
Main St./Tenney Hill, Blue Hill
Tel. 1 207 3 74 21 19
www.arborvine.com
Do.–So. 17.30–20 Uhr

STONECUTTERS KITCHEN €€

Frische Fische und Hummer satt, dazu leckere Seafoodpizza, und alles serviert auf der Terrasse mit Hafenblick: Was will man mehr?!
5 Atlantic Ave., Stonington, ME
Tel. 1 207 3 67 25 30
www.stonecutterskitchenme.com
Tgl. 11–19.30 Uhr

THE BLUE HILL INN €€

Die im Federal Style erbaute alte Herberge mitten in Blue Hill ist ein heimeliges Quartier für eine mehrtägige Erkundung der Umgebung. Geschmackvolle Zimmer, gutes Frühstück.
40 Union St. Blue Hill, ME 04614
Tel. 1 207 3 74 28 44
www.bluehillinn.com

Rundfahrt

Ein Abbild der Vergangenheit

Castine

Mächtige alte Ulmen säumen die Straßen, große, alte Häuser träumen behaglich von vergangenen Zeiten: Castine gilt als **einer der schönsten Orte Maines**. Die Vergangenheit war allerdings weniger friedlich. Im 17. Jahrhundert stritten sich Holländer, Franzosen und Engländer um den Ort, der erst 1760 unter den Engländern permanent besiedelt wurde. 1783 ging Castine in amerikanische Hände über. 1941 wurde die renommierte Maine Maritime Academy hier angesiedelt. Ihr Schulschiff, die 165 m lange »State of Maine«, überragt den Ort und kann besichtigt werden. Das aus vier Häusern bestehende **Wilson Museum** wartet mit einem Sammelsurium prähistorischer Funde aus aller Welt auf. Gleich daneben: das John Perkins House, das älteste Haus des Orts und britische Offiziersunterkunft im Krieg von 1812.

Wilson Museum: 120 Perkins St. | Memorial Day–Sept. Di.–So. 14–17 Uhr | Eintritt frei

Ein Stück des alten Maine

Deer Isle

Um nach Deer Isle zu gelangen, fährt man von Castine wieder ein Stück zurück und dann auf der ME 175 nach Süden. Die Insel ist tatsächlich das, was gern mit **»off the beaten tracks«** (»abseits der Trampelpfade«) beschrieben wird. Brücken und Dämme verbinden Inseln und verkürzen Wege um tief eingeschnittene Buchten, Künstler machen mit formlosen Schildchen auf ihre Ateliers aufmerksam. Zwischen Deer Isle Village, einem unprätentiösen Ensemble aus Schindelhäusern und Hummerkäfigen, und Stonington liegt die renommierte **Haystack Mountain School of Crafts**, an der Kunstfreunde aus aller Welt Workshops buchen.

Der lange isolierte kleine Fischerhafen **Stonington** an der Südspitze der Halbinsel näherte sich mit neuen Cafés und Galerien an der Main Street vorsichtig dem Tourismus, auch wenn Fischkutter laut Stadtverordnung bei der Vergabe von Ankerplätzen noch immer Vorrang haben. Dennoch können Urlauber hier noch ein Stück altes Maine genießen und zu einer der schönsten Tagestouren Neuenglands durch die Inselwelt der Penobscot Bay hinüber zur **Isle au Haut** ablegen. Die Verbindung besorgen mehrmals täglich die Fähren. Das winzige Felseneiland 10 km südlich von Deer Isle wird hälftig vom ► Acadia National Park verwaltet. Von Duck Harbor aus führen schöne, insgesamt knapp 30 km lange Trails kreuz und quer über die Insel, die ihren Namen 1604 von Samuel de Champlain erhielt. Ein Muss ist die Besteigung des 180 m hohen **Duck Harbor Mountain**.

Haystack Mountain School of Crafts: 89 Haystack School Dr. Führungen Mi. 13 Uhr | www.haystack-mtn.org

Isle au Haut: Isle au Haut Boat Services, Stonington, ME | Sea Breeze Ave. | Tel. 1 207 3 67 51 93 | http://isleauhautferryservice.com

Wenn dieses Fischerboot nach Stonington zurückkommt, hat es hoffentlich genügend frischen Hummer an Bord.

Für Stadtneurotiker

Blue Hill

Im Namensgeber der Halbinsel ist ansonsten nicht sonderlich viel los. Muss es auch nicht: Gerade die **gemächliche Atmosphäre** in dem viktorianischen Städtchen ist es, die Stadtneurotiker anlockt. Buch- und Möbelshops, Kunsthandwerksläden, schöne Cafés und Restaurants sorgen dafür, dass auch verwöhnte New Yorker nichts entbehren.

CAMDEN · ROCKLAND

Region: Greater Portland & Casco Bay | **Höhe:** 10–60 m ü. d. M.
Einwohner: Camden 5200, Rockland 7300

Zwei Nachbarn verkörpern zwei Facetten von Neuengland: Camden, mit wohlwollender Geografie gesegnet wie kaum eine andere Stadt im Nordosten, und Rockland mit gleich zwei Titeln, nämich »Schooner Capital of the World« und »Lobster Capital of the World«.

Tatsächlich kann Camden mit einer ganz besonders schönen Lage überzeugen. Zudem ist das Hafenstädtchen seit über 100 Jahren Ziel der segelsportbegeisterten Ostküsten-Elite. Ihre Häuser, in allen einst fashionablen Stilen, zieren die stillen Seitenstraßen Camdens noch immer, mit Blumengärten und alten Bäumen als passendem Rahmen. Blumen über Blumen gibt's auch im kompakten Zentrum, wo an der Main Street gute Restaurants und Bistros liegen und Boutiquen Freizeitkleidung für Freizeitskipper führen.

Wohin in Camden und Rockland?

Fantastischer Überblick

Camden

Die Masten prächtiger Segler überragen oft genug das Städtchen: Gemeinsam mit Rockland gilt Camden als **Mekka für Windjammer-Kreuzfahrten**. Den besten Blick über dieses Juwel hat man vom Gipfel des 264 m hohen **Mount Beattie** (US 1 via Camden Hills State Park 2 mi/3 km nördlich). Er bietet fabelhafte Aussichtspunkte über das Städtchen und die Inselwelt der Penobscot Bay.

Hummer satt

Rockland

Rauer als Camden, deshalb kaum weniger interessant, wirbt der nur wenige Meilen südlich liegende Fischerhafen als »Schooner Capital of the World« und »Lobster Capital of the World« um Zulauf. Tatsächlich liefen in Rockland mehr **Windjammer** vom Stapel als anderswo an der Ostküste. Heute bieten über ein Dutzend Veranstalter ein- bzw. mehrtägige Windjammer-Kreuzfahrten vor der Küste an. Während des **Maine Lobster Festival** Anfang August dreht sich alles um die Delikatesse aus den Fluten. Zahllose Imbissbuden locken dann am Hafen mit frischem Hummer aus dem Kessel.

Einen kleinen, aber feinen Kontrapunkt setzt das **Farnsworth Art Museum and Wyeth Center**. Das Kunstmuseum konzentriert sich auf die Werke von Künstlern mit Bezug zu Maine. Gezeigt werden u. a. Bilder und Skulpturen von Homer Winslow, Andrew und Jamie Wyeth und Louise Nevelson.

Leuchtturmfans, aufgepasst! In Rockland wartet die größte Sammlung von Leuchtturmartefakten der USA auf Fans. Das **Maine Lighthouse Museum** zeigt Fresnellinsen und Gegenstände aus dem einsamen Leben der Leuchtturmwärter, dazu Fotos, Dokumente und Tagebücher aus jener Zeit, als Leuchttürme dicht gestaffelt die Schiffer vor Riffen und Untiefen warnten.

Farnworth Art and Wyeth Center: 16 Museum St.
Mitte Mai–1. Nov. tgl. 10–17, Mi. bis 20, Dez.–Mitte Mai Mi.–So. 10–17 Uhr | Eintritt: 15 $ | www.farnsworth museum.org
Maine Lighthouse Museum: 1 Park Dr. | Juni–Okt. Mo.–Fr. 9–17, Sa./So. 10–16, Nov.–Mai Mi.–Sa. 9–17 Uhr | Eintritt: 10 $

Nicht viele Hafenstädtchen liegen so grandios von Wäldern umgeben wie Camden Harbour.

Oase für Ruhesuchende

Monhegan Island

Der Ausgangspunkt für die Fahrt nach Monhegan Island ist **Port Clyde** 15 mi/24 km südlich von Rockland. Nach etwa eineinhalbstündiger Überfahrt taucht der einen Kilometer breite und zweieinhalb Kilometer lange Felsenrücken wie ein gigantischer Wal aus den Fluten auf.

Das kleine Eiland ist besonders beliebt bei all jenen, die Ruhe suchen und dem Stress ihres Alltags für eine Weile den Rücken kehren wollen. Rund 16 mi/25 km Wanderwege führen zu den höchsten Klippen Neuenglands – den ca. 50 m hohen Felsen **White Head** und **Burnt Head** – und zu Seevogelkolonien und einem historischen Leuchtturm. In den Kunstgalerien im Ort kann man in der sommerlichen Hauptsaison zauberhafte Inselmotive bestaunen, wahlweise auch erwerben.

CAMDEN & ROCKLAND ERLEBEN

PENOBSCOT BAY REGIONAL CHAMBER OF COMMERCE
2 Public Landing, PO Box 919,
Camden, ME 04843
Tel. 1 207 2 36 44 04
camdenrockland.com

Von Mai bis Ende Oktober fahren die »Elizabeth Ann« oder die »Laura B.« von Port Clyde aus **nach Monhegan Island**. Fahrverbindungen gibt es auch von New Harbor und Boothbay Harbor. Wegen der begrenzten Kapazitäten sollten Fähre wie Hotel so früh wie möglich gebucht werden. **Boating** und **Windjammer-Trips**: an Bord alter Hummerfänger hinausfahren oder auf Zweimastern vor dem Wind die Felsenküste entlangkreuzen. Das geht zum Beispiel mit »Lively Lady« oder dem Schooner »American Eagle«.

Monhegan Boat Line:
Tel. 1 207 3 72 88 48
www.monheganboat.com
Lively Lady: Camden
Tel. 1 207 2 36 66 72
www.camdenharborcruises.com
American Eagle: Rockland
Tel. 1 207 5 94 80 07
www.schooneramericaneagle.com

CAFÉ MIRANDA €€€
Gemütliches Bistro-Restaurant mit Thai, Tex-Mex- und amerikanischer Küche.
15 Oak St., Rockland
Tel. 1 207 5 94 20 34
www.cafemiranda.com
Mo–Sa. 11.30–14, 17–21,
So. ab 10.30 Uhr

WATERFRONT €€€
Erfahrenen Neuengland-Reisenden sagt der Name schon alles: Fisch und Seafood, fangfrisch und mit Seeblick! Die Portionen sind großzügig bemessen, die Preise halten sich vergleichweise in Grenzen.
48 Bayview St.
Camden, ME
Tel. 1 207 2 36 37 47
www.waterfrontcamden.com
Tgl. ab 11.30 Uhr

THE MONHEGAN HOUSE CAFÉ €€
16 km vor der Küste gibt's auf einem kleinen Felsen namens Mohegan Island Seafood mit frischem Salat in üppigen Portionen. Reservieren!
Monhegan Island
Tel. 1 207 5 94 79 83
www.monheganhouse.com

ISLAND INN €€€-€€€€
32 Zimmer. In dem 1807 errichteten kleinen Grandhotel (mit Meerblick, natürlich) ist totale Entschleunigung angesagt!
1 Ocean Ave.
Monhegan Island, ME 04852
Tel. 1 207 5 96 03 71
www.islandinnmonhegan.com

THE BLUE HARBOR HOUSE €€€
14 Zimmer. Der Blick auf den Jachthafen stimmt, die Aussicht auf Hummer-Quiche und Blaubeerpfannkuchen zum Frühstück erleichtert das Verlassen der gemütlichen Himmelbetten.
67 Elm St.
Camden, ME 04843
Tel. 1 207 2 36 31 96
www.blueharborhouse.com

PORTLAND

Region: Greater Portland & Casco Bay | **Höhe:** 0–18 m ü. d. M.
Einwohner: 69 000

Von der Bay steigt Nebel auf, Möwen kreischen, im Hafen scheppern Radlader, knirschen Kräne, rasseln Ankerketten. Zwischen die Seebären und Hafenarbeiter mischen sich Studierende, Galeristinnen und Vintage-Mode tragende Hipster mit Latte-Becher in den Händen. Portland, ME zählt nicht umsonst zu den coolsten Kleinstädten der USA!

Hier trifft sich Neuenglands Norden

1632 als Falmouth gegründet, stand Portland dreimal kurz vor dem Aus: 1676, als Indigene es niederbrannten, 1775, als die Briten die aufmüpfige Stadt in Schutt und Asche legten, und 1866, als der größte Teil einem Stadtbrand zum Opfer fiel. Jedes Mal erstand Portland umso schöner wieder und präsentiert sich heute vor allem im Old Port mit sorgfältig restaurierter viktorianischer Eleganz: kopfsteingepflasterte Altstadtromantik an Commercial, Union und Pearl Streets mit Brewpubs, Bistros, etlichen Galerien und einer Foodszene, die in landesweiten Rankings immer ganz oben rangiert. Keine Frage: Portland (Maine) ist cool!

Wohin in Portland?

Romantik pur – die Altstadt

★ Old Port

Einen geruhsamen Stadtbummel mit Cappuccino zwischendurch verspricht das landesweit als gelungenes **Beispiel menschenfreundlicher Stadtsanierung** geltende Hafenviertel. Restaurants, Kneipen, Antiquitäten- und Möbelläden lohnen besonders in Fore, Exchange und Middle Street einen zweiten Blick.

Phöenix aus der Asche

Museen und stolze Residenzen

Das **Portland Museum of Art** nennt tolle, Natur und Menschen Maines thematisierende Gemälde sein Eigen. Ausgestellt sind Künstler internationalen Kalibers wie Edward Hopper und Andrew Wyeth. In der europäischen Sammlung sollte man sich die Monets, Picassos und Renoirs nicht entgehen lassen. Was beim Feuer von 1866 alles verloren ging, ahnt man in der herrlichen Residenz **Victoria Mansion** von 1860. Italienische Marmorkamine, schottische Teppiche, Mobiliar aus Rosenholz: Das im toskanischen Renaissancestil errichtete Haus gilt als eines der schönsten der Ostküste.
Das heute etwas fad wirkende **Wadsworth Longfellow House** wurde 1785 erbaut im Auftrag von General Peleg Wadsworth, dem Groß-

PORTLAND ERLEBEN

VISIT PORTLAND, MAINE INFORMATION CENTER

14 Ocean Gateway Pier
Tel. 1 207 7 72 58 00
www.visitportland.com

Portland überrascht mit einem ungewöhnlich umfangreichen Shoppingangebot. Die beste Adresse für Galerien, Kunst- und Antiquitätenläden ist der Old Port Exchange. An der etwas weiter landeinwärts parallel zur Uferlinie verlaufenden Congress Street reihen sich moderne Geschäfte aneinander, darunter Trend-Boutiquen mit Espresso-Ausschank und mutigen Galeristen.

Chris Becksvoort verbringt in seiner Werkstatt in New Gloucester viele Monate mit dem Bau eines

1 Scales
2 The Honey Paw
1 Portland Harbor Hotel
2 Holiday Inn by the Bay
©BAEDEKER

Schranks, weil ihm Qualität über alles geht – und seine Kunden bereit sind, die bis zu fünfstelligen Beträge zu zahlen, ohne mit der Wimper zu zucken. Etwas günstiger fallen Kerzenständer und Lampen aus …
www.chbecksvoort.com

359 der 365 Inseln in der Casco Bay sind unbewohnt – welch ein Revier für passionierte Inselhüpfer! Mit dem täglich an der Waterfront des Old Port Exchange ablegenden **Postboot** können Sie sich für ganze 16,50 $ von Mitte Juni bis Labor Day von einer Insel zur anderen bringen lassen, mit den Insulanern plauschen und die Skyline Portlands vom Wasser aus genießen.
Casco Bay Lines Ferry Terminal, 56 Commercial St., Tel. 1 207 7 74 78 71, www.cascobaylines.com

❷ THE HONEY PAW €€
Muntere asiatische Küche mit neuenglischen Einflüssen an Theke und Gemeinschaftstischen.
78 Middle St.
Tel. 207 774 8538
www.thehoneypaw.com

❶ SCALES €€€
Fangfrischer Fisch, Seafood und Cocktails in postindustriellem Lagerhaus. Unbedingt reservieren!
Maine Wharf, 68 Commercial St.
Tel. 207 805 0444
www.scalesrestaurant.com

❷ HOLIDAY INN BY THE BAY €€
239 Zimmer. Von außen eher nüchtern, innen dafür umso schöner; von vielen Zimmern blickt man herrlich über die Casco Bay.
88 Spring St., Portland, ME 04101
Tel. 1 207 7 75 23 11
www.innbythebay.com

❶ PORTLAND HARBOR HOTEL €€-€€€
Das neue Luxushotel mit 100 Zimmern und Suiten liegt am Alten Hafen (Old Port). Von vielen Zimmern hat man einen tollen Blick auf die Bay.
468 Fore St. Portland, ME 04101
Tel. 1 207 7 75 90 90
www.portlandharborhotel.com

---

vater von Henry Wadsworth Longfellow. Der US-amerikanische Dichterfürst verbrachte hier seine Jugend. Immerhin war sein Heim das erste Backsteinhaus der Stadt und es ist auch heute noch mit schönem originalem Mobiliar eingerichtet. Das **Maine Historical Society Museum** gleich nebenan zeigt Wechselausstellungen zu den unterschiedlichsten Facetten der Geschichte des Staats.

Portland Museum of Art: 7 Congress Sq.
Memorial Day–Columbus Day tgl. 10–17, Fr. bis 21 Uhr
Eintritt: 18 $ | www.portlandmuseum.org
Victoria Mansion: 109 Danforth St. | Mai–Okt. Mo.–Sa. 10–16, So. 13–17 Uhr | Eintritt: 19,25 $ | www.victoriamansion.org
Wadsworth Longfellow House: 489 Congress St. | Mai–Okt. Mo.–Sa. 10–17, So. ab 12 Uhr | Eintritt: 15 $ | www.hwlongfellow.org
Historical Society Museum: 489 Congress St.; Mo.–Sa. 10–17 Uhr
Eintritt: 10 $ | www mainehistory.org

Kamera dabei?

Portland Head Light & Museum

Ein Leckerbissen für Leuchtturmenthusiasten und Fotografen: Der 1794 erbaute Leuchtturm Portland Head Light ist nicht nur der älteste in Maine, er gilt auch als einer der **fotogensten der USA** (▶ Abb. S. 47). Bis 1989 trat der Leuchtturmwärter noch zum Dienst an; seither ist das Leuchtfeuer automatisiert und das Wärterhaus ein Museum zum Thema Navigation.

1000 Shore Rd. (via Cottage Rd. u. Shore Rd.) | April–Okt. tgl. 10–16 Uhr, sonst nur Sa./So. | Eintritt: 2 $ | www.portlandheadlight.com

Rund um Portland

Mallorca in den USA

Old Orchard Beach

Ein bisschen Arenal, ein bisschen Fuerteventura: Old Orchard Beach 7 mi/11 km südlich von Portland ist das »Mallorca« amerikanischer und frankokanadischer Sonnenanbeter. Wer Sand und Sonne liebt und über Kitsch und Rummel hinwegsieht, wird hier schöne Strandferien verbringen.

Die Letzten

★ Sabbathday Lake Shaker Community

Die **letzte aktive Shaker-Gemeinde der USA** ist 25 mi/40 km nördlich von Portland bei New Gloucester zu Hause (I-45 und ME 26 Richtung Norway). Zwei Mitglieder dieser Glaubensgemeinschaft, die sich im 18. Jh. in England von den Quäkern abspaltete, leben und arbeiten noch in der 1794 gegründeten Gemeinde (▶ Das ist ..., S. 16ff.). Bei einer Führung besucht man das Gemeinschaftshaus, ein kleines Museum, die Baumschule und einen Kräutergarten sowie das schlichte Gebetshaus. Beim Sonntagsgebet um 10 Uhr sind Interessierte willkommen. Ansonsten halten sich die Shaker, die keine Touristenattraktion sein wollen, weitgehend im Hintergrund.

Memorial Day–Labor Day Mo.–Sa. 10–16.30 Uhr, Führungen 10.30 bis 15.15 Uhr | Eintritt: 10 $ | http://maineshakers.com

Die Wiege von Maine

Freeport

Das Städtchen 17 mi/27 km nordöstlich von Portland ist **die Wiege von Maine:** Hier wurde noch während der Kolonialzeit die Trennung von Massachusetts beschlossen. Die allermeisten interessiert das allerdings nur am Rande. Neun von zehn Besucherinnen und Besuchern kommen der »Outlet Capital of the World« wegen, in die sich Freeport seit den 1960er-Jahren verwandelt hat. Dutzende Textilienhersteller verkaufen hier ab Fabrik, mit bis zu 70 % Ermäßigung! Freeport ist **eine einzige Shopping Mall**, vertreten sind u. a. Nike, Gap, Anne Klein und Patagonia. Fast ein Muss ist das unternehmerische Herz der Stadt, der Outdoor-Ausstatter **L. L. Bean**, dessen

Gründer Leon Leonwood Bean 1905 mit einem selbst konstruierten, wasser- und reißfesten Stiefel für Jäger und Angler den Grundstein für einen der erfolgreichsten amerikanischen Ausrüster legte.
L.L. Bean: Main & Bow Sts. | www.llbean.com | 24 St. geöffnet

Kleine Hauptstadt

Augusta

Augusta, 55mi/88km nordöstlich, ist zwar deutlich kleiner als Portland, aber es ist seit 1827 Maines Hauptstadt. Nett, sauber und ansonsten ziemlich unauffällig, ist es das, was man in den Vereinigten Staaten gemeinhin mit dem Begriff »low key« umschreibt. Man schaut sich hier das State House an, 1829 bis nach 1832 Plänen des Bostoner Architekten Charles Bulfinch erbaut, geht dort ins Maine State Museum zu Natur- und Kulturgeschichte des Bundesstaats und spaziert zum Old Fort Western, **dem ältesten noch existierenden hölzernen Fort der USA**, 1754 von den Engländern zum Schutz gegen Ureinwohner und Franzosen errichtet.
State Museum: Di.–Fr. 9–17, Sa. 10–16 Uhr | Eintritt 3 $
www.mainestatemuseum.org
Old Fort: Juli/Aug. tgl. 10–16 Uhr, Sept. nur Fr.–Mo. | Eintritt: 15 $
www.oldfortwestern.org

★ SEARSPORT

Region: Mid Coast | **Höhe:** 0–70 m ü. d. M. | **Einwohner:** 2600

R 4

»Schläfrig« wäre heute sicher das passende Adjektiv für den kleinen Hafen, doch gleich der erste Blick lässt ahnen, dass dies wahrlich nicht immer so war. Immerhin wohnten hier mal rund 300 Kapitäne mit ihren Familien.

Seefahrerort mit Tradition

Wenn das Herz Maines im 19. Jh. die Schifffahrt war, dann hieß sein Herzschrittmacher Searsport: Die 17 hier ansässigen Werften bauten rund 250 Segler oder etwa 10 Prozent der damaligen amerikanischen Handelsflotte. Zwangsläufig war der Ort am Ende der tief landeinwärts reichenden Penobscot Bay Wohnsitz von etwa 300 Kapitänsfamilien. Deren ansehnliche Häuser stehen noch immer Spalier an den schattigen Alleen am Hafen, vielfach noch geschmückt mit Wetterfahnen in Form eines Wals oder Segelschiffs und der traditionellen Ananas, dem alten Symbol für Gastfreundschaft, über dem Hauseingang. Dazwischen machen hübsche kleine Läden, oft nach den Vornamen ihrer Besitzer benannt, die neuenglische Kleinstadtidylle perfekt. Ein bedeutender Hafen ist Searsport noch immer.

SEARSPORT ERLEBEN

BELFAST AREA
CHAMBER OF COMMERCE
14 Main St., Belfast, ME 04915
Tel. 1 207 3 38 59 00
www.belfastmaine.org

COASTAL CAFÉ €
Die Betreiber dieses wunderbaren kleinen Cafés mit eigener Bäckerei haben auch schon ein Surfhostel in Mexiko und eine ökologisch wirtschaftende Farm in Seattle geführt. Frisch und lecker schmecken Breakfast und Lunch.
23 E. Main St.
Tel. 1 207 5 48 41 56
www.searsportcafe.com
Tgl. 7–15 Uhr

BAIT'S MOTEL €–€€
14 funktionale und saubere Zimmer, dazu noch ein Restaurant – eine gute Basis zum Erkunden von Bar Harbor, Belfast und Camden!
215 East Main St.
Searsport, ME 04974
Tel. 1 207 5 48 72 99

Antiquitätenfans aufgepasst! In Searsport gibt es zahlreiche Antiquitätenläden und Flohmärkte. Hier kann man nach einzigartigen Schätzen stöbern und vielleicht das perfekte Souvenir oder Erinnerungsstück finden.

Wohin in Searsport und Umgebung?

Penobscot Marine Museum

Eines der besten Museen Neuenglands
Das in acht historischen Gebäuden, darunter auch zwei Kapitänshäuser, untergebrachte Museum zeigt die wohl größte Sammlung maritimer Kunstschätze in Maine. Bestaunen kann man. einzigartige **Handelsware aus China** und gravierte Walknochen.
2 Church St. | Memorial Day–Okt. Mo.–Sa. 10–17, So. ab 12 Uhr
Eintritt: 15 $ | www.penobscotmarinemuseum.org

Bucksport

Richtig für eine Pause
Das 3000-Seelen-Städtchen liegt 8 mi/13 km nordöstlich von Searsport an der Mündung des Penobscot River in die Bay und lockt mit netten Coffeeshops. Nach einer Latte Macchiato und gegrilltem Bagel mit Cream Cheese geht es zum **Fort Knox State Park**. Während der Grenzstreitigkeiten zwischen den USA und Kanada setzte man dieses wuchtige Fort zwischen 1844 und 1869 neben die Flussmündung. Heute verdeutlicht es seinen Besuchern, wie man sich damals eine sichere Grenze zum nördlichen Nachbarn vorstellte.
ME 174 | Mai–Okt. tgl. 9–Sonnenuntergang | Eintritt: 6,50 $
http://fortknox.maineguide.com

SOUTH COAST

Region: The Maine Highlands

Maines Südküste – der Abschnitt zwischen Kittery an der Grenze zu New Hampshire und dem fast 100 km entfernten Portland – hat alles, was einen guten Urlaub am Meer ausmacht: lange Sandstrände, schöne Dünenlandschaften, Ruhe und auch Trubel für den, der das mag.

Nur mit den Wassertemperaturen hapert es ziemlich: Auch im Hochsommer wird das Wasser selten wärmer als 18 Grad Celsius. Doch wer sich davon nicht entmutigen lässt und sich gegebenenfalls in einen Neoprenanzug zwängt, kommt auf seine Kosten. Auch deshalb, weil die Hafenstädtchen in diesem Abschnitt echte Kleinodien sind.

DIE SOUTH COAST ERLEBEN

KENNEBUNKPORT COC

16 Water St., Kennebunk, ME 04043
Tel. 1 207 9 67 08 57
www.gokennebunks.com

OGUNQUIT CHAMBER OF COMMERCE

36 Main St., Ogunquit, ME 03907
Tel. 1 207 6 46 29 39
www.ogunquit.org

FEDERAL JACK'S RESTAURANT & BREW PUB €€

In den verwöhnten Kennebunks gilt Jack's als der Pub mit dem schönsten Blick aufs Wasser. Nebenbei wird gehobenes Pubfood wie gefüllter Hummer und Clam Chowder serviert.
8 Western Ave., Kennebunk
Tel. 1 207 9 67 43 22
www.federaljacks.com
Tgl. 11–1, Küche bis 22 Uhr

TAVERN AT CLAY HILL FARM €€€

Das verträumte Gourmetplätzchen am Cape Neddick begann vor über 200 Jahren als Farm und bietet heute außer schönen Gärten und kleinen Wasserfällen marinierten Lachs in Cajun-Sauce und andere Köstlichkeiten.
220 Clay Hill Rd., Ogunquit
Tel. 1 207 3 61 22 72
www.clayhillfarmcom
Tgl. ab 17 Uhr

CAPTAIN LORD €€€€

21 Zimmer. Dieser Inn ist so verträumt wie der ganze Ort. Den schönsten Blick auf den zum Inn gehörenden Park hat man übrigens im Excelsior Room!
Pleasant & Green Sts.
Kennebunkport, ME 04046
Tel. 1 207 9 67 31 41
www.captainlord.com

Wohin an der South Coast?

Gateway to Maine

Kittery

Es liegt an der Mündung des Piscataqua River gegenüber von Portsmouth (New Hampshire) und gilt als »Gateway to Maine«. Heute ist es am bekanntesten für seine **Factory Outlets**, die sogenannten Kittery Outlets (US 1 Richtung York). 1623 begann Kittery als Schiffsbauzentrum und Holzumschlagplatz. Historisch Interessierte kennen es als Schauplatz dreier wichtiger Premieren: 1647 lief hier das erste in Nordamerika gebaute britische Kriegsschiff vom Stapel, 1777 folgte das erste Kriegsschiff unter amerikanischer Flagge und 1917 stach das erste U-Boot in See. Das **Kittery Historical and Naval Museum** erinnert an die goldene Ära der Stadt.

200 Rogers Rd., Ext. | Juni–Columbus Day Di.–Sa. 10–16 Uhr
Eintritt 7 $ | www.kitterymuseum.com

Ein schöner Ort am Meer

Ogunquit

Natürlich hatten auch die Abenaki ein gutes Auge: Sie nannten die Stelle »schöner Ort am Meer«. Der gleichen Ansicht waren Ende des 19. Jh.s zahlreiche Maler und Schriftsteller. Sie ließen sich in Ogunquit von dem breiten und 5 km langen Sandstrand und der pittoresken Felsenküste an ihrem Südende inspirieren. Heute platzt der Ort

Welcome to Kennebunkport. Das gilt nicht nur für Familie Bush.

aus allen Nähten – vor allem im Sommer, wenn in Hotels, Motels und Hummerbuden nichts mehr geht.
An die Zeit als Künstlerkolonie erinnert das schöne, unmittelbar am Strand liegende **Ogunquit Museum of American Art** mit Werken so prominenter Künstler wie Rockwell Kent und Marsden Hartley.
Hummerfischer beim Kontrollieren der Käfige begleiten kann man in **Perkins Cove**, einem zauberhaften, auf der Shore Road zu erreichenden Yacht- und Fischerhafen. Zu Fuß kommt man über den hübschen Marginal Way dorthin. Zum Baden geht es an den Main Beach auf einer vorgelagerten Sandbank – dort ist es allerdings oft voll und das Parken teuer – oder zum etwas nördlich gelegenen und ruhigeren **Footbridge Beach**.

Ogunquit Museum of American Art: 543 Shore Rd. | Mai–Okt. tgl. 10–17 Uhr | Eintritt: 15 $ | www.ogunquitmuseum.org

Küstenschönheiten

Kennebunkport

Kennebunkport ist der interessanteste Ort der drei »Kennebunks«, zu denen außerdem noch die Stadt Kennebunk und das Strandbad Kennebunk Beach gehören: Die Souvenirtasse mit dem Namenszug des 41. Präsidenten der Vereinigten Staaten von Amerika gehört zu den beliebtesten Mitbringseln, doch Kennebunkport ist nicht erst ein nobles Ferienresort, seit **Familie Bush** hier Urlaub macht. Schon früh im 19. Jh. kauften sich Schiffsbauer, Reeder und Kapitäne in dem um 1650 gegründeten Städtchen ein. Der Schiffsbau blühte damals: Zwischen 1800 und 1850 produzierten die rund 50 Werften des Städtchens mehr als 1000 Clipper und Schoner. Seitdem pflegt Kennebunkport jene souveräne Noblesse, die auf große Gesten verzichten kann.
Die schönsten Häuser stehen im Umkreis des geschäftigen Dock Square, darunter das **Nott House**, eine Greek-Revival-Residenz mit dorischen Säulen von 1853.
Weitere schöne Häuser finden sich am Ocean Drive Spalier, darunter das Sommerhaus von Ex-Präsident George Bush sen. am Cape Arundel. Am Nordrand von Kennebunkport zeigt das **Seashore Trolley Museum** über 200 Straßenbahnwagen aus aller Welt.
Vom Hafen aus starten **Whalewatching-Touren**, die einem von Mai bis Okotber die Ozeanriesen näher bringen. Daneben entdeckt man mit etwas Glück Seehunde und einige Vögel.

Nott House: 8 Maine St. | Juni–Okt. Di., Mi., Fr. 13–16, Do. 10–16, Sa. 10–13 Uhr

Seashore Trolley Museum: 195 Log Cabin Rd. Mai–Okt. tgl. 10–17 Uhr | Eintritt: 13 $

MASSACHUSETTS

Fläche: 20 305 km² | **Einwohner:** 7 Mio. | **Hauptstadt:** Boston
Beiname: Bay State, Old Colony

Es wird behauptet, dass es die Vereinigten Staaten ohne Massachusetts nicht geben würde. Dass hier der Unabhängigkeitskrieg begann, stimmt. Dröger Geschichtstourismus ist jedoch nicht zu erwarten, denn Historie pflegt spannend inszeniert zu sein. Außerdem gibt es Inseln, Strände, Wälder und Berge für die Pausen dazwischen.

Man kennt die Namen aus dem Geschichtsunterricht: Die Pilgerväter und -mütter von der »Mayflower«, die Kennedys und andere Schlüsselfiguren der amerikanischen Geschichte, und auch einige der bedeutensten Schriftsteller Amerikas kamen aus Massachusetts. Dabei ist dieser Bundesstaat nur ein für amerikanische Verhältnisse winziges Rechteck zwischen Atlantik und den zu den Appalachen gehörenden Berkshire Hills, der traditionellen Grenze zwischen Neuengland und dem Rest Amerikas.

Hier fingen die USA an

Die Pilgerväter und -mütter

Die Formel ist so einfach wie endgültig: Die USA begannen in Massachusetts. Die im Dezember 1620 im heutigen Plymouth gelandeten Pilgerväter und -mütter, orthodoxe Protestanten, die die Church of England von »katholischem Pomp« hatten reinigen wollen, drückten ihrer neuen Heimat ihren Stempel auf. Bald jedoch schufen diese **»Puritaner«** genannten Siedler jedoch Verhältnisse, die denen zu Hause kaum nachstanden: Wer vom Dogma abwich, das Vorbestimmung und göttliche Vorsehung zum Leitfaden des öffentlichen Lebens erhob, wurde als Ketzer bestraft. Doch anders als in England war hier Platz genug für Abtrünnige. Wer mit den gottesstaatähnlichen Verhältnissen in Boston und Salem übers Kreuz geriet, machte anderswo seine eigene Kirche auf. Das anfängliche Einvernehmen mit den Ureinwohnern verwandelte sich in Feindseligkeit: Nach blutigen Auseinandersetzungen und dem King Philip's War in Rhode Island und Connecticut (1670/1671) spielten die Ureinwohner in Neuengland keine Rolle mehr.

Die Minutemen-Milizen mussten innerhalb weniger Minuten kampfbereit sein. Beim Reenactment heutzutage in Lexington haben sie ein wenig mehr Zeit.

Wohlhabend und selbstbewusst

Wohlstand als Zeichen von Gottgefälligkeit

China- und Dreieckshandel, Holzwirtschaft, Walfang: Wirtschaftlich ging es steil aufwärts. Massachusetts wurde wohlhabend – und damit auch sehr selbstbewusst. Die Unzufriedenheit mit der Bevormundung durch das Mutterland und dessen restriktiven Steuergesetzen, die vor allem den Kaufleuten die Hände banden, machte sich in verschiedenen Protestaktionen und dem heute berühmten Schlagwort **»No Taxation without Representation«** (»Keine Besteuerung ohne Volksvertretung«) Luft. London erhoffte sich u. a. mit den drakonischen »Intolerable Acts« die aufmüpfigen Kolonisten rasch in die Knie zu zwingen, doch auf die Schließung des Bostoner Hafens und das Verbot von Volksversammlungen reagierten die Kolonisten 1774 mit der Veranstaltung des Ersten Kontinentalkongresses in Philadelphia, wo sie erstmals auch die Unabhängigkeit von England anmeldeten. Schließlich fielen **1775 in Lexington** bei Boston zwischen den Milizen und den Kolonialtruppen die ersten Schüsse, die den amerikanischen Unabhängigkeitskrieg auslösten. Am **4. Juli 1776** erklärten die 13 Kolonien ihre Unabhängigkeit von der Krone. Nach einem sieben Jahre während Krieg wurde am 3. September 1783 im Frieden von Paris die Unabhängigkeit der USA besiegelt. Im Februar 1788 unterzeichnete Massachusetts als sechste Kolonie die amerikanische Verfassung.

Wirtschaft und Wissenschaft Hand in Hand

Waffenschmiede der Nordstaaten

Im 19. Jh. übersäte die **Industrialisierung** Massachusetts mit Fabriken. Der wirtschaftliche Höhenflug begünstigte die Entstehung der **modernen amerikanischen Literatur**, aus der Taufe gehoben in Concord von einer Handvoll Intellektueller um Ralph Waldo Emerson. Diese Intellektuellen waren die Spitze einer Bildungsbewegung, die sich für ein öffentliches Schulwesen einsetzte und 1837 unter ihrem Wortführer Horace Mann die Bildung einer Erziehungsbehörde durchsetzte. Während des Bürgerkriegs war Massachusetts die Waffenschmiede der Nordstaaten, danach war es führend in der Textilproduktion. Mit der Abwanderung der Betriebe in den billigeren Süden und der Weltwirtschaftskrise begann für Massachusetts jedoch eine lange Talfahrt, die erst nach dem Zweiten Weltkrieg durch energische Diversifizierung gestoppt wurde. Dabei profitierte Massachusetts vor allem vom hohen Ausbildungsniveau seiner Arbeitskräfte.

Das wichtigste Kapital des Bundesstaats Massachusetts ist nach wie vor seine **brain power**. Über 120 Hochschulen pflegen hier engste Beziehungen zur Industrie. Der Großraum Boston gilt als Silicon Valley des Ostens: Zahlreiche Soft- und Hardwarefirmen sind hier angesiedelt. Aber auch die Landwirtschaft hat eine absolute Spezialität: Nahezu die Hälfte aller amerikanischen Preiselbeeren kommt aus den Sumpfgebieten von Cape Cods und der Region um Plymouth.

An dritter Stelle der USA

Bevölkerung

Mit seinen 7 Mio. Einwohnern ist Massachusetts der bevölkerungsreichste der Neuenglandstaaten. Statistisch gesehen leben hier 313 Menschen auf dem Quadratkilometer, was Massachusetts auf den dritten Rang in den USA bringt. Die mit Abstand größte Stadt ist Boston mit 660 000 Einwohnern, gefolgt von Worcester (205 000) und Springfield (154 800).

★★ BERKSHIRE HILLS

Region: The Berkshires | **Höhe:** 300–866 m ü. d. M.

In Massachusetts heißen die von Alabama heraufziehenden Appalachen »Berkshire Hills« – ein passender, dazu nobel klingender Name für dieses schöne Mittelgebirge im Westen von Massachusetts. Nirgends sonst im Nordosten gibt es so viel schöne Künste in so viel schönem Ambiente wie hier.

Neuengland at its best

Außerdem liegen hier eine Menge schöne Orte. Viele wurden am Housatonic River gegründet, begannen im frühen 19. Jh. als »Mill Towns« mit Textilindustrie und avancierten später zu Sommerfrischen der Ostküstenelite. Zahllose prachtvolle Residenzen, vor allem um Great Barrington und Stockbridge, erinnern an die Zeit, als Urlaub das Privileg einiger weniger war. Doch nicht nur die Reichen fühlten sich wohl: Auch namhafte Literaten, Theologen und spirituell Suchende fanden hier Muße zur Meditation. Heute bietet die bergige Waldlandschaft mit ihren wie Inseln darin schwimmenden Städtchen das klassische Neuengland-Erlebnis – »High Tea« mit anschließendem Konzert- oder Theaterbesuch inklusive.

DIE BERKSHIRE HILLS ERLEBEN

BERKSHIRE VISITORS BUREAU
66 Allen St., Pittsfields, MA 01201
Tel. 1 413 4 99 16 00
www.berkshires.org

Great Barrington, Sheffield und Egremont sind berühmt für ihre gut sortierten Antiquitätenläden.

BARRINGTON BREWERY €€
Joviale Atmosphäre mit gehobenem Pub Food, allem vor die leckeren Burger Fish 'n' Chips.
420 Stockbridge Rd.
Great Barrington,
Tel. 413 528 8282
www.barringtonbrewery.net

CAFÉ ADAM €€€
Wenn man schon essen muss, warum dann nicht erstklassig? Das minimalistisch eingerichtete Bistro-Restaurant hat sich der saisonal-regionalen Küche verschrieben. Alles kommt frisch und von Farmern aus der Umgebung auf den Tisch. Hervorragend: die Black Angus Steaks und die Grillhühnchen mit biologisch angebautem Gemüse und in Wein getränkten Rosinen!
420 Stockbridge Rd.
Great Barrington
Tel. 1 413 5 28 77 86
www.cafeadam.org
Mi.–So. 17–21 Uhr

MEZZE BISTRO & BAR €€€€
Hier ist die Speisenkarte so weltoffen wie die von Studenten und Künstlern geprägte Atmosphäre. Zu empfehlen: das Entenconfit und die Tagliatelle.
777 Cold Spring Rd.,
Williamstown
Tel. 1 413 4 58 01 23
www.mezzerestaurant.com
So.–Do. 17–21, Fr./Sa. 17–21.30 Uhr, Bar länger

ONCE UPON A TABLE €€
Das einfache kleine Bistro liegt in einer hübschen, von der Main Street abzweigenden Fußgängerzone und führt, was den Besitzern schmeckt: Escargot in Butter und Knoblauch, Gemüseravioli mit Limonenbuttersauce etc. pp.
36 Main St., Stockbridge
Tel. 1 413 2 98 38 70
www.onceuponatablebistro.com
Tgl. 11.35–15, So.–Do. 17–20.30, Fr./Sa. 17–21 Uhr

GATEWAYS INN €€€-€€€€
11 Zimmer. Die Besitzer kombinieren viktorianisches Ambiente gekonnt mit zeitgenössischen Elementen. In den Mädchennamen tragenden Zimmern fühlt man sich pudelwohl. Gutes Restaurant, gemütliche Bar.
51 Walker St., Lenox, MA 01240
Tel. 1 413 6 37 25 32
www.gatewaysinn.com

MAPLE TERRASE MOTEL €€-€€€
Schönes Motel zu sympathischen Preisen und in Laufnähe zu Clark Art Institute und Williamstown College.
555 Main St., Williamstown
Tel. 413 458 9677
www.mapleterrace.com

THE RED LION INN €€€
111 Zimmer. Seit 1773 ununterbrochen geöffnet; kleine Zimmer, etwas abgestoßenes Mobiliar, aber urgemütlich. Der High Tea auf der Veranda mit Blick auf die Main Street ist ein Muss!
30 Main St.
Stockbridge, MA 01262
Tel. 1 413 2 98 55 45
www.redlioninn.com

WAINWRIGHT INN €€€
Das 1766 gebaute Schmuckstück ist das, was man hier ein »Getaway« nennt. Länger aushalten lässt es sich dank der hellen, herrlich altmodisch eingerichteten Zimmer und Suiten und des wohl besten Frühstücks weit und breit!
518 Main St.
Great Barrington, MA 01230
Tel. 1 413 5 28 20 62
www.wainwrightinn.com

Wohin in den Berkshires?

Literarischer Gipfel

Great Barrington

Wer in den südlichen Berkshires zu Hause ist, shoppt in Great Barrington. Nennenswerte Attraktionen gibt es in der hübschen Kleinstadt nicht. Dafür eignet sich Great Barrington mit schönen Inns, guten Restaurants und gut sortierten Antiquitätenläden zu einer sympathischen Basis für Tagestrips durch die Berkshires. Auch Dichter zog es schon hierher: 4 mi/7 km nördlich von Great Barrington fand im 19. Jh. ein folgenreiches Gipfeltreffen statt. Unterwegs zum Gipfel des Monument Mountain (570 m ü. d. M.), begegnete **Herman Melville** (»Moby Dick«) seinem Kollegen **Nathaniel Hawthorne** (»Der scharlachrote Buchstabe«) und fortan trafen sich die beiden hier zu weiteren Wanderungen. Heute führen zwei anstrengende, direkt an der MA 7 beginnende Trails hinauf zu herrlichen Aussichtsplätzen.

Es sind zwar nicht die berühmten Niagarafälle, doch an einem heißen Sommertag gibt es keinen schöneren Ort zum Baden als die ebenfalls fotogenen **Bash Bish Falls**. Die 15 m hohen, südlich von Great Barrington im Mount Washington State Forest liegenden Fälle haben schöne Pools aus dem Felsenbett des Bash Bish Brook geschliffen. Sie sind auch die höchsten im ganzen Bundesstaat.

Platz nehmen auf der Veranda des Red Lion Inn in Stockbridge zum Leute gucken

Zeitreise in die Kolonialzeit

Zauberhaft und wie gemalt: Das 1734 als Missionsstation für Ureinwohner gegründete Städtchen 8 mi/13 km nördlich von Great Barrington gilt gemeinhin als **Neuengland wie aus dem Bilderbuch**. Die Main Street ist nach wie vor die Hauptverkehrsader. An ihr liegt eine pittoreske Häuserzeile mit kleinen Läden, die noch immer so aussieht, wie Norman Rockwell, Amerikas großer Illustrator, sie einst malte. Ortsmittelpunkt ist der **Red Lion Inn**, ein Gasthof aus Kolonialzeiten. Drinnen, zwischen alten Buchregalen und schweren Plüschsesseln, ticken die Uhren noch langsamer als draußen. Seine mit Schaukelstühlen versehene Veranda ist der beste Ort zum Kaffeetrinken und Leutegucken in den Berkshires! Sehenswert ist auch das mit Originalmöbeln eingerichtete erste Haus des Orts, **Mission House**, das der Missionar John Sergeant 1739 hier für 50 Mohikaner aufbaute.

Das ca. 4 mi/7 km westlich von Stockbridge in einem Park mit Blick auf den Housatonic River liegende **Norman Rockwell Museum** widmet sich dem beliebtesten Zeichner Amerikas. Norman Rockwell (1894–1978, ▶ S. 429 u. 430) verbrachte seine letzten 25 Lebensjahre in Stockbridge. Er war 47 Jahre lang Illustrator der »Saturday Evening Post« und produzierte in dieser Zeit 321 Titelbilder, meist positive, wertkonservative Heim-und-Herd-Motive, denen er mit fotografisch genauem Pinselstrich und Augenzwinkern Leben einhauchte. Dass er aber auch anders konnte, bewies er in den 1960ern, als er für das kritischere Magazin »Look« Bilder von der Bürgerrechtsbewegung, vom Vietnamkrieg und von der Armut in den Städten anfertigte.

Mission House: 19 Main St. | Memorial Day-Columbus Day tgl. 10–17 Uhr | Eintritt: 5 $ | www.berkshireweb.com/trustees/mission

Norman Rockwell Museum: 9 Glendale Rd. | Mai–Okt. tgl. 10–17, Nov.–April Mo.–Fr. 10–16, Sa./So. 10–17 Uhr | Eintritt: 20 $ www.nrm.org

Kultur satt

Lenox

5 mi/8 km nördlich von Stockbridge räkelt sich, umgeben von alten Sommerresidenzen in üppig grüner Parklandschaft, der kulturelle Mittelpunkt der Berkshires. Lenox ist wohlhabend und führt große Namen wie Vanderbilt und Carnegie im Goldenen Buch der Stadt, ist ansonsten aber behaglich kleinstädtisch und wohltuend unprätentiös. Dabei ist das kulturelle Angebot alles andere als provinziell: Neben der **Shakespeare & Company**, die von Mai bis Oktober auf vier Bühnen Werke des großen Meisters gibt und schon Schauspieler wie **Richard Dreyfuss**, **Sigourney Weaver** und **Keanu Reeves** in ihren Reihen zählte, hat v. a. das international berühmte **Tanglewood Music Festival** (Mitte Juni–Anfang Sept.) Lenox seinen Stempel aufgedrückt. Das beste Feeling für das renommierte Festival kriegt man, indem man für wenig Geld ein »lawn ticket« ersteht und mit Decke und Picknickkorb anmarschiert! Das fünf Minuten außerhalb liegende, 1937 an die Berkshire Festival Society übergegangene Anwesen hat eine herrliche Parklandschaft mit diversen Konzerthallen und ist zudem der **Sommersitz der Bostoner Philharmoniker**.

Am Südrand von Lenox lohnt **The Mount**, die 1902 erbaute Sommerresidenz der Schriftstellerin Edith Wharton (1862–1937) einen Besuch. So formenreich ist das von ihr selbst entworfene Innere, dass The Mount als stilistischer Trendsetter des 20. Jh.s gilt.

Auch Becket (10 mi/16 km östlich) hat sein Kulturereignis: Von Mitte Juni bis Ende August treffen sich hier die angesagtesten Tanztheatertruppen der USA. Kein Geringerer als Michail Baryschnikov hielt das **Jacob's Pillow Festival** für eines der besten des Landes.

Shakespeare & Company: 70 Kemble St. | Mai–Okt
Tel. 1 413 6 37 33 53 | www.shakespeare.org

Tanglewood Music Festival: Ende Juni–Anf. Sept.
Tel. 1 617 2 66 14 92 | www.tanglewood.org

The Mount: 2 Plunkett St. | Mai–Okt. tgl. 9–17 Uhr | Eintritt: 20 $
www.edithwharton.org

Jacob's Pillow Festival: 358 George Carter Rd. | Tel. 1 413 2 43 07 45
www.jacobspillow.org

Pittsfield

Melville und sein weißer Wal

Mit 44 000 Einwohnern ist Pittsfield der größte Ort der Berkshires. Die einstige Arbeitersiedlung, in der früher holzverarbeitende Betriebe den Ton angaben, ist heute eine kunstfreundliche Kleinstadt mit vielen kleinen Galerien und B&B-Unterkünften. Das **Berkshire Museum** lohnt sich: Wie andere kleine, eher unauffällige Kulturschreine in Neuengland ist es für ein paar Überraschungen gut, z. B. alte Meister aus Europa und kritische Ausstellungen zu Gegenwartsthemen.
Im unscheinbaren Haus **Arrowhead** am Westrand von Pittsfield wurde Weltliteratur geschrieben. 1851 vollendete **Herman Melville** hier seinen »Moby Dick«. Der Roman um den weißen Wal und den finsteren Kapitän Ahab wurde ein Klassiker. Die düsteren Räumlichkeiten atmen noch immer Melvilles Anwesenheit – vor allem in seiner kleinen Schreibstube im Obergeschoss. Etwas für echte Melville-Fans!

Berkshire Museum: 39 South St. | Mo.–Sa. 10–17, Do. bis 20, So. 12–17 Uhr | Eintritt: 15 $ | www.berkshiremuseum.org
Arrowhead: 780 Holmes Rd., über MA 720 | Memorial Day–Columbus Day tgl. 9.30–17 Uhr | Eintritt: 15 $ | berkshirehistory.org

Hancock Shaker Village

Relikte einer Gemeinschaft

5 mi/8 km westlich von Pittsfield liegt eines der interessantesten **Museumsdörfer** der Ostküste: originales neuenglisches Kulturgut. Von 1790 bis 1960 lebte hier eine Shaker-Gemeinde, die auf ihrem Höhepunkt Mitte des 19. Jahrhunderts 300 Männer und Frauen umfasste. Zu besichtigen sind über 20 zum Teil noch mit Original-Shakermöbeln eingerichtete Gebäude. Highlights: das Brick Dwelling, in dem alle »Believer« der zölibatär lebenden Gemeinschaft unter einem Dach wohnten, und die große Rundscheune. Sie war so funktional und brillant konstruiert, dass ein »Bruder« allein das gesamte Vieh der Gemeinde füttern konnte (▶ Das ist ..., S. 16ff.).

Mitte April–Okt. tgl. 10–17 Uhr | Eintritt: 20 $
www.hancockshakervillage.org

Williamstown

Ziemlich adrett

Etwa 40 Autominuten weiter nördlich liegt das Purple Valley – benannt nach dem lavendelblauen Schleier, der sich am Tagesende um die Berkshire Hills legt – und mitten drin, adrett, pieksauber und »very new englandly«, das kleine Williamstown. 1793 trat Colonel Ephraim Williams einen Teil seiner Ländereien zum Bau einer Schule ab, mit der Auflage, den Ort nach ihm zu benennen. Heute prägt das Williams College mit 50 würdevollen Gebäuden das Städtchen: Georgian und Federal Style auf penibel gestutzten Rasenflächen, in Schuluniformen à la »Klub der toten Dichter« gekleidete Kollegiaten und Kollegiatinnen, dazu viel Kultur – Williamstown vereint alle Klischees einer neuenglischen Stadt.

Der Indian Summer zieht alle Register bei Williamstown in den Berkshire Hills.

Robert Sterling Clark und seine Frau Francine, Erben des Singer-Nähmaschinen-Imperiums, trugen zwischen 1918 und 1956 Bilder aus 400 Jahren Kunstschaffen in Europa und Amerika zusammen. Heute enthält der weiße Marmorbau **The Clark** eine der besten Kunstsammlungen des Landes. Zu den Kostbarkeiten zählen italienische und flämischen Meister der Renaissance und solche des 17. und 18. Jh.s, u. a. Goya, Gainsborough und Fragonard. Unbezahlbar sind die **30 Renoirs**, hinzu kommen einige der schönsten Werke von Degas, Monet und Toulouse-Lautrec. Ein Saal ist Amerikanern wie Winslow Homer, Frederic Remington und John Singer Sargent gewidmet.
Das kleinere **Williams College Museum of Art** widmet sich vor allem zeitgenössischer Kunst, u. a. Maurice und Charles Prendergast, Edward Hopper, Andy Warhol und Sally Man.

The Clark: 225 South St. | Di.–So. 10–17 Uhr, Juli/Aug. tgl.
Eintritt: 20 $ | www.clarkart.edu

Williams College Museum of Art: 15 Lawrence Hall Dr. | Di.–So. 10–17, Do. bis 20 Uhr | Eintritt frei | wcma.williams.edu

Mehr Gegenwartskunst geht nicht

Die alte Textilstadt fünf Minuten nördlich von Williamsburg erlebte wie die übrigen »mill towns« nach dem Zweiten Weltkrieg eine lange Talfahrt. Auf den ersten Blick wirkt sie nach all der Neuenglandidylle

wie ein Fremdkörper. Erst in den letzten Jahren hat sie zum attraktiven Touristenziel gemausert. Zu verdanken ist das v. a. dem 1999 eröffneten **Massachusetts Museum of Contemporary Art**. Das größte Museum für Gegenwartskunst der USA stellt in sechs alten Fabrikgebäuden etablierte Künstlerinnen und Künstler aus.
Von North Adams aus geht es kurvenreich auf den **Mount Greylock** (1064 m ü. d. M.), den höchsten Berg des Bundesstaats. Vom War Memorial Tower auf der felsigen Gipfelkuppe bietet sich der **schönste Fernblick in Massachusetts.**

Massachusetts Museum of Contemporary Art: 1040 Mass MoCa Way
15. Juni–14. Okt tgl. 10–18, sonst Mi.–Mo. 11–17 | Eintritt: 20 $
www.massmoca.org

★★ BOSTON

Region: Boston & Cambridge | **Höhe:** 0–42 m ü. d. M.
Einwohner: 685 000 (Greater Boston Area: 4,5 Mio.)

Kaum eine andere amerikanische Stadt steht mehr für Umbruch und Wandel – und kaum eine wirkt europäischer. Dabei könnte sie zumindest historisch kaum amerikanischer sein. Die an der Mündung des Charles River liegende Hauptstadt von Massachusetts ist zugleich die inoffizielle Hauptstadt Neuenglands und als größte Stadt im Nordosten wirtschaftlicher und kultureller Mittelpunkt einer bevölkerungsreichen Region und mit derzeit gleich vier Spitzenteams Sporthauptstadt der USA.

Wiege der Unabhängigkeit

Harvard und MIT, Beacon Hill, North End und Backbay: klingende Namen, weltberühmt und Kultur und Geschichtsbewusstsein signalisierend! Und als wäre das alles nicht genug, gilt Boston auch noch als eine der schönsten Städte des Landes: Historische Viertel blieben von sanierungswütigen Städteplanern verschont, Kopfsteinpflaster, alte Häuser und viel Grün prägen das Antlitz der Stadt.

Von WASP bis weltoffen

Aus aller Welt: Bostonians

Die heutigen Bostoner kommen von überall her. North End ist fest in italienischer Hand, South Boston ist irisch, Roxbury und Dorchester sind afro-amerikanische Wohngebiete. Hinzu kommen über 200 000 in **rund 70 Hochschulen** im Großraum Boston eingeschriebene Studierende. Bis weit ins 19. Jh. war das anders. Damals saßen die wegen ihres Kastendenkens »Boston Brahmins« genannten WASPs an den Hebeln der Macht. Weiß (White), anglo-

OBEN: Golden glänzt das Dach des Massachusetts State House. Der Blick geht auf Boston Common, den Charles River und die Türme von Back Bay.
UNTEN: Acorn Street atmet noch den Geist der Unabhängigkeits-Ära.

fon (Anglo-Saxon), protestantisch (Protestant) und erzkonservativ, führten sie sich gern auf die Passagiere der »Mayflower« zurück und besaßen Cottages auf Cape Cod oder in Maine. Mit der Zuwanderung irisch-katholischer Immigranten ab 1840 zerbröckelte die WASP-Bastion, doch es dauerte noch über 100 Jahre, bis sie mit **John F. Kennedy** endlich einen Irischstämmigen in ihren Kreisen akzeptierte.

Cradle of Independence

Geschichte

Europa ist nah und doch so fern: Nirgends sonst an der Ostküste lassen sich die Anfänge der USA besser begreifen als in dieser »Cradle of Independence«, der »Wiege der Unabhängigkeit«. 1630 von **John Winthrop** an der Spitze von rund 1000 Puritanern für die Massachusetts Bay Company gegründet, wuchs das theokratisch geführte Gemeinwesen schnell zur größten Stadt der 13 Kolonien heran. Der Ruf der Kolonisten nach einer Stimme im britischen Parlament verhallte jedoch ungehört. Stattdessen ersann London für die amerikanischen Besitzungen immer neue Steuergesetze. Bei Aktionen wie der berühmten **Boston Tea Party am 16. Dezember 1773**, bei der als Native American verkleidete Bostoner aus Protest gegen die Teesteuer die Teeladung eines britischen Schiffes über Bord warfen, machten die Kolonisten ihrem Unmut Luft. London blieb unversöhnlich. Auf die Tea Party reagierte die Krone mit der Schließung des Hafens, was die Kolonisten mit der Gründung bewaffneter Milizen beantworteten. Die folgenden Ereignisse kennt in den USA jedes Kind. Im April 1775 wurden 700 Soldaten entsandt, um geheime Waffenlager der Kolonisten in Lexington und Concord auszuheben und die Anführer **John Hancock und Samuel Adams** zu verhaften. Rechtzeitig vom Bostoner Silberschmied **Paul Revere** gewarnt – angeblich, denn Reveres nächtlicher Ritt ist schlichtweg eine amerikanische Legende – waren die Milizen, die »Minutemen«, vorbereitet: Auf dem Green von Lexington fielen die ersten Schüsse des Unabhängigkeitskriegs, in Concord schlugen die Rebellen die Soldaten in die Flucht und verfolgten sie bis nach Boston. Die folgende Belagerung endete in der **Schlacht von Bunker Hill** am 17. Juni 1775 mit einem so verlustreichen Sieg der Briten, dass er bis heute als moralischer Sieg der Amerikaner gewertet wird. Die setzten schnell nach. Aufgerüstet mit Kriegsmaterial aus dem kurz zuvor eroberten Fort Ticonderoga am Lake Champlain, beschossen sie ab dem 2. März 1776 Boston erneut. Wenig später ergaben sich die Briten und erhielten freies Geleit. An der Spitze seiner Rebellenarmee ritt General George Washington im Triumphzug in die Stadt. Danach verlagerte sich das Kriegsgeschehen nach Süden. Für Boston war der Krieg so gut wie zu Ende.

Bis 1825 stieg die Einwohnerzahl auf 54 000, bis 1890 auf eine knappe halbe Million. Um Bauland zu gewinnen, wurden Bostons Hügel (außer Beacon Hill) abgetragen, die Erde wurde in die Buchten gekippt. Back Bay, das eleganteste Wohnviertel, entstand komplett auf Neuland, ebenso wie 100 Jahre später der Logan Airport. Verschönt wurde Boston vom berühmtesten Landschaftsarchitekten seiner Zeit, Frederick Law Olmsted. Er legte einen Ring aus Parks und Allen an. So glanzvoll war das kulturelle Leben der Oberschicht, dass der Chronist Oliver Wendell Holmes Boston als **»Mittelpunkt des Universums«** bezeichnen konnte. In den 1930er-Jahren ließ die Depression die Innenstadt veröden. Zwanzig Jahre danach begann die trotz des Einstampfens ganzer Stadtviertel erfolgreiche Revitalisierung. North End, Beacon Hill und South End blieben erhalten, charmante Zeugnisse der bewahrenden Grundhaltung der Bostoner. Die legendär schlechte Verkehrssituation in der Innenstadt hat sich durch die Fertigstellung der »Central Artery«, lange als »Big Dig« die teuerste Baustelle der amerikanischen Geschichte, erheblich verbessert.

BOSTON ERLEBEN

GREATER BOSTON CVB

Gebührenfreie Nummer:
1(888) SEE-BOSTON
Boston Common Visitor Center
139 Tremont Street
Boston, MA 02111
www.meetboston.com

Der öffentliche **Nahverkehr** ist Sache der MBTA mit der mit »T« gekennzeichneten Subway und Bussen. Wichtigste Umsteigestationen: Park Street, Downtown Crossing und State. Es gibt 1- und 7-Tagespässe. Parken ist in Boston ausgesprochen teuer.

Das historische Zentrum kann man zu Fuß erkunden. Zu vielen historisch bedeutsamen Stätten führt der Freedom Trail, ein roter Strich auf dem Bürgersteig (ca. 1 Tag; Führungen ab Boston NHP Visitor Center, 15 State St., tgl. 9–17 Uhr). Für die Besichtigung von Beacon Hill und Back Bay ist ein weiterer Tag einzuplanen. Nach Harvard fährt man mit der Red Line der Subway. Mit dem 1 bis 7 Tage gültigen **All-Inclusive Pass** von GoCity spart man bis zu 50 % Eintritt bei allen teilnehmenden Attraktionen.
https://gocity.com/boston/en-us/products/all-inclusive

Ein Besuch bei Macy's (450 Washington St.) lohnt sich. Die Kette ist mit über 700 Filialen der größte Warenhausbetreiber der USA und berühmt für sein Riesenangebot. Feiner geht es in den Copley Place Shopping Galeries (100 Huntington Ave.) zu mit Tiffany, Armani & Co. In Back Bay führt kein Weg an den Designerläden der eleganten Newbury Street vorbei.

Das Bostoner Nachtleben ist eher gemäßigt: Um 22 Uhr ist meist noch nicht viel los und um 2 Uhr morgens ist schon wieder Schluss. Den aktuellen Veranstaltungskalender bringen u. a. das Online-Portal **The Boston**

400 m
©BAEDEKER
CAMBRIDGE
Community College
Museum of Science
Science Park
Hayden Planetarium
The Mugar Omni Theater
North Point Park
Middlesex County Probate Court
Court House
Cambridge-side Galleria
Gore Field
John F Donnelly Field
John J Ahern Field
Harvard University
MIT Museum
Kendall
List Visual Arts Center
Massachusetts Institute of Technology
Henry G Steinbrenner Stadium
Chapel
Kresge Auditorium
Hayden Memorial Library
Charles River Basin
Charles River Reservation
WEST END
Massachusetts General Hospital
Charles/ MGH
BEACON HILL
Edward Hatch Memorial Shell
Emerson Majestic Theatre
Gibson House Museum
Washington Mon.
Public Garden
BACK BAY
Arlington Street Church
Arlington
Boston Arts Group Theatre
Copley
Copley Square
Trinity Church
The Castle
Back Bay St
Back Bay Station
Hynes Convention Center/ICA
Hynes Conv. Center
Prudential Center
Prudential Tower
Copley Place
Berklee College of Music
Museum of Fine Arts
SOUTH END
Longfellow Bridge
Harvard Bridge
McGrath Highway
Monsignor Obrien Highway
Memorial Drive
Storrow Drive
Mass Pike
Commonwealth Avenue
Broadway
Main Street

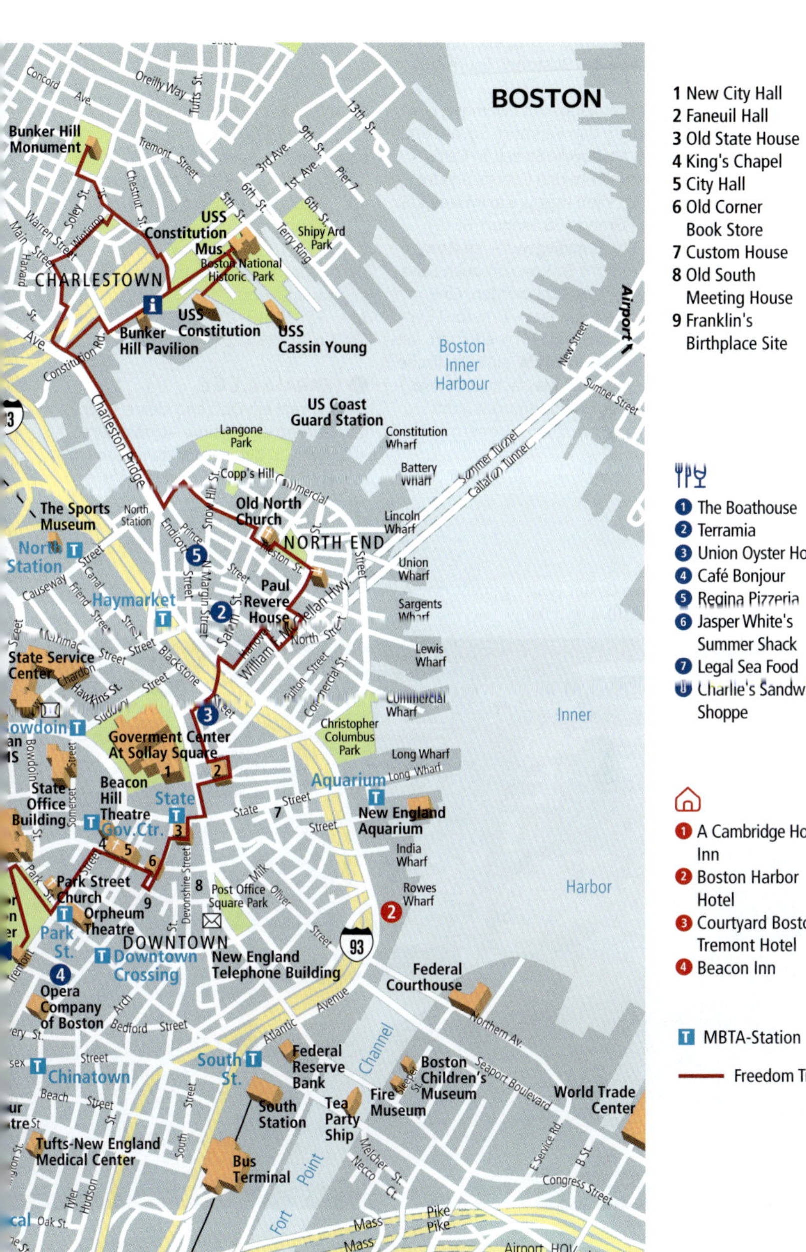

BOSTON
Bunker Hill Monument
CHARLESTOWN
USS Constitution Mus.
Boston National Historic Park
USS Constitution
USS Cassin Young
Bunker Hill Pavilion
Shipy Ard Park
Boston Inner Harbour
US Coast Guard Station
Langone Park
Constitution Wharf
Battery Wharf
Copp's Hill
Old North Church
NORTH END
Lincoln Wharf
Union Wharf
Sargents Wharf
Lewis Wharf
Commercial Wharf
Paul Revere House
The Sports Museum
North Station
Haymarket
State Service Center
Bowdoin
Goverment Center At Sollay Square
Christopher Columbus Park
Long Wharf
Aquarium
New England Aquarium
India Wharf
Rowes Wharf
Beacon Hill Theatre
State
Gov.Ctr.
State Office Building
Park Street Church
Orpheum Theatre
Park St.
Post Office Square Park
DOWNTOWN
Downtown Crossing
New England Telephone Building
Federal Courthouse
Opera Company of Boston
Chinatown
South St.
Federal Reserve Bank
Boston Children's Museum
Fire Museum
Tea Party Ship
South Station
World Trade Center
Tufts-New England Medical Center
Bus Terminal
Fort Point Channel
Boston Convention Center
Underground at Ink
Inner Harbor
Airport
Summer Tunnel
Callahan Tunnel
Mass Pike
Airport HOV Lane
1 New City Hall
2 Faneuil Hall
3 Old State House
4 King's Chapel
5 City Hall
6 Old Corner Book Store
7 Custom House
8 Old South Meeting House
9 Franklin's Birthplace Site
1 The Boathouse
2 Terramia
3 Union Oyster House
4 Café Bonjour
5 Regina Pizzeria
6 Jasper White's Summer Shack
7 Legal Sea Food
8 Charlie's Sandwich Shoppe
1 A Cambridge House Inn
2 Boston Harbor Hotel
3 Courtyard Boston Tremont Hotel
4 Beacon Inn
MBTA-Station
Freedom Trail

Calendar und die offizielle Veranstaltungsseite des Bostoner Tourismusbüros.
Die meisten Klubs mit Livemusik gibt es rund um den Kenmore Square und an der Lansdowne Street, in Cambridge rund um den Central Square. Abtanzen kann man u.v.a. im legendären The Grand (58 Seaport Blvd.) oder – etwas gediegener – im **Roxy** (279 Tremont St.), wo oft auch Salsa und Swing aufgelegt werden. Eine gute Adresse für Jazz – Branford Marsalis spielt hier hin und wieder, oft Jam Sessions – ist **Wally's**, eine klassische Jazzkneipe (427 Massachusetts Ave.).
www.thebostoncalendar.com
www.bostonusa.com/events

❻ JASPER WHITE'S SUMMER SHACK €€€

Laut und jovial geht es hier zu. Gute alte Neuengland-Küche mit Baked Beans, Cod Cake, Lobster u. v. m.
50 Dalton St.
Tel. 1 617 8 67 99 55
https://summershack restaurant.com
Mo.–Fr. 11.30–23, Sa./So 11–23 Uhr

❷ TERRAMIA €€€

Gerade mal ein Dutzend kleine Tische garantieren eine intime Atmosphäre in diesem zu den besten Italienern der Stadt gehörenden Restaurant.
98 Salem St.
Tel. 1 617 5 23 31 12
www.terramiaristorante.com

Im Union Oyster House genießt man Austern stilecht an der legendären halbkreisförmigen Bar.

So.–Do. 17–22,
Fr./Sa. 17–22.30 Uhr

❹ CAFÉ BONJOUR €€–€€€

Hervorragendes Frühstücks- und Lunchrestaurant unweit Boston Common. Die Avocado-Toasts probieren!
55 Temple Place, Tel. 617 779 0062,
www.cafebonjourboston.com

❸ UNION OYSTER HOUSE €€€

1826 eröffnet, damit das älteste Restaurant Bostons. Prima Austern, die schon JFK schmeckten.
41 Union St., Tel. 1 617 2 27 27 50
unionoysterhouse.com
So.–Do. 11–21.30,
Fr./Sa. 11–22 Uhr

❼ LEGAL SEA FOODS €€€

Absolute Frische der Zutaten hat man sich aufs Panier geschrieben – und das so erfolgreich, dass es mittlerweile einige Filialen gibt.
100 Huntington Ave, Copley Place
Tel. 1 617 2 66 77 75
www.legalseafoods.com

❶ THE BOATHOUSE €€

Klassisches Pubfood, zeitgemäß zubereitet, zwischen alten, mit Kajaks und Paddel dekorierten Ziegelmauern. Gute Wein-/Bierkarte.
49 Mount Auburn St., Cambridge
Tel. 1 617 3 49 16 50
Tgl. 11–1 Uhr

❽ CHARLIE'S SANDWICH SHOPPE €

Während der Segregation war Charlie's einer der wenigen Diner in Boston, die schwarze Musiker nach deren Gig bewirteten. Historische Fotos an den Wänden erinnern an diese Zeit. Tolles Frühstück, tolle Atmosphäre.
429 Columbus Ave.
Tel. 1 617 5 36 76 69

❺ REGINA PIZZERIA €€

Dem altmodischen roten Neonlicht folgen und die besten Pizzen der Stadt goutieren. Im italienischen North End.
11 1/2 Thacher St.,
Tel. 617 227 0765, Mo-Do, So 11-21, Fr u. Sa 11-20 Uhr

❷ BOSTON HARBOR HOTEL €€€€

230 Zimmer und Suiten. Viel exklusiver geht es kaum in Boston: ausgesprochen stilvoll eingerichtete Zimmer, etliche mit Hafenblick.
70 Rowes Wharf, Boston,
MA 02110
Tel. 1 617 4 39 70 00
www.bhh.com

❶ A CAMBRIDGE HOUSE INN €€€

Sechs knuddelige kleine Zimmer und nette Besitzer verleihen dieser modernisierten viktorianischen Herberge in Subway-Nähe Erinnerungswert.
2218 Massachusetts Ave.,
Cambridge, MA 02140-1836,
Tel. 1 617 4 91 63 00
www.acambridgehouse.com

❸ COURTYARD BOSTON TREMONT HOTEL €€€

322 Zimmer und Suiten. Marmor in der Lobby, helle Räumlichkeiten. In der Nähe des Boston Common gelegen, eignet sich das Courtyard gut für Erkundungen zu Fuß!
275 Tremont St., Boston,
MA 02116
Tel. 1 617 4 26 14 00
www.marriott.com

❹ BEACON INN €€

Geräumige, altmodisch eingerichtete Zimmer mit allen modernen Annehmlichkeiten. 30 Minuten zu Fuß zum Boston Common.
1087 Beacon St.,
Brookline, MA 02446
Tel. 1 617 5 66 00 88
www.beaconinn.com

BOSTON BAKED BEANS

Süß schmecken sie, ein wenig auch nach Speck, und sie gehen runter wie nichts. Außerdem machen sie satt. Vor allem satt. Dies war schon immer ihre heiligste Mission: hart arbeitenden Menschen zuverlässig den Bauch zu füllen, und zwar schnell, gründlich und preiswert.

Sie sind traditioneller Bestandteil jedes amerikanischen Frühstücks, eine beliebte Beilage bei Grillgerichten und aus den Frühstücksbuffets der Hotels nicht wegzudenken. Ihre Zubereitung variiert von Region zu Region und manchmal sogar von Dorf zu Dorf, und längst kann man sie auch im Supermarkt in der Dose kaufen. Eingefleischte Fans der **gebackenen Bohnen** mogen deshalb Nachsicht üben, wenn an dieser Stelle etwas prosaisch und sehr vereinfacht die am häufigsten praktizierte Zubereitungsweise vorgestellt wird. Danach werden getrocknete weiße Bohnen gewässert, mit Tomatensauce und Zwiebelstückchen gemischt und anschließend achtsam mit Salz, Pfeffer, Senf und Zucker gewürzt. Dann geht es in einem geschlossenen Gefäß für drei bis vier Stunden zum Backen in den Ofen. Voilà!

Puritanermahl

Warum steht nun »Boston« vor den »Baked Beans«? Lange, bevor sie im 16. Jh. Europa erreichte, war die in zahlreichen Unterarten vorkommende Bohne (lat. »Phaseolus vulgaris«) in Amerika ein **Grundnahrungsmittel der Indigenen.** Stämme wie die Narragansett und Penobscot bereiteten Bohnen zu, indem sie sie zusammen mit Wildfleisch, Bärenfett und Ahornsirup in Hirschhaut wickelten und in geschlossenen, mit glühenden Steinen gefüllten Erdgruben buken. Für die frommen Puritaner in Massachusetts, deren Glaube das Arbeiten und Kochen heißer Speisen am »Sabbath« (Sonntag) verbot, waren auf diese Art gebackene Bohnen ein hochwillkommenes Gericht, dass sie bereits samstagabends in einem Topf zubereiten und im Laufe des Sonntags zusammen mit Roggenbrot noch immer warm genießen konnten. **»Baked Beans and Brown Bread«** wurden so zum traditionellen Sonntagsmahl im puritanischen Neuengland und blieben es bis zum frühen 20. Jahrhundert.

»Beantown«

Während des Dreieckshandels im 18. Jh. entwickelte sich Boston zu einem wichtigen Hersteller und Exporteur von Rum. Ein Nebenprodukt bei der Rumherstellung aus Zuckerrohr war Melasse. Es dauerte nicht lange, bis dieser braune **Zuckersirup** – und mit ihm **gepökeltes Schweinefleisch** – dem Rezept hinzugefügt wurde. Aus »Baked Beans« wurden so »Boston Baked Beans«, und zu Beginn des 20. Jh.s nutzten ein paar kreative Geister Bostons Bohnen-Connection für eine damals hochmoderne Werbekampagne, die der Stadt den Beinamen »Beantown« einbrachte. Zur Ankündigung einer Veranstaltung namens »Old Home Week« verteilten sie eine Million Sticker, die zwei einander zur Begrüßung schüttelnde Hände über einem typischen »Boston Bean Pot« zeigten. Die Kampagne war erfolg-

reich, trotz oder gerade wegen der geteilten Reaktionen.
Während der griffige neue Beiname auf Poststempeln und Ansichtskarten erschien und man auswärtige Besucher mit Slogans wie »You don't know beans until you come to Boston« in die Stadt lockte, war die alteingesessene Oberschicht der **»Boston Brahmins«,** die ihre Vorfahren bis zur Mayflower zurückverfolgen konnten, alles andere als entzückt. Anstelle eines der zahllosen patriotischen Symbole der »Wiege der Unabhängigkeit« als Logo zu benutzen, hatte man einen schlichten, die armen Massen repräsentierenden Bohnentopf gewählt ... welch ein Affront! Trotz leidenschaftlicher Proteste blieb es jedoch beim »Boston Baked Bean Pot« und bei »Beantown«. Heute trägt die Stadt den Namen mit Stolz.
Beim Bostoner Versandhandel namens **»Pot Shop of Boston«** kann man die Originaltöpfe sogar online erstehen, unter
www.potshopofboston.com.

Freedom Trail

Outdoor Geschichtsstunde

Immer den Strich entlang

Der Freedom Trail ist die **Topattraktion** der Stadt. Vom Boston Common quer durch die Downtown bis zum Bunker Hill Monument im benachbarten Charlestown reichend, verbindet der rote Strich auf dem Bürgersteig Bostons wichtigste historische Sehenswürdigkeiten miteinander.

Ein Ort für die Öffentlichkeit

Boston Common

Boston Common im Herzen der Stadt ist der älteste öffentliche Park der USA: Schon 1634 bestimmten die Puritaner, dass er ein für allemal der Öffentlichkeit vorbehalten bleiben sollte. Seitdem war er mal Kuhweide, mal Exerzierplatz, Richtstätte, Versammlungsort und Zuflucht für Obdachlose. Das beeindruckendste der 16 im Park verteilten Denkmäler und Gedenktafeln ist das **Shaw Civil War Monument** gegenüber vom State House. Das Bronzerelief von Augustus Saint-Gaudens erinnert an das 54th Massachusetts Colored Regiment, die erste schwarze Infanterietruppe. Sie wurde im Bürgerkrieg 1863 beim Angriff auf Fort Wagner bei Charleston aufgerieben, Hollywood setzte ihr 1989 mit dem Film »Glory« ein eigenes Denkmal.

Der Regierungssitz von Massachusetts, das **Massachusetts State House**, thront unübersehbar über der Nordostecke des Common, gekrönt von einer 46 m hohen Kuppel, die 1874 mit einer Schicht aus Blattgold überzogen wurde. Klassizistisch im Stil, mit schönem Portikus und großzügiger Freitreppe, wurde das State House von Charles Bulfinch entworfen und 1798 fertiggestellt. Den Rasen zur Straßenseite zieren vier Statuen, zwei davon ehren mutige Frauen: **Anne Hutchinson**, die im 17. Jh. gegen die männlich dominierte Theokratie Bostons aufbegehrte und dafür aus der Stadt vertrieben wurde, und die Quäkerin **Mary Dyer**, die für ihre religiöse Überzeugung auf dem Common am puritanischen Galgen endete. Das State House beherbergt neben heroischen Bildern von Paul Revere und der Boston Tea Party die Hall of Flags mit über 400 Fahnen. Soldaten aus Massachusetts haben sie vom Unabhängigkeitskrieg bis zum Vietnamkrieg getragen.

Die 71 m hohe Park Street Church gehört zu den beliebtesten Fotomotiven der Stadt. 1809 geweiht, erlebte sie zwanzig Jahre später die Auftritte des Abolutionisten **William Lloyd Garrison**. Hier hielt er seine berühmten Brandreden gegen die Sklaverei.

Massachusetts State House: 24 Beacon St. | Mo.–Fr. 10–15.30 Uhr
Eintritt frei | www.mass.gov

Park Street Church: Park & Tremont Sts. | Juni–Aug. Di.–Sa. 9.30–15.30, So. Messe 8.30, 11, 16 und 18 Uhr
Eintritt frei, Spende erbeten

6X DURCHATMEN

Entspannen, wohlfühlen, runterkommen

1. ROSEN FÜR ROSE

Bienen summen, Rosen verströmen ihre Düfte. Der **Rose Kennedy Rose Garden** im Christopher Columbus Park im North End ist ein selbst von den Bostonern übersehenes Kleinod und für alle Freedom-Trail-Geher ein Ort zum Ausspannen.

2. EIN BILD VON EINEM ELCH

Besonders angesagt sind geführte Touren durch die nebelverhangenen Wälder New Hampshires frühmorgens und vor Sonnenuntergang, etwa mit **MWV Moose Tours** (www.mwvmoosetours.com) in North Conway. (► S. 201)

3. WINDJAMMER AHOI!

Mit geblähten Segeln **an den Felsküsten Maines**, nämlich an Bord eines historischen Windjammers, das gehört zu den Sternstunden im Leben! Mehr Infos gibt es hier: https://sailmainecoast.com

4. ÜBERDACHT

Seit Meryl Streep Clint Eastwood in »Die Brücken am Fluss« durch die Ritzen einer überdachten Brücke beobachtete, weiß man, wie fotogen diese »Covered Bridges« sind. Zu erleben auf einer Tour im **Lancaster County**: www.visitlancasterpa.com/Lancaster-County/Covered-Bridges (► S. 127)

5. GUTE ALTE ZEIT

Ein echter Hingucker wie von anno dunnemals ist New Hope, ein Städtchen im Cottage Country nördlich von Philadelphia: ein Mix aus viktorianischer Architektur und kleinen Hippie- und Secondhand-Läden, durch und durch sympathisch. (► S. 330)

6. LIFE'S A BEACH

Aquamarinfarbenes Wasser, mattrosa schimmernder Sand, Felsenklippen und dichter grüner Wald im Hintergrund: Im **Acadia National Park** wird man bei dieser Beschreibung nicht an die Karibik denken! (► S. 80)

Memento mori

Old Granary Burying Ground

Auf dem kleinen, 1660 angelegten Friedhof gegenüber der Park Street Church ruhen die Gebeine der **Wortführer des Unabhängigkeitskriegs**, wie John Hancock, Samuel Adams und Paul Revere. Die einfachen Grabsteinplatten sind oft noch verziert mit dem zu Puritanertagen typischen Totenschädel, Stundenglas und gekreuzten Knochen.

Tremont St. | Mitte Juni–Aug. Di.–Sa. 9.30–15.30 Uhr | Eintritt frei

Machtdemonstration

King's Chapel

Neuenglands erste anglikanische Kirche duckt sich an der belebten Ecke Tremont und School Sts. zwischen jüngere Stadthäuser. 1754 wurde sie den Kolonisten, die sich gerade erst von der Church of England losgesagt hatten, von der britischen Kolonialmacht vor die Nase gesetzt. Ihr düsteres Äußeres kontrastiert mit dem hellen, georgianischen Innern. Zu sehen sind noch die brusthohen Boxen, die die Gläubigen im Winter vor kalter Zugluft schützten. Auf dem Friedhof liegt Stadtgründer John Winthrop.

Von geistiger Nahrung zum Fastfood

Old Corner Bookstore

Diese Attraktion wurde von der Gegenwart eingeholt. Das schöne alte Ziegelhaus war zwischen 1845 und 1865 unter der Ägide der Verleger Ticknor & Fields **Amerikas bedeutendster Literatentreff**. Schwergewichte wie Henry David Thoreau, Nathaniel Hawthorne, Henry Wadsworth Longfellow und Ralph Waldo Emerson trafen sich hier zum Gedankenaustausch. Heute beherbergt das 1718 erbaute Haus (School u. Washington Sts.) ein Fastfood-Restaurant.

Rebellen unter sich

Old South Meeting House

Ein Stück **Revolutionsgeschichte** spielte sich gegenüber ab: Das schlichte, 1729 als puritanische Versammlungsstätte erbaute Ziegelhaus sah am Vorabend der Revolution turbulente Volksversammlungen. Am 16. Dezember 1773 beendete Samuel Adams eine der Kundgebungen mit den Worten: »Gentlemen, diese Versammlung kann nichts mehr tun, um das Land zu retten.« Anschließend zog er an der Spitze von 5000 aufgebrachten Bürgern auf der Milk Street hinab zur Griffith Wharf und »feierte« die berühmte Boston Tea Party. Schautafeln erklären die Ereignisse.

310 Washington St. | April–Okt. tgl. 9.30–17, sonst tgl. 10–16 Uhr
Eintritt: 15 $ (Combo mit Old State House) | www.revolutionaryspaces.org/hours-admission

Geschichtsträchtiger Balkon

★ *Old State House*

Das Gebäude von 1713 mit dem goldverzierten Türmchen duckt sich tief in den Schatten moderner Bürotürme. Dass es die Abrissbirnen

Vom Balkon des Old State House wurde die Unabhängigkeitserklärung verlesen.

überlebte, verdankt es dem amerikanischen Sinn für dramatische Historie: Am 5. März 1770 rottete sich unterhalb des Balkons eine Menge zusammen, nachdem ein englischer Soldat einen Jungen mit seiner Muskete geschlagen hatte. Als die Situation außer Kontrolle zu geraten drohte, schossen die Soldaten scharf – ein in die Verkehrsinsel an der Rückseite des Old State House eingelassener Stein markiert die Stelle, wo beim berüchtigten »Boston Massacre« fünf Bostoner starben.
Sechs Jahre später,am 18. Juli 1776 wurde die **Unabhängigkeitserklärung** vom Balkon herab der jubelnden Menge verlesen. Heute befasst sich hier eine Ausstellung mit dem »Boston Massacre«.
Washington & State Sts. | tgl. 9–17 Uhr | Eintritt: 16 $ (In Combo mit Old South Meeting House) www.bostonhistory.org

Faneuil Hall

Geschichtsträchtiger Ort
1742 schenkte Peter Faneuil (gesprochen: »Fennel«), ein wohlhabender Kaufmann hugenottischer Abstammung, der Stadt die Markthalle Faneuil Hall. 1806 von Charles Bulfinch um das Doppelte vergrößert, dient das schöne Ziegelgebäude bis heute als Forum engagierter Redner. Am Vorabend der Revolution wetterten in der runden Versammlungshalle die **»Sons of Liberty«**, unter ihnen Samuel Adams und James Otis, gegen die britische Steuerpolitik. Im 19. Jh. hielt William Lloyd Garrison hier Reden gegen die Sklaverei; die Frauenrechtlerin Susan B. Anthony machte sich für die Gleichberechtigung stark, 1960 hielt John F. Kennedy seine letzte Wahlkampfrede, 2004 gab sich John Kerry George W. Bush geschlagen. Drinnen stimmt das riesige Historiengemälde »Daniel Webster's Second Reply to Haynes« auf die Besichtigung ein.
Auf dem kopfsteingepflasterten **Marketplace** (Marktplatz) vor Faneuil Hall finden sich Blumenhändler und vor allem viele Kleinkünstler, er ist ein beliebter Treffpunkt. Zum Markt gehören auch die drei 1825 erbauten Granitgebäude. Das mittlere ist einem griechischen Tempel nachempfunden und wurde inzwischen in Faneuil Hall Marketplace umbenannt. Mit Coffeeshops und Feinkostbistros ist es heute ein beliebter Anziehungspunkt.
Faneuil Hall: Faneuil Hall Sq. | tgl. 9–17 Uhr (außer bei Veranstaltungen) | Eintritt frei | faneuilhallmarketplace.com
Faneuil Hall Marketplace: Mo.–Sa. 10–21, So. 11–19 Uhr

Auf dem Freedom Trail durch das North End

Italienisches Viertel

Im ältesten Viertel der Stadt
Der Expressway, der Downtown vom Stadtteil North End trennt, verläuft inzwischen unter der Erde. Dort, wo noch vor wenigen Jahren der Autoverkehr 15 m über der Erde durch das Herz Bostons rollte, erstreckt sich heute über 1,5 km der **Rose Fitzgerald Kennedy**

Greenway mit Bänken, Blumenbeeten und Wasserspielen. Gleich dahinter beginnt das älteste Viertel der Stadt. Seit den 1630er-Jahren ununterbrochen bewohnt, wandelte sich das verwinkelte North End im 19. Jh. zum Auffangbecken armer irischer und jüdischer und später italienischer Einwanderer. Die italienischstämmigen Bostonians prägen das Erscheinungsbild des Viertels bis heute. Hanover Street und Salem Street mit ihren zahlreichen Trattorias sind die Hauptverkehrsadern des ansonsten von engen Straßen geprägten Viertels.

Held der Revolution

Paul Revere House und Mall

Das mittelalterlich wirkende Holzhaus mit dem nach vorne ragenden Obergeschoss und dem schindelgedeckten Dach wurde um 1680 erbaut und ist das älteste Gebäude der Innenstadt. Da von 1770 bis 1800 der Revolutionsheld und Silberschmied Paul Revere hier wohnte, blieb es vom Abriss verschont. Heute beherbergen die niedrigen Räume eine kleine Sammlung mit Originalmöbeln der Reveres und schönen, vom Hausherrn höchstselbst angefertigten Silberarbeiten.

Die stille Paul Revere Mall zwischen der katholischen St. Stephen Church und der **Old North Church** gehört zu den schönsten öffentlichen Plätzen der Stadt. »One if by land, two if by sea« – die schöne, 1723 im georgianischen Stil errichtete Kirche spielte am Vorabend der Revolution eine entscheidende Rolle. In der Nacht vom 18. zum 19. April 1775 signalisierte der Küster mit zwei Laternen vom Kirchturm aus den Rebellen im benachbarten Charlestown, dass die Briten den Charles River nach Lexington genommen hatten. »Old North« ist die

UNTER DEN STRASSEN VON BOSTON

Das Straßenband verbindet das South End mit South Boston, integriert dabei die Betonwürmer der Stadtautobahnen mit Rad- und Fußwegen und wird, das ist das Tolle daran, von Amerikas besten Street Artists betreut. Underground at Ink Block heißt das Projekt, und das Mural Project ist seine Visitenkarte. Hier haben Künstler auf 14 000 m² eine neue, bunte, fantastische Welt geschaffen, die den Stadtlärm glatt vergessen lässt. (90 Traveler St., www.undergroundinkblock.com)

älteste noch stehende Kirche Bostons. Innen stehen noch die hohen Sitzboxen (19. Jh.), jede ausgestattet mit Fußwärmern, die glühende Holzkohle enthielten. Ein kleiner Souvenirshop verkauft revolutionsrelevante Memorabilia. 2019 wurde der North Square für 2,5 Mio. $ barrierefrei umgebaut und vier permanente Skulpturen installiert.

Paul Revere House: 19 North Square | April–Okt. tgl. 9.30–17.15, sonst 9.30–16.15 Uhr | Eintritt: 6 $ | https://www.paulreverehouse.org
Old North Church: 193 Salem St. | tgl. 9–17 | Sonntagsmessen 9, 11, 16 Uhr | Kombiticket (10 $) enthält Besichtigung und geführte Tour

Friedhof mit Ausblick

Copp's Hill

Der auf der Kuppe von Copp's Hill 1660 angelegte Friedhof ist der **zweitälteste Bostons**. Zahlreiche prominente Bürger wurden hier bestattet, darunter der Priester und Hexenverfolger Cotton Mather (1663–1728). Der Charles River, die Leonard P. Zakim Bridge und das benachbarte Charlestown mit dem alles überragenden Obelisk des Bunker Hill Monument sind von hier aus gut zu sehen.

Glorreicher Dreimaster

»USS Constitution«

Dann geht es über das Hafenbecken auf die Nordseite. Unterhalb der Brücke und gegenüber von North End liegt im Charlestown Navy Yard das älteste noch in Dienst befindliche Kriegsschiff der US-Marine vor Anker. Die »USS Constitution« lief 1797 vom Stapel und ging, mit 54 Kanonen bestückt, zunächst gegen Piraten im Mittelmeer vor. Im Krieg von 1812 besiegte sie zahlreiche feindliche Schiffe, darunter die britische »HMS Guerièrre«, deren Kanonenkugeln an ihrem aus Eichenbohlen gefertigten Rumpf so wirkungslos abprallten, dass sie fortan den Spitznamen »Old Ironsides« trug. Insgesamt hat die Constitution 42 Seesiege errungen. Das **USS Constitution Museum** dokumentiert die Geschichte des Dreimasters.

»USS Constitution«: April–Okt. Di.–So. 10–18, sonst bis 17 Uhr Eintritt frei, Spende erbeten | www.history.navy.mil/ussconstitution
USS Constitution Museum: April–Okt. tgl. 9–18, sonst 10–17 Uhr Eintritt frei, Spende in Höhe von 10-15 $ erwünscht. | www.ussconstitutionmuseum.org

294 Stufen bis zum Überblick

Bunker Hill Monument

1843 eingeweiht, erinnert die 66 m hohe Granitsäule in Form eines ägyptischen Obelisken an die Schlacht von Bunker Hill am 17. Juni 1775. Die erste Schlacht des Unabhängigkeitskriegs kostete über 1000 britische Soldaten das Leben. Zwar gewann die Krone, doch mit nur 500 Toten auf Rebellenseite trugen die Kolonisten einen moralischen Sieg davon. Eine enge Treppe mit 294 Stufen führt zu einer Plattform mit schönem Blick auf Bostons Skyline. Auf der anderen Straßenseite beschreibt das nicht minder beeindruckende **Bunker Hill Museum** alles Wissenswerte zur Schlacht.

Stimmungsvoll am Boston Harbour

Bunker Hill Monument: tgl. 9–16.30 Uhr | Eintritt frei
www.nps.gov/bost/historyculture/bhm
Bunker Hill Museum: 43 Monument Square | tgl. 9–17 Uhr
Eintritt frei | www.nps.gov/bost/historyculture/bhmuseum

Boston Waterfront

Das Leben am und im Wasser

Vom Hafen- zum Trendviertel

Erst mit der Revitalisierung der Innenstadt kam wieder **viel Leben** in die sieche Hafengegend: Alte Lagerhäuser wichen schicken Apartmenthäusern, internationale Luxushotels entdeckten die Waterfront als zeitgeistigen Standort mit Meerblick.

Wo sich das elegante Marriott Long Wharf im Wasser spiegelt, reichte die **Long Wharf** einst 600 m weit ins Hafenbecken. Heute beginnen hier Hafenrundfahrten und Walbeobachtungstouren. Herzstück des wunderbaren **New England Aquarium** ist ein über 700 000 l Salzwasser fassender, vier Stockwerke hoher Zylindertank. Von einer den Zylinder spiralförmig begleitenden Rampe aus kann man Bewohner wie Haie, Muränen und Stachelrochen beobachten. Insgesamt beherbergt das Aquarium rund 8000 Tiere aus 2000 Spezies. Von April bis Oktober gibt es Walbeobachtungstouren.

New England Aquarium: Central Wharf | So.–Do. 9–18, Fr./Sa. 9–19 Uhr | Eintritt: 34 $ | www.neaq.org

 Beacon Hill

Catwalk der Reichen und Schönen

Ein nobles Viertel

Nirgendwo sonst in Amerika werden so viele Rassehunde Gassi geführt und so viele Luxuskarossen vorgefahren wie auf der Beacon Street. Die Straße zu Füßen des Beacon Hill ist der Catwalk der Reichen und Schönen Bostons. Beacon Hill ist ihr Biotop. Das alte Nobelviertel, einst Enklave der »Boston Brahmins«, ist noch immer exklusiv und sündhaft teuer, auch wenn sich die Alteingesessenen die schönen Backsteinhäuser mit den bauchigen Erkern heute mit Neureichen »from away« teilen.

Die Bebauung des Hügels neben dem Massachusetts State House begann um 1800. Bis Mitte des 19. Jh.s entstanden unter der Federführung von Charles Bulfinch herrschaftliche drei- bis vierstöckige, von schwarzen Gaslaternen und Bäumen gesäumte Häuserzeilen im Federal und Greek Revival Style. Auch ans Personal, das das elegante Viertel in Gang halten musste, wurde gedacht: Einfachere Behausungen in engen Seitenstraßen wie der **Chestnut Street** signalisieren die Unterkünfte der Dienerschaft.

Westlich öffnen sich rote Häuserzeilen zum **Louisbourg Square**. Der kleine Platz verkörpert wie kein anderer Ort den kultivierten Lebensstil auf dem Beacon Hill. Etliche Schriftsteller lebten hier, u. a. Pulitzerpreisträger Archibald MacLeish und – von 1885 bis 1888 – Louisa May Alcott (Nr. 10), deren Bestseller »Little Women« die Familie vor dem Bankrott rettete.

Die meistfotografierte Straße auf dem Beacon Hill ist **Acorn Street** (▶ Abb. S. 119), eine enge Gasse mit Kopfsteinpflaster, deren Mietwohnungen ursprünglich die Dienerschaft aufnahmen. **Charles Street** markiert die Westseite des Viertels; Immobilienbüros informieren in Aushängen darüber, was in Beacon Hill der Quadratmeter kostet: Am besten tief Luft holen, bevor man sie anschaut! **Pinckney Street** ist die Nordgrenze von Beacon Hill. Ihr Charakter als Demarkationslinie zwischen den wohlhabenden »Brahmins« und dem Rest der Welt ist daran erkennbar, dass die Planer auf verbindende Querstraßen verzichteten.

Die nach Norden führende **Joy Street** war im 19. Jh. die Lebensader der schwarzen Gemeinde Bostons, mit der kurzen Sackgasse Smith Court als Zentrum und 46 Joy Street als besonders wichtiger Adresse. Die in den 1830er-Jahren erbaute Abiel Smith School ist die älteste schwarze Schule der Stadt, das 1806 von der schwarzen Baptistengemeinde errichtete African Meeting House wurde vor dem Bürgerkrieg ein Treffpunkt schwarzer und weißer Abolitionisten. Heute zeigen beide Gebäude als **Museum of African-American History** tolle Ausstellungen zur Geschichte der afro-amerikanischen Bostoner.

Museum of African-American History: 46 Joy St. | Mo.–Sa. 10–16 Uhr
Eintritt 10 $ | www.maah.org/boston-location

Back Bay

Vorbild Paris

Vom Hinterhof zum Shopping- und Kulturviertel

1857 begann Bostons Metamorphose in eine zeitgemäße, Fortschritt, Kultur und Optimismus reflektierende Metropole. Durch das **Aufschütten der Back Bay** wurden 180 ha Bauland hinzugewonnen. Bei der Gestaltung ließ man sich von Paris inspirieren. Fünf schnurgerade Ost-West-Achsen, die größte davon die 80 m breite Commonwealth Avenue, wurden gezogen und mit vier- bis fünfstöckigen Häuserzeilen im damals modischen Second-Empire-Style gesäumt. Bis heute ist Back Bay exklusiv geblieben. Der Stadtteil zwischen Public Gardens und Christian Science Center bietet außer sündhaft teuren Apartments v. a. Kunst, Kultur und Savoir vivre vom Feinsten.

Das **East End** westlich der Arlington Street ist mit schicken Boutiquen, Bars und Restaurants der »Hangout« der Bostoner Yuppies. Die vornehme Newbury Street Bostons gilt als Antwort auf den Rodeo Drive im kalifornischen Beverly Hills, Kenmore Square mit Kneipen und Secondhand-Buchläden ist das Gravitationszentrum der Studierenden, und südlich der Boylston Avenue liegen die meisten Luxushotels der Stadt. In der **Hatch Memorial Shell** an der Charles River Esplanade am Fluss gibt's im Sommer zahllose Konzerte.

Was der Rodeo Drive für Beverly Hills, ist Newbury Steet für Boston.

Hoch hinaus

Copley Square

Der wichtigste Platz Bostons ist, aufgelockert mit Springbrunnen und viel Grün, ein sympathisches Bindeglied zwischen einigen der schönsten Gebäude der Stadt. Ehrfurchtgebietend, liegt an der Ostseite die neoromanische, 1877 von Henry H. Richardson entworfene **Trinity Church**. Ihr wuchtiger Hauptturm zitiert die Kathedrale von Salamanca, das reich dekorierte Westportal lehnt sich an die Kirche St. Triomphe in Arles an. Gleich daneben reckt sich der 241 m hohe Wolkenkratzer **»200 Clarendon«** in die Höhe, 1968–1976 nach Entwürfen der Stararchitekten I. M. Pei und Henry N. Cobb errichtet. Die Fassade besteht aus über 10 000 großflächigen Fensterscheiben, zusammengestellt auf dem Grundriss eines verzogenen Parallelogramms. Der Effekt ist grandios: Je nach Ansicht präsentiert sich der Hauptsitz der Hancock-Versicherungsgesellschaft deshalb mal als schmales aufrecht stehendes Handtuch, mal als breite Zündholzschachtel.

Ein weiterer Kontrapunkt nimmt die gesamte Westseite des Platzes ein. Die **Boston Public Library** wurde 1895 nach siebenjähriger Bauzeit als »Palast fürs Volk« eröffnet. Komplett im Look italienischer Renaissance, schmücken Friese von Augustus Saint-Gaudens die Fassaden, zwei Löwen bewachen den herrschaftlichen Treppenaufgang aus gelbem Siena-Marmor. Der friedliche Innenhof ist ein guter Ort zum Relaxen, nachdem man in den oberen Etagen ausladende **Wandgemälde von John Singer Sargent** bewundert hat.

In der Südwestecke des Platzes steht, halb verdeckt vom Westin Hotel, das schicke **Einkaufszentrum Copley Place**. Über 100 Geschäfte, Restaurants und Kinos sorgen hier für gepflegten Zeitvertreib.

Boston Public Library: 700 Boylston St. | Mo.–Do. 9–21, Fr./Sa. bis 17, So. 13–17 Uhr | www.bpl.org

Ein Blick von oben

Prudential Center

Vom Copley Place führt ein gläserner Gang über den Straßenverkehr zum Prudential Center hinüber. Das »Pru« war einst Bostons erster Vielzweckkomplex und beherbergt heute Kaufhäuser, Läden, Restaurants und Hotels. Eine Fahrt mit dem Fahrstuhl wert ist der 52 Stockwerke hohe **Prudential Tower**. Vom Skywalk Observatory, das nach dreijährigen Umbauten im Laufe des Jahres 2023 wiedereröffnet werden soll, gibt es die schönsten Aussichten über Boston.

April–Okt. tgl. 10–22, Nov.–März tgl. 10–20 Uhr | Eintritt: n.n.
www.prudentialcenter.com

Kunstmekka der Neuengland-Staaten

Museum of Fine Arts

Das Museum of Fine Arts gehört zu den besten Kunstmuseen der Welt. Mit der Eröffnung neuer, modernen amerikanischen und internationalen Kreativen gewidmeten Flügeln platzierte es zudem Boston als **zukunftsorientierte Kunstmetropole**. 1981 steuerte I. M. Pei den lichtdurchfluteten, dreistöckigen Westflügel bei, doch schnell war das 1876

eröffnete MFA wieder zu klein. 2010 endeten die vier Jahre dauernden, 500 Mio. Dollar teuren Erweiterungsarbeiten. Die Präsentationen reichen von prähistorischen Tonscherben über indische Fruchtbarkeitsgöttinnen und Silberarbeiten von Paul Revere bis zu Mobiliar aus den verschiedensten europäischen und amerikanischen Epochen. Höhepunkte sind **die größte Sammlung französischer Impressionisten außerhalb Frankreichs** und die – fast schon obligatorischen – Werke von Picasso, van Gogh und El Greco. Besonders stolz ist man aber auch auf die Abteilung amerkanischer Malerei mit Porträts der bedeutendsten Revolutionäre wie Samuel Adams, John Hancock, Paul Revere und Joseph Warren, gemalt von John Singleton Copley. Am bekanntesten ist **Gilbert Stuarts nicht vollendetes Porträt von George Washington** – es ist auf der Ein-Dollar-Note in aller Hände.
465 Huntington Ave., Mo./Di., Sa./So. 10–17, Mi–Fr 10–22 Uhr
Eintritt: 27 $ | www.mfa.org

»Kunst muss Spaß machen«

Isabella Stewart Gardner Museum

Diese Kunstsammlung, eine der besten privaten der Ostküste, präsentiert sich so unkonventionell wie die Frau, die sie einst zusammengetragen hat. **Isabella Stewart Gardner** (1840–1926), »Enfant terrible« der Bostoner Gesellschaft, empfing ihre Gäste mitunter auf eine Stange im Mimosenbaum sitzend und trank – skandalös – lieber Bier als Wein. Gemälde in langweiligen Museen zu zeigen war ihr ein Graus: Kunst, sagte sie, müsse Spaß machen, eine Haltung, die ihr Heim **Fenway House**, reflektiert. Was sie von ihren Reisen durch Europa mitbrachte – Gemälde von Botticelli, Tizian, Dürer, Degas – hängt noch immer dort, wo sie es vor rund 100 Jahren persönlich aufhängte. Tatsächlich ist selbst das Haus ein Kunstwerk für sich: Höhepunkte des Besuchs sind das Atrium mit seiner Blumenpracht, die auf den Innenhof blickenden venezianischen Fenster und Balkone und die immer wieder wie Tüpfelchen auf dem i wirkenden Gemälde.
25 Evans Way, tgl. 11.00 – 17.00 Uhr | Eintritt: 20 $
www.gardnermuseum.org

Cambridge

Forschen und Lehren …

Universitätsstadt

Die Hochschulstadt liegt gegenüber von Boston am Ufer des Charles River. Sie ist Heimat zweier der berühmtesten Lehranstalten der USA, der **Harvard University** und des **Massachusetts Institute of Technology (MIT)**. Das traditionelle Gravitationszentrum der typischen Studierendenstadt ist der Harvard Square, muntere Hauptgeschäftsstraße die Massachusetts Avenue.
Die Weichen zur höheren Bildung wurden schon früh gestellt: 1636 gründeten die Puritaner hier ein Priesterseminar für den geistlichen

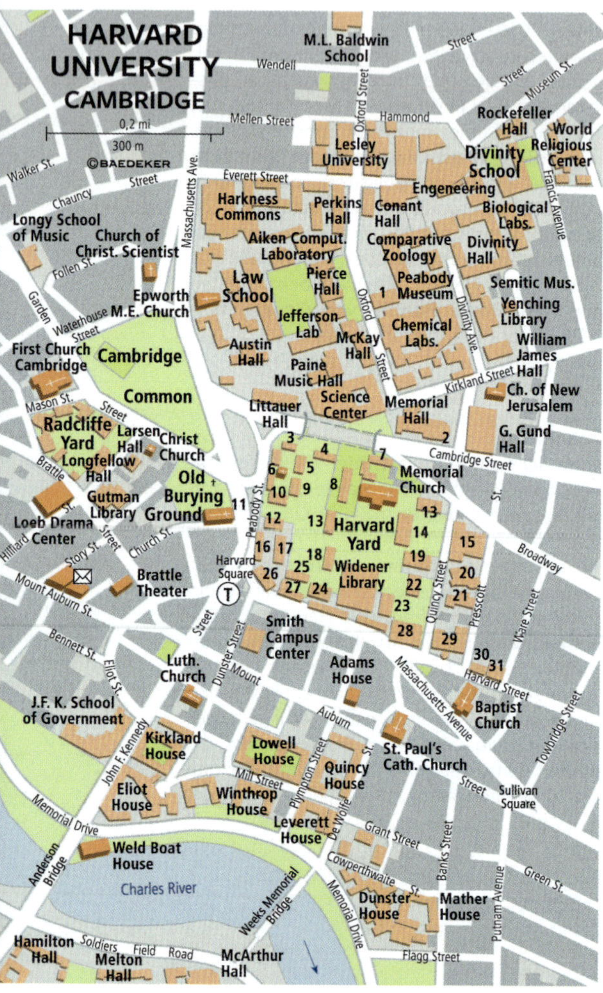

1 Hofman Laboraty
2 Sanders Theatre
3 Phillips Brooks House
4 Holworthy Hall
5 Stoughton Hall
6 Holden Chapel
7 Canaday Hall
8 Thayer Hall
9 Hollis Hall
10 Harvard Hall
11 First Unitarian Church
12 Massachussetts Hall
13 Robinson Hall
14 Sever Hall
15 Harvard Art Museums
16 Straus Hall
17 Matthews Hall
18 Weld Hall
19 Emerson Hall
20 Carpenter Center
21 Faculty Club
22 Pusey Library
23 Houghton Library
24 Boylston Hall
25 Grays Hall
26 Lehman Hall
27 Wadsworth House
28 Lamont Library
29 Baker Center
30 Hurlbut Hall
31 Pennypacker Hall

Ⓣ Boston Transit Station Harvard

Nachwuchs, benannt nach John Harvard, der seine Bibliothek und die Hälfte seines Grundbesitzes stiftete – die Keimzelle der späteren Universität. 1640 traf die erste Druckerpresse der Ostküste ein und 1779 wurde im Cambridge Meetinghouse die Verfassung von Massachusetts, Vorlage der amerikanischen Verfassung, entworfen.
Einen Spaziergang lohnt die **Brattle Street**, eine schattige Allee, die wegen der einst hier wohnenden Royalisten auch »Tory Row« hieß.

OASE, HÖHER GELEGT

Nach der Tour über den Campus der Harvard University, nach der Besichtigung all der Museen, Auditorien, Studierenden-Dormitorien – schreit da nicht alles nach völlig sinnfreiem Beinestrecken auf einer Bank im Grünen, mit schönem Blick auf die Welt und die netten Menschen ringsherum? Der Cambridge Center Roof Garden (4 Cambridge Center, Kendall Square) ist eine 4000 m² große, grüne Insel auf dem Dach des Parkhauses. Mit Wäldchen, Blumen, Rasen – und bequemen Bänken.

Vom Haus Nr. 105 überblickte George Washington die Belagerung von Boston. Von 1837 bis 1882 wohnte hier Henry Wadsworth Longfellow, Amerikas beliebtester Dichter. Er schrieb die längst zum amerikanischen Kulturgut gehörenden Gedichte »Hiawatha« und »Evangeline«. Das Haus 105 Brattle Street ist heute als **Longfellow National Historic Site** ausgewiesen.

105 Brattle St. | Juni–Okt. Mi.–So. 10.30–16 Uhr | Eintritt frei, nur geführte Touren | www.nps.gov/long

Ein Abschluss hier ist sehr viel wert

Willkommen in der berühmtesten Bildungsanstalt der rund 100 Colleges und Universitäten im Großraum Boston! 1636 begann man als Harvard College mit ganzen zwölf für Ethik und Religion eingeschriebenen Studenten, seit 1879 sind Frauen zugelassen und heute studieren hier knapp 20 000 junge Menschen. Dank eines überragenden wissenschaftlichen Niveaus und glänzender Lehrer und Dozentinnen erwarb sich Harvard einen Ruf als **eine der besten Hochschulen der Welt**. Bis heute hat sie sechs US-Präsidenten, darunter John F. Kennedy, und zahlreiche Nobelpreisträger hervorgebracht. Als Campus-Uni ist Harvard eine Stadt in der Stadt. Am besten schließt man sich im Harvard Information Center einer Campus Tour unter der Leitung anekdotenfester Studierender an – der beste Weg, außer trockener Statistik auch witzige Details aus dem Hochschulalltag zu erfahren.

In den **Harvard Art Museums** an der 32 Quincy Street sind mit dem Fogg Art Museum, dem Busch-Reisinger Museum und dem Arthur M. Sackler Museum die drei großen Kunsthallen Harvards unter einem Dach vereint, die gemeinsame Sammlung umfasst über 250 000 Werke, meist Gemälde, Fotos und Skulpturen. Als Lehreinrichtung ist das

Willkommen Erstsemester!

Institut eng mit dem unversitären Curriculum verbunden. Das Fogg Art Museum konzentriert sich v. a. auf Impressionisten und italienische Renaissance, das Busch-Reisinger Museum auf mittel- und osteuropäische Expressionisten, u. a. Klee, Beckmann und Kandinsky. Das Arthur M. Sackler Museum präsentiert asiatische Kunst.
1866 von George Peabody gegründet, zeigt das **Peabody Museum of Archeology and Ethnology** u. a. völkerkundliche Schätze, die Harvard-Forscher von ihren Reisen nach Ozeanien und Südamerika mitbrachten. Drei Abteilungen gibt es im **Harvard Museum of Natural History:** Mineralogie und Geologie, Zoologie (u. a. ein fast 13 m langer Kronosaurus) sowie Botanik, wo ein einzigartiger Schatz zu bewundern ist: die berühmten **Blashka Glass Flowers**, von Leopold und Rudolf Blaschka zwischen 1877 und 1936 in Dresden mundgeblasene Nachbildungen von über 700 Blumenarten. 3,5 Mio. Bücher, 100 km Bücherregale und unzählige Büchsterstapel entdeckt man in der **Widener Library**, die älteste und größte Bibliothek der Universität.
Harvard Information Center: Holyoke Center, 1350 Massachusetts Ave. | Mo.–Sa. 9–17 Uhr | Führungen | www.harvard.edu/visit/tours
Harvard Art Museums: tgl. 10–17 Uhr, an Feiertagen geschlossen Eintritt: 20 $ | www.harvardartmuseums.org
Peabody Museum of Archeology and Ethnology: 11 Divinity Ave. tgl. 9–17 Uhr | Eintritt 15 $ | www.peabody.harvard.edu
Harvard Museum of Natural History: 26 Oxford St. u. 11 Divinity Ave. | tgl. 9–17 Uhr | Eintritt: 15 $ | www.hmnh.harvard.edu

CAPE ANN

Region: North of Boston

Felsenufer und alte Leuchttürme, Küstennebel und knackiges Meeresklima: Das nur eine halbe Autostunde nördlich von Boston liegende Cape Ann stimmt schon auf das weiter nördlich beginnende Maine .

Auf der Anno 1604 von Samuel de Champlain entdeckten und 1614 nach Queen Anne benannten kleinen Halbinsel blieb der Kabeljau während der nächsten 350 Jahre die Haupteinnahmequelle. Später zwang der Schwund der Fische zum Umsatteln auf Hummer. Cape Ann hat jedoch auch eine andere Seite. Im 19. Jh. entdeckten reiche Bostoner das Kap als Sommerfrische. Ihre in allen damals fashionablen Stilen gebauten Häuser begleiten die MA 127 und MA 127A. Ihnen folgten die Künstler und begründeten den Ruf von Cape Ann als Künstlerkolonie.

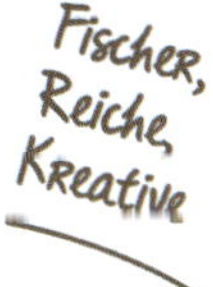

CAPE ANN ERLEBEN

CAPE ANN CHAMBER OF COMMERCE

33 Commercial St.
Gloucester, MA 01930
Tel. 1 978 2 83 16 01
www.capeannchamber.com

Die von Gloucester aus durchgeführten Walbeobachtungstouren von **Cape Ann Whale Watch** zählen zu den besten an der Ostküste. Von Mai bis Oktober finden täglich Touren in Begleitung von Biologen des Whale Conservation Institute statt.
415 Main St., Gloucester, Rose's Wharf, Tel. 1 978 2 83 51 10, www.seethewhales.com

Abgehärtete Naturen können sogar baden: Der Singing Beach in Manchester-by-the-Sea und der Crane Beach in Ipswich sind die schönsten Strände.

AZOREAN RESTAURANT & BAR €-€€

Portugiesische und traditionelle Küche von den Azoren mit Neuengland-Touch. Aufmerksame, die Tische besuchende Gastgeber.
133 Washington St.
Tel. 978 283 5500
tgl. 11–22 Uhr
www.azoreanrestaurant.com

EAGLE HOUSE €-€€

14 hübsche Zimmer für wenig Geld im schönen Rockport!
8 Cleaves St.
Rockport
Tel. 978 546 6292

Wohin auf Cape Ann?

Raues Leben

Gloucester

Weder niedlich noch malerisch, lebt Gloucester auch gut 400 Jahre nach seiner Gründung hauptsächlich vom Meer. Seine Fischereiflotte, einst eine der größten der Welt, ist aber inzwischen auf unter 200 Kutter geschrumpft. Das harte Brot der Gloucester-Fischer beschrieb u. a. der Kinofilm **»Der Sturm« mit George Clooney** (2000). Des Weiteren sind da v. a. die von Leonard Craske stammende Statue des **Gloucester Fisherman** am nördlichen Ende des Stage Fort Park, die an die über 10 000 auf See gebliebenen Fischer aus Gloucester erinnert, und das **Cape Ann Museum**. Dort widmet man sich den mit Cape Ann verbundenen Künstlern, allen voran Fitz Hugh Lane (1804–1865).

Kunst zum Kaufen gibt es in der **Rocky Neck Art Colony** in East Gloucester. Wenngleich stark kommerzialisiert, versprechen die zahlreichen kleinen Galerien an der East Main Street einen interessanten Nachmittag. Einen Überblick über die hier ansässige Künstlerszene verschafft man sich am besten bei der **North Shore Arts Association** (https://rockyneckartcolony.org/).

Das **Hammond Castle Museum** thront in einem Schloss hoch oben auf einer Klippe (3 mi/5km von Gloucester). Der exzentrische Erfinder John Hays Hammond Jr. ließ dieses prachtvolle Gebäude in

Der Gloucester Fisherman erinnert an die, »die in der See versanken«.

den 1920ern erbauen. Heute begeistert es seine Besucher mit einer beeindruckenden Sammlung antiker Artefakte, tollen Räumlichkeiten und herrlichen Blicken über den Ozean.

Cape Ann Museum: 27 Pleasant St. | Di.–Sa. 10–17, So. 13–16 Uhr, Feb. geschl. | Eintritt: 15 $ | www.capeannhistoricalmuseum.org
North Shore Arts Association: 11 Pirates Lane | Mai–Okt Mo.–Sa. 10–17, So. 12–17 Uhr | Eintritt frei | http://nsarts.org
Hammond Castle Museum: 80 Hesperus Ave | tgl. 10–16 Uhr | Eintritt: 20 $ | www.hammondcastle.org

Beliebtes Touristenziel

Rockport

Die einen lieben den Fischerhafen am Ende von Cape Ann, den anderen ist er zu touristisch. Im 19. Jh. auch Umschlagplatz für den auf dem Kap abgebauten Granit, zogen in den 1920-Jahren Maler aus Boston zu und verwandelten Rockport in eine **Künstlerkolonie**. Heute bieten an der Main Street Galerien und Souvenirshops Bilder von Leuchttürmen und Fischkuttern an. Die Qualitätsunterschiede sind immens, ebenso wie die Massen, die sich von Mai bis September durch die engen Straßen wälzen. Wer trotz allem eigene Erfahrungen machen möchte, sollte es nicht versäumen, den ironischerweise **»Motif No. 1«** genannten, roten alten Schuppen auf der Kaimauer am Hafenausgang zu fotografieren. Nördlich von Rockford erstreckt sich rund um den nördlichsten Punkt von Cape Ann der **Halibut Point State Park**. Baden kann man hier nicht, aber dafür durch die Dünen wandern und den Blick auf den Atlantik genießen.

★★ CAPE COD

Region: Cape Cod | **Höhe:** 0–93 m ü. d. M.

Endlose Sandstrände, puppenstubenhafte Kolonialdörfer und jede Menge Kitsch: Die 110 km lange Halbinsel südlich von Boston ist sozusagen das Sylt der Ostküste. Jedoch in Teilen nicht so exklusiv, sondern dann doch eher ein Anziehungspunkt für die Massen.

Bartholomew Gosnold landete 1602 hier als erster Europäer und benannte das Kap nach den kabeljaureichen Gewässern. Große Ereignisse der amerikanischen Historie fanden auch hier statt: 1620 setzten auf Cape Cod die Passagiere der »Mayflower« zum ersten Mal den Fuß auf amerikanischen Boden, bevor sie nach ▶ Plymouth weitersegelten. Den Fischereiflotten und Walfängern im 18. und 19. Jh. verdanken Orte wie Barnstable, Yarmouth und Provincetown schöne Kapitänshäuser. Nach dem Walfang kam der Touris-

mus: Wohlhabende Bostoner entdeckten das Cap als Wochenendziel. Heute verbindet Cape Cod erholsamen Strandurlaub mit einer wohldosierten Portion Kultur: Neben Schwimmen, Wassersport und Sonnenbaden laden Museen, Galerien und Theater ein – und in **Wellfleet** doch tatsächlich ein **Drive-in-Kino von 1957**.
Cape Cod wird vor allem **im Juli und August** von Touristen überschwemmt. Gut zu wissen also, dass die Nordküste tendenziell ruhiger ist als die Südküste. Während die schmale alte Küstenstraße 6 A durch die Kolonialstädtchen der Nordküste nach Provincetown kurvt, machen sich im kompromissloser erschlossenen Süden, vor allem in Hyannis und Dennis Port, unübersehbare Anzeichen von Massentourismus breit.
www.wellfleetcinemas.com

CAPE COD ERLEBEN

CAPE COD CHAMBER OF COMMERCE
5 Patti Page Way
Centerville, MA 02632
Tel. 1 506 3 62 32 25
www.capecodchamber.org

PROVINCETOWN CHAMBER OF COMMERCE
307 Commercial St., PO Box 1017
Provincetown, MA 02657
Tel. 1 508 4 87 34 24
www.ptownchamber.com

Radtouren: Verleiher an der Commercial Street in Provincetown geben zum Zweirad ausführliche Karten. Walbeobachtungstouren mit der »Portuguese Princess« gibt's von Mai bis Oktober.

Der nach Norden ausgerichtete Race Point Beach am Ende der Route 6 bei Provincetown ist ein Tummelplatz der liberalen Zugezogenen – oben ohne ist hier kein Thema. Allerdings ist der Strand oft überlaufen, hinzu kommen hohe Parkgebühren. Auf dem noch zum Cape Cod National Seashore gehörenden Herrings Cove Beach auf der Atlantikseite ist es etwas ruhiger. Schöne Strände gibt es auch bei Evanston im Süden des Schutzgebiets.

1 CIRO & SAL'S €€€
Begann 1951 als Kaffeehaus der Künstlerkolonie und bietet heute solide italienische Küche in einem Interieur wie aus »Piraten der Karibik«.
4 Kiley Court, Provincetown
Tel. 1 508 4 87 64 44
www.ciroandsals.com
ab 17.30 Uhr

3 PILOT HOUSE €€
Das Auge isst mit in diesem netten Seafoodrestaurant mit Blick auf den Jachthafen.
14 Gallo Rd., Sandwich
Tel. 1 508 8 88 88 89
www.pilothousecapecod.com

❷ PORTUGUESE BAKERY €

Brotpudding heißt hier »pudim de pao«: Seit Jahrzehnten ist diese kombinierte Bäckerei/Kantine der beste Tipp für portugiesisch-neuenglisches Frühstück und Mittagessen.
299 Commercial St., Provincetown
Tel. 1 508 4 87 18 03

❶ SNUG COTTAGE €€€

Zederschindeln, Fensterläden, schwere Blumenkästen: herrlich urig. Die meisten Zimmer mit Kamin.
178 Bradford St.
Provincetown, MA 02657
Tel. 1 508 4 87 16 16
www.snugcottage.com

❷ BELFRY INNE & BISTRO €€€–€€€€

21 Zimmer. Schon mal in einer Kirche geschlafen? Tatsächlich träumt sich's hier schöner, und zwar in drei herrlichen viktorianischen Häusern und einem modifizierten Gotteshaus.
8 Jarves St.
Sandwich, MA 02563
Tel. 1 508 8 88 85 50
www.belfryinn.com

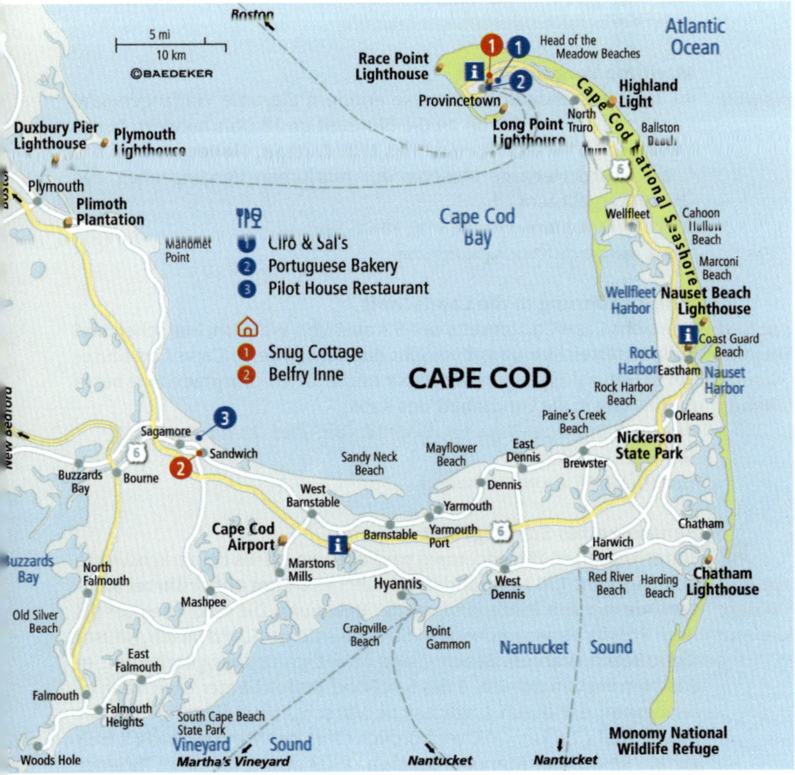

Bayside (Nordküste)

Makellos restauriert

Sandwich

Das Städtchen am Shawme Pond ist einfach schön und liegt zu allem Überfluss auch nah am Meer. Besucher empfängt das 1637 gegründete Schmuckstück mit hübscher Kirche, penibel gestutztem Village Green und makellos restaurierten alten Holzhäusern.
Einen Besuch lohnen die **Heritage Museum and Gardens**, mit Ausstellungen zu amerikanischer Volkskunst, sorgfältig polierten Militaria und alten amerikanischen Autos. Ein Highlight für Fans ist der gelb-grüne **1931er-Duesenberg** von **Gary Cooper**.
Den nötigen Appetit aufs Abendessen holt man sich am besten beim Spaziergang auf dem herrlichen **Sandwich Boardwalk**, einem Plankenweg über die Marsch zum schönen Town Neck Beach.

Heritage Museum and Gardens: 67 Grove St.
Mai–Okt. tgl. 10–17 Uhr | Eintritt 22 $
www.heritagemuseumsandgardens.org

Maritime Vergangenheit

Barnstable

Im 1639 gegründeten Barnstable erinnern elegante Walfänger- und Kapitänshäuser an der 6A an die Blütezeit im 18. Jahrhundert. In italienischer Renaissance prunkt das **U.S. Custom House**, in dem das Coast Guard Heritage Museum zur maritimen Vergangenheit des Orts untergebracht ist.

3353 Rte. 6 A | Juni–Okt. Di.–So. 10–15 Uhr
www.nps.gov/nr/travel/maritime

Eine Einführung in die Landschaft

Cape Cod Museum of Natural History

Wie sieht Cape Cod jenseits der 6 A aus? Von Wäldern, Marschen und Süßwasserteichen umgeben, gibt das sehenswerte Cape Cod Museum of Natural History in **Brewster** mit schönen Lehrpfaden die beste Einführung in die Landschaft des Kaps.

869 Main St. | Juni–Sept. tgl. 9.30–16, Okt.–Dez. 11–15, Feb.–Mai Mi.–So. 11–15 Uhr
Eintritt 12 $ | www.ccmnh.org

Sehenswertes Schutzgebiet

★ Cape Cod National Seashore

Unterwegs nach Provincetown passiert man dieses bemerkenswerte Schutzgebiet. 1961 gegründet, bewahrt es **64 km unberührter Küstenlinie** mitsamt Hinterland vor der Bebauung. Die schönsten der bis nach Provincetown reichenden Strände – Coast Guard Beach, Nauset Light Beach, Marconi Beach – sind öffentlich und ausgeschildert. In Eastham liegt an der Rte. 6 das Salt Pond Visitor Center, gleich dahinter beginnt der durch jungfräuliche Marschgebiete führende Nauset Marsh Trail (1,6 km). Weiter nördlich führt der Marconi Trail (2 km) zu den Resten der **Marconi Station**. 1903 gelang hier dem Italiener

Guglielmo Marconi die Vermittlung des ersten drahtlosen Transatlantikgesprächs: US-Präsident Theodore Roosevelt parlierte mit König Eduard VII. von England.

Salt Pond Visitor Center: Nauset Rd./Rte. 6, Eastham
tgl. 9–16.30 Uhr | Eintritt frei | www.nps.gov/caco

 Provincetown

Liberal, bunt, weltoffen

Unwiderstehliches P-Town

Weiter geht's nicht auf Cape Cod! Der alte Walfängerhafen liegt am Nordzipfel des Kaps. Enge Straßen, Gassen, Häuschen dicht an dicht: Provicetown ist der beste Ort, um sich in die **Zeit von Moby Dick & Co**. zurückzuversetzen! Schon von Weitem sichtbar: das 1910 zu Ehren der Pilgerväter und -mütter errichtete, 70 m hohe Pilgrim Monument & Provincetown Museum – mit seinem dem Campanile von Siena entlehnten Äußeren wirkt es ebenso deplatziert wie faszinierend. 116 Stufen belohnen mit einem Rundblick, der bei gutem Wetter über das gesamte Cape und bis Boston reicht. Das Provincetown Museum zur Stadtgeschichte liegt zu seinen Füßen.

In P-Town geht es sehr entspannt zu.

Provincetown empfing schon immer **Menschen jeglicher Couleur**, eine Tradition, die bis heute anhält. 1620 entwarfen die männlichen und weiblichen »Pilgerväter« hier mit dem »Mayflower Compact« die erste von Freien formulierte Verfassung Amerikas. Bis um 1850 war die Stadt nach Nantucket und Bedford der größte Walfängerhafen Neuenglands. Die Harpuniere stammten meist von den Azoren – Grund für das noch sichtbare portugiesische Erbe. Dann erkoren Maler, Schriftstellerinnen und Schauspieler Provincetown zu ihrem Feriendomizil: Eugene O'Neill, John dos Passos, Tennessee Williams, Marlon Brando, Al Pacino, Richard Gere ... Die Liste illustrer Namen, die hier nicht nur auftraten, sondern auch kräftig feierten, ist lang, und mit ihnen kamen weitere Künstler und Lebenskünstlerinnen aus der ganzen Bandbreite politischer und sexueller Orientierungen in das im Szenejargon **»P-Town«** genannte Städtchen. Heute gilt Provincetown als liberalste Gemeinde nördlich von Key West und, durch den Zuzug gleichgeschlechtlicher Paare, als heißester Immobilienmarkt der Ostküste.

Pilgrim Monument & Provincetown Museum: April–Ende Mai tgl. 9–17, Ende Mai–Mitte Sept. 9–19, Mitte Sept.–Nov. 9–17 Uhr
Eintritt: 21 $ | www.pilgrim-monument.org

Gucken und staunen

Commercial Street und MacMillan Wharf

Die parallel zum Wasser verlaufende Straße ist vollgestopft mit Läden, Menschen, Restaurants und Autos und die Lebensader der Stadt. Hier kann man Fischern, gleichgeschlechtlichen Pärchen und Lebenskünstlern aus allen Teilen der USA, beobachten. In Nr. 463 zeigt das **Provincetown Art Association and Museum** seit 1914 die Werke der mit der Stadt verbundenen Künstler. An der noch immer belebten MacMillan Wharf entladen frühmorgens die Kutter ihren Fang. Jeden Tag herrscht ein reges Kommen und Gehen, mischen sich Reisende unter Einheimische, legen Fischerboote neben Walbeobachtungsschiffen an. Die Pier ist auch der beste Ort, um mittags darauf zu warten, bis sich die Restaurants an der Commercial Street wieder ein wenig leeren.

Provincetown Art Association and Museum: 460 Commercial St.
Juni–Sept. Mo.–Fr. 11–20, Sa./So. 11–17, Okt.–Mai Do.–So. 12–17 Uhr
Eintritt: 15 $ | www.paam.org

Südküste

Lebhafte Zentren

Städtischer als der Norden

Die Südküste ist ein wenig wie das **urbanisierte Alter Ego** von Cape Cod. In den Einkaufszentren von Hyannis und Dennis Port ist der Menschenandrang in der sommerlichen Hauptreisezeit entsprechend groß. Besinnlichkeit gibt es jedoch auch hier, und Abstecher nach ▸ Martha's Vineyard und ▸ Nantucket sind ohnehin nur über die Fährhäfen in Hyannis und Falmouth möglich.

Am Strand entlang

Chatham

Das Städtchen sitzt im alleräußersten Südosten des Cape und hat dementsprechend fast 100 Kilometer Strand und Küste zur Verfügung. Durch die Sandbänke von Nauset Beach vor den Unbilden des Atlantiks geschützt, ist Chatham für einen Fischerhafen ungewöhnlich lieblich. Am historischen **Chatham Lighthouse** hoch über dem Wasser beginnen erholsame Strandspaziergänge mit wunderbarem Blick über die oft windstille Pleasant Bay. Bester Ort für gepflegtes Kaffeetrinken ist das alte Strandhotel Chatham Bars Inn.

Das **Atwood House Museum** zeigt neben maritimen Artefakten eine interessante Porträtsammlung der Seefahrerfamilie Atwood.

347 Stage Harbor Rd. | 15.–30. Juni/1.–15. Sept. Di.–Sa. 13–16, Juli/Aug. Di.–Fr. 10–16, Sa. 12–16, 16.–30. Sept./1. Oktoberwoche Do.–Sa. 13–16 Uhr | Eintritt: kleine Spende | www.chathamhistoricalsociety.org

Der Präsident macht Ferien

Hyannis

Hyannis ist für viele Amerikaner untrennbar mit der Kennedy-Familie verbunden, denn in Hyannis Port erholten sich John F. und Jackie vom Regieren in Washington. Das **John F. Kennedy Hyannis Museum** widmet sich dieser Ära mit Filmen, Fotos und Berichten von Freunden. Von Mai bis Oktober verkehren Fähren zwischen Hyannis Port, Martha's Vineyard und Nantucket; vom Ocean Street Dock starten Hafenrundfahrten, die einen seeseitigen Blick auf die Anwesen der betuchten Sommerfrischler erlauben.

397 Main St. | Mitte April–Memorial Day Mo.–Sa. 10–16, So. 12–16, Memorial Day-Okt. Mo.–Sa. 9–17, So. 12–17, Nov. Mo.–Sa. 10–16, So. 12–16 Uhr | Eintritt: 18 $ | http://jfkhyannismuseum.org

Ein sicherer Hafen

Falmouth
Woods Hole

Tolle Badestrände, ein munteres Zentrum mit netten Läden, gemütliche Coffeeshops zum Beineausstrecken und natürlich auch hier eine starke Prise spannender Historie. Denn dass Falmouth 1661 von Quäkern als »Safe Haven« für religiös Verfolgte gegründet wurde, darauf ist man nach wie vor stolz. Ein gepflegtes Village Green und fotogene alte Neuengland-Häuser reflektieren die auch hier von Walfang und Schiffsbau geprägte Vergangenheit. Heute profitiert der Ort von seinen schönen Stränden und seinem »Vorort« Woods Hole, wo die **Fähren nach Martha's Vineyard und Nantucket** ablegen.

Als idealer Standort ozeanischer Forschungseinrichtungen ist das enge, an steiler Felsküste klebende Woods Hole von besonderem Interesse. So informiert das **Woods Hole Oceanographic Center** über seine spannende Arbeit zum Schutz der Unterwasserwelt vor dem Kap. Zudem zeigt das von der Regierung betriebene **Woods Hole Science Aquarium** die hiesigen Meeresbewohner in riesigen Wassertanks.

Woods Hole Oceanographic Center: 15 School St. | 15. April–Mai Mo.–Fr. 10–16.30, Juni–Okt. Mo.–Sa. 10–16.30, Nov./Dez. Di.–Fr. 10–16.30 Uhr | Eintritt frei, Spende erbeten | www.whoi.edu
Woods Hole Science Aquarium: 166 Water St. | Juni–Aug. Di.–Sa. 11–16, sonst Mo.–Fr. 11–16 Uhr | Eintritt frei http://aquarium.nefsc.noaa.gov

LEXINGTON · CONCORD

Region: Merrimack Valley | **Höhe:** 62 m bzw. 42 m ü. d. M.
Einwohnerzahl: 34 000 bzw. 20 000

Für die Amerikaner sind die beiden Städte, meist in einem Atemzug genannt, ein Symbol: Hier begann im Frühjahr 1775 der Unabhängigkeitskrieg, hier »begannen« die USA. Das lockt natürlich viele Tourbusse mit geschichtshungrigen Passagieren an Bord in die beiden feinen Städtchen.

Wie viel Wert man in den USA auf erlebbare Erinnerung an geschichtliche Ereignisse legt und wie man das auch recht gut umsetzt, ohne lediglich mit trockenen Zahlen um sich zu werfen, lässt sich exemplarisch in Lexington und Concord studieren. Der Genius loci hilft dabei natürlich enorm: Hier steht man auf genau dem Boden, wo Entscheidendes passierte.

Wohin in Lexington?

Der Schuss, den die ganze Welt hörte

Die Stadt der »Minutemen«

Das Städtchen vor den Toren Bostons lebt vom Geschäft mit dem »shot that was heard around the world«: Es wird geflaggt und beschildert, was das Zeug hält. Tagtäglich werden die dramatischen Ereignisse des 19. April 1775 ins Gedächtnis gerufen. Da standen morgens um fünf Uhr 77 »Minutemen« – so wurden die Kolonisten wegen ihrer raschen Einsatzbereitschaft genannt – knapp 700 britischen Soldaten gegenüber. Die Rotröcke unter dem Befehl von General Gage waren nach Concord unterwegs, um ein Waffenlager der Milizen auszuheben. Beim Schusswechsel wurden acht Kolonisten getötet – die ersten Toten des Unabhängigkeitskriegs. Die Soldaten setzten danach ihren Weg nach Concord auf der »Battle Road«, der heutigen MA 2A, fort.

LEXINGTON UND CONCORD ERLEBEN

LEXINGTON VISITOR CENTER

1875 Massachusetts Ave.
Lexington, MA 02421
Tel. 1 781 8 62 14 50
www.tourlexington.us/home/pages/visitors-center

CONCORD CHAMBER OF COMMERCE

15 Walden St., Suite 7
Concord, MA 01742-2504
Tel. 1 978 3 69 31 20
www.concordchamberofcommerce.org

MARIO'S €

Nach so viel patriotischer Geschichte kommt solide italienische Küche gerade richtig.
1733 Massachusetts Ave., Lexington | Tel. 1 781 8 61 11 82
www.marioslexington.com
So.–Do. 11–21.30,
Fr./Sa. 11–22 Uhr

NASHOBA BROOK BAKERY €

Immer voll ist immer ein gutes Zeichen. In dieser hübschen kleinen Bäckerei gibt es u. a. jeden Tag köstliche Sandwiches auf Vollkorn- und Sauerteigbrot. Mit Café.
152 Commonwealth Ave., Concord
Tel. 1 978 3 18 19 99
http://slowrise.com

CONCORD'S COLONIAL INN €€€

In diese traditionsreiche Herberge möchte man gleich einziehen. Die Zimmer und Suiten sind urgemütlich. In einem soll es allerdings spuken ...
48 Monument Sq., Concord, MA 01742
Tel. 1 978 3 69 92 00
www.concordscolonialinn.com

Am Ostende von Lexington liegt das dreieckige **Village Green** (Battle Green), auf dem dieses erste Gefecht um die Unabhängigkeit der USA stattfand. Die Statue des bemerkenswert gut aussehenden Minuteman schuf Henry Kitson; sie stellt aber nicht **Captain John Parker** dar. Zwar war damals alles nach wenigen Minuten vorbei, doch amerikanischer Geschichts- und Geschäftssinn hat den Ablauf der Ereignisse detailliert und minutiös im **Lexington Visitor Center** mit Dioramen und einem Landschaftsmodell rekonstruiert. In der 1709 erbauten **Buckman Tavern** bereiteten sich die Minutemen auf das bevorstehende Gefecht vor. Hier sieht alles noch so aus wie an jenem Morgen. Täglich gibt es halbstündige Führungen.

Lexington VC: 1875 Massachusetts Ave. | April–Nov. tgl. 9–17, sonst 10–16 Uhr | Eintritt frei | www.tourlexington.us/home/pages/visitors-center

Buckman Tavern: 1 Bedford St. | Mitte April–Okt. tgl. 9.30–16 Uhr Eintritt 12 $ | www.lexingtonhistory.org

Zeugen unruhiger Zeiten

Die Rebellenführer **Samuel Adams** und **John Hancock** erhielten in diesem Haus, das Hancocks Großvater 1699 kaufte und nach dessen Tod 1752b an Reverend Jonas Clarke überging, am Vorabend des Gefechts die Nachricht von anrückenden Briten und flohen daraufhin Richtung Concord. In dem heute restaurierten Gebäude von 1698 sind noch diverse Artefakte aus diesen unruhigen Zeiten zu sehen.

Hancock-Clarke House

36 Hancock St., April–Juni Sa./So. 10–16, Juli–Okt. tgl. 10–16 Uhr
Eintritt: 12 $ | www.lexingtonhistory.org

Rückzugsgefechte

Ein schmaler, hügeliger Waldstreifen beiderseits der MA 2A nach Concord ist denkmalgeschützt. An besagtem Frühjahrstag fanden hier Schießereien zwischen den nach Boston flüchtenden Rotröcken und den nachsetzenden Kolonisten statt. Im **Visitor Center** sind die Ereignisse multimedial aufbereitet.

Minuteman National Historical Park

Mitte April–Okt. tgl. 9–17 Uhr | Eintritt frei
www.nps.gov/mima

Wohin in Concord

Zeitmaschine nach US-Art

6 mi/10 km westlich von Lexington empfängt eine veritable Zeitmaschine mit schönen alten Häusern, Ententeichen und alten Bäumen mit mächtigen Kronen die Besucher. Im amerikanischen Kollektivbewusstsein kommt Concord eine **fast mythische Bedeutung** zu: Hier wurden die britischen Kolonialherren zum ersten Mal von amerikanischen Untertanen militärisch geschlagen.

Das amerikanische Weimar

Im frühen 19. Jh. war Concord eine Weile lang das amerikanische Weimar: Ralph Waldo Emerson und Nathaniel Hawthorne lebten und schrieben hier, Bronson Alcott und seine Tochter Louisa May Alcott verbrachten vor Ort einige Jahre und am nahen Walden Pond schrieb Henry David Thoreau in einer Hütte ein Stück Weltliteratur. In Sichtweite der Old North Bridge inmitten eines schönen Waldes steht **The Old Manse**, das 1770 erbaute Heim von Ralph Waldo Emerson. Von 1842 bis 1845 wohnte auch Nathaniel Hawthorne dort. 1852 bezog er **The Wayside**. Hawthornes Schreibkammer blieb unverändert. 1858 kaufte Bronson Alcott **Orchard House**. Louisa May Alcott schrieb dort ihren autobiografisch gefärbten Bestseller »Little Women«.

Der Minuteman, der über das Battle Green von Lexington seit 1900 blickt, ist nicht John Parker, auch wenn viele dieser Meinung sind. Die Identität bleibt aber unklar. Erschaffen wurde die Statue vom Bildhauer Henry Hudson Kitson.

The Old Manse: 269 Monument St. | Mitte April–Okt. Mo.–Sa. 10–17, So. ab 12 Uhr | Eintritt inkl. Tour: 12 $ | http://thetrustees.org/places-to-visit/greater-boston/old-manse
The Wayside: 455 Lexington Rd. | Mai–Okt. | Eintritt: frei
www.nps.gov/mima/wayside
Orchard House: 399 Lexington Rd. | Führungen April–Okt. Mo.–Sa. 10–16.30, So. 13–16.30, Nov.–März Mo.–Fr. 11–15, Sa. 10–16.30, So. 13–16.30 Uhr | Eintritt: 15 $ | www.louisamayalcott.org

Zu Ehren der Minutemen

Old North Bridge und Concord Museum

Die **Holzbrücke** an der Monument Street ist ein Nachbau eben jener Brücke, an der die Kolonisten den Vormarsch der Briten mit schweren Salven aufhielten. Am Fußweg dorthin ehrt die von Daniel Chester French geschaffene Statue des Minuteman die gefallenen Patrioten.

Das hübsche, in einem Greek-Revival-Haus von 1930 untergebrachte Concord Museum zeigt außer einer Dokumentation der **Stadtgeschichte** auch Thoreaus persönliche Habseligkeiten aus seiner Hütte am Walden Pond und Ralph Waldo Emersons Schreibstube.

200 Lexington Rd. | April–Dez. Mo.–Sa. 9–17, So. 12–17, Juni–Aug. So. auch 9–12, Jan.–März Mo.–Sa. 11–16, So. 13–16 Uhr
Eintritt: 15 $ | www.concordmuseum.org

Rebell und Philosoph

Walden Pond State Reservation

Der in den 1960er-Jahren von Hippies und Umweltschützern wieder entdeckte **Henry David Thoreau** schrieb in der Einsamkeit des Walden Pond etwas südlich von Concord seine Klassiker »Walden Pond – Leben in den Wäldern« und »Von der Pflicht zum Ungehorsam gegen den Staat«. Damals wie heute im Sommer ein beliebtes Badeziel, ist der See auch ein »Wallfahrtsort« für Thoreau-Jünger aus aller Welt. Sie inspizieren die Replik seiner schlichten Hütte am Parkeingang und pilgern zu der von einer Tafel gekennzeichneten Stelle, wo der radikale Steuer- und Wehrdienstverweigerer von 1845 bis 1847 über den Sinn des Lebens nachdachte.

915 Walden St. | tgl. 8–Sonnenuntergang
Eintritt: Für Spaziergänger frei
ww.mass.gov/dcr/parks/walden

Hier ruhen sie alle

Sleepy Hollow Cemetery

Als **stimmungsvoller Abschluss** der Concord-Visite bietet sich ein Spaziergang über den schönen Sleepy Hollow Cemetery an der Bedford Street an. Er ist auch als Old Burying Ground bekannt. Hier ruhen Berühmtheiten wie der Philosoph Ralph Waldo Emerson, Bildhauer Daniel Chester French sowie einige Schriftsteller darunter Nathaniel Hawthorne, Henry David Thoreau und natürlich auch die Alcotts.

LOWELL

Region: North of Boston & Merrimack Valley | **Höhe:** 31 m ü. d. M.
Einwohner: 114 000

Im 19. Jh. war die Stadt am Merrimack River größter Textilproduzent der USA – und Schauplatz der ersten Streiks des Landes. Eigentlich undenkbar im Musterland des Kapitalismus. Doch irgendwann platzte auch hier den Arbeitern die Hutschnur.

Die nüchterne Industriestadt am Merrimack River verdankt ihre Entstehung der Vision eines einzelnen Mannes. 1813 entwickelte der Bostoner Kaufmann Francis Cabot Lowell einen neuartigen Webstuhl, der zum Rückgrat der ersten am Reißbrett geplanten Industriesiedlung Amerikas werden sollte. 1822 begann am Zusammenfluss von Concord und Merrimack River der Bau von Textilmühlen, Kanälen und Arbeitersiedlungen. Schon 1826 erhielt Lowell das Stadtrecht und entwickelte sich bald zum größten Textilproduzenten des Landes – dabei entstand das erste Arbeiterproletariat der USA, das sich in den ersten Arbeitskämpfen des Landes gegen seine Ausbeutung zur Wehr setzte. Mit der Weltwirtschaftskrise kam das endgültige Aus für die Textilproduktion. Die bedeutendsten Industriedenkmäler stehen seitdem unter Denkmalschutz.

Wohin in Lowell?

Lowell National Historic Park

Das industrielle Erbe der Stadt
Die Pionierrolle Lowells in der industriellen Revolution würdigt dieser Park. Er umfasst alte Textilfabriken, ein 9 km langes Kanalsystem und Arbeiterquartiere. Im **Visitor Center** werden Einführungsfilme gezeigt und Führungen angeboten; im Sommer kann man auch an Trolley- und Bootstouren teilnehmen. Ein Höhepunkt ist das **Boott Cotton Mills Museum.** Es stellt u. a. mit 88 noch betriebsfähigen Webstühlen die Arbeitsbedingungen im 19. Jh. nach und beschäftigt sich in einer kritischen Ausstellung mit den gesellschaftlichen Auswirkungen der industriellen Revolution. Der berühmteste Sohn der Stadt ist frankokanadischer Abstammung: **Jack Kerouac** (1922–1969), Schriftsteller und Wortführer der Beat Generation, die in den 1950er-Jahren der amerikanischen Literatur neues Leben einhauchte. An ihn erinnert im Kerouac Park an der Bridge Street ein Denkmal aus glatten Marmorquadern.

Visitor Center: 246 Market St. | Mo.–Sa. 9–17, So. ab 10 Uhr
Eintritt frei | www.nps.gov/lowe

Boott Cotton Mills Museum: 115 John St. | Mo.–Sa. 9.30–17, So. ab 11 Uhr | Eintritt: 6 $ | www.nps.gov./lowe

LOWELL ERLEBEN

GREATER MERRIMACK VALLEY CONVENTION & VISITORS BUREAU
97 University Ave.
Lowell, MA 01854
Tel. 1 978 4 59 61 50
www.merrimackvalley.org

COURTYARD MARRIOTT LOWELL €€
Das moderne Hotel der preiswerten Marriott-Marke ist leicht erreichbar und punktet mit einem netten Bistro und überdurchschnittlichem Service.
30 Industrial Ave. East
Lowell, MA 01852
Tel. 1 978-458-7575
www.marriott.de

MARTHA'S VINEYARD

Region: Martha's Vineyard | **Fläche:** 226,6 km²
Höhe: 0–94 m ü. d. M. | **Bewohner:** 17 000

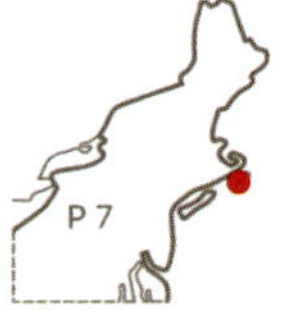

Die Insel vor der Südküste von Cape Cod ist wunderschön. Auch deshalb haben die Taxifahrer zu erzählen: Von Hollywoodstars, die sie zu ihren Anwesen bringen, und davon, wie sie sich zu Saisonbeginn von ihren Familien verabschieden, um in vier Monaten Geld genug für den Rest des Jahres zu machen.

Allein der Name! Bartholomew Gosnold, der die Insel 1602 entdeckte, benannte sie nicht nach irgendwelchen Adligen daheim in England, sondern nach seiner Tochter Martha und dem hier wachsenden wilden Wein. 400 Jahre später ist Martha's Vineyard traditioneller Fluchtpunkt von Prominenten, Neureichen und im Sommer Ziel von Tagesausflüglern vom Festland. Alle kommen wegen der herrlichen Strände und des wärmsten Badewassers der Ostküste. Die gelassene, Atmosphäre, die friedvolle Hügellandschaft und sechs knuddelige, von Fastfood- und Hotelketten weitgehend verschont gebliebene Städtchen machen die Insel zum Paradies für Stadtneurotiker.
Edgartown, Oak Bluffs und Vineyard Heaven sind die Geschäftszentren. Bei Auto- und v. a. bei Radtouren entlang der Küste bis zum Fischerhafen Menemsha und zu den Gay Head Cliffs entdeckt man jedoch leicht das besinnliche Martha's Vineyard.

MARTHA'S VINEYARD ERLEBEN

MARTHA'S VINEYARD COC
24 Beach St., Vineyard Haven
MA 02568 | Tel. 1 508 6 93 00 85,
www.mvy.com

STEAMSHIP AUTHORITY
Ganzjährig verkehren täglich Autofähren zwischen Woods Hole (Cape Cod) und Vineyard Haven.
Tel. 1 508 4 77 86 00
www.steamshipauthority.com

FALMOUTH FERRY
Personenfähren: Mai–Mitte Okt.
Tel. 1 508 5 48 94 00
http://www.falmouthedgartown ferry.com

Familien steuern den sanft auslaufenden Joseph Sylvia State Beach an. Am Katama Beach tummeln sich Jugendliche, Surfer mögen den Moshup Beach unterhalb der Gay Head Cliffs.

1 SWEET LIFE CAFÉ €€€€
Die Blumentapete zaubert das erste Lächeln ins Gesicht, die Speisekarte das nächste. Neue amerikanische Küche aus saisonalen Produkten steht ganz oben, und das klingt etwa so: »Berkshire Pork Chop mit wilden Pilzen und Süßkartoffeln«, »Cape Sable Halibut mit Immergrün und Chorizo«.
63 Circuit Ave., Oak Bluffs
Tel. 1 508 6 96 02 00
www.sweetlifemv.com
Do.–So.

2 RED CAT KITCHEN €€€
Neue amerikanische Küche mit saisonalen Produkten aus der Region nach globalen Rezepten.
6 Circuit Ave., Oak Bluffs
Tel. 508 696 6040
www.redcatkitchen.com

1 THE CHRISTOPHER €€€€
Wollen Sie mal in einem reizenden Puppenhaus logieren? Jedenfalls fühlt sich dieses charmante, liebevoll gepflegte alte Boutiquehotel so an. 15 mit nautischen Motiven dekorierte Zimmer.
24 South Water St., Egartown
MA 02539, Tel. 1 508 6 27 47 84
www.thechristophermv.com

Wohin auf Martha's Vineyard?

Wo ist Amity?

Steven Spielberg drehte auf der Insel seinen ersten großen Kassenerfolg »Der Weiße Hai«. So trat Edgartown als Filmstädtchen Amity auf, wo am Sylvia State Beach der Hai zum ersten Mal zuschlug, und Haijäger Quint war in Meneshma zu Hause.

Der Weiße Hai

Geschäftiges Zentrum

Vineyard Haven

Der geschäftige Fährhafen und Hauptort der Insel versprüht zwar nicht gerade Inselcharme, ist aber nicht ohne Atmosphäre. Wer es nicht eilig hat, sollte sich die schönen alten Kapitänshäuser im William Street Historic District anschauen oder eine der vom Martha's Vineyard Chamber of Commerce konzipierten Touren unternehmen. Richtung Oak Bluffs kommt man an der **Martha's Vineyard Marine Fisheries Field Station** vorbei, einer der ältesten Hummerzuchten der Welt.

Tolle Strände

Oak Bluffs

Das reizende Städtchen mit der altmodischen Sonnenschirmatmosphäre umgibt sich mit den längsten Stränden der Insel. Die Circuit

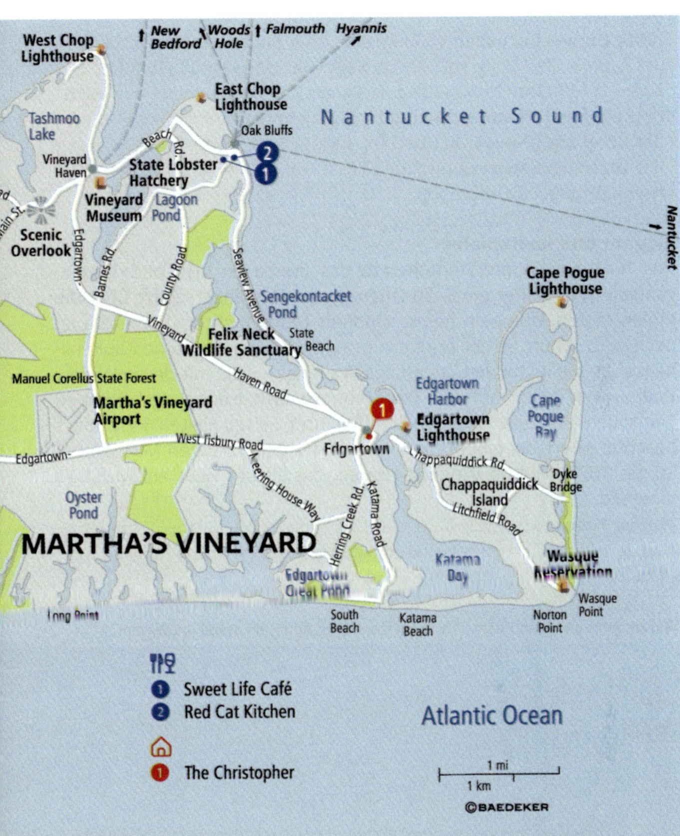

Avenue bietet Restaurants und Läden, die **Cottage City** umgarnt mit Originalität und Besinnlichkeit: Das Dorf besteht aus rund 300 mit filigranen Dachgiebeln, Erkern und Türmchen geschmückten »Lebkuchenhäuschen« (Gingerbread Cottages) und entstand im 19. Jh. als Weiterentwicklung einer Zeltstadt für bis zu 12 000 Menschen, die jeden Sommer zu Freiluftgottesdiensten der Methodisten auf die Insel kamen.

Liebhaber historischer Karussells sollten das **Flying Horses Carousel** nicht versäumen: 1876 gebaut, ist es das älteste noch in Betrieb befindliche Karussell der USA. Leuchtturm-»Sammler« wird es zum **East Chop Lighthouse** ziehen. Der weiße Turm mit der schwarzen Kappe überwacht von einer knapp 30 m hohen Klippe aus seit 1878 die Schifffahrt auf dem Nantucket Sound.

Flying Horses Carousel: 15 Lake Ave., Oak Bluffs | April/Mai Sa./So. 10–17, Ende Mai–Sept. tgl. 10–22, Sept./Okt. Mo.–Fr. 11–16.30, Sa./So. 10–17 Uhr | Ticket für eine Fahrt: 2 $ | www.mvpreservation.org/p.php/preservation/community/flying-horses
East Chop Lighthouse: E. Chop Dr. | Mitte Juni–Mitte Sept. So. Führungen bei Sonnenuntergang | Tel. 1 508 6 27 44 41 | Eintritt: 5 $ www.lighthouse.cc/eastchop

Elegant und kostspielig

Edgartown

Das 1642 gegründete Städtchen ist das älteste der Insel und das eleganteste. Wo früher die Galionsfiguren der Walfängerschiffe über die Molen ragten, dümpeln heute sündhaft teure Yachten. Vor allem an der North Water Street erinnern prachtvolle georgianische Kapitänshäuser an die lukrativen Zeiten des Walfangs – viele mit dem »Widow Walk«, dem Balkon auf dem Dach, von wo aus die daheimgebliebenen Ehefrauen Ausschau nach den Schiffen ihrer Gatten hielten. Besonders beachtenswert bei einem Bummel auf der wunderbaren Main Street ist das 1672 erbaute **Vincent House**, das älteste Haus auf Martha's Vineyard.

Vincent House: Main St. | Ende Mai–Okt. Mo.–Sa. 10–15 Uhr | Eintritt frei Spende erbeten | https://vineyardtrust.org/property/vincent-house-gardens/

Warum geht am Leuchturm von Edgartown alias Amity niemand ins Wasser?

GRÜNES SPIELZEUG

Hugh Jones verbrachte in seinem japanisch inspirierten Garten so viel Zeit, dass er ihn »Mytoi« nannte. Die seinem »Spielzeug« gewidmete Liebe ist überall sichtbar. In einem wild wuchernden Kiefernwäldchen liegt ein dunkel schimmernder Teich mit Brücke und Wegen durch moosbewachsene Steingärten und wuchernde Blumenstände. So viel Grün entspannt. Mytoi liegt auf Chappaquiddick Island, nur 5 km von der Fähre nach Martha's Vineyard entfernt (http://www.thetrustees.org/places-to-visit/cape-cod-islands/mytoi.html).

Go west

Aquinnah Cliffs

Gut 20 m hoch und wegen ihres Lehmgehalts grau, rötlich und orange schimmernd, sind diese vormals Gay Head Cliffs genannten Klippen im äußersten Westen der Insel ein beliebtes Ausflugsziel für Auto- und Radfahrer. Tourismus wird hier – relativ – kleingeschrieben: Zwischen den Hügeln lassen sich schöne Anwesen blicken und im fotogenen Fischerhafen **Menemsha** kümmert man sich nach wie vor zuallererst um sein Tagesgeschäft, den Hummerfang. In dem Dorf **Aquinnah** (früher: Gay Head) lebt noch immer eine Gruppe auf Martha's Vineyard verbliebener Wampanoag-Ureinwohner.

NANTUCKET

Region: Nantucket Island | **Fläche:** 124 km² | **Höhe:** 0–9 m ü. d. M.
Bewohner: 14 000

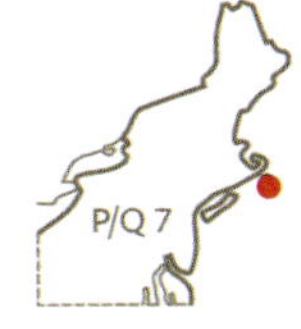

»Little Gray Lady in the Sea« nannten die von Nantucket stammenden Seeleute liebevoll ihre Insel und meinten damit ihre von pinkfarbenen Kletterrosen umrankten Häusschen aus grauen Zedernschindeln. Herman Melville war prosaischer: In »Moby Dick« beschrieb er das knapp 42 km vor der Südküste von Cape Cod liegende Eiland als einen »Haufen Sand«.

»Das ferne Land«

Richtig ist beides. Die knapp 23 km lange und nur 6 km breite Insel ist sandig und von hartem Buschwerk bedeckt. Sie verfügt allerdings über einen ausgezeichneten Naturhafen, an dessen Ende Nantucket liegt, die einzige Gemeinde. Die rund 14 000 Insulaner stammen meist von den Pionierfamilien ab, die 1659 hier an Land gingen und das »ferne Land«, wie Nantucket in der Sprache der indigenen Besitzer hieß, für 30 englische Pfund erwarben. Im 18. und 19. Jh. galten ihre Nachfahren als besonders verwegene Walfänger.

Nach 100 Jahren Höhenflug versandete die Hafeneinfahrt jedoch und die Konkurrenz aus ▶ New Bedford überholte die Insel. Das Ersetzen des Walöls durch Petroleum und die industrielle Revolution auf dem Festland machten dem lukrativen Gewerbe endgültig den Garaus und nachgekommen ist seitdem nur wenig, wenn man einmal davon absieht, dass auch die kleine graue Lady längst im Visier wohlhabender Sommerfrischler ist. Nantucket (Stadt) sieht noch immer so aus wie vor 150 Jahren, mit Kopfsteinpflaster und viel Neuengland-Nostalgie.

Wohin auf Nantucket?

Nantucket Whaling Museum

Inspiration für »Moby Dick«

Die von alten Ulmen gesäumte Main Street ist das Aushängeschild des Städtchens. Hier findet der Alltag statt, laden Cafés, Läden und Restaurants zum Bummeln und Verweilen ein. Das 1845 im Greek Revival Style für den Walölhändler William Hadwen gebaute **Hadwen House** erinnert mit seinem luxuriösen Innenleben an den eleganten Lebensstil der wohlhabenden Nantucketer Kaufleute um 1850.

Das **Nantucket Whaling Museum** ist nach dem in New Bedford das spannendste Museum zum Walfang in Neuengland. Wo einst Walöl zu Kerzen verarbeitet wurde, präsentiert man heute die Porträts berühmter Kapitäne und die Beiboote, von denen aus die Harpuniere dem Wal nachstellten. Zu sehen ist natürlich auch das Logbuch der »Essex«, deren Schicksal Melville zu »Moby Dick« und den Regisseur Ron Howard zum Actionfilm »Im Herzen der See« (2015) inspirierte: Das Schiff wurde im Pazifik tatsächlich von einem Wal gerammt und versank mit Mann und Maus.

Wie im 17. Jh. auf Nantucket gebaut wurde, sieht man am besten auf dem Sunset Hill an The Oldest House, dem ältesten noch erhaltenen Haus auf der Insel. Das **Jethro Coffin House** stammt aus dem Jahr 1686 und ist ein typisches Beispiel für die koloniale »Saltbox«-Bauweise. Am Schornstein erkennt man ein gemauertes Hufeisen – es sollte Hexen fernhalten.

Hadwen House: 96 Main St. | Führungen Ende Mai–Anf. Sept. tgl. 10–17 Uhr | Eintritt: 10 $ (ist auch für das Whaling Museum und weitere Attraktionen gültig) | www.nha.org/sites/hadwen

NANTUCKET ERLEBEN

NATUCKET ISLAND CHAMBER OF COMMERCE

Zero Main St., Nantucket, MA 02554 | Tel. 1 508 2 28 17 00
www.nantucketchamber.org

STEAMSHIP AUTHORITY

Autofährverbindung ganzjährig tgl. mit Hyannis, Cape Cod. Früh buchen!
Tel. 1 508 4 77 86 00
www.steamshipauthority.com

DAFFODIL FESTIVAL

Alljährlich Ende April/Anfang Mai, wenn die Narzissen blühen, wird auf Nantucket das schönste Frühlingsfest Neuenglands mit breit gefächertem Veranstaltungsprogramm begangen.

ISLAND KITCHEN €€–€€€

Das ungezwungene Inselfeeling setzt sich in diesem netten Diner fort. Wer genug hat von der in Neuengland allgegenwärtigen Muschelsuppe, kann mahlzeitgroße Salate bestellen. Auch Frühstück.
1 Chins Way, Tel. 508 228 2693
www.nantucketislandkitchen.com | Frühstück/Lunch: tgl. 7–14, Dinner: Di.–Sa. 17.30–21 Uhr

SCONSET CAFÉ €€€

Auf der anderen Inselseite werden u. a. Burger mit karamellisierten Zwiebeln oder Heilbutt mit Jasminreis und gegrillter Ananas serviert!
8 Main St., Siasconset
Tel. 1 508 2 57 40 08
tgl. 17.30–22 Uhr

JARED COFFIN HOUSE €€€

Das herrliche Backsteinhaus liegt im Historic District von Nantucket (Stadt): angenehme Zimmer, schöne Lounges.
29 Broad St.
Nantucket, MA 02554
Tel. 1 800 2 48 24 05
www.jaredcoffinhouse.com

Nantucket Whaling Museum: Mitte Mai–Mitte Okt. tgl. 10–17 Uhr, sonst kürzer, Nov. geschl. | Eintritt: 25 $ (ist auch für das Hadwen House und weitere Attraktionen gültig) | www.nha.org

Ursprünglich indigen

Quer über die Insel

Eine 7 mi/11 km lange Auto-, besser noch Radtour – Verleihstationen gibt es an der Main Street von Nantucket – führt quer durch die Insel zur Südwestseite. Dort haben Künstler und frühe Sommerfrischler aus der Versammlung windschiefer Fischerhütten mit dem indigenen Namen Siasconset im Laufe der Zeit eine hübsche Feriensiedlung geschaffen, heute **Sconset**. Von hier aus lassen sich schöne Strandspaziergänge unternehmen.

NEW BEDFORD

Region: Bristol County | **Höhe:** 0–16 m ü. d. M. | **Einwohner:** 101 000

Es gibt eigentlich nur einen einzigen, dafür aber einen triftigen Grund, dieser ansonsten nicht sehr hübschen Hafenstadt einen Besuch abzustatten. Das hiesige Walfang-Museum ist nämlich mit Abstand das beste seiner Art an der Ostküste.

Von 1830 bis 1860 war New Bedford »Whaling Capital of the World«: 80 Prozent der amerikanischen Walfangflotte stachen von hier in See. Ihren berühmtesten Biografen fand die Stadt in Herman Melville, der in »Moby Dick« die Häuser der reichen Fabrikbesitzer beschrieb und dem tätowierten Schiffsvolk in den verqualmten Hafenspelunken ein literarisches Denkmal setzte. Der Anfang vom Ende des Walölgeschäfts kam mit dem Petroleum aus Pennsylvania und den immer seltener werdenden Walen. Ende des 19. Jh.s war »Whaling« Geschichte.

Wohin in New Bedford?

New Bedford Whaling National Historic Park

Alles Wissenswerte rund um den Walfang

Wie schwer war eine Walharpune? Warum desertierten Seeleute von Walfängerschiffen? Diese und andere Fragen beantwortet das hervorragende **New Bedford Whaling Museum**, der wichtigste und beeindruckendste Teil des über die Stadt verstreuten National Historic Park. Seine Sammlungen gehören zu den schönsten der Welt. Beiboote, Jagdszenen in Öl, historische Filme über Fangtechniken, Logbücher zum Schmökern und eine Herman Melville gewidmete Ausstellung. Glanzstück ist der um die Hälfte verkleinerte Walfänger »Lagoda«, mit 24 m Länge **das größte Schiffsmodell der Welt**.

Wer übrigens »Moby Dick« gelesen hat, wird sich an **Pater Mapple** erinnern. Der wortgewaltige Priester las den Seeleuten noch einmal die Leviten, bevor sie in See stachen. Herman Melville beschrieb hier genau die Kanzel im **Seamen's Bethel** schräg gegenüber vom Whaling Museum. Nahezu alles in dem 1832 errichteten weißen Kirchlein ist noch an seinem damaligen Platz. Die Gedenktafeln an den Wänden mit den Namen der auf allen sieben Weltmeeren vermissten Schiffe und Besatzungen sind eindrucksvolle Zeugnisse vom oft lebensgefährlichen Alltag an Bord der Walfänger.

New Bedford Whaling Museum: 18 Johnny Cake Hill | April–Dez. tgl. 9–17, Jan.–März Di.–Sa. 9–16, So. 11–16 Uhr | Eintritt: 22 $
www.whalingmuseum.org

Seamen's Bethel: 15 Johnny Cake Hill | Memorial Day–Columbus Day tgl. 10–16 Uhr | Eintritt frei, Spende erbeten | http://seamensbethel.org

NEW BEDFORD ERLEBEN

DESTINATION NEW BEDFORD
133 William St.
Room 119,
New Bedford, MA 02740,
Tel. 1 508 9 79 17 45
www.destinationnewbedford.org

DNB BURGERS €
Walfanggeschichte macht hungrig, da ist dieser Treffpunkt ein paar Blocks weiter genau die richtige Adresse. Tolle Auswahl, ideenreich konstruierte Burger und knackige Salate.
22 Elm St., Tel. 1 774 2 02 01 18
www.dnbburgers.com
So.–Mi. 11.30–21, Do–Sa.
11.30–22 Uhr

NEW BEDFORD HARBOR HOTEL€€
Schönes, geschmackvoll restauriertes Hotel im alten Zentrum und in Laufweite zum Whaling Museum.
222 Union St., New Bedford
Tel. 508 999 1292
www.newbedfordharborhotel.com

Ein Stück aus dem New Bedford Whaling Museum: In den Logbüchern trugen die Steuermänner Walsichtungen mit einem Stempel ein.

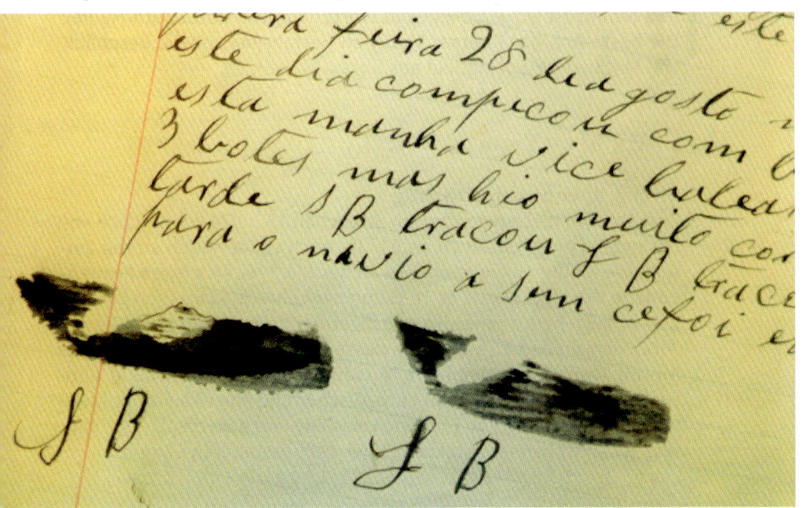

PIONEER VALLEY

Region: Franklin County / Mohawk Trail | **Höhe:** 20–90 m ü. d. M.

Ein bunter Quilt aus Wiesen und Wäldern, gezogen über eine sanft gerundete Hügellandschaft: Dieser Abschnitt des Connecticut River Valley strotzt vor Kultur, guten Restaurants und anderen Hinweisen auf das gute Leben.

Ein Tal voll Bildung

Kaum zu glauben also, dass dies, Ureinwohnerüberfälle, Mord und Totschlag eingeschlossen, bis weit ins 18. Jh. noch der Wilde Westen Amerikas war! »Pioneer Valley« wurde der Abschnitt folgerichtig genannt, und erst im frühen 19. Jh. erschienen Ingenieure und Techniker auf der Bildfläche, um dem Connecticut River Papier- und Textilfabriken an die Ufer zu stellen. Die Industriellen der ersten Stunde bauten mit dem Gewinn aber nicht nur märchenhafte Residenzen für ihre Familien, sondern auch zahlreiche höhere Schulen. Heute büffeln im Pioneer Valley über 60 000 Studierende an Dutzenden Privatschulen, Colleges und der **University of Massachusetts in Amherst**. Das verabreicht dem Tal eine verjüngende Vitaminspritze und schlägt sich in Top-Restaurants und Nightlife vor allem in Northampton und guten Museen und Galerien in den übrigen Städtchen nieder. Die renommiertesten Lehranstalten heißen Amherst College, Hampshire College und University of Massachusetts, außerdem gibt es die Frauen vorbehaltenen Smith und Mount Holyoke Colleges in Northhampton und South Hadley. Die beste Art, das Pioneer Valley zu »erfahren«, ist die beschauliche MA 5 von ▶ Springfield aus.

Wohin im Pioneer Valley?

Streng, aber prestigeträchtig

South Hadley

Den Alltag in diesem gepflegten Städtchen 15 mi/24 km nördlich von Springfield prägt das auch im 21. Jh. noch viktorianisch streng aussehende Mount Holyoke College an der MA 116. Als **erstes Frauencollege der USA** wurde es 1836 von der Lehrerin Mary Lyon gegründet und ist heute eine der prestigeträchtigsten Lehranstalten für Jura, Medizin und Kunst. Einen, besser noch zwei Blicke wert ist das **Mount Holyoke College Art Museum** mit guten Asien- und Antikenabteilungen und Werken europäischer und amerikanischer Meister. Es liegt auf dem von Frederic Law Olmsted, dem damals berühmtesten Landschaftsarchitekten seiner Zeit, gestalteten Campus.

Lower Lake Rd. | Di.–Fr. 11–17, Sa./So. 13–17 Uhr | Eintritt frei
www.mtholyoke.edu/artmuseum

PIONEER VALLEY ERLEBEN

GREATER NORTHAMPTON COC
99 Pleasant St,. Northampton, MA 01060 | Tel. 1 413 5 84 19 00
https://www.northamptonchamber.com

AMHERST CHAMBER OF COMMERCE
28 Amity St., Amherst, MA 01002
Tel. 1 413 2 53 07 00
www.amherstarea.com

Der Einkaufsbummel findet hauptsächlich an der alten Main Street statt. Allein die Gebäude aus der Kolonialzeit lohnen einen Bummel. Seit vielen Jahren das Shopping-Epizentrum ist Thornes Marketplace (150 Main St.) im Zentrum der sog. »Shoppers' Row«. Auf mehreren Etagen bieten 25 moderne Geschäfte in bazarartiger Atmosphäre schicke Oberbekleidung und Accessoires. Daneben bietet die Straße ein paar nette Cafés und einige Restaurants, die zu einer verdienten Verschnaufspause einladen.

SPOLETO €€
Das Essen – italienische Klassiker – ist gut, noch besser ist die Bedienung: Hier sorgt das muntere Personal für echte Wohlfühlatmosphäre!
1 Bridge St., Northampton
Tel. 1 413 5 86 63 13
www.spoletorestaurants.com
Ab 16.30 Uhr

BISTRO 63 €€
Zeitgemäße neuenglische Küche mit organischen Produkten aus der Region. Lange Wein- und Cocktailliste!
63 N. Pleasant St., Amherst, Tel. 413 259 1600, www.bistro63.com

HOTEL NORTHAMPTON €€€
107 Zimmer. Das 1927 im Colonial Revival Style erbaute Stadthotel liegt mitten in Northampton. Schön helle Zimmer, Fitnesscenter, 2 Restaurants.
36 King St.,
Northampton, MA 01060
Tel. 1 413 5 84 31 00
www.hotelnorthampton.com

Den Kopf freikriegen

Joseph Allen Skinner State Park

Das Waldgebiet auf dem Rücken des Mt. Holyoke 5 km nördlich von South Hadley bietet **tolle Wanderwege** zu reizvollen Zielen: z. B. zu Titan's Piazza, einem beeindruckenden Felsüberhang, und Devil's Football, einem angeblich magnetischen Felsbrocken. Vom 1821 auf einer Basaltklippe errichteten Summit House aus schaut man hinab auf das Connecticut Valley.

Schnuckeliges Städtchen

Northampton

Alte Ziegelhäuser mit schönen kleinen Läden und Cafés, belebte Bürgersteige und rücksichtsvolle Autofahrer auf krummen Straßen: Im alten Zentrum des 1654 gegründeten Städtchens fühlt man sich auf

Anhieb wohl. Kultur in die einst raue Frontiersiedlung kam erst 1875 in Gestalt des von Sophia Smith gegründeten **Smith College**, das in der Folgezeit Absolventinnen wie die »Vom-Winde-verweht«-Autorin Margaret Mitchell und die Feministin Gloria Steinem hervorbrachte. Heute prägen die College-Gebäude entlang der Main Street den Stadtkern. An einen berühmten Sohn der Stadt, Präsident Calvin Coolidge (1871–1933), ob seiner Wortkargheit auch »Silent Cal« genannt, erinnern **Calvin Coolidge Presidential Library & Museum**. Hauptattraktion des Städtchens ist jedoch das **Smith College Museum of Art**, das weniger bekannte Werke von Degas, Monet und Picasso besitzt.

Calvin Coolidge Presidential Library & Museum: 20 West St.
Mo. 9–17, Di. 13–17, Mi. 16–21, Do 13–17 Uhr | Eintritt frei
https://forbeslibrary.org/coolidge/

Smith College Art Museum: Brown Fine Arts Center,
20 Elm St. | Di.–Sa. 10–16, So. 12–16 Uhr | Eintritt 5 $
www.smith.edu/artmuseum

Bildung steht im Zentrum

Amherst

Drei Hochschulen verpassen auch dem nach einem englischen General aus dem French and Indian War benannten Städtchen ein jugendliches Make-up. Der Kreuzungsbereich von Pleasant, Amity und Main Street ist mit seinen Cafés im Sommer ein munterer Hub von Einheimischen und Studierenden. Die attraktivsten alten Stadthäuser stehen im Stadtzentrum, ebenso das **Amherst College** (S. Pleasant St. & College St.). Zu ihm gehört das **Mead Art Museum** mit exzellenten Sammlungen aus Europa, Amerika, Afrika und Asien. Liebhaber der Verse Emily Dickinsons werden dem **Emily Dickinson Museum** zustreben: Die ebenso exzentrische wie feinsinnige Lyrikerin wurde hier geboren und verbrachte den Großteil ihres Lebens in völliger Zurückgezogenheit.

Mead Art Museum: Di.–So. 11–16, Do. auch 18–22 Uhr | Eintritt frei
www.amherst.edu/museums/mead

Emily Dickinson Museum: 80 Main St. | März–Dez. Mi.–So.
11–16 Uhr | Eintritt 16 $ | www.emilydickinsonmuseum.org

Gutes bewahren lautet die Devise

Deerfield

In diesem von Wiesen und Feldern umgebenen Städtchen ging es nicht immer so ruhig zu wie heute: In den 1660er-Jahren war der lange Arm der Krone weit weg. Native Americans und Franzosen hingegen waren nah: 1675 löschten sie nahezu das ganze Dorf im **Bloody Brook Massacre** aus, 1704 töteten oder entführten sie die meisten Deerfielder nach Montréal. Erst 1735 kehrten die Siedler zurück und machten aus dem Ort in den nächsten 100 Jahren eine blühende Ackerbaugemeinde mit großen Holzhäusern an der Main Street. Die Einwohner von Deerfield demonstrierten übrigens die bewahrende Grundhaltung in Neuengland am frühesten: Schon 1848 begannen sie, die schönsten ihrer Häuser unter Schutz zu stellen.

Heute säumen mehr als 80 herrliche Bauten aus dem 17. und 18. Jh. die Main Street: **Historic Deerfield** ist ein lebendes Museum! In 14 von der »Historic Deerfield Association« unterhaltenen Häusern kann man noch originale Wohnungseinrichtungen, Wohntextilien, Porzellan aus China und altes amerikanisches Silber bewundern.

Historic Deerfield: Mitte April–Dez. tgl. 9.30–16.30 Uhr
Eintritt: 18 $, Tickets im Flynt Center of Early New England Life, 37 D Main St. | www.historic-deerfield.org

Die drittgrößte Stadt von Massachusetts

Springfield

Während das George Walter Vincent Smith Art Museum und das Museum of Fine Arts mit europäischer und amerikanischer Kunst und das Science Museum eher noch Mainstream sind, präsentiert die einstige Waffenfabrik **Springfield Armory** eine der größten öffentlichen Waffensammlungen.

Um seine Schüler den langen Winter über in Form zu halten, erfand anno 1891 Turnlehrer Dr. James Naismith aus Springfield ein Spiel, bei dem ein Ball in Körbe geworfen werden musste. Heute ist diesem Sport, der von den US-Fernsehbildschirmen nicht mehr wegzudenken ist, die **National Basketball Hall of Fame** gewidmet.

Schließlich ist da noch Old Sturbridge Village 34 mi/54 km östlich von Springfield. Im Museumsdorf zaubern über 40 Gebäude – Wohnhäuser, ein Versammlungshaus der Quäker, eine Bank, ein General Store und eine Schule – Gute-Alte-Zeit-Atmosphäre, kostümiertes Personal pflügt, spinnt und bäckt wie zu Uromas Zeiten.

Old Sturbridge Village: April – Okt. tgl. ab 9.30 Uhr | Eintritt: 30 $
www.osv.org
Springfield Museums: Mo. – Sa. 10 – 17, So. 11.00 – 17.00
Eintritt: 25 $ | www.springfieldmuseums.org
Springfield Armory: Ende Mai – Okt. tgl. 9.30 – 17.30 Uhr, Übrige Monate nur Mi. – So. | Eintritt: frei | www.nps.gov/spar
Naismith Memorial Basketball Hall of Fame: tgl. ab 10 Uhr
Eintritt: 29 $ | www.hoophall.com

PLYMOUTH

Region: Plymouth County | **Höhe:** 11 m ü. d. M. | **Einwohner:** 57 000

Wenn es um die Kindertage der Nation geht, sind die Amerikaner um Slogans nicht verlegen. »America's Home Town« nennen die Stadtväter und -mütter ihre Stadt deshalb. Auch wenn die ersten Siedler sich dort zunächst alles andere als zu Hause fühlten.

Geplant war alles anders

1620 setzten die Pilgerväter, in England wegen ihres Glaubens verfolgt, auf der »Mayflower« nach Amerika über. Am 21. Dezember gingen die Männer und Frauen am Plymouth Rock südlich von Boston an Land. So steht es in allen Geschichtsbüchern. Die Leistungen dieser frommen Pionierinnen und Pioniere lernt man jedoch erst bei einem Besuch der Originalschauplätze zu würdigen: Die »Mayflower« war winzig, die Häuser in Plymoth waren windschief und zugig und überhaupt waren die Siedler nur zufällig hier gelandet. Vertraglich an die Londoner Virginia Company gebunden, hatten sie sich nämlich verpflichtet, Land in der Virginia Colony urbar zu machen – als Gegenleistung für eine freie Überfahrt. Heftige Stürme trieben die »Mayflower« jedoch vom Kurs ab. Statt der Mündung des Hudson River sichtete man Cape Cod, wo man zunächst beim heutigen Provincetown an Land ging. Das heutige Plymouth lebt vom einträglichen Geschäft mit den »pilgrim fathers«. Der Rummel, besonders im Juli und August, ist beträchtlich und der Einfallsreichtum, mit dem aus dem Ereignis Kapital geschlagen wird, auch.

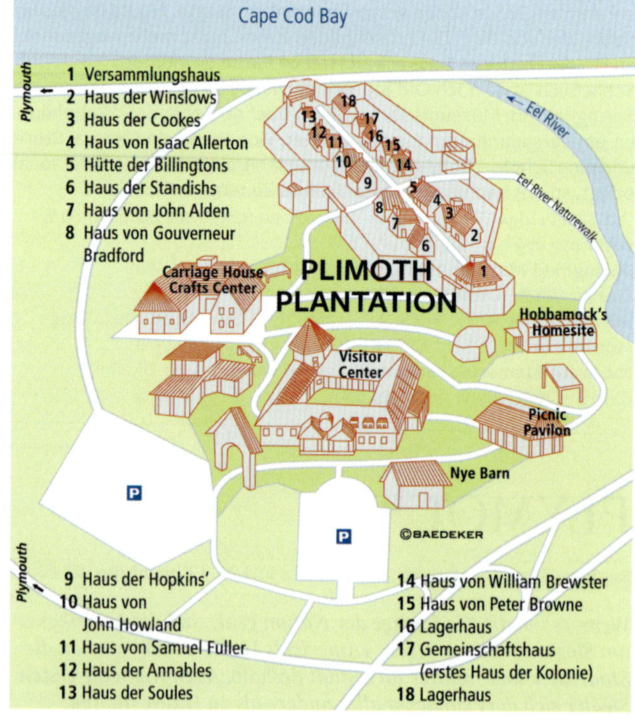

PLYMOUTH ERLEBEN

DESTINATION PLYMOUTH COUNTY
130 Water St.
Plymouth, MA 02360
Tel. 1 508 7 47 75 25
www.seeplymouth.com

JOHN CARVER INN & SPA €€€
Die moderne Herberge bietet 80 geräumige Suiten und Gästezimmer und liegt in fußläufiger Entfernung zu allen Attraktionen der Stadt.
25 Summer St.
Plymouth, MA 02360
Tel. 1 888 9 06 61 81
www.johncarverinn.com

Wohin in Plymouth?

Plimoth Patuxet

»You are now entering 1627«
Die palisadenumgebene Plimoth Plantation – die Schreibweise ist alten Dokumenten entnommen – ist die penible **Rekonstruktion des Dorfs der Mayflower Passagiere**, wie es sieben Jahre nach ihrer Ankunft ausgesehen hat. Der Eintritt ins frühe 17. Jh. erfolgt durch eine kanonenbewehrte hölzerne Bastion, über der ein Schild mit der Aufschrift »You are now entering 1627« hängt. Danach tritt man auf eine zum Meer abfallende Staubstraße mit kleinen, strohgedeckten Häusern und Gärten dahinter. Die geschäftigen Bewohner, gekleidet in grobe Arbeitskleidung und historisch belegte Personen spielend, spalten Holz und füttern Schweine, Enten und Hühner. Nie von ihrer Rolle abweichend, lassen sie sich gern in Gespräche verwickeln, wobei sie gekonnt den alten englischen Dialekt der Pilgerväter und -mütter verwenden. Jenseits der Palisaden führt ein schöner Spaziergang zur **Hobamock's Wampanoag Indian Homesite**, wo Nachfahren der Wampanoag ihre Kultur erläutern. Mehr über »Plimoth« und den historischen Kontext erfährt man im erfreulich kritischen Museum außerhalb der Palisaden.
137 Warren Ave., Mitte März–Ende Nov. tgl. 9–17 Uhr, im Hoch- sommer länger | Eintritt (nur Plantation): 45 $ beeinhaltet den Besuch der Plimoth Patuxet Museums, Mayflower II und Indian Homesite. | www.plimoth.org

Plymouth Rock

Hauptsache historisch wertvoll
Ein 1920 errichteter griechischer Portikus an der Water Street markiert **den geschichtsträchtigsten Stein Amerikas**. Er ist zwar eher unscheinbar – und überhaupt ist das Ganze nicht bewiesen –, doch zumindest der Legende nach ist dies jener Stein, den die Pilgerväter

DIE »MAYFLOWER«

BAEDEKER WISSEN

Der amerikanische Gründungsmythos hat einen Namen: »Mayflower«. Genau weiß man nicht, wie das Schiff ausgesehen hat, aber wer die 102 Passagiere und damit die Gründungsväter, -mütter und -kinder der USA waren, ist genau dokumentiert.

Reiseverlauf
Die Reise der Pilgerväter begann im Juli 1620 im niederländischen Delft, von wo sie mit der »Speedwell« ins englische Southampton übersetzten. Dort lag die »Mayflower«. Beide Schiffe sollten die Transatlantik-Fahrt antreten, doch musste man wegen Lecks in der »Speedwell« zwei Mal umkehren. Am **6. September 1620** legte die überfüllte, von Captain Christopher Jones geführte »Mayflower« mit 102 Passagieren und 31 Mann Besatzung in Plymouth ab. Ein Besatzungsmitglied und ein Passagier starben unterwegs, Elizabeth Hopkins gebar ihren Sohn Oceanus.

Am Morgen des **9. November 1620** wurde Land gesichtet – jedoch Cape Cod und nicht das angesteuerte Virginia. Nach einem vergeblichen Versuch, nach Süden zur Hudsonmündung zu kommen, kehrte man um und ging am 11 November 1620 an Land. Den Winter verbrachten die Pilgerväter an Bord der »Mayflower«, wo fast die Hälfte an Lungenentzündung und Tuberkulose starb. Am 21. März 1621 ließen sich die Überlebenden beim heutigen Plymouth nieder. Die »Mayflower« segelte am 5. April 1621 ohne Ladung zurück nach England.

1 Schiffstyp: Galeone
Schiffe vom Typ der Galeone waren im 16.und 17. Jh. gebräuchlich. Charakteristisch: schlanker Rumpf, »Galion« (vorderer Aufbau) und Achterkastell (hinterer Aufbau). Ungefähre Daten der »Mayflower«: Länge: 28 m; Breite: 9 m; Tiefgang: ca. 4 m; Wasserverdrängung: 180 t

2 Schaluppe
Mit dieser wurden nach dem 11. November 1620 die Küsten um Cape Cod erkundet.

3 Oberdeck
Bei gutem Wetter kampierten und kochten die Passagiere hier oben.

1

4 Zwischendeck
Wo Erwachsene nicht aufrecht stehen konnten, drangvolle Enge und »dicke Luft« herrschte, verbrachten die Passagiere die meiste Zeit.

5 Laderaum
Hier waren die Habseligkeiten, Werkzeuge sowie Proviant für ein Jahr verstaut.

und -mütter bei ihrer Ankunft zuerst unter die Stiefel nahmen. Allerdings, so viel räumt eine Texttafel ein, wurde er einige Male hin- und hergeräumt. So wollten ihn die Patrioten 1774 auf den »Altar der Freiheit« hieven, wobei er zersprang ...

»Mayflower II«

Der Mythos lebt

Das fest im Kollektivbewusstsein der Amerikaner – und in Sichtweite des Plymouth Rock – ankernde Schiff wurde 1955/1956 im englischen Brixham detailgetreu nachgebaut und kann heute an der State Pier besichtigt werden. Das Original des kaum 32 m langen Dreimasters beförderte einst 102 im Unterdeck zusammengepferchte Passagiere! Kostümierte Schauspieler in den **Rollen historisch verbürgter Mayflower-Passagiere** erzählen im alten mittelenglischen Dialekt von der entbehrungsreichen Überfahrt.

State Pier, tgl. 9–17, im Sommer bis 19 Uhr
Eintritt, zusammen mit Plimoth Plantation und Indian Homesite: 44,95 $ www.plimoth.org

Pilgrim Hall Museum

Zeugen des Anfangs

Was die Passagiere der Mayflower im Gepäck mitführten und wie sie sich in Plymouth einrichteten, erfährt man in diesen wahrlich heiligen, 1824 errichteten Hallen: Ausgestellt sind tatsächlich bemerkenswerte **Originalstücke** wie die Schwerter von Myles Standish, ein Stuhl von William Brewster und die Wiege von Peregrin White, der auf der Mayflower geboren wurde.

75 Court St. | Feb.–Dez. tgl. 9.30–16.30 Uhr | Eintritt: 15 $
www.pilgrimhall.org

SALEM

Region: North of Boston | **Höhe:** 3 m ü. d. M. | **Einwohner:** 45 000

P 6

Das Wort »Hexenjagd« ist in den USA regelmäßig in aller Munde. Die uramerikanische Vorliebe, die moralischen Verfehlungen prominenter Personen an den Pranger der TV-Öffentlichkeit zu stellen, hat historische Wurzeln, die in das 26 km nördlich von Boston liegende Salem führen.

Niemand kennt Salem als Wohnort in Boston Arbeitender, kaum jemand die reiche Seefahrtsgeschichte der Stadt am Meer. Selbst das örtliche Tourismusbüro scheint es aufgegeben zu haben, andere Seiten der Stadt zu bewerben. Denn alle wollen nur das eine ...

SALEM ERLEBEN

DESTINATION SALEM

81 Washington St., Suite 204
Salem, MA 01970
Tel. 978 741 3252
www.salem.org

❶ TRATTORIA BELLA VERONA €€€

Das kleine Familienrestaurant liegt gegenüber vom Hawthorne Hotel. Immer voll, immer freundlich. Angeboten werden traditionelle Speisen aus Norditalien und hauseigene Rezepte.
107 Essex St.
Tel. 1 978 8 25 99 11
www.bellaverona.com
Mo.–Sa. 16–22, So. 16–21 Uhr

❶ MORNING GLORY B&B €€€

3 Zimmer. Die heimeligen Zimmer in diesem niedlichen roten Haus von 1808 sind nach einst der Hexerei angeklagten Frauen benannt. Vom Balkon schöner Blick auf den Hafen, tolles Frühstück.
22 Hardy St., Tel. 978 741 1703
www.morninggloryb b.com

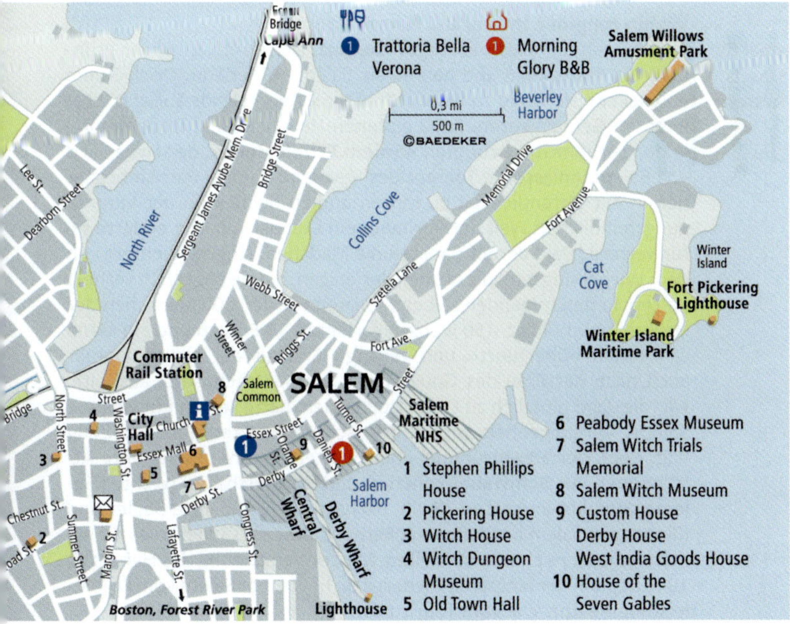

❶ Trattoria Bella Verona
❶ Morning Glory B&B
SALEM
1 Stephen Phillips House
2 Pickering House
3 Witch House
4 Witch Dungeon Museum
5 Old Town Hall
6 Peabody Essex Museum
7 Salem Witch Trials Memorial
8 Salem Witch Museum
9 Custom House
Derby House
West India Goods House
10 House of the Seven Gables

Ein Hexenjäger zum Fürchten: Roger Conant blickt auf das Salem Witch Museum.

Wohin religiöse Intoleranz führen kann

Beispiel für eine Massenhysterie

Angefangen hat alles mit **Roger Conant**. Der Puritanerführer gründete die Stadt 1626 und nannte sie Salem, »Frieden«. Doch Salem entwickelte sich bald zu einem theokratischen, religiös äußerst intoleranten Gemeinwesen. 1692 gipfelten Heuchelei und Doppelmoral in der berühmt-berüchtigten **»Salem Witch Hunt«**, der Hexenjagd von Salem. Anlass: Die Töchter des Reverend Samuel Parrish begannen in der Öffentlichkeit zu tanzen und zu fluchen, in der vergnügungsfeindlichen Welt der Puritaner ein Skandal. Ein Arzt erklärte sie für verhext. Bald darauf nannten die Mädchen, eingeschüchtert von dem Wirbel ringsum, die Namen derjenigen, die sie angeblich verhext hatten. In den folgenden sieben Monaten wurden 200 Menschen der Hexerei beschuldigt, 150 wurden verhaftet, 19 Frauen und ein Mann schließlich »überführt« und gehängt. Erst als der Hexenhammer auch nach der Frau des Gouverneurs von Massachusetts ausholte, war die Jagd plötzlich zu Ende. Doch Salem hatte seinen Ruf weg.

Salems Vergangenheit wird touristisch vermarktet, was das Zeug hält, doch der Hexenrummel überschattet weitere interessante Attraktionen. Als **Schiffsbauzentrum** und **Handelshafen** reichten Salems Kontakte im späten 18. Jh. bis nach China: So viele Segler und Klipper aus Salem handelten mit Fernost, dass die Chinesen es für ein märchenhaft reiches Land hielten. Mit der Versandung des Hafens ab 1810 begann der langsame Niedergang; heute lebt Salem vom Dienstleistungssektor, v. a. vom Tourismus.

Film- und Bestellerreif

Mythos Salem

Die Geschichte der Stadt diente als Vorbild für einige Filme, Serien und Bücher. 1850 rechnete **Nathaniel Hawthorne** mit seinem Klassiker **»Der scharlachrote Buchstabe«** mit der Doppelmoral in seiner Heimatstadt ab, und in den 1950er-Jahren benutzte der Dramatiker **Arthur Miller** in seinem Bestseller **»Hexenjagd«** die Hexenhysterie von Salem als Allegorie auf den berüchtigten Kommunistenjäger McCarthy, der in dieser Zeit zahlreiche Künstler und Schauspieler »unamerikanischer Umtriebe« beschuldigte.

In der Fernsehserie **»Salem«** (2014–2017) werden die Ergeignisse der Hexenprozesse beleuchtet. Die Serie verbindet historische Ereignisse mit übernatürlichen Elementen und bietet eine düstere Darstellung des Hexenwahns in der Kolonialzeit. Auch die Serie **»A Discovery of Witches«** (2018–2022), die auf der Romantrilogie von Deborah Harkness basiert, knüpft an die Hexenprozesse von Salem an, bezieht sich aber nicht nur auf die eine Stadt.

Wohin in Salem und Umgebung?

»Salem bewitched«

Hexe! Hexe!

Nicht imstande, das Hexenimage ihrer Stadt loszuwerden, machten die Stadtväter und -mütter von Salem aus der Not eine Tugend: Sie ließen zu, dass fortan die Zeit der Hexenjagd unter dem einprägsamen Motto »Salem bewitched« vermarktet wurde.

So stellt man beispielsweise im **Salem Witch Museum** die Hexenprozesse mitsamt Folterungen mit Wachsfiguren, Kunstblut und viel Geschrei und Gestöhn vom Band nach. Im **Witch Dungeon Museum** spielt man die Prozesse nach alten Akten nach und auch das düstere **Witch House**, das Wohnhaus des Hexenrichters Jonathan Corwin, lässt sich besichtigen. Hier wurden die Angeklagten verhört.

Salem Witch Museum: 19 1/2 Washington Sq. N. | tgl. 10–17 Uhr
Eintritt: 17,50 $ | www.salemwitchmuseum.com
Witch Dungeon Museum: 16 Lynde St. | tgl. 10–17 Uhr
Eintritt: 9 $ | www.witchdungeon.com
Witch House: 310 Essex St. | Führungen Mai–Anf. Nov.
tgl. 10–17 Uhr | Selbstgef. Tour: 9 $ | www.thewitchhouse.org

Inspiration für einen Bestseller

House of the Seven Gables

Die Geschichte des 1668 gebauten, ziemlich düsteren House of the Seven Gables mit steilen Dächern und sieben Giebeln inspirierte Nathaniel Hawthorne zu »Der scharlachrote Buchstabe«. Viele Szenen des weltberühmten Buchs spielen in den zeitgenössisch eingerichteten Räumen, von denen heute sechs zu besichtigen sind und sehr liebevoll eingerichtet sind. Hawthornes Geburtshaus steht im Garten.

House of the Seven Gables Historic Site: 54 Turner St.
Nov.–Dez., Mitte Jan.–Juni tgl. 10–17, Juli–Okt. bis 19 Uhr
45-minütige Tour: 25 $, www.7gables.org

Peabody Essex Museum

Wie der Chinahandel funktionierte

Das **beste Museum zur maritimen Geschichte Neuenglands** im Allgemeinen und zum Chinahandel im Besonderen ist das Peabody Essex Museum! Nicht weniger als 30 Galerien, eine Forschungsbibliothek, 11 historische Häuser und weit über 400 000 Artefakte in spannend inszenierten Ausstellungen erfordern einen ganzen Tag für die Besichtigung. Vor allem Salems Bedeutung im Chinahandel wird bestens dokumentiert: Das Handelsgut aus den Laderäumen der Klipper aus Salem, die auf den sieben Weltmeeren zu Hause waren, füllt heute die Vitrinen des Museums. Sehenswert ist die »Asian Export Art«, um 1800 in China für England und die USA hergestellte Haushaltswaren. Hinzu kommen Masken aus Melanesien, rituelle Meji-Kostüme aus Japan, Textilien aus Indonesien und herrlich geschnitzte Stoßzähne aus China. Nicht verpassen: die maritimen Themen in der Gemäldesammlung, darunter Bilder von Fitz Hugh Lane und John Singleton Copley.

Peabody Essex Museum: East India Sq. | Di.–So. 10–17 Uhr
Eintritt: 20 $ | www.pem.org

Marblehead

Sinnbild für die Unabhängigkeit

Die südlich der Stadt in den Salem Sound hinausragende Halbinsel schützt den Hafen von Salem vor Wind, Wetter und hohem Wellengang. Der gleichnamige Fischerhafen wurde 1629 gegründet und ist mit seinen gewundenen Straßen und farbenfrohen alten Holzhäusern ein fotogenes Fragment des alten Neuengland. Besuchenswert ist vor allem die viktorianische Gemeindehalle **Abbott Hall**. Sie beherbergt das in allen amerikanischen Geschichtsbüchern präsente Gemälde **»The Spirit of ’76«** von Archibald McNeal Willard (1836–1918). Das Bild der drei Patrioten, die, Dramatik im Blick und die Fahne im Rücken, zum Klang der Trommeln und Pfeifen Richtung Unabhängigkeit marschieren, ist künstlerisch zwar nicht sonderlich wertvoll, konnte sich jedoch im Herzen vieler Amerikaner einen festen Platz erobern.

188 Washington St. | Mo., Di., Do. 8–17, Mi. 7.30–19.30, Fr. 8–13
Sa./So. 10–17 Uhr | Eintritt frei, Spende erbeten
www.marblehead.org

NEW HAMPSHIRE

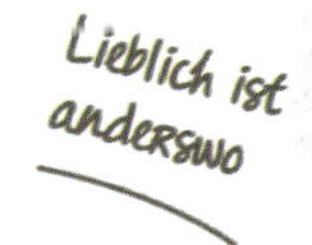

Fläche: 23 231 km² | **Einwohner:** 1,4 Mio. | **Hauptstadt:** Concord
Beiname: Granite State

Nicht so idyllisch wie Vermont, weniger vornehm als Massachusetts und schon gar nicht so wohlhabend wie Connecticut und Rhode Island: New Hampshire ist Neuenglands Alter Ego. Die White Mountains, rau, wild und schwer zugänglich, haben auf die Bewohnerinnen und Bewohner abgefärbt. Die sind oft knorrig und konservativ und fahren auf ihren Nummernschildern das martialische Motto ihres Staats spazieren: »Live free or die«.

Lieblich ist anderswo

Bis in den Sommer schneebedeckte Berge, enge Schluchten, tiefe Täler, klare Seen: Dieses Stück Neuengland bettelt förmlich darum, in Wanderschuhen und im Kanu entdeckt zu werden. Im Süden liegen Hunderte schöner, in den Granit gebetteter Seen, darunter der immerhin 186 km² große **Lake Winnipesaukee** bei Laconia. Im Norden schwingen sich die Appalachen in den **White Mountains** zum Dach Neuenglands auf. Der höchste ihrer 86 Gipfel ist der Mount Washington (1917 m ü. d. M.) in der Presidential Range, zugleich der höchste Berg im Nordosten. Charakteristisch für diese grandiose Bergwelt sind die dramatischen »Notches« (Pässe) und die tiefen, V-förmigen Täler, Resultate der Hobelarbeit von Gletschern während der letzten Eiszeit. So wild und unzugänglich sind die White Mountains, dass manches Tal erst zu Beginn des 19. Jh.s entdeckt wurde und bis heute Wanderer in den undurchdringlichen Wäldern verloren gehen. Weiter südlich beruhigt sich die Landschaft zu bewaldeten Höhenzügen, die vom nach Süden fließenden Connecticut River und dem Merrimack River voneinander getrennt werden. Im Südosten fällt das Land allmählich zum Atlantik hin ab.

Frei und unabhängig

Von gestern bis heute

»Hier belästigen uns keine Landbesitzer mit unverschämten Pachtforderungen. Hier kann jeder Mann in kurzer Zeit Herr über sein eigenes Stück Land sein.« Kapitän John Smiths Sätze wurden programmatisch für die Natur der Bewohner: Stolz und Freiheitsliebe sind bis heute so leitmotivisch in New Hampshire, dass der Bundesstaat **auf**

Einkommens- und Umsatzsteuer verzichtet, keine Sicherheitsgurte vorschreibt und Autoversicherungen erst jüngst eingeführt hat. Als John Smith 1614 diese Sätze schrieb, waren die Ureinwohner, die Penacooks und Abenakis, schon weit gehend durch Kriege und Krankheiten ausgelöscht. 1623 entstanden mit Odiorne's Point und Dover die ersten Siedlungen. Bereits sieben Monate vor der offiziellen Unabhängigkeitserklärung der 13 Kolonien am 4. Juli 1776 erklärte New Hampshire seine Unabhängigkeit von England. Im 19. Jh. brachten Landwirtschaft und – im stärker besiedelten Süden – verarbeitende Industrien den Staat nach vorn. Die industrielle Revolution fand hier vor allem in den Textilfabriken am Merrimack River statt. Im 20. Jh. mischte das kleine New Hampshire sogar zwei Mal in der großen Politik mit: 1905, als im Schiffsbauzentrum Portsmouth der russisch-japanische Friedensvertrag unterzeichnet wurde, und 1944, als die Alliierten in **Bretton Woods** in den White Mountains den Internationalen Währungsfonds aus der Taufe hoben. Nach dem Zweiten Weltkrieg gesellte sich zur verarbeitenden Industrie der Tourismus: In den USA ist New Hampshire vor allem als Outdoor-Ziel bekannt und – darauf sind die Bewohner des Granite State besonders stolz – als Austragungsort der ersten, als richtungsweisend geltenden »primaries« vor den Präsidentschaftswahlen.

Covered Bridge oder Kissing Bridge?

Von pragmatisch bis romantisch

Covered Bridges

Eine hübsche Besonderheit Neuenglands findet sich besonders häufig in New Hampshire: Seit dem Kinoschlager **»Bridges of Madison County«** mit Clint Eastwood und Meryl Streep (der allerdings in Iowa spielte) sind Covered Bridges auch in Europa bekannt. Im 19. Jh. von den Gemeinden als Versammlungsorte genutzt, schützte das Dach die hölzerne Struktur vor Regen und Schnee. Teenager nutzten sie für profanere Zwecke: Im Dunkel der »Kissing Bridges« trafen sie sich zu romantischen Stelldicheins.

Steuern kennt man auch hier

Wirtschaft

Zentren der verarbeitenden Industrie sind Manchester, Nashua, Claremont, Keene, Lebanon und Rochester. Da der Staat keine Einkommens- und Umsatzsteuer erhebt, betreiben über 300 Firmen aus dem benachbarten Massachusetts Ableger in New Hampshire. Trotzdem ist New Hampshire keine Steueroase. Das Staatssäckel wird mit Steuern auf Alkohol und Zigaretten, Glücksspiel und Einnahmen aus dem Tourismus gefüllt. Die Landwirtschaft konzentriert sich auf Milch- und Ahornprodukte, Viehzucht, Obst- und Gemüseanbau.

CONCORD

Region: Merrimack Valley | **Höhe:** 79 m ü. d. M. | **Einwohner:** 44 000

»Angenehm«, »gepflegt«, »sauber« fällt Besuchern nach dem Zwischenstopp am Merrimack River ein. Tatsächlich führt die größte Attraktion der Hauptstadt von New Hampshire wieder aus ihr hinaus.

Dabei war Concord nicht immer so ordentlich, ganz im Gegenteil. Alles begann in Jahr 1669 mit einem Handelsposten am Merrimack River. 1697 ereignete sich eine kinoreife Szene, als die von Ureinwohnern gefangene Siedlerfrau Hannah Dustin ihre schlafenden Entführer tötete und skalpierte. Bis heute liefern die Steinbrüche der Umgebung, insbesondere Rattlesnake Hill am nördlichen Stadtrand, den Granit für die Repräsentativbauten vor Ort und in ganz Neuengland. Die Unternehmer Lewis Downing und J. Stephens Abbot wirkten von hier aus an der Erschließung des Wilden Westens mit: Zwischen 1813 und 1900 verließen zahllose gefederte Pferdekutschen, die berühmten »Concord Coaches«, ihre Fabrikhallen. Die schönsten alten Häuser liegen an der breiten, baumbestandenen Main Street.

CONCORD ERLEBEN

GREATER CONCORD CHAMBER OF COMMERCE

49 South Main St., Suite 104
Concord, NH 03301
Tel. 1 603 2 24 25 08
www.concordnhchamber.com

Bei Contoocook River Canoe Company LLC kann man Kanus und Kajaks für eine Paddeltour auf dem Merrimack River leihen. Der Fluss schlängelt sich durch Concord und seine reizvolle Umgebung.
9 Horse Hill Rd., Concord
Tel. 603 753 9804
www.contoocookcanoe.com

THE BARLEY HOUSE €€

Liegt gegenüber vom State Capitol, deshalb kommen mittags die Büroangestellten zum Lunch. Barley serviert die besten Burger der Stadt und abends hausgemachte Bratwurst.
132 Main St.
Tel. 1 603 2 28 63 63
www.thebarleyhouse.com
Mo.–Sa 11–1 Uhr

CENTENNIAL HOTEL €€€

32 Zimmer. Dieses schöne alte Hotel empfängt mit einer gelungenen Mischung aus viktorianischem Charme und zeitgemäßem Stil – vom eleganten, nie schweren Dekor bis zu modernen Flachbildschirmen. Das Granit Restaurant & Bar im Haus gehört zu den besten der Stadt.
96 Pleasant St.
Tel. 1 603 2 27 90 00
www.thecentennialhotel.com

Wohin in Concord und Umgebung?

Politik und Geschichte

State House

Im 1819 im neoklassizistischen Stil erbauten New Hampshire State House tritt die gesetzgebende Versammlung des Staates noch in den Originalräumen zusammen – ein landesweiter Rekord! Innen hängen über 180 Porträts bedeutender Persönlichkeiten aus New Hampshire. Sehenswert sind auch die Hall of Flags und die von Barry Faulkner stammenden Wandmalereien im Senate Chamber.
Das einen Besuch lohnende, weil überraschend reichhaltige **Museum of New Hampshire History** widmet sich der Geschichte des Bundesstaats. Besonders sehenswert ist eine Originalpostkutsche von Downing & Abbot.

New Hampshire State House: 107 N. Main St. | Mo.–Fr. 8–16.30 Uhr
www.visitnh.gov

Museum of New Hampshire History: 6 Eagle Sq. | Di.–Sa. 9.30–17, So. 12–17 Uhr | Eintritt: 7 $ | www.nhhistory.org/museum.html

Canterbury Shaker Village

Gottesfürchtig und fast autark

1792 gründeten die Shaker (► Das ist, ... S. 16ff.) im Hügelland 13 mi/ 20 km nördlich von Concord **eine ihrer bedeutendsten Gemeinden in Neuengland**. Nach dem Tod des letzten Shakers 1992 wurde Canterbury Shaker Village aufgegeben und in ein Freilichtmuseum verwandelt. 25 Scheunen, Workshops, Wohnhäuser und Versammlungsräume, dazu Felder und Kräutergärten zeigen heute, dass die Gemeinschaft weitgehend autark war. Was sie nicht selbst herstellen konnte, erwarb sie – im 19. Jh. galten die Gemeindemitglieder landesweit als **Heilkräuterexperten** – vom Erlös ihrer Gartenprodukte. Auch viele der später so berühmt gewordenen, zeitlos schönen Shaker-Möbel wurden hier hergestellt. Mehrmals täglich stattfindende Führungen verschaffen einen umfassenden Einblick in die Glaubens- und Arbeitswelt der frommen Brüder und Schwestern. Die Touren führen zu den Highlights, u. a. zum Meeting House mit den schönsten ihrer Möbel und zur Schule, wo sie die ihnen anvertrauten Waisenkinder unterrichteten.

288 Shaker Rd., I-93, Exit 18 | Mai–Aug. Di.–So. 10–16, geführte Touren 11, 14; Sept.–Okt. tgl. 10–17, geführte Touren 13, 15; Nov Sa./So. 10–16, geführte Touren 11, 13 Uhr | gef. Touren: 25 $ | www.shakers.org

Im Gemeinschaftshaus kann man Möbel der Shaker bewundern.

HANOVER

Region: Dartmouth & Lake Sunapee | **Höhe:** 181 m ü. d. M.
Einwohner: 11 800

Den Pappbecher mit Latte in der Hand, die Frisbee-Scheibe unterm Arm: Studierenden-Bohème sieht man an der von Cafés und Läden gesäumten Street öfter. Gelernt wird hier indes auch, und zwar fleißig: Das hiesige Dartmouth College gehört nämlich zur prestigeträchtigen Ivy League! (▶ *Baedeker Wissen, S. 70/71*).

Deutsch-englischer Ursprung

Als Reverend Eleazar Wheelock 1769 seine Schule für »junge Native Americans, Engländer und andere« gründete, wohnten in dieser Gegend nur 20 Familien. Fortan wuchsen Schule und Gemeinde zum hübschen Städtchen Hanover heran, benannt nach dem aus dem Adelshaus Hannover stammenden englischen König Georg III. Damals verstand man sich noch als Stütze von Thron und Altar.

Wohin in Hanover und Umgebung?

Prominente Kaderschmiede

Dartmouth College

Die nach dem Earl of Dartmouth benannte Hochschule zählt viele Prominente zu ihren Absolventen, darunter Nelson Rockefeller (1908 –1979). Sie ist berühmt für ihre exzellenten Fakultäten – u. a. wurde hier die **Programmiersprache »Basic« entwickelt**.

Das **Hopkins Center for the Performing Arts** am Green war Wallace Harrisons Vorentwurf für das Metropolitan Opera House in New York City und beherbergt hinter mehrgeschossigen Fenstern u. a. das Dartmouth Symphony Orchestra. Verbunden mit dem Hopkins Center ist das Anfang 2019 wieder eröffnete **Hood Museum of Art**. Neben Sammlungen indigener, europäischer und asiatischer Kunst enthält es viele Moderne, darunter Mark Rothko, Joan Miró und John Sloan, und veranstaltet regelmäßig gute Veranstaltungen rund ums Museum.

Dartmouth Symphony Orchestra: 6041 Lower Level Wilson Hall
Karten unter Tel. 1 603 6 46 24 22

Hood Museum of Art: 2 E Wheelock St. | Mi. 11–17, Do./Fr. 11–20, Sa./So. 11–17 Uhr | Eintritt frei | http://hoodmuseum.dartmouth.edu

Hektik ist hier eher unbekannt

New London

26 mi/41 km südöstlich von Hanover blickt New London über bewaldete Höhenzüge, die am Horizont im blauen Dunst verschwinden – besonders während des Indian Summer ein spektakulärer Anblick. Mit knuddeligen Hotels und Country Inns und guten Restaurants und Cafés an der gepflegten Main Street ist das Städtchen eine angenehme **Basis**

HANOVER ERLEBEN

HANOVER AREA CHAMBER OF COMMERCE

377 N. Main Street, West Lebanon, NH 03784
Tel. 1-603 448 1203
www.uppervalleybusinessalliance.com

MURPHY'S ON THE GREEN

€€–€€€

Hier kann man bei Burgern, Steaks und Craft-Bier den Studis gegenüber relaxt beim Studieren zugucken.
11 S. Main St. | Tel. 1 603 6 43 40 75
www.murphysonthegreen
Mo.–Do. 16–23, Fr./Sa. 11–23, So. 11–22 Uhr

HANOVER INN DARTMOUTH

€€€

108 gefällige, hell gehaltene Zimmer, gutes Restaurant im Haus.
Two East Wheelock, Hanover
Tel. 603 643 4300
www.hanoverinn.com

Die Main Street und die Powerhouse Mall (ein umgebautes Kraftwerk) in West Lebanon locken zum Bummel.
www.powerhousemall.com

für Tagesausflüge. Das 1837 gegründete Colby Sawyer College sorgt für das in Neuengland so geschätzte Niveau im Bildungsbereich.
Die meisten Touristen zieht es in den südlich liegenden **Mount Sunapee State Park** rund um den gleichnamigen 822 Meter hohen Berg und den **Lake Sunapee**. Für einen Überblick über die Wälder eignet sich der Sessellift von der North Peak Lodge auf den Gipfel.
Wasserratten tummeln sich am State Beach. Im Ort **Sunapee** am Nordufer legt die »MV Mount Sunapee II« zu Dampferfahrten ab.

★ LAKE WINNIPESAUKEE

Region: Lakesay | **Höhe:** 153 m ü. d. M. | **Fläche:** 186 km²

New Hampshires größter See hat mit stolzen 186 Quadratkilometern zwar Gardemaß, doch damit hält er bescheiden hinterm Berg. Über 300 Inseln lassen ihn nämlich viel kleiner erscheinen – und greller Touristenrummel mancherorts »billiger«.

LAKE WINNIPESAUKEE ERLEBEN

LAKES REGION ASSOCIATION
PO Box 737, Rte. 3, Tilton, NH 03276
Tel. 1 603 2 86 80 08
www.lakesregion.org

Etwas für Wasserratten ist der Ellacoya State Beach am Südwestufer des Sees

THE WOLFEBORO INN €€–€€€
Wer einmal hier eingecheckt hat, will nicht mehr fort. Zu schön ist die Lage am tiefblauen See, zu entspannend der Blick auf die endlosen Wälder. Einfache, aber heimelige Zimmer, solides Pubfood in Wolfe's Tavern im Haus.
90 N. Main St., Wolfeboro, NH 03894
Tel. 1 603 5 69 30 16
www.wolfeboroinn.com

Wo der Große Geist lächelt

Seine Uferlinie ist so zerfranst, dass man stellenweise glaubt, von einem See zum anderen zu fahren, Am schönsten präsentiert sich der Lake Winnipesaukee zwischen Glendale und Alton im Südwesten und zwischen Moultonborough und Wolfeboro im Nordosten, am allerschönsten bei Sonnenuntergang und frühmorgens, wenn der Morgennebel in dicken Schwaden über dem Wasser schwebt. Verständlich also, warum die Indigenen ihn »Lächeln des Großen Geistes« nannten, denn nichts anderes bedeutet sein Name. Viele Hundert Jahre später hat der Tourismus den See in zwei Welten geteilt: Das Westufer ist durch und durch kommerziell und hat sein lautes Zentrum in Weirs Beach, einer Neuengland-Version von Coney Island; das exklusivere Ostufer ist ein unübersichtliches Labyrinth aus Buchten und Inseln und überwiegend in Privatbesitz, sodass der Weg zum Wasser meist verbaut oder versperrt ist. Schöne Ausnahme: Wolfeboro, ein schönes altes Resortstädtchen mit Sandstrand.

Wohin am Lake Winnepesaukee?

Ziemlich rummelig

Weirs Beach

Nur noch die viktorianischen Häuschen, die hoch über der Bucht thronen, erinnern an die gute alte Zeit als elegantes Ferienresort. Unten am Wasser herrscht mittlerweile Rummelplatzatmosphäre: Souvenirshops, Automatenspiel und Fastfoodläden, Entertainment für die ganze Familie. Ruhiger geht es nur noch weit draußen auf dem See zu: Die alten **Ausflugsdampfer** der Mount Washington

Cruises schippern zu den schönsten Stellen. Eine besondere Augenweide bietet sich bei Schiffsausflüge zur Zeit der herbstlichen Laubfärbung.
Nur wem laut knatternde Motorräder nichts ausmachen, sollte Mitte Juni in Weirs Beach bleiben. Dann strömen nämlich alljährlich 150 000 Motorradfahrer zur **Laconia Motorcycle Week** herbei. Die Veranstaltung findet seit 1919 statt und erlebte 1965 einen traurigen Höhepunkt, als Motorradgangs mit brutaler Gewalt das Fest sprengten. Mittlerweile geht es wesentlich friedlicher, aber nicht leiser zu.
Mount Washington Cruises: Weirs Beach Docks
Ende Mai–Ende Okt. tgl. ab 10 Uhr | Fahrten ab 30 $
www.cruisenh.com
www.laconiamcweek.com

Keimzelle der Sommerfrische

Wolfeboro

Wolfeboro gilt als **ältestes Ferienresort der USA**. Der Trendsetter war John Wentworth, Gouverneur der Kolonie Massachusetts, der 1762 hier seine Sommerresidenz erbauen ließ. Die feine Ostküstengesellschaft folgte ihm nach. Ihre Villen sind oft noch in Familienbesitz oder wurden in Country Inns verwandelt, die auf Hügeln über dem Zentrum Besucher mit dem Hauch des alten Neuengland verzaubern.
Neben einem kurzen Bummel durch die Stadt über die schläfrige Main Street lohnen drei Museen einen Besuch: Der **Clark House Museum Complex** erinnert an den Alltag im 19. Jh., das **Libby Museum** zeigt eine gute Sammlung in der Umgebung gefundener indigener Artefakte, und wem der Sinn nach Kriegerischem steht, geht ins **Wright Museum of World War II**. Wer baden möchte: Der schöne **Wentworth State Beach** liegt 8 km außerhalb an der NH 109.
Wirklich den schönsten Blick auf das zerlappte Ostufer des Lake Winnipesaukee hat man vom 18 m hohen **Abenaki Tower**. Der mittlerweile über hundert Jahre alte Feuerwachturm steht 11 km nördlich von Wolfeboro an der NH 109. Von hier oben lässt sich das eindrucksvolle, am Horizont von den Ossipee Mountains begrenzte Panorama besonders gut genießen. Mit einem gut gefüllten Picknickkorb – beim Turm gibt es rustikale Holzbänke und -tische – macht das Ganze noch mehr Spaß!
Clark House Museum Complex: Main St.
Juli/Aug. Mo.–Fr 10–16, Sa. 10–14 Uhr | Eintritt: 6 $
www.wolfeborohistoricalsociety.org/clarkhouse
Libby Museum: 755 North Main St. | Memorial Day–Labor Day
Di.–Sa. 10–16, So. 12–16 Uhr Eintritt: 5 $ | http://wolfeboronh.us
Wright Museum: Mai–Okt. Mo.–Sa. 10–16, So. 12–16 Uhr
Eintritt: 10 $

MANCHESTER

Region: Merrimack Valley | **Höhe:** 63 m ü. d. M. | **Einwohner:** 115 000

Früher gab hier die größte Textilfabrik der Welt sage und schreibe 17 000 Menschen Arbeit. Heute verdient man in der größten Stadt New Hampshires sein Geld in Hightech-Jobs und in der Finanzwirtschaft und gibt es für Kunst, Kultur und das gute Leben wieder aus.

Der Name kommt nicht von ungefähr

Lange sah es so aus, als werde Manchester am Merrimack River das amerikanische Gegenstück seines Namensgebers in England. 1831 schufen Bostoner Finanziers aus mehreren Fabriken die Amoskeag Manufacturing Co. Amoskeag Mills, die damals größte Textilfabrik der Welt. Sie produzierte in ihren über 8 km langen Fabrikhallen jährlich 450 000 km Stoffe und Tücher. Dann kam der Niedergang, 1935 wurde Konkurs angemeldet. Findige Geschäftsleute retteten Manchester, indem sie die leer stehenden Fabrikhallen an der Commercial Street kauften und an Unternehmen vermieteten. Damit wurde Manchester zu einem der besten Standorte für Business-Start-ups im Nordosten.

Amoskeag Mills am Merrimack River war einmal die größte Textilfabrik der Welt.

MANCHESTER ERLEBEN

GREATER MANCHESTER CHAMBER OF COMMERCE
54 Hanover St.
Manchester, NH 03101
Tel. 1 603 6 66 66 00,
www.manchester-chamber.org

ASH STREET INN €€-€€€
Hübsches B&B mit fünf geschmackvoll eingerichteten Zimmern. Morgens wartet ein opulentes Frühstück.
18 Ash St., Manchester, NH 03104
Tel. 1 603 6 68 99 08
www.ashstreetinn.com

Wohin in Manchester und Umgebung?

Kunst und Architektur

Currier Gallery of Art

»Klein, aber fein« beschreibt es nicht wirklich. Nicht nur, dass die **bedeutendste Kunstsammlung New Hampshires** in einem schönen Beaux-Arts-Gebäude von 1929 untergebracht ist. Gezeigt werden auch unbezahlbare Werke [illegible] (u. a. Tiepolo und Jan Gossaert) und amerikanischer Maler wie Edward Hopper und Andrew Wyeth. Im Obergeschoss hängen Landschaftsbilder der Maler der Hudson River School.

Das vom Currier aus per Shuttle zu erreichende **Zimmerman House** war die Antwort Frank Lloyd Wrights auf die von der Wirtschaftskrise verursachte Wohnungsknappheit. 1950 entworfen, hielt der Stararchitekt das Häuschen klein, funktional und trotzdem zeitlos elegant und rüstete es mit praktischen Einbauschränken aus.

Currier Gallery of Art: 150 Ash St. | Mi.–Mo. 11–17, Sa. ab 10 Uhr
Eintritt: 15 $ | www.currier.org
Zimmerman House: Führungen April–Dez. Mo., Do./Fr. 14, Sa. 12.30, So. 13 Uhr | Eintritt: 35 $ (Eintritt zur Currier Art Gallery enthalten)
www.currier.org/collections/zimmerman

Uralter Kult?

America's Stonehenge

Mit den Megalithbauten in Südengland hat die Anlage 14 mi/22 km südlich von Manchester eine Frage gemein: Wer hat sie wann und warum gebaut? Beim Rundgang durch das **Labyrinth aus Gängen**, **Räumen und Granitblöcken** stößt man u. a. auf einen Stein, den die aufgehende Sonne am längsten Tag des Jahres, zur Sommersonnenwende, beleuchtet. Eine mächtige, mit Rillen versehene Platte wird als Opfertisch interpretiert. Auch Platten mit Schriftzeichen, die man bislang nur aus dem westeuropäischen bzw. iberischen Raum kannte, wurden hier gefunden. Nach neueren Erkenntnissen sollen die ältesten Teile der Anlage im zweiten vorchristlichen Jahrtausend entstanden sein. Damit wäre sie eines der ältesten Kulturzeugnisse der USA. Es gibt allerdings auch ernst zu nehmende Stimmen, die die ungewöhnlichen Strukturen mit den Aktivitäten von Farmern im 18. und 19. Jh. erklären.

NH 111 | Jan.–Juni u. Sept./Okt. tgl. 9–17
Juli/Aug. tgl. 9–18, Nov./Dez. tgl. 9–16.30 Uhr
Eintritt: 16 $ | www.stonehengeusa.com

★ PORTSMOUTH

Region: Seacoast | **Höhe:** 4 m ü. d. M. | **Einwohner:** 22 000

Der einzige Seehafen New Hampshires ist eine angenehme Überraschung, gibt er sich doch als skandinavisch wirkende, aus roten Ziegeln gebaute Kleinstadt mit krummen Straßen und rostig-romantischen Hebebrücken.

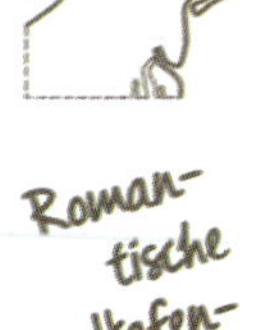

Möwen sitzen auf Molen und Dächern, altmodische Barbierläden halten aus neben trendigen Funky Wear Shops. Die lebensfrohe Energie dieser Stadt ist bemerkenswert. Im historischen Zentrum wird noch immer gelebt und gearbeitet, eingekauft und der Feierabend verbracht. 1623 gegründet und nach den hier gefundenen wilden Erdbeeren zunächst Strawberry Banke genannt, machte ein guter Naturhafen aus der »Erdbeerensiedlung« bald einen geschäftigen Hafen und Holzumschlagplatz. Zeitweise auch Hauptstadt New Hampshires, nahm Portsmouth im 19. Jh. am Chinahandel teil, dessen märchenhafte Einnahmen noch heute von prachtvollen Häusern im Federal und Georgian Style reflektiert werden. Bis heute sind die Werft und die Pease Air Force Base die größten Arbeitgeber der Stadt.

PORTSMOUTH ERLEBEN

GREATER PORTSMOUTH CHAMBER COLLABORATIVE
500 Market St., PO Box 239
Portsmouth, NH 03801
Tel. 1 603 6 10 55 10
www.portsmouthchamber.org

Wunderbar einkaufen kann man rund um den Market Square im alten Stadtzentrum.

Schiffsausflüge führen zu den in der Mündung des Piscataqua gelegenen

Isles of Shoals. Endpunkt ist der Leuchtturm von White Island. Geführte Kajakausflüge zu den Seevogelkolonien im Piscataqua Delta bietet Portsmouth Kayak Adventure. Water Country ist New Hampshires größter Wasser-Vergnügungspark.

Isles of Shoals Steamship Company: 315 Market St. | Tel. 1 603 4 31 55 00 | Mitte Juni–Labor Day tgl. 10.55 und 14.25 Uhr
www.islesofshoals.com

Seven Rivers Paddling: 185 Wentworth Rd. | Tel. 603 969 5120, www.sevenriverspaddling.com

Water Country: US 1, Mitte Juni–Labor Day, tgl. 10–18 Uhr
www.watercountry.com

Der Strandtourismus konzentriert sich in um Hampton Beach (ca. 15 mi/23 km südlich; über 5 km Sandstrand). Zum Baden eignet sich auch der Sandstrand des Wallis Sands State Park.

❶ TWO-FIFTY MARKET €€€

Im obersten Stock des noblen »Sheraton Portsmouth Harborside Hotel« bereiten Spitzenköche aus Neuengland kreativ verfeinertes Seafood zu.
250 Market St. | Tel.1 603 5 59 26 26
www.250market.com
Mo.–Fr. 6.30–22, Sa./So. 7–22 Uhr

❷ HOTEL PORTSMOUTH €€€–€€€€

Das 1831 im verspielten Queen Anne Style erbaute Haus bietet 34 geräumige und modern ausgestattete Gästezimmer.
40 Court St., Portsmouth, NH 03801
Tel. 1 603 4 33 12 00
www.thehotelportsmouth.com

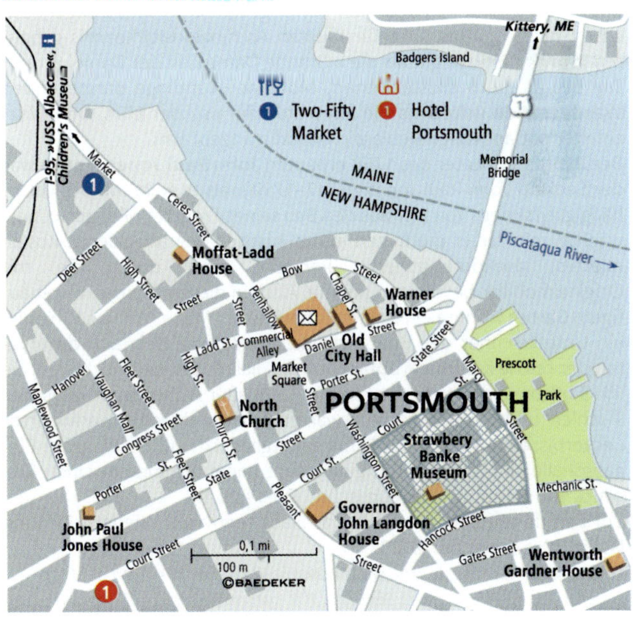

Wohin in Portsmouth?

Strawbery Banke Museum

Tolles Museumsdorf
Eines der größten Museumsdörfer Neuenglands steht an der Stelle der ersten Siedlung Strawbery Banke unweit der Waterfront und besteht aus über 45 Häusern aus drei Jahrhunderten in verschiedenen Phasen der Restaurierung. Mehr als ein Dutzend sind komplett renoviert und eingerichtet, darunter das **Drisco House**, das den Alltag um 1790 jenem von 1950 gegenüberstellt, und das **Shapiro House**, dessen Einrichtung den Alltag einer 1919 aus Russland eingewanderten jüdischen Familie widerspiegelt.
Zwischen Marcy, Court, Washington u. Hancock Sts. | Mai–Okt. Mo.–Sa. 10–17, So. ab 12, sonst Do.–Sa. 10–14, So. ab 12 Uhr Eintritt: 19,50 $ | www.strawberybanke.org

Villen

So wohnten die Reichen und Berühmten
Das 1760 erbaute, sich im Wasser des Piscataqua River spiegelnde **Wentworth-Gardner House** gehört zu den schönsten Beispielen des Georgian Style in den USA. Seine Stilelemente, darunter die kunstvollen Voluten und der Portikus mit seinen korinthischen Säulen, werden von Kennern mit dem Adjektiv »perfekt« gewürdigt. Drinnen, nicht minder spektakulär, sind vor allem die Holzarbeiten ein Genuss.
Elegante Fassade im Georgian Style, geschmackvolles zeitgenössisches Interieur: Das 1716 für Kapitän Archibald McPheadris gebauten **Warner House** gilt als die »Grande Dame« an der Daniel Street. Die beiden 1716 entstandenen, Mohawk-Häuptlinge darstellenden Wandgemälde gelten als die ältesten »Murals« der USA. Den Blitzableiter hat angeblich Benjamin Franklin angebracht.
Berühmtester Mieter des 1758 erbauten **John Paul Jones House** war der Seeheld John Paul Jones (1747–1792), als er während des Unabhängigkeitskriegs von hier aus den Bau seiner Fregatte »Ranger« überwachte, mit der er die Briten in der Irischen See attackierte. Kostümiertes, anekdotensicheres Personal führt durch die mit Originalmobiliar bestückten Räume. Auch in diesem Haus mit weitläufigem Garten wohnte ein einstmals berühmter Mann: William Whipple, ein Unterzeichner der Unabhängigkeitserklärung. Sein Schwiegervater, der reiche Kaufmann **John Moffatt**, ließ das Haus 1763 bauen, bis 1913 blieb es im Besitz der Familie. Liebhaber früher amerikanischer Tischler- und Designerkunst erwartet deshalb ein kaum veränderter Leckerbissen. Porträts von Familienmitgliedern und die elegante Eingangshalle, wo noch die Originaltapete hängt, vermitteln einen Eindruck vom Alltag der neuenglischen Oberschicht.
Zur Zeit der Recherche wurde das Haus renoviert. Wiedereröffnung ist am 30. September 2023.
Wentworth-Gardener House: Mechanic/Gardner Sts. | Juni–Mitte Okt. Do.–Mo. 11–16 Uhr | Eintritt: 8 $ | www.wentworth-gardner.org

Warner House: 150 Daniel St. | Mitte Juni–Mitte Okt. Mi.–Mo. 11–16 Uhr | Eintritt: 10 $ | www.warnerhouse.org
John Paul Jones House: 43 Middle St. | Memorial Day–Okt. tgl. 11–17 Uhr | Eintritt: 10 $ | http://portsmouthhistory.org
Moffat-Ladd House: 154 Market St. | Mitte Juni–Mitte Okt. Mo.–Sa. 11–17, So. ab 13 Uhr | Eintritt: 10 $ | www.moffattladd.org

In einer Blechbüchse durch den Ozean
Nichts für Neugierige mit Platzangst! Das kleine U-Boot »Albacore« lief 1953 in Portsmouth vom Stapel. Es war ein Experiment zur Erprobung der **Tropfenform für den Rumpf**. 1972 wurde es ausgemustert. Das sehr beengte Innere informiert über den Alltag an Bord – und über ein paar haarsträubende Abenteuer und Ereignisse.

»USS Albacore«

Albacore Park, 600 Market St.| Memorial Day–Columbus Day tgl. 9.30–17, sonst bis 16.30 Uhr | Eintritt: 11 $ | www.ussalbacore.org

 WHITE MOUNTAINS

Region: White Mountains | **Höhe:** bis 1917 m ü. d. M.

Im Norden von New Hampshire laufen die von Alabama heraufziehenden Appalachen zu Höchstform auf: Die White Mountains, rau und wild, sind das schönste Outdoor-Revier im Nordosten der USA und können mit allen Wildnisgebieten im Westen des Landes mithalten.

Ihre bis in den Hochsommer schneebedeckten Gipfel hat der kalte Wind aus Kanada zu kahlen Felsenkuppen geschliffen. Ihre engen Täler und Pässe, hier »Notches« genannt, sind die einzigen Verkehrswege durch eine unzugängliche Wildnis. Die Baumgrenze liegt mit 1200 m ungewöhnlich niedrig. Schuld daran ist das subarktische Klima. Im Gipfelbereich erzeugt es eine Flora, die sonst erst 2500 km weiter nördlich auftritt. Vor allem der Gipfelbereich des Mount Washington ist eine unwirkliche Mondlandschaft. Über 2500 km Wanderwege durchziehen die Wildnis, darunter **Amerikas berühmtester Fernwanderweg**, der **Appalachian Trail** (▶ Das ist .., S. 8ff.). Manche Trails sind so anstrengend, dass Himalaya-Expeditionen sich hier für den Mount Everest fit machen. Zahllose idyllische Picknickplätze und von der Straße aus leicht erreichbare Naturschauspiele bringen die wilde Schönheit der White Mountains auch weniger Konditionsstarken näher. Im Winter ein Dorado für Skiläufer, sind sie während des Indian Summer ein beliebtes Ziel der »Leaf Peeper«.

Inspiration für Maler und Investoren

Eine mondäne Vergangenheit

Der erste Europäer stand bereits 1642 auf dem Gipfel des Mount Washington, doch erst im 19. Jh. wurde die herbe Schönheit der White Mountains von amerikanischen Malern entdeckt. Angeregt von ihren Bildern, kamen die Investoren: Wo einst die Künstler ihre Staffeleien aufgestellt hatten, bauten sie nun **luxuriöse Herbergen**. Um 1900 waren die White Mountains ein populäres Urlaubsziel der Ostküstenelite, es gab mittlerweile rund 20 Grandhotels und sogar eine eigene Eisenbahnlinie zur Küste. Leider sind fast alle diese herrlichen Hotels inzwischen abgebrannt. Nur das Mount Washington Hotel zu Füßen des Mount Washington und das exklusive Balsams weiter nördlich in Dixville Notch erinnern noch an diese elegante Ära. Heute können Touristen auf eine breite Übernachtungspalette zurückgreifen, vom preiswerten Motel bis zum Fünf-Sterne-Country-Inn.

DIE WHITE MOUNTAINS ERLEBEN

MOUNT WASHINGTON VALLEY CHAMBER OF COMMERCE

2473 White Mountain Hwy
North Conway, NH 03860
Tel. 877 948 6867
www.mtwashingtonvalley.org

Kanu- und Kajaktouren auch für Anfänger bei Saco Bound Cano & Kayak. Der Appalachian Mountain Club bewirtschaftet in der Presidential Ridge entlang des Appalachian Trail einige Berghütten. Eine Wanderung von Hütte zu Hütte gehört zum Besten, was Neuengland zu bieten hat. Infos für das Durchgangstal der östlichen White Mountains hält das Pinkham Notch Visitors Center bereit.
Saco Bound. 2561 E. Main St., North Conway, NH, Tel. 1 603 4 47 21 77, www.sacobound.com
Appalachian Mountain Club: www.outdoors.org
Pinkham Notch Visitors Center: NH 16, 18 mi/29 km nördlich von North Conway, Tel. 1 603 4 66 27 25

❷ CHEF'S BISTRO €€€

Als Ausnahmerestaurant im von Familyrestaurants dominierten North Conway serviert dieses Bistro nicht nur saisonale Gerichte, sondern denkt auch an Vegetarier und Veganer.
2724 White Mountain Hwy.
North Conway, Tel. 603 356 4747
www.chefsbistornh.com
Mi./Do./So. 11–21,
Fr./Sa. 11–22 Uhr

❸ MUDDY MOOSE €€

Recht zünftige Gaststube im Outdoor-Ambiente: Elch-Burger, Pasta und üppige Salatplatten.
2344 White Mountain Hwy. (NH 16), North Conway, NH
Tel. 1 603 3 56 76 96
www.muddymoose.com
Tgl. ab 11.30 Uhr

❶ RED FOX BAR & GRILLE €€

Der beste Ort für saftige Burger und kaltes Bier in Jackson. Genau das Richtige nach langen Wanderungen!
49 Rte. 16, Jackson
Tel. 1 603 3 83 49 49
www.redfoxbarandgrille.com
Mo.–Do. 16–21, Fr. 16–22, Sa. 12–22, So. 7.30–21 Uhr

❷ INN AT THORN HILL €€€

19 Zimmer, 3 Cottages. Eleganter, 1895 außerhalb von Jackson gebauter Inn mit guter Fusion Cuisine.
Thorn Hill Rd., Jackson Village, NH 03846 | Tel. 1 603 3 83 42 42
www.innatthornhill.com

❶ OMNI MOUNT WASHINGTON RESORT €€€

Das letzte der herrlichen Grand-Hotels in den White Mountains.
310 Mount Washington Hotel Rd.
Bretton Woods, NH 03575
Tel. 1 603 2 78 10 00, 1 888 4 44 66 64 | www.omnihotels.com

❸ STONEHURST MANOR €€–€€€

Das elegante Inn, 2 km nördlich von North Conway, vereint den Glamour des 19. Jahrhunderts mit den Bedürfnissen der Reisenden von heute.
NH 16, PO Box 1937
North Conway, NH 03860
Tel. 1 603 3 56 31 13
www.stonehurstmanor.com

DIE HOHE KUNST DER RAST

Dämmerung in den White Mountains. Sie sitzen im Omni Mount Washington Hotel in einem Stuhl, aus dem Sie nie wieder aufstehen möchten, auf der 300 Meter langen Terrasse des alten Grandhotels, neben sich auf dem Beistelltischchen ein Kännchen Tee – es darf auch ein guter Brandy sein –, und lassen den Blick über den langsam im Zwielicht verschwindenden Mt. Washington schweifen.

Pinkham Notch

Panoramaroute

Von North Conway nach Glen House

Pinkham Notch ist ein **Durchgangstal** in den östlichen White Mountains. Flankiert von den steil aufragenden Bergen der Presidential Range im Westen sowie Carter Mountain und Carter Dome im Osten, folgt die Panoramaroute NH 16 einem 1790 vom Siedler Joseph Pinkham angelegten Ochsenkarrenweg. Man kommt durch hübsche Weiler und Wanderwege zweigen ab in die Wildnis.

Mit dem Dampfross unterwegs

North Conway

Das Zentrum der White Mountains am Südende der Pinkham Notch steht ganz im Zeichen von Shopping Malls und Factory Outlets. Besonders im Sommer kann der Durchgangsverkehr deshalb zähflüssig sein. North Conways Motels und Hotels machen den Ort aber zur kostengünstigen Übernachtungsalternative zu den zugegebenermaßen stilvolleren Country Inns der übrigen Orte. Für die größte At-

traktion muss man wieder aus North Conway hinaus: Die im 19. Jh. gebaute **Conway Scenic Railroad** bricht mit historischen Waggons täglich vom Bahnhof am Green zu Tagestouren durch das **Saco Valley** und die wildromantische **Crawford Notch** auf.
Der eine Autoviertelstunde westlich von North Conway gelegene **Echo Lake State Park** besteht im Wesentlichen aus der imposanten Granitwand Cathedral Ledge. Sie erhebt sich 213 m über das Saco Valley und ist besonders bei Freeclimbern beliebt. An der Rückseite führt eine Straße bis fast hinauf zur Kante, von wo aus man einen herrlichen Blick über das Saco Valley zu den White Mountains hat. Der Echo Lake bietet **gute Bademöglichkeiten**.

Conway Scenic Railroad: 4. Juli–Weihnachten tgl. ab 10.30 Uhr
Tickets ab 23 $ | www.conwayscenic.com

Für Verliebte

Jackson

Die 15 Autominuten nördlich von North Conway liegende Dorfidylle von Jackson lässt sich – durchaus stilgerecht – nur über die **Honeymoon Bridge**, eine der schönsten überdachten Brücken Neuenglands, erreichen. Die Brücke wurde 1876 über den Ellis River gebaut und hat ihren Namen nicht von ungefähr. Das alte Ferienresort hat man in den 1980er-Jahren wiederbelebt und um einen Golfplatz erweitert. Heute ist es ein angenehmes Ganz-Jahres-Resort und lockt im Winter mit herrlichen Langlaufloipen.

Hier geht es los

Pinkham Notch Visitor Center & Joe Dodge Lodge

18 mi/29 km nördlich von North Conway liegt an der NH 16 – und bereits zu Füßen des Mount Washington – der populärste Ausgangspunkt für Wandertouren durch die White Mountains. Das vom Appalachian Mountain Club (AMC) betriebene Besucherzentrum beherbergt einen Outfitter-Shop und einen Trading Post, in dem man Kartenmaterial und Bücher über die White Mountains erhält. Das Zentrum ist auch ein bedeutender Trailhead: Hier beginnen zahlreiche herrliche Wanderwege, u. a. der sehr anstrengende, doch zu grandiosen Aussichten führende **Tuckerman Ravine Trail**, auf dem konditionsstarke Hiker in fünf Stunden den Gipfel des Mount Washington erreichen. Zum Zentrum gehört die rustikale **Joe Dodge Lodge** mit ca. 100 einfachen Schlafstellen. Einen Kilometer südlich vom Zentrum liegen die fotogenen **Glen Ellis Falls**.

AMC Visitor Center: tgl. 8–20 Uhr | www.outdoors.org

Einfach atemberaubend

Mount Washington Auto Road

Die Straße auf den Gipfel des Mount Washington gehört zu den **spektakulärsten Panoramastraßen** im Osten der USA. Sie beginnt am Besucherzentrum Glen House 8 mi/13 km nördlich vom Pinkham Notch Visitor Center und arbeitet sich in atemberaubenden Serpentinen durch alle Klima- und Vegetationszonen der Ostküste zu ebenso atemberaubenden Aussichten empor. Die ca. 45-minütige Fahrt kann man entweder im eigenen Pkw oder aber im mehrmals täglich von Glen House startenden Shuttlebus unternehmen; Wohnmobile sind nicht erlaubt. Unregelmäßig im Juli trifft man sich hier zum **Subaru Mt. Washington Hillclimb**. Beim ältesten Motorsportevent Amerikas (seit 1904) geht es darum, wer am schnellsten oben ist. Der Rekord für die 12,2 km in 138 Kurven und Kehren liegt bei 5 Minuten und 44 Sekunden, aufgestellt 2017.

Mt. Washington Auto Road: witterungsabhängig, Mitte Mai–Ende Okt. tgl. 9–18 Uhr | Auto u. Fahrer während Hochsaison Juli–Sept. 45 $, jeder weitere Erwachsene 20 $; geführte Tour: Erwachsene 55 $ | Tel. 1 603 4 66 39 88 | mtwashingtonautoroad.com

Crawford Notch

Raue Landschaft

Von Glen nach Fabyan

Das breite Tal der Crawford Notch wurde von den Gletschern der letzten Eiszeit ausgehobelt. Auf seinem Boden folgen ihm Saco River und US-302 von Glen im Osten nach Fabyan im Nordwesten. Flankiert von den Webster Mountains und den Wiley Mountains, hinter denen die südlichen Gipfel der Presidential Range aufragen, bereitete die **Erschließung des Tals** Ende des 18. Jh.s die weitere Besiedlung des Nordens von New Hampshire vor. Entdeckt worden war das Tal 1771 von Timothy Nash, der sich auf der Jagd in diese Gegend verirrte. Crawford Notch führt mitten durch das Herz der White Mountains, vorbei an riesigen Geröllfeldern.

3,5 mi/5,5 km hinter dem verschlafenen Bartlett zweigt eine 8 mi/13 km lange Straße zum Kancamagus Highway weiter südlich ab. Sie windet sich durch die enge, dicht bewaldete **Bear Notch**, die besonders im Indian Summer ein farbenprächtiges Schauspiel bietet.

New Hampshires höchste Wasserfälle

Crawford Notch State Park

Kurz vor der engsten Stelle des Tals rauscht der Saco River über mächtige Granitblöcke in Form der **Arethusa Falls** talwärts. Die mit mehr als 60 m höchsten Wasserfälle New Hampshires sind vom Parkplatz aus auf einem zweistündigen Rundwanderweg erreichbar. Auf der anderen Seite des Passes steht das vom Mt. Webster überragte **Willey House**. Ein Schild erzählt die tragische Geschichte der Willeys: In einer Herbstnacht 1826 stürzte die gesamte Familie ins Freie, um sich vor einer Geröllawine in Sicherheit zu bringen, doch kurz oberhalb des Hauses teilte sich die Lawine und tötete alle. Nur der Hund überlebte – er war als Einziger im Haus geblieben. Nördlich davon liegt neben der Straße der schöne Wasserfall **Silver Cascade**, wo der Saco River zum Baden hervorragend geeignete Becken in den Fels geschliffen hat.

Das wie ein Kreuzfahrtschiff zu Füßen des Namensgebers ankernde **Mount Washington Hotel** (Omni Mount Washington Resort) ist das Letzte der herrlichen Grandhotels der White Mountains. 1902 eröffnet und als **Bretton Woods** sogar mit eigener Postleitzahl ausgestattet, kamen in den 1920ern bis zu 20 Züge täglich mit neuen Gästen an. 1944 tagte hier die Bretton-Woods-Konferenz, im Rahmen derer die Alliierten die Gründung der Weltbank beschlossen. In der Folgezeit bedenklich heruntergekommen, erlebte das Anwesen ab 1991 eine Revitalisierung. Selbst wer nicht hier absteigt, sollte sich das von Golfplätzen umgebene Hotel nicht entgehen lassen, um beispielsweise die knapp 100 m lange Lobby zu bewundern. Die 300 Meter lange, umlaufende Veranda ist der beste Ort für Kaffee und Kuchen am Mount Washinton, denn sie bietet einen herrlichen Blick auf den berühmten Namensgeber. Auch der oktagonale Speisesaal – die hauseigene Big Band spielt allabendlich auf – steht Tagesbesuchern offen. Allerdings besteht Jackettzwang.

 Mount Washington

Wetterkapriolen wie am Pol

Berg der Extreme

Mit 1917 m nicht einmal sonderlich hoch, hat der höchste Berg im Nordosten andere Superlative zu bieten. Beispielsweise darf er sich des launischsten Wetters außerhalb der Polarregionen rühmen: Jederzeit kann es schneien, seine **jähen Wetterstürze** sind berüchtigt. Die Wetterstation auf dem Gipfel registriert jährlich über 100 Stürme und 1934 maß sie hier die höchste außerhalb eines Wirbelsturms festgestellte **Windgeschwindigkeit:** 372 Kilometer pro Stunde! Verantwortlich für diese Turbulenzen ist Kaltluft aus Kanada, die sich hier und an den übrigen Gipfeln der Presidential Range staut und mit warmer Luft aus dem Süden und Westen zusammenstößt.

Gipfelstürmer können den Berg zu Fuß, im Auto und sogar per Eisenbahn bezwingen. Doch Vorsicht: 40 Grad Temperaturunterschied zwischen Tal und Gipfel sind nicht ungewöhnlich. Oben stehen ein halbes Dutzend Gebäude in einer lebensfeindlichen Mondlandschaft, darunter das 1853 errichtete **Tip Top House**, das älteste Berghaus Amerikas, eine Sendeanlage und das bunkerartige **Sherman Adams Summit Building** mit Wetterstation, Cafeteria und kleinem Museum. Unterhalb davon endet die Auto Road in einem Parkplatz und auch die **Mount Washington Cog Railway**. 300 Tage im Jahr liegt der Berg in den Wolken, doch bei klarem Wetter reicht der fantastische Blick bis ins kanadische Montréal.

Sherman Adams Summit Building: Öffnung witterungsabhängig, Memorial Day–Labor Day tgl. 8–20 Uhr | Eintritt frei
www.mount washington.org

Endstation Gipfel, alles aussteigen: Die Mount Washington Cog Railway hat es wieder einmal geschafft.

Mount Washington Cog Railway

Teures Vergnügen

Seit 1869 keucht die kleine Lokomotive den Mount Washington hinauf – stur, unverdrossen, verlässlich. Einen fast ebenso alten Waggon vor sich herschiebend, wiederholt sie täglich ihren Weltrekord: Sie meistert **Steigungen bis zu 37 Prozent**, wobei sie pro Tour 1 t Kohle frisst und bis zu 4000 l Wasser säuft. Während der dreistündigen Hin- und Rückfahrt – auf dem Gipfel sind 20 Minuten Aufenthalt eingeplant – erklären Zugbegleiter die einfache, aber wirksame Brems- und Kühltechnik. Warme Kleidung ist erforderlich!

Mt. Washington Cog Railway: Marshfield Base Station, 10 km östl. von Fabyan, Base Rd. | Ende April–Anfang Dez. Abfahrten mehrmals tgl. ab 10.30, im Sommer bereits ab 8.30 Uhr | Ticket: 72 $
Fahrpläne und Tickets Tel. 1 603 2 78 54 04 | http://thecog.com

 Franconia Notch

Wildnis pur

Von Lincoln nach Franconia

Das enge, in Nord-Süd-Richtung verlaufende, V-förmige Tal trennt die Höhenzüge der Kinsman und Franconia Ranges und ist mit seiner Konzentration beeindruckender Naturschauspiele **die schönste Notch der White Mountains**. Am Talboden folgen, einander hin und wieder überschneidend, die I-93 und die ältere US 3 dem Pemigewasset River. Besonders spektakulär ist der Abschnitt zwischen Lincoln und Franconia im Norden. 7 mi/11 km westlich des Resortstädtchens liegt an der NH 112 zunächst die enge **Lost River Gorge**, wo man zwischen mächtigen Felsblöcken auf Treppen und Plankenwegen zum tief unten rauschenden Wasser hinabsteigt.

BAEDEKER WISSEN

BERG DER EXTREME

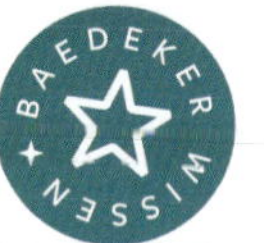

Der Mount Washington ist mit 1917 Metern die höchste Erhebung im Nordosten der USA. In seinem Gipfelbereich werden häufig Windgeschwindigkeiten von weit über 120 km/h gemessen. Nirgendwo sonst in Neuengland werden so krasse Temperaturunterschiede registriert wie an diesem Berg.

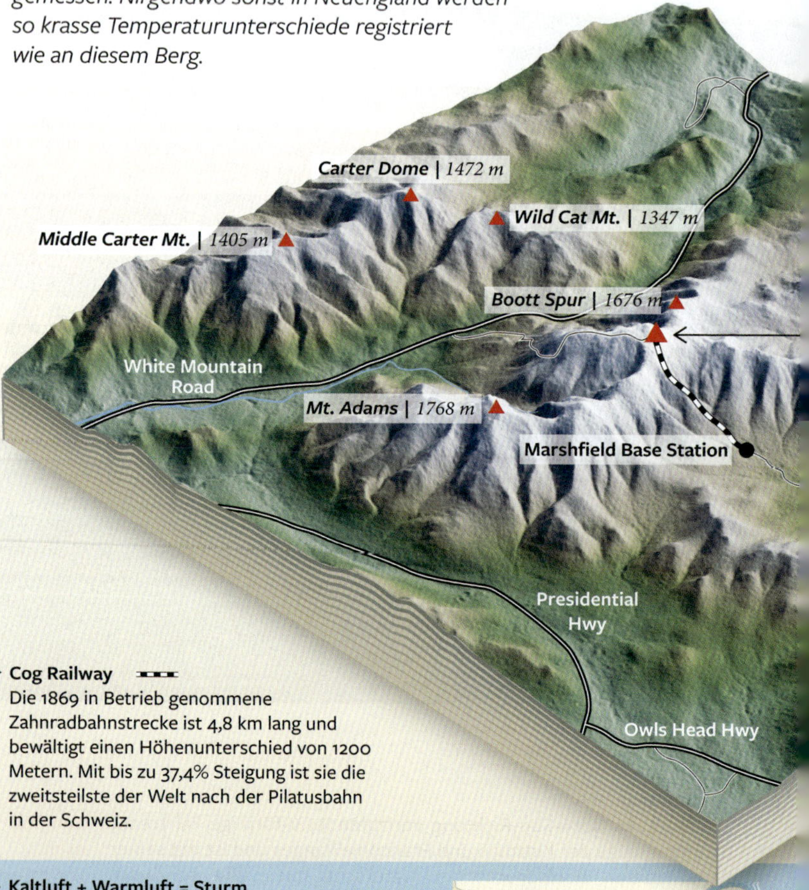

Carter Dome | 1472 m
Wild Cat Mt. | 1347 m
Middle Carter Mt. | 1405 m
Boott Spur | 1676 m
White Mountain Road
Mt. Adams | 1768 m
Marshfield Base Station
Presidential Hwy
Owls Head Hwy

▶ **Cog Railway**

Die 1869 in Betrieb genommene Zahnradbahnstrecke ist 4,8 km lang und bewältigt einen Höhenunterschied von 1200 Metern. Mit bis zu 37,4% Steigung ist sie die zweitsteilste der Welt nach der Pilatusbahn in der Schweiz.

▶ **Kaltluft + Warmluft = Sturm**

Das Wettergeschehen im Nordosten der USA ist in markanter Weise durch das Zusammentreffen von stabiler trockener Kaltluft aus dem Norden und labilen feuchten Warmluftmassen aus dem Süden geprägt. Je größer die Druckunterschiede sind, desto heftigere Winde entstehen. **Die höchste bislang am Mt. Washington gemessene Windgeschwindigkeit beträgt 372 km/h.**

Mt. Washington
polar-kontinental
tropisch-maritim

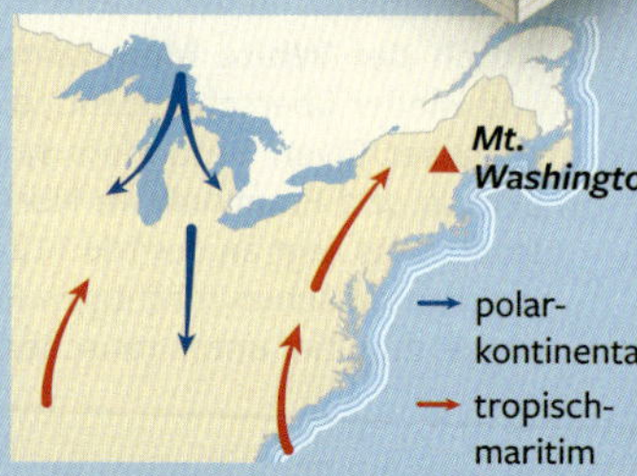

Der Mt. Washington im Nordosten der USA

Mt.-Washington-Wetter
Große Temperaturunterschiede bis unter - 40°C, starke Winde bis über 120 km/h und hohe Niederschläge.

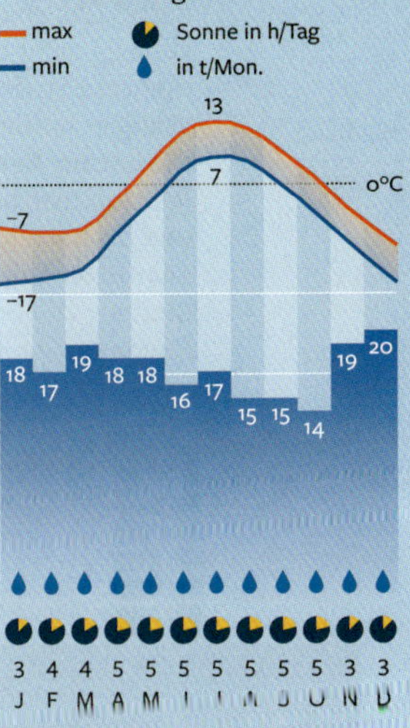

Die Winde vom Meer
Drei verheerende Wirbelstürme, die Neuengland unter Wasser setzten.

	Name	Jahr
1	IRENE	2011
2	DONNA	1960
3	NEW ENGLAND	1938

Jährliche Windgeschwindigkeiten
Die durchschnittliche jährliche Windgeschwindigkeit beträgt knapp 60 km/h. An über 100 Tagen erreichen die Winde im Gipfelbereich Hurrikanstärke.

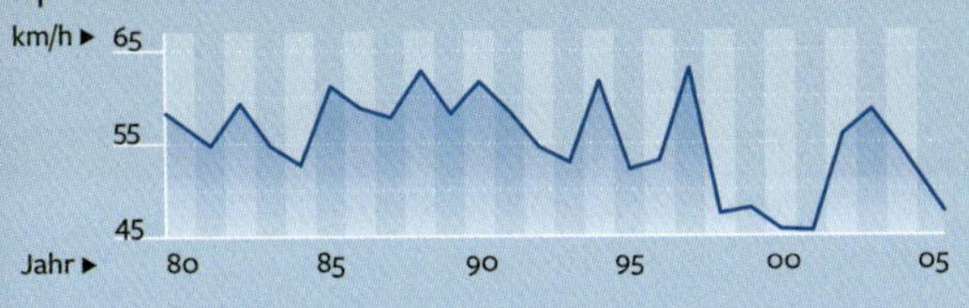

Weiter nördlich folgt man im Franconia Notch State Park der **Flume Gorge**, einer 30 m tiefe und stellenweise nur 3 m breiten Schlucht. Sie wurde erst 1808 von einer Anglerin entdeckt, die sich verlaufen hatte! Das eindrucksvolle Naturschauspiel kann man auf einem Plankenweg dicht über dem rauschenden Flume Brook bis zu einem über mehrere Stufen stürzenden Wasserfall verfolgen.

Wenige Autominuten weiter verkehren die Gondeln der **Cannon Mountain Aerial Tramway** zwischen Tal und Cafeteria auf dem Gipfel. Von hier aus reicht der Rundumblick über die White Mountains und bis nach Kanada.

Lost River Gorge: Mai–Okt. tgl. 9–16, Juli/Aug. bis 18 Uhr
Eintritt: 26 $ | lostrivergorge.com

Flume Gorge: Mitte Mai–Mitte Okt. tgl. 8.30–17 Juli/Aug. bis 17.30 Uhr | Eintritt: 21 $ | www.nhstateparks.org/explore/state-parks/flume-gorge

Cannon Mountain Aerial Tramway: I 93, Exit 34B
Anf. Juni–Mitte Okt. tgl. 8.30–17 Uhr | Ticket: 28 $
http://cannonmt.com/aerial-tramway.html

Wer ungezähmte Naturgewalten sucht, liegt in den White Mountains richtig.

Kancamagus Highway

Highlight im Indian Summer

Von Lincoln nach Conway

Die nach einem Native-American-Häuptling aus der Kolonialzeit benannte **Panoramastrecke** (NH 112) verbindet Lincoln mit dem 50 km entfernten Conway. Gesäumt von dichten Ahorn- und Birkenwäldern, bietet sie vor allem im Indian Summer einen der schönsten Roadtrips Neuenglands. Neben der Straße fließen munter der Swift und der Pemigewasset River. Beide rauschen glasklar über mehrere Stufen nach Osten. Aussteigenswert sind unterwegs die fotogenen, zum Baden geeigneten **Sabbaday Falls** und der wegen seines Blicks auf die White Mountains beliebte **Mount Chocorua** (1061 m ü. d. M.), dessen Besteigung man vom Parkplatz am Champney Falls Trailhead aus in – schweißtreibenden! – fünf Stunden bewerkstelligen kann.

Polar Caves Park

Bizarres Schauspiel

Eishöhlen

5 mi/8 km westlich von Plymouth am Südrand der White Mountains erreicht man auf der NH 25 den Polar Caves Park. Plankenwege führen zu spektakulären Höhlen und Passagen, darunter in die kühle **Ice Cave** und zu einer ganz besonders engen Passage namens Lemon Squeeze. In der (fast) pechschwarzen **Cave of Total Darkness** leuchten ab und an fluoreszierende Mineralien wie Quarz und Beryll auf. Festes Schuhwerk ist empfehlenswert!

Polar Caves Park: 705 New Hampshire 25, Rumney, NH 03266
Mitte Mai–Okt. tgl. 9–17 Uhr | Eintritt: 24,50 $ | www.polarcaves.com

NEW YORK

Fläche: 122 310 km² | **Einwohner:** 20 Mio. | **Hauptstadt:** Albany
Beiname: Empire State

Wer denkt bei »New York« nicht sofort an die Stadt der Städte? Dabei gibt es noch viel mehr New York als bloß diese zugegebenermaßen unglaubliche City. Als da wären die Niagara Falls, das Hudson River Valley, die Finger Lakes. Und, und, und ...

Viel mehr als die Mega-City

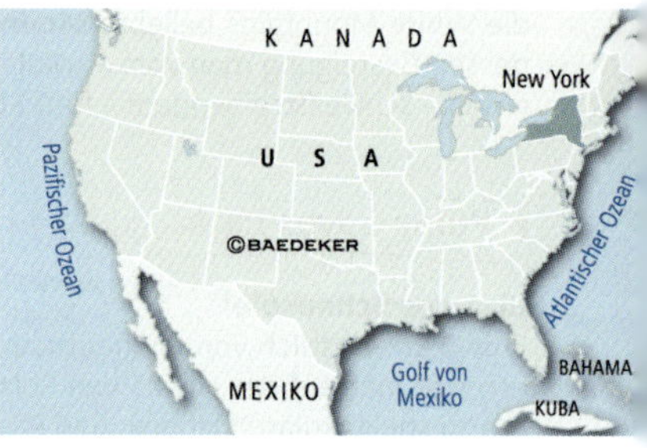

Aber so geht es nun einmal, wenn eine einzige Stadt alles andere überragt. Wer New York sagt, meint in der Regel New York City, denkt an Wolkenkratzer, die Fifth Avenue, Manhattan und »Sex and the City«. Dass dieser fantastische, überwältigende, einzigartige Moloch auch ein attraktives Hinterland besitzt, ist den meisten Besuchern nicht bekannt. Doch der ist hochinteressant. Denn der Empire State ist der größte der Bundesstaaten im Nordosten. Im Südosten reicht er an die atlantische Küstenebene, er umfasst das herrliche Hudson River Valley und mit den rauen Catskill Mountains sogar ein wenig vom Outdoor-Paradies der Appalachen. Im Norden grenzt er übrigens an Kanada. New York heißt also auch: stramme Hikes durch kaum berührte Wildnis!

Keimzelle: Nieuw Amsterdam

Geschichte im Schnelldurchlauf

Der erste urkundlich belegte Europäer in diesem Küstenabschnitt war der Italiener Giovanni di Verrazano 1512. Im Jahr 1609 segelte Henry Hudson für holländische Kolonisten den heute nach ihm benannten Fluss hinauf bis nach Albany und im gleichen Jahr erkundete der Franzose Samuel de Champlain von Québec aus das Gebiet um den See, der heute seinen Namen trägt. Peter Minuit kaufte 1626 den Ureinwohnern die Insel **Manhattan** ab und gründete dort die Kolonie Nieuw Amsterdam. Sie wurde 1664 an die Engländer abgetreten, die sie in New York umbenannten. Danach waren Auseinandersetzungen zwischen Briten und Franzosen an der Tagesordnung. Erst der im 1763 ausgehandelte Vertrag von Paris klärte die Eigentumsverhältnisse in Nordamerika zugunsten der britischen Krone.
Am 4. Juli 1776 erklärten die Kolonien ihre Unabhängigkeit und 1777 gab sich New York eine Verfassung; elf Jahre später trat es als **elfter**

Gründungsstaat der Union bei, deren Hauptstadt für kurze Zeit New York City war. Von 1812 bis 1814, als die Amerikaner Krieg gegen die Briten führten, war der Bundesstaat Schauplatz heftiger Kämpfe, in deren Verlauf die Briten Buffalo niederbrannten. Vom Sezessionskrieg blieb die Region allerdings weitgehend verschont, obwohl Truppen aus New York aufseiten der Union kämpften. Dank seiner Bevölkerungsstärke und Wirtschaftskraft konnte sich der junge »Empire State« bereits in der ersten Hälfte des 19. Jh.s eine herausragende Stellung erarbeiten; erst Mitte der 1960er-Jahre wurde ihm von Kalifornien der Rang abgelaufen. Bis heute herrscht ein enormer Gegensatz zwischen New York City als einem der größten Ballungsgebiete der Erde und seinem noch immer ländlich geprägten Hinterland.

Wer lebt hier?

Ballungsräume

Mit 20 Mio. Einwohnern liegt New York State auf Platz 4 der US-Bundesstaaten. Eine Sonderstellung nimmt der Ballungsraum von New York City ein, wo ca. 40 Prozent der Gesamtbevölkerung leben. Weitere größere Städte sind Buffalo mit 280 000 Einwohnern, Rochester (210 000) und Syracuse (146 000). Hauptstadt ist das am Hudson River gelegene Albany mit 99 000 Einwohnern. Im Empire State leben noch einige Tausend Nachkommen von Indigenen, die ursprünglich den Iroqouis und Algonquin sprechenden Stämmen angehörten. 1570 hatten sich die Cayuga, Mohawk, Oneida, Onondaga und Sene-

New York ist mehr als New York City. Aber um die kommt man nicht herum: Aufmarsch der Limousinen am Times Square.

ca zum **Irokesenbund** zusammengeschlossen, die nicht nur gegen die vordringenden Weißen zu Felde zogen, sondern auch die feindlichen Algonquin-Stämme vertrieben.

In einem Wort: erfolgreich

Wirtschaft

Die wichtigsten landwirtschaftlichen Erzeugnisse sind Fleisch (bes. Geflügel), Milch, Eier, Gemüse und Obst. Die **Finger Lakes Region** zählt zu den größten Weinanbaugebieten der USA. Industrielles Zentrum ist der Ballungsraum um New York City, wo die Hälfte aller industriellen Erzeugnisse des gesamten Bundesstaats erzeugt wird (chemische und pharmazeutische Produkte, Maschinen und Elektrogeräte, Textilien, Nahrungs- und Genussmittel, Druckerzeugnisse). Neben New York City konnten sich auch die Regionen Buffalo (Metallindustrie), Rochester und Albany profilieren. Der mit Abstand bedeutendste Wirtschaftszweig ist die Dienstleistungsbranche, die etwa vier Fünftel des Bruttosozialprodukts erwirtschaftet. **New York City** ist der **bedeutendste Handels- und Finanzplatz der westlichen Hemisphäre**.

ADIRONDACKS

Region: The Adirondacks | **Höhe:** 560–1629 m ü. d. M.

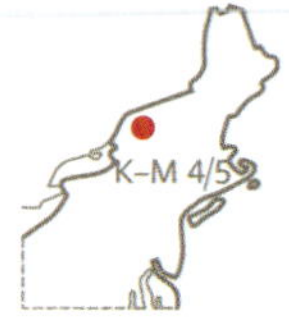

Natürlich können diese Berge nicht mit denen im Westen des Kontinents mithalten. Doch dafür sind sie eine Wildnis von der Größe eines kleinen europäischen Lands und ein Dorado für Outdoor-Fanatiker, Gourmets und »Leaf Peeper«. Immerhin ist er mit 24 000 km² das größte Naturschutzgebiet im Osten der USA.

Das ganze Jahr ist Saison

»Leaf Peeper« heißen die Menschen, die allein für die wirklich fantastische Blätterfärbung im Indian Summer anreisen. Das Angebot an Freizeit- und Sportmöglichkeiten im übrigen Jahr ist überreich. Zahlreiche Seen und Flussläufe machen das Waldgebirge zu einem Eldorado für Kanuten und Angler, die ihre Zentren in North Creek, Old Forge, Lake Luzerne und Indian Lake haben. Wanderer und Mountainbiker finden über 3000 km markierte Wege; Reitställe bieten Ausritte in die faszinierende Natur an, und im Winter herrschen ideale Bedingungen für Skiläufer aller Gattungen. Seit 1885 stehen die Adirondacks unter Naturschutz, 1892 wurde der Adirondack Park gegründet. Hier blieb ein Großteil der ursprünglichen Pflanzen- und Tierwelt erhalten.

DIE ADIRONDACKS ERLEBEN

ADIRONDACK REGIONAL TOURISM COUNCIL
PO Box 911, Lake Placid, NY 12946 | Tel. 1 518 8 46 80 16
www.visitadirondacks.com

Gute Wanderführer und -karten gibt der Adirondack Mountain Club heraus.
AMC: Tel. 1 518 6 68 44 47
www.adk.org

GREAT ADIRONDACK STEAK & SEAFOOD COMPANY €€€
Der Name des Lokals sagt, was hier am Mirror Lake auf den Tisch kommt. Auch eine Brauerei ist vorhanden.
2442 Main St. Lake Placid
Tel. 1 518 5 23 16 29
https://adirondackbrewing.com

LAKE PLACID LODGE €€€€
Man könnte die gut 100 Jahre alte Herberge am Lake Placid auch als Skihütte auf Steroiden bezeichnen. Urgemütliche Zimmer in Kiefer und Birke, mit wunderbarem Seeblick und Restaurant und Pub dazu.
144 Lodge Way
Lake Placid, NY 12946
Tel. 1 518 5 23 27 00
www.opalcollection.com/lake-placid-lodge

THE LAKE CHAMPLAIN INN €€
6 Zimmer, Viktorianisches Haus von 1870. Dass die Zimmer nicht allzu groß sind, wird wettgemacht durch die tolle Aussicht auf den See, die Berge und den schönen Park.
428 County Rte. 3
Putnam Station, NY 12961
Tel. 518 547 8406
www.innonlakechamplain.com

Südöstliche Adirondacks

Klein, aber oho

Glen Falls

Von den rund 100 000 Menschen in den Adirondacks leben gut 15 000 in Glen Falls im Südosten. Das gemütliche Städtchen ist eine gute Basis für Trips zum Lake George, zum südlichen Lake Champlain und zum Great Sacandaga Lake. Glen Falls mag klein sein, ist aber durchaus oho: Kunstfreunde besuchen hier die **Hyde Collection** mit Werken von El Greco, Rubens, Rembrandt, Cézanne, Renoir, Degas, Van Gogh und Picasso. In einem hübschen viktorianischen Haus befasst sich das **Chapman Historical Museum** mit der Regionalgeschichte.

Hyde Collection: 161 Warren St. | Di.–Fr. 11–16, Sa./So. 12–16 Uhr
Eintritt: 12 $ | www.hydecollection.org
Chapman Historical Museum: 348 Glen St. | Di.–Sa. 10–16, So. 12– 16 Uhr | Eintritt: 5 $ | www.chapmanmuseum.org

Sommerurlaub auf dem Steg am See

Lake George

Das hat **Tradition:** Hier ist für die New Yorker seit vielen Generationen der klassische Sommer-auf-dem-Steg-am-See-Urlaub angesagt. Der Lake George, ca. 12 mi/20 km nördlich von Glen Falls, bietet dank einer Unzahl von Inselchen ideale Bedingungen für Angler und Wassersportler. An seiner Südspitze liegt **Lake George Village**, das touristische Epizentrum der Ferienlandschaft um den See, den man von hier per Dampfschiff erkunden kann. Am südlichen Ortsrand errinnert ein Nachbau des historischen **Fort William Henry** an die unruhigen Zeiten im 18. Jh., als sich Engländer, Franzosen und Ureinwohner bekriegten. Wesentlich beschaulicher geht es an kleineren Seen wie Brant Lake, Paradox Lake oder Schroon Lake westlich des Lake George zu. In Brant Lake verschafft das **Horicon Museum** in einem um 1800 gebauten Bauernhaus Einblicke in das beschwerliche Leben jener Zeit.

Fort William Henry: Canada St., Ecke US 9/NY 9 N | Mai–Ende Okt. tgl. 9–18 Uhr | geführte Tour 24,95 $ | www.fwhmuseum.com

Lake Champlain und Umgebung

Der »sechste Große See«

Lake Champlain

Der Lake Champlain an der Grenze zu Vermont und Kanada wird wegen seiner Länge von rund 200 km gern als »Sechster Großer See« bezeichnet. Bereits 1609 wurde er vom Namensgeber Samuel de Champlain erforscht. In der Folgezeit fanden an seinen Ufern viele Scharmützel, Gefechte und Strafaktionen von Engländern, Franzosen und Irokesen statt. Große wirtschaftliche Bedeutung hatte eine Zeitlang der Holzreichtum der Gegend. Bis Mitte des 19. Jh.s wurden weite Flächen abgeholzt, um Bauholz und Holzkohle für die Eisenverhüttung zu gewinnen. Erst danach begannen Farmer, auf den abgeholzten Flächen Landwirtschaft zu betreiben.

Soldaten, Indigene und Kanonen: Das einst heftig umkämpfte **Fort Ticonderoga** liegt auf einer weit in den Lake Champlain ragenden Halbinsel. 1755 von den Franzosen erbaut, fiel es vier Jahre später an die Engländer, 1775 an die um ihre Unabhängigkeit kämpfenden Amerikanern. 1777 wurde es von den Briten zwar zurückerobert, verlor aber bald seine strategische Bedeutung und zerfiel. Noch heute beeindrucken die kolossalen Sandsteinbastionen und tiefen Gräben. Historisch Uniformierte lassen das 18. Jh. wieder aufleben.

Das hübsche, 1765 gegründete Städtchen **Essex** kann mit mehr als 150 von 1790 bis 1860 errichteten Gebäuden punkten. Einige Meilen weiter nördlich lohnt ein Stopp am **Ausable Chasm**, wo sich der Ausable River durch eine spektakuläre, stellenweise bis zu 60 m tiefe Klamm zwängt.

Fort Ticonderoga: Anf. Mai–Mitte Okt. tgl. 9.30–17, Mitte–Ende Okt. 10–16 Uhr | Eintritt: 27 $ | www.fortticonderoga.org

Lake Placid · Nördliche Adirondacks

Nicht schön, aber bekannt

Lake Placid

Der bekannteste Ort in den Adirondacks ist Lake Placid (574 m ü. d. M.) zu Füßen der höchsten Berge, 1932 und 1980 Austragungsort der Olympischen Winterspiele. Schön ist der Ort nicht: klotzige Olympiabauten, moderne Hotel- und Motelkomplexe, überquellende Sport- und Souvenirgeschäfte, Boutiquen und schreiend bunte Fastfood-Lokale prägen das Bild. An der Main Street dominiert das **Olympic Center** mit der Arena, in der die Eröffnungs- und Schlussfeier der Winterolympiade 1932 stattfand. Heute dient sie als Eisstadion. Die Geschichte der Spiele in Lake Placid stellt das **Olympic Museum** vor. Südlich liegt die **John Brown Farm**. 1855 hatte sich der radikalste Gegner der Sklaverei hier niedergelassen. John Brown überfiel 1859 mit Gesinnungsgenossen ein Waffenarsenal in West Virginia. Damit wollte er zum Widerstand gegen die Sklavenhalter aufrufen und gleichzeitig die Sklaven mit Waffen ausrüsten. General Robert E. Lee zwang ihn jedoch zur Aufgabe. Brown wurde Dezember 1859 gehenkt und auf seiner Farm begraben. Bekannt ist der Song über ihn: »John Brown's body lies a- mouldering in the grave ... his soul is marching on.«
Ganz in der Nähe der Farm fanden 1980 die olympischen Skispring-Wettbewerbe statt. Vom Turm der 120 m hohen **Sprungschanze** bietet sich ein phänomenaler Rundblick.

Olympic Museum: 2634 Main St. | tgl. 10–17 Uhr | Eintritt: 15 $
lakeplacidolympicmuseum.org
John Brown Farm: Mai – Okt. Mi.–Mo. 10–17 Uhr | Eintritt frei
http://nysparks.state.ny.us/historic-sites
Olympic Jumping Complex: Führungen Mi.–So. 9–16 Uhr
Eintritt: 11 $ | lakeplacidlegacysites.com/legacy-sites/jumping-complex

Sommerbobbahn für Unerschrockene

Mount Van Hoevenberg

14 mi/22 km südöstlich von Lake Placid kommt man via NY 73 in die **zauberhafte Bergwelt** am Mount Van Hoevenberg. Dort wurden 1980 die Bob-, Rodel-, Skilanglauf- und Biathlon-Wettbewerbe ausgetragen. Wer Nervenkitzel sucht, kann eine rasante Fahrt auf der Sommerbobbahn hinlegen. Eine lohnende, aber nur für geübte Bergwanderer empfehlenswerte Tour führt von der Mount Hoevenberg State Recreation Area südwärts zum 1629 m hohen **Mount Marcy**.

In 30 Minuten viel sehen

High Falls Gorge

13 km von Lake Placid auf der NY 86 Richtung Nordosten ist die High Falls Gorge erreicht, eine Schlucht mit vier spektakulären **Wasserfällen** des Ausable River. Die Touristiker vor Ort bezeichnen diesen kurzen Hike als die beste 30-Minuten-Wanderung in den Adirondacks! Der Trail führt über stabile Fußgängerbrücken und gut ausgebaute Wege zu mehreren tollen Aussichtspunkten.

OBEN: Lake Placid war 1980 Austragsungsort der Olympischen Spiele. Dafür wurde auch die Skisprungschanze erbaut.
UNTEN: Geschichtsunterricht live im Fort Ticonderoga

Ein Schotte in New York

Saranac Lake

»Schatzinsel«-Fans, aufgepasst! Der größte Ort in den nördlichen Adirondacks, Saranac Lake, liegt knapp 10 mi/16 km nordwestlich von Lake Placid am unteren Ende einer landschaftlich herrlichen Treppe aus drei Seen. Hier eröffnete in den 1880er-Jahren Dr. Edward Livingston Trudeau ein Sanatorium für Lungenkranke, in dem auch der schottische Schriftsteller Robert Louis Stevenson (1850 bis 1894) als Patient eincheckte, der Verfasser der »Schatzinsel« und von »Dr. Jekyll und Mr. Hyde«. Das **Robert Louis Stevenson Memorial Cottage** hält Erinnerungen an den weltberühmten Autor, darunter Erstausgaben, Notizen, Fotos und von ihm geschaffene Holzschnitte.

44 Stevenson Lane, Juli–Columbus Day Di.–Sa. 9.30–12, 13–16.30 Uhr
Eintritt: 10 $ | www.robertlouisstevensonmemorialcottage.org

ALBANY

Region: Capital-Saratoga | **Höhe:** 46 m ü. d. M. | **Einwohner:** 99 000

Albany zieht als Hauptstadt des Bundesstaats New York eher Lobbyisten und politisch Tätige als Touristen an. Wer trotzdem kommt, erlebt eine durchaus geschichtsbewusste Stadt mit zwei kolossalen Bauten.

Klein, aber selbstbewusst

Henry Hudson kam 1609 bis hierher. 1614 gründete die holländische Westindische Compagnie einen Pelzhandelsplatz namens Beverwyck, der 1624 die Ankunft der ersten Siedler sah, hauptsächlich Holländer, Norweger, Dänen, Deutsche und Schotten unter dem Schutz von Kiliaen Van Rensselaer. Vier Jahrzehnte später übernahmen die Briten den Stützpunkt, von dem aus sie in den noch unerschlossenen Westen vordrangen. 1797 wurde Albany Hauptstadt des Bundesstaats New York. Der 1825 eröffnete Erie-Kanal machte Albany zu einem enorm wichtigen Warenumschlagplatz, bis 1918 der größere New York State Barge Canal in Betrieb genommen wurde.

Wohin in Albany und Umgebung?

Opulenz wie bei den Vorbildern

State Capitol

Das markanteste Gebäude der Stadt, das State Capitol, thront hoch über dem Hudson. Sein Bau (1867–1899) verschlang die für damalige Verhältnisse schwindelerregende Summe von 25 Mio. Dollar. Im

ALBANY ERLEBEN

ALBANY HERITAGE VISITORS CENTER

25 Quackenbush Sq., Albany, NY 12207 | Tel. 1 518 4 34 12 17
www.albany.org

Die Crossgates Mall bietet in ca. 125 Geschäften, was das Herz begehrt und der Geldbeutel hergibt: Kleider, Elektronik, Schmuck etc.
I-87 Exit 24
www.shopcrossgates.com

ALBANY PUMP STATION €€

Die frankokanadische Provinz Quebec liegt gleich um die Ecke, auch deshalb gibt es hier Poutine: So heißen die in Bratensoße und Käse schwimmenden Pommes Frites. Ansonsten beherrscht solides Pubfood die Speisekarte, dazu kommen hervorragende Craft-Biere aus der eigenen Mikrobrauerei.
19 Quackenbush Sqare
Tel. 1 518 4 47 90 00
www.evansale.com
Mo.–Do. 11.30–23, Fr./Sa. 11.30–24, So. 12–20 Uhr

THE MORGAN STATE HOUSE €€€

Das rotzieglige Inn empfängt mit dezent möblierten Zimmern und Studios sowie einer Prise Geschichte: Hier wohnte die Bildhauerin Alice Morgan Wright, eine der führenden Suffragetten der amerikanischen Frauenrechtsbewegung.
393 State St., Albany, NY 12210
Tel. 1 518 4 27 60 63
www.statehouse.com

Gegensatz zu vielen anderen Bundesstaaten orientierten sich die hiesigen Architekten einmal nicht am Kapitol in Washington, DC, sondern an **französischen Schlössern**. Schon die Treppenhäuser spiegeln die Pracht wider, die sich in den einzelnen Sälen zu unerwarteter Opulenz steigert.
State Street | Führungen n. V. Mo.–Fr. | Eintritt frei
Tel. 1 518 4 74 24 18 | empirestateplaza.ny.gov/tours/new-york-state-capitol

Auch hier war man nicht sparsam

Empire State Plaza

An Gigantismus kaum zu überbieten ist das Verwaltungs- und Kulturzentrum »Empire State Plaza«, zwischen 1962 und 1978 auf Initiative von Gouverneur Nelson A. Rockefeller errichtet. Im Zentrum steht das »Ei«, in dem das Performing Arts Center untergebracht ist; alles überragt der 42 Stockwerke hohe Corning Tower, **das höchste Gebäude zwischen New York City und Chicago**, benannt nach Bürgermeister Erastus Corning II. Ganz oben gibt's eine Aussichtsplattform.

Auf das Innenleben kommt es an

New York State Museum

Schon das Cultural Education Center selbst, in dem das Museum untergebracht ist, ist ein Kunstwerk für sich: In den 1970ern errichtet, ist der Bau im Stil des Brutalismus sicher nicht jedermanns Geschmack und wirkt ein wenig so, als wolle die Hauptstadt dem fernen New York City etwas beweisen. Die Ausstellungen haben es jedoch in sich, v. a. die über den Mohawk-Stamm und über die **Zerstörung des World Trade Center** in New York City am 11. September 2001.

222 Madison Ave. | Di.–So. 9.30–17 Uhr | Eintritt frei
www.nysm.nysed.gov

Wie's die anderen sehen

Albany Institute of History & Art

Die Stadt und ihr Umland aus dem **Blickwinkel von Künstlern** zeigt das Albany Institute of History & Art u. a. anhand von Gemälden der Hudson River School. Weitere Abteilungen befassen sich mit Kunsthandwerk und Altägyptischem.

125 Washington Ave. | Mi.–Sa. 10–17, So. 12–17 Uhr
Eintritt: 10 $ | www.albanyinstitute.org

Die Anfänge der Shaker in den USA

Shaker Heritage Society

Die Shaker Heritage Society im Nordwesten der Stadt erinnert an die erste, 1776 gegründete Siedlung der Shaker in Amerika; allerdings ist nur noch das 1848 erbaute Gemeindehaus erhalten. Auf dem Friedhof findet man das Grab von **Mother Ann Lee**, der Begründerin der Gemeinschaft. Wer sich für dieses Thema interessiert: Das **Shaker Research Center Old Chatham**, 15 mi/24 km südöstlich von Albany, stellt meisterliche Handwerksarbeiten der Shaker aus.

Von Old Chatham ist es nicht weit zu zwei weiteren alten Shaker-Siedlungen: Mount Lebanon Shaker Village bei New Lebanon an der US 20 und das viel größere und bekanntere **Hancock Shaker Village** unmittelbar jenseits der Grenze in ▶ Massachusetts.

Friedhof: 875 Watervliet Shaker Rd. | Di.–Sa. 9.30–16 Uhr
Shaker Research Center Old Chatham: 88 Shaker Museum Rd. (GPS: 202 Shaker Rd.) | Mitte Juni–Mitte Okt. Mo.–Fr. 9–17 Uhr
Eintritt: Spende | Führungen tgl. 10.30, 12.30 u. 14.30 Uhr, 10 $
www.shakerml.org

Zurück zu den Wurzeln

Rensselaer

Gegenüber von Albany, am Ostufer des Hudson, liegt Rensselaer. Hier, in der **Crailo State Historic Site**, kann man gut nachvollziehen, welchen Einfluss die holländischen Einwanderer bei der Besiedlung des Empire State hatten.

Riverside Ave. | Mitte April–Okt. Mi.–So. 11–16, Juni–Aug. auch Di.
Eintritt: 5 $ | www.nysparks.com/historic-sites

BUFFALO

Region: Greater Niagara | **Höhe:** 46 m ü. d. M. | **Einwohner:** 280 000

Anerikaner verbinden mit der Stadt am Lake Erie vor allem kalte Winter und ein glückloses NHL-Hockeyteam. Tatsächlich liegt Buffalos beste Zeit Jahrzehnte zurück. Erst seit ein paar Jahren tut sich wieder etwas.

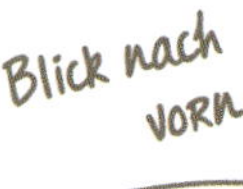

Umstrukturierungsmaßnahmen beginnen zu greifen, der Tourismus entdeckt Buffalo neu, denn die 200 Jahre alte Stadt hat einige Asse im Ärmel. Als Endpunkt des Erie-Kanals avancierte die Stadt rasch zum wichtigsten Warenumschlagplatz zwischen New York City und dem Mittleren Westen. Mitte des 19. Jh.s war sie dank unzähliger Getreidemühlen zum größten Mehlproduzenten der USA geworden. Später behielt Buffalo seine führende Rolle dank der Eisenbahn. Als ab 1896 billiger Strom in den Kraftwerken am Niagara gewonnen werden konnte, kam es zu einem weiteren Aufschwung bis Mitte des 20. Jahrhunderts.

BUFFALO ERLEBEN

BUFFALO-NIAGARA CONVENTION & VISITORS BUREAU
403 Main St., Buffalo,
NY 14203-1496
Tel. *1 800 2 83 32 56
www.visitbuffaloniagara.com

❶ ANCHOR BAR €
Überall in den USA sind die **Buffalo Wings** beliebt und begehrt. Tatsächlich wurden die frittierten Hähnchenschlegel mit würzigem Dip hier erfunden, und zwar 1964 in der Anchor Bar in 1047 Main Street. Die gibt es heute noch und angeblich ist das Rezept für den legendären Original-Dip noch immer ein streng gehütetes Geheimnis.
1047 Main St.
Tel. 1 716 8 86 89 20
www.anchorbar.com/buffalo
Mo.–Do 11–22, Fr. 11–23, Sa. 12–23, So. 12–22 Uhr

❷ BACCHUS €€€
Wenn man regelmäßig einen vorderen Platz in den kulinarischen Rankings belegt, macht man etwas richtig. Dies Restaurant im Historic District führt eine preisgekrönte Weinkarte – und bietet dazu gekonnt abgestimmte Gerichte.
56 W. Chippewa St.
Tel. 1 716 8 54 WI NE
Di.–Sa. 16.30–21, So. 17–23 Uhr

❶ HAMPTON INN DOWNTOWN €€
137 Zimmer und Suiten. Ein ausgesprochen schönes Haus dieser Hotelkette, u. a. mit Pool und gelobtem üppigem Frühstücksbuffet.
Hervorragend speist man im angegliederten Restaurant »Papaya«.
220 Delaware Ave., Buffalo
NY 14202
Tel. 1 716 8 55 22 22
http://hamptoninn.hilton.com

Wohin in Buffalo und Umgebung?

Stilistische Vielfalt

Architektur in Downtown

So viel Geld floss einmal in Buffalo, dass genug übrig blieb, um mit den verschiedensten Stilen zu spielen und dafür die gerade angesagten Architekten zu engagieren. Die 30-stöckige **City Hall** am Niagara Square zum Beispiel entstand 1931 im Art-déco-Stil. Vor ihr erinnert ein Marmordenkmal an den 1901 in Buffalo ermordeten US-Präsidenten William McKinley. An der östlich des Niagara Square verlaufenden **Franklin Street** stehen u. a. die neugotische Old County & City Hall (Nr. 92) von 1876 und das 1833 im Greek Revival Style erbaute Title Guarantee Building. In der **Church Street** folgt zunächst das von Sullivan & Adler entworfene Guaranty Building (Ecke Pearl

Von der Aussichtsplattform der City Hall hat man übrigens einen tollen Panoramablick.

St.; 1896), das mit seinen heute bescheidenen 13 Stockwerken dennoch **zu den ersten Wolkenkratzern der Welt** zählt.

Die **Main Street** ist die Haupteinkaufsmeile. Architektonisch beachtenswert: das 1895 im Stil der Neorenaissance errichtete Ellicott Square Building (295 Main St.), lange das größte Bürohaus der Welt, sowie das Liberty Building (420 Main St.) von 1925, dessen Dach zwei 10 m hohe Nachbildungen der Freiheitsstatue krönen.

Krieg, Autos und eine Tankstelle

Museen

Kriegerisch geht es im **Buffalo & Erie County Naval & Military Park** am Erie-See zu: Zu besichtigen sind das U-Boot »USS Croaker«, der Zerstörer »USS The Sullivans« aus dem Zweiten Weltkrieg, der Lenkwaffenkreuzer »USS Little Rock«, Flugzeuge und Panzer.

Als Nobelmarke genossen die in Buffalo gebauten Autos von Pierce-Arrow einen guten Ruf. Das **Buffalo Transportation/Pierce Arrow Museum** zeigt diese und andere Karossen, dazu den Nachbau der **einzigen von Frank Lloyd Wright entworfenen Tankstelle**. »Inecht« wurde sie nie gebaut.

Buffalo & Erie County Naval & Military Park: April–Okt. tgl. 10–17, Nov. Sa./So. 10–16 Uhr | Eintritt: 18 $ | www.buffalonavalpark.org

Buffalo Transportation Museum: 263 Michigan Ave. | Do.–Mo. 11–16 Uhr | Eintritt 15 $ | www.pierce-arrow.com

Des einen Leid, des anderen Freud

Allentown

Im nördlichen Vorort Allentown steht die 1837 im Greek Revival Style errichtete Villa von Rechtsanwalt Ansley Wilscox. Hier legte Theodore Roosevelt, Stellvertreter des in Buffalo ermordeten Präsidenten William McKinley, am 14. September 1901 seinen Amtseid ab. Den Mord, die Hintergründe und Roosevelts Regierungszeit würdigt die **Theodore Roosevelt Inaugural National Historic Site**.
Unweit nördlich fällt das majestätische Gebäude auf, mit dem sich New York zur Panamerika-Ausstellung 1901 präsentierte. Im **Buffalo History Museum** wird heute v. a. die wirtschaftliche und architektonische Entwicklung der Stadt und ihres Umlands beschrieben.

Theodore Roosevelt Inaugural National Historic Site: 641 Delaware Ave. | April–Dez. Mo.–Fr. 9–17, Sa./So. 12–17 Uhr Eintritt: 10 $ | www.nps.gov/thri
Buffalo History Museum: One Museum Court | Di. u. Do.–Sa. 10–17, Mi. 10–20, So. 12–17 Uhr | Eintritt: 10 $ | www.buffalohistory.org

Vom Meister des organischen Bauens

Graycliff

Ein Ausflug am Erie-See entlang Richtung Erie, PA, führt nach Graycliff, für jeden Jünger von **Frank Lloyd Wright** ein Muss (I-90 Exit 57 nach 6472 Old Lake Shore Rd.). Der Architekt baute über dem See 1927 ein großes Sommerhaus für den Industriellen Darwin D. Martin.

CATSKILLS

Region: The Catskills | **Höhe:** 20–1274 m ü. d. M.

Wo vor hundert Jahren noch elegante Züge aus New York City mit ebenso eleganten Sommerfrischlern ankamen, herrscht heute Outdoor-Fieber: Die Catskills bieten die ganze Palette an in Bergen, Tälern und Flüssen möglichen Aktivitäten. »Fly fishing« wird hier großgeschrieben.

L 6

Die von Tannenwäldern (Hemlocks) bestandenen Catskills westlich des Hudson Valley sind neben den Adirondacks die zweite Bergregion des Bundesstaats New York. Ihre Schönheit inspirierte erst die Maler der Hudson River School und dann die Regierung New Yorks, mehrere Hundert Quadratkilometer dieser Wildnis als Catskill Forest Preserve Park für alle Zeiten unter Schutz zu stellen. Höchste Erhebung ist der 1274 m hohe Slide Mountain im Ulster County. Viele Touristen kommen zum Wandern, Mountainbiking, Geländereiten und Paddeln. Im Winter werden Langlaufloipen und Abfahrtsstrecken präpariert.

DIE CATSKILLS ERLEBEN

VISIT THE CATSKILLS
P.O. Box 449, Catskill, NY 12414
Tel. *1 800 N YS CA TS
www.visitthecatskills.com

SCRIBNER'S CATSKILL LODGE
€€–€€€
Das Berghotel aus den 1960er-Jahren empfängt mit Kaminen in den Zimmern und Schafsfellen als Läufern. Gutes Restaurant, herrliche Wanderwege gleich vor der Haustüre.
13 Scribner Hollow Rd.
Hunter, NY 12442
Tel. 1 518 2 18 52 11
www.scribnerslodge.com

In aufgeblasenen Reifenschläuchen über 4 km den Esopus Creek hinunterrauschen! Schläuche, Anleitung und Rückfahrt bietet The Town Tinker Tube Rental. Wer sich outdoor ausgetobt hat, mag den Tag vielleicht mit einem Glas Wein beschließen. Köstliche Tropfen wie Riesling, Chardonnay, Merlot und sogar einen Hudson Valley Port gibt es bei Whitecliff Vineyards.
Town Tinker: 10 Bridge St., Phoenicia | Tel. 1 845 6 88 55 53
www.towntinker.com
Whitecliff Wineyards: 331 McKinstry Rd., Gardiner
Tel. 1 845 2 55 46 13
www.whitecliffwine.com
Juni–Okt. tgl. 11–18, Nov./Dez. u. Feb.–Mai Do.–Mo. 11.30–17.30 Uhr

Ein wenig unheimlich

Geschichte

Schon die Ureinwohner glaubten, dass hier übersinnliche Mächte wohnen, und die im 17. Jh. im Hudson Valley siedelnden Holländer fürchteten sich vor einheimischen Geistern und Kobolden. Von ihnen stammt auch der Name »Kaaterskill«, heute »Catskills«. Schon zu Beginn des 19. Jh.s. entdeckten Ausflügler von der Ostküste die Catskills, und zu Beginn des 20. Jh.s gehörte es in New York und Baltimore zum guten Ton, seine Ferien dort zu verbringen oder einen Zweitwohnsitz zu haben. Vor allem Immigranten aus Osteuropa eröffneten hier Pensionen, was der Gegend bald den Beinamen **»Borschtsch Belt«** einbrachte. Für die Zukunft wird auf umweltverträglichen Tourismus gesetzt.

Unterwegs in den Catskills

Die Legende lebt

Ulster County

Der bekannte Weinort **New Paltz** (»Neue Pfalz«) wurde 1678 von Hugenotten aus Mannheim am Südrand der Catskills gegründet. Aus der Gründerzeit stammen noch die sechs »Huguenot Street Stone Houses« in der Broadhead Avenue.

Der frühe Morgen ist eine gute Zeit für's Fliegenfischen in den Catskills.

Etwa 10 mi/16 km nördlich, in High Falls, kann man die alten Schleusen des **Delaware & Hudson Canal** auf dem »Five Locks Walk« inspizieren. Ein kleines Museum gehört auch dazu.

Quer durch die Kernregion der Catskills führt von Kingston im ▶ Hudson Valley die landschaftlich besonders schöne **Scenic NY 28**. Sie berührt das für US-amerikanische Verhältnisse schon uralte, nämlich vor über 300 Jahren gegründete **Hurley**. Bemerkenswert ist der »Hurley Patentee Manor«, hervorgegangen aus einem 1696 erbauten holländischen Bauernhaus. Dann folgt **Mount Tremper**. Seine Attraktion ist das weltgrößte Kaleidoskop (»Kaatskill Kaleidoscope«). Im geradezu malerischen, von bewaldeten Gipfeln eingeschlossenen **Phoenicia** startet vom 1910 errichteten Bahnhof (altes Eisenbahndepot) die Catskill Mountain Railroad zu Fahrten am Esopus Creek entlang.

Von Mt. Tremper führt die NY 212 zum 12 mi/19 km weiter östlich gelegenen **Woodstock**, Namensgeber für das legendäre Festival, dem Jimi Hendrix, Janis Joplin, The Who und andere Rockgrößen 1969 zum Legendenstatus verhalfen – auch wenn es bei **Bethel Woods** stattfand, also 50 mi/80 km weiter westlich (▶ Baedeker Wissen, S. 224). Dessen ungeachtet lebt das Städtchen gut von der Legende: Es quillt über von Geschäften, in denen neben Woodstock-Devotionalien auch Skurriles und fürchterlicher Kitsch feilgeboten werden. Wer dabei war, wird schwärmen, wer nicht dabei war, kann das Feeling interaktiv nachholen: Das **Bethel Woods Center for the Arts** auf dem Festival-Ge-

BY THE TIME WE GOT TO WOODSTOCK ...

Joan Baez – Blood, Sweat & Tears – The Paul Butterfield Blues Band – Canned Heat – Joe Cocker – Crosby, Stills & Nash – The Grateful Dead – Arlo Guthrie – Richie Havens – Jimi Hendrix – Jefferson Airplane – Janis Joplin – Melanie – Santana – Ravi Shankar – Ten Years After – The Who – Neil Young ... Unentschuldigt fehlte The Jeff Beck Group, kurzfristig ausgebootet wurde Iron Butterfly. Dass Bob Dylan auftreten würde, war so selbstverständlich, dass man vergaß, ihn einzuladen.

Wie heißt es so schön: **Woodstock = Peace + Love + Music.** Liest man die Protokolle der Zeitzeugen, mag man diese Gleichung nach Sex + Drugs + Rock 'n' Roll auflösen, denn speziell die zum Mythos erhobene Friedfertigkeit der halben Million Hippies war offenbar der reibungslosen Versorgung mit bewusstseinsvernebelnden Substanzen zu verdanken. Bevor Woodstock das Gegenteil bewies, galt schon die Vorstellung eines Events dieser Größenordnung als völlig absurd. Das Rock Festival in Monterey hatte im Juni 1967 stattgefunden, Watkins Glen zog im Sommer noch mehr Besucher an, doch **»The Woodstock Music and Arts Fair« vom 15. bis 17. August 1969** war und bleibt das mit Abstand berühmteste Ereignis dieser Art. Austragungsort war die Farm von Max Yasgur bei Bethel in den Catskill Mountains, 50 mi/ 80 km entfernt von Woodstock. Das Festival war der Höhepunkt der Hippie-Ära und galt einen kurzen Sommer lang als Beweis dafür, dass die »Woodstock Generation« mit freier Liebe, psychedelischen Drogen und Rock eine friedfertig-soziale **»Woodstock Nation«** im Zeichen des Wassermanns hervorbringen könnte.

Ein ungeplanter Mythos

Geplant war all dies so jedoch nicht. Woodstock verdankt seinen legendären Ruf zum Großteil der Tatsache, dass es zunehmend aus dem Ruder lief. Initiiert wurde das Festival von **John Roberts, Joel Rosenman, Artie Kornfeld** und **Michael Lang**. Roberts, steinreicher Erbe einer Zahnpastadynastie, gab mit Rosenman im März 1968 eine Anzeige in der »New York Times« auf: »Junge Männer mit unbegrenztem Kapital suchen interessante, legale Investitionsmöglichkeiten und Geschäftsvorschläge.« Unter den Zuschriften fand sich auch die Idee von Kornfeld und Lang, in der ländlichen Idylle von Woodstock ein Aufnahmestudio einzurichten. Außerdem sei der Ort wunderbar geeignet für ein Festival. **Zwei Hippies und zwei Yuppies** taten sich also zusammen und gründeten die Firma Woodstock Ventures. Im Industriegebiet von Walkill, NY mieteten sie ein Gelände mit Platz für 50 000 Besucher. Plakate wurden gedruckt, prominente Bands mit fürstlichen Gagen gelockt. Die braven Bürger von Walkill bekamen allmählich eine genauere Vorstellung dessen, was auf sie zukam, und gerieten in Panik. Im Eilverfahren untersagte die Gemeinde das Festival. Drei Wochen vor dem Termin wurde dann doch noch die Farm von Milchfarmer **Max Yasgur** gefunden. Bis die Bewohner von Bethel Wind bekamen von der Art und Dimension des Festivals, war es schon zu spät. Auch Schilder mit der Aufschrift »Kauft keine Milch! Stoppt Max Yasgurs Hippie-Festival!« konnten nichts verhindern.

Kompletter Fehlstart

Als Michael Lang freitags aufwachte, fiel ihm ein, dass er vergessen hatte, Kartenhäuschen aufzustellen. Von den geplanten 25 konnten noch ganze zwei durch die inzwischen entstandene Zeltstadt transportiert werden. Da der Geländezaun von mehr als **200 000 Musikliebhabern ohne Ticket** mittlerweile aber platt gewalzt worden war, machten die Veranstalter gute Miene zum bösen Spiel und deklarierten Woodstock zum Free Festival. Die Polizei kapitulierte vor **15 Meilen Stau,** denn die Nachdrängenden hatten die Straße zum Parkplatz umfunktioniert. Die Zauberlehrlinge von Woodstock Ventures hatten nun ein Problem: Nicht nur 800 000 Sandwiches, auch fast alle Musiker saßen in der Blechlawine fest.

Der Freitag sollte ganz im Zeichen des Folk Rock stehen. Tim Hardin war zwar bereits anwesend, aber noch bis in die Haarwurzeln bekifft. So schickte man gegen fünf Uhr nachmittags **Richie Havens** auf die Bühne, der, nachdem er sein Repertoire ausgeschöpft hatte, noch improvisierte – sein verzweifelter Schrei nach »Freedom« klang nie wieder so authentisch. Gerettet wurde er ausgerechnet von einem Helikopter der U.S. Army, der Musiknachschub einflog. Nun wurde jeder greifbare Hubschrauber gebucht, um die Massen aus der Luft zu versorgen. Die Musiker traten entgegen jeglicher Dramaturgie **in der Reihenfolge ihres Auftauchens vor Ort** auf. Country Joe McDonald war schon da, seine Band The Fish nicht. Nach ihm wurde John Sebastian auf die Bühne komplimentiert, der eigentlich nur als Besucher gekommen war, doch aus dem Publikum zwangsrekrutiert wurde. Nach und nach verlief die Veranstaltung dann in geordneteren Bahnen, Tim Hardin kam wieder zu sich, und auch der mit Politparolen durchsetzte Funk von Sly & The Family Stone löste nicht die befürchteten Massenkra-

walle aus. Gegen Mitternacht, als Ravi Shankar seiner Sitar exotische Klänge entlockte, begann es zu tröpfeln, als **Joan Baez** »We shall overcome« sang, öffneten sich die Schleusen des Himmels und verwandelten das Tal in ein einziges Schlammbad. Nach Melanies Auftritt legten sich geschätzte 350 000 Menschen in einer gigantischen Fangopackung zur verdienten Ruhe.

Elektrisierende Songs

Raymond Mizak wurde am Samstagmorgen Woodstocks erstes Todesopfer: Er hatte sich den schlammverkrusteten Schlafsack über Kopf und Körper gezogen und wurde von einem Traktor überrollt. Musikalisch war der Tag dem harten, treibenden Rock gewidmet mit The Who, Jefferson Airplane, Creedence Clearwater Revival, Grateful Dead, Canned Heat, Santana, Mountain und Janis Joplin. Da man den Eindruck hatte, die immer noch anwachsende Menge durch **permanente Action auf der Bühne** besser kontrollieren zu können, schaffte man die Nachtruhe ab und bat die Bands, ihre Sets auszudehnen. Das Wetter schlug Kapriolen zwischen Gluthitze und Wolkenbruch: Die Bühne stand unter Wasser und **The Grateful Dead** buchstäblich unter Strom, als die berühmteste Live-Band Amerikas ihren lausigsten Auftritt ablieferte – schlechte Kabelisolierung führte zu gelegentlichen Stromstößen, sodass Jerry Garcia und Kollegen verständlicherweise nur sehr zögerlich in die Saiten griffen. **Abbie Hoffman**, als Mitbegründer der radikal-anarchistischen Yippie Party einer der prominentesten amerikanischen Freaks, enterte während des Auftritts von **The Who** die Bühne, um eine flammende Rede zur Unterstützung eines gewissen John Sinclair zu halten, der wegen des Besitzes zweier Joints zu zehn Jahren Zuchthaus verdonnert worden war. Gitarrist Pete Townshend, ganz unerschrockener Brite, hielt ihn für einen weiteren halluzinierenden Irren und zog ihm kurzerhand sein Instrument über den Schädel – make love, not war.

Einzigartiges Breakfast ...

Den sonntäglichen Sonnenaufgang begrüßte **Jefferson Airplane** mit »White Rabbit«: »One pill makes you larger, one pill makes you small. The ones that mother gives you don't do anything at all ...« Dann bereiteten die Kommunarden von der Hog Farm **»Frühstück im Bett für 400 000«** nach folgendem Rezept: Alle verfügbaren Brötchen zu Mus verkochen, Erdnüsse zugeben, bis eine gulaschartige Masse entsteht. Gemüse jeglicher Sorte zerhacken, anbraten und untermischen. Auf Papptellern servieren ...
Für die musikalischen Höhepunkte sorgten Crosby, Stills & Nash, zu denen Neil Young stieß, The Band, Joe Cocker, Johnny Winter und Ten Years After, deren Gitarrist Alvin Lee beim 10minütigen Solo in »I'm going home« demonstrierte, dass er schneller spielte als sein Schatten. Die Schwermetaller von Iron Butterfly warteten in New York auf einen Hubschrauber, der nie erscheinen sollte: Die nervösen Veranstalter hatten inzwischen die Befürchtung, dass die hypnotischen Klänge von »In-A-Gadda-Da-Vida« zu Massentumulten führen könnten. Schließlich war es neun Uhr früh am Montag, als **Jimi Hendrix**, der darauf bestanden hatte, als Letzter aufzutreten, mit kreischenden Rückkopplungseffekten die amerikanische Nationalhymne zerpflückte und das Festival in fulminanter Weise beendete.

40 Jahre Woodstock! Das musste gefeiert werden im Bethel Woods Center for the Arts.

Bilanz

Neben einem augenfälligen Müllproblem hatte es dem Veranstalter Woodstock Ventures Schulden in Höhe von 1,3 Mio. $ eingebracht. Dennoch: Lang und Kornfeld machten ein schlechtes Geschäft, als sie sich bald danach von Rosenman und Roberts für je 31 240 $ ihre Anteile abkaufen ließen. Der von Dokumentarfilmer Michael Wadleigh gedrehte **Film über das Festival** spielte allein an den US-amerikanischen Kinokassen über 50 Mio. $ ein. Die beiden aufwendig gestalteten Plattenalben gehören zu den Dauerbrennern unter den Bestsellern und finden, mittlerweile als CD und DVD, auch heute noch begeisterte Abnehmer.

Die schöne Illusion vom Aufbruch in eine bessere Welt endete aber im selben Jahr in den Gewaltexzessen beim Altamont Speedway Festival und mit den Ritualmorden der Manson Family. Vielleicht ist es gerade die Gewissheit um die Unmöglichkeit der Wiederholung, die Woodstock zu einem ewig jungen Blütentraum und zum **wehmütigen Mythos einer ganzen Generation** gemacht hat. Man muss nicht dort gewesen sein, um davon zu schwärmen. Bezeichnenderweise ist der Song »Woodstock« mit der Zeile »By the time We got to Woodstock, We were half a million strong«, der für Crosby, Stills, Nash & Young zum Hit geriet und heute als Hymne des Festivals gilt, von **Joni Mitchell** geschrieben worden. Sie war eine der vielen, die die Aquarian Exposition der Woodstock Music & Art Fair nur vom Hörensagen kannten.

lände zeigt die Geschichte des Festivals, Verlauf und Nachwirkungen – mit viel Nostalgie, tollem Originalsound und einem Film im Rundum-Kino, dass man sich mitten im Geschehen wähnt.

Catskills Mountain Railroad: Fahrten ab Mount Tremper Station | Mai–Okt. Sa./So./Fei. ab 10.15 Uhr | Ticket: 17 $
http://catskillmtrailroad.com

Woodstock Museum: Sommer tgl. 10–19, Winter Do.–So. 10–17 Uhr | Eintritt: 22 $ | www.bethelwoodscenter.org/museum

Hier erholte sich der New Yorker Jetset

Greene und Delaware County

Der nördliche Teil der Catskills gehört zum Greene County und ist das beste Skigebiet. Auch diese Region hat eine landschaftlich reizvolle Straße, die **Scenic NY 23 A**. Sie beginnt in Catskill, am **Thomas Cole National Historic Site** mit dem Heim des Begründers der Hudson River School und führt nach Westen.

Westlich von Palenville streift die Straße die knapp 80 m hohen **Kaaterskill Falls**. Von Haines Falls aus lohnt sich ein Abstecher zur **Catskill Mountain House Site**. Das 1823 eröffnete Hotel, war über hundert Jahre lang ein beliebter Treffpunkt des New Yorker Jetsets. 1963 brannte es ab, doch die Lage ist immer noch bestechend. Sie inspirierte nicht nur Thomas Cole, sondern auch James F. Cooper.

Weiter westlich via Prattsville und Stamford folgen die aus insgesamt 16 Gebäuden bestehenden **Hanford Mills** bei East Meredith. Sie wurden 1846 als Sägemühlen in Betrieb genommen und lieferten zwischen 1880 und 1915 sogar Strom für den Ort – heute gibt es hier eine lehrreiche Ausstellung über Mühlentechnik.

★★ FINGER LAKES

Region: Finger Lakes | **Höhe:** 116–334 m ü. d. M.

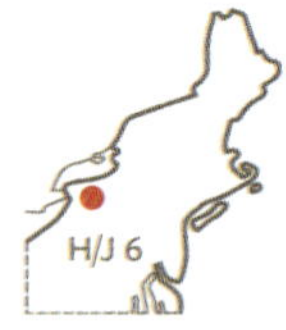

Ein Outdoor-Paradies mit elf wie die Finger gut zweier Hände in die endlose Hügellandschaft greifenden Seen, ein Top-Weinbaugebiet mit über 100 renommierten Weinbauern: Die Finger Lakes sind ein Ziel für sich – und übrigens auch ein Musterbeispiel für Gletscherzungenbecken, die vor ca. 10 000 Jahren von den Eismassen ausgehobelt wurden.

Vorab kurz die Kerndaten! Der längste der zwischen ▶ Rochester und Syracuse liegenden Seen ist der 64 km lange Cayuga Lake, der tiefste der knapp 200 m tiefe Seneca Lake, der kleinste der gerade mal 5 km lange Canadice Lake und als den hübschesten empfinden viele den

DIE FINGER LAKES ERLEBEN

FINGER LAKES TOURISM ALLIANCE
309 Lake St., Penn Yan, NY 14527
Tel. 1 315 5 36 74 88
www.fingerlakes.org

Die Weine der Finger Lakes Region können sich locker mit der Konkurrenz aus Kalifornien messen. Auf eigene Faust lassen sie sich auf dem Cayuga, Seneca, Keuka oder Canandaigua Wine Trail erkunden. Broschüren mit dem jeweiligen Verlauf und Adressen von Weingütern erhält man vor Ort.

❶ VILLAGE TAVERN RESTAURANT & INN €€–€€€
Der Familienbetrieb liegt nur einen Block vom schönen Ufer des Keuka Lake entfernt und bietet herzhafte, gleichwohl gewissenhaft durchkomponierte amerikanische Küche. Natürlich ausladende Weinkarte!
30 Mechanic St.
Hammondsport, NY 14840
Tel. 1 607 5 69 25 28
www.villagetaverninn.com
Di.–Sa. 11–21, So. 10–21 Uhr

❶ TAUGHANNOCK FARMS INN €€€–€€€€
Historisches Inn von 1873 und drei Gästehäuser; wunderschöne Ausblicke auf den Lake Cayuga. Das Inn ist auch beliebt wegen seiner üppigen, allerdings teuren Mahlzeiten.
2030 Gorge Rd., Trumansburg
NY 14886 | Tel. 1 607 3 87 77 11
www.inntfalls.com

❷ INN AT GLENORA WINE CELLARS €€€
30 Zimmer. Freundliches Hotel am Westufer des Seneca Lake inmitten von Weinbergen, deren Trauben im vorzüglichen Restaurant ausgeschenkt werden. Frühzeitige Reservierung empfehlenswert!
5435 Rte. 14, Dundee, NY 14837
Tel. 1 800 2 43 55 13, 1 607 2 43 95 00, www.glenora.com

Keuka Lake. Bereits in den 1820er-Jahren begann am Keuka Lake der Weinbau. Heute produzieren über 100 Kellereien Weine, vor allem an den sonnenbeschienenen Hängen von Seneca Lake, Cayuga Lake, Keuka Lake und Canandaigua Lake. In der Region sind zwei Dutzend State Parks ausgewiesen, die reichlich Gelegenheit zum Wassersport, Mountainbiken, Wandern und Reiten bieten.

Östliche Finger Lakes Region

Station der »Underground Railroad«

Auburn

Auburn, mit 28 000 Einwohnern die größte Siedlung der östlichen Finger Lakes Region, war im 19. Jh. Station der »Underground Railroad«,

Die Weine von den Finger Lakes heimsen immer wieder Preise ein.

einer Kette von Verstecken, durch die befreite Sklaven nach Kanada geschleust wurden. Eines davon ist das **Harriet Tubman Home**. Harriet Tubman, 1849 selbst der Sklaverei entkommen, schleuste allein 300 Menschen durch. Weiterhin sehenswert: in der Nelson St. die **Willard Memorial Chapel**, die einzige erhaltene Innengestaltung von Louis Comfort Tiffany, sowie das Haus von William H. Seward, Abraham Lincolns Außenminister, der den Kauf Alaskas einfädelte.

Harriet Tubman Home: 180 South St. | Di.–Fr. 10–16, Sa. 10–15 Uhr Nur geführte Touren, reservieren! | www.harriettubmanhome.com
Willard Memorial Chapel: 17 Nelson St. | Di.–Fr. 10–15 Uhr, Führungen zu jeder vollen Stunde | Eintritt: 8 $ | www.willard-chapel.org

Kämpferinnen für das Frauenwahlrecht

Seneca Falls

Der 15 mi/24 km westlich von Auburn gelegene Ort wurde bekannt durch das U.S. Women's Suffrage Movement. Ihre erste Versammlung hielten die um das Frauenwahlrecht kämpfenden Damen im Juli 1848 (!) in der Wesleyan Methodist Chapel ab, heute das Herzstück des **Women's Rights National Historical Park**.
Das **Montezuma National Wildlife Refuge**, ein Marschengebiet am Nordufer des Cayuga Lake, steuern Zugvögel im Frühling und Herbst an – ein idealer Ort zum Beobachten. Alles Wichtige erfährt man im Visitor Center, z. B. über den Nistplatz eines Weißkopfseeadlers.

Women's Rights National Historical Park: 136 Fall St. | tgl. 9–17 Uhr Eintritt frei | www.nps.gov/wori
Montezuma National Wildlife Refuge Visitor Center: April–Nov. tgl. 10–15, Sa./So. bis 16 Uhr | Eintritt frei | www.fws.gov/r5mnwr

Romantische Wildnis

Am Südzipfel des Cayuga Lake steigert sich die Landschaft zu einer wildromantischen Bergwelt mit Wasserfällen und engen Schluchten. Berühmt wurde Ithaca durch die 1865 gegründete, zur Ivy League gehörende **Cornell University** (▶ Baedeker Wissen, S. 70/71). Der Campus liegt hoch über der Stadt und der Cascadilla Gorge und bietet Kollektion asiatischer Kunst im von Stararchitekt I. M. Pei entworfenen **Herbert F. Johnson Museum of Art**. Die Cornell Plantations sind ein gepflegter botanischer Garten.

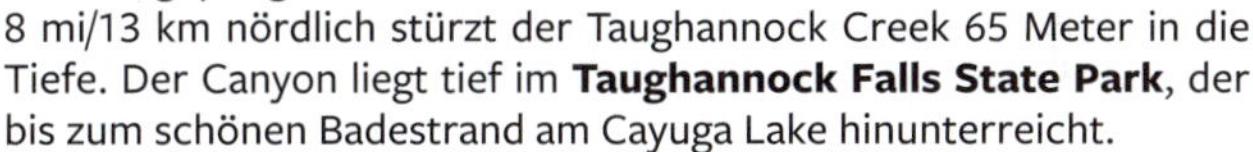

8 mi/13 km nördlich stürzt der Taughannock Creek 65 Meter in die Tiefe. Der Canyon liegt tief im **Taughannock Falls State Park**, der bis zum schönen Badestrand am Cayuga Lake hinunterreicht.

Herbert F. Johnson Museum of Art: 114 Central | Di.–So. 10–17 Uhr Eintritt frei, Spende erbeten | http://museum.cornell.edu
Museum of the Earth: 1259 Trumansburg Rd. | Ende Mai–Anf. Sept. tgl. 10–17 Uhr, im Winterhalbjahr Di. u. Mi. geschl. | Eintritt: 9 $ www.priweb.org

Westliche Finger Lakes Region

Noblesse oblige

Am Nordufer des Seneca Lake liegt das noble Geneva. Nicht von ungefähr hat man den Namen der berühmten Stadt am Genfer See gewählt, denn Ende des 18. Jh.s zog die Stadt mit dem hübschen **Pulteney Park** viele weitgereiste Millionäre aus den Süd- und den Neuengland-Staaten an. Sie ließen sich Sommervillen errichten, z. B. an der South Main Street. Sogar ein Opernhaus konnte man sich 1894 leisten, das prächtige **Smith Opera House**, heute Kino und Konzertsaal. Noch einiges an früherer Noblesse strahlt auch das 1829 im Federal Style erbaute **Prouty-Chew House** an der Main Street aus.

Von Geneva aus lohnt sich eine Rundfahrt um den Seneca Lake, vor allem auch zu den Weinkellereien an der Südspitze. Einen tollen Blick auf den See genießt man von der **Rose Hill Mansion** 3 mi/5 km östlich von Geneva an der Rte. 96a, einem eleganten, 1839 im Greek Revival Style errichteten Herrenhaus.

Prouty-Chew House: 543 S. Main St. | Di.–Fr. 9.30–16.30, Sa. 13.30–16.30, Juli/Aug. auch So. 13.30–16.30 Uhr | Eintritt frei www.genevahistoricalsociety.com/PC_House
Rose Hill Mansion: Führung Mai–Okt. Di.–Sa. 10–16, So. 13–17 Uhr Eintritt: 12 $ | http://www.genevahistoricalsociety.com/Rose_Hill

1 Village Tavern Restaurant & Inn

1 Taughannock Farms Inn

2 Inn at Glenora Wine Cellars

Hier wohnt man gerne

Canandaigua

Einen »guten Platz zum Wohnen« findet man 17 mi/27 km westlich von Geneva, denn so heißt Canandaigua in der Sprache der Seneca. In **Sonnenberg Gardens & Mansion** sind rund um einen eleganten Herrensitz von 1887 neun ganz unterschiedliche Themengärten gestaltet. Im **Granger Homestead & Carriage Museum**, dem Hof von Gideon Granger, Postminister der Präsidenten Jefferson und Madison, sind etliche alte Pferdefuhrwerke zu bewundern.

In der **Ganondagan State Historic Site** in Victor (10mi/16 km nordwestlich von Canandaigua) ist ein Langhaus der Seneca nachgebaut.

Sonnenberg Gardens & Mansion: 151 Charlotte St. | Mitte Mo.–Fr. 9.30–16.30 Uhr | Eintritt: 16 $ | www.sonnenberg.org

Granger Homestead & Carriage Museum: 295 N. Main St. Führungen Di., Mi., So. 13–17, Do., So. 11–17 Uhr | Eintritt 10 $ www.grangerhomestead.org

Ganondagan State Historic Site: 1488 SR 444 | Mai–Sept. Di.–So. 9–17, Okt. Di.–Sa. 9–17 Uhr | Eintritt: 8 $ | www.ganondagan.org

Lautlos durch die Lüfte

Elmira

Das am Chemung River südlich der Seen gelegene Elmira ist als **Segelflughauptstadt der USA** bekannt. Ihre Blüte erlebte die Stadt im 19. Jh., wie die alten Häuser im Westside Historic District zeigen. Weltruhm erlangte Elmira durch **Mark Twain**, der hier seine spätere Frau traf und hier einige Jahre verbrachte. Dabei schrieb er Teile der »Abenteuer des Huckleberry Finn«. Im **Elmira College** kann man sein Arbeitszimmer besichtigen. Die Twains sind auf dem Woodlawn Cemetery bestattet. Andere Promis sind Modedesigner Tommy Hilfiger (geb. 1951) und die Space-Shuttle-Astronautin Eileen Collins (geb. 1956).
Flugzeugfans kommen in der näheren Umgebung auf ihre Kosten: Das **Wings of Eagle Discovery Center** stellt über 30 Militärmaschinen aus; nordwestlich außerhalb der Stadt zeigt das **National Soaring Museum** eine der größten Sammlungen von Segelflugzeugen, darunter als ältestes den Chanute Herring Glider von 1896.

Elmira College: 1 Park Pl. | Mitte Juni–Labor Day tgl. 9–17 Uhr Eintritt frei | www.elmira.edu
Wings of Eagles Discovery Center: 339 Daniel Zenker Dr., Horseheads | Di.–Sa. 11–15 Uhr | Eintritt: 9 $ | www.wingsofeagles.com
National Soaring Museum: 51 Soaring Hill Dr. | März–Dez. tgl. 10–17 Uhr | Eintritt: 9 $ | www.soaringmuseum.org

Ohne Corning gäbe es Corning nicht ...

Corning

Das Städtchen westlich von Elmira lebt mit und arbeitet für die Corning Inc., einen führenden Hersteller für Glas und optische Werkstoffe. Die »Glashauptstadt der Welt« zieht Jahr für Jahr Hunderttausende Besucher an, die das **Corning Museum of Glass** sehen wollen, eines der besten Museen dieser Art weltweit. Es informiert über die gut 3500 Jahre alte Kunst der Glasmacher und Glasbläser. Highlights der Ausstellung sind u. a. Stücke aus dem alten Ägypten und dem Römischen Reich; schön ist auch **die weltgrößte Sammlung gläserner Briefbeschwerer**. Selbstverständlich kann man beim Glasblasen zusehen und es auch selbst versuchen.
In der an der Cedar Street gelegenen City Hall von 1893 zeigt das **Rockwell Museum** seine großartige Western-Art-Sammlung, u. a. Werke von Remington und Russell.

Corning Museum of Glass: 1 Museum Way | tgl. 9–17 Uhr Eintritt: 22 $ | www.cmog.org
Rockwell Museum: 111 Cedar St. | tgl. 9–17, im Sommer bis 18 Uhr Eintritt: 12 $ | www.rockwellmuseum.org

Tosend treppab

Watkins Glen State Park

An der Südspitze des Seneca Lake liegt der romantische Watkins Glen State Park. Hier tost der Glen Creek durch eine tiefe Schlucht und stürzt spektakulär über eine Treppe von **19 Wasserfällen**. In ca. einer Stunde hat man die Schlucht auf ausgewiesenen Pfaden erkundet.

★★ HUDSON VALLEY

Region: Hudson Valley | **Höhe:** 0–1309 m ü. d. M.

Wenn die Stadtneurotiker aus New York City der Hektik des Big Apple entkommen wollen, dann steuern sie gerne das Hudson Valley an. Wegen der schönen Wanderwege, Öko-Restaurants und tollen Kunst- und Antiquitätenhandlungen. Aber das ist längst nicht alles.

Anmutig und kulinarisch top

500 Kilometer legt der Hudson River von seiner Quelle in den Adirondacks bis zur Mündung bei New York City zurück. Hin und wieder fühlt man sich ein wenig an den Rhein erinnert, denn der Fluss bahnt sich seinen Weg durch eine anmutige Landschaft, in der viel Wein angebaut wird und von deren Höhen schlossähnliche Herrensitze grüßen. Die Weine des Hudson Valley, etwa aus Marlboro, Brimstone Hill, Amenia, New Paltz (▶ Catskills) und Millbrook, werden hoch geschätzt, und wo Wein angebaut wird, ist auch gute Gastronomie nicht weit – preisgekrönt, örtlich aber auch sehr teuer, denn viele Restaurants setzen auf gut betuchte Gäste aus New York City.

Holländische Wurzeln

Geschichte

Vor der Ankunft der Europäer lebten hier Algonquin-Stämme. 1609 erkundete Henry Hudson den Flusslauf im Auftrag der Holländer bis hinauf nach ▶ Albany und schrieb euphorische Berichte über das **fruchtbare Land**, was holländische Siedler gleich zu Tausenden anlockte. Viele Ortsnamen erinnern noch heute daran. Mächtige Familien wie die Vanderbilts und die Roosevelts haben ebenfalls niederländische Wurzeln. Das schmale holländische Siedlungsband war jedoch beiderseits von den Briten eingeschlossen, die es 1664 übernahmen. Während des Unabhängigkeitskriegs hatte das Hudson Valley eine enorme **strategische Bedeutung**, stellte es doch eine natürliche Barriere zwischen den aufsässigen Kolonien und der übrigen britischen Einflusssphäre dar. Die rege Handelsschifffahrt auf dem Hudson war im 19. Jh. ein Grund für den rasanten Aufschwung von NYC. Im Zeitalter der Industrialisierung hatte das Tal jedoch manche Blessuren hinzunehmen.

Lower Hudson Valley

Immer am Fluss entlang

Am Ostufer

Das **Hudson River Museum** in New York Citys nördlicher Vorstadt Yonkers stimmt auf den Ausflug ein: stellt es doch das Tal unter verschiedensten Aspekten dar: Kunst (z. B. Warhol), Siedlungsgeschichte, das 1876 erbaute Glenview Mansion und ein Planetarium.

DAS HUDSON VALLEY ERLEBEN

HUDSON VALLEY TOURISM INC.

124 Main St.
Goshen, NY 10924
Tel. *1 800 2 32 47 82
www.travelhudsonvalley.org

Mal etwas anderes: Hudson by Train. Von New Yorks Grand Central Station fährt die **Metro-North Railroad** am Ostufer entlang bis Poughkeepsie. Im Angebot sind auch Tagesausflüge mit Eintritt, z. B. in Kykuit oder Dia:-Beacon.
Einen »trip of a lifetime« kann man vor allem zur Zeit der herbstlichen Laubfärbung auf dem Hudson River unternehmen. **American Cruise Lines** bietet einwöchige Schiffsreisen im Hudson River Valley an. Stationen sind u. a. Sleepy Hollow, Poughkeepsie, Kingston, Catskill und Albany.
American Cruise Lines:
Tel. 1 800 4 60 45 18
www.amreicancruiselines.com).
Metro North:
www.mta.info/mnr/

CULINARY INSTITUTE OF AMERICA (CIA) €–€€€€

Essen, wo die Profis das Kochen lernen: Das Culinary Institute of America ist eine der angesehensten Schulen ihrer Art im ganzen Land. Was die angehenden Köche so alles lernen, zeigen sie Gästen im Escoffier (französisch), im Caterina de Medici (italienisch), im American Bounty (US-Küche), im St. Andrew's Café (Pizza, vegetarisch) und im Apple Pie Bakery Café. Man sollte unbedingt reservieren und bei den drei erstgenannten Restaurants auch auf die Garderobe achten.
1946 Campus Dr., Hyde Park
Tel. 1 845 4 52 96 00
www.ciachef.edu

COLD SPRING DEPOT €€

Der sehr gemütliche Pub ist in der 1893 erbauten Bahnstation eingerichtet. Hier wird deftige amerikanische Kost serviert. Angeblich gibt es auch einen Hausgeist ...
1 Depot Sq., Cold Spring
Tel. 1 845 2 65 50 00
www.coldspringdepot.com
So.–Do. 11.30–21,
Fr./Sa. 11.30–22 Uhr

BEEKMAN ARMS & DELAMATER INN €€€€

73 nobel ausgestattete Zimmer und Suiten. Die älteste ohne Unterbrechung betriebene Herberge ihrer Art in den USA wurde bereits 1761 gegründet. Schon George Washington hat hier genächtigt. Die Räumlichkeiten verteilen sich auf verschiedene Gebäude.
6387 Mill St.
Rhinebeck, NY 12572
Tel. 1 845 8 76 70 77
http://beekmandelamaterinn.com

BEAR MOUNTAIN INN €€€

63 Zimmer. Das für derartige Häuser typisch rustikale Hotel bietet einfache Zimmer, ist aber für diese Gegend sehr günstig.
im Bear Mountain State Park
3020 Seven Lakes Drive Bear Mountain | NY 10911
Tel. 1 845 7 86 27 31
www.visitbearmountain.com

Vielleicht nicht ganz das Rheintal,
aber durchaus so anmutig: Hudson Valley

Raus aus New York City

10 mi/16 km nördlich trifft man kurz vor Tarrytown auf die ersten noblen Herrensitze, darunter **Washington Irving's Sunnyside**. Hier lebte der Begründer der amerikanischen Kurzgeschichte von 1835 bis zu seinem Tod 1859. Die wunderschön am Fluss gelegene Villa wurde ganz nach seinen Vorstellungen erbaut.

Das benachbarte **Lyndhurst** entstand 1838 nach Plänen des Architekten Alexander Jackson Davis für den New Yorker Bürgermeister William Paulding und ging 1880 in den Besitz des Eisenbahnmagnaten Jay Gould über. So üppig wie das Äußere ist auch die Innenausstattung. Das Gewächshaus gehört zu den größten in den USA.

Mit **Philipsburg Manor** folgt bald ein weiterer Höhepunkt. Es wurde 1685 von Frederick Philips gebaut, der sein Geld mit einer eigenen Flotte im Westindienhandel machte. Auf seiner 21 000 ha großen Farm arbeiteten auch 23 Sklaven. Diese Zeit lassen viele kostümierte Akteure lebendig werden.

Von Philipsburg Manor fahren Pendelbusse zum Prachtschloss **Kykuit** (dt. = Schau übers Land), gebaut zwischen 1906 und 1913 **für John D. Rockefeller Jr**. Hier lebten drei Generationen der Unternehmerdynastie, zuletzt der einstige US-Vizepräsident Nelson A. Rockefeller. Dessen hervorragende Sammlung moderner Kunst ist im Erdgeschoss des sechsstöckigen klassizistischen Prachtbaus zu sehen. Über 70 Skulpturen von Künstlern der Moderne wie Moore und Calder ließ Rockefeller im Park aufstellen.

Reingehen oder nicht? Jedenfalls einen kühlen Kopf bewahren ...

Die 1685 erbaute **Sleepy Hollow Old Dutch Church** nahe Philipsburg Manor ist der älteste Sakralbau im Bundesstaat New York, in dem noch Gottesdienste stattfinden. Auf dem Kirchhof sind etliche Berühmtheiten beigesetzt, darunter Walter Chrysler, Andrew Carnegie und Washington Irving, der Sleepy Hollow in seiner **Geschichte vom kopflosen Reiter** literarisch verewigte.
Weiter nördlich folgt die 1921 erbaute **Union Church of Pocantico Hills**. Sie besitzt neun großartige Fenster von Marc Chagall mit einer Darstellung der Geschichte des barmherzigen Samariters (1965); die Fensterrose schuf Henri Matisse 1954.
Nach weiteren 10 mi/16 km folgt bei Croton-on-Hudson der im 18. Jh. gebaute Herrensitz **Van Cortlandt Manor** der aus den Niederlanden stammenden Familie. Auch hier wird Living History geboten.
Boscobel, die nach ihrer Lage wohl schönste Villa im Hudsontal, steht gegenüber von Westpoint. Sie wurde 1804 etwa 25 km abseits vom heutigen Standort errichtet. Als in den 1950er-Jahren der Abriss drohte, versetzte man das außerordentlich elegante Gebäude kurzerhand an den Hudson. Das nur in Teilen erhaltene Mobiliar der Anfangszeit wurde durch passende Antiquitäten stilgerecht ergänzt. Berühmt sind die Gärten und die Orangerie.
In **Cold Spring**, dem letzten Ort am Ostufer des unteren Hudsontals, stöbert man in der Main Street in Antiquitätenläden.

Hudson River Museum: 511 Warburton Ave., Yonkers
Mi.-So. 12-17 Uhr | Eintritt: 10 $ | www.hrm.org
Washington Irving's Sunnyside: W. Sunnyside Lane
April-Okt. Mi.-Mo. 10-17, sonst nur Fr.-So. 10-16 Uhr | Eintritt 15 $
www.hudsonvalley.org/historic-sites/washington-irvings-sunnyside
Lyndhurst: 635 S. Broadway | Mitte April-Okt. Di.-So. 10-17 Uhr, sonst nur an Wochenenden | geführte Touren ab 18-25 $
http://lyndhurst.wordpress.com
Philipsburg Manor: NY 9, Sleepy Hollow | Führungen April-Okt. Mi.-Mo. 10-16 Uhr, Nov./Dez. nur Fr.-So. | Eintritt: 15 $
www.hudsonvalley.org/historic-sites/philipsburg-manor
Kykuit: Pocantino Hills, Sleepy Hollow | Führungen
Anf. Mai-Anf. Nov. Mi.-Mo. 10-16 Uhr | Tickets ab 25 $
www.hudsonvalley.org/historic-sites/kykuit
Sleepy Hollow Old Dutch Church & Cemetery: 540 N. Broadway
Führungen tgl. 8-16.30 Uhr außerhalb von Gottesdiensten
Union Church of Pocantico Hills: April-Okt. Mo., Mi.-Fr. 11-17, Sa. 10-17, So. 14-17, Nov./Dez. jeweils bis 16 Uhr | Eintritt 10 $
www.hudsonvalley.org/historic-sites/union-church-pocantico-hills
Van Cordtland Manor: S. Riverside Ave. | Führungen Memorial Day-Labor Day Mi.-Mo. 10-17 Uhr, Okt.-Dez. nur Sa./So. | Ticket: 12 $
www.hudsonvalley.org/historic-sites/van-cortlandt-manor
Boscobel: 1601 NY 9, Garrison | April-Okt. Mi.-Mo. 9.30-17, sonst bis 16 Uhr | Eintritt: 14 $ | www.boscobel.org

Von historisch über kriegerisch bis künstlerisch

Am Westufer

Wer auf das Westufer möchte, muss schon kurz vor Sleepy Hollow über den Fluss nach **Nyack**. Dort wurde Edward Hopper (1882 bis 1967), der mit »Nighthawks« eine Ikone der US-Malerei geschaffen hat. Sein Geburtshaus kann besichtigt werden. Von dort erreicht man das im Unabhängigkeitskrieg heftig umkämpfte **Stony Point**.
Am knapp 400 m hohen **Bear Mountain State Park** zwängt sich der Hudson durch eine Engstelle, die den Flussschiffern in der Vergangenheit manche Probleme bereitete. Der State Park bietet außer schöner Natur einen Zoo, ein Schwimmbad und ein fantastisches Karussell.
Danach kommt man nach **West Point**, der **berühmtesten und ältesten Militärakademie der USA**. 1778 wurde hier Fort Putnam angelegt. 1802 beschloss der Kongress die Einrichtung der Militärakademie, in der pro Jahr über 4000 Kadetten ausgebildet werden. Den Campus und damit die 1910 erbaute Cadet Chapel, den Kadettenfriedhof und Trophy Point bekommt man nur während einer Bustour zu Gesicht, doch im Visitor Center, kann man sich über die Geschichte der Akademie informieren.
Vom kleinen Storm King State Park hat man einen schönen Blick auf die über dem Ostufer gelegene Villa Boscobel. Unweit westlich, in Mountainville, glänzt das **Storm King Art Center**. Über die sanften Hügel erstreckt sich der **größte Skulpturenpark der USA** mit Plastiken u. a. von Richard Serra, Henry Moore, Barbara Hepworth und anderen Größen der zeitgenössischen Bildhauerei.

Stony Point Battlefield Park: Schlachtfeld Mitte April–Okt Mo.–Sa. 10–17, So. 12–17, Museum Mi.–Sa. 10–16.30, So. 12–16.30 Uhr, im Winter eingeschränkte Öffnungszeiten | Eintritt: 6 $ pro Fahrzeug
www.nysparks.com/historic-sites
Edward Hopper House: 82 North Broadway, Nyack | Mi. – So. 12 – 17 Uhr | Eintritt: 8 $ | http://www.edwardhopperhouse.org
West Point: Visitor Center tgl. 9–16.45, Museum tgl. 10.30–16.15 Uhr
Bustouren tgl. ab Visitor Center | www.usma.edu/museum
Storm King Art Center: 1 Museum Road, New Windsor
April–Anf. Nov. Mi.–So. 10–17.30, Nov. Mi.–So. 10–16.30 Uhr
Eintritt: 23 $ | www.stormking.org

Mid Hudson Valley

FDR und der New Deal

Am Ostufer

Das Hudson Valley ist ein guter Platz für moderne Kunst. Das zeigte sich besonders im Jahr 2003 mit der Eröffnung des Museums der **Dia Art Foundation in Beacon** (Dia:Beacon). Dazu wurde die ehemalige Nabisco-Keksfabrik zu einem fantastischen Ausstellungsort umgebaut, der fast nur mit Tageslicht ausgeleuchtet wird. Darunter präsentieren sich die klangvollsten Namen der zeitgenössischen Kunst: Andy Warhol

Zeit ihres Lebens wohnten Franklin D. und Eleanor Roosevelt in Hyde Park.

(»Shadows«), Richard Serra (»Torqued Ellipse«), Louise Bourgeois, Nancy Holt, Joseph Beuys ... ein Muss für Kunstliebhaber!
Im 1687 gegründeten **Poughkeepsie** unterzeichneten 1788 Abgeordnete des Staats New York den Beitritt zur Union. Berühmtester Einwohner war von 1847 bis 1872 **Samuel F. B. Morse** (1791–1872). Der Erfinder der Telegrafie war auch ein begnadeter Maler, nachzuprüfen in **Locust Grove**, seinem Wohnsitz.
Der US 9 erreicht nun **Hyde Park** mit seinen historischen Stätten, allen voran die **Franklin D. Roosevelt Library & Home**. Der 32. Präsident der USA, FDR abgekürzt, wurde hier 1882 geboren und blieb bis zu seinem Tod 1945 dem Anwesen treu, auf dem er und seine Frau Eleanor im Rose Garden beigesetzt sind. Exponate und Dokumente erhellen sein Leben und Wirken. Etwas abseits liegt **Val-Kill**, wo FDR einen Wohnsitz für Eleanor erbauen ließ. Hier empfing die politisch aktive Präsidentengattin manche Größe ihre Zeit.
Nicht weit entfernt ist **Vanderbilt Mansion**, der Wohnsitz des Magnaten Frederick Vanderbilt und seiner Frau Louise. Der Ende des 19. Jh.s erbaute 54-Zimmer-Palast, der vor lauter Prunk fast überquillt, steht in Kontrast zu dem eher bescheidenen Anwesen Roosevelts. Wie alle anderen großen Villen am Hudson liegt auch Vanderbilt Mansion inmitten gepflegter Gartenanlagen mit herrlichem Blick auf den Fluss.
Noch elf Räume mehr leistete sich die Familie Livingston-Mills für ihre Villa **Mills Mansion** bei Staatsburgh; insbesondere der Prunk im Louis-XVI-Speisesaal sucht im gesamten Hudson Valleytal seinesgleichen.

An den alten Vater Rhein dachten wohl im frühen 18. Jh. die deutschen Einwanderer, die **Rhinebeck** gründeten. Viele wohlhabende Amerikaner lernten im 19. Jh. diesen romantischen Platz zu schätzen und bauten sich etliche großartige Villen. Besonders schön ist der Blick vom Rhinecliff hinüber nach Kingston. Für Flugzeugbegeisterte: Im **Old Rhinebeck Aerodrome** sind über 30 (meist nachgebaute) Veteranen der Lüfte versammelt, darunter auch viele Flugzeuge aus dem Ersten Weltkrieg, die immer noch zu Airshows aufsteigen.
1805 entstand **Montgomery Place** in Annandale, wenige Meilen nördlich von Rhinebeck, als Château Montgomery für die Witwe von General Montgomery, der 1775 in der Schlacht von Québec gefallen war. Die kostbar möblierte Villa wurde mit viel Liebe zum Detail restauriert und beherbergt u. a. das umfangreiche Archiv der Familien Livingston und Montgomery.

Dia:Beacon: 3 Beekman St., Beacon | Mitte April–Mitte Okt. Do.–Mo. 11–18, Nov./Dez. Do.–Mo. 11–16, Jan.–März Fr.–Mo. 11–16 Uhr Eintritt: 20 $ | www.diaart.org
Locust Grove: 2683 South Rd., Poughkeepsie | Mai–Nov. tgl. 10–15 Uhr | nur geführte Touren 15 $ p. P. | www.lgny.org
Franklin D. Roosevelt Library & Home: 4079 Albany Post Rd., Hyde Park | tgl. 9–17 Uhr | Eintritt: 10 $ | www.nps.gov/HOFR
Vanderbilt Mansion: 119 Vanderbilt Park Rd., Hyde Park Führungen tgl. 9–17 Uhr | Eintritt: 10 $ | www.nps.gov/vama
Mills Mansion (bei Rhinebeck)**:** Old Post Rd. | April–Okt. Di.–Sa. 10–17, So. 12–17, sonst nur Sa./So. 11–16 Uhr | Eintritt: 8 $ http://nyspar ks.state.ny.us/historic-sites
Old Rhinebeck Aerodrome: Norton Rd. | tgl. 10–17 Uhr | Eintritt: 26 $ | www.oldrhinebeck.org
Montgomery Place: Annandale Rd., Annandale | tgl. 9–16 Uhr Eintritt frei, Führungen Mitte Mai–Okt. Do.–So. 11–16 Uhr, Ticket: 10 $ | http://www.bard.edu/montgomeryplace/

Hier wohnen normale Leute

Kingston am Westufer

Kingston ist danach ein wohltuend munterer Ort für eine erholsame Pause. Am schönsten ist der alte Stockade District mit seinen holländischen Häusern und netten Restaurants hoch über dem Fluss. Schon 1614 als holländischer Handelsposten gegründet, wurde Kingston 1777 zur ersten Hauptstadt des jungen Bundesstaats gekürt. Mehr darüber erfährt man im Senate House. Es liegt an der Fair Street in der Nordostecke des Stockade District. Am Rondout Landing – mit Bars und Restaurants – erläutert das schöne, unmittelbar am Flussufer liegende **Hudson River Maritime Museum** die Schifffahrt auf dem Fluss.

Hudson River Maritime Museum: April–Okt. tgl. 11–17, Juli/Aug. Mi. bis 20 Uhr | Eintritt: 9 $ | www.hrmm.org

MOHAWK VALLEY

Region: Capital-Saratoga, Central-Leatherstocking
Höhe: 3–280 m ü. d. M.

Der Mohawk, begleitet vom Erie-Kanal, durchmisst vom Oneida County zur Mündung in den Hudson ein Hügelland: das Stammesgebiet der Mohawk. James Fenimore Cooper liefert im »Lederstrumpf« schöne Beschreibungen dieser Flusslandschaft.

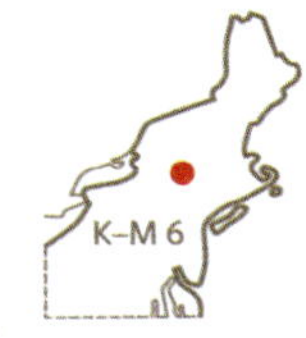

Hier kann man in die frühe Geschichte der USA eintauchen. Es geht um Themen wie amerikanische Ureinwohner und Erschließung des Westens. Für Letzteres griff man gerne zum Schießprügel, wie das Remington Arms Museum belegt. Für uns tut's vielleicht auch ein Griff ins Bücherregal: Der Autor des »Lederstrumpfs« stammt aus dieser Gegend.

Von Schenectady nach Utica

Holländischer Zungenbrecher

Schenectady

Die Reise am Mohawk entlang beginnt in der 1661 von holländischen Kolonisten nordwestlich von ▶ Albany gegründeten Siedlung Schenectady. Thomas Alva Edison eröffnete hier 1886 einen Betrieb zur

DAS MOHAWK VALLEY ERLEBEN

GREATER UTICA CHAMBER OF COMMERCE
200 Genesee St., Utica, NY 13502
Tel. 1 315 7 24 31 51
www.wearecooperstown.com

COOPERSTOWN CHAMBER OF COMMERCE
31 Chestnut St.
Cooperstown, NY 13326
Tel. 1 607 5 47 99 83,
www.cooperstownchamber.org

DANNY'S MARKET **€€**
Das Lokal ist bekannt für seine fantasievoll belegten Sandwiches.
92 Main St., Cooperstown
Tel. 1 607 5 47 40 53
Mo.–Sa. 8–18, So. 8–17 Uhr

INN AT COOPERSTOWN **€€€**
Viktorianisches Inn mit Veranda für Schaukelstuhlabende in Ruhe, denn die Zimmer sind ohne TV.
16 Chestnut St., Cooperstown, NY 13326, Tel. 1 607 5 47 57 56,
www.innatcooperstown.com

Herstellung von Elektroartikeln, sechs Jahre später baute die **General Electric** ihr Hauptquartier auf und binnen Kurzem avancierte Schenectady zur amerikanischen Elektroindustrie-Metropole.

Gen Westen

Amsterdam

18 mi/29 km flussaufwärts treffen sich bei Amsterdam Mohawk River und New York Barge Canal. In der Main Street steht das 1766 erbaute Haus des Indigenenbeauftragten von König Georg III., Guy Johnson. Hier erfährt man alles über die Geschichte der Ureinwohner und die Bedeutung des Erie-Kanals für die Erschließung des Mittleren Westens. Im 6 mi/10 km westlich von Amsterdam gelegenen **Fort Hunter** sieht man an der NY 5 South die ältesten noch erhaltenen Teile des Erie-Kanals aus der Zeit um 1821. Ganz in der Nähe liegt **Schoharie Crossing State Historic Site**, ein knapp 5 km langer Kanalabschnitt mit siebenbögigem Aquädukt (1842) über den Schoharie Creek.

Historische Schießprügel

Herkimer

Die nächste Etappe hat ihren Namen von General Nicholas Herkimer. Er führte im August 1777 amerikanische Truppen in die Schlacht von Oriskany. Sein Wohnsitz von 1752 steht unter Denkmalschutz. Südwestlich von Herkimer, bei Ilion, finden Liebhaber alter Gewehre das **Remington Arms Museum**.

Remington Museum: Catherine St., Ilion | Mo.–Fr. 8.30–16.30 Uhr

Gemächlich geht es zu auf dem Treidelpfad beim Erie Canal Village.

Keimzelle von Woolworth

Utica

Das **»Tor zu den Adirondacks«** ging aus einem Handelsposten bei einem 1758 von den Briten gebauten Fort hervor. In Utica wurde 1879 der Grundstein für das Warenhaus-Imperium Woolworth gelegt. Für einen Ausflug in die Bergwelt der Adirondacks ideal: die Fahrt mit der **Adirondack Scenic Railroad** von der Union Station aus. Wer Kunst des 18. bis 20. Jh.s mag, ist im **Munson-Williams-Proctor Arts Institute** richtig: Gemälde u. a. von Klee, Picasso und Dalí, Katherine Dreier, Emma Amos und andere amerikanische Künstler, Möbel. Die **F. X. Matt Brewing Company** war nach dem Ende der Prohibition die erste im Nordosten, die ihre Lizenz zurückbekam. Nach der Besichtigung kann man in der 1888 eingerichteten Gaststube z. B. ein »Three Stooges Ale« probieren.

Adirondack Scenic Railroad: www.adirondackrr.com
Munson-Williams-Proctor Arts Institute: 310 Genesee St.
Di.–Sa. 10–17, So. 13–17 Uhr | Eintritt frei | www.mwpai.org

Den Treidelpfad entlang

Erie Canal Village in Rome

Am Weg nach Rome, 16 mi/26 km nordwestlich von Utica, liegt das **Oriskany Battlefield State Historic Site**. Hier hat eine der blutigsten Schlachten des Unabhängigkeitskriegs stattgefunden. 800 Amerikaner, die ihren um Fort Stanwix kämpfenden Kameraden zu Hilfe eilen sollten, gerieten hier in einen Hinterhalt der mit den Briten verbündeten Indigenen. Rome selbst geht auf besagtes Fort Stanwix zurück, 1758 angelegt, doch fünf Jahre später von den Briten wieder verlassen. Die Amerikaner bauten es erneut auf und schlossen 1784 hier Frieden mit dem Irokesenbund. 1830 wurde das Fort geschleift, die heutige Anlage ist ein Nachbau, »Living History« inklusive.
In Rome tat man 1817 den ersten Spatenstich für den neuen Erie-Kanal. Das **Erie Canal Village** am Westrand der Stadt erinnert an jene Zeit, als hier Lastkähne fuhren. Auf einem restaurierten Stück des Kanals kann man einen Ausflug mit einem Kahn unternehmen.

Oriskany Battlefield State Historic Park:
Mitte Mai–Mitte Okt. Mi.–Sa. 9–17, So. 13–17 Uhr | Eintritt frei
http://nysparks.state.ny.us/historic-sites
Fort Stanwix: 112 E. Park St. | April–Dez. tgl. 9–17 Uhr
Eintritt frei | www. nps.gov/fost
Erie Canal Village: 5789 New London Rd. | Memorial Day–Labor Day
Mi.–Sa. 10–17 Uhr | Eintritt: 10 $ | www.eriecanalvillage.net

Cooperstown und Umgebung

»Lederstrumpf« und Baseball

Cooperstown

Cooperstown an der Südspitze des Otsego Lake ist der interessanteste Ort der Region zwischen dem Mohawktal im Norden und dem Tal des

Susquehanna im Süden. Es wurde 1786 vom Vater des »Lederstrumpf«-Autors inmitten einer Landschaft gegründet, die auch heute noch die Kulisse für Geschichten über Ureinwohner abgeben könnte. Am See, wo einst Coopers Haus stand, stellt das **Fenimore House Museum** das Lebenswerk des berühmten Autors vor und zeigt indigenes Kunsthandwerk. Im nahen **Farmers' Museum** sind 25 für die Gegend typische Bauernhöfe und Werkstätten der Pionierzeit aufgebaut. Akteure in historischen Gewändern zeigen, wie sich das Leben im 19. Jh. abspielte. Daneben hat Abner Doubleday den Ort berühmt gemacht, denn 1839 soll er sich hier die Regeln für Baseball ausgedacht haben. Die **National Baseball Hall of Fame & Museum** in der Main St. erzählt die Geschichte dieser in den USA, Kanada und Kuba populären Sportart. Natürlich werden auch Baseball-Heroen gewürdigt.

Farmers' Museum: 5775 State Highway 80 | Mitte Mai–Mitte Okt. tgl. 10–17 Uhr | Eintritt: 15 $ | www.farmersmuseum.org
Fenimore House Museum: Lake Rd. | Mitte Mai–Mitte Okt. tgl. 10–17 Uhr | Eintritt: 15 $ | www.fenimoreartmuseum.org
National Baseball Hall of Fame & Museum: 25 Main St. | tgl. 9–17, im Sommer bis 21 Uhr | Eintritt: 28 $ | http://baseballhall.org

Im Boot über den See

Howe Caverns

Im östlichen Nachbarort Howes Cave lädt das **Iroquois Indian Museum** zum Besuch ein. In der Nähe entdeckte der Farmer Lester Howe 1842 ein Höhlensystem. Die Howe Caverns sind heute als **größte Schauhöhle im Nordosten der USA** erschlossen. Höhepunkt jeder Tour ist die Bootsfahrt auf einem unterirdischen See.

Iroquois Indian Museum: 324 Caverns Rd. | April–Dez. Di.–Sa. 10–17, So. 12–17 Uhr | Eintritt 8 $ | www.iroquoismuseum.org
Howe Caverns: tgl. 9–18, Juli/Aug. 8–20 Uhr | Touren-Tickets ab 25 $ www.howecaverns.com

★★ NEW YORK CITY

Bundesstaat: New York | **Einwohner:** 8,5 Mio. (Metropolitan Area: 18,1 Mio.) | **Höhe:** 0–125 m ü. d. M.

New York City ist nicht die Hauptstadt. Weder die des gleichnamigen Bundesstaats noch die der USA. Wozu auch? NYC ist schlicht und einfach die »Stadt der Städte«. Kulturhauptstadt der Welt. Globales Wirtschaftszentrum. Kreativster Bienenstock der Erde. Adrenalingeladen bis in die Haarspitzen, internationalste Stadt der Welt, die Stadt, die niemals schläft.

Die Superlative überschlagen sich, und wer diesen Moloch zum ersten Mal besucht, in seinen Straßenschluchten wandert und in sein wild blubberndes Street Life eintaucht, wird von ihm in den Bann gezogen werden. Die Stadt im Mündungsgebiet von Hudson und East River ist ein Mosaik der Nationen, Sitz der Vereinten Nationen und zugleich eine Stadt härtester sozialer Gegensätze, in der verschwenderischer Luxus und bitterste Armut mitunter nur durch den Mittelstreifen einer Avenue getrennt werden.

The city that never sleeps

Das seit 1898 offiziell so bezeichnete Greater New York setzt sich aus fünf Stadtbezirken (»boroughs«) zusammen, von denen jeder für sich allein schon eine Millionenstadt ist: **Manhattan** als wirtschaftliches und kulturelles Zentrum, **Bronx**, **Brooklyn**, **Queens** und **Staten Island**. 120 Sprachen sind in New York zu hören, doch von einem »Schmelztiegel« zu sprechen trifft die Realität nicht, denn viele Gruppen wohnen teils noch in »eigenen« Vierteln: Afro-Amerikaner in Harlem, Chinesen in Chinatown, Italiener in Little Italy, Polen und Ukrainer im East Village, Ungarn, Tschechen und Deutsche auf der East Side, Hispanos im Barrio ...

Ausführlrch beschrieben im Baedeker-Reiseführer New York

Das Wirtschaftszentrum schlechthin

Obwohl New York City schon einige Male wirtschaftlich totgesagt wurde, kam die Stadt immer wieder auf die Beine. Nach wie vor ist sie das **Finanzzentrum** der Welt und die **Medienhauptstadt** der USA.

Geballte Wirtschaftskraft

Erst mal einen Überblick verschaffen vom Empire State Building aus ...

85 Prozent der Arbeitsplätze entfallen auf den Dienstleistungsbereich. So haben mit JPMorgan Chase und und Citibank zwei der größten Banken der USA hier ihren Sitz, dazu kommen mindestens sechs große Versicherungen und drei der größten US-Zeitungen, die »New York Times«, das »Wall Street Journal« und die »Daily News«. Die Hauptquartiere der drei größten Fernsehanstalten, CBS, ABC und NBC, sind in New York beheimatet und schließlich gibt es hier die meisten Hotels, Theater, Museen, Verlage und Werbeagenturen. Besondere Bedeutung hat der **Tourismus:** Er beschäftigt rund 700 000 Menschen. 2022 empfing die Stadt 56,4 Millionen Gäste aus dem In- und Ausland!

Wie aus Nieuw Amsterdam New York City wurde

Geschichte

1613 ließen sich die ersten holländischen Siedler auf der Halbinsel Manhattan nieder. Die Stadtgründung wird auf 1626 datiert, als Gouverneur Peter Minuit den Manna-Hatta-Stämmen ihre Halbinsel abkaufte und die Siedlung Nieuw Amsterdam anlegte. Unter seinem Nachfolger Peter Stuyvesant wuchs die Stadt, sah sich aber zunehmend von den Briten bedroht, die sie 1664 eroberten, ab 1674 endgültig besaßen und New York tauften.

Zu Beginn des Revolutionskriegs verloren die Amerikaner die Schlacht auf Long Island und mussten New York bis 1783 den Briten überlassen. George Washington legte 1789 in der Federal Hall seinen Eid als Präsident ab und New York wurde für kurze Zeit die erste Hauptstadt der Vereinigten Staaten. Schon 1820 war sie mit 150 000 Einwohnern die größte Stadt des Landes. Das 19. Jh. brachte eine Vervielfachung der Einwohnerzahl durch Einwanderer aus Europa und, nach dem Sezessionskrieg, durch ehemalige Sklaven aus dem Süden, sodass 1898 bereits etwa 3,5 Mio. Menschen in der Stadt lebten und 1913 sogar 5 Mio. Im selben Jahr wurde das Woolworth Building vollendet. Damit wurde die Ära der Wolkenkratzer eingeläutet, die 1931 mit dem Empire State Building, dem Chrysler Building und dem RCA Building einen vorläufigen Höhepunkt fand. Schon zwei Jahre davor erlebte die New Yorker Börse den »Schwarzen Freitag«, Auslöser für die Weltwirtschaftskrise.

Nach dem Zweiten Weltkrieg wurde die Stadt Sitz der Vereinten Nationen. Wichtige Nachkriegsdaten waren: 1954 die Schließung von Ellis Island; 1975, als die Stadt vor dem finanziellen Aus stand; 1987, als die Börse den »Schwarzen Montag« überstehen musste, der schlimmer war als der Crash von 1929, und 1990, als mit David Dinkins erstmals ein Afro-Amerikaner zum Bürgermeister gewählt wurde. Rudolph Giuliani, Bürgermeister von 1994 bis 2001, erreichte mit der »Zero-tolerance«-Politik einen enormen Rückgang der Kriminalität, allerdings häuften sich Klagen über das brutalen Vorgehen der Polizei.

Der schwärzeste Tag in der Stadtgeschichte war der 11. September 2001, als Terroristen zwei Flugzeuge ins World Trade Center steuer-

6X EINFACH UNBEZAHLBAR

Erlebnisse, die für Geld nicht zu bekommen sind

1. TWILIGHT ZONE

Centralia in Pennsylvania stirbt aus. Aus Löchern beidseits der Straße dringt Qualm. Denn ein **1962 entfachtes Feuer** konnte sich dank einer nahen Kohlemine unterirdisch ausbreiten und ist bis heute nicht ganz gelöscht. (► **S. 304**)

2. TRAUMGARTEN

Das Wandbild **»The Dream Garden« in Philadelphias Curtis Center** (601 Walnut St.) wurde 1916 vom Glaskünstler Louis C. Tiffany in 6 Monaten installiert: aus 100 000 Glasteilchen in über 260 Farbtönen auf 5 x 18 m. (► **S. 321**)

3. RANDYLAND

Eine Welt für sich ist Randyland. Von der Kreuzung Arch und Jacksonia Sts. aus hat Randy Gilson **im Norden von Pittsburgh** über die Jahre immer mehr Häuser bunt bemalt und ein extrem fotogenes Paradies geschaffen. (www.discovertheburgh.com/randyland)

4. ZAUNGAST

Der gut 5 km lange **Cliffwalk in Newport** beginnt am Bailey's Beach mit der Bucht links und den Palästen (»Mansions«) der einstigen Superreichen rechts. Man muss sich nur hie und da recken, um über die Zäune zu gucken. (► **S. 362**)

5. HOLY SAINTS

In **Bostons North End** hat Peter Baldassari die Gasse zwischen 4 und 8 Battery St. mit zig Bildern katholischer Heiliger in einen Schrein verwandelt. Am späten Vormittag ist er oft da und kann erzählen, ansonsten späht man durch das Gitter. (► **S. 133**)

6. WAS FÜR EIN ANBLICK!

Die Staten Island Ferry fährt 24 Stunden täglich und sieben Tage die Woche zwischen Staten Island und der Südspitze von Manhattan hin und her. Und das zum Nulltarif! (► **S. 250**)

ten und die mächtigen Twin Towers zum Einsturz brachten. Über 3000 Menschen starben.
Im Sommer 2007 kam das amerikanische Finanzsystem ins Wanken. Auslöser war ein drastischer Anstieg von Zahlungsausfällen bei Hypothekenkrediten mit geringer Bonität (»Subprime«), die Folge war eine globale Finanz- und Wirtschaftskrise. Erst 2012 nahm die Wirtschaft der Metropole wieder Fahrt auf. Außerdem ist und bleibt die Stadt eines der beliebtesten Reiseziele der Welt.

NEW YORK CITY ERLEBEN

❶ ETC. ▶ KARTEN S. 254 BZW. S. 260/261

NEW YORK CITY & COMPANY

810 7th Ave. New York, NY 10019
Tel. 1 212 4 84 12 00
www.nycgo.com
Mo.–Fr. 8.30–18, Sa./So. 9–17 Uhr

TIMES SQUARE VISITOR CENTER

Hier erhält man u. a. den »NYC Travel Planner« mit allen wichtigen Infos.
1560 Broadway
(zw. 44th u. 45th St.)
tgl. 8–20 Uhr

Einen ersten Überblick verschafft man sich von den Aussichtsplattformen auf dem Empire State Building oder dem GE Building im Rockefeller Center.

ERMÄSSIGUNGEN UND TICKETS

Der **New York Sightseeing DAY PASS** beinhaltet zu über 80 Attraktion, darunter Empire State Building, One World Observatory, Freiheitsstatue, 9/11Museum und Busrundfahrten und kostet ab 149$. Es lohnt sich, für die großen New Yorker Attraktionen Tickets online vorzubestellen.
www.sightseeingpass.com

Die Skyline vom Wasser aus kann man bei einer organisierten Schiffsrundfahrt studieren. Origineller, mindestens genauso schön, aber viel billiger ist eine Fahrt mit der **Staten Island Ferry** von der Südspitze Manhattans nach Staten Island und wieder zurück. Zahlreiche Unternehmen bieten Bustouren (Auskunft beim Times Square Visitor Center).

Das beste Fortbewegungsmittel ist die U-Bahn (**Subway**), die alle wichtigen Punkte rund um die Uhr verbindet. Express-Züge halten nur an wichtigen, Locals an allen Stationen. Eine einfache Fahrt kostet 2,75 $. Es lohnt sich der Kauf einer **MetroCard,** die mit bestimmten Beträgen aufgeladen wird und auch für Busse gültig ist (erhältlich in U-Bahnhöfen, Kiosken und in vielen Hotels).
https://new.mta.info/fares

Das Angebot ist riesig – von exklusiven Mode- und Schmuckgeschäften und weltbekannten Labels in der Fifth Avenue über Exotisches aus Asien bis zu kleinen Insider-Läden in der 42nd Street. Detaillierte und immer wieder aktualisierte Informationen sind in den einschlägigen Onlinemagazinen zu finden:

https://www.timeout.com/newyork/shopping und https://www.nycgo.com/things-to-do

New York ist die unangefochtene »Capital of Nightlife«. Welche Clubs oder Diskos gerade angezeigt sind, lässt sich kaum voraussagen. Das Online-Magazin »Village Voice« hat das Ohr am Trend, vor allem wenn es um moderne Musik geht; gut informiert auch das wöchentlich erscheinende »Time Out New York«.
www.villagevoice.com
www.newyork.timeout.com

❻ LE PAIN QUOTIDIEN €€€€

Das Restaurant ist Teil der beliebten Le-Pain-Quotidien-Kette, die für ihre frische, gesunde und nachhaltige Küche bekannt ist. Mit seinem einladenden Innenraum und der atemberaubenden Aussicht auf den Central Park ist Le Pain Quotidien der perfekte Ort, um eine Pause vom Trubel der Stadt zu machen. Die rustikale Einrichtung und die warme Atmosphäre schaffen eine gemütliche Umgebung.
Central Park, 2 W 69th St
Tel. 1 646-233-3768
order.lepainquotidien.us
Subway: 72nd St.
tgl. 06.30–19 Uhr

❶ NOBU DOWNTOWN €€€€

Muss man noch ein Wort über Robert de Niros legendäres Restaurant verlieren? Chef Nobuyuki Matsuhisa darf sich rühmen, seit 25 Jahren die besten Sushi und Sashimi der Stadt zu kredenzen oder leckere Entrées wie Thunfischtartar an Beluga-Kaviar, beträufelt mit Sake. Sehr trendiges, schickes Publikum, viel Prominenz.
195 Broadway, Eingang Fulton St. zwischen Broadway und Kirche
Tel. 1 212 2 19 05 00
www.noburestaurants.com
Subway:, Franklin St., Cortland St.
Mo.–Fr. 11.45–14.15, Sa./So. 11.45–17, So.–Do. 18–22.15, Fr./Sa. 18–23.15 Uhr

❷ THE RIVER CAFÉ €€€€

Nicht in einem Wolkenkratzer, sondern auf einem ausgedienten Frachtschiff im Schatten der Brooklyn Bridge: Bei einem filmreifen Panoramablick auf die Slyline von Manhattan gibt es neue, saisonale amerikanische Küche. Sehr teuer, aber jeden Dollar wert!
1 Water St., Brooklyn
Tel. 1 718 5 22 52 00
https://rivercafe.com
Subway: High St.
Mo.–Fr. 8.30–11.30, 17.30–23, Sa./So.11.30–14.30, 17–23 Uhr

❽ GRAND CENTRAL OYSTER BAR & RESTAURANT €€€

Das Edelrestaurant im Untergeschoss des Bahnhofs führt v. a. Fisch und – **natürlich** – Austern auf der Speisekarte.
Grand Central Terminal
89 East 42nd St.
Tel. 1 212 4 90 66 50
www.oysterbarny.com
Subway: Grand Central/42nd St.
Mo.–Sa. 11.30–21.30 Uhr

❺ SYLVIA'S €€

In Harlem heißt dieses Restaurant zu Ehren seiner Gründerin Sylvia Woods auch »Queen of Soul Food«. Bis heute wird hier zu durchschnittlichen Preisen »Soul food« serviert, die scharf gewürzten Gerichte der Südstaaten. Zum Sonntagsbrunch Gospel live.
328 Lenox Ave.
(zw. 126th und 127th St.)
Tel. 1 212 9 96 06 60
sylviasrestaurant.com
Subway: 125th St.
Mo.–Sa. 8–22.30, So. 11–22 Uhr

4 THE MIGRANTS KITCHEN €€

Lateinamerikanische und nahöstliche Küche in ungezwungener Bistro-Atmo. Gekocht wird von Einwanderern aus aller Welt.
1433 1st Ave., Tel. 917 409 1417
www.themigrantkitchennyc.com
Mo–Sa 11–22, So 11–21 Uhr

7 LA BONNE SOUPE €

Hier gibt es die besten Suppen von Manhattan. Gemütliches Lokal, vor dem die Leute allerdings mittags Schlange stehen.
48 West 55th St.
Tel. 1 212 5 86 76 50
www.labonnesoupe.com
Subway: Rockefeller Center
Tgl. 11.30–22.30 Uhr

3 TOM'S RESTAURANT €

Tom's ist ein Stück New York, und das nicht erst, seit sein Schild die erfolgreiche Comedy »Seinfeld« ziert. Legendär sind die gegrillten Käsesandwiches – die Studierenden der Columbia University, die täglich hier vorbeischauen, bezeugen es gerne.
2880 Broadway/Ecke West 112th St.
Tel. 1 212 8 64 61 37,
www.tomsrestaurant.net
Subway: 110th St./
Cathedral Pwy.
Di.–Do. 7–1, Fr.–Mo. 0–24 Uhr

Jetzt schon rausgehen oder lieber doch noch einen Kaffee?

❶ THE FRANKLIN €€€€
92 Zimmer mit geschmackvoller Einrichtung, wo man Luxus ohne Reue besonders gut genießen kann. Frühstück und Parkplatz sind kostenlos.
164 East 87th St.
(zw. Lexington u. 3rd Ave.)
Tel. 1 212 3 69 10 00
www.guestreservations.com/franklin-hotel/booking
Subway: 86th St.

❷ THE PIERRE €€€€
189 Zimmer und Suiten.Das Flaggschiff der Hotelkette Taj am Central Park ist nach seiner Renovierung noch schöner und noch luxuriöser.
2 East 61st St. (an der 5th Ave.)
Tel. 1 212 8 38 80 00
www.thepierreny.com
Subway: 5th Ave. Station

❺ HOTEL GANSEVOORT €€€€
187 Zimmer und Suiten. Ultra-hippes Hotel im trendigen Meatpacking District.Dachbereich mit einem verglasten Pool (mit Unterwassermusik!) und traumhaften Ausblicken; originell designte Zimmer und erlesenes Interieur.
18 9th Ave., Höhe 13th St.
Tel. 1 212 2 06 67 00
www.gansevoorthotelgroup.com
Subway: 8th Ave./14th St.

❸ KIXBY €€€–€€€€
179 Zimmer und Suiten. Das Hotel besitzt geschmackvolle Zimmer und eine Dachterrasse, von der man aufs Empire State Building schaut.
45 West 35th St.
(zw. 5th u. 6th Ave.)
Tel. 1 212 9 47 25 00
www.hotelmetronyc.com
Subway: Kixby.

❹ LEO HOUSE €€
Sehr günstig für New Yorker Verhältnisse, sauber und ordentlich. Kein Wunder: Das Hotel war ursprünglich ein Gästehaus für katholische Geistliche, aber nun ist hier jeder willkommen, ob gläubig oder ungläubig.
332 West 23rd St.
(zw. 8th u. 9th Ave.)
Tel. 1 212 9 29 10 10
www.leohousenyc.com
Subway 23rd St.

Lower Manhattan

Statue of Liberty

Sinnbild der Freiheit
Vor der Südspitze von Manhattan reckt die weltberühmte Freiheitsstatue ihre Fackel in die Höhe. Für Millionen von Einwanderern war sie das Erste, was sie von Amerika sahen. Die 93 m hohe Figur der Freiheitsgöttin wurde von dem Elsässer Frédéric Auguste Bartholdi geschaffen und war ein **Geschenk Frankreichs zum hundertjährigen Bestehen der USA**.
Von der Aussichtsplattform im Sockel, wo sich ein kleines Museum mit der Geschichte der Einwanderung befasst, blickt man auf die Stadt und die über 4 km lange **Verrazzano Narrows Bridge** zwischen Staten Island und Brooklyn. Vor dem Betreten der neuen Heimat wurden alle Einwanderer auf **Ellis Island** überprüft. Manches Schicksal entschied sich in Minuten, sodass Ellis Island seinerzeit auch als **»Insel der Tränen«** galt. Heute ist die Anlage ein Museum

zur Geschichte der Einwanderung; u. a. gibt ein Computer Auskunft darüber, wann die Verwandten des bzw. der Fragenden die Vereinigten Staaten von Amerika betreten haben.

Fähren zur Freiheitsstatue und nach Ellis Island: tgl. ab 8.30 Uhr jede halbe Stunde (im Sommer öfter) ab Battery Park
Tickets ab 24,50 $ | www.statueofliberty.org/visit/tickets

Ein Park an der Spitze

Battery

Die Südspitze Manhattans – die Battery mit der South Ferry Plaza – beherrschen die Wolkenkratzer der New York Plaza. In deren Schatten duckt sich **Fraunces' Tavern**, das älteste Haus auf Manhattan, 1719 erbaut, später zweimal abgebrannt und heute Manhattans einziges Museum zur Revolution beherbergend. Hier verbrachte George Washington seine letzten Tage als Oberbefehlshaber der Revolutionstruppen. Wenig nordwestlich der Taverne liegt das Bowling Green mit dem alten Zollhaus (U.S. Custom House). 1811 wurde **Castle**

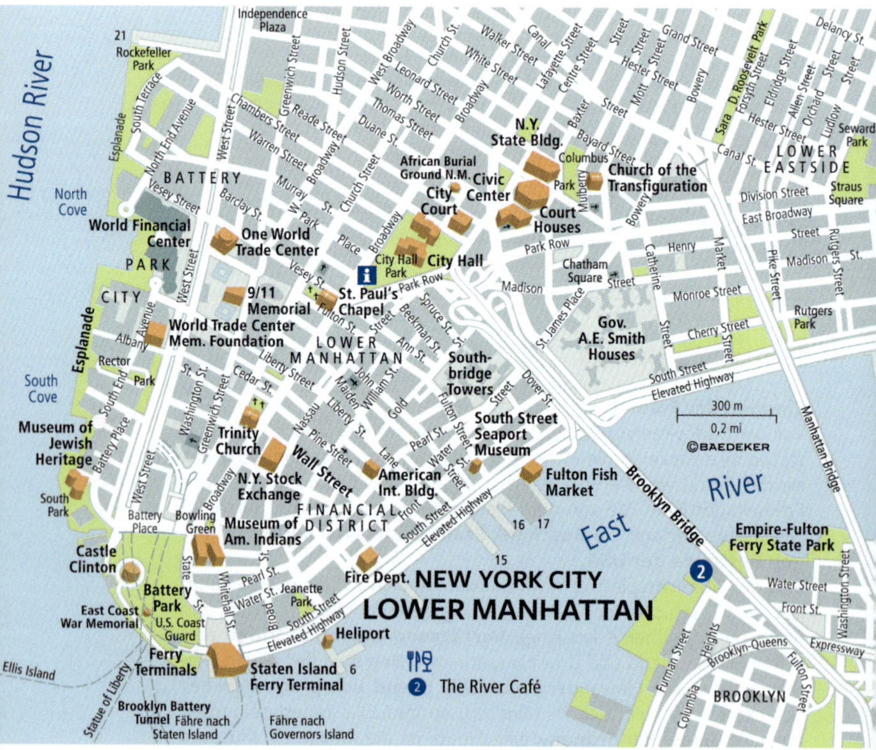

Clinton im Battery Park fertiggestellt und diente von 1824 bis 1855 als Konzertstätte, war dann Einwanderungsstation und bis 1941 Aquarium. Heute zeigen hier Dioramen die Geschichte New Yorks und es gibt die Tickets für die Fähre zur Freiheitsstatue. Am Weg zur Battery Park City liegt das **Museum of Jewish Heritage**. Zentrales Thema: der Holocaust. Im Norden schließt **Battery Park City** an: So wurde das Südwestufer am Hudson in den 1980ern neu gestaltet. Architektonische Akzente setzen das von César Pelli entworfene **World Financial Center** und der dazwischen gespannte riesige Wintergarten. Die 2 km lange Esplanade ist ein herrlicher Platz zum Flanieren, Schauen und Picknicken.

Schwieriges Gedenken

One World Trade Center (Freedom Tower, Ground Zero)

Nordöstlich von Battery Park City ragten bis zum 11. September 2001 die 420 m hohen Zwillingstürme des World Trade Center in den Himmel. Heute erinnert die **»Wall of Heroes«** an der Church Street an alle Opfer des Anschlags und den Bau des WTC. Nach langen Diskussionen wurde 2004 der Grundstein für einen Neubau gelegt mit dem 541,30 m hohen **One World Trade Center** in Anlehnung an einen Entwurf von Daniel Libeskind und der Gedenkstätte **»Reflecting Absence«** (National September 11 Memorial) von Michael Arad und Peter Walker, bestehend aus zwei Höfen mit Wasserbecken, die die Grundrisse der 2001 eingestürzten Türme nachzeichnen. Die Aussicht vom One World Observatory, New Yorks höchster Aussichtsplattform, zu der man mit einem der Skypod Elevators in 47 Sekunden zum 102. Stockwerk rast, ist gelinde gesagt spektakulär! Zudem baut sich im Aufzug in einer Präsentation die Stadt New York vom unbebauten Land bis zur Wolkenkratzermetropole in Sekunden vor einem auf.

»Aufsteigender Phönix«

The Oculus

So bezeichnete die New York Times den neuen Bahnhof am Ground Zero. Das gigantische Projekt, das ganze 4 Milliarden Dollar verschlang und damit der **teuersten Bahnhöfe der Welt** wurde, entwarf der Architekt Santiago Calatrava, und verbindet verschiedene U-Bahn-Linien, den PATH-Train und das World Trade Center. Das futuristische Design und die offenen, lichtdurchfluteten Räume machen The Oculus zu einem beliebten Ort zum Einkaufen, Essen und Fotografieren.

Wo Geld alles bedeutet

Financial District

Östlich vom One World Trade Center erreicht man den Broadway. Nach Süden, vorbei am Old A T & T Building und One Liberty Plaza (226 m hoch), folgt am Beginn der Wall Street die **Trinity Church**, das heutige Gebäude stammt von 1846. Auf dem Friedhof, dem ältesten der Stadt, ruhen u. a. Alexander Hamilton (1755–1804), erster US-Finanzminister, und Robert Fulton (1765–1815), Konstrukteur des ersten brauchbaren Dampfschiffs.

OBEN: In One World Trade Center wird an die größte Katastrophe in der Stadtgeschichte erinnert.
UNTEN: Seit 1883 geht es auf der Brooklyn Bridge über den Hudson.

Die **Wall Street**, Inbegriff der Finanzwelt, verdankt ihren Namen einer von den Holländern gegen die Briten errichteten Schutzmauer. An ihr folgt auf den 195 m hohen Turm des Irving Trust der 1792 gegründete **New York Stock Exchange**, das Herz der Finanzwelt, untergebracht in einem an einen römischen Tempel erinnernden Gebäude von 1903. Ihr Nachbar an der Ecke Broad Street ist das festungsartige Bankhaus Morgan Guaranty Trust. An der Kreuzung mit der Nassau Street steht das **Federal Hall National Memorial**, einst Zollhaus und heute Gedenkstätte: Hier befand sich die Federal Hall, in der Washington seinen Eid ablegte und wo der Kongress tagte. Etwas weiter nördlich ragt an der Nassau Street der 247 m hohe **Chase Manhattan Bank Tower** auf. Nur 20 m niedriger ist das Gebäude 60 Wall Street. Die Wall Street weiter hinabgehend kommt man zur South Street am East River.

An der South Street erstreckt sich unterhalb der Brooklyn Bridge **South Street Seaport**, einst das Kernstück des New Yorker Hafens und nun Museumshafen mit vielen Läden und Restaurants und natürlich mit historischen Schiffen, darunter die zu den legendären »Flying P-Liner« gehörende Viermastbark »Peking« (1911).

Die Brücke

Brooklyn Bridge

Vom Museumshafen geht der Blick auf die 1052 m lange Brooklyn Bridge, die älteste Brücke über den East River, 1867 bis 1883 als erste mit Stahlseilen gespannte Brückenkonstruktion erbaut.

China in New York

Chinatown

Östlich des Civic Center beginnt Chinatown, mit geschätzten 150 000 Einwohnern die **größte von Chinesen bewohnte Stadt außerhalb Chinas**. In den engen Gassen des Viertels trifft man auf allerlei Geschäfte mit typisch chinesischen Waren, eine Unzahl von Restaurants und einige buddhistische Tempel. Besonders lohnend: die Umzüge zum chinesischen Neujahrsfest Ende Januar/Mitte Februar. Nördlich an Chinatown schließt sich **Little Italy** an, wo Pasta und Grappa zu Hause sind, allerdings langsam verschluckt von Chinatown.

Kunst in SoHo

SoHo

Der Name dieses Viertels nennt seine Lage: **»South of Houston Street«** (sprich »hausten«!) und hat nichts mit Londons Soho zu tun. Das ehemalige Fabrik- und Lagerhausviertel, in dem noch viele gusseiserne »Cast-Iron«-Häuser stehen, wurde in den 1970ern von Künstlern und Galeristen entdeckt und stellt heute in seinen **Galerien** die Trends der US-Kunst aus.

Die Szene lebt

Greenwich Village

»The Village« ist ein ausgesprochen sympathisches Wohnviertel nördlich von SoHo zwischen 14th Street und Broadway. Bis in die 1960er wohnten hier gerne Schriftsteller und Künstler, von deren Ruf das Viertel heute noch zehrt. Seinen lebendigen Hauptplatz **Washington Square** umrahmen die Gebäude der New York City University; in der Bleecker Street liegen Antiquitätenläden, Restaurants, Kinos, Bars und Theater; Commerce Street und **Christopher Street** sind Fixpunkte der New Yorker LGBTQ+-Szene. In West Village gibt es ein weiteres Highlight der Kunstszene: Das **Whitney Museum of American Art** zog nach Downtown in ein Gebäude des Stararchitekten von Renzo Piano. Es versammelt US-amerikanische Kunst seit 1900 und bietet eine tolle Bühne für junge Kunstschaffende.

Whitney Museum of American Art: 99 Gansevoort & Washinton Sts. Mo./Mi./So. 10.30–18, Do./Sa./So. 10.30–22 Uhr | Eintritt: 25 $
www.whitney.org

East Village

Für die weniger Betuchten

Östlich des Broadway liegt East Village, einst das Viertel der Ukrainer und Polen, in den 1960er-Jahren von den Blumenkindern entdeckt und heute Zufluchtsort all derer, die sich Greenwich Village nicht mehr leisten können. Rund um den St. Mark's Place gibt es viele **originelle Second-Hand-Läden**. St. Mark's-in-the-Bowerie, Ecke 2nd Ave./ 10th St., von 1799 ist die zweitälteste Kirche der Stadt.

Midtown Manhattan

Chelsea

Trendviertel mit ungewöhnlichem Park

Dieser Stadtteil erstreckt sich zwischen 14th und 34th St. und zwischen Fifth Avenue und Hudson River. Im historischen Chelsea zwischen 9th und 10th Avenue sowie 19th und 23rd Street ist noch viel Bausubstanz aus dem 19. Jh. erhalten. Die Gegend westlich der 9th Avenue, zwischen 21. und 24. Straße, zieht junge Kunstschaffende an, die Piers am Hudson sind das Mekka für Sportfans und die 8th Avenue ein Zentrum des Gay New York. Und ein Trendviertel: der **Gansevoort Market** genannte alte Meatpacking District rund um Gansevoort/14th Sts. Ein weltbekanntes Ausflugsziel ist der **High Line Park** von der Gansevoort Street bis zur 30. Straße. Er ist auf den Stelzen einer alten Bahntrasse angelegt und bezaubert mit bunter Bepflanzung, ungewöhnlichen Ausblicken, Freiluftgastronomie und Verkaufsständen.

Fifth Avenue

Exklusive Shopping- und Parademeile

Hauptachse von Midtown ist die Fifth Avenue, die am Washington Square beginnt, an der Ostseite des Central Park weit hinauf nach Norden zieht und zu den bekanntesten und teuersten Straßen der Welt gehört. Sie teilt Manhattan in eine östliche und eine westliche Hälfte; ihr Midtown-Abschnitt ist **das eigentliche Zentrum New Yorks**, auf dem die berühmten Paraden stattfinden. An ihr und ihren Seitenstraßen ballen sich zwischen 34th und 57th Street die Wolkenkratzer, hier findet man exklusivste Geschäfte wie die Juweliere Tiffany, Van Cleef und Cartier, das Modehaus Bergdorf Goodman und sündhaft teuere Luxusherbergen.

Empire State Building

Den kennt jeder

Obwohl es schönere und höhere gibt, ist das Empire State Building seit der Kletterpartie des Filmaffen »King Kong« 1933 der **berühmteste Wolkenkratzer New Yorks**. Jahrzehntelang war der 1931 aus Kalkstein und Granit gebaute und 381 m hohe Turm (mit Antenne 449 m) das höchste Gebäude der Erde. Von der 86. und der 102. Etage genießt man unvergleichliche Ausblicke auf die Mega-Stadt.

Ecke 34th St./Fifth Ave.; tgl. 8–2 Uhr | Tickets Main Deck: 44 $, mit 102. Etage/Top Deck: 79 $ | http://www.esbnyc.com

Kultur, Shopping, Sportveranstaltungen

Anschauen, einkaufen, zuschauen

Zwei Blocks nordöstlich vom Empire State Building vereint die berühmte **Pierpont Morgan Library & Museum** bibliophile Kostbarkeiten mit unbezahlbaren Kunstwerken, zusammengetragen vom Bankier John Pierpont Morgan (1837–1913): Inkunabeln, Handschriften, Autografen und Gemälde wie die Hochzeitsporträts von Martin Luther und Katharina Bora von Lucas Cranach d. Ä.

Unweit westlich des Empire State Building jenseits des Herald Square wartet das riesige Kaufhaus **Macy's** auf Kundschaft. Noch weiter westlich markiert der 233 m hohe Turm One Penn Plaza das als Sportarena berühmte **Madison Square Garden Center** zwischen Sixth und Eighth Avenues. Im Untergrund verborgen ist der Großbahnhof Pennsylvania Station.

Morgan Library & Museum: 225 Madison Ave./36th St.
Di.–Do. 10.30–17, Fr. bis 21, Sa. 10–18, So. 11–18 Uhr
Eintritt: 22 $ | www.themorgan.org

Times Square

Prototyp für das New-York-Klischee

Hier rollen sie, die gelben Taxis, hier flackert die Leuchtreklame, bis der Schädel brummt, hier ist das in aller Welt so beliebte NYC-Klischee zu Hause. Seit fast 100 Jahren herrscht hier Stimmung, und anstatt Rotlichtatmosphäre – ja, die gab es zwischendurch auch mal – beherrschen heute Disney, Virgin, Bertelsmann, Kinopaläste, das Nobelkaufhaus Gap und Madame Tussaud's Wachsfigurenkabinett das Bild.

42nd Street, Park, Madison & Lexington Avenues

Tolle Wolkenkratzerarchitektur

Architektur-Freaks, aufgepasst! Vom Times Square auf der 42nd Street sechs Blocks in östlicher Richtung, vorbei an der New York Public Library (der zweitgrößten Bibliothek der USA), kommt man zum **Chrysler Building**. Mag das Empire State Building das berühmteste sein, so ist dieser Art-Deco-Turm, 1930 fertiggestellt und 319 m hoch, **unbestritten das schönste Hochhaus New Yorks**.

1 Nobu Downtown
2 The River Café
3 Tom's Restaurant
4 The Migrants Kitchen
5 Sylvia's
6 Le Pain Quotidian
7 La Bonne Soupe
8 Grand Central Oyster Bar & Restaurant
1 The Franklin
2 The Pierre
3 Kixby
4 Leo House
5 Hotel Gansevoort
300 m
0,2 mi
©BAEDEKER
Hudson River
Lincoln Center
Metropolitan Opera
D. Geffen Hall
Am. Folk Art Museum
Lincoln Square
State Theatre
Damrosch Park
Fordham University
Time Warner Center
Coliseum Park
Columbus Circle
Museum of Arts and Design
Carnegie Hall
Radio City Music Hall
THEATER DISTRICT
Duffy Square
Museum of Broadway
Times Square
MIDTOWN
New York Public Library
Bryant Park
Port Authority Bus Terminal
GARMENT DISTRICT
Nelson Tower
Macy's
Herald Square
Penn Station
Madison Square Garden
General Post Office
US Parcel Post Bldg.
Chelsea Park
HUDSON YARDS
J.K. Javits Exhibition and Convention Center
The Quill Busdepot
World Yacht
Intrepid Sea-Air-Space Museum
De Witt Clinton Park
Lincoln Tunnel (Toll)
Verdi Square
Sherman Square
Joe DiMaggio Highway
Riverside Boulevard
Freedom Place
Riverside Drive
West End Avenue
Broadway
Amsterdam Avenue
Columbus Avenue
Fifth Avenue
West 57th Street
West 42nd Street
West 34th Street
East 36th Street
East 40th

NEW YORK CITY
MIDTOWN MANHATTAN
Central Park
Jacqueline Kennedy Onassis Reservoir
Cooper-Hewitt Design Museum
Guggenheim Museum
Neue Galerie
Metropolitan Museum of Art
Hayden Planetarium
American Museum of Natural History
N.Y. Historical Society
Shakespeare Garden
Delacorte Theatre
The Great Lawn
The Ramble
The Lake
Loeb Boathouse
Strawberry Fields
Bethesda Fountain
Sheep Meadow
The Mall
Frick Collection
Heckscher Playground
Zoo
Arsenal
The Pond
Temple Emanu-El
Grand Army Plaza
General Motors Building
Trump Tower
Museum of Modern Art
St. Thomas
Rockefeller Center
St. Patrick's Cathedral
Grand Central Terminal
Chrysler Building
Trump World Tower
United Nations Headquarters
P. Detmold Park
Roosevelt Memorial
Roosevelt Island
Bloomingdale's
MET Breuer
St. James
YORKVILLE
UPPER EASTSIDE
TURTLE BAY
Holy Trinity Church
John Jay Park
Rockefeller University
Aerial Tramway
Queensboro Bridge
West Channel
East Channel
Fifth Avenue
Madison Avenue
Park Avenue
Lexington Avenue
Third Avenue
Second Avenue
First Avenue
York Avenue
Franklin D. Roosevelt Drive
Central Park West
Central Park South
Columbus
Transverse Road No.1
Transverse Road No.2
Transverse Road No.3
West 81st Street
79th Street
76th St.
West 74th Street
72nd Street
West 57th Street
6th Avenue
East 92nd Street
East 90th Street
East 88th Street
East 86th Street
East 84th Street
East 82nd Street
East 79th Street
East 77th Street
East 74th Street
East 72nd Street
East 70th St.
East 70th Street
East 68th Street
East 65th Street
East 63rd Street
East 61st Street
East 59th Street
East 57th Street
East 55th Street
East 53rd Street
East 51st Street
East 47th
East 42nd Street
55th Street
Main Street
West Road
West Loop Rd.
East Loop Rd.
Vernon Boulevard

An der Kreuzung mit der Park Avenue ragt das 246 m hohe **MetLife Building** (ehem. PanAm Building) auf, 1963 nach Plänen von Emery Roth, Pietro Belluschi und Walter Gropius vollendet. Es steht über der gewaltigen **Grand Central Station**.
Am Ende der 42nd Street liegen die **United Nations Headquarters**, das Hauptquartier der Vereinten Nationen. Das Gelände am East River wird beherrscht vom 134 m hohen, nach Plänen von Le Corbusier und Niemeyer errichteten Secretariat Building (1953), das Büro des Generalsekretärs liegt im 38. Stock. Im flachen **General Assembly Building** mit dem Saal der Vollversammlung gibt's auch einen Souvenirladen und das UN-Postamt.
An den parallel laufenden Park, Lexington und Madison Avenues reihen sich weitere Wolkenkratzer und andere interessante Gebäude auf, allen voran das traditionsreiche **Waldorf Astoria Hotel** (301 Park Ave.). Blickfänge in der Lexington Avenue: das General Electric Building (570 Lexington Ave.; 195 m), das **Citcorp Center** (575 Lexington Ave; 279 m) von Hugh Stubbins (1978) mit angeschrägtem Dach sowie, bereits in der 3rd Ave., das **Lipstick Building** (1986) von Philip Johnson und John Burgee. In der Madison Avenue sind u. a. bemerkenswert: der **IBM Tower** (590 Madison Ave.; 183 m) von E. L. Barnes (1984) mit einer wunderbaren überdachten Plaza und der IBM Gallery of Science and Art sowie das **Sony Building** (ehemals A T & T Building, 550 Madison Ave.; 197 m), die Ikone der Postmoderne von Philip Johnson (1983).
Im von Madison und Fifth Avenue sowie E. 50th und E. 51st Sts. begrenzten Block behauptet sich die **St. Patrick's Cathedral** mit ihren 101 m hohen Türmen im Schatten der Hochhausriesen. Die Kathedrale, Sitz des Erzbischofs (1858–1888) bewahrt u. a. eine Figur von **Elizabeth Ann Seton** (1774–1821), der 1975 als erster US-Amerikanerin heilig gesprochenen Gründerin der Sisters of Charity.

UN-Hauptquartier: Führungen ab Visitors Lobby tgl. 9–16.45 Uhr
Ticket: 26 $ | http://visit.un.org

★ Rockefeller Center und Umgebung

Zwischen Häuserriesen

Zwischen Fifth und Avenue of the Americas sowie 47th und 52nd Sts. taucht man ein in **die größte zusammenhängend geplante Wolkenkratzerstadt der Erde**, das Rockefeller Center, voller Geschäfte und Büros und verschönert mit moderner Kunst. Die nicht totzufotografierende Sunken Plaza mit der vergoldeten Prometheus-Figur verwandelt sich im Winter in eine Eislaufbahn mit riesigem Weihnachtsbaum. Über allem ragt das 259 m hohe General Electric Building (früher RCA Building) mit den Studios von NBC auf. Fast ein Muss beim New-York-Besuch ist die im 70. Stock gelegene Aussichtsplattform **Top of the Rocks**. Jenseits an der W. 50th St. liegt die **Radio City Music Hall**, 1930 im Art déco erbaut, mit 6200 Plätzen größter Bühnensaal der Welt. Weitere Wolkenkratzer in der Umgebung:

Exxon Building (1251 Ave. of the Americas; 229 m), McGraw Hill Building (1221 Ave. of the Americas; 205 m), Equitable Center Tower West (787 Seventh Ave.; 229 m), Olympic Tower (645 Fifth Ave.; 189 m) von Skidmore, Owings und Merrill (1976) und nördlich der **Trump Tower** (725 Fifth Ave.; 202 m) von Der Scott mit terrassenförmiger Fassade und protzig geratenem Atrium.

Ein weiteres Highlight ist das gläserne Aussichtsdeck **SUMMIT One Vanderbilt** auf dem Dach des One Vanderbilt Tower (427 m). Von dort aus genießt man eine atemberaubende Panoramaaussicht.

Top of the Rock: 45 Rockefeller Plaza | tgl. 8–24 Uhr | Ticket: 40 $
www.topoftherocknyc.com

SUMMIT one Vanderbilt: 45 E 42nd St | tgl. 9–24 Uhr | Ticket: ab 42 $ | summitov.com

Absolutes Highlight

★★ Museum of Modern Art MoMA

Nördlich vom Rockefeller Center ragt der 198 m hohe Wohnturm Museum Tower Apartments über dem weltberühmte Museum of Modern Art auf. Das hier nur MoMA genannte Museum beherbergt die wohl bedeutendsten Kunstsammlungen des späten 19. bis frühen 21. Jahrhunderts. Einige Highlights: Plastiken von Max Ernst, Alexander Calder, Picasso (»Ziege«), Henry Moore, Alice Aycock, Louise Bourgeois u. v. a.; Nachimpressionisten (Degas, Gauguin, Toulouse-Lautrec, Modigliani), Kubisten (Braque, Chagall), Expressionisten, Futuristen, Blauer Reiter, russische Avantgarde (Natalja Gontscharowa), Mondrian, Henri Matisse (größte Sammlung überhaupt), Picasso (**»Les Demoiselles d'Avignon«**, »Harléquin«), Dada (Max Ernst, Schwitters), Joan Miró und Surrealisten wie Frida Kahlo, Meret Oppenheim, Dalí; europäische Nachkriegskunst und US-Künstler wie Pollock, Johns und Georgia O'Keefe, auch Beuys; Fotokunst (Gisèle Freund u. a.), Videokunst (u. a. Valie Export, Pipilotti Rist), Architektur und Design mit Originalentwürfen der bedeutendsten Architekten und zeitgenössische Kunst seit den 1970er-Jahren.

Fast schon eine Sehenswürdigkeit für sich, auf jeden Fall aber ein toller Ort für den Souvenirkauf: der Museumsshop im MoMA.

11 W. 53rd St. | So.–Mi. 10.30–17.30, Do.–Sa. 10.30–20.30 Uhr
Eintritt: 25 $ | www.moma.org

Genial, voll krass, grandios ...

Hudson Yards & EDGE

... und nichts für schwache Nerven! Wer am Ende wieder unten auf der Straße steht, wird noch -zig andere Superlative ausgestoßen haben! Mit „Rand" nur ungenügend ins Deutsche übersetzt, ist **EDGE** eine dreieckige freitragende Aussichtsplattform, die im 100. Stockwerk 24 m aus dem neuen Wolkenkratzer 30 Hudson Yards herausragt. **Hudson Yards** ist eine nagelneuer, gewaltiger Wohn- und Entertainment-Komplex an der Westside. EDGE wurde im März 2020 eröffnet und ist eine der weltweit höchsten Aussichtsplattformen im Freien. Ein

Glasboden bietet Wagemutigen den senkrechten Blick in 340 m Tiefe, knapp 7 Grad nach außen geneigte Glasbarrikaden ermöglichen magenumdrehende 270-Grad-Blicke. Mit einer Gesamthöhe von 387 m gehört 30 Hudson Yard in Midtown Manhattan zur Riege der Super-Wolkenkratzer. EDGE biete **fantastische Blicke** auf die Skyline im Süden und Osten von Manhattan und über den Hudson River nach New Jersey. Wenig später setzten die Betreiber mit der Eröffnung des **»City Climb at EDGE«** noch einen drauf: Inzwischen können alle, denen EDGE nicht genug ist, auf einer Außentreppe bis zur Spitze des 30 Hudson Yards Wolkenkraters aufsteigen. Angeseilt natürlich!
30 Hudson Yards. | tgl. 10–22 Uhr. | EDGE Eintritt: ab 35 $, City Climb Tickets ab 185$ | www.edgenyc.com

Uptown Manhattan

Oase der Erholung, Filmlocation, Kunstort …
Ebenfalls allen Fernsehguckern weltweit bekannt ist der berühmte Central Park. »Ghostbusters«, »Kevin allein zu Haus«, »Wall Street«, »When Harry met Sally« und viele andere Filmklassiker wurden hier gedreht. Wenn hier nicht gefilmt wird, erholen sich die New Yorker in dem 340 ha großen Park beim Sonnenbaden, Rollschuhfahren oder Rudern. Übrigens hat man erstmals die Grauhörnchen im Park gezählt: Im Juni 2019 waren es genau 2373. Per Pferdedroschke oder zu Fuß kann man sich einige der sehenswerten Fleckchen anschauen. Dazu gehören u. a. der Zoo in der Südostecke, das Haus The Dairy mit dem Sitz der Parkverwaltung, die breite Central Park Mall mit **Skulpturen** von Dichterinnen und Komponisten, die zum Brunnen Bethesda Fountain und zum See mit **Loeb's Boathouse** führt; nördlich davon Belvedere Castle, höchster Punkt des Parks, und **Cleopatra's Needle**, ein ägyptischer Obelisk (um 1500 v. Chr.) aus Heliopolis, dessen Pendant in London an der Themse steht; westlich vom Bethesda-Brunnen die nach dem Beatles-Song benannten **Strawberry Fields**, genau gegenüber vom Dakota Building an der 72nd Street, vor dem 1980 John Lennon ermordet wurde.

Alles anschauen geht nicht
Man tut gut daran, sich vorher zu überlegen, wohin genau es gehen soll. Das Metropolitan Museum of Art an der Osteite des Parks ist nämlich nach dem British Museum in London und der Eremitage in St. Petersburg **das drittgrößte Kunstmuseum der Welt**. Es wurde 1870 durch private Initiative gegründet und besitzt mittlerweile über drei Millionen Kunstgegenstände. Im **Untergeschoss** werden Männer- und Frauenkleidung sowie Trachten aus dem 17. bis 20. Jh. gezeigt.
Im **Erdgeschoss** zu sehen sind Kunst des alten Ägypten (u. a. der beim Bau des Assuan-Staudamms abgetragene Tempel von Dendur,

14 Statuen der Königin Hatschepsut); griechische und römische Kunst (u. a. aus dem Palast von Knossos); Mittelalter (u. a. byzantinische Kunst, große Gobelingalerie); europäische Skulpturen und Stilzimmer (u. a. Marmorpatio aus dem spanischen Vélez Blanco, Porzellan); Waffen (Wikingerschwerter, Ritterrüstungen); Robert Lehman Collection (Gemälde und Zeichnungen, u. a. Memling, Cranach d. Ä., El Greco, Paul Signac, Kees van Dongen, Suzanne Valadon); American Wing (US-Kunst und Kunstgewerbe); Michael C. Rockefeller Wing (Kunst aus dem pazifischen Raum); Lila Acheson Wallace Wing (Kunst des 20. Jh.s, darunter Picassos »Porträt Gertrude Stein«, Paul-Klee-Sammlung, Edward Hopper, Skulpturengarten).
Das **Obergeschoss** versammelt europäische Malerei (u. a. Raffael, Tizian, Frans Hals, Vermeer, van Eyck, Memling, Cranach d. Ä., Holbein d. J., Dürer, Rembrandt, Rubens, van Dyck, Poussin, Hogarth, Angelika Kauffmann, Reynolds, Turner), Kunst des 19. Jh.s; Kunst des Islam, altorientalische Kunst (u. a. Persien, Anatolien, Babylon); Kunst des Fernen Ostens (u. a. Lack-, Jade- und Bronzearbeiten, Porzellan); Zeichnungen und Druckgrafik sowie Musikinstrumente.
1000 Fifth Ave. | So.–Do. 10–17.30, Fr./Sa. 10–21 Uhr
Eintritt: 30 $ | www.metmuseum.org

Kunst in der Spirale

★★
Guggenheim Museum

Das Guggenheim Museum nördlich vom Metropolitan Museum beeindruckt nicht allein mit einer bestechenden Gemäldesammlung, sondern auch durch das Gebäude. **Frank Lloyd Wright** konzipierte einen kreisrunden, sich nach oben erweiternden Bau, in dem die Besucher auf einer umlaufenden Spirale den einzigen großen Ausstellungsraum durchwandern und Werke von Kandinsky (größte Sammlung der Welt), Braque, Léger, van Gogh, Chagall, Maria Helena Vieira da Silva, Rebecca Horn, Josephine Meckseper u. v. a. mehr betrachten können.
1071 Fifth Ave. | tgl. 10–17.30, Di. und Sa. bis 20 Uhr
Eintritt: 25 $ | www.guggenheim.org

Viertel im Umbruch

Nördlich vom Central Park

An die Nordseite des Central Park schließt direkt das Schwarzenviertel **Harlem** an, lange Zeit ein vernachlässigtes Ghetto voller Armut und Gewalt. Das gibt es immer noch, doch heute wird gebaut und renoviert wie seit der Gründerzeit nicht mehr. Doch trotz der um sich greifenden Gentrifizierung ist Harlem nach wie vor der Hot Spot für Musiker aus Jazz, Rap, Hiphop, Blues und Rock sowie Küchenchefs und andere Kreative. Mittlerweile bieten u. a. Harlem Heritage Tours oder Harlem Spirituals Rundfahrten und Spaziergänge an zu markanten Punkten wie Abyssinian Baptist Church, All Saints Church, Strivers' Row, Studio Museum und Schomburg Center for Research in Black Culture.
www.harlemheritage.com
www.harlemspirituals.com

Brooklyn · Long Island

Trendy mit grüner Oase

Brooklyn

Zwischen Brooklyn Bridge und Atlantic Avenue liegt das charmante **Brooklyn Heights**. Von der Brooklyn Promenade am East River hat man einen fantastischen Blick auf das gegenüber liegende Manhattan. Auf der Old Fulton und weiter auf der Front Street kommt man ins ehemalige Hafenviertel **DUMBO**, »Down under the Manhattan Bridge Overpass« genannt. Viele riesige Lagerhäuser wurden nach und nach zu Apartments, Ateliers, Indie-Boutiquen und angesagten Cafès umgebaut. Die Sammlungen ägyptischer, nahöstlicher und orientalischer Kunst des **Brooklyn Museum** gehören zu den bedeutendsten und die Wanderausstellungen zu den kreativsten ihrer Art. Beim Museum liegt der **Botanic Garden**, in dem 12 000 verschiedene Pflanzen gedeihen, darunter 900 Rosensorten. Besonders zur Kirschblüte tummeln sich hier die New Yorker. Auf dem 1840 auf den Gowanus Heights angelegten **Greenwood Cemetery** (Haupteingang 5th Ave. & 25th St.) liegen einige bekannte Persönlichkeiten begraben, u. a. Samuel F. B. Morse (1792–1872), Erfinder des Telegrafen, Elias P. Howe (1819–1867), Erfinder der ersten brauchbaren Nähmaschine, und Lola Montez (1818–1861), Tänzerin und Geliebte des Bayernkönigs Ludwig I.

Brooklyn Museum: 200 Eastern Parkway | tgl. 11–18, Do. bis 20 Uhr
Eintritt: 16 $ | www.brooklynmuseum.org

Zur Erholung vom Big Apple

Long Island

Die 180 km lange Insel im Atlantik ist der **beliebteste Ausflugsort im Großraum New York**. Hier findet man herrliche Badestrände (Jones Beach und im Robert Moses State Park); weiter im Osten beginnen die eleganten und ruhigen Hamptons, wo es mondänes Beach Life gibt, sich die Intelligenzia ihre Häuschen baut und mancher wirklich hübsche alte Straßenzug wie die Main Street von East Hampton zum Bummel.

★ NIAGARA FALLS

Region: Greater Niagara | **Höhe:** 174 m ü. d. M.

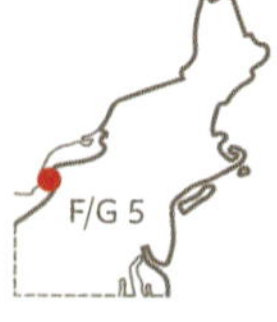

Die Niagara-Fälle auf der Grenze zu Kanada sind wohl die berühmtesten Wasserfälle der Welt. Hier stürzen gewaltige, aus dem Erie-See kommende Wassermassen spektakulär über eine knapp 50 m hohe Abbruchkante und zwängen sich anschließend als Niagara River durch eine schmale Schlucht zum Lake Ontario – das lockt jährlich über 13 Mio. Besucher an.

Insofern sollten Sie sich auf jede Menge Touristenrummel einstellen. Aus USA-Seite hält er sich zwar, verglichen mit dem Trubel auf der kanadischen Seite, in Grenzen, doch werden Sie es auch hier mit dem üblichen Kitsch zu tun bekommen. Positiv zu vermerken: Der schön weitläufige Niagara Falls State Park nimmt dem Ganzen ein wenig den Stachel. Der Touristenauftrieb kommt aber nicht von ungefähr: Die Niagara Falls sind ganz einfach ein fantastisches Wunder der Natur.

Weltberühmtes Naturwunder

Wasser als Landschaftsformer und Energielieferant

Wie die Fälle entstanden

Die Entstehung der Fälle reicht in die letzte Eiszeit zurück, als sich der Fluss seinen Weg über ein zum Niagara Escarpment gehörenden Kalksteinplateau bahnte. In der Nähe des heutigen Lewiston stürzte sich der Niagara River auf das Niveau des Lake Ontario hinunter. Durch **rückschreitende Erosion** wanderte der Wasserfall relativ schnell flussaufwärts; gegenwärtig weicht er zwischen 6 und 30 cm pro Jahr zurück. Da man inzwischen einen beträchtlichen Teil des Wassers in Wasserkraftwerke leitet und das Tempo der Erosion sehr stark vom Volumen der Wassermassen abhängt, kann es aber noch einige hunderttausend Jahre dauern, bis ▶ Buffalo an den Niagarafällen liegt!

Die **Wasserkraft** im Bereich der Niagarafälle wird seit vielen Jahrzehnten zur **Stromerzeugung** genutzt, sodass lediglich die Hälfte der durchschnittlichen Wassermenge von 6 Mio. l/sec über die Fälle stürzt, während die andere Hälfte durch die Druckrohre von Turbinenkraftwerken geleitet wird. Bei Nacht und im Winter lässt man sogar nur 1,4 Mio. l/sec in die Tiefe stürzen. Die Kraftwerkskapazität liegt derzeit bei 3 Mio. kWh. Weitere, allerdings heftig umstrittene Kraftwerksausbaupläne sind im Gespräch. Übrigens: Die Gewinnung von elektrischem Strom an den Niagarafällen hat der aus dem schwäbischen Kirchheim/Teck stammende Unternehmer Jakob Friedrich Schoellkopf (1819–1899) entscheidend vorangetrieben.

Indigener Name

Geschichte

Die Wasserfälle waren den Native Americans natürlich bekannt, als 1678 der Priester Louis Hennepin sie erstmals dokumentierte. Der indigener Name »Niagara« bedeutet so viel wie »Engstelle«. Das Gebiet war zwischen Engländern und Franzosen lange umstritten; erst der Vertrag von Gent zur Beendigung des Amerikanisch-Britischen Kriegs 1814 legte endgültig den **Grenzverlauf zwischen Kanada und den USA** in der Mitte des Flusses fest. Die Entwicklung zur Touristenattraktion begann schon früh: 1795 beschloss die kanadische Regierung, einen Fußweg anzulegen, ging allerdings davon aus, dass diesen nur »kleine Jungs« benutzen würden. Den entscheidenden Auftrieb brachte in den 1830er-Jahren die Eröffnung einer Eisenbahnlinie. Immer mehr Menschen wollten die gigantischen Wasserfälle sehen. Deshalb erließ die Regierung des kanadischen Ontario 1885 ein Gesetz gegen die planlose Bebauung des Uferstreifens.

Griffon Gastropub
Sheraton Niagara Falls
Red Coach Inn
Niagara-on-the-Lake, Botan. Gardens, Butterfly Conservatory, Floral Clock, Sir A. Beck Generating Station
Whirlpool
CANADA
USA
Fort Niagara
Niagara Power Project Visitor Centre, Buscaglia-Castellani Art Gallery, Niagara University
Helicopters
Whirlpool Aero Car
Niagara Parkway River Road
Whirlpool Rapids
Lewiston Road
Highland Ave.
Victoria
White Water Walk
Niagara Falls Station
Customs
VIA Station
Stanley
Bridge
Street
Bus Terminal
Parkway
Main
Ontario Ave.
Queen
Street
City Hall
Cleveland Ave.
Lockport Street
Morrison Street
Oakes Park Stadium
River Road
Niagara River
Street
Moses
Avenue
Swimming Pool
NIAGARA FALLS
ONTARIO • NEW YORK
Portage
McRae Street
Robert
Street
Parkway
Falls Avenue
City Hall
Schoellkopf Geological Museum
Aquarium of Niagara Falls
Pine Avenue
Niagara Hospital
Casino Niagara
Bird Kingdom
Main
Walnut Avenue
Aerospace Museum
Queens Expressway, St. Catherines, Toronto
Stanley
Guiness World of Records
Customs
Rainbow Bridge
Helicopters
Ferry Avenue
Oaks Garden Theatre
Ferry Street
Maid of the Mist
Customs
Seneca Niagara Casino
Niagara Street
Road
Maid of the Mist
Convention Center
Queen Victoria Park
Observation Tower
Wax Museum
Imax Theatre
Skylon Tower
Rainbow
American Falls
»The Turtle« Native American Center
Wedding Chapel
Boulevard
Bus Terminal
Lake Erie
Main Street
Buffalo Ave.
Niagara
Cave of the Winds
Riverway
Incline Railway
Goat Island
Niagara Scenic Parkway
Konica Minolta Tower
Table Rock
Horseshoe Falls
USA
CANADA
Portage Road
Avenue
Floral Showhouse
Niagara River
0,3 mi
500 m
©BAEDEKER

NIAGARA FALLS ERLEBEN

NIAGARA TOURISM & CONVENTION CORPORATION
10 Rainbow Blvd.
Niagara Falls, NY 14303
Tel. 1 877 3 25 57 87
https://www.niagarafallsusa.com

GRENZÜBERTRITT
Bei einem Ausflug auf die kanadische Seite, ob zu Fuß oder mit dem Auto, muss der Reisepass mitgeführt und eine Gebühr bezahlt werden.

❶ GRIFFON GASTROPUB €€
Dieser gemütliche Pub serviert solides Pubfood, also Wings, Hamburger und Fish 'n' Chips. Den feinen Unterschied machen die Qualität der Zutaten und Beilagen, wie die in Ahorn Bourbon eingelegten Baconstreifen für den Burger.
2470 Military Rd., Niagara Falls
Tel. 1 716 2 36 74 74
www.thegriffonpub.com
So.–Do. 11–2, Fr./Sa. 11–3 Uhr

❶ SHERATON NIAGARA FALLS €€–€€€
392 Zimmer, darunter auch Suiten für die ganze Familie. Das Hotel liegt in unmittelbarer Nähe der Fälle und gegenüber vom Seneca Niagara Resort & Casino.
300 3rd St., Niagara Falls
NY 14303
Tel. 1 716 2 85 33 61
www.sheratonatthefalls.com

❷ RED COACH INN €€€€
Das kolonialenglische Ambiente ist entzückend. Dazu kommt der Blick auf die Upper Falls, allerdings nur von den teuren Suiten aus. Das Restaurent serviert feine amerikanische Klassiker wie New York Strip und Rib Eye.
2 Buffalo Ave., Niagara Falls
NY 14303, Tel. 1 716 2 82 14 59,
www.redcoach.com

American Falls · Horseshoe Falls

Kanada ist spektakulärer

Zweigeteilt

Goat Island teilt die Fälle in die American Falls, von denen sich der kleine, nur 12 m breite Bridal Veil Fall (Brautschleier-Fall) abgespaltet hat, und in die kanadischen Horseshoe Falls. **90 Prozent** der Wassermassen fließen über den hufeisenförmigen **kanadischen Fall**. Er ist an der Kante etwa 750 m lang und 52 m hoch; die American Falls sind ca. 330 m breit, dafür 3 m höher, was nicht wirklich auffällt. Am Fuß der Fälle beträgt die Wassertiefe rund 50 m; von dort durchfließt der Fluss eine bis zu 100 m tiefe und zwischen 80 und 300 m breite Schlucht, die Niagara Gorge. Nach Nordwesten verengt sich der Canyon in den tosenden Whirlpool Rapids, eine Folge von strudeldurchsetzten Stromschnellen, und bildet dann im Kessel des Whirlpools gewaltige Strudel, bevor er den Lake Ontario erreicht.

So nah wie möglich

Niagara-Perspektiven

Den besten Blick hat man auf die Fälle, die abends eindrucksvoll illuminiert werden, von den Terrassen und Aussichtstürmen auf der kanadischen Seite. Noch eindrucksvoller ist eine ziemlich feuchte Fahrt mit der **Maid of the Mist**, die von der US-Seite ablegt. Von Kanada geht es mit den modernen Katamaranen der Hornblower-Gruppe bis unmittelbar vor die Fälle. Die Boote steuern zunächst an den American Falls vorbei und bewegen sich dann in die Gischt der kanadischen Horseshoe Falls. Alle Passagiere erhalten Regenmäntel und -hüte. Auf beiden Seiten der Schlucht fahren Aufzüge zur Talsohle hinab. Von dort folgt ein atemberaubender **Gorge Trail** in der von grünlich schimmernden und heftig brausenden Fluten erfüllten Schlucht. Sowohl von der US- als auch von der kanadischen Seite werden **Hubschrauberrundflüge** angeboten. Auf der kanadischen Seite fährt der **Whirlpool Aero Car**, eine Seilbahn, langsam über die Strudel des Whirlpool hinweg.

US-Seite der Fälle

Aussicht garantiert

Niagara Falls (Stadt)

Die Stadt Niagara Falls ist eine eher düster wirkende Industriestadt. Am auffälligsten ist das Casino der Seneca an der Fourth St., das höchste Gebäude im Norden des Staats New York. Alle wichtigen Sehenswürdigkeiten auf der US-Seite versammeln sich in einer von Frederick Law Olmsted gestalteten Parkanlage, dem heutigen **Niagara Reservation State Park**, der den Kommerz ein wenig unter Kontrolle hält. Im **Orin Lehman Visitor Center** erfährt man alles Wissenswerte über das Naturwunder. Vom **Prospect Point** hat man einen guten Blick auf die American Falls und den Bridal Veil Fall. Noch eindrucksvoller ist die Szenerie vom 86 m hohen **Observation Tower**. Vom Prospect Point gelangt man über eine Brücke zunächst nach **Green Island** und dann nach **Goat Island**. Eine Fußgängerbrücke überspannt den **Bridal Veil Fall** und führt auf die Luna Island direkt über die American Falls. Unten erkennt man Menschen in gelbem Ölzeug. Es sind Teilnehmer der **Cave of the Winds Tour**, die durch einen Tunnel und über Stege bzw. Treppen zum Hurrican Deck unter dem tosenden Bridal Veil Fall führt.Auf der Westseite von Goat Island erreicht man den **Terrapin Point**, von dem aus man die Horseshoe Falls überblickt. Die **Three Sisters Islands** sind über Brücken mit Goat Island verbunden. Hier steht man inmitten der **Upper Rapids**, also kurz vor der Kammlinie der Horseshoe Falls.

Wie Stromgewinnung durch Wasserkraft funktioniert

Whirlpool State Park

Vom Whirlpool State Park nördlich der Statdt bietet sich ein herrlicher Blick auf den riesigen Kessel, den die Strudel ausgeräumt haben. Vom nördlich liegenden Lewiston aus kann, wer gute Nerven hat, im

Man kann sich den Fällen auf verschiedene Art nähern. Feucht wird es auf jeden Fall.

Sommer mit dem Jet Boat in den Whirlpool hineinfahren. Vom Devil's Hole State Park bietet sich ein guter Blick auf die Lower Rapids. Ganz in der Nähe informiert das gigantische **Niagara Power Project** über die Stromgewinnung durch Wasserkraft und über die Geschichte der Kraftwerkstechnik.

Niagara Power Project: 5777 Lewiston Rd./NY 104 | tgl. 9–17 Uhr Eintritt frei | www.nypa.gov

»Living History«

Fort Niagara State Park

Nördlich von Youngstown, wo der Niagara River in den Lake Ontario mündet, liegt Old Fort Niagara. An der Stelle eines 1679 errichteten Vorpostens der Franzosen wurde 1726 die Festung angelegt. Sie hatte in allen Auseinandersetzungen zwischen Franzosen und Engländern bzw. Engländern und Amerikanern eine **strategische Bedeutung**. Fast das ganze Jahr über wird hier »Living History« geboten.

Sommer tgl. 9–19.30, Winter bis 16.30 Uhr | Eintritt: 20 $
www.nysparks.com/parks.

Kanadische Seite der Fälle

Die schönsten Ausblicke auf die Fälle

Niagara Falls (Stadt)

Die kanadische Stadt liegt am landschaftlich reizvolleren Westufer des Niagara River in der Provinz Ontario. Dank der **tollen Ausblicke auf die Wasserfälle** ist sie v. a. ein Touristenzentrum mit schrillen Vergnügungseinrichtungen wie Clifton Hill nahe der Rainbow Bridge bzw. rund um den Skylon Tower. Am besten beginnt man beim Visitor Centre am **Table Rock**, direkt bei den Wasserfällen. Ein Blick von der gischtbesprühten Terrasse ist obligatorisch. Wer noch näher heran möchte, begibt sich auf die **Journey behind the Falls**: per Fahrstuhl vom Besucherzentrum hinunter zu einem gut gesicherten Pfad. Er führt zu den **Scenic Tunnels** hinter der Wasserwand und 38 m unterhalb der Abbruchkante durch das Gestein.

Zwei Aussichtspunkte bieten ebenfalls phänomenale Blicke: der 99 m hohe **Konica Minolta Tower** und die 158 m hohe Aussichtskanzel des **Skylon Tower**. Beide Türme haben Restaurants. Wie wäre es mit einem Abendessen mit Blick auf die illuminierten Fälle?

Dass die Fälle schon immer eine besondere Herausforderung darstellten, lernt man in der Niagara-Daredevil-Ausstellung im **Niagara IMAX Theatre**. Schon viele Abenteurer versuchten, die Fälle zu überqueren (z. B. auf einem Hochseil) oder mit diversen Fahrzeugen hinabzurauschen. Mit historischen Fotos, Filmen und sogar Originalholzfässern wird das hier dokumentiert. Im IMAX Theatre werden dazu grandios gefilmte Impressionen auf einer Riesenleinwand gezeigt.

»The Tunnel« ermöglicht Besuchern die majestätischen Wasserfälle aus einer neuen Perspektive zu erleben. Der 670 m lange Tunnel führt unterhalb der Erde entlang zu einer tollen Aussichtsplattform. Von der stillgelegten, aber renovierten **Niagara Parks Power Station** führt ein gläserner Aufzug hinab zum Tunnel.

Niagara IMAX Theatre: 6170 Fallsview Blvd., Niagara Daredevil Exhibit | wechselnde Öff.zeiten | Eintritt: 15 $ | www.imaxniagara.com

Sonntagsfahrt mit Churchill

Niagara Parkway

Der herrliche Niagara Parkway, von Winston Churchill einst die schönste Spazierfahrt an einem Sonntag genannt, folgt dem Niagara River bis zum Lake Ontario. Die schönste der am Straßenrand liegenden Sehenswürdigkeiten ist **Fort George**. Es sollte die Niagara-Region vor Übergriffen der Amerikaner schützen, in deren Hände es 1813 aber trotzdem fiel. Auch hier: »Living History«.

Fort George liegt am Stadtrand von **Niagara-on-the-Lake**, einem Bilderbuchstädtchen, das im 19. Jh. zu verharren scheint. Die erste Hauptstadt von Britisch-Oberkanada wurde 1813 von den Amerikanern niedergebrannt, aber rasch wieder aufgebaut mit hübschen viktorianischen Häuschen, umgeben von gepflegten Gärten. Flaniermeile ist die Queen Street und deren größte Attraktion wiederum die Museumsapotheke Niagara Apothecary.

ROCHESTER

Region: Finger Lakes | **Höhe:** 157 m ü. d. M. | **Einwohner:** 210 000

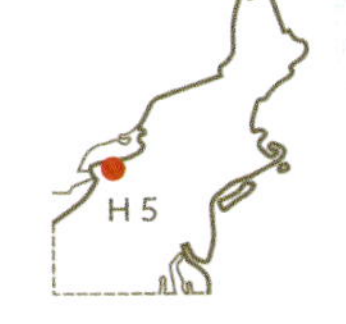

Berufsfotografen kennen die drittgrößte Stadt des Empire State zumindest dem Namen nach, schließlich legte hier George Eastman den Grundstock für die Eastman Kodak Company, die jahrzehntelang tonangebend in Sachen Fototechnik war. Hier wurde Fotogeschichte geschrieben.

Ab 1880 stellte **George Eastman** (1854–1932) in Rochester die von ihm entwickelten fotografischen Trockenplatten her. 1888 führte er die erste Kamera für jedermann unter dem Namen **Kodak** vor und schon ein Jahr später brachte er den Zelluloid-Film auf den Markt, getreu seinem Motto: »Sie drücken auf den Knopf, wir machen den Rest.« Ab 1891 wurden in Rochester Filme und Fotopapiere hergestellt, ab 1893 auch Kameras. Seine Blütezeit erreichte das Unternehmen in den 1980er-Jahren, als allein in Rochester rund 60 000 Menschen bei Kodak arbeiteten und der Jahresumsatz des Unternehmens die 10-Mrd.-US-Dollar-Marke übersprang. Rochester nannte sich stolz »The image capital of the world«. Doch mit dem Wechsel

ROCHESTER ERLEBEN

GREATER ROCHESTER VISITORS ASSOCIATION
45 East Ave., Suite 400
Rochester, NY 14604-2294
Tel. 585 27 98 300
www.visitrochester.com

VILLAGE COAL TOWER €–€€
Dieses beliebte Restaurant bezeichnet seine Küche als »american (traditional)«, was hier so viel wie Hamburger, Caesar's Salad & Co. bedeutet, aufgetischt in einem alten Kohlebunker für die Lastkähne auf dem Erie-Kanal.
9 Schoen Place, Pittsford (10 mi/16 km nördlich an der NY 96)
Tel. 1 585 3 81 78 66
https://villagecoaltowerrestaurant.netwaiter.com
Tgl. 8–20 Uhr

THE STRATHALLAN – A DOUBLETREE BY HILTON €€€
Das moderne Boutiquehotel liegt mitten im historischen Viertel und bietet mit großen Zimmern, Pool und Fitnessraum viel Hotel fürs Geld. Von der Bar im obersten Stockwerk aus hat man einen guten Rundum-Blick über Rochester.
550 East Ave., Rochester, NY 14607
Tel. 1 585 241 7102
www.strathallan.com

zur digitalen Fotografie hatte die Eastman Kodak Co. Probleme. Der Umsatz schrumpfte, der Konzern fuhr dramatische Verluste ein. Im Januar 2012 wurde das Kerngeschäft aufgegeben und Insolvenz angemeldet.
In Rochester lebte auch eine Wegbereiterin des Frauenwahlrechts: Susan B. Anthony. Sie wurde 1872 sogar verhaftet und mit einer Geldstrafe belegt, weil sie unberechtigterweise ihre Stimme bei den Präsidentschaftswahlen abgegeben hatte. Das Stimmrecht für Frauen wurde im Bundesstaat New York erst 1920 eingeführt!

Wohin in Rochester und Umgebung?

Gräberfeld, american size

Historisches

Wo der Genesee River fast dreißig Meter in die Tiefe stürzt, liegt das historische **Stadtviertel High Falls**. Das Visitor Center (60 Brown's Race) erzählt seine Geschichte, u. a. mit einer Lasershow.
Im Osten der Stadt ließ sich George Eastman (1854–1932) 1905 in einer luxuriös mit Marmorfußböden, Seidentapeten und teurem Mobiliar ausgestatteten Villa nieder. Passend zum Pionier der Populär-

fotografie zeigt das hier eingerichtete **Eastman Museum** die technische Entwicklung von Kameras und Zubehör und präsentiert Arbeiten der berühmtesten Fotografen der Welt.
Sage und schreibe über 370 000 Gräber reihen sich auf diesem viktorianischen **Mount Hope Cemetery** südwestlich des Zentrums aneinander. Zu den hier Ruhenden gehören Susan B. Anthony und der Sklavereigegner Frederick Douglass (791 Mt. Hope Ave.; tgl. geöffnet).

Eastman Museum: 900 East Ave. | Di.–Sa. 10–17, So. 11–17 Uhr
Eintritt: 20 $ | www.eastman.org

»Grand Canyon of the East«

Letchworth State Park

Einen der landschaftlichen Höhepunkte des Empire State findet man 35 mi/56 km südlich von Rochester: Das mit nur 5800 ha relativ kleine Naturschutzgebiet Letchworth State Park umfasst den vom Genesee River geschaffenen »Grand Canyon of the East« – der Fluss hat hier eine fantastische, bis zu **200 m tiefe Schlucht** gegraben und stürzt sich zudem über **drei Wasserfälle**. Von Norden nach Süden sind dies die Lower Falls, dann die 33 m hohen Middle Falls, die höchsten im Naturschutzpark, und schließlich die 21 m hohen Upper Falls.
In der Nähe der Middle Falls baute sich William Pryor Letchworth in den 1850er-Jahren inmitten seiner Ländereien am Genesee River ein nobles Herrenhaus im Greek Revival Style und nannte es **Glen Iris**. Seit 1914 ist es Gasthof, noch ausgestattet mit allerlei Gegenständen, die Letchworth gesammelt hat.

SARATOGA SPRINGS

Region: Capital-Saratoga | **Höhe:** 96 m ü. d. M. | **Einwohner:** 28 000

Schon die Mohawk schätzten die heilende Kraft der Wasser von »Sarachtogue«. Seine glanzvollen Zeiten als »Königin der Quellen« hat Saratoga Springs zwar hinter sich, aber ein wenig Charme ist noch geblieben und dazu eine der schönsten Galopprennbahnen im Land.

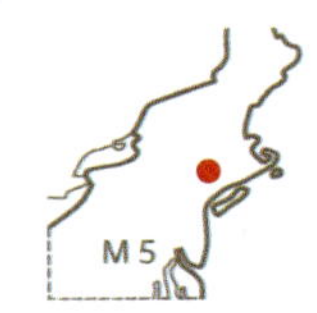

Mitte des 18. Jh.s wurden auch die weißen Ankömmlinge aus Europa auf diese Quellen aufmerksam. Nachdem so berühmte Männer wie General Philip Schuyler und George Washington hier ihre Zipperlein erfolgreich kurierten, setzte im 19. Jh. der Kurtourismus ein und machte Saratoga Springs bald zum Treffpunkt der New Yorker Society – ein Grandhotel nach dem anderen wurde eröffnet. Damit man

SARATOGA SPRINGS ERLEBEN

SARATOGA SPRINGS VISITOR CENTER

1 East Congress St.
Saragota Springs, NY 12866
Tel. 1 518 5 87 32 41
www.discoversaratoga.org/saratoga-springs-visitor-center

WHEATFIELDS €€–€€€

Zwei Dutzend Pastasorten, Salate, Steaks und passende Weine, in jazziger Atmosphäre. Oft Livemusik.
440 Broadway
Tel. 1 518 5 87 05 34
http://wheatfields.com
So.–Do. 11–21, Fr./Sa. 11–22 Uhr

THE SPRINGWATER BED & BREAKFAST €€–€€€

Freundliches, zentrales B&B mit geschmackvoller Einrichtung zwischen Antiquitäten und Moderne sowie positiver Umweltbilanz. Beim Buchen beachten: Hier wie überall verdoppeln sich die Preise während der Rennsaison (Juli/Aug.).
94 George St., Saratoga Springs NY 12866, Tel. 1 518 5 83 36 61
www.thespringwaterbandb.com

sich nach dem Kuren nicht langweilte, kamen Kasinos und der Saratoga Racetrack hinzu, wo man bis heute sein Geld beim Pferderennen riskieren kann.

Wohin in Saratoga Springs und Umgebung?

Schnelle Vierbeiner

Kuren und Pferderennen

Die belebte Hauptachse der Kurstadt ist der Broadway. An ihm liegt, im Herzen der Stadt, der Congress Park, 1870 von dem in ▶ Hartford, CT, geborenen Frederick Law Olmstedt gestaltet (1822 bis 1903), dem angesagtesten Landschaftsarchitekten seiner Zeit, gestaltet. Hier blubbern in zwei Pavillons die heilkräftigen Brunnen namens Congress Spring und Columbian Spring. Das ehemalige Canfield Casino stammt von 1870. Hinter seinen roten Ziegelmauern ist das schöne **Saratoga Springs History Museum** untergebracht.
Mit dem Eröffnungsjahr 1864 ist die Galopprennbahn von Saratoga Springs die älteste der USA. Als Höhepunkt der Rennsaison findet das **Saratoga Meeting** von der dritten Juliwoche bis Anfang September statt; Rennbeginn 13 Uhr. Wetten muss man natürlich nicht! Die berühmtesten Pferderennen, die schnellsten Pferde und die erfolgreichsten Jockeys stellt das in der Nähe gelegene **National Museum**

Hinter den Kulissen der Rennbahn von Saratoga Springs

of Racing & Hall of Fame vor. Es besitzt schon fast den Charakter einer Heldengedenkstätte.

Saratoga Springs History Museum: 1 East Congress St. | Juni–Sept. Mi.–So. 10–16 Uhr | Eintritt: 8 $ | www.saratogahistory.org

National Museum of Racing & Hall of Fame: 191 Union Ave. Mo.–Sa. 10–16, So. 12–16, während des Meetings tgl. 9–17 Uhr Eintritt: 10 $ | www.racingmuseum.org

Wasser für alle

Saratoga Spa State Park

Der Saratoga Spa State Park wurde 1909 ausgewiesen, um die **Mineralwasservorkommen** vor dem weiteren Zugriff der Tafelwasserindustrie zu schützen. Ab 1927 entstand ein Kurbetrieb mit mehreren Badehäusern. Noch heute werden in den nach den Präsidenten Lincoln und Roosevelt benannten Badehäusern medizinische Bäder, Packungen und Massagen verabreicht.

Im **National Museum of Dance**, eingerichtet im Washington Bath Pavilion am Nordrand des Parks, dreht sich alles um den Tanz – und zwar um seine Stilrichtungen in der Neuen Welt. Berühmte Tänzerinnen und Tänzer werden hier ebenso vorgestellt wie Choreografien und Requisiten. Wer dafür nichts übrig hat, dem gefallen vielleicht die Oldtimer im ebenfalls im Park gelegenen **Saratoga Automobile Museum**, bekannt für seine »Porsche-Events«.

National Museum of Dance: 99 S. Broadway | Di.–Sa. 10–16 Uhr
Eintritt: 10 $ | www.dancemuseum.org
Saratoga Automobile Museum: 110 Ave. of the Pines
Juni–Okt. tgl., sonst Mi.–So. 10–17 Uhr | Eintritt: 8,50 $
http://saratogaautomuseum.org

Der Sieger hat recht

Saratoga National Historic Park

Vorbei am Saratoga Lake gelangt man über die NY 423 zu dem 10 mi/16 km östlich am US 4 gelegenen Schlachtfeld von Saratoga. Im Sommer 1777 war der englische General John Burgoyne mit 9000 Mann ins Hudsontal vorgestoßen.
Im Oktober darauf brachten ihm die von General Horatio Gates angeführten Amerikaner hier eine vernichtende Niederlage bei, die den Wendepunkt im Unabhängigkeitskrieg markieren sollte, denn danach erkannte Frankreich die jungen USA an. Im Visitor Center in Stillwater sowie bei einer Rundfahrt kann man sich genauer über die Ereignisse informieren.
648 Route 32, Stillwater, NY 12170 | April–Juni tgl. 9–17, Juni–Sept. 9–18, Sept.–Nov. 9–16 Uhr | Eintritt frei | www.nps.gov/SARA

★ THOUSAND ISLANDS · ST. LAWRENCE SEAWAY

Region: Thousand Islands | **Höhe:** 70–120 m ü. d. M.

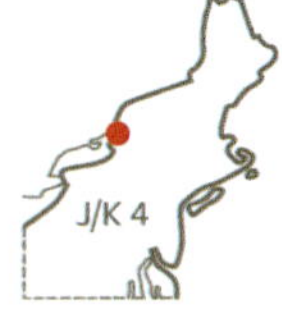

An der Grenze zu Kanada, wo der Sankt-Lorenz-Strom den Lake Ontario verlässt, sprenkeln fast 2000 Inseln, Inselchen und manchmal nur größere Felsen die Wasseroberfläche – willkommen im Paradies für Segler und Angler, Bootsliebhaber und Badenixen.

Ferien am und mit dem Wasser

Die nördlichste Tourismusregion des Empire State umfasst einen ca. 300 km langen Tieflandstreifen, der sich von Cape Vincent am Ostufer des Ontariosees am Sankt-Lorenz-Strom bis Massena entlangzieht. Allein im Delta liegen mehr als 1500 Inseln, davon ein Drittel auf US-Seite. Die meisten Inselchen sind in Privatbesitz. Das Freizeitangebot ist logischerweise ganz auf Wassersport ausgerichtet. Es gibt etliche Marinas für Segler, gemütliche Fischerhäfen und zahlreiche gut ausgestattete State Parks für Picknicks. In mehreren Häfen kann

man von Mitte April bis Mitte Oktober Hausboote mieten. Und natürlich: Angeln! Größere Lachse und Muskies (Flusshechtart) wird man schwerlich anderswo aus dem Wasser ziehen können.
Wem der Begriff Thousand Islands im Zusammenhang mit Salat irgendwie bekannt vorkommt, der hat recht: Im Bereich der Thousand Islands waren einst Angelpartien mit anschließendem »Shore Dinner« an einer schönen Uferpartie beliebt. Bei einem solchen Picknick für die Schauspielerin May Irwin Anfang des 20. Jh.s servierte der Bootsführer George LaLonde eine von seiner Frau Sophia kreierte Salatsoße aus Mayonnaise, roter und grüner Paprika und Chilisoße. May Irwin sorgte für die Verbreitung des Rezepts und bald trat das »Thousand Island Dressing« seinen Siegeszug um die Erde an.

Vom Kriegs- zum Feriengebiet

Geschichte

Wo sich einst Ureinwohner, Franzosen, Engländer und Amerikaner bekriegten ließen sich gegen Ende des 19. Jh.s **reiche Sommerfrischler aus New York City** nieder. Bis heute ist das Land am Sankt-Lorenz-Strom ein attraktives Tourismusgebiet, auch wenn die großen Zeiten vorbei sind. Daran änderte sich auch nichts, als 1959 der 3680 km lange Sankt-Lorenz-Seeweg (St. Lawrence Seaway) als Großschifffahrtsstraße eröffnet wurde, die industriellen Ballungsräumen wie Detroit und Chicago einen Zugang zum Meer verschaffte.

THOUSAND ISLANDS ERLEBEN

THOUSAND ISLANDS WELCOME CENTER
43373 Collins Landing
Alexandria Bay, NY 13607
Tel. 1 800 8 47 52 63
www.visit1000islands.com

Wer sich nicht selber als Freizeitkapitän versuchen möchte, kann mit Uncle Sam Boat Tours von Mai bis Oktober täglich ab Alexandria Bay Fahrten durch das Insellabyrinth unternehmen.
Tel. 1 315 4 82 26 11
www.usboattours.com

THOUSAND ISLANDS INN €€
Daran kommt man kaum vorbei: Im 1897 gebauten Inn wurde die berühmte Salatsauce erfunden. Natürlich wird sie bis heute gepflegt. Innen ein wenig düster, aber sehr gelobte Küche. Gästezimmer im 2. und 3. Stock; nur Mitte Mai–Mitte Sept. geöffnet.
335 Riverside Dr., Clayton
Tel. 1 315 6 86 30 30
www.1000-islands.com/inn

Vom Ontariosee den Seaway entlang

Und nach der Schlacht ein Bier

Sackets Harbor

Das hübsch herausgeputzte, 1802 gegründete Städtchen Sackets Harbor freut sich über seinen schönen Naturhafen am Ontariosee. Am Seeufer kam es im **Mai 1813** zu einer Schlacht zwischen Briten und Amerikanern, die jeden Sommer nachgestellt wird. Zur Erholung darf es danach ein hausgebrautes Bier in der Sackets Harbor Brewing Company sein.

Zur Überquerung des nassen Elements geeignet

Clayton

Clayton liegt bereits am St.-Lorenz-Strom. Hier gibt es einen großen Yachthafen. Das Thousand Islands Museum befasst sich ausgiebig mit der Geschichte der Region. Hauptsehenswürdigkeit von Clayton ist jedoch das **Antique Boat Museum**, das über 200 Wasserfahrzeuge vom indigenen Kanu bis zur High-Tech-Yacht ausstellt.

750 Mary St. | Mitte Mai–Mitte Okt. tgl. 9–17 Uhr | Eintritt: ab 14 $
www.abm.org

Touristisches Zentrum

Alexandria Bay

Die nächste Station, Alexandria Bay, liegt in einem besonders schönen Teil der Thousand Islands Region, weshalb es zum unbestrittenen Mittelpunkt des touristischen Treibens geworden ist. Am besten erlebt man den Reiz dieser Urlaubslandschaft bei einem Bootsausflug. Per Bootsshuttle geht es auch nach Heart Island, wo der schwerreiche Hotelbesitzer George C. Boldt, dem außer der Insel u. a. auch das »Waldorf Astoria« in New York City gehörte, von 1900 an für seine Frau das **Boldt Castle** errichten ließ. Doch nach ihrem Tod 1904 ließ er die Bauarbeiten einstellen. Bis 1977 verfiel das Schloss, dann begannen Restaurierungsarbeiten, die noch lange kein Ende finden werden – aber beeindruckend ist Boldt Castle auch so. Etwas bescheidener baute Frederick G. Bourne, Präsident der Singer-Nähmaschinenwerke, zur selben Zeit wie Boldt auf Dark Island das **Singer Castle**. Im Gegensatz zu Boldt lebte Bourne auch in seinem Schloss. Deshalb kann man auf der Besichtigungstour die teils original eingerichteten Räume bewundern.

Umwerfender Blick auf den Strom

Wellesley Island

Nicht weniger als drei State Parks sind auf der wahrhaft paradiesischen Wellesley Island ausgewiesen, zu erreichen über die 1938 eröffnete, knapp 9 mi/14 km lange **Thousand Islands International Bridge**. Im Sommer betreibt man hier Wassersport, spielt Golf und besucht das Naturzentrum, im Winter geht's zum Langlauf.
Auf der benachbarten kanadischen Hill Island lockt das **Thousand Islands Skydeck** Besucher an. Von dem 107 m hohen Turm kann man einen Rundblick über die einmalige Stromlandschaft genießen.

Da möchte man doch gerne hin: eine der »Tausend Inseln«.

Western Art

Ogdensburg

Wo der Oswegatchie River in den Sankt-Lorenz-Strom mündet, wurde im 18. Jh. Ogdensburg gegründet. Seinen heutige, weithin sichtbare Landmarke ist die über vier Kilometer lange und 38 Meter hohe Hängebrücke über den Strom. Weshalb man hier anhalten sollte: Das **Frederic Remington Art Museum** ist die weltweit größte Sammlung von Gemälden, Zeichnungen und Skulpturen des Western-Art-Künstlers Frederic Remington (1861–1909), der seine Kindheit und einige Sommer als Erwachsener in Ogdensburg verbrachte.

303 Washington St. | Mitte Mai–Mitte Okt. Mo.–Sa. 10–17, So. 13–17, Mitte Okt.–Mitte Mai Mi.–Sa. 11–17, So. 13–17 Uhr | Eintritt: 20 $
www.fredericremington.org

PENNSYLVANIA

Fläche: 116 083 km² | **Einwohner:** 13 Mio. | **Hauptstadt:** Harrisburg
Beiname: Keystone State

Im Nordosten geschah vieles zum ersten Mal in Amerika. Die mit Abstand meisten Premieren, da sind sich die Geschichtswissenschaft einig, erlebte Pennsylvania. Woran das liegt, darüber mag man in den Kunstgalerien von Pittsburgh und Philadelphia spekulieren. Oder bei den Amischen in Lancaster. Oder beim Hiking in den herrlichen Allegheny Mountains.

Menschlich bunt

Wer Pennsylvania zum ersten Mal bereist, wird über das Neben- und Miteinander der unterschiedlichsten Lebensweisen staunen. In Lancaster County zuckeln fromme, alle technischen Neuerungen ablehnende Amische in Einspännern durch die Landschaft, am Ohio River stecken kreative Pittsburgherinnen jeglicher Herkunft die Köpfe zusammen, um künstlerisch neue Wege zu gehen, und dazwischen trifft man blutjunge, für die Kabelgesellschaften in Philadelphia arbeitende Techies, mal in kleinen Coffeeshops on the road, mal beim Shopping in Boutiquen am Highway.

Vorherrschende Farbe: Grün

Land der Wälder

Pennsylvania reicht vom Atlantik bis zum Ohio im Westen und vom Eriesee im Norden bis nach West Virginia und Maryland im Süden. Leicht erkennbare Landschaften sind das hügelige Piedmont-Plateau und das **Great Appalachian Valley**, dessen Bergketten und enge Täler den Bundesstaat von Nordosten nach Südwesten durchziehen. Die Allegheny Mountains setzen das Great Appalachian Valley vom **Appalachian Plateau** ab, das mehr als die Hälfte der Fläche Pennsylvanias einnimmt und durch hügelige, bewaldete Hochflächen gekennzeichnet ist. und mit dem **Mount Davis** (979 m ü. d. M.) die höchste Erhebung im Bundesstaat hat. Über die Hälfte Pennsylvaniabesteht aus kaum berührten Waldlandschaften, größtenteils Laubwald.

Vieles gab es hier zum ersten Mal

Schlüsselstaat der US-Geschichte

Die erste Bank des Landes, die erste Börse, der erste Zoo, der erste Banana Split und das erste Krankenhaus: alles in Philadelphia. Vor al-

6X ERSTAUNLICHES

Hätten Sie das gewusst?

1. RÖHRENDER HIRSCH

Vor dem Besucherzentrum, auf dem Parkplatz, der Main Street: Wapitis, hier »Elk« genannt, wohin das Auge blickt! Die beste Aussicht auf schöne Bilder gibt's im **Elk Country bei Benezette** (PA) .

2. PENN'S CAVE

Pennsylvania besitzt die einzige mit Wasser gefüllte Höhle der USA! Flachboote schippern durch die knapp **1 km lange Düsternis**, Guides erklären mittels schwenkbarer Scheinwerfer geheimnisvolle Gesteinsformationen. **(▶ S. 346)**

3. DER RUF DER WÖLFE

Wer einmal Wolfsgeheul gehört hat, hat den Klang der Wildnis gehört. 40 Tiere leben im Wolf Sanctuary of PA in Lititz zwei Autostunden westlich von Philadelphia, PA. (https://wolfsanctuarypa.org/)

4. EINE OASE DER RUHE

Man findet tatsächlich eine im wuseligen **Manhattan** (**NYC**): The Elevated Acre (55 Water St., Financial District) ist ein 4000 m² großer, öffentlich zugänglicher Dachgarten mit stillen Spazierwegen durch exotische Flora, Rasenflächen und tollen Aussichten! (www.55water.com)

5. DUNKLES KAPITEL

Nur 50 Jahre nach Ankunft der Puritaner waren die Ureinwohner Neuenglands von der Bildfläche verschwunden. An das traurige Ende erinnert das Great Swamp Monument an der Rte. 2 bei South Kingstown, RI. (**▶ S. 357**)

6. TRANSPARENT

Ein Haus aus Glas, mit dem Bad als einzigem von Mauern umgeben Kern, ist ein Hingucker. 1949 entwarf Philip Johnson das Glass House in **New Canaan, CT**. (http://theglasshouse.org/).

lem aber war Philadelphia die erste Stadt in Amerika, die Glaubensfreiheit garantierte. In Pittsburgh wurde ein Mittel gegen Polio entdeckt und Bigo erfunden. Last but not least war Pennsylvania der erste Staat, der die Sklaverei abschaffte. Alles Ereignisse, die dem Staat den Beinamen **»Keystone State«** einbrachten.
1641 landete der Holländer Cornelius Mey beim heutigen Philadelphia. Schweden gründeten zwei Jahre später beim heutigen Wilmington die erste Siedlung. Diese Kolonie übernahmen 1655 die Holländer und neun Jahre später die Briten. 1681 übertrug König Charles II. Ländereien am Delaware River an den Quäker **Sir William Penn**. Er sollte die Kolonisierung vorantreiben. In England durch »weltfremde« Ideen aufgefallen, hatte Penn nun Gelegenheit, sein »heiliges Experiment« – einen Staat mit Glaubensfreiheit und weitreichenden bürgerlichen Rechten – zu wagen. 1683 gründete er die »Stadt der Bruderliebe« – Philadelphia. In der Folge zog es englische Quäker, aber auch andere Glaubensverfolgte aus Europa her. So trafen am 6. Oktober 1683 dreizehn Mennoniten-Familien aus Krefeld ein und gründeten die erste deutsche Siedlung **Germantown**. Penn selbst kehrte bereits 1684 wieder nach England zurück
Bald schlugen die Kolonisten den Weg zur Unabhängigkeit ein. Ein Meilenstein war der **4. Juli 1776**. An diesem Tag unterzeichneten die Vertreter der Kolonien in Philadelphia die Unabhängigkeitserklärung. Im Unabhängigkeitskrieg besetzten die Briten 1777 Philadelphia und zwangen den Kongress zur Flucht nach New York. Am 12. Dezember 1787 ratifizierte Pennsylvania die Verfassung der Vereinigten Staaten und trat damit als zweiter Bundesstaat der Union bei.
Zwischen Pennsylvania, das für die Abschaffung der Sklaverei votierte, und Maryland verlief die **Mason-Dixon-Line**, die Grenzlinie zwischen Anhängern und Gegnern der Sklaverei. Im Bürgerkrieg besetzten die Konföderierten unter General Lee 1863 Pennsylvania, mussten aber in der **Schlacht von Gettysburg** vom 1. bis 3. Juli desselben Jahres eine kriegsentscheidende Niederlage einstecken, womit ihr Plan, den Krieg im Norden auszutragen, gescheitert war. 1979 geriet der Bundesstaat in die Schlagzeilen, als sich im **Atomkraftwerk auf Three Mile Island** bei Harrisburg ein ernster Reaktor-Unfall ereignete. Hierbei kam es zu einer teilweisen Kernschmelze. Ein weiterer Störfall wurde 2009 registriert.
Von der Finanz- und Wirtschaftskrise 2007 hat sich Pennsylvania mittlerweile weitgehend erholt. Die Wirtschaft des Staats ist heute die sechststärkste der USA.

Großstädtisch und glaubensstark

Bevölkerung

Mit seinen 13 Mio. Einwohnern – davon 1,3 Mio. Afro-Amerikaner und rund 20 000 Nachfahren der Urbevölkerung – nimmt Pennsylvania den fünften Rang innerhalb der USA ein. Die Bevölkerung konzentriert sich im Wesentlichen auf **Pittsburgh** (Großraum: 2,3 Mio.) und **Philadel-**

phia, das nach New York, Los Angeles, Chicago und Houston mit 1,6 Mio. Einwohnern (Metropolitan Area: rund 6 Mio.) die fünftgrößte Stadt der USA ist. In der Hauptstadt Harrisburg leben nur 50 000 Menschen. Zwei Einwanderergruppen haben Pennsylvania besonders geprägt. Zunächst kamen englische **Quäker**, deren Zahl 1776 bereits auf 100 000 angewachsen war. Sie predigten die Gleichheit aller Menschen und lehnten u. a. kirchliche Hierarchien und den Kriegsdienst ab. Die zweitstärkste Bevölkerungsgruppe waren die **Deutschen**. Immer noch wird in Lancasters Umgebung ein deutscher Dialekt gesprochen, das »Pennsylvania Dutch«. Die Rolle der Quäker spielen bei den Deutschen die Mennoniten, die ein ganz einfaches Landleben unter dem strikten Diktat der Bibel führen. Im Lancaster County leben ungefähr 15 000 **Amish People** (Amische), eine sehr konservative Gruppe der Mennoniten, die noch heute auf jeglichen Komfort der Technik verzichtet.

ALLEGHENY NATIONAL FOREST · SUSQUEHANNOCK STATE FOREST

Region: Pennsylvanias Wilds | **Höhe:** 400–1300 m ü. d. M.

Endlose Bergkämme und grüne Täler, dann wieder weite Plateaus: Der die Hänge der Appalachen begleitende, gut 2000 Quadratkilometer große Allegheny National Forest prägt einen großen Teil des Nordwestens von Pennsylvanias. Zum Wandern und Paddeln ein Traum. Und der Susquehannock State Forest erst!

So ganz nebenbei kann man hier über das (Spannungs-)Verhältnis von Natur und Industrie reflektieren: hier die riesigen Wälder und schönen Gewässer, dort die »Wiege« der US-amerikanischen Erdölförderung, nämlich in Branford und Titusville.

Wohin im Allegheny National Forest?

Stilvolles Zubehör

Bradford, Custer City

Bradford nahe der Grenze zum Bundesstaat New York bietet als bedeutendste Attraktion das **Zippo/Case Visitor Center**, wo man eine stattliche Sammlung von Zippo-Feuerzeugen und seltene, wertvolle

ALLEGHENY NATIONAL FOREST ERLEBEN

ALLEGHENY NATIONAL FOREST

4 Farm Colony Dr., Warren, PA 16365 | Tel. 1 814 7 28 61 00
www.fs.usda.gov/allegheny
Büro Bradford: Tel. 1 814 3 63 60 00
Büro Marienville:
Tel. 1 814 9 27 57 00

SUSQUEHANNOCK STATE FOREST BUREAU

PO Box 673, Coudersport, PA 16915 | Tel. 1 814 2 74 36 00

Kanufahrern ist eine Tour von 135 km auf dem Allegheny River ab dem Kinzua Dam zu empfehlen; Ausrüstung kann vor Ort gemietet werden. Für sonstigen Wassersport bietet sich der 43 km lange Stausee Allegheny Reservoir an. Allegheny River, Allegheny Reservoir und Tionesta Lake sind hervorragende Reviere zum Forellenangeln. Lizenzen gibt's bei Outfittern.
Ein Teil des 145 km langen Fernwanderwegs North Country Trail führt durch die Nordwestecke Pennsylvanias. Daneben sind noch 22 kürzere Trails ausgewiesen .
Spektakuläre Ausblicke bietet der Longhouse National Scenic Drive führt um den Kinzua-Arm des Allegheny Reservoir (29 mi/47 km).
www.northcountrytrail.org
www.theallegheny.com/

QUALITY INN & SUITES TITUSVILLE €€-€€

Keine bösen Überraschungen am Ende eines langen Tages »on the road«: Das einfache, von Choice Hotels geführte Hotel bietet alle in diesem Preissegment zu erwartenden Annehmlichkeiten.
511 West Central Ave., Titusville
Tel. 1 814 8 27 00 41
www.chicehotels.com

CAMPING

25 ausgewiesene Campingplätze im National Forest mit unterschiedlichem Komfort, davon sechs für Flusswanderer.

Case-Messer bewundern (und kaufen) kann. In Custer City, 3 mi/5 km südlich von Bradford bietet das **Penn-Brad Oil Museum** einen interessanten Einblick in die Ölgeschichte der Region – schließlich wurden in den 1880er-Jahren in Pennsylvania drei Viertel des gesamten Ölbedarfs der USA gewonnen.

Zippo/Case Visitor Center: 1932 Zippo Dr. | Mo.–Sa. 9–17, So. 11–16 Uhr | Eintritt frei | www.zippo.com/ZippoCaseMuseum
Penn-Brad Oil Museum: 901 South Ave. | April–Okt. Mo.–Fr. 9–16, Sa. 9–14 Uhr | Eintritt: 8 $ | http://pennbradoilmuseum.org

Geburtsstunde der Erdölindustrie

Pithole City, Titusville

Das für Boomtowns typische Schicksal erlebte Pithole City südlich von Titusville. Es wucherte 1865 binnen eines halben Jahres zu einer Stadt mit 15 000 Einwohnern und 57 Hotels. Bereits zwei Jahre später zog die Meute weiter – heute ist Pithole City eine **Geisterstadt**.

Mit der nostalgischen **Oil Creek & Titusville Railroad** lässt sich »the valley that changed the world« auf unterhaltsame Weise erkunden. Sie verkehrt von Juni bis Oktober zwischen Titusville und Oil City. An der Perry Street Station in Titusville betreibt die Gesellschaft das aus 21 alten Waggons bestehende Caboose Motel.

Südlich außerhalb von Titusville erbohrte Edwin Drake am 27. August 1859 in 20 m Tiefe am Oil Creek eine Ölquelle. Er begründete damit die **moderne Erdölförderung** und machte Titusville über Nacht berühmt. Sein Bohrturm ist rekonstruiert. Das **Drake Well Museum** widmet sich mit einer umfangreichen Sammlung der Geburt der amerikanischen Ölindustrie.

Oil Creek & Titusville Railroad: www.octrr.org
Drake Well Museum: 205 Museum Lane | Mai–Okt. Di.–Sa. 9–17, So. 12–17 Uhr | Eintritt: 10 $ | www.drakewell.org

So lebten die Holzfäller früher

Susquehannock State Forest

Der Wald verdankt seinen Namen den indigenen Susquehannock, die im 17. Jh. von den Irokesen vollkommen ausgelöscht wurden. Hier locken State Parks zum Wandern, Radfahren, Angeln, Raften und Schwimmen. Östlich von Coudersport ist im **Pennsylvania Lumber Museum** ein komplettes Holzfällerlager aufgebaut und zeigt anschaulich das Leben der Holzfäller um 1910. Im äußersten Nordosten des State Forest durchquert der Pine Creek den knapp 80 km langen und bis zu 450 m tiefen **Grand Canyon of Pennsylvania**. Einmalige Ausblicke bieten sich vom Colton Point State Park südlich von Ansonia und vom Leonard Harrison State Park westlich von Wellsboro.

Pennsylvania Lumber Museum: 5660 US 6 W | Juni–1. Nov. Mi.–So. 9–17 Uhr | Eintritt: 8 $ | www.lumbermuseum.org

★★ GETTYSBURG

Region: Central Mountains & Valleys | **Höhe:** 71 m ü. d. M.
Einwohner: 7500

Jeder Amerikaner, jede Amerikanerin kennt den Namen Gettysburg. 1863 siegten hier die Unionstruppen über die Konföderierten und sorgten damit für einen entscheidenden Wendepunkte des Bürgerkriegs zugunsten der Nordstaaten. Für die geschichtsversessenen Amerikaner und Amerikannerinnen ist das Universitätsstädtchen deshalb ein Wallfahrtsort ersten Ranges.

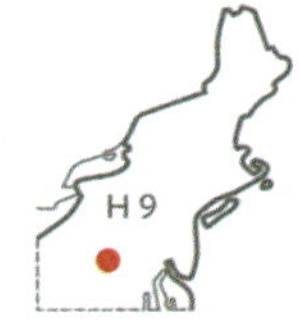

Bald danach beschwor Abraham Lincoln hier in seiner berühmten »Gettysburg Address« die Einheit der Nation. Deshalb steht Gettysburg natürlich auch ganz und gar im Zeichen dieses bedeutenden, allerdings auch einzigen bedeutenden Ereignis in seiner über 200-jährigen Geschichte. Das wird dafür nach Kräften ausgeschlachtet. Living History lockt viele Wissbegierige.

Wohin in Gettysburg?

Gettysburg National Military Park (▶ Das ist ..., S. 24ff.)

Wendepunkt des Bürgerkriegs
Erste Anlaufstelle ist das **Visitor Center** des Gettysburg National Military Park. Hier wird in Endlosschleife ein einführender Film gezeigt. Das **Gettysburg Museum of the Civil War** präsentiert in 12 Abteilungen über 4000 Ausstellungsstücke zum Bürgerkrieg. Zu sehen ist auch das **Rundgemälde** »Pickett's Charge«, das der Franzose Paul Philippoteaux 1884 malte. Der nahezu 2400 ha große Gettysburg National Military Park umschließt das Schlachtfeld inkl. der ganzen Stadt. Er wurde schon im April 1864 durch die Gettysburg Battlefield Memorial Association gegründet. Das Gelände ist mit mehr als 1300 Denkmälern bzw. Gedenksteinen und ca. 400 Kanonen übersät. Mehrere Bundesstaaten ehren ihre Soldaten mit impo-

GETTYSBURG

GETTYSBURG CONVENTION & VISITORS BUREAU
1560 Fairfield Rd., Gettysburg
Tel. 1 800 3 37 50 15
www.destinationgettysburg.com

GETTYSBURG TOUR CENTER
Im Visitor Center erhält man Landkarten für eine Autorundtour und für Spaziergänge auf eigene Faust. Auch Führer stehen bereit. Busse starten vom Gettysburg Tour Center.
778 Baltimore St.
Gettysburg, PA 17325
Tel. 1 717 3 34 62 96
www.gettysburgbattlefieldtours.com

Die Schlacht von Gettysburg wird jedes Jahr am ersten Juliwochenende mit großem Aufwand nachgestellt, allerdings nicht auf dem historischen Schlachtfeld, sondern auf der Redding Farm nördlich des Städtchens. Wer zu diesem Termin nicht kann: Von April bis Oktober gibt es praktisch an jedem Wochenende »Living History« mit Lagerleben und Exerzieren.
www.gettysburgreenactment.com

❶ FARNSWORTH HOUSE INN
€€
10 viktorianisch gemütliche Zimmer, Blümchentapeten inklusive. Im Dining

Room serviert man als Spezialität Game Pie (aus Truthahn, Fasan, Ente). In der Taverne geht es rustikaler zu. Hier hatten sich konföderierte Scharfschützen eingenistet – einer soll heute noch herumspuken …
401 Baltimore St.
Gettysburg, PA 17325
Tel. 1 717 3 34 88 38
www.farnsworthhouseinn.com

❷ BALADERRY INN €€€
8 Zimmer und 1 Suite. Das 1812 gebaute Haus diente während der Schlacht als Lazarett. Gutes Frühstück, Tennisplatz.
40 Hospital Rd., Gettysburg, PA 17325
Tel. 1 717 3 37 13 42
www.baladerryinn.com

santen Denkmälern, darunter das **Pennsylvania State Monument** mit den Namen aller Soldaten Pennsylvanias oder das **Virginia State Memorial** in Gestalt einer Reiterstatue von General Lee an der Stelle, von wo aus er den für die konföderierte Sache so katastrophal verlaufenden »Pickett's Charge« verfolgte. Rund hundert Gebäude aus der Bürgerkriegszeit sind erhalten, so das Hauptquartier von General Meade. Der **Gettysburg National Cemetery** wurde nach der Schlacht für die Toten der Nordstaaten nahe den Unionslinien angelegt. Hier hielt Abraham Lincoln seine berühmte, als »Gettysburg Adress« in die Geschichte eingegangene Rede. Bis heute werden hier gefallene US-Soldaten aller Kriegsschauplätze bestattet.

Gettysburg Museum of Civil War: 1195 Baltimore Pike
tgl. 9–17 Uhr | Eintritt: ab 18,75 $ | www.gettysburgfoundation.org

First Ladies im Kleinformat

Weitere Museen

Eine ganz andere Klientel zieht das **Lincoln Train Museum** an: Hobbyeisenbahner können sich über 1000 Modelleisenbahnenfreuen.
Jennie Wade, 20 Jahre, war das einzige zivile Opfer der Schlacht von Gettysburg: Am 3. Juli 1863 traf sie im heutigen **Jennie Wade House** ein Querschläger.
In der **Hall of Presidents and First Ladies** sind die US-Präsidenten lebensgroß in Wachs nachgebildet. Bei den First Ladies hat es nur zum kleineren Format gereicht. Sie sind dafür jedoch in jene Gewänder gekleidet, die sie bei der Amtseinführung ihres Gatten trugen.
Richter Davis Wills machte sich verdient um den Wiederaufbau Gettysburgs – davon handelt das Museum im **David Wills House**. Hier verbrachte Präsident Lincoln die Nacht vor der Einweihung des Soldatenfriedhofs und schrieb jene berühmte Rede, nach der die verletzte Nation optimistischer in die Zukunft schauen sollte.
Im Nordwesten der Stadt, am Kamm der Seminary Ridge, schlug General Lee im Haus von Thaddeus Stevens sein **Hauptquartier** auf. Die Ausstellung zeigt Ausrüstung, Fotografien und Dokumente.

Lincoln Train Museum: 425 Steinwehr Ave. | März–Nov. tgl. 9–16 Uhr | Eintritt: 9 $ | www.gettysburgbattlefieldtours.com/lincoln-train-museum.php
Jennie Wade House: 547 Baltimore St. | März–Nov. tgl. 9–16 Uhr Eintritt: 12 $ | www.gettysburgbattlefieldtours.com/jennie-wade-house.php
David Wills House: 8 Lincoln Square | März Do.–Mo. 9–17, April, Sept.–Nov Mi.–Mo. 9–17, Mai–Aug. tgl. 9–18 Uhr | Eintritt: 7 $ http://davidwillshouse.org.
General Lee's Headquarter: 401 Buford Ave., Mitte März–Nov. tgl. 9–17 Uhr | Eintritt: 12 $
www.civilwarheadquarters.com

HARRISBURG

Region: Pennsylvania Dutch Country | **Höhe:** 110 m ü. d. M.
Einwohner: 49 000

Es soll Amerikaner geben, die quer durchs Land reisen, um das Capitol der Hauptstadt von Pennsylvania zu sehen. Sie werden nicht enttäuscht. Ansonsten ist das Städtchen am Susquehanna River eine eher bescheidene, unaufgeregte Angelegenheit. Wer sich mit dem Bürgerkrieg in all seinen Facetten befassen will, ist hier richtig.

Immerhin entlockt die Hauptstadt den müden Reisenden ein zufriedenes Lächeln angesichts hübscher Straßenzügen und einer einnehmenden Flusspromenade zum Ausspannen. Mehr Action für den, der sie braucht, gibt es in den Vergnügungsparks im nahen Hershey, der Schokoladenhauptstadt der USA.

Geschichte

Eitler Stadtgründer
1615 erschien hier der Franzose Etienne Brulé, über hundert Jahre später eröffnete John Harris einen Handelsposten mit eigenem Fährbetrieb namens »Harris Ferry«. 1785 gründete John Harris junior zusammen mit seinem Schwager Senator William Maclay eine Stadt am Ostufer des Susquehanna und nannte sie nach dem französischen König Ludwig XVI. Louisburg. Als Pennsylvania das Gelände kaufen wollte, stimmte Harris unter der Bedingung zu, dass die Stadt nach ihm umbenannt werde. **Bereits 1812** wurde Harrisburg **Hauptstadt** von Pennsylvania. 1979 machte es weltweit Schlagzeilen, als sich im Kernkraftwerk auf Three Mile Island das bis dahin schwerste zivile Reaktorunglück ereignete.

HARRISBURG ERLEBEN

HERSHEY HARRISBURG REGIONAL VISITORS BUREAU
3211 North Front St.
Suite 301-A
Harrisburg, PA 17110
Tel. 1 717 2 31 77 88
www.visithersheyharrisburg.org

1 APPALACHIAN BREWING COMPANY €€
Neben dem erstklassigen Craft-Bier aus der eigenen Brauerei ist der Dachgarten die große Attraktion. Zum Bier gibt es oft Livemusik und die Klassiker: Steaks, Wings, Burge rund Salate.
50 N. Cameron St. | abcbrew.com
Tel. 1 717 2 21 10 80

❶ HILTON HARRISBURG €€€

Das große Stadthotel liegt mitten in der City und nur drei Blocks vom State Capitol entfernt. Es ist mit der Mall verbunden und verfügt über Pool und Fitnessraum.
1 North 2nd St., Harrisburg, PA 17101
Tel. 1 717 2 33 60 00
www3.hilton.com

❷ HOTEL HERSHEY €€€–€€€€

234 Z. Fans alter Grandhotels werden sie mögen, die herrlich altmodische Noblesse. Golfplatz, Wellness, ein Juwelier und mehrere Restaurants und Bars gibt's als Zugabe.
100 Hotel Rd., Hershey, PA 17033
Tel. 844 330-1711
www.thehotelhershey.com

Wohin in Harrisburg?

State Capitol

Obligatorisch für eine Hauptstadt

Markantestes Gebäude der Stadt ist das monumentale, 1906 von Präsident Theodore Roosevelt eingeweihte State Capitol. Architekt Joseph M. Huston konzipierte es mit über 600 Räumen und einer **83 m hohen Kuppel**. Von der Rotunda führt eine Marmortreppe hinauf zu den Sitzungssälen von Repräsentantenhaus und Senat. Im Repräsentantenhaus zeigt das riesige Wandgemälde **»The Apotheosis of Pennsylvania«** Persönlichkeiten aus der Gründungszeit des Bundesstaats. Vom Welcome Center im Ostflügel starten die Führungen.

Das hervorragende **State Museum of Pennsylvania** neben dem Kapitol lädt zu einer spannend inszenierten Reise durch die Geschichte und Natur des Bundesstaats ein. Militärgeschichte, insbesondere der Bürgerkrieg, wird ebenso behandelt wie das Industriezeitalter, indigene Kulturen und die Alltagskultur, wo es auch um Football geht.

State Capitol: Führungen Mo.–Fr. 8.30–16, Sa./So. 9, 11, 13, 15 Uhr
Eintritt frei | www.pacapitol.com

State Museum of Pennsylvania: 300 North St., Mi.–Sa. 9–17,
So. 12–17 Uhr | Eintritt: 7 $ | www.statemuseumpa.org

Broad Street Market

Alles, was das kulinarische Herz begehrt

Nördlich vom Capitol Hill sollte man auf jeden Fall durch den seit 1860 existierenden Broad Street Market bummeln. Dieser **älteste Lebensmittelmarkt Pennsylvanias** wird in einem sage und schreibe drei Blocks großen Ziegelgebäude abgehalten.

1233 N. 3rd St. | Do./Fr. 7–18, Sa. 7–16 Uhr | www.broadstreetmarket.org

National Civil War Museum

Der Bürgerkrieg und seine Folgen

Dieses große und moderne Museum ist das einzige in den USA, das den Bürgerkrieg **ab den ersten Sezessionsbestrebungen** bis zu seinen Folgen darstellt. Auf zwei Stockwerken werden wichtige Personen, Schlachten und Gerät erläutert, aber auch die Sklaverei thematisiert.

Reservoir Park | Mo.–Fr. 10–17, Mi. bis 20, Sa. 10–17 So. 12–17 Uhr
Eintritt: 15 $ | www.nationalcivilwarmuseum.org

Front Street

Am Wasser entlang

Die Front Street zieht sich am Ufer des Susquehanna entlang. Aus der Gründerzeit der Stadt sind im Abschnitt nördlich der Market Street Bridge einige Wohnhäuser von Gouverneuren erhalten geblieben, weshalb dieser Teil als **Governor's Row** bezeichnet wird.

Die Front Street weiter nach Norden erreicht man nach 3 mi/5 km den **Fort Hunter Park**. Hier hatten die Briten im Jahr 1754 ein Fort errichtet. Heute spaziert man hier unter alten Bäumen, besucht eine historische Taverne, eine Schmiede und Ställe und Fort Hunter Mansion, ein 1786 begonnenes, elegantes Steinhaus im Federal Style.

Die Skyline von Harrisburg erhebt sich vor dem Susquehanna River.

Wohin in Hershey?

Schleckermäuler, aufgepasst!

Hershey's Chocolate World und Museum

Der Name Hershey ist in den USA in aller Munde – im wahrsten Sinne des Wortes. Hershey ist ein **Synonym für Schokolade**. Milton S. Hershey (1847–1945) gründete 1903 seine Schokoladenfabrik und wurde v. a. den »Hershey Kisses« berühmt. Heute ist Hershey der führende Hersteller von Süß- und Teigwaren des Landes.

Schon 1907 stellte Milton Hershey neben seine Fabrik einen Erholungspark für seine Arbeiter hin, der bald zum Vergnügungspark mutierte. Die Hershey Foundation gründete 1970 die Milton Hershey School, in der über 1200 Kinder aus armen Familien kostenfrei Ausbildung und Unterkunft erhalten. Im Schatten von Fabrik und Park wuchs das Städtchen auf heute über 12 000 Einwohner heran und ist ganz von Schokolade geprägt – man schnuppere einmal andächtig und **studiere die Straßennamen!**

Im Visitor Center der Hershey Food Co. lernt man in 15 Minuten die einzelne Schritte der **Schokoladenproduktion** kennen. Eine Kostprobe beendet die Vorführung und natürlich kann man Hershey-Produkte anschließend in adrett aufgemachten Läden kaufen.

Das **Hershey Museum** zeigt neben der Firmengeschichte und der davon nicht zu trennenden Stadtgeschichte auch etliche Erinnerun-

gen deutscher Einwanderer. Im Zentrum von Hershey, am Chocolate Square, lädt »The Hershey Story« zum Besuch ein.

Seit 1907 ist der **Hershey Park** zu einem riesigen Rummelplatz mit über 60 Fahrgeschäften angewachsen – allein acht »Water Rides« und zehn Achterbahnen gibt es, darunter »Comet«, eine der größten hölzernen Achterbahnen der USA, oder den »Storm Runner«, der in zwei Sekunden von 0 auf 110 km/h beschleunigt. Im Eintrittspreis ist ein Besuch des Zoo America enthalten, den man aber auch separat besuchen kann.

Hershey's Chocolate World: 251 Park Blvd. | tgl. ab 9, im Sommer teils bis 23 Uhr | Eintritt frei | www.hersheys.com/chocolateworld/
Hershey Museum: 63 W Chocolate Ave | tgl. 9–17, im Sommer bis 19, Jan. 10–17 Uhr | Eintritt: 16,50 $ | www.hersheystory.org
Hershey Park: 100 W. Hersheypark Drive | Mitte Mai–Anf. Sept. Tagesticket ab 69 $ | www.hersheypark.com

Wohin in York und Umgebung?

Sitz des Continentel Congress

Erste Hauptstadt der USA

Das 1741 gegründete York, gut 25 mi/40 km südlich von Harrisburg, war die erste Stadt in Pennsylvania westlich des Susquehanna. Auf der Flucht vor den Briten zogen sich die Führer der 13 abtrünnigen Kolonien im September 1777 hierher zurück. So war York bis Juni 1778 Sitz des Continental Congress, der im November 1777 die **Articles of Confederation** ausarbeitete und verabschiedete, die Vorläufer der Verfassung. York nimmt seither für sich in Anspruch, die erste Hauptstadt der USA gewesen zu sein.

Zum ersten Mal: »United States of America«

York County Heritage Trust

Der York County Heritage Trust betreut mehrere historische Gebäude und das **Historical Society Museum**, ein sehr gut sortiertes Heimatmuseum. Bonham House ist ein Beispiel für den Wohnstil der zweiten Hälfte des 19. Jh.s (152 E. Market St.). Besonders sehenswert sind die Gebäude des sog. Colonial Complex in der W. Market Street, allen voran das **York County Colonial Courthouse**, wo am 15. November 1777 die USA ins Leben gerufen wurden, als in den an diesem Tag verabschiedeten Articles of Confederation die Bezeichnung »United States of America« zum ersten Mal niedergeschrieben wurde. Das heutige Gebäude ist eine detailgetreue Rekonstruktion des Originals von 1754. Das älteste Gebäude der Stadt, die **Golden Plough Tavern** in 157 W. Market St., wurde 1741 gebaut. Unten eine Art Blockhütte, oben ein Fachwerkbau, spiegelt die Taverne mit offenem Herd und Schlafsaal die Anfangszeit der Stadt wider. Im benachbarten **General Gates House** von 1751 versuchte General Horatio Gates, ein Gegner von George Washington, den Marquis de Lafayette zu überreden, Washington seine Unterstützung zu entziehen.

Historical Society Museum: 250 E. Market St., Di.–Sa. 9–17 Uhr
Eintritt: 15 $ | http://yorkheritage.org

Colonial Complex: 157 W. Market St. | Führungen: April–Mai Di.–Fr. 13, 14, 15, Sa. 10, 11, 13, 14, 15, Juni–Nov. Di.–Do. 11, 13, 15, Fr./Sa. 100, 11, 13, 14 und 15 Uhr | Eintritt inkl. Führung: 15 $
http://yorkheritage.org

Für Fans der legendären Öfen

Harley Davidson

In York ist das größte Produktionswerk des legendären Motorradherstellers Harley Davidson zu Hause – es ist **kostenlos zu besichtigen**. Zuvor geht es ins Visitor Center. **Aktuell wird eine Schließung zum Jahresende 2023 diskutiert.** Bitte informieren Sie sich vorab.

1425 Eden Rd. | Führungen Mo.–Fr. 9–14 Uhr | Eintritt frei
www.harley-davidson.com

Wohin in State College?

Für Football-Fans ein Muss

Universität und Football

Wer sich für American Football interessiert, für den ist dieser Abstecher nach State College, knapp 90 mi/140 km nordwestlich von Harrisburg, lohnenswert. Während der Trimester kommen zu den 42 000 Einwohnern ziemlich genauso viele Studierende, ein buntes Gemisch und viel Jugend sind also garantiert. State College hat seinen Namen nicht von ungefähr, denn hier ist die Pennsylvania State University, kurz **Penn State**, zu Hause. Kult-Charakter hat die Football-Mannschaft namens **Penn State Nittany Lions**, denn sie verhalf State College zu überregionaler Bekanntheit. Die Lions treten im Beaver Stadium auf, vor über 90 000 Zuschauern.

Über die Hälfte der Stadtfläche belegt der University Park. Auf dem historischen Campus sticht das mit acht Säulen geschmückte Hauptverwaltungsgebäude Old Main heraus, 1929 im Federal-Revival-Stil erbaut. Von den Universitätsmuseen lohnt sich auf alle Fälle das **Palmer Museum of Art**. Als größtes Kunstmuseum zwischen Philadelphia und Pittsburgh zeigt es Gemälde, v. a. von US-Kunstschaffenden, Kunstdrucke und Schriften, Skulpturen, Keramik und Münzen.

Für Liebhaber des American Football ist das **Penn State All-Sports Museum** Pflicht.

Palmer Museum: Curtin Rd., Di.–Sa. 10–16.30, So. 12–16 Uhr
Eintritt frei | www.palmermuseum.psu.edu

Touchdown für die Nittany Lions!

LAUREL HIGHLANDS

Region: Southwestern Pennsylvania | **Höhe:** 300–979 m ü. d. M.

90 Kilometer südöstlich von Pittsburgh verlässt Pennsylvanias Topografie das Tiefland und reckt sich allmählich den Alleghenies entgegen. Viele hübsche Städtchen liegen in dieser welligen Übergangszone, die es einmal sogar zum höchsten Berg des Bundesstaats bringt.

Wer wandern will, kann dies bestens auf dem 113 km langen und sehr beliebten Laurel Highlands Trail vom Laurel Ridge State Park in den Süden bis zum Ohiopyle State Park. Entlang der Strecke kann man auf wild-romantischen Plätzen zelten oder in Hütten übernachten. Einer der schönsten Teile dieses Gebiets ist das Conemaugh Gap, eine 11 km lange Schlucht zwischen der Laurel Hill Ridge und der Chestnut Ridge. Beste Bedingungen zum Skifahren wiederum bietet die Hidden Valley Ski Area 12 mi/19 km westlich von Somerset.

Wohin in den Laurel Highlands?

Strategisch gut gelegen

Ligonier

In Ligonier am Nordrand der Region steht das maßstabsgetreu rekonstruierte **Fort Ligonier**, eines der eindrucksvollsten Festungswerke aus dem French and Indian War im Osten. Die Briten hatten es 1758 gebaut, um den Weg nach Fort Duquesne, dem heutigen Pittsburgh, zu schützen. Stolz des Museums ist ein Pistolenpaar, das George Washington vom Marquis de Lafayette geschenkt bekam. Auch das Ortszentrum von Ligonier ist hübsch.

Fort Ligonier: April–Nov. Mo.–Sa. 9.30–17, So. 11–17 Uhr
Eintritt: 15 $ | www.fortligonier.org

Ausflug in die Vergangenheit

Somerset

Rund um die im Südteil der Laurel Highlands liegende Bezirkshauptstadt Somerset gibt es einige schöne Abstecher: An der Grenze zu Maryland lässt sich der 979 m hohe **Mount Davis**, der höchste Berg von Pennsylvania, mühelos erwandern. Unmittelbar nördlich von Somerset liegt das **Somerset Historical Center**. Dieses Freilichtmuseum informiert ausführlich über das Leben auf dem Land gestern und heute.

10649 Somerset Pike, an der Kreuzung PA 601/PA 985
Di.–Sa. 9–17, So. 12–17 Uhr | Eintritt: 6 $
www.somersethistoricalcenter.org

LAUREL HIGHLANDS ERLEBEN

LAUREL HIGHLANDS VISITORS BUREAU

113 E. Main St., Ligonier,
PA 15658
Tel. 1 724 2 38 56 61
www.golaurelhighlands.com

Einige Unternehmen in Ohiopyle bieten Rafting-Touren in professioneller Begleitung durch das Tal des Youghiogheny an. Auch Ausrüstung wird verliehen. Empfehlenswert sind:
Laurel Highlands River Tours:
Tel. 1 724 3 29 85 31
www.laurelhighlands.com
Wilderness Voyageurs:
Tel. 1 800 2 72 41 41, www.wilderness-voyageurs.com
White Water Adventurers:
Tel. 1 724 3 29 88 50
www.wwaraft.com

ROBERTSHAW COUNTRY HOUSE BED & BREAKFAST

€€–€€€
Charmantes Colonial-Revival-Haus auf parkähnlichem Klostergelände. Vier hübsche Zimmer.
1001 Harvey Ave.
Greensburg, PA 15601
Tel. 1 724 8 34 30 60
www.stemma.org/robertshaw-country-house

Mit Fallingwater hat Frank Lloyd Wright eine Ikone der Architektur des 20. Jh.s geschaffen.

Für Rafting-Fans

Ohiopyle State Park

Der Ohiopyle State Park zwischen Somerset und Uniontown ist ein **Paradies für Wildwasserfahrer**. Der Youghiogheny River bietet nämlich Schwierigkeitsgrade für jeden Geschmack. Im Frühjahr stellt der temperamentvolle Fluss selbst für geübte Rafter eine Herausforderung dar. Wem eine Rafting-Tour zu nervenaufreibend ist, der wandert auf dem **Youghiogheny River Trail** am Fluss entlang durch den State Park von Confluence nach South Connellsville (24 mi/39 km).

Architektonisches Highlight

Fallingwater

Eher unerwartet in dieser Landschaft: eine Begegnung mit einem Schmuckstück vom Reißbrett des weltberühmten Architekten **Frank Lloyd Wright** (1867–1959). Das Wohnhaus Fallingwater bei Bear Run am Nordostrand des Ohiopyle State Park (PA 381) gilt als einer seiner bedeutendsten Entwürfe, demonstrierte er damit doch seine Idee von der Verschmelzung von Baukunst und Natur perfekt. Wright baute es 1935 bis 1937 für den Pittsburgher Warenhausbesitzer Edgar J. Kaufmann (1885–1955). Es ist über einen Wasserfall gebaut. Sein fast 75 m² großes Wohnzimmer mit riesigen Glasfenstern gewährt einen freien Blick auf den umliegenden Wald. Mehr als beeindruckend!

Führungen: Mitte März–Nov. tgl. außer Mi. 10–16, Dez. Fr.–So. 11.30–15 Uhr | geführte Touren ab 35 $, Tickets müssen online oder telefonisch gekauft werden | Tel. 1 724 3 29 85 01
www.fallingwater.org

Die einzige Niederlage

Fort Necessity National Battlefield

Bei Fort Necessity südöstlich von Uniontown fand 1754 die erste größere Schlacht des French and Indian War statt. Der damals 22-jährige Major **George Washington** musste seinerzeit eine Niederlage einstecken – übrigens die einzige seiner gesamten Laufbahn! Das erst kurz zuvor notdürftig errichtete Fort – daher der Name – wurde von den Franzosen niedergebrannt. Heute findet man hier eine Nachbildung der originalen Wehranlage vor: Mitten im Wald steht ein widerständiges Blockhaus, das von einem Zaun aus grob behauenen und angespitzten Pfählen geschützt wird.

US 40 E (bei Uniontown) | tgl. 9–17 Uhr | Eintritt: frei
www.nps.gov/fone

Unter der Erde geht es weiter

Laurel Caverns

Auf der Chestnut Ridge wenige Meilen südlich von Uniontown kann man die Laurel Caverns besichtigen. Das **längste bislang bekannte Höhlensystem Pennsylvanias** ist ein Ergebnis der fortschreitenden Verkarstung des hier anstehenden Kalksteins.

Mai–Sept. tgl. 9–17 Uhr, sonst nur an Wochenenden | Touren ab 17 $
www.laurelcaverns.com

LEHIGH VALLEY

Region: Southwestern Pennsylvania | **Höhe:** 64–663 m ü. d. M

Anderthalb Autostunden nördlich von Philadelphia und zwei westlich von Manhattan liegt das Lehigh Valley. Eingebettet in die Hügellandschaft im Osten Pennsylvanias, erinnern hier drei alte Städte an den Beginn der Industrialisierung Amerikas.

Die Hauptorte, das 1762 gegründete Allentown und dessen Schwesterstadt Bethlehem, sind mittlerweile fast zusammengewachsen. Bethlehem wurde am Weihnachtsabend 1741 von Mitgliedern der Herrnhuter Brüdergemeine (»Moravians«) gegründet und wurde das Zentrum dieser Religionsgemeinschaft in Nordamerika. Ab 1857 wuchs mit Bethlehem Steel einer der bedeutendsten Stahlproduzenten der USA heran. 1995 wurde das Werk stillgelegt, und auf dem Gelände richtete sich das Sands Casino Resort häuslich ein. Ob das Bethlehems Gründervätern und -müttern gefallen hätte?

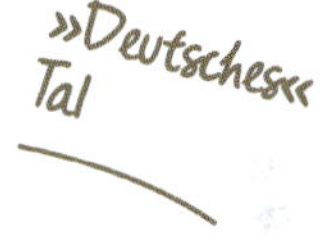

Wohin im Lehigh Valley?

Glockenversteck

Allentown

Das älteste Haus der knapp 120 000 Einwohner zählenden Stadt baute sich 1770 der Sohn des Stadtgründers als Sommerhaus: **Trout Hall** ist größtenteils mit Einrichtungsgegenständen aus dem 18. Jh. bestückt (414 Walnut St.). Im Keller der Zion's Church befand sich bis April 2023 der Liberty Bell Shrine. **Liberty Bell Shrine**. Hier versteckten die amerikanischen Patrioten 1777 vorübergehend die berühmte Freiheitsglocke (▶ Philadelphia) vor den Briten, die alle erreichbaren Glocken zur Munitionsherstellung einschmelzen ließen. Eine Kopie der Glocke ist heute im Lehigh Valley Heritage Musuem zu sehen. Das **Allentown Art Museum** widmet sich neben Werken bekannter Künstler und Künstlerinnen aus Europa und den USA zeitgenössischen Kreativen aus der Region.

Lehigh Valley Heritage Museum: 432 West Walnut Street, Allentown Di–Fr 10–16 Uhr | Eintritt 8$ | www.lehighcountyhistoricalsociety.org

Allentown Art Museum: 31 N 5th St., Mi., Fr. u. Sa. 11–16, Do. 11–20, So. 12–16 Uhr | Eintritt: frei | www.allentownartmuseum.org

Aspekte der Stadtgeschichte

Bethlehem

Ein Spaziergang entlang der **Church Street** mit einer der größten Ansammlungen von Gebäuden früher deutscher Architektur in den USA erschließt die Wurzeln der Stadt und natürlich, wen wundert's,

LEHIGH VALLEY ERLEBEN

DISCOVER LEHIGH VALLEY

840 Hamilton St., Suite 200
Allentown, PA 18101
Tel. 610 810 1676
www.discoverlehighvalley.com
Mo.–Fr. 8.30–17 Uhr

Populär – vor allem im Frühjahr – ist das Rafting in den Schluchten des Lehigh River. Touren und Ausrüstung gibt es bei
Jim Thorpe River Adventures: Tel. 1 610 3 77 12 30, www.jtraft.com
Pocono Whitewater Rafting: Tel. 1 570 3 25 36 55, www.whitewaterrafting.com

Dass man in Pennsylvania auch recht guten Wein produzieren kann, erfährt man in den Clover Hill Vineyards and Winery an der US 222 in Breinigsville.
Mo.–Sa. 10–17, So. ab 12 Uhr, www.cloverhillwinery.com

THE INN AT JIM THORPE €€€

32 Zimmer. Sie wollten schon immer mal dort übernachten, wo auch Buffalo Bill sein Haupt bettete? Dann ist dieses seit 1840 betriebene viktorianische Hotel mit seinen an New Orleans erinnernden langen schmiedeeisernen Balkonen genau das Richtige!
24 Broadway, Jim Thorpe, PA 18229
Tel. 1 800 3 29 25 99
www.innjt.com

HENRY'S SALT OF THE SEA €€€

Durchweg gelobtes Restaurant mit Seafood-Spezialitäten. Ein bisschen eng geht es allerdings zu.
1926 Allen St., Allentown, PA
Tel. 1 610 4 34 26 28
https://henryssaltofthesea.com
Mo.–Do. 16.30–21, Fr./Sa. 16.30–22 Uhr

gibt es am Jahresende einen Christkindlmarkt. Allerdings sind heute weniger als fünf Prozent der Bevölkerung »Moravians«. Ihr fünfstöckiges, hölzernes »Gemeinhaus« stammt von 1741 und ist damit das älteste Gebäude der Stadt. Es beherbergt das reichhaltige **Moravian Museum**, dessen ganzer Stolz eine Nürnberger Bibel von 1652 ist. Auf dem Gelände befinden sich noch das Witwenhaus von 1768 und das Schwesternhaus von 1744.
Einen anderen Aspekt der Stadtgeschichte vermittelt das **Colonial Industrial Quarter**, das Handwerks- und Industrieviertel am Monocacy Creek. Besonders interessant sind das Wasserwerk von 1762 mit einem knapp 6 m großen Wasserrad, eine Gerberei von 1761 und die 1869 erbaute Luckenbach Mill.
Das von der Smithsonian Institution betreute **National Museum of Industrial History** auf dem Gelände von Bethlehem Steel zeigt die wohl interessantesten Ausstellungen ihrer Art in den USA. Es widmet sich ausschließlich der facettenreichen und oft dramatischen Ge-

Eisenbahnmagnat Asa Packer ließ die Stone Row in Jim Thorpe erbauen.

schichte der hiesigen **Industrie- und Sozialgeschichte**. und präsentiert gewaltige Maschinen ebenso wie das Leben einer Arbeiterfamiie.
Moravian Museum: 66 W Church St. | Do.–So. 12–16 | Eintritt: 20 $ (Ticket gilt für beide Museen) | www.historicbethlehem.org
Colonial Industrial Quarter: Main & Church Sts. | tgl. 8 Uhr bis Sonnenuntergang | Eintritt: 20 $ (s. o.) | www.historicbethlehem.org
National Museum of Industrial History: 602 E 2nd St
Mi.–So. 10–17 Uhr | Eintritt: 15 $ | www.nmih.org

Leuchtendes Vorbild

Jim Thorpe

Wie die Stadt zu ihrem Namen kam? Nun, Jim Thorpe (1888–1953) war **einer der populärsten Sportler der USA!** Eigentlich hieß er »Leuchtender Pfad«. Als erster Native American gewann er bei den Olympischen Spielen von 1912 in Stockholm die Goldmedaillen im Fünf- und im Zehnkampf. Die wurden ihm allerdings aberkannt, da er zuvor als Profi Baseball gespielt und so angeblich den Amateurstatus verletzt hatte. 1983 erhielten zwei von Thorpes Kindern Gedenkmedaillen für ihren rehabilitierten Vater.
Kohle stand am Beginn des viktorianischen Städtchens (25 mi/40 km nördlich von Allentown), denn was in der Umgebung gefördert wurde, verlud man hier auf den Lehigh River. So entstand 1818 der Ort Mauch Chunk (indigen »Berg des schlafenden Bären«), der sich 1954 mit East Mauch Chunk unter dem Namen »Jim Thorpe« zusammen-

tat. Schon seit Jahrzehnten zieht **»The Switzerland of America«** mit guter Luft und herrlicher Landschaft Touristen an. Am Broadway verläuft die Millionaires Row mit viktorianischen Häusern wohlhabender Bürger. Der reichste war der Eisenbahnmagnat Asa Packer (1805–1879). Er ließ sich 1860 etwas oberhalb des Zentrums die **Asa Packer Mansion** bauen, eine mondäne und kostbarst ausgestattete Villa in italienischem Stil. Das benachbarte viktorianische Harry Packer Mansion schenkte er Sohn Harry 1872 zur Hochzeit. Die aus 16 Häusern bestehende **Stone Row** entlang der Race Streeet ließ der fürsorgliche Asa Packer 1848 für seine Ingenieure und Vorarbeiter bauen. Heute lebt man hier überwiegend vom Souvenirverkauf.
Die Schattenseiten des Kohlebergbaus zeigen sich in **Centralia** 56 km östlich: Unter dem Ort glimmt noch immer ein Kohlenfeuer. Bis auf 5 Unerschrockene (2020) hat es alle Einwohner vertrieben. Die Geisterstadt hat heute aber ein neues Highlight: Ein Teil des Highway 61 wurde vom Kohlefeuer zerstört und bereits 1994 geschlossen, wurde aber selbst zum Kusntwerk als Besucher anfingen, die Straße mit Graffiti-Kunst zu gestalten.

Asa Packer Mansion: Packer Hill | Führungen Memorial Day–Okt. tgl. 11–16 Uhr, April/Mai nur Wochenenden | Eintritt: 12 $
www.asapackermansion.com

★ PENNSYLVANIA DUTCH COUNTRY

Region: Pennsylvania Dutch Country

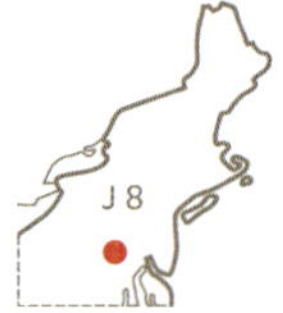

Neben Philadelphia ist das Pennsylvania Dutch Country mit seinem Hauptort Lancaster die größte Attraktion des Bundesstaats. Es sind gerade mal anderthalb Autostunden von der Hauptstadt in die ländliche Heimat der aus Deutschland stammenden Amischen und Mennoniten. Aber 150 Jahre in die Vergangenheit.

Amische und Mennoniten

Allerdings – so beschaulich, wie es die Broschüren suggerieren, ist es hier nicht immer, denn besonders an Sommerwochenenden wird's hier voll. Die meisten der gut 30 000 Amischen und Mennoniten (von 450 000 Einwohnern im County insgesamt) versuchen, den Touristen Verständnis für ihre Lebensweise abzuringen. Denn die sind immerhin die wichtigsten Abnehmer ihrer bäuerlichen und kunsthandwerklichen Produkte. Trotzdem sollte man sich beim Fotografieren zurückhalten und langsam fahren, wo Pferdebuggys unterwegs sind.

PENNSYLVANIA DUTCH COUNTRY ERLEBEN

DISCOVER LANCASTER

501 Greenfield Rd., Lancaster, PA 17601 | Tel. 1 800 7 23 88 24
www.discoverlancaster.com

MENNONITE INFORMATION CENTER

2208 Millstream Rd.
Lancaster, PA 17602-1494
Tel. 1 717 2 99 09 54
lancasterpa.com/things-to-do/mennonite-information-center
Mo.–Sa. 8–17 Uhr

AMISH EXPERIENCE

Intercourse, Rte. 340
Tel. 1 717 7 68 84 00
www.amishexperience.com

Nach alter Vätter und Mütter Sitte erzeugte landwirtschaftliche Produkte aus der Region findet man auf dem Central Market in Lancaster, dem Bird-in-Hands Farmers Market sowie auf dem Green Dragon Market in Ephrata. Gute Adressen für Kunsthandwerk – also für Quilts, Kaleidoskope, Drucke in Fraktur oder Töpferei – sind unter anderem: Eldreth Pottery, Zooks Quilts & Furniture, J & B Quilts oder Lapp's Quilts in Strasburg und Country Market, außerdem der Old Country Store W. L. Zimmerman in Intercourse. Wer auf der Suche nach schönen Antiquitäten ist, wird vor allem in Adamstown fündig. Und wem nach etwas ganz anderem der Sinn steht: Die Rockvale Square Outlets an der Route 30 East sollten mit mehr als 120 Geschäften etwas für fast jeden Geschmack bieten.

Die Küche im Pennsylvania Dutch Country kann ihre deutschen Wurzeln nicht verleugnen – es geht sehr deftig zu mit Schnitzel, Braten, Schinken, Würsten, Pfannkuchen, Nudeln und (aus der Neuen Welt) Mais und Kartoffeln. Probieren sollte man mal ein **Smorgasboard** (von schwed. »smörgåsbord«). Dahinter verbirgt sich ein kalt-warmes Buffet, von dem man sich für einen Fixpreis so oft bedient, wie man will. In vielen Restaurants wird man an großen Tischen platziert, auf die dampfende Schüsseln und Platten kommen.

BUBE'S BREWERY €€

Von solider Brauhauskost bis zu Feinerem, im »Catacombs«-Restaurant im Keller gibt es für jeden etwas. Die Bubes's Brewery ist Pennsylvanias älteste Brauerei – und wurde 1876 von Alois Bube aus Bayern gegründet. Brauereiführungen werden angeboten.
102 North Market St.
Mount Joy, PA
Tel. 1 717 6 53 20 56
www.bubesbrewery.com
Restaurant: Mo.–Fr. ab 17.30, Sa./So. ab 16.45 Uhr

MILLER'S SMORGASBORD €€

Seit 1929 der Inbegriff des Smørgasboard.
2811 Lincoln Hwy./US 30, Ronks (5 mi/8 km östl. Lancaster)
Tel. 1 717 6 87 66 21
www.millerssmorgasbord.com
Tgl. 11.30–20.45 Uhr

CITRONNELLE €€€

Hübsches Bistro-Restaurant mit französisch inspirierter Küche und ökologischen Produkten aus der Region.
110 W Orange St., Lancaster
Tel. 1 717 2 08 66 97
www.citronnellepa.com
Di.–Do. 17–21, Fr./Sa. 17–22 , So. 11–14 Uhr

HILTON GARDEN INN LANCASTER €€
Solide Unterkunft der Luxusmarke im unteren Preissegment, ruhig. 156 Z.
101 Granite Run Dr., Lancaster, PA 17601 | Tel. 1 717 5 60 08 80
www.hilton.com/en/hotels/lnslhgi-hilton-garden-inn-lancaster

WOHNEN BEI DEN AMISH
Bei den anfangs genannten Auskunftsstellen bekommt man Adressen von Amischen- und Mennoniten-Familien, die Zimmer vermieten und Besucher am Farmleben teilnehmen lassen.

Lancaster und Lancaster County

Besser einmal als keinmal

Hauptort im County

Mit rund 60 000 Einwohnern ist Lancaster das Verwaltungszentrum des Countys, des Kernlands von Pennsylvania Dutch Country. Die Stadt geht auf George Gibsons Gasthof aus dem Jahr 1721 zurück. Am 27. September 1777 war der Ort sogar **einen Tag lang Hauptstadt der USA**, als der Kongress von Philadelphia nach York fliehen musste.

Lancasters Zentrum gruppiert sich rund um den **Penn Square**. Im **Central Market** von 1889 bieten Händler und Farmer ihre Produkte an. Der Markt besteht seit den 1730er-Jahren und gilt als ältester seiner Art in den USA. Das hervorragende Museum der **Lancaster Mennonite Historical Society** zeigt wunderbares, von den Glaubensbrüdern der Amischen gefertigtes Mobiliar und Patchworkdecken, die Quilts. Die **Trinity Lutheran Church** von 1761, die älteste Kirche Lancasters, erkennt man an ihrem weißen, knapp 60 m hohen Kirchturm. Das **Demuth Museum** gleich um die Ecke ist dem in Lancaster geborenen Maler Charles Demuth (1883–1935) gewidmet.

Central Market: Di., Fr. 6–16, Sa. 6–14 Uhr

Mennonite Life: 2215 Millstream Rd., Lancaster | Di.–Sa. 8.30–16.30 Uhr | Eintritt frei | www.lmhs.org

Demuth Museum: 120 E King St. | Di.–Sa. 10–16, So. 13–16 Uhr
Eintritt frei, Spende erbeten | www.demuth.org

Thema: deutsche Wurzeln der Besiedelung

Landis Valley Museum

Zurück in die Welt der deutschen Einwanderer geht es im Landis Valley Museum, dem größten **Freilichtmuseum** in den USA, das sich mit den deutschen Wurzeln der Besiedlung befasst. Es verdankt sich den Landis-Brüdern, die in den 1920er-Jahren bäuerliches Gerät zu sammeln begannen. Herausragende Stücke sind vor allem ein Farmhaus von 1815 und das 1856 erbaute Landis Valley House Hotel; eine Taverne, eine Druckerei, eine Schmiede, ein

Schulhaus und ein Tante-Emma-Laden bringen weitere Farbe ins Museumsleben.
2451 Kissel Hill Rd. | März–Dez. Mo.–Sa. 9–17, So. 12–17 Uhr
Eintritt: 12 $ | www.landisvalleymuseum.org

Östliches Lancaster County

Rustikales Siedlerleben

Hans Herr House

Erste Station einer Fahrt durch das östliche County ist das Hans Herr House, das **älteste Gebäude der Region** (5 mi/8 km südöstlich der Innenstadt von Lancaster). Hans Herr führte die erste, 27 Köpfe zählende Mennonitengruppe hierher, und sein Sohn Christian baute 1719 dieses einfache Wohn- und Gemeindehaus inmitten von fruchtbaren Feldern. Einrichtung, Obst- und Gemüsegarten spiegeln das rustikale Leben der Siedler.
1849 Hans Herr Dr. | April–Nov. Mo.–Sa. 9–16 Uhr | Eintritt: 15 $
www.hansherr.org

Reise in die Vergangenheit

Freilichtmuseen

Zwischen Strasburg und Bird-in-Hand gibt es gleich drei sich ähnelnde Freilichtmuseen. Als authentisch erweist sich das 2 mi / 3 km nördlich von Strasburg gelegene **Amish Village**, ein Bauernhof mit

Große Auswahl bei Stoltzfus im Lancaster Central Market

GOTTESFURCHT UND ACKERBAU

Die Amischen (engl. Amish) und Mennoniten wanderten hauptsächlich seit Beginn des 18. Jh.s aus der Schweiz und Südwestdeutschland aus, wo sie wegen ihres strengen protestantischen Glaubens verfolgt worden waren.

Bereits Ende des 18. Jh.s waren 40 Prozent der Einwohner von Lancaster County deutschsprachig, und noch heute sprechen die Amischen **»Pennsylvania Dutch«**, eine Mischung aus pfälzischem Dialekt und Englisch. Der Begriff »Dutch« hat hier nichts mit dem englischen Wort für »holländisch« zu tun, sondern ist eine Verballhornung von »deutsch«. Eine Kostprobe aus dem Vorwort der Erstausgabe der Zeitschrift »Pennsylvania Durchman« von 1873:

» Der Pennsylvania Dutchman is net yusht intend for laecherlich un popular lehsa shtuff for olly de unser Pennsylvanish Deitsh – de mixture fun Deitsh un Aenglish – fershtehn. «

Strenge Regeln

Die Amischen spalteten sich 1693, geführt vom elsässischen Bischof **Jakob Ammann** (1644 – 1730), von der von Menno Simons begründeten Wiedertäufersekte der Mennoniten ab. Amann und seinen Anhängern war der Umgang mit mennonitischen Gemeindemitgliedern, die die Regeln verletzten, zu lax. Wer bei den Amischen die Regeln miss-

Nicht nur ein Sonntagsausflug: Die Amischen benutzen Pferdekutschen statt Autos.

achtet, wird gänzlich aus der Gemeinde ausgeschlossen. So sind die Amischen bis heute eine äußerst konservative Gruppe, die ihre Traditionen in besonderem Maß bewahrt, was in der gesamten Region deutlich zutage tritt.
Alle **Wiedertäufersekten** sind protestantische Gruppen, die sich bewusst von der Reformation eines Luther, Zwingli oder Calvin absetzten und sich ab 1523 vor allem in der Schweiz und entlang des Rheins, aber auch in Oberösterreich, Mähren und Ungarn bildeten. Doch ziemlich schnell waren sie der Verfolgung durch die großen Kirchen ausgesetzt, und so blieb oft nur die Auswanderung, um ihren Glauben ungestört leben zu können.

Leben nach der Heiligen Schrift

Die Amischen bzw. Mennoniten suchen ihr Heil allein aus dem Wort und dem Geist der Heiligen Schrift, sie leben absolut gewaltfrei und bilden ihre Gemeinden bewusst **nur aus freiwilligen Mitgliedern.** Deshalb ist bei ihnen auch die Kindertaufe verpönt, da sich nur ein Erwachsener frei für eine Zugehörigkeit zu dieser tief religiösen Gemeinschaft entscheiden kann.
Den jugendlichen, noch ungetauften Mennoniten ist es deswegen auch freigestellt, andere Lebensweisen auszuprobieren. Entscheiden sie sich dann zur Taufe, werden sie ohne Bedingungen in die Gemeinde aufgenommen.
Im Lancaster County wohnen heute die meisten Mennoniten der ganzen Welt, Haus an Haus mit den Amischen, die hier nach Holmes County in Ohio ihr zweites Standbein haben. Insgesamt gehören im County rund 30 000 Menschen diesen Religionsgemeinschaften an.

Einfaches Leben

Der jeweilige Lebensstil unterscheidet sich oft nur in Details voneinander, je nachdem, zu welcher Richtung der Religionsgemeinschaft sie gehören. **Die Farmen werden als Familienbetrieb bewirtschaftet**, wobei alle zum Helfen verpflichtet sind. Die strengste Gruppe verzichtet auf alle neuen Techniken, sodass die Menschen auf diesen Farmen ohne Strom und Maschinen auskommen müssen. Die weniger Strengen betreiben aber Maschinen mit Biogasmotoren. Der Besitz von **Autos** ist verboten, nicht aber deren Benutzung, wenn es einem englischen Nachbarn gehört oder wenn man die Dienste der »Amish driver industry« beansprucht; auch Fahrräder sind gestattet. Dennoch verleihen die vielen Pferdebuggies den Straßen der Region einen besonderen Reiz. **Telefonieren** ist erlaubt, nicht aber die Installation eines Telefons im Haus, weshalb man sie oft in Scheunen findet. Vor allem die ungetauften Jugendlichen besorgen sich gerne ein **Smartphone**.
Das einfache Leben drückt sich auch in der Kleidung der Menschen aus. Den Amischen sind beispielsweise Knöpfe an der Kleidung verboten, sodass sie gezwungen sind, mit Haken und Ösen zu arbeiten. Für die Männer mit ihren Vollbärten – Schnurrbärte sind als unhygienisch verpönt – sind weißes Hemd, schwarze Hose, schwarze Schuhe und Strohhut obligatorisch, Frauen tragen als markantestes Kleidungsstück altmodische Häubchen.
Der Film **»Der einzige Zeuge«** von Peter Weir (1985) mit Harrison Ford in der Hauptrolle, der in Lancaster County spielt, zeichnet – verpackt in einen Kriminalfall – ein sehr anschauliches Bild dieser Gesellschaft.

typischen Nebengebäuden einschließlich einer kleinen Schule, wie er wohl Mitte des 19. Jh.s bestanden haben mag. Praktisch um die Ecke liegt das um ein Quäkerhaus von 1805 aufgebaute und vom nahen Dutch Wonderland Amusement Park betriebene **Amish Farm & House**. Kommerziell ausgerichtet ist **Mill Bridge Village**. Sein Kernstück ist die vierstöckige Getreidemühle von 1738 am Pequea Creek. Besenmacher, Kerzendreher und Quiltnäherinnen führen ihr Handwerk vor, eine Covered Bridge rundet das ländliche Bild ab.

Amish Village: Mo.–Sa. ab 9, So. ab 10 Uhr | Tel. 717 687 8511
www.amishvillage.com

Eine schwierige Entscheidung

Bird-in-Hand

Ein überdachter **Bauernmarkt** ist der Grund, warum man diesen Ort besucht. Sein merkwürdiger Name kommt übrigens von einer alten Taverne. Zwischen Bird-in-Hand und Intercourse gelegen, beschreibt das **Amish Experience Theater** mit der Multimedia-Show »Jacob's Choice« die Konflikte eines Jugendlichen, der sich zwischen den Amischen und der »weltlichen« Gesellschaft entscheiden muss.

Bauernmarkt: ganzjährig Fr.–So. 8.30–17.30, April–Nov. auch Mi., Juli–Okt. auch Do.

Shoppen an der Kreuzung

Intercourse

Das 1754 als Cross Keys gegründete Intercourse wartet mit der größten Ansammlung von Geschäften mit typischen Waren aus dem Amish Country auf. Seinen seltsamen Namen, der wohl auf die Kreuzung der Straße Philadelphia–Pittsburgh (heute PA 340) mit der Straße Wilmington – Erie (heute PA 772) zurückgeht, erhielt der Ort 1814. Der älteste Laden ist **The Old Country Store**.

3510 Old Philadelphia Pike/US 30 | Mo.–Sa. Juni–Okt. 9–18.30, Nov.–Mai 9–17, Do. 9–21 Uhr | https://theoldcountrystore.com

Gemischtes Kloster

Ephrata Cloister

1732 zog sich der deutsche Pietist **Konrad Beissel** an das Ufer des Cocalico Creek, 12 mi/19 km nordöstlich von Lancaster, zurück. Bald folgten ihm weitere Gläubige, und so entstand in kurzer Zeit ein Kloster mit rund 300 Menschen. Die nach dem Gelübde der Keuschheit lebenden Brüder und Schwestern schliefen auf Holzpritschen von neun Uhr abends bis Mitternacht, standen auf, um zu beten, und schliefen danach wieder von zwei bis fünf Uhr. Einen Namen machten sie sich als Buchdrucker und Kalligrafen, besonders in Frakturschrift. Nach Beissels Tod 1768 verfiel das Kloster, sodass die Gebäude heute einen etwas düsteren Eindruck machen. In der Nähe entstand der Ort **Ephrata**. Seit 1932 findet hier jeden Freitag der sehenswerte **Green Dragon Market** statt.

Ephrata Cloister: 632 W Main St. | Führungen Mo.–Sa. 9–17, So. 12–17 Uhr | Eintritt: 10 $ | www.ephratacloister.org

★★ PHILADELPHIA

Region: Philadelphia and its Countryside | **Höhe:** 14 m ü. d. M.
Einwohner: 1,6 Mio.

Philadelphia verbindet die emsige Energie einer Weltstadt mit dem Charme einer Grande Dame mit Vergangenheit. Tatsächlich begegnet einem in der »Stadt der brüderlichen Liebe« das Drama der amerikanischen Unabhängigkeit auf Schritt und Tritt.

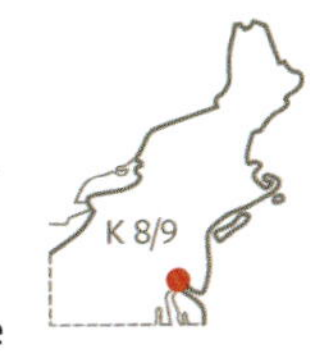

Außer von seinem historischen Erbe ist Philadelphia, die zweitgrößte Stadt der Ostküste, schon seit den Zeiten Benjamin Franklins von Einwanderern aus der ganzen Welt geprägt. Diese Vielfalt ist die Grundlage für ein tolles Nachtleben und das ungewöhnlich muntere kulturelle Angebot, mit dem die Stadt bundesweit einen der vordersten Ränge belegt. Dazu ist Philadelphia eine Sporthochburg mit den beiden großen Stadien Lincoln Financial Field und Citizens Bank Park. Hier treten US-Spitzenmannschaften an: die Phillies im Baseball, die Eagles im Football, die 76ers im Basketball und die Flyers im Eishockey. All das basiert auf einer starken Wirtschaft, die u. a. führend in der chemisch-pharmazeutischen Industrie, im Schiffs- und Lokomotivenbau sowie in der Erdölverarbeitung ist. Der Hafen zählt zu den größten der USA.

Die Wiege der Nation

Geschichte

Die ersten Europäer kamen 1638 aus Schweden und Finnland und trafen auf den Stamm der Lenni Lenape, mit dem sie sich friedlich arrangierten. 1655 wurden sie von Holländern verdrängt, die 1664 das Feld den Engländern überließen. Der Quäkerführer **William Penn** (1644–1718) gründete 1682 die Stadt und benannte sie nach dem kleinasiatischen Phildelphia, das in der Offenbarung des Johannes als einzige christliche Gemeinde vom auferstandenen Christus nicht getadelt wird. Bald stieg die Siedlung zum wichtigsten Hafen der englischen Kolonien auf und erhielt 1701 die Stadtrechte. **Benjamin Franklin** ließ sich 1723 nieder. Er gab Philadelphia wichtige kulturelle und politische Impulse, indem er 1731 die erste amerikanische Leihbücherei einrichtete, ab 1732 die »Pennsylvania Gazette« herausgab und 1740 die Gründung einer Universität mit initiierte.
In der zweiten Hälfte des 18. Jh.s fiel Philadelphia eine entscheidende Rolle in der Geschichte der USA zu. Der Erste Kontinentalkongress tagte 1774 in der Carpenter's Hall. Am **4. Juli 1776** erklärte Thomas Jefferson während des Zweiten Kontinentalkongresses in der Independence Hall die Unabhängigkeit der Vereinigten Staaten von Amerika vom Mutterland Großbritannien, eingeläutet von der Freiheitsglocke. Im Unabhängigkeitskrieg besetzten die Engländer 1777 die

PHILADELPHIA ERLEBEN

PHILADELPHIA CONVENTION & VISITORS BUREAU

1601 Market St., Suite 200
Philadelphia, PA 19103
Tel. 1 215 6 36 33 00
www.discoverphl.com

INDEPENDENCE VISITOR CENTER

One North Independence Mall
West 6th & Market Sts.
www.phlvisitorcenter.com
tgl. 8.30–17, Sommer bis 19 Uhr

Den öffentlichen **Nahverkehr** organisiert die Southeastern Pennsylvanian Transportation Authority (SEPTA). Die wichtigsten Umsteigestationen im Zentrum sind City Hall und 13th St. (Convention Center). Es gibt Tages-, Wochenend- und Wochenpässe. Old City, Society Hill und die Gegend um die City Hall kann man gut zu Fuß erkunden. Für Rundfahrten nimmt man am besten einen der PLASH-Busse, der 18 günstig liegende Attraktionen, Stadtviertel und Hotels verbindet. Mit dem **Philadelphia City Pass** spart man ca. 50 % Eintritt in sechs der wichtigsten Attraktionen.
www.citypass.com/philadelphia

In Downtown liegen die meisten Geschäfte an Walnut, Chestnut und Market Sts. zwischen 8th und 18th Sts. The Shops at Liberty Place (Chestnut St. zw. 16th und 17th Sts.) beherbergen die elegantesten Malls der Stadt. Pine Street zwischen 9th und 12th Sts. gilt als »Antique Row«: Ihre Antiquitätenläden gehören zu den besten des Landes.Zwischen Walnut, Chestnut, 7th und 8th Sts. findet man die nach New York höchste Konzentration von Juwelieren in den USA. In der South Street gibt es hübsche und eher ausgefallenere Läden. Die King of Prussia Mall ist mit über 400 Geschäften die zweitgrößte der USA (westlich an US 202/PA 422); Outlet Center: Franklin Mills (15 mi nordöstl.; I-95 Exit Woodhaven).Ein Erlebnis: der **Italian Maket** in 919 S. 9th St.
https://italianmarketphilly.org

Das beste Pflaster für nächtliches Treiben sind die Avenue of the Arts, die historische Altstadt, der Stadtteil Northern Liberties und rund um den Rittenhouse Square. Wer Klassik mag: das renommierte Philadelphia Orchestra und das Pennsylvania Ballet spielen im Kimmel Center.
Tickets: Kimmel Center Box Office, Broad & Spruce Sts.
Tel. 1 215 8 93 19 99

5 FRIDAY SATURDAY SUNDAY €€€€

Diese Variante der neuen amerikanischen Küche kann nur als elegant bezeichnet werden. Ansehnlich servierte Seafood-Teller, Tartar-Platten und perfekt zubereitetes Surf & Turf: Da ist der Preis dann nicht so wichtig.
261 South 21st St.
Tel. 1 215 5 46 42 32
www.fridaysaturdaysunday.com
Di.–Do./So. 17–22,
Fr./Sa. 17–23 Uhr

Von der Spitze der City Hall blickt William Penn auf die von ihm gegründete Stadt.

6 CITY TAVERN €€€

Im Nachbau der Taverne, in der sich schon die Verfassungsväter erholten, wird heute beste Kolonialküche nach alten Rezepten geboten.

138 South 2nd St.
Tel. 1 215 4 13 14 43
www.citytavern.com
Lunch ab 11.30, Dinner ab 16, So. ab 15 Uhr

1 Vietnam Palace
2 Reading Terminal Market
3 Fork
4 K'Far
5 Friday Saterday Sunday
6 City Tavern
7 Vedge

1 The Rittenhouse
2 Penn's View
3 Thomas Bond House
4 Alexander Inn

U Subway

3 FORK €€€

Die beste Gelegenheit in Philadelphia, um zeitgemäße, ökologisch orientierte US-Küche zu erleben.

306 Market St., Tel. 1 215 6 25 94 25
https://forkrestaurant.com
Mo.–Do. 17.30–22, Fr. 17.30–22.30, Sa. 17–22.30, So. 11–15, 17–21.30 Uhr

❹ K'FAR €€-€€€
Der Duft von süßem Ricotta-Käse mit warmen Blaubeeren dringt bis auf die Straße. Köstliche israelische Küche.
110 S 19th St.
Tel. 267 8000 7200
www.kfarcafe.com
tgl. 8–17 Uhr.

❷ READING TERMINAL MARKET €€
In »Junk Food City« muss man das Essen auf die Hand natürlich auch probieren – aber hier in dieser Institution geschieht das in bester Qualität und mit der Auswahl unter mehreren Dutzend Ständen (Chinesisch, Seafood, Pennsylvania Dutch, Sushi, Italienisch ...).
12th & Arch Sts., Center City
Tel. 1 215 9 22 23 17
readingterminalmarket.org
Tgl. 8–18 Uhr

❼ VEDGE €€
Veganes Restaurant in alten Herrenhaus. Schmackvolle Vorspeisen wie Auberginen-Braciola mit Salsa Verde erfreuen auch »Fleischfresser«!
1221 Locust St.
Tel. 215 320 7500
www.vedgerestaurant.com

❶ VIETNAM PALACE €
Dieses fast überschwänglich gelobte Restaurant fält mit Appetit machender Karte und verwirrend niedrigen Preisen aus dem Rahmen. Das Hühnchen in Zitronengras ist einfach unwiderstehlich!
222 North 11th St.
Tel. 1 215 5 92 11 63
www.vietnampalace.net
So.–Do. 11–21.30,
Fr./Sa. 11–22 Uhr

❶ THE RITTENHOUSE €€€€
87 Zimmer und 11 Suiten. Eines der elegantesten Hotels der Stadt, dazu noch in wunderbarer städtischer Lage, die schöne Blicke auf die Stadt verspricht.
210 W. Rittenhouse Sq.
Philadelphia, PA 19103
Tel. 1 215 5 46 90 00,
www.rittenhousehotel.com

❷ PENN'S VIEW €€€
51 Zimmer. Die gemütliche Herberge wurde in zwei alten Lagerhäusern eingerichtet und steht in der Old City. Alle »Independence«-relevanten Attraktionen liegen in Fußgängernähe. Schöner Blick auf den Delaware River.
Front & Market Sts.
Philadelphia, PA 19106
Tel. 1 215 9 22 76 00
www.pennsviewhotel.com

❹ ALEXANDER INN €€
48 Zimmer. Dieses sehr angenehme Inn liegt in ruhiger Lage und trotzdem nahe allen Sehenswürdigkeiten. Für Philadelphia hat es ein ausgesprochen günstiges Preis-Leistungs-Verhältnis.
301 South 12th St.
Philadelphia, PA 19107
Tel. 1 215 9 23 35 35
www.alexanderinn.com

❸ THOMAS BOND HOUSE €€
12 Zimmer, in denen man schlafen kann wie die Verfassungsväter – schließlich wurde das Inn im Jahr 1769 gebaut; Zimmer mit Marmorkaminen.
129 South 2nd St.
Philadelphia, PA 19107
Tel. 1 215 9 23 85 23
www.thomasbondhouseband.com

6X UNTERSCHÄTZT

Genau hinsehen, nicht daran vorbeigehen, einfach probieren!

1. KRITISCHE KUNST

Typisch **Burlington**? In dieser verbraucherfreundlichen Stadt läge das nahe. Jedenfalls lässt sich das 13 m hohe, aus Karteikästen bestehende **»Tallest Filing Cabinet on Earth«** (220 Flynn Ave.) mühelos als Bürokratiekritik verstehen. (▶ **S. 374**)

2. FRISCHER GEHT'S NICHT

McDonald's? Burger-King? In Neuengland hält man sich besser an die Hummer-Imbisse, die **Lobster Shacks**. Die Lobster Rolls dort sind zwar auch nicht gerade billig, ansonsten aber: günstig, und frischer geht's nicht.

3. NOSTALGIE

Harry Potter gucken? Oder doch lieber den alten Schinken mit James Dean? In **Wellfleet** auf Cape Cod macht der Kinogang richtig Spaß: nämlich in einem der letzten **Drive-in-Kinos** (51 US-6) Neuenglands. (▶ **S. 146**)

4. LECKEREIEN

Der **9th Street Italian Market in Philadelphia** gehört zu ältesten Wochenmärkten der USA. Trotzdem kommen wenig Touristen hin. Unterhaltsame Begegnungen mit den Stand- und Ladenbesitzern, alles wahre Originale, sind garantiert. (▶ **S. 313**)

5. IRGENDWIE SCHÖN

Das labyrinthartige Kunstwerk »Magic Gardens« umspannt drei Häuserblocks an der South St. in **Philadelphia** und besteht aus »Mosaiken«.Ungewöhnlich! (1020 S. St., www.phillymagicgardens.com)

6. CHARME

Natürlich hat Beacon Hill in Boston großen Charme. Aber vielleicht mal nach **Litchfield**: breite Alleen, gepflegte Rasen, stolze alten Residenzen zeugen von neuenglisch-kolonialem Bürgersinn und gediegenem Wohlstand. (▶ **S. 64**)

Stadt und räumten sie erst im Juni 1778 wieder. 1787 entstand die erste eigenständige Verfassung auf dem **Verfassungskonvent in Philadelphia**, 1790–1800 Hauptstadt der Vereinigten Staaten und bis 1799 auch des Bundesstaats Pennsylvania.
Im 19. Jh. zogen die Manufakturen Einwanderer vor allem aus Irland, Schottland und Deutschland, an. Vom Bürgerkrieg blieb Philadelphia verschont, nahm aber viele geflohene Sklaven auf. Ende des 19. Jh.s kamen vor allem Einwanderer aus Osteuropa und Italien, bis 1930 der Höchststand von zwei Millionen Einwohnern erreicht war. Bereits nach Ende des Ersten Weltkriegs begann der industrielle Niedergang, der durch die Nachfrage nach Rüstungsgütern während des Zweiten Weltkriegs kurzzeitig gestoppt wurde. **Sanierungsprogramme** ab den 1970er-Jahren stellten die Wirtschaftsstruktur erfolgreich auf die Zukunft ein, heruntergekommene Gegenden wie um den Independence National Historical Park und Society Hill avancierten zu den besten Wohngebieten der Stadt.

Independence National History Park · Old City

Geschichte verpflichtet

Stadtbesichtigung

Die Besichtigung der Stadt beginnt deshalb fast zwangsläufig mit einem Rundgang durch den Independence National Historical Park, der von der 2nd bis zur 6th Street zwischen Market und Walnut Street reicht. Startpunkt ist das **Visitor Center** an der Ecke 6th & Market Steets, wo man sich als Einstimmung den von John Huston gedrehten Film **»Independence«** anschaut.

»Verkünde die Freiheit ...«

Liberty Bell Pavilion

Amerikaner widmen sich ihrer Geschichte mit zeitweise einer Inbrunst und Detailversessenheit, die den meisten Europäern weitgehend fremd ist. Gegenüber vom Visitor Center beispielsweise symbolisiert die Freiheitsglocke im Liberty Bell Pavilion den Gedanken der Unabhängigkeitsbewegung. Die Glocke wurde in der Londoner Whitechapel-Gießerei gegossen und zum 50. Jubiläum der Stadterhebung aufgehängt. Sie trägt die Inschrift **»Proclaim Liberty throughout all the Land unto all the inhabitants thereof«** (3. Buch Mose, Kapitel 25,10). Wie bei vielen Anlässen zuvor erklang sie auch zur ersten öffentlichen Verlesung der Unabhängigkeitserklärung am 8. Juli 1776 vom Glockenturm des State House (und nicht am 4. Juli!). Wegen eines Sprungs, den sie zwischen 1817 und 1846 erlitten hat, schlug sie 1846 zur Feier zu Washingtons Geburtstag das letzte Mal.

tgl. 9–17, Sa./So. bis 18 Uhr | Eintritt frei

Die Liberty Bell erklang erst vier Tage nach der Proklamation der Unabhängigkeit.

Oberstes Ziel: Unabhängigkeit

Independence Hall

Dahinter sieht man schon den Mittelpunkt des historischen Distrikts: die Independence Hall an der Chestnut Street. Als Pennsylvania State House zwischen 1732 und 1756 errichtet, tagte hier seit dem 10. Mai 1775 der **Zweite Kontinentalkongress** und beriet über die Loslösung von Großbritannien, die am 4. Juli 1776 in der Unterzeichnung der Unabhängigkeitserklärung in der Assembly Hall vollzogen wurde. Auch die Annahme der Verfassung 1787 erfolgte in diesen Räumen. Heute gehört die Independence Hall zum Weltkulturerbe der UNESCO. Zu sehen sind u. a. der Sessel von George Washington, der erste Druck der Unabhängigkeitserklärung, der Tisch, auf dem sie unterschrieben wurde, und das Tintenfass, in das die Väter der Unabhängigkeit ihre Federn tauchten.

Auf dem Independence Square hinter der Independence Hall wurde am 8. Juli 1776 die Unabhängigkeitserklärung öffentlich verlesen. Hier stehen die **Congress Hall**, wo zwischen 1790 und 1800 der erste Kongress der USA tagte, der George Washington zum ersten Präsidenten wählte. Die **Old City Hall** diente trotz ihres Namens niemals als Rathaus, sondern seit 1791 als Oberster Gerichtshof.

Independence Hall: Sept.–Mai tgl. 9–17, Ende Mai–Aug. tgl. 9–19 Uhr, Besichtigung nur inkl. Tour | Eintritt frei, aber Ticket mit Zeitfenster erforderlich | Tel. 1 8 77 4 44 67 77 | www.nps.gov/inde/

Zuhause bei Thomas Jefferson

Abstecher zur 7th Street

Im **Declaration House** Ecke 7th/Market St. bereitete Thomas Jefferson im Frühsommer 1776 die Unabhängigkeitserklärung vor. Zu sehen sind seine rekonstruierte Zimmer und u. a. seine Urfassung der Erklärung. Das Haus, wo er in aller Ruhe arbeiten wollte, hatte Jefferson erst nach langer Suche gefunden. Damals lag es außerhalb der Stadt!
Auf dem **Washington Square** brennt eine Ewige Flamme auf dem Grabmal des Unbekannten Soldaten der Revolution. Der Platz ist einer von fünfen, die auf William Penns Stadtplanung zurückgehen.

Philadelphia History Museum: 15 S. 7th St. | Di–Sa. 10.30–16.30 Uhr
Eintritt: 10 $ | www.philadelphiahistory.org

Postamt ohne Stars & Stripes

Walnut und Chestnut Street

Vom Washington Square geht es nun am **Curtis Center** (mit einem gläsernen Wandbild von Louis C. Tiffany) vorbei auf der hübschen Walnut Street Richtung Fluss bis zur Kreuzung mit der 3rd St., wo links das **Bishop White House** von 1786 steht und gegenüber die **Philadelphia Merchant's Exchange** von 1832 im Greek Revival Style. Die 3rd St. hinauf liegt links die 1797 eröffneten **First Bank of the United States**, das älteste Bankgebäude der USA. Unweit davon liegt die Second Bank of the United States, in der seit Frühling 2023 die Ausstellung »People of Independence« zu sehen ist mit Porträts bedeutender Persönlichkeiten aus dem 18. und 19. Jahrhundert.
Links biegt man ab in die 8th Richtung Chestnut Street. Hier folgt zunächst rechts das **National Liberty Museum** mit einer wohltuend zeitgemäßen, interaktiven und modernen Darstellung der Freiheitstradition in den USA. Das **New Hall Military Museum** schräg gegenüber schildert vor allem die ersten Jahrzehnte der US-Armee. Darauf folgt **Carpenter's Hall**, um 1770 von der Schreinergilde erbaut (2023 nach Renovierung wiedereröffnet). Hier tagte 1774 der Erste Kontinentalkongress; heute sind hier sehr schöne Möbel aus der Kolonialzeit und Schreinerwerkzeug ausgestellt. Ein kleiner Durchgang führt von der Chestnut St. zum Franklin Court, wo **Benjamin Franklins Wohnhaus** stand. Es ist als Stahlgerüst nachempfunden. Ein kleines unterirdisches Museum erinnert an ihn. Am Rande bemerkt: Das kleine Postamt in 316 Market Street ist das einzige im Land, auf das kein Sternenbanner aufmerksam macht. Denn anno 1775 gab es noch keines. Zudem werden hier Briefe mit dem Sonderstempel »B. Free Franklin« versehen, denn Benjamin Franklin war seinerzeit Postmeister der Kolonien.

Verfassungsväter in Bronze

5th Street

Es geht es weiter zur 5th Street und dort nach rechts. Das lange rote Gebäude ist das **Börsengebäude von 1895**. Bereits 1790 war in Philadelphia die erste Börse Nordamerikas im London Coffee House eröffnet worden – zwei Jahre vor der New Yorker! Heute verlockt hier der Food Court zur Pause. Jenseits der Market St. passiert man das

National Museum of American Jewish History zur Geschichte der amerikanischen Juden seit 1654 und erreicht den **Christ Church Burial Ground** (5th & Arch Sts.), wo Benjamin Franklin und seine Frau Deborah begraben sind. Auf dem Grab liegen Pennys – Erinnerung an Franklins Spruch »Ein gesparter Penny ist ein verdienter Penny«. Im **Free Quaker Meeting House** gegenüber versammelten sich ab 1783 die Quäker. Alles, was man auf diesem Rundgang gesehen hat, wird noch einmal lebendig im **National Constitution Center**. Dort ist die Entstehung der Verfassung und ihre Wirkung bis heute interaktiv nachbereitet, inklusive der in Bronze gegossenen Verfassungsväter – die meistgeschüttelte Hand ist die von Benjamin Franklin.

National Constitution Center: 525 Arch St. | Mo.–Sa. 9.30–17, So. 12–17 Uhr | Eintritt: 14,50 $ | http://constitutioncenter.org

Die ersten Stars & Stripes

Arch Street

Östlicher Nachbar des National Constitution Center an der Arch Street ist die **U.S. Mint**, die größte Münzprägeanstalt der Welt. Sie geht auf die erste, unweit vom heutigen Standort 1792 gegründete Münze der USA zurück. Ein Stück weiter auf der anderen Straßenseite lebte in einem schlichten Backsteinhaus die **Näherin Betsy Ross**. Ob sie tatsächlich die ersten »Stars and Stripes« genäht hat, ist nicht sicher – jedenfalls weht ein Exemplar aus dem Fenster und lockt die Amerikaner in Scharen.

Am Haus von Betsy Ross flattern ihre (?) Stars & Stripes.

Abschließend sollte man noch über die knapp fünf Meter breite und mit Kopfsteinen gepflasterte **Elfreth's Alley** schlendern. Sie gilt als eine der ältesten kontinuierlich bewohnten Straßen der USA – 1702 wurden die ersten der 30 Häuschen gebaut. No. 126 und No. 124 können besichtigt werden.

U.S. Mint: 151 Independence Mall E | Führungen: Mo.–Sa. 9–16.30 Uhr | Eintritt frei | www.usmint.gov
Betsy Ross House: 239 Arch St. | April–Sept. tgl. 10–17 Uhr, sonst Mo. geschl. | Eintritt: 12 $ | historicphiladelphia.org/betsy-ross-house/what-to-see

Diese Geschichte ist noch nicht vorbei

7th Street

Das **African American Museum** widmet sich dem Alltag und der Kultur der Afro-Amerikaner, die über 40 Prozent der Bevölkerung von Philadelphia stellen. Zu den Ausstellungsstücken gehören u. a. Alltagsgegenstände, Erinnerungen die Philadelphia Black Panthers und die Zeit des Ku-Klux-Klan ebenso wie archäologische Artefakte.
Wer die Geschichten von **Edgar Allan Poe** mag, geht vom Afro-American Museum fünf Blocks die 7th St. hinauf: In Nr. 532 wohnte der Gruseldichter 1843 und 1844 und soll zu seiner Erzählung »The Tell-Tale Heart« inspiriert worden sei.

African American Museum: 701 Arch St. | Mi.–Sa. 10–17, So. 12–17 Uhr | Eintritt: 14 $ | http://aampmuseum.org
Edgar Allen Poe NHS: Mi.–So. 9–17 Uhr | Eintritt frei

Spaziergang zu Society Hill und Riverfront

Hier wohn(t)en die feinen Leute

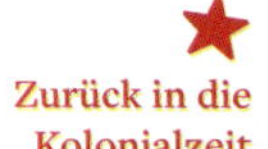

Das Viertel zwischen Washington Square, Walnut Street im Norden, dem Delaware und der Lombard Street im Süden verdankt seinen Namen der Free Society of Traders, der von William Penn gegründeten Siedlungsgesellschaft. Hier wohnten schon um 1750 die »feineren« Leute und daran hat sich im Grunde bis heute nichts geändert – Society Hill ist das **stimmungsvollste koloniale Viertel** der Stadt. Los geht's an der Ecke Walnut & 3rd Streets.
In 244 3rd St. besticht das luxuriöse **Powel House** (1765) mit edlem Interieur. Hier residierte Samuel Powel, letzter Bürgermeister Philadelphias von britischen Gnaden und erster der Unabhängigkeit.
Elegant und modisch auf der Höhe der damaligen Zeit gibt sich auch **Hill-Physick House**, 1786 vom Weinhändler Henry Hill erbaut. Es ging 1815 in den Besitz von Dr. Philip Syng Physick über, dem amerikanischen »Vater der Chirurgie«. Auch hier ein Kleinod, bei dem die Amerikaner glänzende Augen bekommen: ein Tintenfass mit den Fingerabdrücken von Benjamin Franklin. Das **Thaddeus Kosciuszko National Memorial** ehrt den polnischen Offizier und Helden des Un-

abhängigkeitskriegs. Koscziusko verließ 1776 seine Heimat, um für die amerikanische Unabhängigkeit zu kämpfen. Später spielte er eine wichtige Rolle im polnischen Freiheitskampf, musste aber fliehen und lebte dann in Philadelphia.

Powel House: Führungen Do.–Sa. 11–16, So. ab 13 Uhr | Eintritt: 8 $
www.philalandmarks.org/powel.aspx

Hill-Physick House: 321 S. 4th St. | Do.–Sa. 12–16, So. ab 13 Uhr
Eintritt: 8 $ | www.philalandmarks.org/phys.aspx.

Thaddeus Kosciuszko National Memorial: Pine & S. 3rd Sts.
April–Okt. Fr.–Sa. 12–16 Uhr | Eintritt frei | www.nps.gov/thko

Trendiges Viertel

South Street und Penn's Landing

Das Viertel südlich vom Platz an der South Street ist die **älteste besiedelte Ecke von Philadelphia**. Dort ließen sich die ersten schwedischen Einwanderer nieder. Heute ist das Viertel bis hinaus zur 10th St. »very trendy«: voll mit Designer- und Zeitgeistläden, Kneipen und Restaurants aller Couleur und Preisklassen.

Wo William Penn höchstpersönlich im Herbst 1682 das Ufer des Delaware zum ersten Mal betreten haben soll, **Penn's Landing** genannt, breitet sich heute im Schatten der 1926 erbauten Benjamin Franklin Bridge ein schöner Park aus.

Elferth's Alley, die älteste Wohnstraße des Landes, deren Entstehung auf das Jahr 1702 datiert wird.

Ausflug nach New Jersey

Am Delaware

Dafür nimmt man von hier die Fähre und ist in zehn Minuten drüben in Camden beim **Adventure Aquarium**, eine Unterwasser-Erlebniswelt mit wissenschaftlichem Anspruch. Hauptattraktion ist ein riesiger Tunnel durch das Haifischbecken.
Die größte Attraktion auf der Pennsylvania-Seite, das **Independence Seaport Museum**, erläutert die Bedeutung des Hafens für die Entwicklung der Stadt. Am Kai festgemacht haben die »USS Olympia«, Flagschiff im Spanisch-Amerikanischen Krieg 1898, und die »USS Becuna«, ein U-Boot aus dem Zweiten Weltkrieg. Beide stellt aber die mächtige **»USS New Jersey«** weit in den Schatten, 1942 in den Philadelphia Shipyards vom Stapel gelaufen und 2001 unübersehbar am New-Jersey-Ufer vor Anker gegangen.

Adventure Aquarium: 1 Riverside Drive, tgl. 9.30–17 Uhr
Eintritt: 28 $ | www.adventureaquarium.com
Independence Seaport Museum: tgl. 10–17 Uhr | Eintritt: 18 $
www.phillyseaport.org

Center City

Penn an der Spitze

City Hall

Die Market Street führt von der Liberty Bell nach Westen zur unübersehbaren City Hall und damit in das moderne Zentrum Philadelphias. Das in französischem Renaissance-Stil bis 1901 erbaute Rathaus besitzt sage und schreibe 642 Räume. Den 167 m hohen Turm durfte bis 1988 kein anderes Gebäude überragen, damit die **11 m hohe Statue William Penns** auf der Spitze der höchste Punkt der Stadt blieb. Von seinem **Observation Deck** hat man einen tollen Rundblick. Heute stellen die Wolkenkratzer das Rathaus in den Schatten. Das älteste Kunstmuseum der USA, die **Pennsylvania Academy of the Fine Arts**, liegt in Sichtweite des Rathauses. 1805 gegründet, widmet es sich der Kunst seit etwa 1700 und zeigt neben Gemälden von Eakins, West, Stuart, Sully und Peale auch Highlights aus Bildhauerei und Fotografie.

City Hall: Führungen Mo.–Fr. 12.30 Uhr, Turmbesteigung Mo.–Fr. 9.30–16.15 Uhr, Ticket 18 $ mit Zeitfenster im Information Center
https://www.phlvisitorcenter.com/CityHallTowerTour
Pennsylvania Academy of the Fine Arts: Broad & Cherry Sts.
Di.–Fr. 10–17, Sa./So. 11–17 Uhr | Eintritt: 17 $ | www.pafa.org

Zeit für eine kulinarische Pause

Pennsylvania Convention Center

Die Eröffnung des Convention Center 1993 leitete die Wiederbelebung der Innenstadt ein. Als architektonisches Glanzstück wurde die viktorianische Reading Station integriert. Im Center stellen ständig zeitgenössische Künstler aus. Vielleicht ist aber doch der **Reading Terminal Market** interessanter. Es gibt ein überbordendes Angebot an Lebensmitteln aus aller Welt und eine Unzahl an entsprechenden Imbissständen. Hinter dem Convention Center markiert ein chinesischer Torbogen über der North 10th Street auf Höhe der Arch Street den Eingang zur **Chinatown**.

Noble Ecke des Zentrums

Rittenhouse Square

Ganz anders als das übrige Zentrum präsentiert sich die noble Gegend um den Rittenhouse Square, einen der fünf historischen Plätze der Stadt. Das **Rosenbach Museum & Library** ist berühmt für literarische Raritäten, z. B. das handgeschriebene Manuskript von James Joyce's »Ulysses« und ein Teil der Canterbury Tales.

2010 Delancey St., Di. u. Fr. 12–17, Mi.–Do. 12–20, Sa./So. 12–18 Uhr
Eintritt: 12,50 $ | www.rosenbach.org

Benjamin Franklin Parkway · Fairmount Park

Faszinierendes Allroundgenie

Benjamin Franklin Parkway

Der Benjamin Franklin Parkway beginnt an der JFK Plaza und führt nach Nordwesten über den Logan Circle zum Philadelphia Museum of Arts (PMA). Der Brunnen inmitten des **Logan Circle** – auch er einer von Penns fünf historischen Plätzen – symbolisiert die drei Flüsse Philadelphias: Delaware, Schuylkill River und Wissahickon Creek.
Die Fahrt zum PMA halten zwei gute Museen auf. Das **Franklin Institute Science Museum** erinnert an die Experimente des Allroundgenies Benjamin Franklin. Ganz im Sinne seines vielseitig begabten Namensgebers beschäftigt es sich u. a. mit Drucktechnik, Schienenverkehr, Schiffbau, Astronomie, Raumfahrt und Anatomie. Ein Höhe-

ZU GAST IM ALTEN JAPAN

Schuhe ausgezogen und eingetreten: Das Shofuso Guesthouse in Fairmount Park (Reservoir Dr.) wurde einer traditionellen japanischen Herberge des 17. Jh.s nachempfunden: fein verarbeitetes Zypressenholz, ein Teeraum, Bad und Koi-Teich. Die Zen-artige Ruhe nimmt das Tempo aus den Gedanken und lässt tief durchatmen. Man möchte ein wenig länger bleiben.

»Tempel der Kunst« trifft auf das Philadelphia Museum of Art durchaus zu.

punkt: der Gang durch ein überdimensionales menschliches Herz. Die größte Sammlung von Werken Auguste Rodins außerhalb Frankreichs präsentiert das **Rodin Museum**. Der Kinobesitzer Jules Mastbaum hat sie in den 1920er-Jahren der Stadt gestiftet.

Franklin Institute Science Museum: 220 N 20th St. | tgl. 9.30–17 Uhr
Eintritt: 25 $ | www.fi.edu

Rodin Museum: 2151 Franklin Pkwy. | Mi.–Mo. 10–17 Uhr
Eintritt: 12 $ | www.rodinmuseum.org

Tempel der Kunst

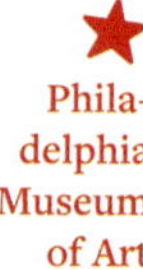

Philadelphia Museum of Art

Am nordwestlichen Ende des Parkway thront das 1919–1924 erbaute Philadelphia Museum of Art. Sylvester-Stallone-Fans sollten die Stufen zum Museum mit Ehrfurcht betreten: Hier trainierte »Rocky«. Das Museum gehört zu den bedeutendsten Kunstsammlungen der USA und zeigt in mehreren Gebäuden Gemälde und Grafik, Keramik, Waffen, Möbel und Textilien. Highlights sind in der asiatischen Abteilung ein japanisches Teehaus von Ogi Rodo, bei den Textilien Kleider und Entwürfe von Elsa Schiaparelli und das **Hochzeitskleid von Grace Kelly bzw. Gracia Patricia**, unter den Gemälden »Christus und Jungfrau« des Meisters von Flémalle, der »Hl. Franziskus« von Jan van Eyck, »Gefesselter Prometheus« von Rubens, Impressionis-

ten wie Monet und Cézanne, »Vorahnung des Bürgerkriegs« von Dalí und »Drei Musiker« von Picasso, ebenso Werke von Marcel Duchamp. In der amerikanischen Abteilung findet man Gemälde u.a. von Eakins und Peale, ebenso Möbel der Shaker und Amish. Noch mehr Schätze sind im Perelman Building zu sehen.
Wen nach so viel Kunst der Hunger plagt, der ist im Restaurant des Museum of Art gut aufgehoben. Leckere Snacks gibt es auch im Museumscafé und im Balkoncafé mit tollem Blick auf die Stadt.
26th St. & Benjamin Franklin Parkway | Di.–So. 10–17 Uhr
Eintritt: 25 $ | www.philamuseum.org

Impressionen

Barnes Foundation

Eine der größten Sammlungen von **Impressionisten** und **Postimpressionisten** bietet die Barnes Foundation. Der Arzt und Apotheker Albert C. Barnes hatte eine Vorliebe für Renoir, Cézanne und Matisse, fand aber auch Manet, Monet, van Gogh, Modigliani und Picasso seiner Sammlung würdig.
2025 Benjamin Franklin Parkway | Mi.–Mo. 11–17 Uhr | Eintritt: 25 $
www.barnesfoundation.org

Für amerikanische Verhältnisse unvorstellbar alt

University City

Am Westufer des Schuylkill River südlich vom Fairmount Park erstreckt sich University City, bestehend aus Drexel University und der 1740 von Benjamin Franklin mitbegründeten University of Pennsylvania. Zu ihr gehört das **Museum of Archaeology and Anthropology**. Es ist besonders stolz auf seine herausragenden Stücke aus dem alten Ägypten und Funde aus den Königsgräbern von Ur.
3260 South Street | Di.–So. 10–17, Mi. 10–20 Uhr | Eintritt: 15 $
www.penn.museum

Deutsche Wurzeln

Germantown

Nördlich vom Fairmount Park im heutigen Bezirk Upper Northwest, 6 mi/11 km nördlich vom Zentrum, ist man in Germantown. William Penn überließ hier 13 deutschen Mennoniten-Familien 1683 ein Stück Land, Ergebnis war bald eine große Handwerkersiedlung. 1688 ging von Germantown der erste Widerstand gegen die Einfuhr von Sklaven aus, 1702 wurde hier die erste deutsche Schule in Nordamerika eröffnet und 1739 gründete Christoph Saur die »Germantowner Zeitung«. Heute wird Germantown **überwiegend von afro-amerikanischen Menschen** bewohnt.
Von den über fünfhundert historischen Gebäuden stehen die allermeisten an der Germantown Avenue. Als kleine Sommerresidenz war das **Deshler-Morris House** von 1772 geplant. Es wurde aber bekannt als Aufenthaltsort des englischen Generals William Howe (1777) und von George Washington, der 1793/1794 vor dem in Philadelphia grassierenden Gelbfieber vorsorglich hierher floh (Nr. 5442). In **Wyck**

wohnten neun Generationen einer Qäkerfamilie (Nr. 6026). Im 1768 gebauten **Johnson House** fanden Sklaven, die auf der »Underground Railroad« flohen, Unterschlupf, was ein Museum dokumentiert (Nr. 6306). Das um 1760 für Richter Benjamin Chew erbaute Anwesen **Cliveden** war am 4. Oktober 1777 Ziel einer massiven Attacke der von General Washington geführten Amerikaner gegen sich hier verschanzende britische Einheiten, wie auch noch Einschusslöcher eindringlich zeigen (Nr. 6401). In **Stenton** im südlichen Germantown wohnte James Logan, Sekretär von William Penn, in einem von ihm entworfenen georgianischen Haus (4601 N. 18th St.).
Sollten Sie genug von Historie, Wolkenkratzern und Museen haben, dann ist vielleicht der heimelige Stadtteil **Lower Manayunk** bei Germantown der richtige Ort: Vor allem an der Main Street warten genügend Restaurants und hübsche, teils ausgefallene Läden.
Germantown Historical Society: 5501 Germantown Ave.
Di. 9–13, Do. 13–17 Uhr | Eintritt: kleine Spende
www.germantownhistory.org | https://manayunk.com

Rund um Philadelphia

Sci-fi und Fantasywelt – ein Erlebnis der anderen Art

Otherworld

Die neuste Attraktion für immersive Kunst und Unterhaltung eröffnet im Juni 2023 östlich der Stadt und ist mit den öffentlichen Verkehrsmitteln innerhalb einer Stunde erreichbar. Die Ausstellung, die einen durch skurrille Räume führt, schafft innovative Kunst- und Unterhaltungserlebnisse. Sie richtet sich an große und kleine Abenteurer und entführt in eine Welt der visuellen Effekte.
otherworldphila.com

Idylle mit kriegerischem Hintergrund

Brandywine Valley

Vom südlichen Stadtrand bis ins benachbarte Delaware erstreckt sich das idyllische Brandywine Valley. Andrew Wyeth malte es oft und die du Ponts, die Gründer des Chemiekonzerns, lebten hier.
Nahe Chadds Ford liegt der **Brandywine Battlefield Park**, wo am 11. September 1777 die Amerikaner unter Washington den von General Howe geführten Briten unterlagen. Zu besichtigen sind die Quartiere von Lafayette und Washington. In der Chadds Ford Winery gibt es »Wine Tasting« und das **Brandywine River Museum** zeigt in einer renovierten Mühle Werke der Brandywine School of Painting: Moran, Durand und Wyeth.
Westlich via US 1 erreicht man die **Longwood Gardens**, die extravaganten Gartenanlagen von Pierre S. du Pont. Sie begeistern mit prachtvollen Magnolienbäumen, Azaleen, dem hübschen Italian Water Garden und dem gigantischen Conservatory. Höhepunkt an Sommerabenden (Di., Do., Sa.): das Festival of Fountain, wenn Hunderte

In solchen Hütten und bei solch einem Wetter mussten die Soldaten im Valley Forge den Winter überstehen.

Springbrunnen beleuchtet sind. Auch das **Peirre du Pont House** (1730) kann besichtigt werden.

Brandywine River Museum: tgl. 9.30–17 Uhr | Eintritt: 18 $ www.brandywinemuseum.org

Longwood Gardens: tgl. 9–17, im Sommer und in der Weihnachtszeit länger | Eintritt: 25 $ | www.longwoodgardens.org

Hartes Soldatenleben

Montgomery County

Noch ein Geschichtsdrama gefällig? Eine ihrer schwersten Stunden erlebte die Armee von Washington im Winter 1777/1778 im heutigen **Valley Forge National Historical Park** am Schuylkill River. Über 2000 der 12 000 Soldaten starben hier im Winterquartier, unzureichend versorgt und eisiger Kälte ausgesetzt. An ihr Leiden erinnert der 1917 erbaute **National Memorial Arch**. Der Nationalpark lässt sich mit dem Auto oder per Führung im Bus besichtigen, wobei das Hauptquartier Washingtons einer der Höhepunkte ist. Mehrmals im Jahr gibt es auch »Living History«.

PA 23/N. Gulph St. | tgl. 9–17 Uhr | Eintritt frei | www.nps.gov/vafo

»Washington Crossing the Delaware«

Bucks County

Viele Städter haben sich im schönen Bucks County 37 m/60 km nordöstlich von Philadelphia ihre Zweitwohnung gebaut. Auf einer Halbinsel im Delaware River in der Nähe von Tullytown ließ sich **Staatsgründer William Penn** sein Haus errichten. Der Bau von **Pennsbury**

Manor begann 1683. Ab 1699 nutzte er das Haus als Sommerresidenz, bevor er endgültig nach England zurückging. Die Historische Kommission Pennsylvanias rekonstruierte Pennsbury Mansion nach Originalplänen. Die Ereignisse im heutigen **Washington Crossing Historical Park** etwas nördlich von Fallsington sind in einem der berühmtesten Werke der amerikanischen Kunst verewigt: Emanuel Gottlieb Leutze aus Schwäbisch Gmünd hielt 1851 im Gemälde »- the Delaware« seine Vorstellung davon fest, wie George Washington am Weihnachtstag 1776 an der Spitze von 2400 Soldaten den Delaware River überquerte, um in englischen Diensten stehende hessische Truppen in Trenton/New Jersey anzugreifen (▶ Abb. S. 44). Der Sieg gab der Revolution neuen Auftrieb. Das Gelände ist als Freilichtmuseum hergerichtet, auf dem u. a. der alte Gasthof McConkey's Ferry Inn und das 1702 errichtete Thompson-Neely House zu besichtigen sind. Vom **Bowman's Hill Tower** im oberen Teil des Parks überblickt man das Tal des Delaware River.

New Hope nördlich von Washington Crossing kann von sich behaupten, einer der malerischsten Orte in der Region zu sein. An Wochenenden zieht er die Städter an, v. a. aus Philadelphias Schwulen- und Lesbenszene. Von den heute über 200 denkmalgeschützten Gebäuden – viele mit netten Läden und Kneipen, die meisten entlang der Main Street – lohnen Logan Inn am Ort des alten Ferry Inn von 1720, Mansion Inn und vor allem Parry Mansion Museum, 1784 vom Quäker Benjamin Parry erbaut, einen Blick. Die Nostalgie schürenden **New Hope & Ivyland Railroad** dampft oder dieselt bis nach Lahaska und zurück.

Auch einen Aufenthalt in der Bezirkshauptstadt **Doylestown** sollte man möglichst nicht versäumen. Dort ist im ehemaligen Stadtgefängnis das **James A. Michener Art Museum** eingerichtet. Es zeigt Werke von Künstlern aus Bucks County und Erinnerungen an den hier in Doylestown geborenen Schriftsteller James A. Michener (1907–1997).

Die Missionarstochter und Literaturnobelpreisträgerin Pearl S. Buck lebte in Perkasie bei Dublin ca. 8 mi / 13 km nördlich von Doylestown auf Green Hills Farm, wo sie auch begraben ist. An ihrem Schreibtisch im heutigen **Pearl S. Buck House** entstand u. a. »The Good Earth«.

Pennsbury Manor: 400 Pennsbury Memorial Rd. | Gelände Di.–Sa. 9–17, So. 12–17 Uhr (Haus nur mit Führung) | Eintritt: 9 $
www.pennsburymanor.org

Washington Crossing Historical Park: Di.–Sa. 9–17, So. 12–17 Uhr
Touren: 7 $ | www.washingtoncrossingpark.org

New Hope & Ivyland Railroad: Bahnfahrten Mitte Juni–Okt. tgl., sonst an Wochenenden und Feiertagen| www.newhoperail road.com

James A. Michener Art Museum: 138 S. Pine St. | Di.–Fr. 10–16.30, Sa. 10–17, So. 12–17 Uhr | Eintritt: 15 $ | www.michenerartmuseum.org

Pearl S. Buck House: 520 Dublin Rd. | Führungen: Mitte März–Mitte Dez. Di.–Sa. 11, 13, 14, So. 13 u. 14 Uhr | Eintritt: 15 $
https://pearlsbuck.org/

★★ PITTSBURGH

Region: Pittsburgh & its Countryside | **Höhe:** 232 m ü. d. M.
Einwohner: 306 000

Kohlenpott war mal. Heute ist die kompakte Industriestadt am Zusammenfluss von Allegheny und Mononghela zum Ohio River ein Vorzeigebeispiel für cool, hip und Lifestyle. Doch bei allen aufgedrückten Etiketten: Seine proletarische Vergangenheit gibt Pittsburgh keineswegs auf.

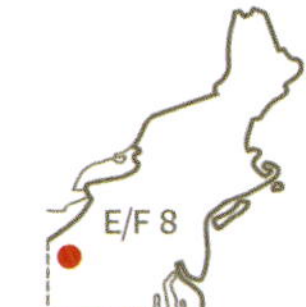

Der Strukturwandel gilt als gelungen, denn inzwischen arbeiten weniger als zehn Prozent der Bevölkerung noch in der Schwerindustrie. Ein erstklassiges Kulturangebot macht die Stadt lebenswert und attraktiv. Für Besucherinnen und Besucher bedeutet das: großstädtisches Flair, beste Shoppingmöglichkeiten, tolle Museen und erstklassige Restaurants.

Strategisch günstig gelegen

Schmiede der Nation

Bereits die Franzosen erkannten die günstige Lage der von Allegheny und Monongahela River gebildeten Landspitze und bauten dort 1753 das Fort Duquesne, das sie allerdings beim Rückzug vor den Briten wieder zerstörten. Die errichteten dafür das nach dem britischen Premier William Pitt (1708–1778) benannte **Fort Pitt**, damals die größte militärische Anlage der Neuen Welt. Die Siedlung entwickelte sich zu einem wichtigen Handelsposten und erhielt 1816 das Stadtrecht. Im 19. Jh. entwickelte Pittsburgh sich dank der Kohle- und Erzvorkommen in der Umgebung zur Schmiede der Nation. Während des Bürgerkriegs statteten Pittsburgher Fabriken die Unionstruppen mit Waffen aus. Persönlichkeiten wie der Bankier Thomas Mellon, Industrielle wie Andrew Carnegie und Henry Clay Frick und nicht zuletzt der deutschstämmige Ketchup-König **Henry J. Heinz** sorgten für weiteren Aufschwung. Den nächsten Boom erlebte die Stahlindustrie während der Weltkriege, doch bald war die Stadt durch die Krise der Stahlindustrie zur Umorientierung gezwungen.

PITTSBURG ERLEBEN

GREATER PITTSBURGH CONVENTION & VISITORS BUREAU
120 5th Ave., Suite 2800
Pittsburgh, PA 15222
Tel. 1 412 2 81 77 11
www.visitpittsburgh.com

Viele Geschäfte und Warenhäuser, darunter Saks Fifth Ave. und Kaufman's, liegen an Market Square, 5th, 6th und Smithfield Sts.; hübsch zum Bummeln ist der Strip District; gute Bars und Musikkneipen finden sich an der E. Carson Street.

5 GRAND CONCOURSE €€€
Dieser Ort atmet pure Eisenbahnnostalgie! Das größte Restaurant von Pittsburgh befindet sich im einstigen Wartesaal der sorgsam restaurierten Pittsburgh & Lake Erie Railroad Station. Die hervorragenden Fleischgerichte – Steaks, Filet Mignon und Boeuf Stroganoff – vergisst man fast angesichts der herrlich altmodischen Grandeur.
100 West Station Square Dr.
Tel. 1 412 2 61 17 17
www.grandconcourse
restaurant.com
Mo.–Do. 11–22, Fr./Sa. 11–23,
So. 15.30–21 Uhr

2 LIDIA'S €€€
Hier werden nach traditionellen italienischen Rezepten saisonale Produkte aus der Umgebung mit hausgemachter Pasta kombiniert. Die Ergebnisse schmecken königlich. Im Strip District.
1400 Smallman St.
Tel. 1 412 5 52 01 50
https://lidias-pittsburgh.com

1 PENN BREWERY €€
Schweinshaxe, Schnitzel, Bratwurst, Sauerkraut, Kartoffelsalat und dazu nach dem bayerischen Reinheitsgebot gebrautes Bier – deutscher geht's nimmer.
800 Vinial St.
Tel. 1 412 2 37 94 00
www.pennbrew.com
Mo.–Do. 11–22, Fr./Sa. 11–23,
So. 11–21 Uhr

4 PRIMANTI BROS. €€
Das Deli ist seit 1933 berühmt für seine Sandwiches, ganz besonders für seinen Klassiker »Cheese Steak«. Eine Institution in Pittsburgh, mehrere Filialen.
2 South Market Pl.
Tel. 1 412 2 61 15 99
https://primantibros.com

3 BILL'S BAR & BURGER €–€€
Bill's steht in Pittsburgh für monströse Burger, 50 Craft-Beer-Sorten und die hier typischen Pubgerichte wie polnische Kielbasa Dogs und Kartoffel-Piroggen!
1001 Liberty Ave.
Tel. 1 412 5 67 23 00
www.billsbarandburger.com
So.–Do. 11–23, Fr./Sa. 11–24 Uhr

2 OMNI WILLIAM PENN €€€
596 Zimmer und Suiten. Dieses Grandhotel in Downtown bietet jeden zu dieser Klasse gehörenden Komfort: eine opulente Lobby und großzügig dimensionierte Gästezimmer. Es gibt aner auch einige Zimmer unter 200 $.
530 William Penn Place,
Mellon Sq.
Pittsburgh, PA 15219
Tel. 1 412 2 81 71 00
www.omniwilliampenn.com

1 THE PRIORY €€€
25 Zimmer. Viktorianische Eleganz mit vielen Antiquitäten schafft in diesem herrschaftlichen Backsteingebäude auf der North Side europäische Atmosphäre. Auch ein hübscher Innenhof ist vorhanden. Sehr gutes Frühstück, Shuttle-Service nach Downtown.
614 Pressley St.,
Pittsburgh, PA 15212
Tel. 1 412 2 31 33 38
www.thepriory.com

Wohin in Pittsburgh?

An der Landspitze

Point State Park

Das Dreieck zwischen den beiden Quellflüssen des Ohio trägt den Namen **»Golden Triangle«**. An der Spitze liegt der Point State Park, ein guter Ausgangspunkt für die Besichtigung von Downtown. Das dortige **Fort Pitt Museum** erzählt die Geschichte der Festung von 1758. Detailgetreue Dioramen und originale Gegenstände veranschaulichen den Kampf, den sich Briten, Franzosen und Ureinwohner um die Vormachtstellung in der Region geliefert haben. Das einzige erhaltene Gebäude aus jener Zeit ist das Fort Pitt Blockhouse von 1764.

Tgl. 10–17 Uhr | Eintritt: 10 $

An Pittsburghs Golden Triangle vereinigen sich der Allegheny und der Monongahela

Eindrucksvolle Skyline

Market Square

Stadteinwärts geht es zum Market Square zwischen Forbes Ave. und Market St., wo man noch ein bisschen altes Pittsburgh sieht. Die Wolkenkratzer von Downtown sind allerdings die Hauptattraktionen, allen voran **PPG Place** (»Pittsburgh Plate Glass«). Dieser bis 193 m hohe Komplex aus sechs Gebäuden mit Glasfassaden und gotischen Elementen erinnert entfernt an die Houses of Parliament in London; insbesondere fallen die zierlichen Ecktürmchen auf. Nördlich beherrschen **Fifth Avenue Place** (188 m, Stanwix St. zw. Liberty & Penn Sts.) mit seiner pyramidenförmigen Spitze sowie die drei Gebäude von **PNC Plaza** (Skidmore, Owings & Merrill) die Skyline dieses Teils von Downtown.
Auf der Liberty Street oder Penn Street gelangt man zur **Heinz Hall** Ecke 6th Ave./Penn Ave., früher Kino, heute Konzert- und Theatersaal. Auch das **Benedum Center for the Performing Arts** Ecke 7th Ave./ Penn Ave. war einst ein Kino und ist heute die Heimat der Pittsburgh Opera und des Pittsburgh Ballet Theatre.
Auf der Sixth Avenue fallen zunächst zwei Kirchen ins Auge: rechts die First Presbyterian Church von 1905 mit bemerkenswerten Tiffany-Buntglasfenstern, links die mächtige, 1872 fertiggestellte Trinity Episcopal Cathedral. Anschließend passiert man den **Alcoa Tower** (425 6th Ave., jetzt Regional Enterprise Tower), eine Pioniertat

zum Ohio River.

des Hochhausbaus von Harrison & Abamovitz: Seine Aluminiumfassade wurde ohne Gerüst aus dem Inneren des Gebäudes hochgezogen. Schräg gegenüber Ecke Grant Street verleiht das bereits 1916 von Henry Frick erbaute **William Penn Hotel** dem Stadtbild eine charakteristische Note.

Der Ketchup-König

Die Penn Street führt von Downtown direkt in den **Strip District**, das ehemalige Lagerhaus- und jetzige Marktviertel. Hier reiht sich ein Obst-, Gemüse-, Fisch- und Fleischstand an den anderen, dazwischen laden Cafés und Bars zum Entschleunigen ein. Penn Street

Auf dem Weg in den Strip District kommt man am **Senator John Heinz History Center** vorbei. Hier bekommt man auf sechs Stockwerken die Geschichte von West-Pennsylvania erläutert. Zwei Stockwerke nimmt das **Western Pennsylvania Sports Museum** ein.

Ein paar Informationen zu dem Mann, dessen bedeutendstes Produkt schon jedes Kind kennt: **Henry J. Heinz** (1844–1919), in Kallstadt in der Pfalz geboren, gründete schon mit 16 Jahren in Sharpsburgh, PA, eine Firma. Ihr Produkt: Meerrettich von Mama Heinz, abgefüllt in klaren Glasflaschen, die Henry vor allem in Pittsburgh verkaufte, dazu Essig, Sauerkraut und Gurken. Er experimentierte

auch mit der chinesischen Fischsauce »ketsiap« und heraus kam 1876 das Tomatenketchup. Damit war der Grundstein gelegt für das heute weltumspannende Unternehmen mit Sitz in Pittsburgh.
Western Pennsylvania Sports Museum: 1212 Smallman St. | tgl. 10–17 Uhr | Eintritt: 18 $ | www.heinzhistory center.org/sportsmuseum

North Side · South Side

Godfather of Pop Art

Andy Warhol Museum

Der Pop-Künstler schlechthin, Andy Warhol (1928–1987), stammte aus Pittsburgh und ist im Vorort Castle Shannon begraben. So ist es nur folgerichtig, dass das weltweit beste ihm gewidmete Museum am Nordufer des Allegheny River steht. Es stellt **um die 500 Werke** der Pop-Art-Ikone vor, darunter eine große Zahl seiner bekanntesten – »Marilyn«, »Elvis«, »Campbell's Soup« –, und besitzt über 270 seiner Filme sowie sämtliche Videos, die regelmäßig gezeigt werden.
Andy Warhol Museum: 117 Sandusky St. | Di.–So. 10–17, Fr. bis 22 Uhr | Eintritt: 25 $ | www.warhol.org

Shopping- und Vergnügungszentrum

South Side

Zur South Side, dem Südufer des Monongahela River, kommt man über die Smithfield Street Bridge. Das alte Eisenbahngelände vom Ende des 19. Jh.s gleich unterhalb von ihr wurde als Shopping- und

Wenn man sich schon keinen echten Warhol leisten kann, tut's vielleicht auch eine Suppendose aus dem Warhol Museum Shop.

Vergnügungszentrum mit dem Namen **Station Square** hergerichtet. Sein Wahrzeichen ist ein bunter Fontänenbrunnen.
Vom Station Square bringt die altehrwürdige **Monongahela Incline** ihre Passagiere auf den gegenüber Downtown aufragenden Mount Washington. Von dessen Gipfel bietet sich ein herrlicher Blick über das Golden Triangle. Die Standseilbahn von 1870 ist eine von einst 17, die Kohle und Erz ins Tal transportierten.

Oakland

»Höchstes Schulhaus der Welt«

University of Pittsburgh

Oakland östlich des Golden Triangle entstand ab ca. 1830 als Viertel wohlhabender Familien. Ihre Nachkommen wohnen immer noch hier, nun mit der Universität und **The Carnegie**, dem wichtigsten Museumskomplex der Stadt, als Nachbarn. Auf dem herrlichen Campus der University of Pittsburgh mit rund 30 000 Studierenden verteilen sich zirka 70 Gebäude. Unübersehbar: die 163 m hohe **Cathedral of Learning**. Dieses 1937 fertig gestellte »höchste Schulhaus der Welt« beherbergt neben Hörsälen auch 26 Nationality Rooms. Sie wurden jeweils im Stil einer bestimmten Nation eingerichtet, der chinesische Raum beispielsweise nach einer Empfangshalle der Verbotenen Stadt in Peking oder der irische Raum wie ein Oratorium des 12. Jahrhunderts.

Führungen Mo.–Sa. 9–14.30, So. ab 11 Uhr | www.tour.pitt.edu

Bedeutender Museumskomplex

Carnegie Museums

Pittsburghs berühmte Sammlungen sind in den Carnegie Museums, kurz »The Carnegie«, vereint: das Museum of Natural History und das Museum of Art sowie das Andy Warhol Museum und das Science Center. Stifter war der Industriemagnat **Andrew Carnegie** (1835 bis 1919). Nach dem Verkauf seiner Stahlwerke 1901 war er der reichste Mann der USA. Die Sammlungen gehen auf das Jahr 1895 zurück, als sie als »Carnegie Institute« erstmals öffentlich präsentiert wurden.
Das **Museum of Natural History** ist vor allem wegen seiner großen Dinosaurierabteilung beliebt, in der u. a. fast vollständig originale Skelette eines Stegosaurus, eines 6 m hohen Tyrannosaurus, eines Triceratops und eines 25 m langen Diplodocus zu sehen sind. Dazu kommen elf weitere große Abteilungen, etwa über die afrikanische und nordamerikanische Tierwelt, über das alte Ägypten, die nordamerikanischen Ureinwohner und die Arktis.
Für Kunstliebhaber ist das **Museum of Art** Pflicht. Sein Schwerpunkt liegt auf europäischer und amerikanischer Kunst ab dem 19. Jahrhundert. Die Gemäldesammlung (van Gogh, Degas, Hopper) braucht einen Vergleich mit großen Häusern in Europa nicht zu scheuen.

Carnegie Museums of Pittsburgh: Mo., Mi., Fr. u. Sa. 10–17, Do. bis 20, So. 12–17 Uhr | Kombiticket: 25 $ | www.carnegiemuseums.org

POCONO MOUNTAINS · SCRANTON

Region: Northeast Pennsylvania Mountain Region
Höhe: 200–821 m ü. d. M.

Mit etwas über 6000 Quadratkilometern so groß wie der Schwarzwald, sind die dicht bewaldeten Pocono Mountains seit vielen Generationen die Sommerfrische der zwei, drei Autostunden entfernt lebenden Großstädter. Es gibt Seen, Berge und idyllische Resortstädtchen. Langeweile kommt also nicht auf. Eher Muskelkater.

Die Poconos reichen vom Delaware Water Gap im Osten bis zu den Städten Scranton und Wilkes-Barre an seinen westlichen Ausläufern. Im 19. Jh. entdeckte man große Anthrazitkohlevorkommen; als die erschöpft waren, entwickelten sich die Poconos rasch zu einem beliebten Naherholungsziel – »nah« bezogen auf amerikanische Verhältnisse, versteht sich.

Moralisch und rechtlich zweifelhaft

Geschichte

Die Poconos waren einst das Land der Lenni Lenape, denen Agenten der Susquehannah Company mit höchst dubiosen Machenschaften Landrechte im Wyoming Valley abkauften. Die ersten Siedler sahen sich dann **Attacken der betrogenen Indigenen** ausgesetzt. Diese sog. Wyoming Massacres von 1763 und 1778 bewogen manche zum Rückzug, doch viele Siedler rächten sich blutig, indem sie vierzig Ortschaften der Irokesen-Föderation und Tausende von Hektar Land zerstörten. Erst 1795 hörten die Auseinandersetzungen auf.

Perfekt für Outdoor-Aktivitäten

Sport und Freizeit

Besonders schöne State Parks in den Poconos sind Promised Land am Lake Paupack sowie Gouldsboro und Tobyhanna mit Gelegenheiten zum **Wassersport** im Sommer, Eislaufen auf den zugefrorenen Seen und Skilanglauf im Winter. Wer lieber mit dem **Golfschläger** hantiert, findet rund um Scranton eine Fülle von gepflegten öffentlichen 9- und 18-Loch-Plätzen. Wassersport steht auch an erster Stelle am **Lake Wallenpaupack** östlich von Scranton, einem der größten Stauseen des Bundesstaats. Nördlich davon stellt in White Mills ein Museum wertvolle **Gläser des Elsässers Christian Dorflinger** aus.

Dorflinger Glass Museum: Mai–Okt. Mi.–Sa. 10–17, So. 13–17, Nov. nur Sa./So. | Eintritt: 5 $ | www.dorflinger.org

POCONO MOUNTAINS ERLEBEN

POCONO MOUNTAINS VACATION BUREAU
1004 Main St., Stroudsburg, PA 18360 | Tel. 1 570 844 2001
www.poconomountains.com

THE FRENCH MANOR INN & SPA
€€€€
Das steinerne Schloss blickt vom Gipfel des Huckleberry Mountains auf die nördlichen Poconos. Die heimeligen Zimmern und das Restaurant mit Terrasse machen dieses Inn zu den besten in diesem Teil Pennsylvanias.
50 Huntingdon Drive
South Sterling, PA 18445
Tel. 1 570 6 76 32 44
www.thefrenchmanor.com

STROUDSMOOR COUNTRY INN
€€€
Zimmer, Suiten und Cottages. Kern dieser Ferienanlage ist ein im 19. Jh. entstandenes Gasthaus. In der Nähe liegt der Glen Brook Golf Course
RD 4 Stroudsmoor Rd.
Stroudsburg, PA 18360
Tel. 1 570 4 21 64 31
www.stroudsmoor.com

Scranton

Industrielle als Namensgeber

Stahl und Eisenbahn

Bereits 1797 begann im Raum Scranton der **Abbau von Eisenerz**. 1840 gründeten George und Seldon Scranton die Lackawanna Iron & Coal Company, auf die der heutige Stadtname zurückzuführen ist. In der Blütezeit Scrantons wurden hauptsächlich Schienen für den Ausbau des US-amerikanischen Eisenbahnnetzes gefertigt.
Das Eisen für die Schienen wurde in vier Hochöfen, den **Scranton Iron Furnaces**, gewonnen. Sie wurden zwischen 1848 und 1857 gebaut, waren bis 1902 in Betrieb und stehen nach wie vor im Stadtzentrum.

Etwas für Eisenbahnnostalgiker

Steamtown National Historic Site

Auf dem Gelände eines Reparaturwerks der Delaware, Lackawanna & Western Railroad sind mehr als zwei Dutzend alte Dampfloks, u. a. eine **»Big Boy«, die stärkste je gebaute Dampflokomotive**, und viele alte Güter- und Passagierwagons zu sehen. Dampflokfahrten und Dampfzugausflüge finden regelmäßig statt.
Von hier hat man auch Zutritt zum **Electric City Trolley Museum** mit historischen, teils noch fahrtüchtigen Straßenbahnen
300 Cliff St. (Eingang) | April–Dez. 9–17, Jan.–März 10–16 Uhr
Eintritt: 6 $, Dampfzugausflug ab 6 $, Dampflok-Fahrt: 25 $
www.nps.gov/stea

Im Bauch der Erde

Erlebnis Kohle

Um Kohle dreht sich alles im Westen der Stadt. Das **Anthracite Heritage Museum** beschäftigt sich umfassend mit der Geschichte des Steinkohlereviers und dem entbehrungreichen Alltag der Kumpel und ihrer Familien. Wer erleben will, wie es damals in einer Kohlengrube zuging, kann, begleitet von ehemaligen Bergleuten, 91 m tief in einen 1966 geschlossenen Stollen der **Lackawanna Coal Mine** einfahren.

Anthracite Heritage Museum: McDade Park | Mo.–Sa. 9–17, So. 12–17 Uhr | Eintritt: 7 $ | www.anthracitemuseum.org
Lackawanna Coal Mine Tour: 1 Bald Mountain Rd. | April–Nov. tgl. ab 10, letzte Tour 15 Uhr | Ticket: 10 $ | www.lackawannacounty.org

RIVENDELL? HOBBINGEN?

Wer jetzt an Tolkiens Hobbits denkt, könnte recht haben. Denn die Seven Tubs Nature Area im Pinchot State Forest bei Wilkes-Barre ist ein zauberhaftes, von Wald in allen Grüntönen ummauertes Ineinander von Wasserfällen, Creeks und sieben aus dem weichen Gestein geschliffenen, »tubs« genannten Pools. Bestens dazu geeignet, an einem heißen Sommertag entspannt die Füße zu kühlen und von Tolkiens märchenhafter Welt zu träumen. (https://www.dcnr.pa.gov/StateForests/FindAForest/)

 Delaware Water Gap

Genießen, was die Natur schuf

Ein Werk von Jahrmillionen

Über Jahrmillionen hinweg grub sich der Delaware River in die östlich an die Pocono Mountains anschließenden Kittatinny Mountains an der Grenze zum Bundesstaat New Jersey und schuf damit ein bis zu 400 m tiefes Durchbruchstal, das **Delaware Water Gap**. Mehr als 20 Seen, zahlreiche Wasserfälle, 40 km des Appalachian Trail und 64 km Flusslauf bieten Gelegenheit zu vielerlei Freizeitaktivitäten.

Die besten Ausblicke auf den Durchbruch hat man vom Resort Point Overlook, vom Point of Gap Overlook und vom Arrow Island Overlook. Die meisten landschaftlichen Höhepunkte liegen auf dem Pennsylvania-Ufer des Delaware, darunter acht Wasserfälle wie die **Dingmans Falls** (kurze Wanderung vom Visitor Center an der den Park durchziehenden US 209) und im Norden die **Raymondskill Falls** in der Nähe von Indian Point, wo der Raymondskill Creek kaskadenartig über 50 m abfällt. Besonders spektakulär präsentieren sich die bis zu 30 m hohen **Bushkill Falls**, auch »Niagara of Pennsylvania« genannt, in der Südhälfte des Gebiets.

Im kleinen Ort Bushkill zeigt das **Pocono Indian Museum** die Geschichte der Ureinwohner des Delaware-Tals. Milford am Nordeingang zum Delaware Water Gap besitzt mit der **Grey Towers National Historic Landmark** ein repräsentatives Beispiel für einen Landsitz des 19. Jahrhunderts. Hier wohnte Gifford Pinchot, der Gouverneur von Pennsylvania und Gründer des National Forest Service. Im Süden liegt das 1769 gegründete Stroudsburg. Auch hier gibt es ein Freilichtmuseum: Die **Quiet Valley Living Historical Farm** besteht aus vierzehn Gebäuden und wurde 1765 vom deutschen Einwanderer Johann Zepper aufgebaut.

READING

Region: Philadelphia & its Countryside | **Höhe:** 79 m ü. d. M.
Einwohner: 95 000

Reading, Hauptort des Berks County, war einst eine florierende Waffenschmiede der Union. Der Industriekrise seit den 1970er-Jahren begegnete man, indem man verlassene Industrieflächen in Factory Outlet Malls umwandelte. Sonst hat Reading selber eher wenig zu bieten, aber in der Umgebung gibt es interessante Ausflugsziele.

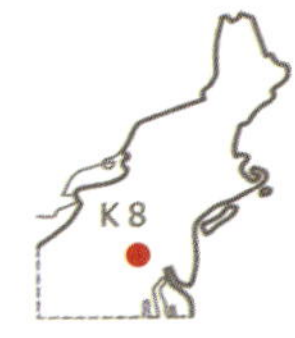

READING ERLEBEN

GREATER READING CONVENTION & VISITORS BUREAU
4641 Pottsville Pike
Suite 103, Reading,
PA 19605
Tel. 1 610 3 75 40 85
www.visitpaaamericana.com

THE ABRAHAM LINCOLN €€€
Altehrwürdiges Stadthotel mit 104 Zimmern, Spa, Health Club und Pool. In den beiden Restaurants speist man sehr gut.
100 N. 5th St.
Reading, PA 19601
Tel. 1 610 3 72 37 00
www.wyndham.com

Interessantes Drumherum

Immerhin hat man in Reading beispielsweise ein Flugzeugmuseum mit ein paar seltenen Stücken vorzuweisen. In der Umgebung der Stadt locken den Besucher die Zeugen der Vergangenheit wie etwa der Geburtsort von Daniel Boone, der als Vorbild für die Romanfigur »Lederstrumpf« gilt, man kann sich aber auch mit der Eisengewinnung früherer Tage beschäftigen, oder man macht sich auf die Suche nach »Hex Signs«.

Wohin in Reading und Umgebung?

Ungewöhnliche Attraktionen

Historisches Zentrum

Am Penn Square, v. a. am nördlichen Abschnitt der Fifth Street, stehen fotogene viktorianische Häuser. Auf dem Mount Penn erhebt sich als Wahrzeichen der Stadt die 1908 errichtete siebenstöckige **Reading Pagoda**, herrlicher Ausblick inbegriffen. Eine Meile davon entfernt steht ein weiterer Blickfang: der Firetower von 1939. Das große **Public Museum & Art Gallery** zeigt Kunst aus aller Welt, dazu Naturgeschichte, wobei die Sammlung chinesischer Seidenmalerei etwas wirklich Besonderes darstellt.

Das **Mid-Atlantic Air Museum** auf dem Reading Regional Airport besitzt erstaunöch große Zahl von Flugzeugen von den Anfängen der Fliegerei bis heute. Darunter sind auch ein paar echte Raritäten wie das Nachtkampfflugzeug P-61 Black Widow, von der es weltweit nur noch vier Exemplare gibt.

Public Museum & Art Gallery: 500 Museum Rd. | tgl. 11–17, So. 12–17 Uhr | Eintritt: 10 $ | www.readingpublicmuseum.org
Mid-Atlantic Air Museum: 11 Museum Dr. | tgl. außer Fr. und So. 9.30–16 Uhr Eintritt: 10 $ | www.maam.org

Erbe der Region

Berks County Heritage Center

Zurück in die Vergangenheit geht es im Berks County Heritage Center an der PA 183. Zunächst gibt es hier die Gruber Wagon Works. Sie produzierten von 1882 bis 1972 in Mount Pleasant Wagen, Kutschen und Schlitten. 1976 wurde die gesamte Anlage hierher transportiert. Im Hiester Canal Center sieht man u. a. ein Zollhaus und eine Lotsenstation vom Schuylkill River; bemerkenswert ist auch Wertz's Red Bridge, eine 1867 errichtete **einbogige Covered Bridge**, mit 62 m Länge die längste derartige Brücke des Bundesstaat.

Mai–Okt. Di.–Sa. 10–16, So. 12–17 Uhr | Eintritt: 7 $
www.co.berks.pa.us

Was sie wohl bedeuten?

Hex Signs

Recht oft sieht man an Farmhäusern und Scheunen im nördlichen Berks County – etwa zwischen Virginville, Shoemakersville und Lenhartsville an der PA 662 und PA 143 – **farbenfrohe geometrische Zeichen**. Diese »Hex Signs« haben deutsche Protestanten im 18. Jh. eingeführt, doch ist die Bedeutung letztlich nicht geklärt: Schutz gegen das Böse? Glückssymbol oder doch nur reine Zierde? Im benachbarten Lancaster County findet man sie kaum, obwohl sie oft für eine Erfindung der Amish gehalten werden – doch gerade die lehnen sie als heidnisch ab.

Über die Bedeutung der Hex Signs darf gerätselt werden.

Der richtige »Lederstrumpf«

Daniel Boone Homestead

Daniel Boone (1734–1820), einer der großen Scouts und **Nationalheld der USA**, kam auf einer Farm südöstlich von Reading bei Birdsboro zur Welt. Seine ersten fünfzehn Jahre verbrachte er in dem Haus, das seine Eltern – Quäker – 1730 erbaut hatten, dann zog die Familie nach North Carolina. Boone erkundete große Gebiete westlich der Appalachen. Die malerische Daniel Boone Homestead umschließt außer dem Boone House typische Farmgebäude.

400 Daniel Boone Rd. | ganzjährig Sa. 10–16, So. 12–16, März–Dez. auch Fr., Mitte Juni–Aug. auch Di.–Do. | Eintritt inkl. Tour: 10 $
www.danielboonehomestead.org

Von der Kanone bis zum Ofen

▶ Hopewell Furnace National Historic Site

Wohl der Höhepunkt eines Ausflugs in den Südosten Readings ist ein Besuch der Hopewell Furnace National Historic Site im Tal des Schuylkill River. Das 1771 gegründete und heute unter Denkmalschutz stehende **Hüttenwerk** liegt 6 mi/10 km südöstlich von Birdsboro im French Creek State Park. Hier wurde früher Roheisen gewonnen und gegossen. Es war lange Zeit eines der größten in Pennsylvania. Zunächst produzierte man vor allem Kanonenrohre und Munition, in der Blütezeit der 1820er- und 1830er-Jahren auch kunstvolle gusseiserne Öfen. Hunderte von Menschen wohnten und arbeiteten hier, bis das Werk 1883 schloss. Sein Herzstück ist ein Weiler, in dem im Sommer die harte Arbeit in der Vergangenheit lebensnah vorgeführt wird. Das herrschaftliche Haus des Besitzers und weitere Gebäude vermitteln beste **Einblicke ins wirtschaftliche und soziale Leben** des 19. Jahrhunderts.

PA 345 | Anf. Juni–Ende Aug. tgl. 9–17 Uhr, sonst nur Mi.–So.
Eintritt frei | www.nps.gov/hofu

SOUTHERN ALLEGHENIES

Region: Central Mountains & Valleys | **Höhe:** 360–979 m ü. d. M.

Sechs Counties im Süden Pennsylvanias bilden eine Landschaft zwischen lieblich und wildromantisch. Dichte Wälder wechseln sich ab mit Farmland, die höchsten Erhebungen des Bundesstaats gehen über in sanfte Hügel, über die Bäche spannen sich Covered Bridges und dazwischen stampft die Eisenbahn: willkommen in den Southern Alleghenies!

SOUTHERN ALLEGHENIES ERLEBEN

EXPLORE ALTOONA BLAIR COUNTY PENNSYLVANIA
1216 11th Ave., Suite 216
Altoona, PA 16601
Tel. 1 800 84 25 86 6
explorealtoona.com/visitor-information

STONY POINT BED & BREAKFAST €€
In allen 5 Zimmern dieses 1920 im Kolonialstil erbauten und von Wald umgebenem Hauses fühlt man sich sofort wie zu Hause. Die Katzen Hobo und Max freuen sich auf nicht rauchende Gäste.
1400 North Ave., Tyrone,
PA 16686
Tel. 1 814 684 1400
www.stonypointbnb.com

THE BLUE LANTERN BED & BREAKFAST €–€€
Wie bei Muttern fühlt sich dieses drei schnuckelige Zimmer führende B&B an. Richtig schön: die Terrassen mit Blick auf den Forellenteich!
327 High St., Williamsburg
Tel. 1 814 9 37 18 23
https://thebluelanternbandb.com

Insbesondere Eisenbahnfans bekommen hier leuchtende Augen, schließlich waren die Alleghenies ein erhebliches Hindernis für die Dampfrösser. Die Ingenieurleistungen vor Ort verdienen allen Respekt. Was aber passieren kann, wenn Menschenwerk den Naturgewalten nicht mehr standhält, beleuchtet das Museum zur Flutkatastrophe in Johnstown. Geruhsam geht es in Bedfords Freilichtmuseum zu – es gewährt einen Einblick in vergangene Jahrhunderte.

Wohin in Altoona und Umgebung?

Immer noch eine Eisenbahnstadt

Altoona

Das von den Alleghenies umgebene Altoona verdankt sich der Pennsylvania Railroad Company, die den Ort 1849 als Etappe an der Trasse Philadelphia – Pittsburgh gründete. Auch wenn die Bahn heute keine große Bedeutung mehr hat – in Altoona lebt die Eisenbahn weiter. Vor allem tut sie das im **Railroader's Memorial Museum**, wo Waggons und – auch in Altoona gebaute – Lokomotiven gezeigt werden. Am Dead End der 2nd Street überblickt man von der Conrail Viewing Platform das verwirrende Schienennetz des Rangier- und Ausbesserungswerks der Amtrak.

Schon die Native Americans nutzten die **Indian Caverns** bei Spruce Creek nordöstlich von Altoona über 400 Jahre als Winterlager, Versammlungsplatz und Friedhof. Neben einzigartigen Formationen in

den Höhlen sind über 500 Ausstellungsstücke zur Geschichte dieser Menschen zu sehen.
Noch einmal 37 mi/59 km nordöstlich kommt man zu **Penn's Cave**. Um die einzige Höhle der USA mit einem befahrbaren unterirdischen Fluss rankt sich eine traurige Liebesgeschichte: Der französische Trapper Malachi Boyer und die Seneca Nita-nee durften nicht heiraten, und so beschlossen sie zu fliehen. Nita-nees Brüder verfolgten sie und warfen Boyer in die Höhle, wo sie ihn verhungern ließen. Noch heute wollen manche langgezogene Klagelaute aus der Höhle vernehmen, die wie »Nita-neeee« klingen ...

Railroader's Memorial Museum: 1300 9th Ave. | Anfang Mai–Ende Okt. Mo.–Sa. 10–17, So. 11–17, Ende Okt.–Mitte Dez. Fr./Sa. 11–16, So. 11–17 Uhr | Eintritt: 12 $ | www.railroadcity.com
Indian Caverns: Juni–Aug. tgl. 10–17, Mai, Sept., Okt. nur Sa./So. 10–17 Uhr | Eintritt: 15 $ | www.indiancaverns.com
Penn's Cave: Tourangebot s. www.pennscave.com | ab 23,50 $

Hindernisse überwinden

Durch die Alleghenies

Bevor die heutige Schienentrasse zwischen Philadelphia und Pittsburgh gebaut war, stellten die Alleghenies ein nahezu unüberwindliches Hindernis auf der Strecke dar. Wie man sie bewältigte, lässt sich zwischen Altoona und Johnstown studieren.

724 m und 220 Grad braucht die Horseshoe Curve für 31 m Höhenunterschied.

Die **Horseshoe Curve** (Hufeisenkurve) 6 mi/10 km nordwestlich von Altoona wurde 1854 eröffnet, war das letzte fehlende Verbindungsstück der Bahnlinie und eine bahntechnische Meisterleistung: Die Schienen beschreiben einen 724 Meter langen Bogen von 220 Grad, um einen Höhenunterschied von 31 Metern zu überwinden. Von einem Aussichtspunkt (Fußweg, Zahnradbahn) überblickt man die Schleife und kann gut die schwer arbeitenden Züge beobachten (Visitor Center Railroader's Memorial Museum; Kombikarten). **Für »Selbstfahrer«:** Der Amtrakzug »Pennsylvanian« fährt zweimal täglich durch die Horsehoe Curve.
Der 1100 Meter lange **Gallitzin Tunnel** war ebenfalls ein wichtiges Element der Bahnlinie, er wurde ab 1851 durch den Gallitzin Mountain gesprengt, ein weiterer Tunnel kam 1905 hinzu. Der Zugverkehr kann vom Gallitzin Tunnels Park (Jackson & Convent Sts. in Gallitzin) aus beobachtet werden.
Die 1834 angelegte Portage Railroad war der erste Versuch, die Alleghenies zu überwinden. Schwere Dampfzüge beförderten Passagiere und Frachten auf einer Länge von 58 km zwischen Hollidaysburg und Johnstown über die 730 m hohen Berge. Dadurch reduzierte sich die Fahrzeit von Philadelphia nach Pittsburgh von 20 auf 5 Tage. 20 Jahre später wurde die Portage Railroad überflüssig, denn nach Inbetriebnahme der Horseshoe Curve brauchten die Züge nur noch 10 bis 12 Stunden. Im Visitor Center des **Allegheny Portage Railroad National Historic Site** werden Details erklärt; zu sehen sind der Staple Bend Tunnel, ein Maschinenhaus und eine alte Taverne (zwischen Gallitzin und Cresson).

»Pennsylvanian«: Abfahrten s. www.amtrak.com
Allegheny Portage Railroad National Historic Site: tgl. 9–17 Uhr
Eintritt frei | www.nps.gov/alpo

Wohin in Johnstown und Umgebung?

11 Tage Regen

Johnstown

Johnstown wurde 1794 von dem Mennoniten Joseph Johns in einem engen Tal gegründet und war seit dem 19. Jh. einer der wichtigsten pennsylvanischen Standorte der Eisen- und Stahlindustrie. Bis heute spielt sie eine zentrale Rolle im Wirtschaftsleben der Stadt. Über die Landesgrenzen hinaus bekannt wurde Johnstown aber durch eine der schlimmsten Flutkatastrophen der USA, die **»The Johnstown Flood:** Am 31. Mai 1889 brach nach elftägigen Regenfällen der Damm des 16 km nordöstlich gelegenen Lake Conemaugh. Eine bis zu 12 m hohe und bis zu 70 km/h schnelle Flutwelle erreichte gegen vier Uhr nachmittags die Stadt, zerstörte fast alle Gebäude und kostete 2209 Menschen das Leben. Das **Johnstown Flood Museum** beleuchtet die Katastrophe u. a. anhand eines knapp halbstündigen Films. Das

Johnstown Flood National Memorial bei Saint Michael (US 219 und PA 869 10 mi/16 km nordöstlich) markiert die Stelle, wo die Katastrophe begann. Zu sehen sind die Überreste des South Fork Dam. Viele Bürger Johnstowns waren nach der Flut in höhere Wohnlagen gezogen. Um schneller dorthin zu gelangen, wurde 1891 die **Inclined Plane** eröffnet, konstruiert von dem ungarischen Emigranten Samuel Diescher, der für die meisten Standseilbahnen dieser Zeit in den USA verantwortlich ist. Die Johnstown Inclined Plane gilt mit einer Steigung von 72 Prozent **als steilste Standseilbahn der Welt**.
United Airlines Flug 93 sollte am **11. September 2001** in das Kapitol in Washington gesteuert werden. Doch die Passagiere setzen sich zur Wehr, und so stürzte – vorher in Pennsylvania ab. An der Absturzstelle am Stony Creek bei Shanksville 33 mi/53 km südlich Johnstown ehrt das **Flight 93 National Memorial** die 40 dabei ums Leben gekommenen Passagiere und Besatzungsmitglieder.
Johnstown Flood Museum: 304 Washington St. | tgl. 10–17 Uhr Eintritt: 10 $ | www.jaha.org/FloodMuseum
Johnstown Flood National Memorial: tgl. 9–17 Uhr | Eintritt: frei www.nps.gov/jofl
Inclined Plane: Juni–Sept. 9–22, Fr./Sa. bis 23, sonst ab 11 bis max. 21, Jan. Fr./Sa. bis 18 Uhr | Ticket: 5 $ | www.inclinedplane.org
Flight 93 National Memorial: Visitor Center tgl. 9–17 Uhr

Wohin in Bedford und Umgebung?

Bei Steuern endet die Geruhsamkeit

Bedford

Das behäbige Bedford ging aus einem Handelsposten des 18. Jh.s hervor. Wer hier einen Zwischenstopp einlegt, erlebt eine hübsche Kleinstadt und kann die romantischen Covered Bridges in der Umgebung besuchen. Viel Kolonialzeit ist erhalten, darunter in der Pitt Street das 1766 erbaute **Espy House**, in dem 1794 Präsident Washington sein Hauptquartier während der »Whiskey Rebellion« nahm: An der Spitze von 13 000 Soldaten schlug er einen Aufstand der Farmer gegen die Einführung einer Whiskeysteuer nieder.
Am Public Square steht das 1829 eröffnete County Court House, das älteste Gerichtsgebäude in Pennsylvania, in dem bis heute Recht gesprochen wird. Interessant ist das Freilichtmuseum **Old Bedford Village**. Schon bei der Anfahrt wird man beim Überqueren der **Claycomb Covered Bridge** von 1884 in die Vergangenheit entführt. In über 40 aus dem County zusammengetragenen Gebäuden hat man ein Dorf des 18./19. Jh. mit Kirche, Taverne, Gefängnis, Apotheke, Bäckerei und Tante-Emma-Laden rekonstruiert. Handwerker führen ihre Arbeit vor.
Old Bedford Village: BUS 220 | Memorial Day–Labor Day Do.–Di. 9–17 Uhr | Eintritt: 10 $ | www.oldbedfordvillage.com

Zwei Bridge-Touren

Covered Bridges

Das Bedford County ist stolz auf seine 14 (!) überdachten Brücken. Meist sind sie noch heute Teil des Landstraßennetzes, manchmal liegen sie aber auch an Feldwegen in idyllischer Landschaft und sind daher nicht ganz leicht zu finden.

Zumindest drei davon sieht man auf der **Southern Bridge Tour** (24 mi / 39 km). Sie beginnt an der 1780 eröffneten und heute noch betriebenen **Jean Bonnet Tavern** an der Kreuzung US 30 / PA 31 im Westen von Bedford. Folgt man der PA 31 Richtung Manns Choice, erreicht man nach ca. 3,5 km rechter Hand via Watson Street die 1906 erbaute **Herline Bridge** über den Raystown River, mit 41 m die längste Covered Bridge im County. Weiter geht es auf der PA 31 Richtung West End. Kurz nach der Abzweigung der PA 96 entdeckt man rechts an einem Feldweg die 27 m lange Turner's Bridge über den Raystown River. Zurück auf der PA 96, folgt man dieser in Richtung Schellsburg, an dessen westlichem Ortsrand Schilder auf die 1894 erbaute **Colvin Bridge** über den Shawnee Creek hinweisen.

Nun die **Northern Bridge Tour**: Fährt man von Schellsburg zunächst auf der PA 96 in Richtung Norden weiter, trifft man nördlich von New Paris auf die 1882 erbaute **Cuppett's Bridge** über den Dunnings Creek. Östlich von Ryot liegt die 25 m lange **Ryot Bridge**, die wie die nordöstlich davon linker Hand an der PA 56 zwischen Fishertown und Pleasantville gelegene **Dr. Knisley Bridge** aus den 1880er-Jahren stammt. Rechts der PA 56 sieht man die auch an den Seiten geschlossene **Snook's Bridge** von 1883. Die fünfte Brücke ist die Bowser bzw. **Osterburg Bridge** nördlich von Osterburg am Bobb's Creek.

RHODE ISLAND

Fläche: 2706 km² | **Einwohner:** 1,1 Mio. | **Hauptstadt:** Providence
Beinamen: Ocean State, Little Rhody

»Little Rhody« hat 40 Städte, und eine Stunde reicht, um im kleinsten Bundesstaat der USA von einem Ende zum anderen zu gelangen. Viele Besucher lassen den Zwerg auf dem Weg von Boston nach New York links liegen. Zu Unrecht: Das Ländchen verfügt über 20 Prozent aller nationalen Gedenkstätten – und über einige der schönsten Strände Neuenglands.

Kleinster Bundesstaat

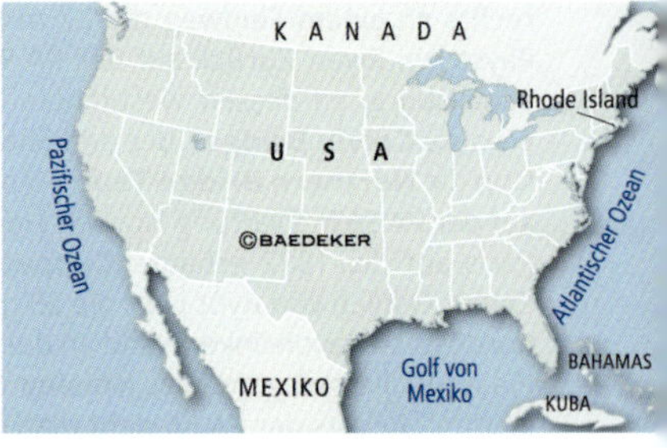

60 km breit und 77 km lang, aber 550 km Küstenlinie: Maßgeblich beteiligt an diesem Paradoxon ist die 45 km tief in den Staat reichende Narragansett Bay. Den Beinamen »Ocean State« verdient sich Rhode Island damit zu Recht, denn der Atlantik ist (fast) immer und (fast) überall zu sehen! Dabei ist die Küste ist erstaunlich abwechslungsreich: Westlich von Point Judith ist sie flach und hat Nehrungen und Marschen, östlich davon sorgt sie mit ihrer extremen Zerlappung für den oben genannten Rekordwert. Schöne, bewaldete Felseninseln liegen in der Narragansett Bay: Rhode Island ist die größte, gefolgt von Conanicut und Prudence. Block Island liegt bereits 19 km vor der Küste. Landeinwärts fällt Rhode Island von der rauen Hügellandschaft im Nordwesten diagonal zum sanften Südosten ab.

Vom »Save Haven« zum Sommerresort

Geschichte

Little Rhodys Gründerväter und -mütter würden über die Erfolgsstory ihrer Dörfer staunen. »Safe Haven« für religiös Verfolgte, Wiege der amerikanischen Textilindustrie, Sommerresort der Superreichen: Rhode Island hat viel erlebt. Anfang des 17. Jh.s kreuzten holländische Seefahrer in hiesigen Gewässern. 1636 gründete **Roger Williams**, von puritanischen Eiferern wegen seiner »gefährlichen Ansichten« aus Massachusetts verbannt, mit Providence ein Refugium für Andersdenkende, darunter Quäker und Juden. 1638 entstand Portsmouth, dann Newport (1639) und Warwick (1643). Im Pequot War (1634–1637) und im King Philip's War (1675–1676) wurden die Ureinwohner Rhode Islands, ja des gesamten Südens Neuenglands vernichtet. Im frühen 18. Jh. begann Rhode Islands Blütezeit. Im **Chi-**

na- und Dreieckshandel verdienten die Kaufleute von Newport märchenhafte Vermögen. Trotz astronomischer Profite verbot Rhode Island 1774 den Sklavenimport – als erste der britischen Kolonien. Zwei Monate vor der offiziellen Unabhängigkeitserklärung erklärte es bereits seine Unabhängigkeit vom Mutterland. 1793 läutete die Slater Mill in Pawtucket, die erste wasserkraftbetriebene Spinnerei, die **Industrialisierung** Neuenglands und der USA ein. Das Kapital aus dem Überseehandel schob die Textilindustrie an, zugleich blühten Schiffsbau und Walfang. Quäker und Juden machten Rhode Island zum größten Juwelenproduzenten der Nation. Um 1900 entdeckten die Astors, Belmonts und Vanderbilts Rhode Islands frische Meeresluft und bauten sich in Newport ihre bescheiden **»Summer Cottages«** genannten Schlösser. Nach 1945 erlebte Rhode Island mit der Abwanderung seiner Textilindustrie eine Baisse, die jedoch durch eine auf Zukunftsindustrien basierende Diversifizierung aufgefangen werden konnte; die Fischerei, einst eine Säule der Wirtschaft, konzentriert sich heute auf Hummer, Krabben und Muscheln.

Dicht an dicht

Bevölkerung

Rhode Island ist zwar der flächenmäßig kleinste, mit seinen etwas mehr als 1 Mio. Menschen aber nicht der bevölkerungsärmste Staat der USA. Hinter dem District of Columbia und New Jersey belegt Rhode Island sogar den **dritten Rang** in der Statistik der Bevölkerungsdichte. Größte Stadt ist Providence mit 180 000 Einwohnern.

An der Narragansett Bay bestimmt das Meer den Rhythmus des Lebens.

★ BLOCK ISLAND

Region: Block Island | **Einwohner:** 1410

Braune Milchkühe grasen auf saftigen Weiden, hübsche Häuschen stehen zwischen alten Bäumen, jede Menge schöner Segelschiffe fahren vor der Küste, mit Zedernschindeln verschalte Bauernhäuser, ein paar Klippen, zwei alte Leuchttürme: Auf der 20 km² großen Insel vor dem Eingang zur Narragansett Bay gehen die Uhren langsamer.

Schöne Strände, verträumte Buchten

1661 kauften 16 weiße Familien die Insel den Ureinwohner ab, um hier ein religiös freizügiges Gemeinwesen zu errichten. Im 18. Jh. fanden dann Piraten Gefallen an der Gegend und nutzten die Insel als Unterschlupf. Gegen Ende des 19. Jh.s wiederum lernten reiche Erholungsuchende die entspannte Atmosphäre und das pastellfarbene Abendlicht schätzen und ließen für ihre Bedürfnisse in Old Harbor Strandhotels bauen. Nach dem Zweiten Weltkrieg wandte sich die Ostküstenelite ▶ Martha's Vineyard und ▶ Nantucket zu, sodass auf Block Island die meisten Hotels schließen mussten. Frischer Wind in den Inseltourismus kam erst wieder in den 1990er-Jahren, als Block Island – unter Respektierung alter Bausubstanz – gründlich herausgeputzt wurde. Bis heute will man jedoch keinen Rummel wie auf Martha's Vineyard, sondern wirbt u. a. mit kreuz und quer über die Insel sich ziehenden, schönen **Rad- und Wanderwegen** (Radverleih in Old und New Harbor). Die andere angenehme Fortbewegungsart ist ein Inseltaxi – besonders die älteren Taxifahrer können amüsante Geschichten und Anekdoten erzählen. Herausragende Sehenswürdigkeiten gibt es auf der Insel kaum – ihre Stärke sind die schönen Strände und verträumten Buchten.

BLOCK ISLAND ERLEBEN

BLOCK ISLAND TOURISM COUNCIL
PO Box 356, Block Island, RI 02807
Tel. 1 800-38 32 474
www.blockislandinfo.com

Von Point Judith (RI) benötigt die täglich verkehrende Block Island Ferry ca. 1 St., von Newport (RI), New London (CT) und Montauk (NY) kommt man zwischen Ende Juni und dem Labor Day her. Wer es eilig hat, nimmt die Island Hi-Speed Ferry. Der Katamaran erreicht von Galilee (RI)

aus Mitte Mai bis Mitte Oktober mehrmals täglich in 30 Minuten die Insel.
Block Island Ferry: Reservierung: Tel. 1 866 783 7996
www.blockislandferry.com
Hi-Speed Ferry: Reservierung: Tel. 1 401 783 7996

Der Fred Benson Town Beach ist bei Familien beliebt. Südlich von Old Harbor liegt der Ballard's Beach. Stiller ist West Beach im Nordwesten der Insel.

WINFIELD'S RESTAURANT €€€

In der Lounge einen Drink zum Vorglühen, dann hinüber in das intime Restaurant, wo eine vielseitige, aus französischen, italienischen, asiatischen und amerikanischen Elementen bestehende Küche wartet: Nach einem Tag an der frischen Inselluft ist Winfield's der richtige Ort zum Ausspannen.
Corn Neck Rd.
Tel. 1 401 4 66 58 56
winfieldsbi.com
Tgl. 18–22 Uhr

1661 INN €€€

9 Zimmer in einem romantischen Hotel aus der viktorianischen Ära; gutes Restaurant
1 Spring St., Old Harbor
Block Island, RI 02807
Tel. 1 401 4 66 24 21
http://blockislandresorts.com

ATLANTIC INN €€€

21 Zimmer, mit Antiquitäten ausgestattet und hinreißend plüschig. Der Dining Room des viktorianischen Hotels ist berühmt für sein opulentes Vier-Gänge-Dinner. Seafood, Lamm, Pasta, kreative Rezepte.
High St. | Tel. 1 401 4 66 58 83
www.atlanticinn.com

Wohin auf Block Island?

Farbschauspiel bei Sonnenuntergang

Mohegan Bluffs

Im Südosten der Insel steigen die Mohegan Bluffs 66 m aus dem Meer empor, ein spektakuläres Schauspiel ganz besonders bei Sonnenuntergang, denn dann lässt das Abendlicht die **von Kupferadern durchzogenen Felsen** in allerlei Rottönen erglühen. Der 1874 erbaute Leuchtturm **South East Light** beherbergt ein kleines Museum.

Vogel- und Naturschutzgebiet

Sandy Point

Der einsame Nordzipfel der Insel ist ein Vogel- und Naturschutzgebiet. Von hier aus lohnt sich ein Besuch des im Jahr 1867 in Betrieb genommenen, vollständig aus Granit erbauten Leuchtturms **North Light**; auch hier gibt es ein kleines Museum zur Geschichte des Leuchtturms und der gefährlichen Gewässer rund um die Insel.

BRISTOL

Region: East Bay | **Höhe:** 13 m ü. d. M. | **Einwohner:** 22 300

Die schönsten Häuser blicken zum Wasser: Bristol ist ein entzückend schläfriges Städtchen am Ende eines Seitenarms der östlichen Narragansett Bay, was es jedoch keineswegs daran hindert, die älteste »Fourth of July Parade« der USA für sich zu reklamieren.

Wie so oft im Nordosten hing auch hier am Anfang reichlich Pulverqualm über der Gegend. 1675 fand die erste Schlacht des blutigen King Philip's War statt. Im 18. Jh. machte der Dreieckshandel aus Bristol eine wohlhabende Gemeinde mit eleganter Architektur. Auch als Schiffsbauzentrum florierte der Ort: Mehr als 80 Jahre lang baute die hiesige Herreshoff Manufacturing Co. die besten Segler der Nation, darunter sieben »America's-Cup«-Gewinner.

BRISTOL ERLEBEN

EAST BAY CHAMBER OF COMMERCE

16 Cutler St., Warren, RI 02885
Tel. 1 401 2 45 07 50
www.eastbaychamberri.org

DEWOLF TAVERN €€€

Das beliebte Restaurant liegt unmittelbar am Hafen und hat eine wunderbare Terrasse mit Blick hinaus aufs Wasser. Die ideenreiche neue amerikanische Küche wurde bereits mehrfach ausgezeichnet.
259 Thames St., Bristol
Tel. 1 401 2 54 20 05
www.dewolftavern.com
Mo.–Fr. 11.30–22.30, Sa. 14.30–22.30, So. 14.30–21.30 Uhr

BRISTOL HOUSE B & B €€€

Hier abzusteigen lohnt sich schon alleine des leckeren Frühstücks wegen. Alles Brot und Gebäck kommt jeden Morgen frisch aus dem Ofen. Die drei Gästezimmer sind ebenfalls zum Träumen.
14 Aaron Ave., Bristol, RI 02809
Tel. 1 888 82 92 214
www.bristolhousebedandbreakfast.com

BRISTOL HARBOR INN €€€

Dieses schöne Boutiquehotel liegt gleich neben der DeWolf Tavern. Die 40 Zimmer und Suiten sind modern eingerichtet, zitieren aber auch unaufdringlich die maritime Tradition des Städtchens.
259 Thames St., Bristol, RI 02809
Tel. 1 401 2 54 14 44
www.bristolharborinn.com

Die Eleganz von Linden Place ist mit dem Leid von Sklaven erkauft worden.

Wohin in Bristol?

Blaue Hummer!

Audubon Society Center

Hinter dem sperrigen Namen »Audubon Society of Rhode Island's Environmental Education Center« verbirgt sich ein hochinteressantes naturhistorisches Museum mit Aquarium, in dem neben vielen anderen Meeresbewohnern ein ganz selten vorkommender blauer Hummer beobachtet werden kann. Zu besichtigen gibt es auch das Skelett eines Wales. Ein Lehrpfad führt durch das **McIntosh Wildlife Refuge** (Wildschutzgebiet) und es gibt Führungen an die Narragansett Bay mit ihrer vielgestaltigen Meeresflora und -fauna.

1401 Hope St. | Memorial Day–Sept. tgl. 9–17, Okt.–Memorial Day Mo.–Sa. 9–17, So. 12–17 Uhr | Eintritt: 6 $ | www.asri.org

Charme der Vergangenheit entdecken

Linden Place

Das Kronjuwel Bristols, das schönste Haus an der historischen Waterfront, wurde 1810 im Federal Style für den Sklavenhändler George deWolf gebaut und danach von der Colt-Familie und der berühmten Schauspielerfamilie Barrymore (Ethel, Samuel und John Drew) bewohnt. 1973 diente die elegante Residenz auch als Kulisse für den Hollywoodfilm »Der Große Gatsby«. Das Mobiliar der deWolfs ist im Originalzustand zu sehen.

500 Hope St. | Mai – Okt. u. Dez. Di.–Sa. 10–16, So. 12–16; Jan.–April, Nov. Sa. u. So. geschl. | Eintritt: 12 $ | www.lindenplace.org

Herreshoff Marine Museum

Für Segelkapitäne
Ein Leckerbissen für »Yachties« und Ästheten: Das Museum stellt 40 herrliche alte Yachten aus, darunter die **»America's-Cup«-Gewinnerinnen »Sprite«** von 1859 und **»Aria«** von 1914. Entworfen und gebaut wurden diese wunderbaren Hochleistungssegler von der hiesigen Bootsbauerfamilie Herreshoff. Sie setzte 1859–1947 im Segelschiffbau die Maßstäbe. Fotos und Filme sowie die **America's Cup Hall of Fame** runden die sehr gefällige Ausstellung ab.
1 Burnside St. | Mai–Okt. tgl. 10–17 Uhr | Eintritt: 18 $
www.herreshoff.org

Blithewold Mansion & Gardens

Residenz mit Traumgarten
Man braucht nicht unbedingt nach Kalifornien zu reisen, um einen leibhaftigen Mammutbaum zu sehen – im Park des Kohlemagnaten Augustus van Winckle steht eine fast 30 m hohe **Sequoia** (engl. für Mammutbaum). 1908 ließ der in Philadelphia residierende van Winckle für seine Frau Bessie die weitläufige 45-Zimmer-Residenz errichten, herrliche Aussichten auf die Narragansett Bay inklusive!
101 Ferry Rd., Mansion | April–Okt. Di.–Sa. 10–16, So. 10–15 Uhr
Eintritt: 15 $ | www.blithewold.org

NARRAGANSETT PIER

Region: South County | **Höhe:** 2 m ü. d. M.
Einwohner: 4000

Der viktorianische Geldadel wurde auf das Städtchen in der Bucht am Ausgang der Narragansett Pier aufmerksam, nachdem William Sprague, der damalige Gouverneur von Rhode Island, hier zu bauen angefangen hatte. Klar, dass die anderen nachziehen mussten. Der Rest ist typisch Little Rhody.

Familien und Surfer

1900 fiel all die Pracht der Strandhotels und Sommerfrischen einem Feuer zum Opfer, und 1938 zerstörte dann ein Sturm auch noch die Pier. Heute ist Narragansett Pier ein Reiseziel für Familien – und an den Wochenenden ein Hangout der hiesigen Surfergemeinde. Denn südlich erstrecken sich bis Point Judith – zehn herrliche Kilometer der **schönsten Strände Neuenglands**.

John H. Chafee National Wildlife Refuge

Klein, aber oho
Zierliche 128 ha klein, aber wichtig für die Bewahrung der **lokalen Fauna und Flora:** Das John H. Chafee National Wildlife Refuge süd-

NARRAGANSETT PIER ERLEBEN

SOUTH COUNTY TOURISM COUNCIL
4160 Old Post Road, Charlestown, RI, United States, Rhode Island
Tel. 1 800 54 84 662
www.southcountyri.com

Scarborough ist lauter Treffpunkt junger Rhode Islander und East Matunuck State Beach wegen seiner gleichmäßigen Wellen bei Surfern sehr beliebt, während das flache und stille Wasser am Galilee Beach diesen Sandstrand ideal für Familienausflüge macht.

THE ANCHOR MOTEL **€€–€€€**
Direkt am Strand, nur 5 km von der Block Island Ferry in Galilee und näher an den Restaurants im Ort: Dieses schöne 15-Zimmer-Motel hat alle Trümpfe im Ärmel.
4825 Ocean Rd.
Tel. 1 401 7 92 85 50
www.theanchormotel.com

westlich von Narraganset Pier hat sich die Erhaltung der Salzmarschen und ihrer speziellen Tierwelt, etwa der Spitzschwanzammer (Sharp-tailed Sparrow), auf die Fahnen geschrieben.

Reise in die Vergangenheit
Eine kleine Farm, ein Friedhof von 1700 und das South County Museum: Canonchet Farm erlaubt einen **nostalgischen Ausflug**.
Mai, Juni, Sept. Fr./Sa. 10–16, Juli/Aug. Mi.–Sa. 10–16 Uhr
Eintritt: 5 $ | www.southcountymuseum.org

Canonchet Farm

Schwere Kämpfe
Der Great Swamp westlich von Narragansett Pier war 1675 **Schauplatz eines Massakers**, bei dem Milizen und mit ihnen verbündete Peqot und Mohegan den Stamm der Narragansett fast auslöschten.

Great Swamp

Region: Newport | **Höhe:** 2 m ü. d. M. | **Einwohner:** 25 000

Ein schöneres Eingangsportal kann eine Stadt gar nicht haben: In hohem Bogen schwingt sich die Newport Bridge über die Bay. Mitten in Newport setzt sie die Gäste ab, in einer verschachtelten, schönen Altstadt mit alten Häusern und krummen Straßen.

Dem Meer verbunden

1639 von William Coddington als »Save Haven« für religiös Verfolgte gegründet, konnte Newport bald mit den Häfen Bostons und New Yorks rivalisieren, profitierte es doch ebenfalls vom Dreieckshandel. Die auf jeden importierten Sklaven erhobene Einfuhrsteuer wurde in Straßen und Brücken reinvestiert. Um 1770 war Newport nach Boston die größte Hafenstadt Neuenglands, doch nach dem Unabhängigkeitskrieg erlangte es nie mehr die alte Bedeutung. Dem Meer blieb es verbunden. In den 1880ern wurde das Naval War College gegründet, um 1900 war Newport Heimathafen der Atlantikflotte, dazu **Sommerfrische der Superreichen**. Südlich der Stadt bauten die Astors und Vanderbilts ihre Paläste, feierten Partys und setzten Trends: 1881 erlebte Newport die ersten amerikanischen Tennis Open, 1894 die ersten Golf Open, bis 1983 war es Gastgeberin des America's Cup. Heute steht es im Zeichen des Geschäfts mit Freizeitskippern, doch gibt es auch noch eine Fischereiwirtschaft, die sich auf den Hummerfang konzentriert.

NEWPORT ERLEBEN

DISCOVER NEWPORT
21 Long Wharf Mall, Newport
Tel. (401) 845 91 30
www.discovernewport.org

FAHRRADVERLEIH
Ten Speed Spokes
18 Elm St., Tel. 1 401 8 47 56 09,
www.tenspeedspokes.com

Baden geht man auf der Ostseite an First, Second oder Third Beach oder in den Süden nach Gooseberry Beach.

Das »Newport Music Festival« (Juli) und das »JVC Jazz Festival« (Aug.) haben Newport bekannt gemacht.

Bowen's Wharf und Bannister's Wharf bieten alles vom teuren Kunsthandwerk bis zu Trödel. Teuer sind Spring und Thames Street.

2 CHANTERELLE RESTAURANT €€€€
Zeitgenössisch inspirierte französische Küche mit regionalen Produkten. Täglich fangfrischer Fisch, Meeresfrüchte. Eine der besten Adressen in Newport!
505 Thames St.
Tel. 1 401 8 46 01 23
bouchardnewport.com
Mi.–Mo. ab 17.30 Uhr

1 22 BOWEN'S WINE BAR & GRILLE €€€
Steak und Hummer stimmen, der Blick auf den Hafen auch. Die Terrrasse eignet sich auch prima zum Leutegucken.
Bowen's Wharf
Tel. 1 401 8 41 88 84
www.22bowens.com
Tgl. 11.30–16, So.–Do. 17–22, Fr./Sa. 17–23 Uhr

1 MILL STREET INN €€–€€€€
Wann steigt man schon mal in einer

ehemaligen Sägemühle ab? Entsprechend verwinkelt ist diese historische Herberge. Dabei sind die 23 Zimmer überraschend urban-eingerichtet.
75 Mill St., Newport, RI 02840
Tel. 1 401 8 49 95 00
www.millstreetinn.com

❷ ADMIRAL FITZROY INN €€–€€€€

Hübscher viktorianischer Inn nahe am Wasser mit 17 freundlichen, an Puppenstuben erinnernden Zimmern.
398 Thames St., Newport, RI 02840, Tel. 1 866 8 48 87 80
www.admiralfitzroy.com

Wohin in Newport?

Kolonialzeit konzentriert

Altstadt

Rund 200 Gebäude aus der Kolonialzeit – die höchste Konzentration in den USA – machen aus der rund um die Spring Street gruppierten Altstadt ein echtes architektonisches Kleinod. Liebevoll restauriert, sehen die Häuser heute wieder so aus wie vor 1776. Dabei zeigen sie viele interessante Details, darunter die **typischen Ananas-Motive**. Die Tropenfrucht war im 18. und 19. Jh. ein Symbol der Gastfreundschaft: Seeleute verkündeten mit einer Ananas im Fenster ihre glückliche Heimkehr und luden damit die Nachbarn zum Festschmaus ein.
Die strahlend weiße **Trinity Church** von 1726 thront über Newport am Queen Anne Square. Sie wird von einem schönen Glockenturm gekrönt und punktet innen mit sehenswerten Tiffany-Fenstern und einer Orgel, die in London von Georg Friedrich Händel eingespielt wurde.
Die beiden ins Hafenbecken zeigenden alten Piers **Bowen's Wharf** und **Bannister's Wharf** südlich des Queen Anne Square sind seit jeher ein Treffpunkt von Newportern wie Touristen. In den Cafés, Bars und Restaurants mit schönem Blick aufs Wasser plätschert die Zeit angenehm dahin.

Nur eine Flinte ...

Museum of Newport History

Nördlich kommt man zum dreigeschossigen, 1762 im georgianischen Stil erstellten Brick Market. Hier logiert heute das Stadtmuseum. Es enthält Hunderte historischer Fotos, Modellschiffe und Gemälde – und eine fast kultisch verehrte Flinte aus der Schlacht von Lexington.
127 Thames St. | tgl. 10–17 Uhr | Eintritt frei, Spende erbeten
www.newporthistory.org

Bündnisse

Old Colony House

In dem 1739 fertiggestellten Gebäude residierte bis ins 19. Jh. die Regierung von Rhode Island. Die würdevollen Räume durchweht der Hauch der Geschichte: 1781 trafen sich hier George Washington und sein französischer Verbündeter Comte Rochambeau zur **Planung der Schlacht von Yorktown**. Zu sehen sind Originalmöbel aus jener Zeit und ein heroisches Porträt Washingtons.
Washington Square | Führungen n. V. | Tel. 1 401 8 46 08 13
www.newporthistory.org

Wie die Axt im Walde

Wanton-Lyman-Hazard House

Dieses dunkelrote, 1675 erbaute Haus ist **das älteste existierende Gebäude von Newport**. 1765 protestierten die Kolonisten hier recht rustikal gegen die Briefmarkensteuer, indem sie nämlich das von einem Loyalisten bewohnte Haus verwüsteten.
17 Broadway | Führungen n. V. | Tel. 1 401 8 46 08 13
www.newporthistory.org

Abends geht es nach Bowen's Wharf.

Das älteste jüdische Gotteshaus

Touro Synagogue

Die 1763 eingeweihte Synagoge ist das älteste jüdische Gotteshaus in Amerika. Ihr strenges georgianisches Äußeres kontrastiert scharf mit ihrem nach sephardischen Traditionen reich geschmückten Innern aus handgeschnitzten Täfelungen, schlanken Säulen und Balustraden. Zu sehen ist ein **Brief von George Washington**, der der 1650 von spanischen und holländischen Juden gegründeten Gemeinde Glaubensfreiheit garantiert.

85 Touro St. | Führungen Mai/Juni So.–Fr. 12–14, Juli–Labor Day So.–Fr. 10–16, Labor Day–Okt. So.–Fr. 10.30–14 Uhr | Eintritt: 14 $
www.tourosynagogue.org

Der weiße Sport

International Tennis Hall of Fame

Die »Ruhmeshalle« des weißen Sports dokumentiert dessen Geschichte seit seinen Anfängen und porträtiert einige der größten Tennis-Asse. Untergebracht ist das Tennismuseum im Newport Casino, 1880 im englischen Landhausstil erbaut und rasch zum Treffpunkt des Newporter Geldadels geworden, dessen Damen und Herren auf mehreren Grasplätzen aufschlugen. Von 1881 bis 1914 fanden hier die **amerikanischen Tennismeisterschaften** statt. Heute kann auf den nun 17 Plätzen jeder spielen.

194 Bellevue | tgl. 10–17, Juli/Aug. tgl. 10–18 Uhr | Eintritt: 20 $
www.tennisfame.com

Erfreulich zivile Nutzung

Fort Adams State Park

Schon wegen des herrlichen Panoramablicks auf Hafen, Newport Bridge und Goat Island lohnt sich der Weg. Die 1824 begonnene Festung bewachte den Eingang zur Narragansett Bay. Zu besichtigen sind die Offiziersquartiere und die in den Kasematten untergebrachte Ausstellung zur Entwicklung der Verteidigungstechnik. Das **JVC Jazz Festival** findet hier statt.

Fort Adams State Park: Ocean Dr. | Mitte Mai–Okt. tgl. 10–16 Uhr Eintritt frei | www.riparks.com/fortadams

 Newport Mansions

Jahrmarkt der Eitelkeiten

Villen der Reichen und Schönen

Wer noch nie in Versailles gewesen ist, kann hier Versäumtes nachholen: Kristalllüster und Marmortreppen, Gold, Silber, Diamanten – manche der aufs Meer blickenden »Cottages« scheinen verschwenderischer ausgestattet zu sein als ihre Vorbilder in Europa. Dabei hielten die reichsten Familien Amerikas nur für zwei, drei Wochen im Sommer hier Hof. Den Rest des Jahres standen diese Schreine des Frühkapitalismus leer, in Schuss gehalten von Armeen dienstbarer Geister. Doch war die Society in Newport, ging es hoch her. Tonangebend beim Tanz der Eitelkeiten waren **die Vanderbilt-Damen und Caroline Astor**, »The Mrs. Astor«, wie sie sich nennen ließ, die Hohepriesterin der Newporter Gesellschaft. Wer auf ihrer 400 Namen umfassenden Liste stand, »gehörte dazu«. Heute werden die prachtvollsten – oder geschmacklosesten(?) – »Summer Cottages« von der Preservation Society of Newport County instand gehalten. Die beschriebenen Paläste liegen fast alle an der Newport nach Süden verlassenden Bellevue Avenue und können mit Tickets der Preservation Society besucht werden.

Einen herrlichen Spaziergang unternimmt man auf dem am Easton Beach beginnenden, ca. 3 mi/5 km langen **Cliff Walk**. Dieser einst von Fischern in den Fels getretene Fußweg balanciert zwischen dem Steilufer und den gepflegten Gärten einiger der prachtvollsten Residenzen. An einigen Stellen bieten sich tolle Blicke auf prachtvolle Residenzen wie Rosecliff, Marble House und The Breakers.

Jenseits der Paläste bietet der 11 mi/18 km lange **Ocean Drive** eine schöne, per Rad besonders reizvolle Spazierfahrt an den Atlantik, der an der Südspitze gegen eine schroffe Felsküste brandet.

Preservation Society of Newport County: 424 Bellevue Ave., Newport | Tel. 1 401 8 47 10 00 | www.newportmansions.org

Ein Leben wie die Könige: The Breakers ist eines der prachtvollen Häuser der Vanderbilts.

Das Beste war gerade gut genug

Glanzvolle »Cottages«

Der Stadt am nächsten liegt das 1841 für einen Pflanzer aus Savannah im Gothic Revival Style erbaute **Kingscote**. Es ist verschwenderisch mit antiken Möbeln eingerichtet und glänzt im Speisesaal mit Fenstern aus Tiffany-Glas.

Mit der grandiosen, dem Château d'Asnières bei Paris nachempfundenen Renaissance-Residenz **The Elms** löste der als Aufsteiger belächelte Kohlemagnat Edward Julius Berwind 1901 seine Eintrittskarte in die Elite von Newport. Von Architekt Horace Trumbauer mit einer eher zurückhaltenden Fassade umgeben, läuft die Residenz innen zu wahrer Hochform auf: nicht Zimmer, sondern Säle, die die elegante französische Klassik vor dem Absturz in die Geschmacklosigkeit bewahrt. Der 12 x 24 m große Ballsaal ist herrlich lichtdurchflutet, der »Drawing Room« echtes Louis XVI.

Das **Château-sur-Mer** ließ sich der im Chinahandel reich gewordene William S. Wetmore 1852 errichten. Zwei Jahrzehnte später ließ sein Sohn es von dem in Newport beliebten Architekten Richard Morris Hunt umbauen. An Papa erinnert das chinesische Tor.

1885 beauftragte Cornelius Vanderbilt II. Richard Morris Hunt mit dem Bau eines »Cottage«, das alle anderen in den Schatten stellen sollte. 1895 war **The Breakers** bezugsfertig, ein italienischer Renaissancepalast mit 70 Zimmern, Säulen und Arkaden, Marmor und Alabaster, Statuen und goldverzierten Edelhölzern. Besonders eindrucksvoll ist der Speisesaal, eine Orgie aus Blattgold, Bronze und rotem Alabaster. Auch der Garten lohnt die Besichtigung.

Herrin des romantischen **Rosecliff** war Tessie Hermann Oelrichs, Tochter eines irischen Prospektors, der in Nevada die Comstock-Mine, die ergiebigste Silbermine der Welt, gefunden hatte. Mrs. Oelrichs war Mrs. Astors ärgste Widersacherin: Ihr Ballsaal war der größte, ihre Empfänge bildeten die Höhepunkte der Festsaison. 1974 (mit Robert Redford) und wieder 1994 (mit Leonardo die Caprio) gab der dem Grand Trianon in Versailles nachempfundene Palast die Kulisse für Szenen von **»Der Große Gatsby«** und »True Lies«.

Der zu den ältesten »Cottages« von Newport zählende Sommersitz **Beechwood** wurde 1856 für den Kaufmann Daniel Parish im mediterranen Stil erbaut und 1880 von William Astor, dem Enkel des New Yorker Pelz- und Immobilien-Tycoons John Jacob Astor, erworben. Wenig später ließ seine Frau Caroline den legendären, auf 400 Personen angelegten Ballsaal hinzufügen. Goldverziert, lichterfüllt und mit zahllosen Spiegeln dekoriert, entwickelte er sich bald zum Treffpunkt der Newporter Elite. Auf informativen, oft amüsanten Führungen inszenieren als dienstbare Geister kostümierte Schauspieler den Alltag auf Beechwood.

Kleiner zwar als The Breakers, aber noch viel üppiger eingerichtet ist **Marble House**. 1892 für William K. Vanderbilt von Richard Morris Hunt gebaut, lehnt es sich stilistisch v. a. an das Petit Trianon in Ver-

sailles an. Innen dominieren Gold und gelber Marmor aus Siena. Am beeindruckendsten ist der Ballsaal, ein maßloses Ensemble aus vergoldeten Vertäfelungen, Bogengängen aus Alabaster und zahllosen Spiegeln. Hier wurden viele Empfänge gegeben, darunter denjenigen zu Ehren Consuelo Vanderbilts, die hier vor ihrer bevorstehenden Heirat mit dem Duke of Marlborough in die Gesellschaft eingeführt wurde.
Vorlage des 1896 erbauten **Belcourt Castle** am Ende der Bellevue Avenue war ein Jagdschlösschen Ludwigs XIII. Hausherr Oliver Hazard Perry Belmont sorgte für Aufregung in der Society, indem er Alva, die geschiedene Mrs. William Vanderbilt, heiratete.

Kingscote: 253 Bellevue Ave | Mai–Okt. tgl. 10–17 Uhr | Eintritt: ab 25 $ (für alle) | www.newportmansions.org
The Elms: 367 Bellevue Ave. | April–Dez. tgl. 10–17 Uhr
Eintritt: 35 $ | www.newportmansions.org
Château-sur-Mer: 474 Bellevue Ave. | April–Mitte Nov. tgl. 10–17 Uhr
Eintritt: 35 $ | www.newportmansions.org
The Breakers: Ochre Point Ave. | April–Dez. tgl. ab 9 Uhr
Eintritt: 35 $ | www.newportmansions.org
Rosecliff: 548 Bellevue Ave. | April–Mitte Nov. tgl 10–17 Uhr
Eintritt: 35 $ | www.newportmansions.org
Beechwood: 580 Bellevue Ave. | Mitte Mai–Dez. tgl. 10–16 Uhr, Feb.–Mitte Mai nur Sa./So. | Eintritt: 35 $ | www.newportmansions.org
Marble House: Bellevue Ave./Ruggels St. | April–Dez. tgl. 10–17 Uhr
Eintritt: 35 $ | www.newportmansions.org
Belcourt Castle: 657 Bellevue Ave. | Mi.–So. 12–17 Uhr | Eintritt: 35 $
www.newportmansions.org

PROVIDENCE

Region: Providence | **Höhe:** 24 m ü. d. M. | **Einwohner:** 190 000

Die zweitgrößte Stadt Neuenglands liegt tief landeinwärts am Ende der Narragansett Bay. Als Hauptstadt von Rhode Island ist sie das wirtschaftliche und auch kulturelle Zentrum von Rhode Island – und ein Paradies für Flaneure.

Mit der zur renommierten Ivy League zählenden Brown University, dem Providence College und der Rhode Island School of Design hat die kompakte, auf mehreren Hügeln gebaute Stadt einige der berühmtesten Bildungseinrichtungen des Landes. Und damit nicht genug! Die herrlichen alten Häuserzeilen auf College Hill, der Waterplace Park und das fotogene State Capitol machen Providence zu einem besonders charmanten Revier für Spaziergänger.

Refugium für Andersdenkende

Geschichte 1636 gründete **Roger Williams**, der sich vom rigorosen Führungsanspruch der Theokraten ▶ Salems abgewandt hatte, Providence als Refugium für alle Andersdenkenden: Bis heute sichtbarstes Zeichen seines Postulats der Trennung von Kirche und Staat ist das Fehlen des sonst in Neuengland üblichen Ensembles aus Common und Kirche. Bald wandte sich Providence Handel und Seefahrt zu. Um 1750 waren Schiffe aus Providence am Dreieckshandel beteiligt, während des Unabhängigkeitskriegs überließen die Stadtväter den Hafen amerikanischen Freibeutern als Unterschlupf. Nach dem Krieg brachen von hier aus die ersten Handelsschiffe nach China auf – allen voran die Segler des China- und Sklavenhändlers **John Brown**, der sich später als Wohltäter in die Annalen der Stadt eintrug. Anfang des 19. Jh.s sattelte Providence auf verarbeitende Industrie um. Zu Beginn des dritten Jahrtausends zeigt sich Providence von der durch die Abwanderung wichtiger Industrien ausgelösten, bis Anfang der 1990er-Jahre anhaltenden Krise erholt: Parks wurden gebaut, Flüsse umgeleitet und das öffentliche Transportsystem entscheidend verbessert.

PROVIDENCE ERLEBEN

PROVIDENCE WARWICK CONVENTION & VISITORS BUREAU

10 Memorial Blvd.
Providence, RI 02903
Tel. 1 401 4 56 02 00,
www.goprovidence.com

❶ ANGELO'S RESTAURANT €€€

Was als Nachbarschaftspinte im italienisch geprägten Federal Hill begann, ist heute eine Legende und noch immer ein Treff der Einheimischen. Natürlich gibt es hier noch immer ausgezeichnete Ravioli und Cavati.
141 Atwells Ave.
Tel. 1 401 6 21 81 71
www.angelosri.com
Mo.–Sa. 11.30–21, So. 12–21 Uhr

❷ AL FORNO €€

Die besten Spaghetti weit und breit.
577 South Water St., Eingang an der Rückseite (Bridge St.)
Tel. 1 401 2 73 97 60
https://alforno.com
Di.–Fr. 17–22, Sa. 16–23 Uhr

❶ PROVIDENCE GRADUATE €€€

291 Zimmer und Suiten. Dies wunderschöne Art-déco-Hotel mitten in Downtown Providence gehört zur Stadt wie der Eiffelturm zu Paris. Tolle Lobby und ein legendär gutes Frühstück.
11 Dorrance St., Providence, RI 02903
Tel. 1 401 4 21 07 00
www.graduatehotels.com/providence

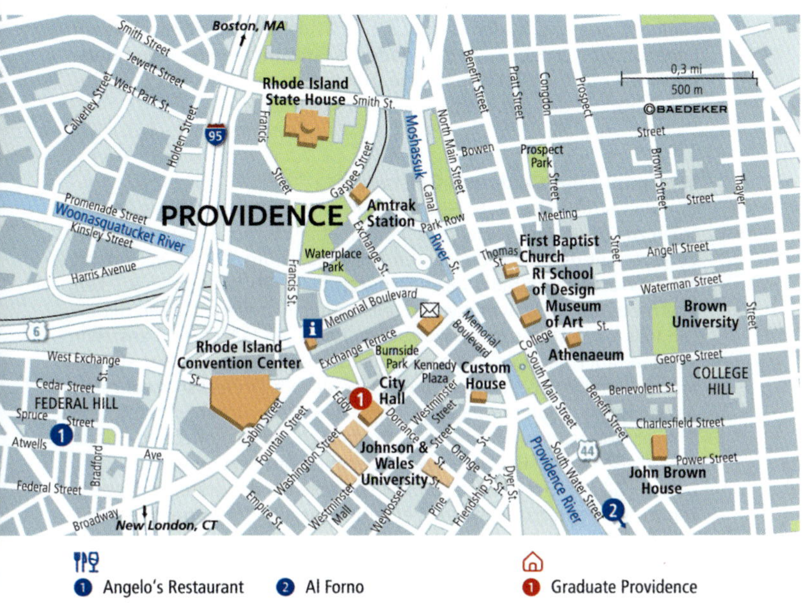

Wohin in Providence?

Vorbild Washington

Rhode Island State House

Groß, weiß und respekteinflößend thront das aus Georgia-Marmor errichtete State House (1901) auf dem Smith Hill über der Stadt. Eine gewaltige, weiß leuchtende Kuppel – **die viertgrößte selbsttragende Marmorkuppel der Welt** – krönt das Gebäude. Auf der Spitze wacht der »Independent Man«, eine Freiheit und Toleranz symbolisierende Bronzestatue, über das Treiben der Volksvertretung. Neben dem Eingang zum Senat ist das Toleranzedikt zu sehen, 1663 von Charles III. ausgestellt. Im »Executive Chamber« hängt Gilbert Stuarts berühmtes Porträt von George Washington – davon stammt das Konterfei des ersten Präsidenten auf der Ein-Dollar-Note.

82 Smith St. | Führungen tgl. nur nach telefonischer Vereinbarung
Tel. 1 401 2 22 23 57 | www.rilin.state.ri.us/statehousetour

Zur Belustigung der Massen

Waterplace Park and Riverwalk

Providences Wiedergeburt in den 1990-Jahren ging vom Waterplace Park aus. Der ziemlich weitläufige Park unterhalb des State House erstreckt sich um einen einen See mit künstlichen Gezeiten und ein Amphitheater. Mehrmals jährlich findet **WaterFire** statt, ein beeindruckendes Multimedia-Spektakel, bei dem zu passender Musik Fa-

ckeln im See und in den drei durch Providence fließenden Flüssen angezündet werden. Auch das moderne Einkaufszentrum **Providence Place** mit rund 200 Geschäfte, Boutiquen und anderen Lokalitäten gehört zu den neueren Attraktionen der Stadt.
1 Providence Place | Mo.-Sa. 10-21, So. 12-18 Uhr

College Hill

Treffpunkt des Geld- und Geistadels
Von den Stufen des State House aus liegt einem die moderne Downtown zu Füßen. Linker Hand blickt man über den schmalen Providence River auf den dicht begrünten College Hill. Im 19. Jh. war er das **Nobelviertel** der Stadt, veredelt durch die 1770 auf seinem Rücken eröffnete Brown University. Die teils ziemlich steilen Straßen mit alten Villen in fast allen amerikanischen Baustilen locken zum anstrengenden, aber vergnüglichen Bummel. Die schönsten Häuser stehen an der Benefit Street, einst die Straße der im Dreieckshandel reich gewordenen Kaufleute. Längs über den Bergrücken verläuft die Thayer Street, dank ihrer Cafés, Buchläden und Secondhand-Shops die Straße der bei Brown eingeschriebenen Studierenden.
Roger Williams bestimmte 1638 diese Stelle für das erste von Baptisten in Nordamerika gebaute Versammlungshaus. Die heutige **First Baptist Church** (75 North Main St./Waterman St.) wurde 1775 im Georgian Style errichtet und gilt mit ihrer feinen Täfelung und dem einfachen, grün-weißen Dekor als eine der schönsten Kirchen dieses Stils im Land.
Das abweisende Äußere täuscht: Drinnen beherbergt das **Rhode Island School of Design Museum** des renommierten Lehrinstituts für Designer und Architekten auf mehreren Etagen äußerst sehenswerte Sammlungen ägyptischer, europäischer und amerikanischer Kunst. Zu den Highlights gehören französischer Impressionismus, kunstvolle japanische Drucke und eine hölzerne Buddha-Statue aus dem 10. Jahrhundert.
Unterwegs zur Brown University passiert man eine der ältesten Bibliotheken der Welt. Das **Providence Athenaeum** wurde 1753 gegründet und residiert seit 1836 im jetzigen Gebäude. Während des 19. Jh.s war es Treffpunkt der geistigen Elite von Rhode Island; u. a. ging auch Edgar Allan Poe hier ein und aus. Mit ihren mächtigen Lesetischen und riesigen Bücherschränken ist die Bücherei ein nostalgisch anmutendes Refugium für Leseratten (251 Benefit St.).
Das **John Brown House**, 1788 im Georgian Style gebaut, ist das schönste der zur Besichtigung freigegebenen Häuser auf dem College Hill. Das Originalmobiliar zählt zum Besten aus den Werkstätten neuenglischer Schreiner. Den Browns begegnet man überall in Providence. Ende des 18. Jh.s brachte die Familie gleich vier erfolgreiche Brüder hervor: John eröffnete den China-Handel (und ist nicht zu verwchseln mit dem Sklaverei-Gegner!), Joseph entwarf als Architekt viele der schönsten Häuser, Moses warf gemeinsam mit Sam

Slater die Industrialisierung Neuenglands an und Nicholas stieg zum Herr über ein internationales Handelsimperium auf.
Die 1764 in Warren als Rhode Island College gegründete **Brown University** wurde 1804 nach ihrem größten Wohltäter, Nicholas Brown II, benannt. Seit 1770 in Providence zu Hause, plagen sich heute über 9000 Studierende an der mitten im Wohngebiet liegenden Campus-Uni. Der schnellste Weg von Downtown hier herauf ist die College Street. An ihrem Ende liegen die trutzigen Van Winckle Gates, der Haupteingang zum Campus mit rund 250 Gebäuden, dessen älteste die 1770 erbaute University Hall, die neoklassische Manning Hall von 1835 und Hope College von 1822 sind. Die **John Carter Brown Library** besitzt eine der schönsten Sammlungen amerikanischer Bücher vor 1825 (▶ Baedeker Wissen, S. 70/71).
Rhode Island School of Design Museum: 20 N. Main Street
Di.–So. 10–17 Uhr | Eintritt: 17 $ | www.risdmuseum.org
John Brown House: 52 Power St. | Führungen April–Nov. Di.–Fr. 13.30, 15, Sa. 10.30, 12, 13.30, 15, sonst Fr./Sa. 10.30, 12, 13.30 und 15 Uhr | Eintritt: 10 $ | www.rihs.org/museums_jbh

Rund um Providence

Hier begann die Industrialisierung in den USA

Pawtucket

Gegen Ende des 18. Jh.s wurden die reißenden Pawtucket Falls 5 mi/ 8 km nördlich von Providence zum Treibsatz der industriellen Revolution in den USA: 1793 nutzte Samuel Slater ihre Kraft, um die **erste mit Wasserkraft betriebene Baumwollmanufaktur** der USA zu errichten. 1810 baute man nahebei die Wilkinson Mill, wo Maschinenteile hergestellt wurden. Heute liegt Pawtucket im gesichtslosen Einzugsbereich von Providence und lebt nach wie vor von verarbeitender Industrie.
Die Slater Mill Historic Site besteht aus Slater Mill, Wilkinson Mill und Sylvanus Brown House und rekonstruiert die Kindertage des Maschinenzeitalters. So demonstrieren Guides in der Slater Mill an Originalmaschinen den Weg der Baumwolle zum fertigen Produkt.
67 Roosevelt Ave. | März, April, Nov. Sa./So. 11–15, Mai–Okt. Mi.–So. 10–16 Uhr | Eintritt: 12 $ | www.slatermill.org

VERMONT

Fläche: 24 887 km² | **Einwohner:** 643 000 | **Hauptstadt:** Montpelier
Beiname: Green Mountain State

Ein ehemaliger Gouverneur beschrieb Vermont als einen Staat, in dem man genau erkenne, wo eine Stadt beginnt und wo sie aufhört. Tatsächlich: Anders als oft in den Vereinigten Staaten, wo ganze Städte in Shopping Malls verschwinden, blieb in Vermont die Kirche im Dorf und das Ortsschild vor der Ortseinfahrt. Das Resultat: Wohl nirgendwo sonst ist Amerika so idyllisch.

Die Vermonter haben einen nicht geringen Anteil daran. Als Erste landesweit stimmten sie für die strengsten Umweltschutzgesetze der USA. Große Werbeflächen sind verboten. Gemeinden zwingen Bauherren, neue Häuser den Gegebenheiten anzupassen (▶ Das ist ..., S. 20/21). 1993 erhielten die grünen Gesetzesmacher sogar vom National Trust for Historic Preservation Schützenhilfe: Die einflussreiche Organisation setzte ganz Vermont an die Spitze ihrer jährlichen Liste bedrohter historischer Orte und Plätze. Denn die Bedrohung durch den urbanen Siedlungsbrei ist im kleinen Vermont allgegenwärtig.

Die Nord-Süd-Ausdehnung Vermonts beträgt von der kanadischen Grenze bis nach Massachusetts im Süden gerade mal 240 km, die breiteste Stelle misst 144 km im Norden, die schmalste 65 km im Süden. Die in Nord-Süd-Richtung verlaufenden Green Mountains sind das geografische Rückgrat des Staats. Aus hartem Granit aufgebaut, sind ihre Täler von Laubwald bedeckt, der sich in den Höhen mit Nadelbäumen mischt. Parallel zu den Green Mountains verläuft im Südwesten der Höhenzug der Taconic Range. Charakteristisch für den entlegenen, dünn besiedelten Nordosten sind raue Inselberge in weitläufigen Hügellandschaften mit Seen, Teichen und Sümpfen. Der 200 km lange und an seiner breitesten Stelle nur 20 km messende Lake Champlain ist der größte Süßwassersee des Kontinents östlich der Großen Seen.

Folgenschwere Gefühlsregung

Geschichte

Der Franzose Samuel de Champlain war 1609 der erste Europäer, der seinen Fuß in das Land der Algonquin und Irokesen setzte. Sein Ausruf **»Ah, les verts monts!«** beim Anblick der grünen Höhenzüge soll dem Staat später den Namen gegeben haben. Während der Rest Neuenglands zügig von englischen Siedlern erschlossen wurde, blieb Vermont als Niemandsland zwischen britischen und französischen Interessen lange unbesiedelt. Im Lauf des 18. Jh.s wurde das Champlain Valley zum Aufmarschgebiet indigener, britischer und französischer Truppen und Verbände. Man lieferte sich Gefechte, die als in Guerillamanier betriebener »petite guerre« schließlich in den siebenjährigen **French and Indian War** mündeten. 1759 endete dieser mit dem Sieg Großbritanniens und der Öffnung Vermonts für die systematische Besiedlung. Angesichts kollidierender Landinteressen mit den Großgrundbesitzern im benachbarten New York gründeten die Vermonter die Selbstschutztruppe der **Green Mountain Boys**. Im Unabhängigkeitskrieg formte Ethan Allen aus ihnen eine schlagkräftige Armee, mit der er 1775 die britische Festung Ticonderoga am Lake Champlain eroberte. Das gewonnene Kriegsmaterial stellte er zwar George Washington für die Belagerung Bostons zur Verfügung, doch zwei Jahre später gründeten die Vermonter lieber ihren eigenen Staat. Die unabhängige Republik Vermont bestand 14 Jahre und erklärte die Sklaverei für Unrecht. Erst am 4. März 1791, nachdem das Landproblem mit den »Yorkers« endgültig gelöst war, trat man als 14. Staat der Union bei.

Im 19. Jh. wurde Vermont landwirtschaftlich und industriell erschlos-

Ahornsirup (engl. maple syrup) wird in Vermont allerorten angeboten.

sen. In den Green Mountains gewann man Marmor und Granit und holzte Wälder ab. Die Milchwirtschaft blühte auf und von hier wurde ganz Amerika mit **Ahornsirup** (engl. Maple Syrup) versorgte. Im 20. Jh. entwickelte sich auch der Tourismus. Viele Kleinstädte sind Standorte hochspezialisierter kleiner Industriefirmen. Die Green Mountains und der Lake Champlain sind heute Vermonts beliebteste Freizeitparadiese.

Kleinste Hauptstadt

Bevölkerung

Nur ein US-Bundesstaat hat weniger Einwohner als die etwas über 630 000 von Vermont: Wyoming (580 000). In anderer Hinsicht hält der Green Mountain State aber Spitzenplätze: 95,3 Prozent aller Vermonter sind Weiße; zwei Drittel leben in Städtchen unter 2500 Einwohnern. Vermonts größte Siedlung ist Burlington (42 500 Einw.) und die Hauptstadt Montpelier ist mit rund **7700 Einwohnern** die kleinste eines US-Bundesstaats.

BENNINGTON

Region: Green Mountains | **Höhe:** 218 m ü.d.M. | **Einwohner:** 16 000

Das für Vermonter Verhältnisse überraschend nüchterne Städtchen liegt in einem von den Green Mountains und der Taconic Range umgebenen Tal ganz im Südwesten von Vermont. Es ist bekannt für sein liberales College und seine Keramikindustrie. Deren Produkte warten im dann doch noch idyllischen Old Bennington auf Liebhaber.

Sternstunde der USA

Weithin sichtbar und nicht gerade eine Augenweide: das enorme **Bennington Battle Monument** hoch über dem Tal. Es erinnert an das eine, aber enorm wichtige Ereignis, das Bennington in die amerikanischen Geschichtsbücher brachte. Am 16. August 1777 besiegten die Amerikaner hier in einem kleinen, den Unabhängigkeitskrieg letztlich aber vorentscheidenden Gefecht einen Trupp hessischer Söldner in britischen Diensten.

Wohin in Bennington und Umgebung?

Bennington Battle Monument

Hier die Schlacht, dort das Denkmal

Der Sieg der Amerikaner machte der von den Briten befolgten Strategie, die Kolonien vom Hudson River bis zum Lake Champlain

BENNINGTON ERLEBEN

BENNINGTON AREA CHAMBER OF COMMERCE
100 Veterans Memorial Dr.
Bennington, VT 05201
Tel. 1 802 4 47 33 11
www.bennington.com

KEVIN'S SPORTS PUB & RESTAURANT **€–€€**
Bei Moonburger, Shrimp Parmigiana und jeder Menge Bier treffen sich hier »Locals« und Touristen.
27 Main St. | Tel. 1 802 4 42 01 22
www.kevinssportspubandrestaurant.com
Mo.–Fr. 11–21, Bar bis 22, Sa./So. 11–23 Uhr

SOUTH SHIRE INN **€€€**
Die 9 schönen Gästezimmer sind herrlich altmodisch eingerichtet, es gibt eine stilvolle Bibliothek mit Kamin und einen geräumigen Frühstücksraum. Viktorianisch à la Vermont!
124 Elm St., Bennington, VT 05201
Tel. 1 802 4 47 38 39
www.southshire.com

zu trennen und dann nacheinander zu befrieden, einen Strich durch die Rechnung und verhalf den Rebellen zur Kontrolle über das Hinterland Neuenglands. Die Schlacht fand zwar knapp 10 km von hier statt, aber den Hügel über dem Tal hielten die Benningtoner für geeigneter für ein Denkmal. Das 1891 eingeweihte, 92 m hohe Bennington Battle Monument bietet von einer Aussichtsplattform einen tollen **Blick über drei Neuenglandstaaten**.
15 Monument Circle | April–Okt. tgl. 9–17 Uhr | Eintritt: 8 $
www.historicvermont.org/bennington/

Grandiose Gedichte

Old First Church

Das nur einen Steinwurf vom Bennington Battle Monument entfernte Gotteshaus (1805) gehört mit dem formvollendeten, dreigeschossigen Glockenturm über einem **makellos weißen Schiff** zu den schönsten Kirchen Neuenglands.
Auf dem Friedhof ist – neben Rebellen aus dem Unabhängigkeitskrieg und hessischen Soldaten – **Robert Frost** (1874–1963), Neuenglands beliebtester Dichter und vierfacher Pulitzer-Preisträger, bestattet. Er besang in seinen Versen die Schönheit dieser Landschaft.

Eine Spätberufene

Bennington Museum

Highlight des Bennington Museum ist das **Grandma Moses Schoolhouse**, in dem Amerikas berühmteste naive Malerin die Schulbank drückte. Heute werden hier die schönsten Bilder von Anna Mary Moses (1860–1961) gezeigt. Die als »Grandma Moses« berühmt gewordene Künstlerin fand erst im Alter von 70 Jahren zur Malerei, feierte dann aber mit ihren naiven Genrebildern internationale Erfolge. Sehenswert ist auch die der Keramikindustrie der Stadt gewidmete Abteilung.

75 Main St. | Juni–Okt. tgl. 10–17, Feb.–Mai tgl. außer Mi. 10–17 Uhr | Eintritt: 15 $ | www.benningtonmuseum.org

Das dürfte Rekord sein

Windham County

Auf einem Ausflug in das Windham County kann man versuchen, alle hier stehenden **30 Covered Bridges** zu finden. Mit Newfane und Grafton besitzt das County zwei außerordentlich hübsche Neuengland-Städtchen. Auf einer Farm beim Dorf Whitingham kam der Mormonenführer Brigham Young (1801–1877) zur Welt.

★ BURLINGTON · LAKE CHAMPLAIN

Region: Lake Champlain Valley | **Höhe:** 34 m ü. d. M.
Einwohner: 44 800

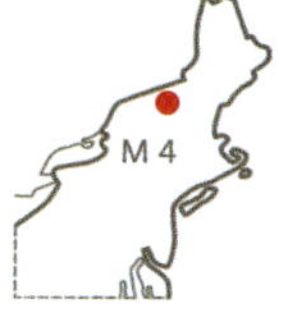

Straßencafés, Studierdende, eine schöne Lage mit Blick über den Lake Champlain zu den Adirondack Mountains in New York und eine alternative Szene, die in den 1980ern mit Bernie Sanders einen linken Bürgermeister hervorbrachte: Die größte Stadt Vermonts hat alles, was europäische Städte auch haben – allerdings ohne die negativen Nebenwirkungen. Irgendwie typisch auch, dass hier der höchste Aktenschrank der Welt als Kunst steht.

Hort der Liberalität

Vermonts größte Stadt wäre anderswo als kleinere Mittelstadt. Immerhin besitzt sie eine Universität, 1791 gegründet, also wenige Jahre nach dem Beginn der Besiedlung des heutigen Stadtgebiets. Die Universität von Vermont ist die bis heute liberaler Tradition verpflichtete älteste Hochschule des Staats. Und diese Tradition gilt auch für die ganze Stadt.

Wohin in Burlington und Umgebung?

Spitze Giebel und Türmchen

University of Vermont

Ein schöner Hingucker auf dem Campus der Universität ist die im neogeorgianischen Stil entworfene Ira Allen Chapel von 1925, benannt nach einem der Gründer des Bundesstaats und Bruder von Ethan Allen. Sehenswert sind aber auch die wuchtig-backsteinernen Uni-Gebäude Williams Hall und Old Mill mit spitzen Giebeln und Türmchen. Das **Fleming Museum** öffnete 1930 seine Pforten und umfasst u.a. die ausgezeichnete American Gallery mit Gemälden aus dem 18. und 19. Jahrhundert.

Fleming Museum: 61 Colchester Ave. | Mai–Labor Day Di.–Fr. 12–16, Sa./So. 13–17, Labor Day–April Di.–Fr. 9–16, Mi. bis 20, Sa./So. 13–17 Uhr | Eintritt: frei | www.uvm.edu/~fleming

BURLINGTON UND LAKE CHAMPLAIN ERLEBEN

LAKE CHAMPLAIN REGIONAL CHAMBER OF COMMERCE

60 Main St., Burlington,
VT 05401
Tel. 1 802 8 63 34 89
www.helloburlingtonvt.com

Wer Vermont vom Wasser aus in Augenschein nehmen möchte, bucht eine Fahrt auf dem Lake Champlain, am besten mit »The Spirit of Ethan Allen II« , bietet sie doch auch Brunch- und Dinner-Cruises sowie interessante historische Vorträge des Kapitäns an. Los geht es ab Burlington Boathouse.

Spirit of Ethan Allen II:
1 College St., Tel. 1 802 8 62 83 00
www.soea.com

Burlington Boathouse:
1 College St., Mai–Okt. tgl. 10, 12, 14 und 16 Uhr

LEUNIG'S BISTRO €€€

Marmorbar u. Kristallleuchter erinnern an Paris; im Sommer zur Straße hin offen. Eines der ältesten Restaurants der Stadt
115 Church St.
Tel. 1 802 8 63 37 59
www.leunigsbistro.com
Mo.–Sa. 11–22, So. 10–22 Uhr

AMERICAN FLATBREAD €€

Amerikanische Pizza-Variante aus dem Holzofen mit regionalen Zutaten.
115 St. Paul St.
Tel. 1 802 8 61 29 99
americanflatbread.com/restaurants/burlington-vt
Mo.–Fr. 11.30–15, 17–23.30,
Sa./So. 11.30–23.30 Uhr

THE ESSEX €€€

120 Z. Hotel im Landgasthausstil zehn Minuten außerhalb. In den beiden Restaurants kochen die Studierenden des New England Culinary Institute.
70 Essex Way (von Rte. 289)
Essex, VT 05452
Tel. 1 802 8 78 11 00
www.essexresort.com

ANCHORAGE INN €–€€

89 Zimmer. Einfaches, nettes Motel mit Pool, Sauna und Whirlpool, etwas westlich von Downtown.
108 Dorset St., Burlington,
VT 05403
Tel. 1 802 8 63 70 00
www.anchorageinnvt.com

OBEN: Die »SS Ticonderoga« liegt heute im Shelburn Museum auf dem Trockenen.
UNTEN: Grandma Moses schaffte es mit ihen Gemälden sogar auf Briefmarken der U.S. Mail.

Ein Kämpfer für Vermont

Ethan Allen Homestead

Ethan Allen (1738–1789) kämpfte im amerikanischen Unabhängigkeitskrieg und dafür, Vermont als eigenständigen Staat zu etablieren – der Name des **Volkshelden** prangt auf Fähren, Straßenschildern und Souvenirtassen. Seine Farm, die Ethan Allen Homestead, ist stimmungsvoll rekonstruiert und zeichnet in einer anregenden Multimediashow das ereignisreiche Leben dieses Mannes nach.

2 mi/3,2 km nördlich auf der VT 127, Exit North Ave. Beaches
Mitte Mai–Mitte Okt. Do.–Mo. 10–16 Uhr | Eintritt: 15 $
www.ethanallenhomestead.org

Querschnitt durch 300 Jahre Alltagsgeschichte

Shelburne Museum

Shelburne Village, Shelburne Harbour und Shelburne Falls, wenige Meilen südlich von Burlington, sind ruhige Gemeinden mit herrlichem Blick auf die Adirondacks und die Green Mountains. Hier wurden Passagier- und Frachtschiffe für den See gebaut; das letzte, die **»SS Ticonderoga«**, ist heute eines der vielen Highlights im Shelburne Museum, einem der besten Museen Neuenglands: Am Ufer des Lake Champlain bietet es mit rund 40 historischen, themenspezifisch eingerichteten Häusern, einer drei Stockwerke hohen Rundscheune von 1901 und einem kompletten viktorianischen Bahnhof einen sehenswerten Querschnitt durch 300 Jahre amerikanischer Alltagsgeschichte. Ein weiterer Höhepunkt ist die **Webb Gallery** im Electra Havemeyer Webb Memorial, einem Musentempel im Greek Revival Style. Die Sammlung der Museumsgründerin und Vanderbilt-Verwandten enthält seltene Rembrandts, Degas, Manets und Corots.

6000 Shelburne Road | tgl. 10–17 Uhr, Mai–Okt. alle Gebäude geöffnet, sonst nur einzelne | Eintritt: 25 $ | http://shelburnemuseum.org

Privatparadies und Versuchsfarm

Shelburne Farms

Die 2 km östlich von Shelburne Village liegende Parklandschaft ließen sich Eisenbahn-Tycoon William Seward Webb und seine Gattin Lila Vanderbilt Webb vor über hundert Jahren als höchsteigenes Paradies erschaffen. Hügel wurden eingeebnet und Teiche, Wiesen und Wälder angelegt, zwischen denen schön anzusehende Wirtschaftsgebäude hervorlugen. Denn Shelburne Farms war nicht nur der Landsitz der Webbs, sondern auch eine moderne Versuchsfarm, die nach neuen Wegen in der Viehzucht und beim Getreideanbau suchte. Heute werden hier **Umweltseminare** veranstaltet. Shelburne House, das pompöse Landhaus der Webbs, wurde in einen Luxus-Inn verwandelt. Allein der Blick über den Lake Champlain lohnt den Besuch – auch wenn man nicht hier übernachtet.

Auf ein bis zwei Brettern ins Tal

Jay Peak

Eine halbe Autostunde nordöstlich von Burlington erhebt sich kurz vor der kanadischen Grenze der Jay Peak (1158 m ü. d. M.). Das als schneesicher geschätzte Massiv ist von Ende November bis Anfang April mit mehr als fünf Dutzend rasanten Abfahrten ein **Wintersportparadies**. Im Sommer bringt eine Seilbahn Touristen zu wunderbaren Aussichten über den Lake Champlain, nach Montréal und den White Mountains.

Apfelparadies

Grand Isles

Burlington ist der ideale Ausgangspunkt für einen Ausflug zu den etwa 15 mi/24 km nordwestlich liegenden, durch Brücken und Dämme miteinander verbundenen Inseln **South Hero**, **North Hero** und **Isle La Motte**. Zusammen mit der Alburg Peninsula bilden sie einen vom Mikroklima sehr begünstigten Archipel, in dem zwischen Apfelplantagen verstreut schläfrige kleine Dörfer mit beschaulichen Marinas liegen.

MANCHESTER

Region: Green Mountains | **Höhe:** 208 m ü. d. M. | **Einwohner:** 4400

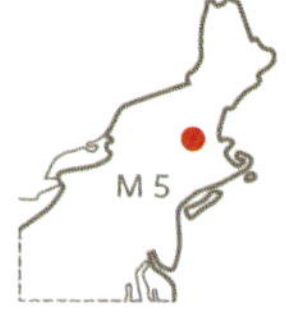

Autos wirken fast ein wenig fehl am Platz in diesem altehrwürdigen Städtchen zu Füßen der Taconic Range. Der feine Ort präsentiert sich im herrschaftlichen Federal Style, die Bürgersteige sind mit Marmor aus den nahen Brüchen ausgelegt. Man gönnt sich ja sonst nichts ...

Von elegant bis geschäftig

Dominiert wird die kleine Stadt vom historischen, 1853 eröffneten Equinox Resort & Spa, einer säulengeschmückten, hocheleganten Nobelherberge, in der bereits vier US-Präsidenten zur Erholung abgestiegen sind. Die geschäftigere Gegenwart wurde ins Manchester Center verbannt: Dort kann man tanken und in einem der zahlreichen Factory Outlets einkaufen.

Wohin in Manchester?

Besondere Wurftechnik erforderlich

American Museum of Fly Fishing

Eigentlich nicht Sport, sondern Zen: Dieses hübsche kleine Museum widmet sich der hohen **Kunst des Angelns mit der Fliege**. Ganzer Stolz der Betreiber sind die Angelausrüstungen von Ernest Hemingway und Andrew Carnegie.

4104 Main St. | Do.–Sa. 10–16 Uhr
Eintritt: 5 $ | www.amff.com

MANCHESTER ERLEBEN

DISCOVER MANCHESTER
www.manchestervermont.com

MISTRAL'S AT TOLL GATE €€€
Französisch speisen mit Aussicht: Zu gefüllter Forelle gibt's den Blick auf den nachts angestrahlten Bromley Brook.
Toll Gate Rd.,
Tel. 1 802 3 62 17 79
https://mistralsattollgate.com
Do.–Mo. ab 18 Uhr

MULLIGANS AT MANCHESTER €€
Verlässlich, irisch, einfach gut! Außerdem gibts bei Mulligan Guiness und bemerkenswerte Steak-Gerichte!
3912 Route 7A
Tel. 802 362 3663
www.mulligans-vt.com
So.–Do. 12–20 Uhr, Fr. 12–21 Uhr, Sa. 12–20.30 Uhr

THE EQUINOX RESORT & SPA €€€
183 Zimmer und Suiten. Echt Vermont: eines der ältesten und elegantesten Resorts Neuenglands.
3567 Main St.,
Manchester, VT 05254
Tel. 1 802 3 62 47 00
www.equinoxresort.com

THE ASPEN MOTEL €€
Das freundliche Motel liegt im Grünen zu Füßen des Mt. Equinox und ist die angenehmste Basis für Erkundungstouren in die Umgebung.
5669 Main St., Manchester,
VT 05254
Tel. 1 802 3 62 24 50
www.aspenvt.com

Er trug einen großen Namen

Hildene

Dieses herrliche, 1905 im Georgian Revival Style gebaute Anwesen gehörte **Robert T. Lincoln** (1843–1926), dem ältesten der vier Kinder von Präsident Abraham Lincoln. Die zwei Dutzend Räume des Hauses, das, so die Broschüre, die »Liebesgeschichte zwischen den Lincolns und Vermont« verkörpert, enthalten kostbares Originalmobiliar, darunter eine äolische Orgel mit über 1000 Pfeifen. Besichtigungstouren führen auch durch die in sattem Grün schwelgenden Gärten.

1005 Hildene Rd. | tgl. 9.30–16.30 Uhr | Eintritt: 23 $
www.hildene.org

Gipfelstürmen per Auto

Equinox Skyline Drive

Die Straße auf den **Mount Equinox**, mit 1145 m der höchste Gipfel der Taconic Range, beginnt auf der VT 7 A etwa 5 mi/8 km südlich von Manchester. Bei klarem Wetter reicht der Blick bis hin zum Hudsontal.

So majestätisch grün erheben sich die Green Mountains in den Himmel.

Ausflug in die Green Mountains

Gipfelstürmen zu Fuß

Vermont aus dem Bilderbuch

Noch mehr Bilderbuch-Vermont findet in den weit gehend untouristisch gebliebenen Tälern der Green Mountains statt. Dazu fährt man von Manchester Center aus auf der VT 30 Richtung Osten. 3,5 km hinter dem Skigebiet Bromley Mountain quert die Straße den Long Trail. Zuletzt recht steil führt der Fernwanderweg auf den Gipfel des knapp 1000 m hohen **Mount Bromley**. Der Blick vom Aussichtsturm schweift über ein grünes Meer aus Bergen und Tälern.

Die »gute alte Zeit«

Weston

Eine halbe Autostunde später folgt Weston. Mit dem Village Green, liebevoll restaurierten Häuschen aus der »guten alten Zeit« und einem viktorianischen Musikpavillon, dem »Bandstand«, kommt der **verträumte Ort** dem oft beschworenen Neuengland-Klischee wohl am nächsten.

Einen Besuch wert ist das dem Green zugewandte, im Federal Style gebaute **Farrar-Mansur House**, einst Dorfkneipe und heute Stadtmuseum. Im 1946 für die Farmer und Holzfäller der Umgebung eröffneten **Vermont Country Store** gibt es alles – vom frischen Vermonter Käse bis zu handgestrickten Pulswärmern.

Alles Käse

Grafton

Apropos Käse: Für den Käse aus diesem Teil Vermonts zeichnet die über eine schlichte überdachte Brücke erreichbare **Grafton Village Cheese Co.** (533 Townshend Rd.) im nahen Grafton verantwortlich. Seit den 1960er-Jahren zweckdienlich restauriert, präsentiert auch dieser Ort eine Mischung aus Freilichtmuseum und lebendigem Postkartenidyll. Sehenswert sind v. a. die **Red Barns**, in denen eine Ausstellung an die Schafzucht vor 120 Jahren erinnert, und die herrliche **Old Tavern** (Rte. 121) von 1801 mit einer doppelgeschossigen, umlaufenden Veranda. Historisch wertvoll: Hier übernachtete schon der Bürgerkriegsgeneral und spätere Präsident Ulysses S. Grant.

MIDDLEBURY

Region: Mid Vermont | **Höhe:** 110 m ü. d. M. | **Einwohner:** 8300

Noch ein Postkartenidyll der schönsten Sorte: Das 1761 im sanft welligen Champlain Valley gegründete Städtchen ist bis heute ein kultureller Mittelpunkt. 300 Häuser stehen im National Register of Historic Places.

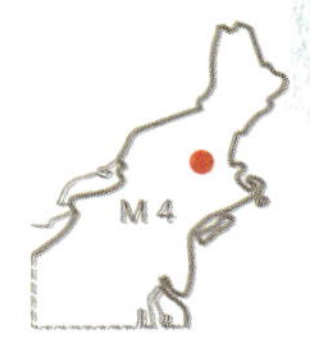

Mitten durch den Ort rauscht, über mehrere Stufen stürzend, der Otter Creek. Die schönsten der viktorianischen Häuser gruppieren sich um das Green mit dem historischen Middlebury Inn als Blickfang. Einen Steinwurf entfernt liegt das renommierte, 1800 gegründete Middlebury College. Ein Center für (Kunst-)Handwerk darf da natürlich nicht fehlen.

MIDDLEBURY ERLEBEN

ADDISON COUNTY CHAMBER OF COMMERCE

93 Court St., Middlebury, VT 05753 | Tel. 1 802 3 88 79 51
www.addisoncounty.com

SWIFT HOUSE INN €€€

20 stilvoll eingerichtete Zimmer mit Kaminen und alten hohen Betten sowohl im Federal-Style-Haupthaus von 1814 als auch im Carriage House von 1876. Die Ravioli im dazugehörigen Restaurant Jessica's sind ein Gedicht, Hühnchen, Ente, Lamm und Steak stammen aus nachhaltig wirtschaftenden Farmen der Umgebung. Das beste Restaurant der Umgebung!
25 Stewart Lane
Middlebury, VT 05763
Tel. 1 802 3 88 99 25
www.swifthouseinn.com

Wohin in Middlebury und Umgebung?

Schönstes Sprachengewirr

Middlebury College

Im Sommer herrschen auf dem Green des Middlebury College babylonische Zustände. Die Teilnehmer der College-Sprachprogramme parlieren auch in den Pausen in den Unterrichtssprachen. Von den zahlreichen sehenswerten Gebäuden lohnen eine nähere Betrachtung v. a. **Painters Hall** (1815), das älteste College-Gebäude der USA, **Le Château**, ein 1925 dem Schloss Fontainebleau nachempfundener Pavillon, und das Middlebury College **Mahaney Center for the Arts:** Es zeigt u. a. eine sehr kleine, aber sehr feine Sammlung europäischer und amerikanischer Meister, darunter Picasso, Miró, Dalí, Warhol, Alice Neel und Banksy.

Mahaney Center for the Arts: 72 Porter Field Rd.
Memorial Day–Labor Day tgl. 8.30.–17 Uhr | Eintritt frei
www.middlebury.edu/arts/mac

(Kunst-)Handwerk nach Vermonter Art

Vermont State Crafts Center

Die Häuser an den steilen Sträßchen im historischen, beiderseits des Otter Creek liegenden Viertels **Frog Hollow** wurden in Ateliers und Workshops verwandelt und beherbergen heute u. a. auch das hübsch über dem Fluss gelegene Vermont State Crafts Center. Über 300 Künstler und Handwerker aus Vermont stellen hier aus; sehens- und kaufenswert sind v. a. die handgearbeiteten Möbel, Keramik und Glas.

85 Church St. | Mitte April–Mitte Nov. Mo.–Mi. 10–18, Do.–Sa. 10–20, So. 11–18, sonst Mo.–Sa. 10–18, So. 12–17 Uhr | Eintritt frei
www.froghollow.org

Verständnis für die Vergangenheit

Sheldon Museum of Vermont History

In dem 1829 für einen Marmorhändler gebauten Haus hat der Kirchenorganist **Henry Sheldon** Kunsthandwerk sowie Möbel aus Vermont zusammengetragen, und die Sammlung wächst nach wie vor durch Objekte, die das »Verständnis für die Vergangenheit« wecken. Auch heutige lokale Künstlerinnen und Künstler kriegen hier eine Chance.

1 Park St. | Di.–Sa. 10–17, Juli–Anf. Oktober So. 12–16 Uhr
Eintritt: 10 $ | www.henrysheldonmuseum.org

Schnelle Vierbeiner

UVM Morgan Horse Farm

2 mi/3 km westlich von Middlebury liegt im Weiler Weybridge die für ihre Zuchtpferde berühmte, von der University of Vermont (UVM) betriebene Morgan Horse Farm. **Morgan-Pferde**, bekannt für ihre Ausdauer und Schnelligkeit, sind das »Staatstier« Vermonts. Gut informierte und anekdotenfeste Guides führen über die Anlage.

74 Battell Dr. | Mai–Okt. tgl. 9–16 Uhr | www.uvm.edu/morgan/

Morgan-Pferde sind ausdauernde und schnelle Galopper.

Zweckdienliche Eroberung

Larrabbee's Point

Ein Ausflug von 17 mi/27 km auf der VT 30 und später VT 74 führt nach Larrabbee's Point am Ostufer des Lake Champlain. Von hier aus setzt eine winzige Autofähre in sieben Minuten nach dem bereits zum Bundesstaat New York gehörenden Westufer zum **Fort Ticonderoga** (▶ Adirondacks, NY) über. Es wurde am 10. Mai 1775 von Ethan Allen und seinen Green Mountain Boys in einem Überraschungsangriff erobert; die erbeuteten Kanonen setzte George Washington im Jahr darauf bei der Belagerung von Boston ein.

Landpartie

Fahrt über die Middlebury Gaps

Auf kurvenreichen Straßen quer durch die Green Mountains zu wunderbaren Aussichtspunkten auf das fruchtbare, mit Dörfern betupfte Lake Champlain Valley – die vorgeschlagene Rundfahrt verbindet die beiden schönsten und **relativ untouristisch gebliebenen Facetten Vermonts**. Sie beginnt in Middlebury und führt zunächst auf der VT 30 und VT 74 durch eine ruhige Farmlandschaft nach Larrabee's Point am Lake Champlain. Zurück in Vermont, geht es auf der VT 73 auf die im Osten aufragenden Green Mountains zu. Hinter dem Weiler Brandon arbeitet sich die Straße in Serpentinen die Berge des **Green Mountain National Forest** hinauf. Vom Brandon Gap (661 m ü. d. M.) lohnt sich der Blick zurück auf das weite Lake Champlain Valley. Dann schlängelt sich die

Straße durch enge Täler bis Rochester. Hier folgt man der VT 100 nach Norden bis zum winzigen Hancock und biegt dort auf die VT 125 nach Westen ab und zurück in den Green Mountain National Forest. Den Scheitelpunkt bildet der Pass Middlebury Gap (665 m ü. d. M.). Voraus eröffnen sich herrliche Blicke auf das Lake Champlain Valley und den See, dessen Ufer die Vermonter zärtlich **»New Englands Westcoast«** nennen.

Die Ausnahme von der Regel

Rutland Die mit etwas über 17 000 Einwohnern zweitgrößte Stadt Vermonts, 32 mi/51 km südlich von Middlebury Richtung ▶ Manchester gelegen, ist die Ausnahme von der (Vermonter) Regel: Beiderseits der durch den Ort strebenden US 7 scharen sich hässliche **Shopping Malls**, Gebrauchtwagenhandlungen und Fastfood-Läden.

TRUE COLORS

»Wenn es nachts schon friert und die Sonne durch den Frühnebel bricht, dann schreien Zuckerahorn und Rot eiche in einer wahnsinnigen, verzückten Leuchtkraft«, beschrieb der Dichter Carl Zuckmayer den Indian Summer in Vermont. Die schönste Strecke für »Leaf Peeper«: von Vergennes auf der Rte. 15 über Bristol und Waitsfield nach Montpelier. Anfang Oktober. Zuckmayer wäre noch heute entzückt

Das **Vermont Marble Museum** im 4 mi/6 km weiter nördlich gelegenen Proctor zeigt, wie schön Marmor aus Vermont sein kann: Der hiesige Stein wurde u. a. beim Bau der New York Public Library verwendet und für viele Denkmäler in den gesamten USA.
Das **New England Maple Museum** in Pittsford, 7 mi/11 km nördlich von Rutland, beschreibt detailliert den Weg des Sirups von der Gewinnung des zähflüssigen Safts im Frühjahr über den Herstellungsprozess bis zum Marketing. Vorgestellt wird auch die ganze Bandbreite der Produkte, angefangen von Bonbons bis zu Ahornsirupzucker und -brotaufstrich.

Vermont Marble Museum: 52 Main St. | Mitte Mai–Okt. tgl. 10–17 Uhr | Eintritt 9 $ | http://vermontmarblemuseum.org
New England Maple Museum: US 7 | Mitte März–Ende Mai tgl. 10–16, Ende Mai–Okt. tgl. 8.30–17.30 Uhr | Eintritt: 3 $
www.maplemuseum.com

★ MONTPELIER

Region: Central Vermont | **Höhe:** 145 m ü. d. M. | **Einwohner:** 8000

Montpelier ist Amerikas kleinste Hauptstadt. Sage und schreibe etwa 7700 Einwohner zählt sie, was schon dafür sorgt, dass es hier nicht so politisch großartig zugeht wie anderswo. Gäbe es ihn, würde Montpelier aber leicht auch den Titel als »beiläufigste Hauptstadt eines amerikanischen Bundesstaats« gewinnen.

Denn dafür steht das Kapitol, ganz »Vermontness«. Das bedeutet: Wo anderswo schimmernde Bürotürme im Hintergrund Big Business signalisieren, bildet in Montpelier ein dicht bewaldeter Hügel die Kulisse für den zierlich wirkenden Regierungssitz ab. Seit 1805 ist das Städtchen auf den Hügeln über dem Winooski River Hauptstadt. Verwaltung und der Granitabbau in der Umgebung sind seitdem die Haupteinnahmequellen geblieben. Das öffentliche Leben konzentriert sich auf die von Regierungsgebäuden gesäumte State Street und die Main Street, Montpeliers Hauptgeschäftsstraße.

Wohin in Montpelier und Umgebung?

Nicht groß, aber selbstbewusst

State House

Der aus Barre-Granit erbaute **Regierungssitz** wurde 1857 eingeweiht. Den Eingang unter dem Portikus bewachen eine Statue von

MONTPELIER ERLEBEN

CENTRAL VERMONT CHAMBER OF COMMERCE
33 Stewart Rd., PO Box 336
Barre, VT 05641
Tel. 1 802 2 29 57 11
Di.-Sa. 12-16 Uhr
www.central-vt.com

CAPITOL PLAZA HOTEL €€€
58 Zimmer. Das beliebte Stadthotel steht nur einen Steinwurf vom State House entfernt. Sein Restaurant, J. Morgans Steakhouse, gehört zu Montpelier wie der Regierungssitz. Die Fleischgerichte haben in den kulinarischen Rankings Neuenglands ihre Stammplätze ganz oben. Als fleischlose Alternativen gibt es Pasta und üppige Salate.
100 State St.
Montpelier, VT 05602
Tel. 1 802 2 23 52 52
www.capitolplaza.com

Ethan Allen und eine in der Schlacht von ▶ Bennington von den hessischen Söldnern erbeutete Kanone. Über 4 m hoch ist die Statue der Ceres, der griechischen Göttin der Landwirtschaft auf der goldenen Kuppel. Innen lohnt sich ein Bummel durch die ehrwürdigen Hallen, wo patriotische Gemälde Vermonts Beitrag zum Bürgerkrieg loben. Das **Vermont Historical Society Museum** im Pavilion Building nebenan zeigt »all things Vermont«, wie das Gewehr und die Schuhschnallen von Ethan Allen, Konterfeis bedeutender Vermonter Bürger und ein von einem Vermonter im Unabhängigkeitskrieg benutztes Pulverhorn.

State House: Führungen Juli–Okt. Mo.–Fr. 10–15.30, Sa. 11–14.30 Uhr, sonst n. V. | Eintritt frei | www.leg.state.vt.us/sthouse
Vermont Historical Society Museum: Mai–Okt. Di.–Sa. 10–16, So. ab 12 Uhr | Eintritt: 7 $ | www.ver monthistory.org

Für Leckermäuler ein Dorado

Ben & Jerry's Ice Cream Factory

Wahrlich eine **amerikanische Erfolgsstory** kann man in Waterbury 13 mi/21 km nordwestlich von Montpelier besichtigen: Ben & Jerry's Ice Cream Factory. Sie ist längst eine Institution nicht nur in den USA. 1978 besorgten sich Ben Cohen und Jerry Greenfield per Post ein paar Eiscreme-Rezepte, experimentierten herum und verkauften die Ergebnisse zunächst in einer alten Tankstelle in Burlington. Ihr Eis war sehr beliebt, vor allem, weil sie viel Sahne darunter mischten, Festivals freigiebig versorgten und sich bald auch sozial und umweltpolitisch engagierten. 22 Jahre später ging Ben & Jerry's **für 326 Mio. Dollar** an den Unilever-Konzern – wobei die Integrität der beliebten Marke vertraglich gewahrt blieb. Der Rundgang durch die blitzsauberen Herstellungshallen lässt vom Ben-&-Jerry's-Mythos zwar nur noch wenig erahnen; die anschließend aus-

OBEN: Eis für die Party? Ben & Jerry's Cowmobile kann man mieten. Aber 250 Gäste sollten es schon sein.
UNTEN: Freier Blick auf die Wälder hinter der goldenen Kuppel des Vermont State House

geteilte Eiscreme versöhnt jedoch auch die kritischsten Nörgler. Die populärsten Geschmacksrichtungen: Cherry Garcia, Chunkey Monkey, Phish Food, Half Baked Ice Cream und Peanut Butter Cup.
Ende Juli.-Mitte Aug. tgl. 9-21, Ende Aug.-Ende Okt. bis 19, sonst 10-18 Uhr | Eintritt: 6 $ (auch geführte Touren) | www.benjerry.com

Steinerne Wirtschaftsgrundlage

Barre

Das auf der hügeligen Ostflanke der Green Mountains wenige Meilen östlich von Montpelier liegende Barre (gesprochen: Barrie) ist seit über 150 Jahren Nordamerikas bedeutendster **Granitlieferant**. Zu Beginn des 19. Jh.s kamen Steinmetze aus Italien und Schottland, um den hier anstehenden, wegen seiner makellosen Struktur berühmten Fels zu bearbeiten. Bis heute wird der weißlich bis blaugraue Granit im ganzen Land für Gedenkstätten und Industriezubehör verwendet. Von den mehreren Dutzend Steinbrüchen rund um das lediglich herben Charme versprühende Städtchen sind noch zwei in Betrieb.

Bei der Siedlung Granitevillenur wenige Autominuten südlich von Barre an der VT 14 kommt man zum **Rock of Ages Quarry**, einen der größten Steinbrüche des Landes. Von hier transportiert ein altersschwacher Bus Interessierte zunächst zur Aussichtskanzel hinauf, wo der Blick dann gut 150 m tief auf den Boden des Steinbruchs reicht. Bis zu 100 t schwere Granitblöcke werden von Spezialbohrern aus dem Fels gestemmt. Das sehr informatives Besucherzentrum zeigt, wie der hier anstehende Granit weiter verarbeitet wird.

DIE GRÖSSTE 1000-EINWOHNER-STADT

Im General Store namens Willey's gibt's Sandwiches, Werkzeug und Oberbekleidung, gegenüber stellt eine Galerie einheimische Künstler aus, hinzu kommen eine Käserei namens Jasper Hill Farm, die Mikrobrauerei Hill Farmstead Brewery und das Mirror Theater, den Caspian Lake, nicht zu vergessen. In Vermont, wo die meisten Menschen ohnehin dörflich leben, fühlt sich Greensboro wie ein urbanes Paradies an. Man möchte bleiben. Für immer.

Säulen mit korinthischen Kapitellen und handgemeißelten Mustern, Michelangelos Pietà, Lilien und Rosen, der Lieblingsstuhl des Verstorbenen, Dürers betende Hände: Was auch immer die italienischen Steinmetze für die verstorbenen Verwandten aus dem Granit gestaltet haben und welch unkompliziertes Verhältnis sie zu Gevatter Tod hatten, vermitteln die kunstvoll gehauenen Grabsteine auf dem **Hope Cemetery** an der Merchant Street in Barre.

Visitor Center: 558 Graniteville Rd. | Mitte Mai–Aug. Mo.–Sa. 9–17, Sept./Okt. tgl. 9–17 Uhr | Eintritt frei www.rockofages.com

Steinbruch-Führungen: Ende Mai–Aug. Mo.–Sa. 9.15–15.35, Sept.–Mitte Okt. tgl. 9.15–15.35 Uhr | Ticket: 8 $

NORTHEAST KINGDOM

Region: Northeast Kingdom

Vermont, normalerweise grün und lieblich, kann auch anders: In seiner an Kanada grenzenden Nordostecke ist der Green Mountain State rau und wild. Die weitläufige Landschaft, in der Vermonts fette Weiden nordischen Nadelwäldern und felsigen, einsam aufragenden Inselbergen weichen, erinnert tatsächlich an ein fernes, unwirkliches Königreich.

Auch die Ortschaften haben hier kaum noch etwas von der verträumten Puppenstubenatmosphäre im Süden, sondern wirken eher wie Versammlungen zweckdienlicher Behausungen. Einen Tag sollte man für eine Tour durch diese viel mehr kanadische als tatsächlich neuenglische Region und ihre ganz einzigartige Sprödheit übrig haben.

Wohin im Northeast Kingdom?

Ausgewogen zum Milliardär

St. Johnsbury

Das »Tor zum Northeast Kingdom« liegt am Zusammenfluss von Moose, Sleeper's und Passumpsic River. Es wurde zwar schon 1786 als Holzfällercamp gegründet, doch erst der Thaddeus Fairbanks brachte die Stadt in den 1830ern auf die Landkarte. Die von ihm entwickelte **»platform scale«**, eine neue genauere Waage, machte ihn zum Milliardär, und infolgedessen förderte er als Mäzen seine Heimatstadt zum kulturellen Mittelpunkt. Heute ist das verarbeitende Gewerbe – die famose Waage wird immer noch hier produ-

NORTHEAST KINGDOM ERLEBEN

NORTHEAST KINGDOM CHAMBER OF COMMERCE
78 Matty House Circle
(Lyndon Institute campus)
Lyndon Center, VT 05850
Tel. 802 62 65 594
www.nekchamber.com

COMFORT INN & SUITES €€
Schön zu sehen: Das Interieur des modernen, überraschend preiswerten Hotels zitiert mit viel Holz und rustikalen Details die raue Landschaft draußen. Pool, Fitnessraum.
703 Rte. 5 S., St. Johnsbury, VT 05819 | Tel. 1 802 7 48 15 00
www.comfortinn.com

ziert – die wirtschaftliche Basis des Städtchens. Die Herstellung von Ahornsirup spielt ebenfalls eine Rolle. Schöne viktorianische Architektur findet sich am Ende der Main Street auf dem Hügel.
Das **Fairbanks Museum & Planetarium** enthält die Sammlungen des Fairbanks-Enkels Franklin. Dieser reiche Erbe und geradezu zwanghafte Sammler hinterließ der Stadt einen riesen Haufen kunterbunter Exotika, darunter ausgestopfte Bären und Kunst aus Fernost. Besonders skurril: die Szenen aus der amerikanischen Geschichte von einem gewissen John Hampson, die dieser nicht einfach malte, sondern aus Hunderttausenden präparierter Insekten zusammensetzte.
Das **St. Johnsbury Athenaeum** ist eines der ältesten Kunstmuseen des Landes. Horace Fairbanks hatte 1871 das Gebäude für seine Bibliothe eröffnet und stellte darin auch Gemälde aus, bevorzugt von der Hudson River School. 1873 ließ er einen Galerienabau anfügen, um das heutige Highlight der Sammlung angemessen präsentieren zu können, **Albert Bierstadts** (1830 – 1902) monumentales, 1867 entstandenes **»Domes of the Yosemite«**.
Fairbanks Museum & Planetarium: 1302 Main St.
tgl. 9–17 Uhr | Eintritt: 9 $ < www.fairbanksmuseum.org
Athenaeum Art Gallery: 1171 Main St. | Mo., Mi., Fr. 10–17.30, Di., Do. 14–19, Sa. 10–15 Uhr | Eintritt: 5 $ | www.stjathenaeum.org

Blicke über den See

Lake Willoughby

Der See liegt keine halbe Autostunde nördlich von St. Johnsbury an der US 5, geprägt von zwei Inselbergen: Die biblische Namen tragenden Mount Hor (794 m) und Mount Pisgah (825 m) bieten wunderschöne Aussichtspunkte, die über am Straßenrand beginnende Trails erreicht werden können. Die Lage des Sees zwischen den beiden steil aufragenden Felsen erinnert an einen norwegischen Fjord.

Grenzüberschreitend

Derby Line

Liebhaber eher skurriler Attraktionen sollten bis zur kanadischen Grenze bei Derby Line fahren. Der vor allem aus Schnellrestaurants und Wechselstuben bestehende Ort bietet mit dem **Haskell Free Library & Opera House** die einzige Bücherei mit Oper, die auch noch in zwei verschiedenen Ländern liegt. Die Grenze läuft als schwarzer Strich durch den 400 Besucher fassenden Opernsaal: Die Gäste sitzen in den **USA**, die Akteure auf der Bühne spielen in **Kanada**.

96 Caswell Ave. | Di.–Fr. 10–17, Do. bis 18, Sa. 10–14 Uhr
Eintritt frei | www.haskellopera.org

STOWE

Region: Stowe/Smugglers' Notch | **Höhe:** 354 m ü. d. M.
Einwohner: 5200

Als einer der beliebtesten Wintersportorte Neuenglands vervielfacht der zu Füßen des 1318 m hohen Mount Mansfield liegende Ort während der Skisaison seine Einwohnerzahl. Trotzdem wirkt der Rummel nicht wirklich störend.

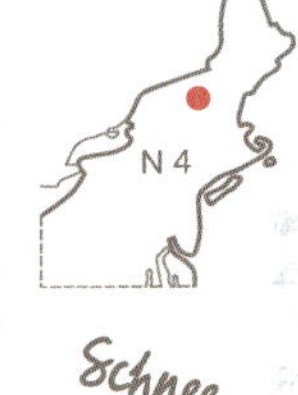

Über 50 Hotels, rund 70 sonstige Übernachtungsbetriebe für jeden Geldbeutel und eine Ferienarchitektur, die irgendwo zwischen Neuengland und Bayern angesiedelt ist, erträgt der Ort jedoch gelassen: Seine herrliche Lage federt den Tourismusbetrieb elegant ab und die Restaurants an der Mountain Road lassen keine Wünsche offen.

Wohin in Stowe und Umgebung?

Biologisches Lehrbuch

Mount Mansfield Auto Road

Diese knapp 5 mi/8 km lange Schotterstrecke arbeitet sich in teilweise sehr engen Serpentinen durch alle Vegetationszonen Vermonts bis knapp über die Baumgrenze hinauf. Vom Parkplatz führen schöne Wanderwege auf den Gipfel des 1340 m hohen **Mount Mansfield**.

Anf. Juni–Mitte Okt. tgl. 9–16 | Maut: 29 $, , pro Passagier 11 $ | http://summer.stowe.com

Ins amerikanische Herz gejodelt

Trapp Family Lodge

Die Geschichte der singenden Familie Trapp wurde in Deutschland recht melodramatisch mit Hans Holt und Ruth Leuwerik und von Hollywood im Musical **»Sound of Music«** mit Julie Andrews und Christopher Plummer verfilmt. Die Trapps ließen sich nach ihrer

STOWE ERLEBEN

STOWE AREA ASSOCIATION
51 Main St.
Stowe, VT 05672
Tel. 1 802 2 53 73 21
www.gostowe.com

THE BISTRO AT TEN ACRES €€€
Angeboten wird hier zeitgemäße Bistro-Küche mit Steaks, Seafood und Burgern. Vermietet Ferienwohnungen
14 Barrows Rd.
Tel. 1 802 2 53 68 38
https://tenacreslodge.com
Mi.–So. 17–21 Uhr

GREY FOX INN €€€
38 hübsche Zimmer und Suiten, teils mit tollem Blick auf die Berge.
990 Mountain Rd.
VT 05672
Tel. 1 800 544 8454
www.greyfoxinn.com

Flucht vor den Nazis 1938 hier nieder, angeblich weil die Landschaft sie an das heimatliche Österreich erinnerte. Heute führen Nachkommen die im Tiroler Stil erbaute Lodge. Fotos und Dokumente in der Lobby erinnern an die ebenso musikalische wie kinderreiche Familie.

WOODSTOCK

Region: Eastern Vermont Gateways | **Höhe:** 210 m ü. d. M.
Einwohner: 3400

Den Rockefellers verdankt dieses Städtchen zwischen Green und White Mountains den letzten Schliff: Sie bezahlten die Verlegung der Stromkabel unter die Erde und machten aus dem eh schon hübschen Woodstock ein höchst elegantes Puppenstübchen mit weltoffenem Flair.

»Prettiest small town in America«

Bald nach seiner Gründung 1761 wurde Woodstock – nicht zu verwechseln mit dem durch das Festival 1969 berühmt gewordene Örtchen im Staat New York – Verwaltungssitz. Dies zog natürlich umgehend Geschäftsleute, Ärzte und Rechtsanwälte an, was sich alsbald in repräsentativen Häusern entlang der Central, Elm und Pleasant Streets niederschlug, denn feinere Leute benötigten eine

WOODSTOCK ERLEBEN

WOODSTOCK CHAMBER OF COMMERCE
18 Central St.
Woodstock, VT 05091
Tel. 1 802 4 57 35 55
www.woodstockvt.com

THE WOODSTOCK INN €€€€
Von den Rockefellers in den späten 1960er-Jahren mitten ins Städtchen gebaut, hat dieses Inn alles, was man von neuenglischer Unterbringung erwartet. Von außen die Pracht alter Grandhotels, drinnen mit allen zeitgemäßen Annehmlichkeiten.
14 The Green, Woodstock, VT
Tel. 1 802 3 32 68 53
wwwwoodstockinn.com

entsprechende Bleibe. Ein ausgeprägter Sinn der Bewohner für die Erhaltung des architektonischen Erbes führte dazu, dass Woodstock bis heute regelmäßig zu den schönsten Orten Neuenglands erkoren wird.

Wohin in Woodstock und Umgebung?

Architektonisch ausgewogen

Village Green

Rund um das ovale Green laden architektonisch ansprechende Häuser zur kleinen **Stilkunde** ein. Zwischen den meist im Federal Style erbauten Residenzen fallen vor allem das im Greek Revival Style erbaute Windsor County House und die romanisch inspirierte Norman Williams Library (10 The Green) auf.

Auch innen hui

Woodstock Historical Society

Das im Dana House untergebrachte **Stadtmuseum** zeigt herrliche Federal- und Empiremöbel, dazu schöne Silber- und Glaswaren der alteingesessenen Woodstocker Bürgerschaft.
26 Elm St. | Mi.–Fr. 9.30–16 Uhr | Eintritt frei
http://woodstockhistori cal.org

Freilichtmuseum zum Farmalltag

Billings Farm and Museum

Die Farm am Nordrand von Woodstock wurde 1871 vom Philantropen Frederick Billings gegründet, später von seiner Enkelin Mary French und deren Gatten Laurence Rockefeller weitergeführt. Heute zeichnet eine Stiftung für das Anwesen verantwortlich. Die zu den schönsten Freilichtmuseen des Landes gerechnete Farm thematisiert alles, was einst den Farmalltag ausmachte, v. a. die **Butter- und**

Was gibt es Neues in Woodstock? Der Town Crier am Beginn der Elm Street weiß es.

Käseherstellung. Sehenswert ist auch das 1890 errichtete viktorianische Farmhouse. Der **Marsh-Billings-Rockefeller National Historical Park** umfasst das Land rund um die Farm und widmet sich den Naturschutzbemühungen Billings' und Rockefellers.

VT 12 | April–Okt. tgl. 10–17, Feb.–Nov. und Ferienwochen 10–16 Uhr
Eintritt: 17 $ | www.billingsfarm.org

Zerbrechliche Schönheiten

Quechee Gorge

Knapp 8 mi/12 km östlich von Woodstock erreicht man auf der US 4 die Quechee Gorge, eine vom Ottauquechee River über 50 m tief in den Fels gesägte Schlucht. Eine Brücke schwingt sich gewagt über sie hinweg. Ein Spaziergang führt vom Parkplatz zum Fluss hinunter.

Am Parkplatz befindet sich auch **Simon Pearce**, die Galerie des gleichnamigen Glasdesigners, dessen Arbeiten in ganz Neuengland für ihre außerordentliche Zartheit berühmt sind.

tgl. 9–21 Uhr | Eintritt frei | www.simonpearce.com

Der große Schweiger

Das 400-Seelen-Nest 14 mi/21 km westlich von Woodstock ist der Geburtsort des 30. US-Präsidenten Calvin Coolidge (1872–1933). Um den notorischen Schweiger ranken sich viele Anekdoten. So fragte die Schriftstellerin Dorothy Parker, als sie von seinem Tod hörte, nach: »Sind Sie da ganz sicher?« Sein Geburtshaus, die heutige **President Calvin Coolidge State Historic Site** betont seine andere, in der protestantischen Ethik verankerte Seite, der Amerika durch die 1920er-Jahre steuerte (Präsidentschaft 1923 bis 1929). Auf dem Gelände liegt auch die **Plymouth Cheese Factory**, wo die Käserei Frog City Cheese den Vermont Cheddar herstellt.

President Calvin Coolidge SHS: 3780 Rte. 100 A
Ende Mai–Mitte Okt. tgl. 9.30–17 Uhr | Eintritt: 12 $
historicsites.vermont.gov/calvin-coolidge

H

HINTER-GRUND

Direkt, erstaunlich, fundiert

Unsere Hintergrundinformationen beantworten (fast) alle Ihre Fragen zum Nordosten der USA.

John Smith, der New England seinen Namen gab, traf Pocahontas als sie ihn vor der Hinrichtung durch ihren Vater rettete. ▶

DAS LAND UND SEINE MENSCHEN

Typisch amerikanische Roadtrip-Romantik ist hier Fehlanzeige. Der Nordosten der USA kommt eher europäisch kleinräumig daher: Die Entfernungen sind bescheidener, die Fahrzeiten angenehm. Dieser Landstrich will sowieso langsam bereist werden, denn seine Menschen sind weltoffen und gastfreundlich und seine schönsten Seiten serviert er oft nicht auf dem Silbertablett, sondern in versteckten Tälern und an stillen Landstraßen.

Berge und Wälder, Flüsse, Seen und Küste

Grüne Appalachen

Also keine endlosen Autofahrten hinter den Horizont? Leider nein. Aber nicht verzagen: Schön ist das Autofahren trotzdem, schließlich führen die **Appalachen** hier Regie. Der mittelgebirgsähnliche Höhenzug erstreckt sich über ca. 3000 km auf einer Breite von 200 bis

Der Indian Summer hüllt auch den Acadia-Nationalpark in wunderbare Herbstfarben.

300 km von Alabama bis Neufundland fast parallel zur Atlantikküste. Die Hudson-Mohawk-Senke teilt die Appalachen in einen nördlichen und einen südlichen Teil. Die nördlichen Appalachen, großenteils in den Neuenglandstaaten (New England Uplands) gelegen und teils über die Baumgrenze reichend, ähneln deutschen Mittelgebirgen.

Das Dach des Nordostens

Die **New England Uplands** sind von weiten Hochflächen geprägt, die ein Netz von Flusstälern tief zerschneidet. Überragt werden sie von einzelnen Gebirgszügen wie den Green und White Mountains, wobei Letztere mit dem Mt. Washington (1917 m ü. d. M.) die höchste Erhebung der nördlichen Appalachen besitzen. Westlich davon erheben sich jenseits des Lake Champlain die Adirondack Mountains mit dem Mt. Mary (1629 m). Ansonsten sind die Bundesstaaten New York und Pennsylvania sanft hügelig.

Raue Küsten, schöne Strände

Die meiste **Küste**, nämlich 365 km, besitzt Maine. Mit ihren Sand- und Felsenstränden ist sie stark gegliedert.
Von der kanadischen Grenze bis zur Penobscot Bay beherrschen, wie im Acadia National Park, massive Granitformationen die Küste, den mittleren Abschnitt von der Penobscot Bay bis zum Cape Elizabeth

charakterisieren tief eingeschnittene Buchten. Maines Südküste dagegen wird von felsigen, weit ins Meer ragenden Landzungen beherrscht. Zwischen ihnen entstanden sandige Nehrungen wie Wells Beach und Kennebunk Beach.
Auch für die Küste von **New Hampshire** sind felsige Landzungen mit dazwischen liegenden sichelförmigen Buchten typisch. Besonders markante Steilküsten fehlen. Auffällig sind die vielen schmalen Flussmündungen. Die bedeutendste hat der Piscataqua River geschaffen, der den Hafen von Portsmouth mit dem Atlantik verbindet.
In **Massachusetts**, **Rhode Island** und **Connecticut** dominieren Flachküsten mit Sand- und Kiesstränden.

Alles fließt

Die parallel zur Küste verlaufenden Appalachen bestimmen den Verlauf der Flüsse. Der **Susquehanna River** ist mit 750 km der mit Abstand längste der Region. Er entspringt in New York State, durchläuft Pennsylvania und Maryland und mündet nördlich von Baltimore in die Chesapeake Bay. 493 km lang ist der **Hudson River**, der wirtschaftlich bedeutendste Fluss der Region und im Kollektivbewusstsein der Einheimischen etwa wie Vater Rhein für die Deutschen. Seine Quelle liegt in den Adirondack Mountains im Bundesstaat New York. Bis Albany ist der Hudson schiffbar; durch den New York State Barge Canal besteht Anschluss an die Großen Seen und das St.-Lorenz-Stromsystem. Der 481 km lange **Delaware River** entspringt in den Catskill Mountains im Bundesstaat New York. Über weite Strecken bildet sein unregulierter Oberlauf als »National Wild and Scenic River« die Grenze zwischen Pennsylvania und New York.
In Vermont an der Grenze zur kanadischen Provinz Québec entspringt der 631 km lange **Connecticut River**. Zunächst Grenzfluss zwischen Vermont und New Hampshire, durchläuft er Massachusetts und Connecticut und mündet im Long Island Sound in den Atlantik. Sein Oberlauf ist landschaftlich besonders reizvoll, er fließt über weite Strecken durch ein enges Tal zwischen den White und Green Mountains. Bis Windsor ist er schiffbar; die Gezeiten machen sich bis Hartford bemerkbar.
Weitere Flüsse sind im Westen Pennsylvanias der aus dem Allegheny National Forest kommende **Allegheny River** und der in West Virginia entspringende **Monongahela River**. Sie vereinigen sich in Pittsburgh zum Ohio River, der dem Mississippi zufließt.

Lange Seen ...

Größter See der Region ist der langgestreckte **Lake Champlain** zwischen Vermont und New York. Der bis zu 183 m tiefe, 200 km lange und zwischen 0,4 und 22 km breite See entwässert über den schiffbaren Richelieu River in den St.-Lorenz-Strom in Kanada. Lake Champlain ist mit 1137 km² gut doppelt so groß wie der Bodensee. Über den 97 km langen Champlain-Kanal und elf Schleusen ist er mit dem Hudson River verbunden.

Begegnung in den Wäldern von Maine

Die **Finger Lakes** sind elf fingerförmig angeordnete Seen – Conesus, Hemlock, Canadice, Honeoye, Canandaigua, Keuka, Seneca, Cayuga, Owasco, Skaneateles, Otisco – im Bundesstaat New York. Sie sind zwischen 9 und 173 km² groß und bis zu 188 m tief.

... riesige Binnenmeere

Die fünf Großen Seen (Great Lakes) Lake Superior, Lake Michigan, Lake Huron, Lake Erie und Lake Ontario bilden mit einer Gesamtfläche von 246 286 km² **das größte Süßwasserreservoir der Erde**. Nur Lake Erie und Lake Ontario haben im Nordosten Anteil am in diesem Reiseführer beschriebenen Gebiet. Der **Lake Erie** (25 719 km²), viertgrößter der Seen, ist 388 km lang, maximal 92 km breit und mit maximal 64 m Tiefe der mit Abstand flachste der Großen Seen. Mit 311 km Länge, bis zu 85 km Breite, bis zu 237 m Tiefe und 19 477 km² Fläche (Bodensee 539 km²) ist der **Lake Ontario** (74 m ü. d. M.) der kleinste der fünf Seen.
Der **Niagara River** verbindet den Lake Erie mit dem 100 m tiefer gelegenen Lake Ontario. In den Niagarafällen stürzt er auf etwa 1 km Breite über den Rand des Niagara-Kalksteinplateaus 50 m spektakulär in die Tiefe. Die verbleibenden 50 m Höhe bewältigt er in einer engen Schlucht auf nur 10 km.

▸ ACHT STAATEN IM NORDOSTEN DER USA

▸ Die acht US-Bundesstaaten im Vergleich

	USA Gesamt	Pennsylvania	New York	Vermont
Fläche in km²	9 525 067	116 083	122 310	23 956
Bevölkerung in Mio.	333,2	12,8	19,6	0,64
Einwohner pro km²	34	109	160	26
Unter 18 Jahren in %	22,2	20,7	20,9	18,1
65 Jahre und älter in %	16,8	19,0	15,1	20,6
Bevölkerungswachstum % (2010–2020)	6,0	2,2	0,8	3,1
Jahreseinkommen/ Haushalt in $ (2020)	64 994	63 627	71 117	63 477
Menschen unterhalb der Armutsgrenze	12,8 %	12,0 %	13,6 %	10,8 %
Hochschulabschluss in % (Bachelor und höher)	33,7	33,1	39,6	40,9
Haus-/ Wohnungsbesitzer	64,6 %	69,0 %	54,1 %	72,1 %
Bevölkerungsgruppen in %: Weiße	60,1	75,0	55,2	89,8
Hispanics/ Latinos	18,2	8,1	19,5	2,4
Afroamerikaner	12,2	10,9	14,8	1,4
Indigene	0,8	0,2	0,7	0,4
Asiaten	5,9	3,9	9,6	1,8
Sonstige	2,8	1,9	0,2	2,7

Der Kürbis

Der in Amerika heimische Kürbis gehört zu den ältesten Kulturpflanzen der Welt. Im Nordosten der USA ist er mehr als nur ein nährstoffreiches Gemüse. Eine wichtige Rolle spielt er auch an Feiertagen wie Halloween und Thanksgiving.

Nährwerttabelle

Pro 200 g Kürbis

Energie:	50 kcal/206 kJ
Fett:	0,2 g
Ballaststoffe:	4,4 g (15 %)*
Phosphor:	88 mg (13 %)*
Vitamin A:	1.666 µg (208 %)*
Niacin:	1 mg (6 %)*
Vitamin C:	24 mg (30 %)*

* Anteil der empfohlenen Tagesdosis

Der größte Kürbis

Der schwerste Kürbis der Welt brachte 1226 kg auf die Waage. Gezüchtet hat ihn 2021 Stefano Cutrupi aus der Toskana. Er übertraf damit den alten Rekord von 2016 um gut 35 kg.

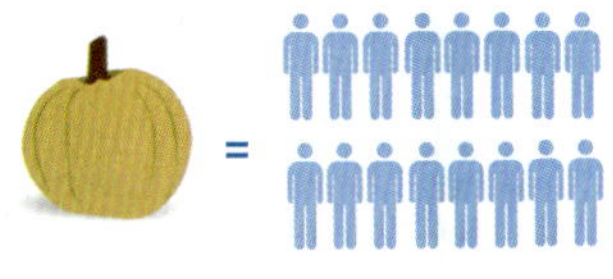

New Hampshire	Massachusetts	Connecticut	Rhode Island	Maine
23 231	20 305	12 550	2706	79 939
1,38	6,98	3,6	1,1	1,37
56	325	287	388	16
18,5	19,5	20,2	19,1	18,4
19,3	17,4	18,0	18,1	21,7
2,2	6,4	2,2	3,9	3,4
77 923	84 385	79 855	70 305	59 489
7,4 %	9,85 %	9,8 %	11,6 %	11,1 %
38,2	45,2	40,6	35,3	30,3
71,6 %	62,4 %	66,2 %	62,3 %	73,4 %
88,3	69,6	66,4	71,3	90,8
4,3	12,6	17,3	16,6	2,0
1,5	7,0	10,8	5,7	1,9
0,2	0,3	0,4	0,7	0,6
2,6	7,2	4,8	3,6	1,2
1,7	3,4	0,3	2,1	3,5

»Warte ein paar Minuten ...«

Wie sagte schon der große amerikanische Humorist Mark Twain? »Wenn Du das Wetter in Neuengland nicht magst, warte ein paar Minuten!« Tatsächlich sind die **Jahreszeiten** in den USA nirgendwo sonst so ausgeprägt wie im Nordosten und die **Wetterstürze** nirgendwo sonst so dramatisch. Es herrscht ein gemäßigtes, ganzjährig feuchtes Klima mit kalten Wintern und warmen Sommern. Nur unmittelbar an der Küste wird der kontinentale Einfluss durch den Atlantik gemildert. Allgemein nehmen die Niederschläge von 900 mm in Pennsylvania auf knapp 1100 mm an der Neuenglandküste zu (▶ Reisezeit, S. 479).

Pflanzen und Tiere

Ein Star unter Bäumen

Nach 200 Jahren Kahlschlag und Landwirtschaft ist der Nordosten heute dank rigoroser Wiederaufforstung und strenger Umweltgesetze wieder (fast) ebenso dicht bewaldet wie zu Beginn der europäischen Landnahme um 1700. Die Schönheit und Dichte dieser Wälder hat zahlreiche Literaten inspiriert. Tatsächlich dominieren hier **sommergrüne Mischwälder** in einer Vielfalt, die in Europa unbekannt ist. An sonnigen, trockenen Standorten überwiegen Ahorn- und Kastanienwälder, in schattigen Lagen Ahorn- und Buchenwälder, in feuchten Niederungen und Flussauen Gelbpappeln. Die Wälder der Großen Seen sind bevorzugte Standorte von Buche, Zuckerahorn, Birke und Hemlocktanne. Auf dem südlich anschließenden Appalachenplateau finden sich bis zu 24 Baumarten.

Eine einzigartige Sache ist der **Indian Summer** (▶ Baedeker Wissen S. 34/35), und sein berühmtester Protagonist ist der durchschnittlich 40 m hohe **Zuckerahorn**. Während der »foliage« genannten Laubfärbung leuchten seine Blätter feuerrot. Er liefert er den Saft für den beliebten Ahornsirup (Maple Syrup), wozu man im Frühjahr die Stämme anschneidet. Der austretende Saft, 50 bis 100 l pro Jahr und Baum, wird zu Sirup eingedickt. Er wird als Süßungsmittel verwendet und ist v. a. zum Frühstück ein typischer Aufstrich für Toast und Pfannkuchen.

Reine **Nadelwälder** konnten sich nur in den Hochlagen der Appalachen an nährstoffarmen bzw. trockenen Standorten entwickeln, beispielsweise die Pitch Pine (Weißstämmige Kiefer) und die Table Mountain Pine (Latschenkiefer) in Mischwäldern der Appalachen und deren Vorland.

Dünen, Marschen

Gehölzfreie Vegetation gibt es an der Küste und an den Ufern der Großen Seen. Unübersehbar ist der hoch aufragende **Meersenf** (Sea Rocket) an vielen Stränden immer vor der Hauptdüne. Auf schlickhaltigen Böden oder Torf entwickelten sich stellenweise **Salzmarschen** mit Salzgraswiesen (engl. Saltmeadows).

Elch & Co.

In den schwerer zugänglichen Gegenden kann man heute noch Luchse, Füchse, Marder, Iltisse, Nerze und einige andere Räuber beobachten, die Kleinsäugern wie Taschenmäusen, Streifenhörnchen (Chipmunks), Murmeltieren und Federvieh nachstellen. Auch der Dachs (Badger) ist in den Wäldern Neuenglands heimisch. Park Ranger berichten von Schwarzbären in den bergigeren Regionen; als ausgerottet gelten hingegen Wölfe und Vielfraße. Nicht selten sieht man die putzigen, aber mit Vorsicht zu genießenden **Stinktiere** (Skunks) und Waschbären. Vor allem in der Dämmerung ist auf Lichtungen die Chance gut, **Weißwedelhirsche** – das Jungtier hat als »Bambi« Weltruhm erlangt –, Maultierhirsche (Mule Deer) und – seltener – mächtige Wapitis zu sehen. Elche sind die Könige der Wälder und touristisch betrachtet echte Stars. Am ehesten begegnet man den mächtigen Tieren in den Wäldern von Nord-Maine und Vermont. Dass sich auch **Biber** im Nordosten der USA wieder heimisch fühlen, merkt man an den Biberwiesen bzw. Biberburgen in Waldgebieten mit feuchten Talzügen.

Schlangen (Nattern und Ottern) gibt es viele, man bekommt sie aber selten zu Gesicht. Nachgerade imposant ist der **Ochsenfrosch**, der in lauen Sommernächten oft zu hören ist.

Im nassen Element

In den Flüssen und Seen schwimmen Forellenarten, Lachse, Barsche, Hechte, Karpfen und Schlammfische. Im Ontario- und im Eriesee gibt es sogar noch Löffelstöre.

In der warmen Jahreszeit pflügen vor der Küste Neuenglands verschiedene **Wale und Tümmler** durch die Fluten. Am besten lassen sie sich vom Boot aus beobachten (»Whale Watching«). An der Küste von Maine sind oft Robben und Seeotter zu sehen. Neuenglands Küste ist bekannt für ihre **Hummer** (Lobster). Inzwischen wird an vielen Stellen entlang der Küste Aqua Farming betrieben: Hummer, Krabben, Muscheln und v. a. Austern werden gezüchtet. Die wichtigsten Seefische sind Hering, Kabeljau, Seelachs, Makrele und Scholle. Auch Schwertfische, Thunfische und Haie verirren sich gelegentlich in die Netze der Fischer. Vor dem Weißen Hai, wie er in Steven Spielbergs Film vor Martha's Vineyard sein Unwesen trieb, muss man sich nicht fürchten.

In der Luft

Die Vogelwelt des Nordostens ist ungewöhnlich **artenreich**. Allein im Acadia National Park kennt man über 300 verschiedene Arten. Außer dem insbesondere in gebratener Form außerordentlich beliebten amerikanischen Truthahn (Turkey) sowie den allgegenwärtigen Schwänen, Gänsen und Enten lassen sich Grau- und Silberreiher, Eistaucher, Wildtauben, Waldhühner und Fasane ohne viel Mühe erspähen. Recht häufig sind Habichte, Falken und Eulen, immer seltener dagegen Adler oder Kolkraben, erst recht das Wappentier der USA, der Weißkopfseeadler.

Bevölkerung, Politik, Wirtschaft

Demografisches

Zwei der in diesem Reiseführer beschriebenen Staaten zählen zu den **bevölkerungsreichsten der USA:** New York State belegt den vierten und Pennsylvania den fünfte Platz. Nach New Jersey am dichtesten besiedelt ist Rhode Island – hier wohnen 388 Menschen auf einem Quadratkilometer. Die geringste Dichte im Nordosten mit knapp 16 Einwohnern/km^2 findet man in Maine. Mit 8,6 Mio. Einwohnern ist New York City nicht nur die größte Stadt im Nordosten, sondern der ganzen USA; weitere Großstädte der Region sind Philadelphia, PA (1,6 Mio. Einwohner), Pittsburgh, PA (306 000 Einw.) und Boston, MA (685 000 Einw.).
In sieben der hier vorgestellten US-Bundesstaaten ist der **Anteil der weißen Bevölkerung** weitaus größer als der Anteil aller übrigen Gruppen; die Ausnahme bildet der Bundesstaat New York.

Politik und Verwaltung

Die **US-Bundesstaaten** sind unabhängiger als deutsche Bundesländer. So gibt es z. B. von Staat zu Staat unterschiedliche Steuergesetze, Verkehrsvorschriften, und Regelungen zum Alkoholgenuss. Ähnlich wie auf Bundesebene bildet der aus Senat und Abgeordnetenhaus bestehende **Kongress** die gesetzgebende Gewalt. An der Spitze jedes Bundesstaats steht ein direkt von der Bevölkerung gewählter, den Beschlüssen des Kongresses verpflichteter **Gouverneur** bzw. eine Gouverneurin. Untere Verwaltungsebenen sind die den deutschen Landkreisen vergleichbaren Counties.

Wirtschaftliches Kernland der USA

Der Nordosten ist ein **wirtschaftliches Kernland** der USA. Die ersten Einwanderer brachten ein puritanisches Arbeitsethos mit, Wissen und Know-how ihrer Nachkommen sorgen bis heute für ein riesiges Fachkräftereservoir. Die Region ist die Heimat weltberühmter Colleges und Universitäten wie Harvard, Yale und Massachusetts Institute of Technology (MIT). Vor allem der Eisenbahnbau – man denke an Namen wie Vanderbilt und Pullman – war während der Industrialisierung im 19. Jahrhundert ein wichtiger Impulsgeber der Wirtschaft. Auch die Lage am Atlantik war äußerst vorteilhaft: Von den Hafenstädten aus ließen sich profitable Handelsbeziehungen mit der Alten Welt unterhalten.

Industrie

Seit den 1970er-Jahren erlebte die von der Schwerindustrie geprägte Region eine tiefgreifende, traditionelle Arbeitsplätze vernichtende **Umstrukturierung der veralteten Industrielandschaft**, die bis heute anhält. Betroffen sind v. a. der sogenannte Manufacturing Belt von Chicago über Detroit und Cleveland bis an die Ostküste, der inzwischen nur noch Rust Belt (Rostgürtel) genannt wird.
An der Ostküste erstreckt sich eine **Megalopolis**, eine Stadtlandschaft mit mehreren Millionenstädten von Boston im Norden über

New York und Philadelphia südwärts bis Baltimore und Washington, DC. Auf nur 3 Prozent der Staatsfläche der USA lebt und arbeitet mit über 40 Mio. Menschen etwa ein Fünftel der Gesamtbevölkerung in Veredelungs- und Hightech-Industrien. In den Neuenglandstaaten ist Großindustrie, abgesehen vom Raum Providence und Boston, eher selten; Schwerpunkte bilden die mittelständischen Betriebe. Massachusetts war schon immer berühmt für seine Textilien und Lederwaren; heute gilt der Großraum Boston als eine der attraktivsten Wachstumsregionen der USA. Aufgrund der Häufung von Hightech-Betrieben am Highway 128 wird dieser gern als das »Silicon Valley« der Neuenglandstaaten bezeichnet. Connecticut führt bei Feuerwaffen und Präzisionsinstrumenten.

Land- und Forstwirtschaft, Fischerei

Besonders Maine, New Hampshire und Vermont sind landwirtschaftlich geprägt. Der Nordosten gehört traditionell auch zum **Dairy Belt** (Milchgürtel). Mehr als die Hälfte aller Betriebe dort erzielt ihr Einkommen mit Frischmilch und Milchprodukten, 40 Prozent des Milchviehbestands der USA konzentrieren sich hier. Futtermais wird in

Harte Arbeit, wenig Verdienst: ein Hummerfischer in Maine

BAEDEKER WISSEN

THE WINNER TAKES IT ALL

Das politische System der USA basiert auf »checks and balances«, dem Zusammenspiel und der gegenseitigen Kontrolle von Kongress, Präsident und Oberstem Gerichtshof. Aber das Wahlsystem hat seine Tücken: Präsident kann durchaus ein Kandidat werden, der nicht die Mehrheit der Stimmen hat.

Der Wähler
213 Mio. wahlberechtigte Staatsbürger ab 18 Jahren

Registrierte Wähler
Nicht registrierte Wähler

- Bürger ab 18 Jahren
- Nur Bürger, die sich als Wähler registrieren, dürfen wählen

wählen

wählen

Wahlmänner

- Wählen den Präsidenten
- Nicht direkt an die Einwohnerzahl gekoppelt
- In 24 Staaten nicht an das Votum der Wähler gebunden

Symbol für Demokraten

Symbol für Republikaner

1 Mehrheitswahlrecht

48 von 50 US-Bundesstaaten besitzen ein Mehrheitswahlrecht: Die Partei, deren Kandidat die einfache Mehrheit der Stimmen auf sich vereint, entsendet alle Wahlmänner.

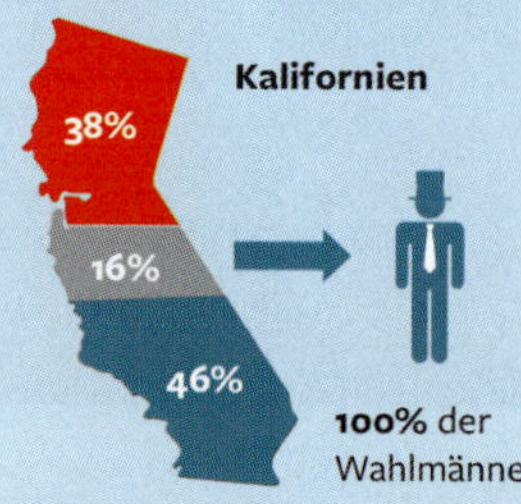

2 Wahlmänner

Um die Anzahl der Wahlmänner zu bestimmen, wird die Zahl der Abgeordneten im Senat und Repräsentantenhaus addiert. Erklärt am Beispiel Wyoming und Kalifornien:

Wyoming

579 300 Einwohner

3 Wahlmänner (2+1)

Kalifornien

39,5 Millionen Einwohner

55 Wahlmänner (2+53)

Kapitol

Legislative

Senat

- Wahl alle sechs Jahre
- Zwei Senatoren je Bundesstaat

Repräsentantenhaus

- Wahl alle zwei Jahre
- 435 Abgeordnete
- Jeder der 435 Wahlbezirke der USA stellt einen Abgeordneten

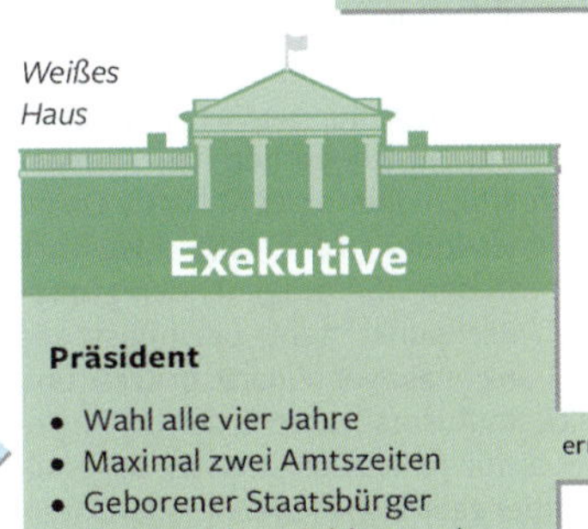

Weißes Haus

Exekutive

Präsident

- Wahl alle vier Jahre
- Maximal zwei Amtszeiten
- Geborener Staatsbürger
- Ernennt Vizepräsident und Minister

ählen

ernennt

Supreme Court

Judikative

Oberster Gerichtshof

- Neun Mitglieder
- Ernannt auf Lebenszeit

3 Mehrheit, aber Niederlage

Ein Wahlmann aus Kalifornien vertritt mehr als drei Mal so viele Menschen wie einer aus Wyoming. Wähler in Kalifornien haben also weniger politisches Gewicht. Auch deshalb ist es möglich, dass ein Kandidat die Mehrheit der Stimmen erhält und trotzdem die Wahl verliert.

Bürger vertreten pro Wahlmann

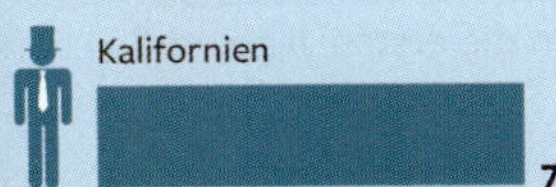

▶ **Beispiel Donald Trump**
Genau dies war 2016 der Fall, als Donald Trump Präsident der USA wurde. Die Gewichtung der Wahlmänner brachte ihm den Sieg über seine Konkurrentin Hillary Clinton.

2 868 691

Stimmen hatte Wahlverliererin Hillary Clinton mehr als Donald Trump.

74

Wahlmännerstimmen hatte Donald Trump mehr als Hillary Clinton.

großem Stil angebaut. Zweites Standbein der Landwirtschaft sind die **Geflügelzucht** und die Eierproduktion, v. a. in Connecticut. Große Areale wurden inzwischen wieder der **Forstwirtschaft** überlassen, nachdem viele Farmer in den Westen abgewandert waren. Maine ist nach Wisconsin der zweitgrößte Holz- und Papierlieferant der USA und berühmt für seine hervorragenden Hummer; ansonsten spielt die Fischerei aber keine große Rolle mehr. New York State ist dank der Finger-Lakes-Region der zweitgrößte Weinproduzent der USA nach dem kalifornischen Napa Valley.

Sonderrolle New York City

New York City ist **die Medienhauptstadt der USA**. Mit der »New York Times«, dem »Wall Street Journal« und der »Daily News« erscheinen hier drei der fünf größten Zeitungen des Landes und die Hälfte der wichtigsten Wochen- und Monatszeitschriften; die drei größten Fernsehanstalten – CBS, ABC und NBC – haben hier ihr Hauptquartier. In der Werbe- und IT-Branche hat New York weltweit einen hervorragenden Ruf. Dazu gilt die Stadt seit Langem nicht nur als das Finanzzentrum der USA, sondern der ganzen Welt. Täglich werden hier Transaktionen im Gesamtwert von durchschnittlich über einer Milliarde Dollar getätigt. Die Entwicklung des Dow-Jones-Index an der NYSE (New York Stock Exchange), die seit der 2007 von den USA ausgehenden **globalen Finanzkrise** im internationalen Blickpunkt steht, beeinflusst die Investitionsbereitschaft weltweit. Dank massiver Finanzspritzen und Stimuluspakete in bislang beispiellosem Ausmaß seitens der US-Regierung konnten die Auswirkungen v. a. für Finanzdienstleister abgemildert werden. So residieren noch immer zahlreiche Fortune-500-Unternehmen in der Stadt und weltweit operiende Anzeigenbüros fahren Milliardengewinne ein. Auch 2022 krönten angesehene Handelsblätter die Stadt wieder zum attraktivsten Finanzzentrum der Welt.

GESCHICHTE

Ohne die Hilfe der Indigenen hätten die ersten Siedler schon bald wieder aufgegeben. Bereits die nächste Siedlerwelle brachte puritanischen Eifer mit. Der damit erschaffene Wohlstand machte die Kolonisten so selbstbewusst, dass sie sich vom Mutterland lösten.

Bis zur Ankunft der Europäer

Die Vorzeit

Bis etwa 13 000 v. Chr. war der Nordosten Amerikas von Eismassen bedeckt. Erst tausend Jahre später erreichten die ersten Jäger und Sammler den Nordosten.

EPOCHEN

BIS ZUR ANKUNFT DER EUROPÄER

ca. 12 000 v. Chr.	Erste Jäger und Sammler
ca. 1000 – 1600	Späte Waldland-Periode der Algonquin-Völker
1524	Verrazano hat ersten Kontakt mit Ureinwohnern.
Ab 1602	Planmäßige Besiedlung durch Europäer

DIE PILGERVÄTER

21. Nov. 1620	Landung der Mayflower am Plymouth Rock
1625	Peter Minuitt erwirbt Manhattan.
1675/1676	King Philip's War
1683	Gründung von Philadelphia

DER WEG ZUR UNABHÄNGIGKEIT

1763	Ende des French and Indian War, Frieden von Paris
16. Nov. 1773	Boston Tea Party
4. Juli 1776	Unabhängigkeitserklärung
1776 – 1783	Unabhängigkeitskrieg

AUFSCHWUNG UND SEZESSIONSKRIEG

17. Sept. 1787	Annahme der Verfassung.
1812 – 1814	Krieg gegen Großbritannien
1825	Eröffnung des Erie-Kanals
1861 – 1864	Sezessionskrieg

20. UND 21. JAHRHUNDERT

24. Okt. 1929	Beginn der Great Depression
1939 – 1945	Zweiter Weltkrieg
11. Sept. 2001	Anschlag auf das World Trade Center
20. Jan. 2009	Barack Obama wird der erste US-Präsident afro-amerikanischer Herkunft.
20. Jan. 2017	Donald Trump wird US-Präsident.
20. Jan. 2021	Joe Biden wird US-Präsident

Ureinwohner des Waldlands

Etwa bis 1000 n. Chr. dauerte die sog. mittlere **Waldland-Periode:** Keramikwaren setzten sich durch und es wurde Gartenbau (v. a. Mais, Bohnen) betrieben. Auf dem Speiseplan standen Hirsch und Schalentiere aus dem Atlantik, der Genuss von Pfeifentabak wurde üblich. Die späte Waldland-Periode endete mit der Ankunft der ersten Europäer. Zu den größten **indigenen Stämmen** zählten die Wampanoag auf Cape Cod, die Narragansett in Rhode Island, die Abenaki in New Hampshire und die Passamaquoddy und Penobscot an der Küste Maines. Auf dem Gebiet der heutigen Bundesstaaten New York und Pennsylvania lebten u. a. die Lenni Lenape (Delawaren), Susquehannocks und

Shawnee. Sie alle waren Angehörige der **Algonquin** sprechenden Völker. Im 16. und frühen 17. Jh. verdrängten von Süden kommende, **Iroquois** sprechende Stämme die Algonquin. Die Oneida, Seneca, Cayuga, Onondaga und Mohawk schlossen sich im Gebiet der Finger Lakes zum mächtigen **Bund der Fünf Nationen der Irokesen** zusammen.

Ära der europäischen Entdeckung

1524 segelte **Giovanni di Verrazano** in französischem Auftrag in den Gewässern vor Amerika. 1609 fuhr **Henry Hudson** den nach ihm benannten Fluss hinauf bis zum heutigen Albany und beanspruchte das Land für die Niederlande. Frankreich schickte Expeditionen an die Küsten und ins Land: **Samuel de Champlain** erreichte von Québec aus den Nordosten des heutigen Bundesstaats New York und nahm ihn für Frankreich in Besitz. 1614 fuhr der Holländer **Adrian Block** in die Narragansett Bay und nannte eine der Inseln »Roodt Eyland«, möglicherweise stammt daher der Name Rhode Island. Im gleichen Jahr kartografierte **John Smith** die Küste zwischen Monhegan Island und Cape Cod. Smith, durch das Gedicht »Pocahontas« unsterblich geworden, schwärmte in England von den guten Böden und schönen Stränden. Er gab dem Land den Namen **Neuengland**.
Im 17. Jh. dezimierten eingeschleppte **Infektionskrankheiten** die Küstenstämme dramatisch. So war das Verhältnis zwischen Ureinwohnern und weißen Seefahrern kurz vor der Ankunft der ersten Siedler schwierig. Die Chroniken melden Scharmützel und Überfälle.

Die Pilgerväter

Rigoroser Glaube

John Smiths Bericht interessierte die **Puritaner**. Im holländischen Exil waren sie angesichts der spanisch-katholischen Bedrohung auf der Suche nach einem Ort, an dem sie ihren Glauben frei ausüben konnten. Die strengen Protestanten hatten die von Heinrich VIII. gegründete Church of England von katholischen Traditionen wie Kirchenmusik, Abendmahl und Kreuzzeichen »purifizieren« wollen. Dabei waren sie mit dem Königshaus in Konflikt geraten. Als Calvinisten glauben sie an Vorbestimmung und Auserwähltheit, was aber nicht ohne Pflichterfüllung zu erreichen war. Die Schlüsselbegriffe auf dem Weg zu Gott hießen **Disziplin**, **Sittsamkeit und harte Arbeit**. Was die Vorbestimmung für jeden bereithielt, ließ sich letztlich an dessen Wohlstand ablesen, eine gute Grundlage für eine strikt kapitalistisch orientierte Denk- und Wirtschaftsweise.
Am 15. August 1620 verließen Puritanerinnen und Puritaner an Bord der **»Mayflower«** Southampton – als **»Pilgrim Fathers«** gingen sie in die Geschichte ein. Von den 102 Passagieren bestand übrigens nur ein Drittel aus frommen Pilgern, die übrigen waren Kaufleute und einfache Siedler, die »strangers«. Durch Herbststürme weit vom Kurs abgetrieben, landete die »Mayflower« am 11. November 1620 an der

OBEN: Im historischen Plymouth, der ersten europäischen Siedlung Neuenglands, wurde das erste Thanksgiving-Festmahl abgehalten.
UNTEN: Die Mayflower II Replica, eine originalgetreue Nachbildung des berühmten Schiffes, wurde 2020 in Rhode Island fertiggestellt, und erwies sich als seetüchtig.

Nordspitze von Cape Cod. Nun setzten Puritaner und »strangers« ein Schriftstück auf, das heute als erste geschriebene Verfassung Amerikas angesehen wird: Der **Mayflower Compact** sah die Bildung einer Regierung auf der Grundlage »gleicher« und »gerechter« Gesetze vor.

Endlich angekommen

Am 21. Dezember 1620 gingen die Siedler in Plymouth an Land und gründeten **Plimoth Plantation, die erste europäische Siedlung Neuenglands**. Der erste Winter in Amerika verlief katastrophal: Fast die Hälfte der Siedler starb an Skorbut, Lungenentzündung oder Kälte. Erst als sie im Frühjahr von ihren indigenen Nachbarn Nachhilfeunterricht im Pflanzen, Säen, Fischen und Jagen erhielten, trat die Wende ein. Im Herbst feierten Siedler und Ureinwohner einträchtig das **erste Erntedankfest Amerikas: Thanksgiving**. Die Kunde von der erfolgreichen Kolonie drang nach England. 1626 kamen 1000 weitere Siedler und gründeten Salem, 1630 gründete John Winthrop die Massachusetts Bay Colony und Boston. Entlang der Küste wurden **Handelsposten** errichtet.

Auch das übrige Europa mischte mit: Landeinwärts fassten die Holländer Fuß und bauten 1624 beim heutigen Albany ihre erste Niederlassung, 1626 kaufte **Peter Minuit** den Indigenen Manhattan Island ab. Aus **Neu-Amsterdam** wurde New York, als die Engländer 1664 die Stadt und wenig später die ganze holländische Kolonie übernahmen. 1641 landeten Holländer beim heutigen Philadelphia (übersetzt: »Bru-

Am 11. November 1620 betraten die Pilgerväter auf Cape Cod den Boden der Neuen Welt (Stich nach einem Gemälde von A. Gisbert, 1864).

derliebe«), 1643 gründeten Schweden eine erste Ansiedlung, die 1655 holländisch und 1664 britisch wurde. Mit der Abtretung von Ländereien der britischen Krone an Sir William Penn entstand 1681 Pennsylvania.

Herrschaft der Intoleranz

Schon bald zeigte sich, dass die in England wegen ihres Glaubens Verfolgten in der neuen Heimat ebenso intolerant gegenüber Andersdenkenden waren. Baptisten wurden ausgepeitscht, Quäker gehängt. 1636 verließ **Roger Williams** Boston und gründete in Rhode Island Providence. Die Stadt wurde Zufluchtsort für Juden, Hugenotten und andere religiös Verfolgte. Die Puritaner sahen überall den Teufel am Werk. 1648 fand in Charlestown der **erste Hexenprozess** statt, 1655 in Boston. In Salem wurden 1692 bei der »Salem Witch Hunt« 19 arme Seelen »der Hexerei überführt« und hingerichtet.
Puritanischen Glaubenseifer bekamen auch die Ureinwohner zu spüren. Sie mussten Christen werden und ihre Kultur aufgeben. Je mehr Siedler ins Land strömten, desto mehr waren die Ureinwohner im Weg. Das Ende der Indigenen Neuenglands war der **King Philip's War** (1675–1676). Nach Missverständnissen und gebrochenen Verträgen verbündeten sich die von **Chief Philip Pokanokett** geführten Stämme und überzogen den Süden Neuenglands mit Krieg. Zunächst erlitten die Weißen schwere Verluste, doch dann wurden im »Great Swamp Fight« nahe dem heutigen Narragansett Pier im August 1676 Philip und 800 Männer massakriert. Anschließend ermordeten weiße Siedler Hunderte indigene Frauen und Kinder. Danach verschwanden die Indigenen Neuenglands praktisch in der Bedeutungslosigkeit.

Der Weg zur Unabhängigkeit

Aufstieg der Kolonien

Derweil florierten die **Kolonien**. Da Ackerbau nur in Maßen möglich war, verlegten sich die Siedler auf Schiffsbau, Fisch- und Walfang. Fisch wurde das Hauptabsatzprodukt, es wurde in Spanien und v. a. auf den Plantageninseln der Karibik gerne abgenommen. Dort wurde Melasse produziert, ein Nebenprodukt der Zuckerherstellung und in Neuengland wichtig für die Rumproduktion. Es schossen so viele Rumfabriken aus dem Boden, dass Zeitgenossen spotteten, die Puritaner selbst seien wohl die besten Abnehmer. Die Kolonisten wurden tüchtige See- und gewiefte Geschäftsleute, deren hochprozentige Produkte nun im Mutterland gefragt waren. Noch ein lohnender Markt tat sich für die Bostoner, Salemer und New Yorker Kaufleute auf: Für Rum erwarben sie in Afrika Sklaven und tauschten sie in der Karibik gegen Melasse. Der berüchtigte **Dreieckshandel** machte aus den Kolonien eine frühkapitalistische Gesellschaft. Newport und Bedford waren führende Rumdestillerien, die Werften von Boston, Portsmouth und Kittery produzierten stolze Segelschiffe. Universitäten wurden gegründet, darunter Yale und Dartmouth.

Unter der Knute des Mutterlands

Der Höhenflug dauerte bis 1763, dann endete in Europa der Siebenjährige Krieg, der in Nordamerika als **»French and Indian War«** geführt worden war. Im Frieden von Paris verabschiedete sich Frankreich endgültig aus Nordamerika, London machte aus Neufrankreich Britisch-Nordamerika. England hat zwar gesiegt, stand aber kurz vor dem Bankrott. Um die pekuniären Löcher zu stopfen, erließ die Krone 1764 den **Sugar Act**, eine saftige Steuer auf Melasse; ein Jahr später schob sie den **Stamp Act** nach, der einen Steuerstempel für alle schriftlichen Dokumente vorsah. Die Kolonisten protestierten heftig. So forderte der Kaufmann James Otis im Mai 1764 **»No taxation without representation«** – keine Besteuerung ohne Vertretung im Parlament, denn die Kolonisten hatten im britischen Parlament keine Stimme. Mit dem Boykott englischer Güter erreichten sie 1766 die Aufhebung des Stamp Act. Boston entwickelt sich zum Sprachrohr der 13 Kolonien. 1766 gründeten Bürger der Stadt die Geheimgesellschaft **»Sons of Liberty«** , zu der talentierte Redner wie John Hancock und **Samuel Adams** (1722–1803) gehörten. Letzterer, Braumeister und Kaufmann, trieb 1768 die Solidarisierung der Kolonien mit dem »Circular Letter« voran, in dem er gegen erneute Steuern auf Tee, Glas und Papier protestierte und zum Boykott aller besteuerten Produkte aufrief. Als die Stimmung in Boston immer kritischer wurde, schickte England zwei Regimenter. Am 5. März 1770 endete eine Konfrontation vor dem Customs House (heute Old State House) mit dem **»Boston Massacre«**, bei dem fünf Bostoner starben. Unter dem Eindruck des Widerstands nahm London jedoch alle Steuern wieder zurück – bis auf die Steuer auf Tee, das beliebteste Getränk Neuenglands.
Dann verbreitete sich die Nachricht von der **Boston Tea Party** wie ein Lauffeuer: Am 16. November 1773 enterten als Ureinwohner verkleidete »Sons of Liberty« im Hafen drei englische Schiffe und warfen die gesamte Teeladung über Bord – ein unerhörter Akt des Ungehorsams! Georg III. ließ an der aufmüpfigen Kolonie ein Exempel statuieren und 1774 vom Parlament die fünf »Coercive Acts« (Coercive = Zwangsmittel) ratifizieren, die bei den Bostonern **Intolerable Acts** heißen. Der Hafen wurde geschlossen, Massachusetts verlor seinen Status als Kolonie. Doch die übrigen Kolonien stellen sich hinter Massachusetts, erklärten noch im gleichen Jahr auf dem ersten Kontinentalkongress in Philadelphia die Coercive Acts für ungesetzlich, riefen zu erneuten Boykotts auf und dachten laut über die Volksbewaffnung nach.

Der Krieg beginnt

Die Kolonisten legten (nicht immer ganz) geheime Waffenlager an. In der Nacht zum 19. April 1775 wollten britische Truppen in Lexington bei Boston eines ausheben. Die vorgewarnten Kolonisten lieferten sich mit den Soldaten einen ersten Schusswechsel. Stunden später wurden Letztere in die Flucht geschlagen. Doch Boston wurde noch am gleichen Tag von den Briten besetzt. Nun zogen die Amerikaner einen Belagerungsring um die Stadt. Am 17. Juni 1775 fand die

erste Schlacht des amerikanischen Unabhängigkeitskriegs statt. Die als Befreiungsschlag gedachte Schlacht auf dem Bunker Hill gewannen zwar die Briten, allerdings mit so hohen Verlusten, dass sich die Amerikaner als moralische Sieger fühlten. Danach ernannte der Kontinentalkongress **George Washington** zum Oberbefehlshaber der in »Kontinentalarmee« umgetauften Milizen. Während Georg III. den Handel mit der Ostküste verbot, evakuierten die Briten im März 1776 Boston. Am 4. Juli 1776 nahm der Kontinentalkongress in der heutigen Independence Hall in Philadelphia die von einem Kreis

Die »Gründungsurkunde« der USA

IN CONGRESS, JULY 4, 1776

The unanimous Declaration of the thirteen united States of America.

um Thomas Jefferson verfasste **Unabhängigkeitserklärung** an. Damit war die Idee des kündbaren Staatsvertrags, der Leitgedanke der Aufklärung des 18. Jh.s, erstmals politisch umgesetzt worden.

Unabhängigkeitskrieg

England schickt nun über 30 000 Soldaten, darunter von ihrem Landesfürsten »verkaufte« Hessen (»ab nach Kassel«). Im Sommer 1776 eroberten die Rotröcke New York und Philadelphia, der Kongress floh nach York. Doch in **Saratoga** kapitulierte am 17. Oktober 1777 ein englisches Söldnerheer. Das rief Frankreich auf den Plan. 1778 verbündete es sich mit den jungen USA und schickte Truppen, um Washingtons Armee zu unterstützen. Am 19. Oktober 1781 unterlagen in der entscheidenden **Schlacht von Yorktown** die Briten unter General Cornwallis Amerikanern und Franzosen. Im Frieden von Versailles vom 3. September 1783 entließ Großbritannien die ehemaligen Kolonien auch formell in die Unabhängigkeit. 1785 avancierte **New York** zur **ersten Hauptstadt** des neuen Staats.

Aufschwung und Sezessionskrieg

Konstituierung der Union

Der Unabhängigkeitskrieg hatte den jungen Staat wirtschaftlich schwer getroffen, es herrschte Inflation. Erst am 17. September 1787 wurde in Philadelphia die Verfassung ratifiziert, am 6. Februar 1789 wählte der Kongress **George Washington** zum **ersten Präsidenten der Vereinigten Staaten von Amerika**.

Wirtschaftlicher Aufstieg

Der junge Staat kam nun wirtschaftlich gut voran. Der Fischfang blieb so wichtig, dass Massachusetts einen goldenen Kabeljau als Symbol ins State House übernahm. In den Häfen Neuenglands lag **die größten Walfangflotte** der damaligen Zeit. Die Unabhängigkeit öffnete dem Handel den Weg nach Westen: Salem, Boston, Providence, Portsmouth und New York schickten Schiffe um das Kap der Guten Hoffnung herum nach China, beladen mit Pelzen aus Nordamerika und Sandelholz aus der Südsee. In Kanton tauschten sie Luxusartikel wie Tee, Seide und Porzellan ein. Dies wiederum trieb den Schiffsbau voran. Auf dem Höhepunkt des **Chinahandels** zwischen 1840 und 1860 liefen in Boston und Wiscasset die schnellen »Clipper« vom Stapel, elegante, auf Geschwindigkeit getrimmte Dreimaster, die den bei der Society so begehrten Chinatee in der verlangten Frische herbeischafften. Die Fertigstellung des Erie-Kanals 1825 verkürzte den Transportweg von den Ostküstenhäfen an die Großen Seen deutlich. New York wurde zum größten Hafen der Vereinigten Staaten.

Am 30. April 1789 fand die historische Amtseinführung von George Washington, dem ersten Präsidenten der Vereinigten Staaten, in der Federal Hall in New York City statt.

Industrielle Revolution

Die industrielle Revolution ließ mit der Einführung der mechanischen Baumwollspinnerei in Pawtucket das Experimentierstadium hinter sich. Die Erfinder übertrafen sich in ihrem Ideenreichtum: **Samuel F. B. Morse** entwickelte den Telegrafen, Ely Whitney, der bereits 1793 die Baumwollentkörnungsmaschine erfunden hat, setzte Waffen aus austauschbaren Teilen zusammen, Elias Howe konstruiert die erste Nähmaschine, Robert Fulton das erste diensttaugliche Dampfschiff. Während in den Neuenglandstaaten die verarbeitende Industrie zu Hause war, entwickelt sich in Pennsylvania dank seiner riesigen Kohlevorkommen die Schwerindustrie. Erschlossen wurde der Nordosten durch die **Eisenbahn**.

Einwanderung

Die Industrialisierung führte zur **Masseneinwanderung** aus Europa. Um 1850 war jeder zehnte Neuengländer Immigrant, zehn Jahre später waren fast zwei Drittel der Bostoner noch in Europa geboren worden. Zeitgleich gab es eine massive **Binnenwanderung**. Zunächst wurde die Wildnis im Hinterland erschlossen, doch schon um 1850 folgten diese Bauern dem Ruf »Go West«, und die Farmen wurden wieder verlassen. Im industriell sich rasant entwickelnden Nordosten der USA legten die **Astors**, **Vanderbilts**, **Carnegies**, **Fricks** und **Rockefellers** den Grundstein für ihre märchenhaften Vermögen.

Aber nicht alle Amerikaner hießen neue Einwanderer willkommen; besonders irisch-katholische Immigranten wurden diskriminiert. In den Kohlerevieren Pennsylvanias entstand allmählich die **amerikanische Arbeiterbewegung**. Eine andere Gruppe dagegen erfuhr eine bemerkenswerte Unterstützung: Die Abolitionisten protestierten gegen die Sklaverei in den Südstaaten, unterstützt vom Welterfolg des 1852 veröffentlichten Anti-Sklaverei-Romans **»Onkel Toms Hütte«** von **Harriet Beecher-Stowe**.

Sezessionskrieg

Der Norden und der Süden der USA entfremdeten sich immer mehr voneinander. So setzten die Unternehmer des Nordens in Washington gegen den Widerstand des Südens die Einführung von Schutzzöllen durch. Im Süden erklang der Ruf nach Sezession (Trennung, Abspaltung). **Abraham Lincoln**, Republikaner und Befürworter der Union, gewann die Wahlen von 1860 ohne eine einzige Stimme aus dem Süden erhalten zu haben. Wenig später verließen elf Südstaaten die Union und gründeten die **Confederate States of America**. Am 12. April 1861 begann der Sezessionskrieg mit der Beschießung von Fort Sumter in South Carolina durch die Konföderierten, die den Krieg bald in den Norden trugen. In Pennsylvania fand vom 1. bis 4. Juli 1863 mit 51 000 Toten in der **Schlacht bei Gettysburg** die schlimmste Auseinandersetzung statt. Die Niederlage der Konföderierten bedeutete die Wende im Krieg, der allerdings noch zwei Jahre dauern sollte und erst 1865 endete

20. und 21. Jahrhundert

Niedergang der traditionellen Industrie

Um 1900 wurden die städtischen Bastionen der »White Anglo Saxon Protestants« (WASPs) allmählich römisch-katholisch. Jahrzehntelang erschütterten Korruptionsskandale den Nordosten und Pennsylvania erlebte harte Streiks, weil sich die Arbeiter die gnadenlose Ausbeutung nicht mehr gefallen ließen. Nach dem Ersten Weltkrieg war der wirtschaftliche Höhenflug erst einmal jäh zu Ende. Die einst blühende Textilindustrie zog in den billigeren Süden. Nun begann die »great migration«. In den 1930er-Jahren folgte die **Depression**. Über 100 000 Textilarbeiter verloren ihre Jobs, in den Kohle- und Stahlrevieren Pennsylvanias standen bis zu 80 Prozent der Arbeiterinnen und Arbeiter auf der Straße, Hunderttausende verloren Haus und Hof. Der Niedergang – vorübergehend aufgehalten durch die Rüstungskonjunktur im Zweiten Weltkrieg, im Korea- und im Vietnamkrieg – dauerte bis in die frühen 1970er-Jahre.

Strukturwandel

Dann das Comeback: Das dank hervorragender Universitäten hohe Ausbildungsniveau lockte **Hightech-Branchen** wie Luft- und Raumfahrt, IT-Entwicklung und Biotechnik an. In Boston und Hartford, im Süden New Hampshires und in Rhode Island sowie in Süd-Connecticut wurden und werden Milliarden mit der Zukunft gemacht. Massachusetts und Connecticut verfügen über die größten Rücklagen der Nation. In Boston und Hartford, der »Insurance Capital« der USA, haben fast alle Banken und Versicherungsgesellschaften des Landes ihr Hauptquartier. Für den Wandel im Kohle- und Stahlgürtel steht beispielhaft Pittsburgh: An seine Vergangenheit erinnern noch ein paar alte Hochöfen, heute präsentiert es sich als moderne Kultur- und Dienstleistungsmetropole.

9/11 und die Folgen

Am **11. September 2001** erlebte der Nordosten schreckliche Terroranschläge: Terroristen steuerten zwei entführte Passagiermaschinen in das World Trade Center, dessen beide Türme in der Folge einstürzen. Ein drittes Flugzeug schlug in das Pentagon in Washington, DC ein, ein viertes stürzte auf freiem Feld in Pennsylvania ab. Insgesamt kamen etwa 3500 Menschen ums Leben. **»9/11«** (amerikanische Schreibweise für 11. September) wurde zum Synonym der nationalen Trauer. Präsident George W. Bush rief den weltweiten **Kampf gegen den Terrorismus** aus. Die über die wenig zimperlichen Methoden des Antiterrorkampfs und den Irak-Krieg ausgebrochene Debatte veränderte jedoch das innenpolitische Klima und war einer der Gründe für die Wahl des Demokraten **Barack Obama** zum ersten US-Präsidenten afroamerikanischer Herkunft ab 2009. Er wurde während seiner gesamten Amtszeit von seinen politischen Gegnern ohne Willen zu jeglichem Kompromiss bekämpft. In seinem letzten Amtsjahr 2016 zeigte sich die amerikanische Gesellschaft gespalten wie selten zuvor. Sein Nachfolger wurde der Republikaner und schillernde Unternehmer **Donald J. Trump** mit einem von Populismus, Protektionismus und Isolationismus geprägten Programm. Seitdem ist die Arbeitslosigkeit im alten Rust Belt zwar leicht gesunken, doch die Polarisierung der amerikanischen Gesellschaft nahm weiter zu. Seit seiner Amtszeit im Januar 2021 hat Präsident **Joe Biden** politische Initiativen gestartet, um drängende Probleme anzugehen. Dazu gehören die Rückkehr zum Pariser Klimaabkommen, Einwanderungsreform und COVID-19-Bekämpfung. Er hat auch eine umfassende Infrastruktur-Initiative vorgeschlagen, Verbündete gestärkt und Verhandlungen mit Gegnern aufgenommen. Biden betont die Bekämpfung von Rassismus und Ungleichheit und Maßnahmen für soziale Gerechtigkeit.

KUNST UND ARCHITEKTUR

Wie verlief der Weg von der Holzhütte (»salt box«) zum neomodernistischen Büroturm? Wovon ließen sich die Maler in der Region inspirieren?

Architektur

Das Dach über dem Kopf

Die Visitenkarte der nordöstlichen US-Bundesstaaten sind die Häuser. Zuallererst das typisch neuenglische Postkartenidyll: der makellos weiße Kirchturm, der sich elegant über dem Village Green erhebt und von niedlichen Holzhäuschen umgeben ist, oder die gepflegte rote Scheune mit weißem Lattenzaun im Vorder- und dem runden Maissilo im Hintergrund. Weil der Nordosten der USA fast 250 Jahre lang so gut wie identisch mit Amerika war, lässt sich hier die Entwicklung von der einräumigen »salt box« der ersten Siedler bis zum ultrahippen Glaspalast in Boston auf engem Raum studieren.

Colonial Style

Schon ideologisch hatten die puritanischen Siedler nichts mit dem in Europa gerade modernen üppigen Barock der Gegenreformation im Sinn. Aber selbst wenn sie Luxus gewollt hätten – das Überleben in der Neuen Welt setzte andere Prioritäten. Ihre Behausungen sind am besten im Museumsdorf **Plimoth Plantation** (▶ S. 173) zu besichtigen: Typisch waren kleine, ein- bis zweiräumige Holzhäuser mit strohgedecktem Steildach, einem großen gemauerten Kamin an der Querseite und winzigen Fenstern. Schon bald wurden die Außenwände mit den bis heute gebräuchlichen Zedernschindeln verkleidet und das vorkragende Obergeschoss entwickelt. Das am leichtesten zugängliche Beispiel des »Early Colonial Style« ist das **Paul Revere House** in Boston. Gemäß einer königlichen Verfügung wurden alle Siedlungen des 17. Jh.s nach einem einheitlichen Muster angelegt. Um das »meetinghouse lot«, auf dem das »meetinghouse« stand, wo man sich zu Andachten und Versammlungen traf, wurde die Stadt organisiert, was zudem Schutz vor Indianern bot. Später wurde der Platz »common« genannt, weil er der Öffentlichkeit gehörte. Dort wurden auch Kühe und Schweine gehalten. Um den Platz herum, nicht weiter als eine Meile entfernt, bauten die Siedler ihre Häuser und später auch die typische spitztürmige Kirche. Dahinter begann meist das Farmland. Erst Anfang des 19. Jh.s wurde der vom Vieh zertrampelte »common« mit Rasen verschönt und zum »Green«.

Georgian Style

Der Georgian Style zwischen 1720 und 1780 war Ausdruck des wirtschaftlichen Aufstiegs der Kolonisten. Da er in die Regierungszeit gleich dreier Georgs im Mutterland fiel, hatte er seinen Namen schnell weg und zeigte auch sonst, dass die Kolonien noch immer in vielen Belangen nach England blickten. Dort ausgebildete Architekten bauten in Amerika nach, was sie in London gesehen hatten. Inspiriert von der **Formensprache** der **italienischen Renaissance**, entlehnte der georgianische Stil klassische Elemente wie dorische, ionische und korinthi-

Im Frelichtmuseum Strawberry Banke in Portsmouth, NH, sind drei Epochen früher US-Architektur versammelt.

sche Säulen und das Diktat der Symmetrie. Ein Portikus über dem Eingang und ein palladianisches Fenster dienten als zentraler Blickfang, rechts und links gruppierten sich Ecksäulen und die beiden Kamine. Verbaut wurde außer Holz auch Natur- und Backstein. Die äußere Eleganz setzte sich innen fort: Massive Holzvertäfelungen, weitläufige Entrees, breite, elegant gewundene Treppen zu den Obergeschossen demonstrierten Wohlstand und Weltläufigkeit. Ein besonders schönes Beispiel georgianischer Architektur ist das **Longfellow House** in Portland (ME). Der wohl profilierteste Architekt dieses Stils war Peter Harrison (1716 bis 1775). Er entwarf u. a. die Touro Synagogue in Newport (RI) und die King's Chapel in Boston (MA). Eine bescheidenere Variante des Georgian Style steht in Philadelphia in der Elfreth's Alley.

Federal Style

Der Federal Style war von 1780 bis 1820 en vogue und trotz seines ästhetische Eigenständigkeit verkündenden Namens noch immer stark vom alten Mutterland inspiriert. In Neuengland nahm ihn zunächst die Kaufmannschaft auf. Ein typisches Federal-Style-Haus war ebenfalls symmetrisch angelegt und wies die gleichen Elemente wie ein georgianisches, wirkte jedoch ungleich **leichter und eleganter**. In der Regel aus Backstein, hatte es meist drei Stockwerke, ein flaches Dach und eine schlichte, fast konservative Fassade. Im Gegensatz dazu stand das opulente, formgeberisch innovative Interieur. Der Grundriss sah ovale und runde Räume vor, frei stehende Treppen und verschwenderisch gestaltete Kamine, deren Formgebung ebenso von den Dekors des soeben in Italien ausgegrabenen Pompeji beeinflusst war wie die Holzvertäfelungen. Viele schöne Beispiele für den Federal Style finden sich v. a. in **Salem**. Ein Highlight ist auch das **State House** in **Boston**. Sein Schöpfer gilt zu Recht als »Vater der amerikanischen Architekten«: **Charles Bulfinch** (1763–1844) ist auch für viele Stadthäuser in Boston verantwortlich, für die gelungene Erweiterung von Faneuil Hall und das State Capitol in Washington.

Greek Revival Style

Unter anderem durch die Begeisterung für den griechischen Befreiungskampf kam zwischen 1820 und 1845 die griechische Klassik in Mode. Die im antiken Athen formulierten demokratischen und philosophischen Ideen entsprachen ganz dem aufgeklärten Weltgefühl der vornehmen Ostküstengesellschaft, deren Enthusiasmus für alles Griechische sich bald in massiven, tempelartigen Wohnhäusern mit oft überdimensionalen Säulenfronten und schattigen Arkaden manifestierte, wie man sie heute z. B. noch in den Villen im Hudson Valley findet. So wurden **öffentliche Gebäude**, **Bibliotheken**, **Universitäten** und **Banken** im Greek Revival Style erbaut, um auf die geistige Verbindung zwischen der Wiege der Demokratie und der jungen demokratischen Nation hinzuweisen. Tolle Beispiele für diesen Stil sind die **Federal Hall** in **New York City** und **Quincy Market** in **Boston**, dessen Architekt Alexander Parris zu dessen bedeutendsten Vertretern zählt.

Stilvielfalt der viktorianischen Ära

Das viktorianische Zeitalter brachte dem Nordosten der USA von Amerika die verschiedensten Stilformen. Besonders auffällig ist der **Gothic Revival Style**, der mit steilen Dächern und teils extrem ornamentierten Giebeln Häuser und Cottages in wahre Lebkuchenhäuschen verwandelte. Der verspielte **Queen Anne Style** entfernte sich mit Türmchen, Erkern und Balkonen am weitesten von der bis dahin herrschenden Symmetrie. Gegen Ende des 19. Jh.s distanzierten sich an der Pariser École des Beaux-Arts ausgebildete Architekten von diesem Eklektizismus. Eine neue stilistische Reinheit setzten sie v. a. an öffentlichen Repräsentativbauten und Häusern der Ostküstenelite um. Tolle Beispiele für diesen **Beaux Arts Style** sind die herrschaftlichen Sommersitze in Newport (RI). Richard Morris Hunt und andere Society-Architekten schufen wahre Schlösser aus Marmor und Granit mit monumentalen Säulenfassaden und überdimensionalen Fenstern nach französischem und italienischem Vorbild.

20. Jahrhundert

Bis dahin hatten sich Amerikas Architekten nicht sehr durch eigene Ideen ausgezeichnet. Besonders im konservativen Neuengland blickte man in Sachen Form und Gestaltung lieber zurück statt nach vorn. In der Metropole New York City hingegen entstand der **Wolkenkratzer**, ein typisches Merkmal der amerikanischen Großstadt. Besondere Voraussetzungen für die Errichtung solcher Hochhäuser waren technische Neuerungen, die Stahlskelett-Bauweise und die Erfindung des Personenaufzugs durch Elisha Otis.

Die frühesten wirklichen Hochhausbauten entstanden bereits in den 1870er-Jahren in New York und waren 75 bis 90 m hoch, also noch relativ niedrig. In Buffalo (NY), entstand 1896 mit Louis Sullivans (1856–1924) Guaranty Building einer der ersten Stahlskelettbauten der Welt. In den 1920er- und 1930er-Jahren folgten in New York die Klassiker Chrysler Building und Empire State Building. Bewegung in die Architektenszene brachten die Bostoner Universitäten. Sie vergaben in den 1930er-Jahren Lehrstühle an innovative Architekten aus Europa, allen voran **Walter Gropius** (1883–1969), den Gründer des deutschen Bauhauses, der als Direktor der Harvard School of Architecture Neuengland den **International Style** brachte. Er benutzte neue Materialien wie Glasbausteine und Chrom und zelebrierte das Industriezeitalter mit glatten, schmucklosen Flächen und riesigen Fenstern. Von Gropius stammen das Graduate Center und Harvard Harkness Common in Cambride (MA). Auf dem Gelände des MIT wirkten **Eero Saarinen** und **Alvar Aalto**, zwei ebenso kompromisslose Modernisten. Saarinens aus den 1950ern stammende zylinderförmige MIT Chapel schockierte als radikale Abkehr von der weißen Holzkirche Neuenglands sogar die Campuskollegen und mit dem Baker House beschritt sein MIT-Kollege Aalto neue Wege. Mies van der Rohe (1886–1969) beeinflusste nachhaltig **Philip Johnson**, der mit dem »Glashaus« in New Canaan (CT) sein Gesellenstück ablieferte und mit dem Wolkenkrat-

MetLife
NOW
RENTING

zer PPG Place der Pittsburgh Plate Glass Company einen Ausflug in die Stahl- und Glasgotik unternahm. Bleibenden Eindruck haben die Modernisten jedoch nicht hinterlassen. Selbst die Bauten des Reißbrettstars I. M. Pei, der u. a. in Boston für den Hancock Tower und die John F. Kennedy Library verantwortlich zeichnet, wirkten nicht als Initialzündung für neue Ideen. Erst die Rückkehr zur Ornamentik der Postmoderne der 1980er-Jahre zeigte Breitenwirkung. Ein Comeback erlebte das palladianische Fenster, auch klassische Säulen, obgleich oft nur angedeutet, erfuhren neue Wertschätzung – in Vollendung zu studieren in New York am A T & T Building, heute Sony Building, von Philip Johnson und John Burgee. In stärkstem Kontrast zur Postmoderne stehen die **»New York Five«**, fünf Architekten um **Richard Meier**, die sich wieder am Rationalismus und Funktionalismus der Architektur der 1920er orientierten. Für ihre eleganten, ausschließlich in Weiß gehaltenen Gebäude nahmen sie v. a. Glas, Stahl und Beton. **Frank Lloyd Wrights** (1867–1959) Wohnhäuser setzen auf die Einheit von Natur und Architektur, wofür Fallingwater in Bear Run (PA) ein beredtes Beispiel ist. Im Wohnbereich werden energiesparende Passiv-Häuser und die Nutzung ökologischer Materialien immer beliebter.

Malerei

Anfänge

Im 17. Jh. gab es keine professionellen Maler in den Kolonien, denn man war vollauf mit Überleben beschäftigt. Erst gegen Ende des Jahrhunderts nahm die **Porträtmalerei** zeitgleich mit dem wirtschaftlichen Höhenflug einen Aufschwung. Elaboriert und weltbürgerlich ist die Arbeit der ersten neuenglischen Malergeneration jedoch noch nicht: In der Regel wurden nur Kopf und Gesicht dem Modell nachempfunden, der Körper darunter war eine mehrfach angewandte und variierte Schablone.

18. Jahrhundert

Erst der schottische Maler **John Smibert** (1688–1751) hievte die koloniale Kunstszene auf ein neues Niveau. Viele seiner Werke dienten der neuen Malergeneration als Vorlage, wie »Bishop Berkeley and his Entourage«, heute in der Yale University Art Gallery in New Haven (CT). Smiberts berühmtester Anhänger war **John Singleton Copley** (1738–1815). Mit Porträts der Bostoner Elite, darunter »Paul Revere« (Museum of Fine Arts in Boston), sicherte er sich einen Stammplatz in der amerikanischen Kunstgeschichte. Bemerkenswert sind v. a. sein fast fotografischer Naturalismus und seine Detailfreude. **Gilbert Stuart** (1755–1828) blieb der Nachwelt dank seiner Porträts von George Washington in Erinnerung – eines davon ziert die Ein-Dollar-Note. **Benjamin West** (1738–1820) hatte in London stu-

Wolkenkratzer gibt es viele, aber nur ein Empire State Building

diert und widmete sich der Historienmalerei. Viele dramatische Szenen aus dem Unabhängigkeitskrieg stammen von seiner Palette.
In Wests Fußstapfen trat **John Trumbull** (1756–1843). Sein »Signing of the Declaration of Independence« (Yale University Art Gallery) verschaffte ihm einen Platz neben Copley. Die Ikone der US-Historienmalerei schlechthin schuf **Emanuel Gottlieb Leutze** (1816 bis 1868) mit »Washington Crossing the Delaware« ▶ Abb. S. 44). In Deutschland geboren, mit seinen Eltern nach Amerika ausgewandert, kehrte er für 20 Jahre zurück und malte in Düsseldorf dieses Bild.

19. Jahrhundert

Der Ruf »Go West« erreichte auch die neuenglischen Maler. Sie rückten die Schönheit der unberührten Landschaften in den Mittelpunkt. Besonders gepflegt wurde die Landschaftsmalerei von der **Hudson River School**, die ihr Zentrum in New York hatte und ihren Höhepunkt Mitte des 19. Jh.s erreichte. Als »Vater der amerikanischen Landschaftsmalerei« gilt der gebürtige Engländer **Thomas Cole** (1801 bis 1848). 1825 zog er nach New York, wo er mit seinen Szenerien am Hudson bald Aufsehen erregte. Er bereiste den Nordostteil Neuenglands und malte auch in New Hampshires White Mountains. Cole war befreundet mit **Asher B. Durand** (1796–1886) und **Frederic Edwin Church** (1826–1900). Durands »Kindred Spirits« (1849) zeigt Cole und den Dichter W. C. Bryant vor grandioser Landschaft. »Mount Katahdin« und »Niagara Falls« (1857) zählen zu den bekannteren Gemälden von F. E. Church. Ebenfalls grandiose Szenerien stammen von **Albert Bierstadt** (1830 bis 1902). Er tat sich später mit Wildwest- stücken hervor. Viele Maler fanden ihre Inspiration an der rauen Küste Maines: Zahlreiche Künstlerkolonien schossen zwischen Cape Cod und Bar Harbor aus dem Boden. Ihr berühmtester Künstler, **Winslow Homer** (1836–1910), schuf in Proul Neck (ME) kraftvolle Küsten- und Hafenszenen. Der andere in allen Museen präsente »Salzwasser-Maler« ist **Fitz Hugh Lane** (1804–1865). Er brachte Meer, Licht und das Leben der Fischer und Kaufleute mit zartem Pinselstrich auf die Leinwand. **William Bradford** (1823–1892) widmete sich v. a. dem harten Alltag der Walfänger. Nach dem Bürgerkrieg kam die Studienreise nach Europa in Mode. **William Morris Hunt** (1824–1879) ließ sich in Frankreich inspirieren und schuf Landschaften nach dem Vorbild der Barbizon-Schule. Der in Florenz geborene **John Singer Sargent** (1865–1925) brachte es mit Bildern prominenter Bostonians zu Ruhm und Wohlstand.

20. und 21. Jahrhundert

Die Bilder in realistischem Stil von **Andrew Wyeth** (1917–2009) konzentrieren sich v. a. auf Mensch und Natur. Auch der populäre **Edward Hopper** (1882–1967), wie Wyeth Mitglied der Painters of the American Scene, arbeitete hier und in Cape Cod (MA), wo er sich

»Rosie the Riveter«: Ein Symbol des starken Beitrags der Frauen während des Zweiten Weltkriegs, dargestellt auf dem ikonischen Magazincover.

POST

PO

SATURDAY EVENING POST JUNE 27-

The Saturday Evening

POST

February 14, 1959 · 15¢

vom Licht des Meers inspirieren ließ. Gar keiner Schule oder Richtung gehörte **Anna »Grandma« Moses** (1860–1961, ▶ S.376)) an. Die Farmersfrau begann erst mit 70 Jahren zu malen, aber ihre naiven Szenen vom Alltag auf dem Land erfreuten sich rasch internationaler Nachfrage. Ebenfalls jenseits aller Stilrichtungen steht **Norman Rockwell** (1894–1978). Der bis heute als »Maler Amerikas« hoch angesehene Illustrator der »Saturday Evening Post« brachte mit seinen wertkonservativen Titelbildern, die den amerikanischen Familienalltag humorvoll und detailliert wiedergaben, die Nation fast fünf Jahrzehnte lang zum Schmunzeln.
Die zeitgenössische Kunstszene hat ihr wichtigstes Gravitationszentrum in New York City. Um diese Stadt kommt kaum herum, wer einen Platz in der Szene erobern will. Einer, der schon früh hierher kam, verband in seiner Person zwei große Städte des Nordostens – **Andy Warhol**, der in Pittsburgh (PA) geborenen Guru der Pop-Art.
Die jüngste Entwicklung studiert man am besten im **Massachusetts Museum of Contemporary Arts** in North Adams und im Hudson Valley, NY im **Dia:Beacon**. Einen guten Eindruck von »lokalen« Kreativen erhält man bei den inzwischen überall im Nordosten organisierten **»Art Walks«**. Das sind regelmäßige, meist an Wochenenden stattfindende Straßenfeste, in deren Rahmen Galeristen Werke ihrer Künstlerinnen und Künstler auf den Bürgersteigen präsentieren.

INTERESSANTE MENSCHEN

Leinwandlegende: Humphrey Bogart

1899–1957
Schauspieler

Humphrey Bogart, geboren am 25. Dezember 1899 in New York City, war schon über 40, als ihm der Durchbruch gelang. Als Barbesitzer Rick in »Casablanca«, 1942 unter der Regie von Michael Curtiz gedreht, agierte Bogart als zynischer Einzelgänger, der aber doch zur rechten Zeit das Richtige tut. Diesen Typ verkörpert er v. a. als Detektiv Philip Marlowe in »The Big Sleep« und »To Have and Have Not«. Dass er auch ein **hervorragender Komödiant und Charakterdarsteller** war, zeigte er u. a. in »Wir sind keine Engel« mit Peter Ustinov und Aldo Ray, in »African Queen« mit Katharine Hepburn oder als psychisch kranker Kapitän in »Die Caine war ihr Schicksal«. Bogart, als Detektiv nie ohne Zigarette im Mund unterwegs (sprachbildend: »to bogart« = auf einer Kippe herumkauen), starb in Beverly Hills an Lungenkrebs.

Friedensstifter der anderen Art: Samuel Colt

Waffenfabrikant 1814 – 1862

Jeder gestandene Westmann wäre ohne seinen Geschäftssinn nackt geblieben: Samuel Colt, geboren in Hartford (CT) brachte 1836 den ersten funktionsfähigen Trommelrevolver auf den Markt, den **»Colt Single Action«**. Die Feuerwaffentechnik war damit revolutioniert, denn mit jedem Spannen des Hahns drehte sich bei diesem Revolver die Trommel und lieferte eine neue Patrone: Man konnte schneller schießen. 1872 brachte die Colt's Patent Fire Arms Manufacturing Co. mit Sitz in Hartford, heute Hauptlieferant des US-Militärs für Handfeuerwaffen, mit dem »Single Action Army«, genannt »Peacemaker«, die legendäre Waffe des Wilden Westens auf den Markt

Universalgenie: Benjamin Franklin

1706–1790 Staatsmann, Wissenschaftler, Publizist

Benjamin Franklin kam am 17. Januar 1706 als 17. Kind eines aus dem englischen Oxfordshire eingewanderten Seifen- und Kerzenmachers in Boston zur Welt. 1732 gründete er u. a. die einflussreiche »Pennsylvania Gazette«, war an der Gründung der ersten pennsylvanischen Universität, des ersten Krankenhauses in Nordamerika und eines wissenschaftlichen Vereins beteiligt, aus dem die »American Philosophical Society« hervorging. **Wissenschaftsgeschichte** schrieb er als Erfin-

Benjamin Franklin, im Franklin Institute in Philadelphia in Marmor gemeißelt

der des Blitzableiters (1752); das Doppelfernglas ist ihm ebenso zu verdanken wie eine große Zahl von Erkenntnissen in Bildung, Naturwissenschaften, internationalen Beziehungen, Ingenieurwesen, Musik, Medizin, Gesundheitswesen, Druck, Werbung, Grafik, Finanz- und Versicherungsfragen, Religion, Freimaurerei, Landwirtschaft und Botanik. Trotzdem weigerte er sich, Patente anzumelden, denn er fand, Erfindungen sollten dem Allgemeinwohl dienen. Franklin unterstützte früh die Unabhängigkeitsbestrebungen der Kolonien und agierte als Gesandter 1776 bis 1785 in Frankreich so geschickt, dass die französische Unterstützung der Amerikaner als sein Verdienst anzusehen ist. Er war Mitunterzeichner der Unabhängigkeitserklärung, der Allianz mit Frankreich gegen England, des Friedensvertrags mit Großbritannien und der Verfassung von 1787. 1788 wurde er zum Präsidenten der ersten Gesellschaft zur Abschaffung der Sklaverei gewählt.

Vorkämpferin für die Gleichberechtigung: Ruth Bader Ginsburg

1933-2020
Richterin

Drei »Nachteile« hatte die 1933 in Brooklyn (NY) geborene Juristin Ruth Bader Ginsburg zu überwinden, als sie nach dem Studienabschluss mit Auszeichnung zunächst kein einziges Stellenangebot erhielt: Sie war Frau, Mutter und Jüdin. So bekam sie 1963 als Lehrende an der Rutgers Law School ein niedrigeres Gehalt als die Kollegen mit der Begründung, sie sei verheiratet und damit finanziell versorgt. Die oft genug am eigenen Leib erfahrene Diskriminierung aufgrund ihres Geschlechts führte dazu, dass sie sich bis heute intensiv für die Rechte der Frauen einsetzt. 1993 wurde sie von Präsident Bill Clinton als **Richterin am Supreme Court** (Oberster Gerichtshof) nominiert und vom Senat bestätigt. Bader Ginsburg wird dem liberalen Flügel zugerechnet,was in den USA »links« bedeutet.

Filmdiva der Extraklasse: Katharine Hepburn

1907–2003
Schauspielerin

Keine andere US-Schauspielerin hat sie so meisterhaft verkörpert – die **nie um eine schlagfertige Antwort verlegene**, **selbstbewusstemanzipierte Frau** der Screwball Comedies der 1930er- und 1940er-Jahre. Das verwundert kaum, denn Katharine Hepburn wurde in Hartford (CT) in eben jene begüterten Ostküstenkreise hineingeboren, in der einer ihrer erfolgreichsten Filme spielt: »The Philadelphia Story« (»Die Nacht vor der Hochzeit«, 1940), in der sie die sie umschwärmenden Männer an der Nase herumführt und am Schluss doch ihren Cary Grant nimmt, mit dem sie 1936 den kaum weniger erfolgreichen »Bringing Up Baby – Leoparden küsst man nicht« – gedreht hatte. Im Weltkriegsjahr 1941 arbeitete Katharine Hepburn in »Woman of the

OBEN: In John F. Kennedy wurden große Hoffnungen gesetzt.

UNTEN: Katharine Hepburn war die »höhere Tochter«, die sie oft in Screwball Comedies spielte.

Year« (»Die Frau, von der man spricht«) zum ersten Mal mit ihrem langjährigen Lebenspartner Spencer Tracy zusammen. Auch ein Höhepunkt ihrer Karriere war 1951 die Rolle als zickig-altjüngferliche Missionsschwester in »The African Queen«. Oft bewies sie, dass sie das ernste Fach beherrschte, zuletzt 1981 in »On Golden Pond« mit Henry Fonda, für den sie den letzten ihrer vier Oscars erhielt.

Politische Dynastie: die Kennedy-Brüder

John F.
1917–1963
35. Präsident der USA

Robert
1925–1968
Justizminister

Edward
1932–2009
Senator

Die Familie Kennedy, irischen Ursprungs und im Bostoner Vorort Brookline zu Hause, gehört bis heute zu den »ersten« Familien des Ostküstenadels. **John Fitzgerald** Kennedy, geboren am 29. Mai 1917, war der **erste katholische US-Präsident**. Er studierte an den besten Universitäten des Landes, war im Zweiten Weltkrieg Schnellbootkommandant im Pazifik und zog 1946 für die Demokraten ins Repräsentantenhaus, 1952 in den Senat ein. Acht Jahre später wurde er zum 35. Präsidenten der USA gewählt; die Antrittsrede – »Frage nicht, was dein Land für dich tun kann, sondern was du für dein Land tun kannst« – ließ die Menschen aufhorchen. Die First Lady, **Jacqueline (Jackie)** Kennedy, galt als Stilikone und setzte sich für die Kulturförderung ein. Um so härter traf die Nation das Attentat, dem er am 22. November 1963 in Dallas (TX) zum Opfer fiel. Bis heute wird über die Hintergründe des Attentats spekuliert. Rückblickend erstaunt der Mythos um den jungen Präsidenten. Seine Außenpolitik war eher von falschen Einschätzungen gekennzeichnet: Er schickte 16 000 Soldaten nach Vietnam, die Invasion in der Schweinebucht misslang und sein Hartbleiben in der Kubakrise war mit dem Abzug von US-Raketen aus der Türkei und dem Verzichts auf ein Eingreifen in Kuba erkauft; die innenpolitisch treibenden Kräfte in Sachen Reformen und Bürgerrechte waren eher sein Bruder Robert und Vizepräsident Johnson.

Sein jüngerer Bruder und engster Berater, **Robert** Kennedy, Justizminister während seiner Amtszeit, fiel am 8. Juni 1968 während des Präsidentschaftswahlkampfs ebenfalls einem Attentat zum Opfer. Der jüngste, **Edward** (»Ted«) Kennedy, verbaute sich die ganz große politische Karriere durch Skandale und Skandälchen. Dennoch zählte er zu den einflussreichsten demokratischen Senatoren in Washington.

»Mutter« der Shaker: Ann Lee

1736–1778
Gründerin einer Freikirche

»Mutter Ann« wurde im englischen Manchester geboren. Die tief religiöse Frau, Gründerin der Glaubensgemeinschaft der Shaker, verdiente ihren Lebensunterhalt als Weberin in einer Frabrik, wurde durch Predigten bekannt und mehrfach zu Gefängnisstrafen verurteilt wegen Blasphemie und »Sabbatschändung«. Ihre Prinzipien waren nicht dazu geeignet, sich insbesondere ihre männlichen Zeitgenossen zu Freunden zu machen, setzte sie doch neben **h**arter Arbeit, Ehelosigkeit und Enthaltsamkeit auf die **Gleichberechtigung der Geschlechter**. Ihren Anhängern zufolge verkörperte sie den weiblichen Teil von Christus. Lee floh 1774 mit einigen Getreuen in die USA und lebte zunächst in New York, später in Watervliet bzw. New Lebanon (NY). 1784 starb die nach etlichen anstrengenden Missionsreisen geschwächte »Mother Ann« in Watervliet (▶ Das ist..., S. 16ff.).

Vom Tellerwäscher zum Millionär: die Rockefeller-Dynastie

John D. Rockefeller 1839–1937

John D. Rockefeller, Jr.; 1874–1960

Industriemagnaten

Wohl keine andere Familie steht so archetypisch für das »Land der unbegrenzten Möglichkeiten«, in dem man vom Tellerwäscher zum Millionär werden kann, wie die Rockefellers. Ahnherr der reichen Rockefellers war der in Rochford, NY geborene John Davison Rockefeller, der sein Vermögen in der **Öl- und Stahlindustrie** machte. Er gründete 1870 die Standard Oil Company und kontrollierte bereits 1882 praktisch das gesamte US-Mineralölgeschäft; 1896 zog er sich aus dem Geschäftsleben zurück und widmete sich der »Rockefeller Foundation«, die vornehmlich zur Förderung der Medizin tätig ist. Sein Sohn John Davison Rockefeller, Jr. vermachte 1947 den Vereinten Nationen das Gelände am New Yorker East River für ihr Hauptquartier, gründete u. a. 1957 das Museum of Primitive Art in New York und ließ Williamsburg, die einstige Hauptstadt der Kolonie Virginia, rekonstruieren.
Zwei Söhne des jüngeren John Davison brachten es – für die Republikanier – zu Gouverneuren: **Nelson Aldrich Rockefeller** (1908 bis 1979) im Staat New York und **Winthrop Rockefeller** (1912 – 1973) in Arkansas; Nelson Aldrich war von 1974 bis 1977 gar Vizepräsident unter Gerald Ford. Winthrops Enkel **John Davison Rockefeller IV** war zwischen 1977 und 1985 Gouverneur von West Virginia, allerdings für die Demokraten.

Vier Amtsperioden: Franklin Delano Roosevelt

1882–1945
32. Präsident der USA

Der bedeutendste US-Präsident des 20. Jh.s, Franklin Delano Roosevelt, wurde in Hyde Park im Staat New York geboren. Nach seinem juristischen Studium in Harvard und an der Columbia Law School arbeitete er zunächst als Rechtsanwalt. Trotz einer schweren, 1921 durch Kinderlähmung ausgelösten Gehbehinderung war er politisch aktiv und wurde 1932 zum 32. Präsidenten gewählt. Während seiner bis zu seinem Tode ununterbrochenen vier Amtsperioden trug er durch die Reformpolitik des **»New Deal«** zur Überwindung der

Wirtschaftskrise bei und führte die USA gut vorbereitet in und durch den Zweiten Weltkrieg, in dem er die Achsenmächte mit großer Entschlossenheit bekämpfte. Maßgeblich beeinflusste er die Atlantik-Charta, die zur Gründung der Vereinten Nationen führte. Sein plötzlicher Tod am 12. April 1945 traf die USA wie ein Schock. Seine Frau **Eleanor** (1884 – 1962), Nichte des Präsidenten Theodore Roosevelt, verstand ihre Position als First Lady nicht als Figur im Hintergrund, sondern mischte sich aktiv in die Politik ein.

Pop-Art at it's best: Andy Warhol

1928–1987
Legendärer Künstler

Der bekannteste Vertreter der Pop-Art wurde als Andrew Warhola in Pittsburgh geboren und war ursprünglich Werbegrafiker. 1949 zog er nach New York City. Zu Beginn der 1960er-Jahre malte er seine ersten Bilder. Dann reproduzierte er in Siebdrucktechnik verfremdete Fotografien aus Massenmedien in Serie. Als Motive wählte er oft Alltagsgegenstände wie Dollarnoten oder Suppendosen (»200 Campbell's Soup«) und Massenidole wie Elvis Presley, Elizabeth Taylor oder Marilyn Monroe (»Marilyn Diptych«). Ziel seiner künstlerischen Tätigkeit war die radikale **Integration der Kunst in den mechanischen Arbeitsprozess**. Ab 1963 wandte er sich dem Film (u. a. »Sleep«, »Blue Movie«, »Flesh«) zu; erst in den 1970er-Jahren produzierte er wieder Drucke. Mit wachsendem Bekanntheitsgrad wurde Warhol selbst zum Idol und Gegenstand seiner eigenen Kunst. Neben unbestrittenen künstlerischen Gaben besaß Warhol auch ein großes **Talent zur Selbstvermarktung;** sein Begriff von Kunst ging so weit, dass er die zahlreichen erworbenen Gegenstände und Antiquitäten durch den Kaufakt zum Teil seiner eigenen Existenz und somit zur Kunst erklärte.

Der Erfinder des Reiseführers: Karl Baedeker

1801–1859
Verleger

Als Buchhändler kam Karl Baedeker viel herum, und überall ärgerte er sich über die »Lohnbedienten«, die die Neuankömmlinge gegen Trinkgeld in den erstbesten Gasthof schleppten. Nur: Wie sollte man sonst wissen, wo man übernachten könnte und was es anzuschauen gäbe? In seiner Buchhandlung hatte er zwar Fahrpläne, Reiseberichte und gelehrte Abhandlungen über Kunstsammlungen. Aber wollte man das mit sich herumschleppen? Wie wäre es denn, wenn man all das zusammenfasste?

Gedacht, getan: Zwar hatte er sein erstes Reisebuch, die 1832 erschienene »Rheinreise«, noch nicht einmal selbst geschrieben, aber er entwickelte es von Auflage zu Auflage weiter. Mit der Einteilung in »Allgemein Wissenswertes«, »Praktisches« und »Beschreibung der

Merk-(Sehens-)würdigkeiten« fand er die klassische Gliederung des Reiseführers, die bis heute ihre Gültigkeit hat. Bald waren immer mehr Menschen unterwegs mit seinen **»Handbüchlein für Reisende, die sich selbst leicht und schnell zurechtfinden wollen«**. Die Reisenden hatten sich befreit, und sie verdanken es bis heute Karl Baedeker. Den Nordosten der USA beschreibt er erstmals im 1893 erschienenen »Baedeker's Nordamerika«.

»

Boston ist oft die am meisten englische der amerikanischen Städte genannte, und in mancher Hinsicht mag dies zutreffen, wenn man darunter auch nicht eine bewußte oder beabsichtigte Nachahmung englischer Art und Sitte verstehen darf. Bloßer Reichtum gilt in Boston vielleicht weniger, als in irgendeiner andern größern Stadt Amerikas.

«

Baedeker's Nordamerika, 1. Auflage 1893

E
ERLEBEN & GENIESSEN

Überraschend, stimulierend, bereichernd

Mit unseren Ideen erleben und genießen Sie den Nordosten der USA.

Unbedingt mal an einem Lobster Shack einen Imbiss zu sich nehmen! ►

GALLEY

BEWEGEN UND ENTSPANNEN

Als Outdoor-Destination steht der Nordosten der USA ein wenig im Schatten anderer Landesteile. Zu Unrecht: Hiking, Trekking und Mountainbiking, Segeln, Rafting und Kanuwandern geht zwischen Maine und Lancaster County ebenso gut wie anderswo in den USA. Dabei teilen sich die Neuengland-Staaten und Upstate New York den Löwenanteil an »Outdoor-Spielplätzen«.

Paradies für Outdoor-Fans

Faustregel: Je näher bei Kanada, desto wilder und leerer das Terrain. Die schönsten Wildnisgebiete stehen als **State Parks** und **National Forests** unter dem Schutz des Bundes(staats) und dürfen nur begrenzt kommerziell genutzt werden. Wenige Stunden von den Metropolen der Ostküste entfernt, erfreuen sie sich zu jeder Jahreszeit großer Beliebtheit. Einige von ihnen nötigen selbst eingefleischten Outdoor-Fans Respekt ab. Zum Beispiel gelten die **Hiking Trails** durch die steilen White Mountains als die härtesten im Osten.

Was für Neuengland gilt, ist für New York State billig. Doch weil alle Welt New York City ansteuert, ist der Rest dieses überraschend bergigen und seenreichen Bundesstaates in Europa kaum bekannt. Hier gibt es über zwei Dutzend National Parks und Forests sowie fast 200 State Parks. Sie bieten aktiven Besucherinnen und Besuchern zahllose Freizeitmöglichkeiten an der frischen Luft. Bekannt für ihr Outdoor-Angebot sind v. a. die **Catskills** etwa drei Autostunden nördlich von NYC. Noch weiter nördlich erheben sich die rauen, an die White Mountains erinnernden **Adirondack Mountains** mit mehreren Dutzend Gipfeln über der Baumgrenze. Das Städtchen **Lake Placid** ist ihr Mittelpunkt. 1932 und 1980 fanden hier die Olympischen Winterspiele statt.

Auch Pennsylvania kann diesbezüglich in einigen Regionen mithalten. Mit dem Mittelgebirge der **Allegheny Mountains** und den niedrigeren **Poconos** im Nordosten verfügt der Bundesstaat über gleich zwei schöne Outdoor-Spielplätze für Naturfreunde und Aktive.

Wie geschaffen für sportliche Aktivitäten

Segeln

Die Küsten der Neuengland-Staaten, v. a. von **Maine** und um **Cape Cod**, sind ein fantastisches Segelrevier mit vielen Marinas, wo man Boote mit oder ohne Crew mieten kann. Nähere Informationen liefern die Tourismusbüros. Wer einmal auf einem **Windjammer** mitfahren will, findet in der Gegend um das fotogen liegende Hafenstädtchen Camden (Maine) einige Veranstalter bzw. Schiffseigner, die mehrtägige Törns auf Großseglern offerieren.

Neuenglands Küste mit wunderschönen Buchten wie Benton Cove in Rhode Island bietet geradezu ideale Möglichkeiten für Segler.

Paddeln

Fürs Kanu- und Kajakfahren bietet der Nordosten der USA **beste Bedingungen**. Tourismusbüros aller Ebenene informieren über die Befahrbarkeit von Gewässern und halten aktuelle Listen seriöser Verleiher und Anbieter bereit. An einigen Gewässern lassen sich auch Hausboote mieten. Schöne Touren ermöglichen die Küsten von Ontario- und Erie-See oder die Adirondacks in New York und die Flüsse in den Neuengland-Staaten; eine fantastische Kajakstrecke, die allerdings Erfahrung voraussetzt, führt an der felsigen Küste von Maine entlang. Auf solche Unternehmungen sollte man sich gut vorbereiten. Es ist ratsam, dem Bootsverleiher oder der Nationalparkverwaltung die Route bzw. das Ziel mitzuteilen.

Rafting (Wildwasserfahren)

Rafting-Reviere gibt es v. a. im **Norden der Neuengland-Staaten**, etwa am Saco River in New Hampshire und an den Dead Rivers in Maine. Man hat die Wahl zwischen Touren mit unterschiedlichen Schwierigkeitsgraden vom familienfreundlichen Paddelausflug (floating trip) bis zur abenteuerlichen Wildwasserfahrt (whitewater trip). Die Veranstalter stellen die Ausrüstung mitsamt Verpflegung.

Badeurlaub

Wem **kühle bis kalte Wassertemperaturen** nichts ausmachen, der kann an der Atlantikküste von Massachusetts (Cape Cod, Nantucket Island, Martha's Vineyard), Rhode Island (u. a. Block Island), New

Hampshire, Long Island bei New York City und selbst an verschiedenen Stellen der Küste von Maine, etwa um Bar Harbor, ins lockende Nass hüpfen. Viele Strände sind mit Parkplätzen, Duschen und Wachstationen ausgestattet. Wer sich lieber im Süßwasser vergnügt, findet sein Glück an den Stränden von Ontario- und Erie-See, am Lake Champlain oder am Lake Winnepesaukee. Nacktbaden ist aber verpönt. Wer erwischt wird, muss mit einer saftigen Geldstrafe rechnen.

Angeln Angeln ist eine der populärsten Freizeitbeschäftigungen der Amerikaner – kein Wunder bei den vielen **herrlichen Angelgründen**, mit denen auch der Nordosten gesegnet ist. Die lokalen Tourismusbüros halten z. T. sehr umfangreiche Broschüren bereit; zudem wird jedes Geschäft für Anglerbedarf gerne behilflich sein. Wer an Flüssen, Bächen und Seen angeln will, muss eine **Lizenz** (meist gebührenpflichtig) haben, erhältlich in Geschäften für Angelbedarf.
Hochseeangeln (big game fishing) ist von vielen Häfen am Atlantik aus möglich. Dort können Boote mit Besatzung gechartert werden; Angelgerät und Köder werden gestellt.

Golf Die USA sind ein Mekka für Golfer, viele Plätze sind öffentlich, und viele Golfklubs lassen Mitglieder ausländischer Klubs auf ihren Plätzen spielen. Verschiedene Hotels und Ferienanlagen, die über Golfplätze verfügen oder ihren Gästen Spielmöglichkeiten in einem Golf & Country Clubs vermitteln, bieten Pauschalarrangements.

Auf ins Abenteuer! Hier in Boothbay warten einzigartige Kajak-Erlebnisse.

Wintersport

In den als besonders schneereich bekannten nördlichen Appalachen findet man tolle Skigebiete, die jedoch wegen ihrer Nähe zu den Großstädten stark überlaufen sind. Besonders beliebt sind die **Adirondack Mountains** im Nordosten des Bundesstaats New York. Ein Zentrum dort ist **Lake Placid**, wo 1932 und 1980 Olympische Winterspiele ausgetragen wurden. Auch in den **Appalachen** von Pennsylvania sind Skigebiete ausgewiesen. In Vermont locken v. a. die Gebiete von Killington, Mount Snow, Stowe und Sugarbrush. In New Hampshire erstrecken sich die **White Mountains** mit anspruchsvollen Pisten im Dunstkreis des Mt. Washington. Auch in Maine gibt es Wintersportreviere, z. B. Sugarloaf. Vor allem im Bereich von National und State Parks bzw. Recreation Areas werden Loipen für den **Skilanglauf** gespurt. Beliebt, aber nicht umweltschonend sind Ausflüge mit dem Motorschlitten.

Zuschauersport

Football, Baseball, Basketball

Die beliebtesten – und fernsehträchtigsten – Zuschauersportarten sind Football, Baseball, Basketball und Eishockey (▶ Baedeker Wisen, S. 444). Der mit Abstand größte Publikumsrenner ist American Football. Gespielt wird in der **National Football League** (NFL) in zwei »Conferences« (American Football Conference und National Football Conference), die wiederum in je drei Divisionen (East, Central, West) antreten. Höhepunkt der Saison ist das Spiel der beiden Spitzenreiter der Conferences um die **Super Bowl**, die »Krone des Football« (Ende Januar/Anfang Februar). Zu den stärksten Teams der letzten Jahre zählten einige aus dem Nordosten: die New York Giants, die Pittsburgh Steelers, die New England Patriots aus Boston und die Buffalo Bills; die Philadelphia Eagles konnten 2018 mit einem Finalsieg über die New England Patriots zum ersten Mal den Super Bowl mit nach Hause nehmen. Die New England Patriots gewannen 2019 zum sechsten Mal.

Auf Platz zwei der Beliebtheitsskala rangiert Baseball. Hier gibt es die in der **Major League Baseball** (MLB) zusammengefassten National League und American League (mit jeweils zwei Divisionen), in denen auch kanadische Teams mitmischen. Spitzenteams im Nordosten sind die Pittsburgh Pirates und die New York Yankees; als weiteres Nordostteam sind noch die Philadelphia Phillies, die New York Mets und die Boston Red Sox im Oberhaus vertreten.

Die **National Basketball Association** (NBA) spielt in zwei »Conferences« zu je zwei Divisionen. In der NBA mit Teams wie den Chicago Bulls, den Los Angeles Lakers oder den Dallas Mavericks zu spielen ist das Ziel aller Basketballprofis der Welt. Gegen solche Mannschaften haben die Boston Celtics, die Philadelphia 76ers und die New York Knicks wenig auszurichten. Die Teams der High Schools und Universitäten spielen in der NCAA und wie beim Football schauen sich die Profiklubs hier nach Nachwuchs um.

DIE HÄRTESTE LIGA DER WELT

Das Heimspiel der Boston Bruins gegen die Montréal Canadiens ist gerade mal 5 Minuten alt, da gibt es schon die erste Keilerei. Brad Marchand von den Bruins nimmt mit der Linken einen Canadien in den Schwitzkasten und trommelt mit der Rechten auf dessen Helm. Die Lautsprecher im TD-Garden am Nordrand von Downtown Boston, begleiten die »liebevolle« Umarmung mit dem unverwüstlichen »Only You«. Es riecht nach Popcorn und Hotdogs. Die Fans gehen in ohrenbetäubender Weise mit..

Die **National Hockey League** gilt als härteste, beste Eishockey-Profiliga der Welt. Wo für die Amerikaner der Nabel der Eishockeywelt sitzt, spürt Europa bei der Weltmeisterschaft, wenn ein hastig zusammengewürfeltes Team aus NHL-, Nachwuchs- und Collegespielern die nationale Ehre verteidigt, und das nicht einmal schlecht.

Daheim konzentriert man sich lieber auf den Gewinn des **Stanley Cup.** Er wurde 1893 von Lord Stanley, dem Governor General von Kanada, gestiftet und kostete damals ganze 48 kanadische Dollar. Inzwischen ist der Wert dieses Wanderpokals aus Silber und Nickel in irrationale Höhen gestiegen, nicht zuletzt, weil er die Namen aller Siegerteams, hervorragender Spieler und Trainer seit der Gründung der Liga trägt. Den Stanley Cup zu gewinnen gilt als größter Lohn, den diese härteste Liga der Welt zu bieten hat. 2019 waren die St. Louis Blues erfolgreich, der Finalgegner hieß Boston Bruins.

In keiner anderen Liga müssen die Spieler so oft ran. NHL-Teams spielen mindestens **82 Mal pro Saison.** Ein anderer Indikator für die Bedeutung des Spiels für die Volksseele: Hier heißt Eishockey schlicht Hockey. Oder »the game«. Ticketpreise beginnen in der Regel bei gut 60 Dollar ...

Die NHL wurde 1917 von kanadischen Teams gegründet. Chicago, Detroit und New York folgten wenig später. In der Saison 2022/2023 spielten 32 Teams in der NHL, davon sieben aus Kanada.

Heute ist die NHL in **eine Eastern und eine Western Conference** geteilt. Jede Conference zerfällt in regionale Divisions, in denen jeweils fünf Teams spielen. Die reguläre Saison geht von Oktober bis April, erst danach treten die ersten acht Teams jeder Conference in den **Playoffs** um den Stanley Cup gegeneinander an.

Hohe Summen

Die NHL ist ein **Unternehmen der Superlative.** Bereits in der Saison 2016/2017 belief sich der Umsatz auf 3,7 Mrd. Dollar. Der wohl wertvollste Klub sind die New York Rangers mit einem Gesamtwert von über über 2,2 Milliarden Dollar (2021/22).In der Saison 21/22 erwirtschaftete der Verein 249 Mio. Dollar Gewinn. Die Spielergehälter sind exorbitant. 20 NHL-Spieler kamen in der Saison 2022/2023 auf zweistellige Millionenbeträge. Der Bestverdienende ist Tyler Seguin, der bei den Dallas Stars aktuell 13 Mio US-Dollar verdient. Da braucht es Erfolge und hohe Einnahmen aus Übertragungsrechten, von der Werbung ganz zu schweigen.

Götter auf dem Eis

Wo so viel Geld im Spiel ist und so viel Begeisterung aufkommt, sind Eishockey-Götter nicht fern. Natürlich hat die National Hockey League ihr eigenes Pantheon. Die Punkte, die ein Spieler sammeln kann, setzen sich zusammen aus erzielten und vorbereiteten Toren in der regulären Saison. Wer hier 500 oder gar 1000 Punkte erzielt hat, gehört zu den ganz Großen. Zu den »Göttern« mit 1000 und mehr Punkten gehören beispielsweise **Jewgeni Malkin** von den Pittsburgh Penguins (seit März 2019) und **Sidney Crosby** vom selben Verein (seit Februar 2017), aber auch **Martin St. Louis** von den New York Rangers (seit November 2014). Crosby wurde 2007 jüngster Mannschaftskapitän und gewann schon zwei Jahre später den Stanley Cup, den er noch zweimal in die Höhe recken durfte, hinzu kommen zwei olympische Goldmedaillen (2010 und 2014) und Gold bei den Weltmeisterschaften 2015.

Keine Besten-Liste wäre jedoch vollständig ohne »The Great One«. So nennt man **Wayne Gretzky** bis heute. Der von 1979 bis 1999 für die Edmonton Oilers, Los Angeles Kings, St. Louis Blues und New York Rangers spielende Center schoss 894 Tore, ist bislang der einzige Spieler, der die 2000-Punkte-Marke knackte, gewann vier Mal den Stanley Cup und besaß eine überragende spielerische Intelligenz und technische Fähigkeiten. Seine Rückennummer, die 99, ist seit seinem Rücktritt ligaweit gesperrt.

Es geht zur Sache zwischen den LA Kings und den Boston Bruins (weißes Trikot).

ESSEN UND TRINKEN

Es hat sich etwas verändert in der amerikanischen Küche. Doch ja, sie sterben nicht aus, die fettigen Brathühnchen und Kalorienbomben aus Hackfleisch, die Berge von Speck und Röstis mit dem Alibi-Salatblättchen zum Frühstück.

Essen als Genuss

Dennoch: Die Zeiten haben sich geändert – v. a. hier im Nordosten der USA, v. a. während der letzten 15, 20 Jahre. Bis dahin hatten die ebenso hart arbeitenden wie vergnügungsfernen Nachkommen der Puritaner den Akt des Essen mehr als zeitraubendes Übel behandelt denn als sinnliches Erlebnis. Bis heute wird in den USA die Güte eines Restaurants eher über die **Schnelligkeit des Service** definiert.

Gesund und nachhaltig

Eine Verschiebung der Wertmaßstäbe ist jedoch in vollem Gange. Angekurbelt wurde dieser Vorgang von Ärzten und Gesundheitsaposteln. Längst haben sich auch die US-Medien dieses Themas bemächtigt. Alle legten den Finger auf eine offene Wunde der US-amerikanischen Gesellschaft: das in weiten Bevölkerungskreisen verbreitete enorme Übergewicht. Als Reaktion darauf entstand eine neue Ethik, was die richtige Ernährung betrifft. Sichtbarstes Zeichen dieses kulinarischen Kurswechsels ist die seit Jahren rapide wachsende Nachfrage nach **»Organic Food«**, nach biologisch angebautem Obst und Gemüse sowie chemiefrei erzeugten Lebensmitteln. Das zeigt sich auch an der immer größer werdenden Beliebtheit von Wochenmärkten und sogenannten Farmers Markets.

Grün auf dem Vormarsch

Im Nordosten konnten diese **Bauernmärkte**, Coops und unabhängigen Obst- und Gemüseläden einen festen Platz neben den Supermarktketten erobern. Auch die schalten nach und nach auf »grün« um. Touristen profitieren von dieser Entwicklung auch abends beim Essengehen. In den Städten wie auf dem Land haben Cafés, Bistros und Restaurants eröffnet, deren weltoffene Chefs und Chefinnen an den zahlreichen kulinarischen Instituten der Region gelernt haben.

Auswärts essen gehört zum Alltag

Für die mobilste Gesellschaft der Welt ist das Auswärtsessen die normalste Sache der Welt. Schnellrestaurants, Fastfood-Ketten, Cafés, Bistros und Delis, Kantinen und Restaurants bieten rund um die Uhr Speis und Trank. Der typisch amerikanische Alltag zerfällt essenstechnisch in drei Abschnitte:
Das **Breakfast** (Frühstück) ist reichlich, besonders in den sog. Family Restaurants. Dort besteht ein gewöhnliches Frühstück aus Ei (gekocht/»poached«, als Spiegelei/»sunny side up« oder auch auf der Oberseite kurz gebraten/«over easy«, und als Rührei/»scrambled«), gebratenen Speckscheiben (»bacon«) und/oder kleinen Würstchen

6X TYPISCH

Dafür fährt man in den Nordosten der USA.

1.

AMERICAN GANGSTER ...

... gibt es auch im Museum in **New York City**. Das Coolste: Viele der **Artefakte** wurden bei Renovierungsarbeiten im Haus gefunden, u. a. ein Safe mit 2 Mio. US-$. (www.museumoftheamericangangster.com)

2.

MUSS SEIN!

Hummer gibt's in Maine auch an der Bude. Die ist meist am tomatenroten Papp-Hummer zu erkennen. Klassisch mit Mayo und Sellerie oder als bis oben mit Hummerfeisch gefüllte Lobster Rolls. Am Lobster Shack hat es auch Günstigeres ...

3.

ACHTUNG: KÄSE

Seit Rocky I weiß man, dass das **Cheesesteak** aus »Philly« kommt und ein Sandwich mit dünnen Rindfleischstreifen und Cheez Wiz oder Provolone-Käse ist. Es mit Swiss Cheese zu bestellen wäre ein echter Faux-Pas! Gute Adresse: By George im Reading Temrinal Market. (▶ **S. 316**)

4.

FARBORGIEN

Im Herbst verwandelt sich der Nordosten in einen Teppich aus Rot-, Orange- und Gelbtönen. Die Tourismusbüros stellen ständig aktualisierte **»foliage reports«** ins Netz, die über den Stand der Blätterfärbung informieren. (▶ **S. 34**)

5.

LEBEN UND LEBEN LASSEN

Im Nordosten wählt man traditionell demokratisch. In diesem **sozialliberalen Klima** werden Toleranz und Bildung großgeschrieben. Ein Spaziergang auf der Commercial Street in Provincetown auf Cape Cod zeigt, was das heißt. (▶ **S. 149**)

6.

CHICKEN WINGS

aus Buffalo heißen wie? Genau: **Buffalo Wings!** Es gibt sie in allen Sports Bars in New York: frittierte und mit Staudensellerie und einem Dip aus Blauschimmelkäse gereichte Hühnerflügel. Vielleicht bei Dan and John's Wings, 135 1st Ave?

(»sausages«), gebackenen Bohnen (»baked beans«), Bratkartoffeln (»hash browns«), Pfannkuchen mit Ahornsirup (»pancake with maple sirup«) und etlichen Scheiben Toastbrot mit Butter und diversen Konfitüren (»jam«). Längst geht es jedoch auch gesünder: Cornflakes, Müsli, fettarmer Joghurt und Obst sind Bestandteil der Speisekarte. Kein Wunder, dass danach der **Lunch** (Mittagessen) bescheidener ausfällt. Suppen, Salate, Pasta und Kurzgebratenes sind am beliebtesten, viele bescheiden sich auch mit einem Sandwich. Generell reflektieren die Speisekarten zunehmend die internationale Ausrichtung der Männer und Frauen an den Kochtöpfen.
Die Hauptmahlzeit des Tages ist das **Dinner** (Abendessen). Fleisch- und Fischgerichte sind nach wie vor beliebt und kommen in allen erdenklichen, kreativen Variationen, doch gleichauf liegen Pasta- und andere globale, weniger kalorienreiche Gerichte.

Das steht auf dem Speiseplan

Aus dem Meer

Wer auf Fisch und Meeresfrüchte steht, ist im Nordosten goldrichtig. Gegrillt, gebacken, geräuchert oder gekocht kommen der kräftige Bluefish, in Butter geschwenkt der Monkfish und als Steaks Heilbutt (»halibut«) und Schwertfisch auf den Tisch. Wo **»Boston scrod«** auf der Speisekarte steht, handelt es sich meist um Schellfisch oder Kabeljau (»haddock« bzw. »cod«); **»Fish chowder«** ist ein Fischeintopf mit Kartoffeln und Sahne. Die besten Austern (»oysters«) gibt es auf Cape Cod – natürlich roh mit Zitronensaft geschlürft. Muscheln (»clams«) werden ebenfalls roh verzehrt (z. B. die **»littlenecks«** oder **»cherry-stones«**), meistens aber gedämpft oder gebacken. **»Quahogs«** oder »Kohogs« sind handtellergroße Muscheln, deren Fleisch in Streifen gegrillt oder gebraten wird. Ihr Fleisch und viele andere Muscheln kommen zusammen mit Kartoffeln, Mais und Sahne in den Muscheleintopf namens **»Clam chowder«**.
Noch berühmter ist der **Hummer** (»lobster«). Er kommt nicht nur aus dem dafür weltbekannten Bundesstaat Maine, sondern von der gesamten nördlichen Atlantikküste. Es gibt ihn auf verschiedene Weise zubereitet – klassisch = »boiled«, »stuffed« (mit Fisch und Meeresfrüchten gefüllt und im Ofen überbacken) oder einfach auf einem Brötchen – und kostet auch in den Restaurants in der Regel verhältnismäßig wenig.

Vom Land

T-Bone Steak, Porterhouse Steak und Sirloin Steak sind neben dem allgegenwärtigen Hamburger die wichtigsten **Fleischgerichte**. Beliebt sind aber auch Hühnchenfleisch (u. a. »Chicken Fingers« = gebackene Hühnerbruststücke oder »Chicken Wings« = Hühnerflügel) und Schweinefleisch (»pork). Dazu gibt es fast immer wahlweise eine »baked potato« (Pellkartoffel mit Crème fraîche) oder Pommes frites (»French Fries«). Ein Festtagsessen – besonders am Thanksgiving Day – ist **Truthahn** (»turkey«).

Noch mehr Spezialitäten

Im sog. Dairy Belt sind natürlich **Käse**, **Milch** und **Milchprodukte** angesagt. Ansonsten begegnen einem auf der Speisekarte oft »Bread pudding« aus Brot, Milch, Eiern, Nüssen und Trockenfrüchten, »Indian pudding« aus Milch, Maismehl, Melasse, Ingwer und Rosinen sowie »grinder« (große Sandwiches mit allerlei Belag). Schließlich und keinesfalls zu vergessen – der **Ahornsirup** (»maple syrup«)!
Allgegenwärtig, im Guten wie im Schlechten, sind herrliche »Cheese Cakes« (Käsekuchen), Doughnuts (Schmalzkringel), Muffins (Hefeküchlein) und allerlei Pies (Mürbteigkuchen). Unbedingt probieren: **Blaubeerkuchen** (»Blueberry pie«).
Selbstverständlich sollte man auch **Köstlichkeiten** der in den USA lebenden **Einwanderer** probieren. Die Palette reicht von der italienischen über die griechische und spanisch-kubanische bis zur mexikanischen, karibischen und fernöstlichen Küche mit allen erdenklichen regionalspezifischen Varianten.

Flüssiges Gold: Die Amerikaner lieben ihren Ahornsirup.

SIEBEN TYPISCHE GERICHTE

Vorsicht Suchtgefahr! Dass sich die kulinarischen Kreationen aus dem Nordosten zum Abnehmen eignen, kann man beim besten Willen nicht behaupten. Dafür schmecken sie einfach zu gut!

Clam Chowder: Diese cremige, gehaltvolle Suppe wird mit Venusmuscheln (auch Fisch), Schinkenspeck, Zwiebeln, Sellerie, Kartoffeln, Lorbeerblatt, Kräutern, Petersilie, Wasser, Milch und etwas süßer Sahne zubereitet. Im Restaurant wird sie mit Crackern und in zwei verschiedenen Portionen – »small bowl« oder »large bowl« – serviert.

Pastrami Sandwich: Pastrami Sandwiches gehören zu den Grundnahrungsmitteln der New Yorker und haben eine bis zu den osteuropäischen Einwanderern in Lower Manhattan zurückreichende Geschichte. Sie bestehen aus geräucherten, scharf gewürzten, dünnen Rind-fleischscheibchen als Brotbelag zwischen zwei mit Senf bestrichenen Weißbrotschnitten.

Lobster Roll: Köstliches, in Neuengland in zahllosen Varianten gereichtes Hummer-Sandwich; gilt als Delikatesse. Die Standardversion: ein mit Avocadoscheiben ausgelegtes Mini-Baguette, in das mundgerechte Hummerstückchen gemischt mit Eisbergsalat, Paprika und Cornichons gelegt werden. Darüber wird eine Sauce aus Mayonnaise, Limettensaft und etwas Worcestersauce gegeben.

Surf 'n' Turf: Zu den Hauptgerichten an der Atlantikküste »Surf 'n' Turf«, ein Arrangement aus saftigem Steak und fein gegartem Hummer bzw. Hummerschwanz und gegrillten Garnelen – angerichtet mit Steakpfeffer, Kräuterbutter und ein paar Rucolablättern. Als Beilagen werden meist Pommes frites und Salate gereicht.

Philly Cheese Steak: Im ersten der »Rocky«-Filme bestellt Sylvester Stallone bei Pat's (www.patskingofsteaks.com) ein unförmiges Etwas aus zwei länglichen Brötchenhälften, belegt mit dünnen Steakscheiben und mit Cheez Whiz, einer dickflüssigen Käsesauce, übergossen. Die ersten dieser Cheese Steaks tauchten in den 1930er-Jahren in den italienischen Arbeitervierteln Philadelphias auf. Seitdem gehören sie zu »Philly« wie der Eiffelturm zu Paris!

Chicken Pot Pie: Diese Hühnchenpastete gibt es in vielen Variationen. Ursprünglich ein Leib- und Magengericht der Pennsylvania Dutch, mauserte sich das von Teig umhüllte, aus Hühnchenstücken und mit angebratenen Champignons, Sahne, Weißwein und Gemüse zubereitete Gericht zu einem der beliebtesten in den USA.

Boston Cream Pie: Ob die Bostoner Cremetorte tatsächlich 1856 vom französischen Küchenchef des Parker House Hotel erfunden wurde, ist letztlich unwichtig. Die gelbe Vanilletorte mit der cremigen Füllung und dem dunklen Schokoüberzug schmeckt einfach traumhaft. Besonders in Massachusetts ist sie populär, doch es gibt auch in den übrigen Staaten im Nordosten zahlreiche Varianten. Die populärste: der Boston Cream Donut. Beide, Pie und Donut, gelten schon seit 1996 als offizielle »Massachusetts State Deserts«.

Getränke

Vielfalt in Glas und Tasse

Kaffee ist meist schwach geröstet, dünn gebrüht und (zu) lange auf der Elektroplatte. Man bekommt ihn überall reichlich, und einmal bestellt, wird er immer wieder nachgeschenkt. Mittlerweile allerdings hat sich – zumindest in Großstädten und touristischen Zentren – der Ruf nach einem kräftigen Espresso oder Cappuccino durchgesetzt.

Bier wird in den USA eisgekühlt serviert und enthält deutlich weniger Alkohol (3–3,5 Vol.%) als vergleichbare Biere in Europa. Bars halten in der Regel mehrere Flaschen- und Fassbiere (»draft«) bereit. Weit verbreitete einheimische Marken sind Budweiser, Anheuser-Busch, Miller, Coors, Michelob und Schlitz. Im Nordosten gibt es jedoch eine ganze Reihe für ihre Erzeugnisse bekannter kleiner Brauereien (**»local** oder **micro breweries«**), deren Bier allemal besser ist als das der großen Braustätten. Importiertes europäisches Bier ist teurer.

Die USA gehören zu den führenden Weinproduzenten der Erde. Etwa vier Fünftel der Rebfläche liegen in Kalifornien. Im Nordosten ist die Region um die **Finger Lakes** das bedeutendste **Weinanbaugebiet**. In Massachusetts und in Connecticut werden ebenfalls Rebflächen bewirtschaftet, doch können allenfalls Tafelweine gekeltert werden.

Überall erhält man **Fruchtsäfte** und **Soft Drinks**. Auch **Root Beer**, ein aus Wasser, Zucker, Farbstoff und Gewürzen zubereitetes Getränk, und geeister Tee (iced tea) sind beliebte Durstlöscher.

Zu jeder Mahlzeit bekommt man Eiswasser, doch Vorsicht: Es ist Leitungswasser mit gestoßenem Eis. Wer ein **Mineralwasser** möchte, bestellt ein »spring water«.

Hochprozentiges ist nur in entsprechenden Geschäften (»liquor store«) erhältlich und darf in Bars nur zu bestimmten Zeiten ausgeschenkt werden, z. B. Whisky (»whiskey«; Bourbon, Scotch, Canadian, Rye, Irish, Blended), Gin, Wodka, Brandy und Liköre (»cordial«).

Restaurants

Preise

Eine Mahlzeit kostet keine Unsummen. In vielen Bars werden leckere Snacks serviert wie Chili con Carne, Chicken Fingers, Sandwiches und – gute! – Hamburger. Um seinen Geldbeutel zu schonen, muss man nicht unbedingt in eine der Restaurantketten (z. B. Pizza Hut, McDonald's, Burger King, Kentucky Fried Chicken) einkehren, wo man sich zwar günstig, aber nicht unbedingt gut ernährt. Bessere, zwar nicht zwangsläufig, aber mitunter sehr teure Restaurants findet man an Touristen-Hotspots: in herausgeputzten historischen Stadtzentren, an Marinas und in oder in der Nähe größerer Ferienanlagen bzw. Großhotels. In Neuengland hält man sich am besten an die Hummer-Imbissstände, die sog. **Lobster Shacks**. In fast allen Lokalen werden außer Bargeld Kreditkarten akzeptiert.

In den allermeisten Restaurants wartet man kurz hinter dem Eingang auf eine **Platzzuweisung** durch das Personal. Vielleicht wird man noch gefragt, ob man Raucher oder Nichtraucher ist, und bekommt dann einen entsprechenden Platz zugewiesen.

»Wait to be seated«

FEIERN

Nationale, landesweit geltende Feiertage, Feiertage der einzelnen Bundesstaaten, regionale Feiertage: Wer sich den amerikanischen Feiertagskalender anschaut, glaubt, es mit einer durch und durch hedonistischen Nation zu tun zu haben. Das Gegenteil ist der Fall. Der Durchschnittsamerikaner hat nur zwei Wochen Urlaub.

Kostbare Feiertage

Somit ist jeder arbeitsfreie Feiertag ein kostbares Gut, mit dem langfristig geplant wird. Wenn er dann auch noch in die Nähe des Wochenendes fällt und sich zu einem drei- bis viertägigen Kurzurlaub kombinieren lässt, umso besser. Unterwegs im Nordosten stellt man fest, dass **Feiertage** nicht nur restlos mit Veranstaltungen jeder Art gefüllt, sondern diese auch bestens besucht sind. Einen Feiertag einfach verstreichen zu lassen kommt für den Durchschnittsamerikaner nicht infrage. Ganz oben auf der Prioritätenliste steht der Familienbesuch. Grandma und Grandpa, die Schwester im Nachbarstaat, die Tochter in Florida: An Feiertagen gibt es viel zu tun, teils werden enorme Entfernungen zurückgelegt. Kaum weniger beliebt sind Barbecue-Abende auf der Terrasse, vorzugsweise mit den Nachbarn.
Feiertägliche **Events** sind nicht nur gesellige Ereignisse. Sie spiegeln auch den Sinn der Amerikaner für ihre **Community** wider. Darunter verstehen sie das nie aufhörende Bemühen, die eigene Gemeinde noch lebenswerter, noch besser zu machen. Die ideale Community ähnelt einer Oase. Man kennt seine Nachbarn, hat Zugang zu allen Annehmlichkeiten der Großstadt und lebt gleichzeitig weit genug von ihr entfernt, um seine Ruhe zu haben. Für Touristen wird dieser unsichtbare, von uramerikanischen Werten getragene soziale Pakt beim Besuch einer Veranstaltung am besten deutlich.

Feiertagsregelungen

Auch an **offiziellen Feiertagen** (»public«/»legal holidays«) sind mit Ausnahme von Thanksgiving Day, Ostersonntag, Weihnachten und Neujahr viele Geschäfte geöffnet; Banken, Behörden und Schulen bleiben geschlossen. Zu den christlichen Festen Ostern, Pfingsten und Weihnachten gibt es keinen zweiten Feiertag. Fällt ein Feiertag auf einen Sonntag, so ist der darauffolgende Montag frei. Die meisten offiziellen Feiertage werden alljährlich neu datiert und zur Verlängerung der Wochenenden auf einen Montag davor oder danach verlegt.

VERANSTALTUNGSKALENDER

LANDESWEITE FEIERTAGE

1. Januar: New Year
3. Mo. im Januar: Martin Luther King Day
3. Mo. im Februar: President's Day
Letzter Mo. im Mai: Memorial Day (Gefallenengedenktag)
4. Juli: Independence Day (Unabhängigkeitstag)
1. Mo. im September: Labor Day (Tag der Arbeit)
2. Mo. im Oktober: Columbus Day
11. November: Veteran's Day (Veteranentag)
4. Do. im November: Thanksgiving (Friedens- und Erntedankfest)
25. Dezember: Christmas Day (Weihnachten)

REGIONALE FEIERTAGE

2. Mo. im Februar: Abraham Lincoln's Birthday (Maine, New York, Vermont)
1. Di. im März: Town Meeting Day (Vermont)
Letzter Montag im April: Fast Day (Fastentag in Maine und New Hampshire)
Montag nächst dem 19. April: Patriot's Day (Maine, Massachusetts)
20. Mai: Lafayette Day (Massachusetts)
2. Mo. im August: Victory Day (Rhode Island)
16. August: Bennington Battle Day (Vermont)
2. Mo. im November: Election Day (New York)

JANUAR

PHILADELPHIA (PA)

Mummers Parade: prächtige Neujahrsparade
phillymummers.com

STOWE (VT)

Winter Carnival mit einem Schlittenhunderennen als Höhepunkt (Monatsmitte)
https://stowewintercarnival.com

MÄRZ

BOSTON (MA)

New England Spring Flower Show
St. Patrick's Day (17. März)
https://bostonflowershow.com

APRIL

BOSTON (MA)

Boston Marathon (3. Mo. im Monat)
www.baa.org/races/boston-marathon

CONCORD (NH)

Patriot's Day Parade and Paul Revere Reenactment: Erinnerung an die Schlacht von Concord (19. April)
www.battleroad.org

MAI

BOSTON (MA)

Beacon Hill Garden Tour: Führungen durch Parks und Gärten (3. Do. im Monat)
www.beaconhillgardenclub.org

ALBANY (NY)

Tulip Festival (am Muttertagswochenende)
www.albany.com/things-to-do/tulip-festival

JUNI

HARTFORD (CT)

Taste of Hartford Food: Spezialitäten aus CT (Monatsmitte)

BOOTHBAY HARBOR (ME)
Windjammer Day (Monatsende)
www.boothbayharbor.com

GETTYSBURG (PA)
Civil War Heritage: Erinnerung an die Schlacht von Gettysburg (Ende Juni)
www.heartofthecivilwar.org

PITTSBURGH (PA)
Three Rivers Art Festival (Monatsanfang)
https://traf.trustofarts.org

JULI

NEW YORK CITY (NY)
New York begeht den Independence Day (Unabhängigkeitstag, 4. Juli) besonders festlich mit einem Riesenfeuerwerk auf dem East River.

BOSTON (MA)
Harborfest: großes Fest mit mehr als 200 Programmpunkten; Ende Juni/Anfang Juli)
www.bostonharborfest.com

LENOX (MA)
Tanglewood Music Festival: schönste Klassik unter freiem Himmel, u. a. mit dem Boston Symphony Orchestra (Ende Juni–Anf. August)

NORTHFIELD (VT)
Vermont Quilt Festival: Es geht rund um Patchwork-Decken (Monatsende).
https://vqf.org

AUGUST

MILFORD (CT)
Milford Oyster Festival (3. Sa. im Monat)
https://milfordoysterfestival.com

ROCKLAND (ME)
Maine Lobster Festival: 3 Tage lang Hummer satt (Monatsanfang)
www.mainelobsterfestival.com

ALLENTOWN (PA)
Awkscht Festival der Pennsylvania-Deutschen: Antiquitäten- und Oldtimershow, Handwerksvorführungen (Monatsanfang)
https://awkscht.com

NEWPORT (RI)
Newport Jazz Festival, Newport Folk Festival: zwei Topereignisse, die internationale Stars und viel Publikum anlocken.
www.newportjazz.org, www.newportfolk.org

RUTLAND (VT)
Vermont State Fair: wunderbares ländliches Fest
www.vermontstatefair.org

SEPTEMBER

NEW YORK CITY (NY)
Steuben Parade auf der Fifth Ave. (letzter Sa. im Monat)
http://germanparadenyc.org/

SARANAC LAKE (NY)
Adirondack Canoe Classic: berühmtes Kanurennen über 90 Meilen (1. oder 2. Wochenende im Monat)
www.adirondack90miler.com

OKTOBER

BOSTON UND CAMBRIDGE (MA)
Head of the Charles Regatta: über 3000 Ruderer am Start (vorletztes Wochenende im Monat)
www.hocr.org

SALEM (MA)
Haunted Happenings: Halloween, besonders gruselig in der Stadt der Hexenprozesse
www.hauntedhappenings.org

KEENE (NH)
Pumpkin Festival: Das ganze Städtchen wird mit geschnitzten Kürbissen

OBEN: Geister und Kürbisse künden es an: Halloween steht vor der Tür.
UNTEN: Der 4. Juli wird natürlich auch in New York mit einem Feuerwerk gefeiert.

beleuchtet – der Rekord steht bei über 28 000 (Wochenende vor Halloween).
www.pumpkinfestival.org

NOVEMBER

PLYMOUTH (MA)
Öffentliches Thanksgiving Day Dinner (4. Do. im Monat)

NEW YORK (NY)
New York Marathon: der Größte seiner Art weltweit (1. So. im Monat).
www.tcsnycmarathon.org

DEZEMBER

BOSTON (MA)
Boston Tea Party Reenactment: Nachspielen der Boston Tea Party (16. Dez.)

WASHINGTON CROSSING HISTORICAL PARK (PA)
The Crossing Reenactment: Hier wird die Überquerung des Delaware durch George Washington nachgespielt (24. Dezember).
www.washingtoncrossingpark.org

SHOPPEN

»Shop 'til you drop!« Dieser typisch amerikanische Ausdruck gehört schon längst zum Wortschatz von Besuchern aus dem deutschsprachigen Raum, und kein anderer ist ähnlich gleichbedeutend mit Verfügbarkeit von allem – und zwar zu jeder Tageszeit.

Hier bleiben keine Wünsche offen

Dies gilt auch im Nordosten der USA, hier besonders für die Großstädte. New York City (NY), Boston (MA), Philadelphia (PA) und Pittsburgh (PA) sind **Einkaufsparadiese**, die keinen Wunsch unerfüllt lassen. Kleinere Städte wie Portland (ME), Providence (RI), New Haven (CT) und Wilmington (PA) stehen hinsichtlich der Breite des Angebots kaum nach und in kleineren Touristenzentren wie Provincetown (MA) auf Cape Cod, Bar Harbor (ME) und Newport (RI) ist Shopping aufgrund eines historisch gewachsenen Stadtbilds auch noch ein ästhetisches Vergnügen.

Malls, Gallerias und Outlets

Die höchste Konzentration von Shopping Malls gibt es logischerweise in den großen **Ballungsgebieten**. Manchmal heißen sie auch Galleria oder Marketplace. Factory Outlets liegen ebenfalls meist an den Stadträndern. Diese oft gesichtslosen Konsumhallen bieten Markenware direkt ab Fabrik, was Preisnachlässe von bis zu 70 Prozent ermöglicht. Es gibt jedoch auch Factory Outlets »mit Charakter«, d. h. mit einer ansprechenden Architektur, so beispielsweise in Grove City (PA), Manchester (VT), Central Valley (NY), Clinton

(CT), Fall River (MA) und Kittery (ME). Die Hafenstadt Freeport im Bundesstaat Maine besteht sogar nahezu vollständig aus Factory Outlets.

Wiederbelebung der Innenstädte

Eine interessante Entwicklung der letzten 15 bis 20 Jahre ist die Wiederbelebung verlassener Innenstädte und Stadtviertel. Boston, Philadelphia und v.a. Pittsburgh erleben eine vielversprechende Renaissance, in deren Verlauf nicht nur junge Familien aus den Vorstädten zuziehen, sondern auch topaktuelle Boutiquen, Galerien und Geschäfte aller dort Art eröffnen. Mit Coffeeshops und Bistros schaffen sie eine **menschliche Atmosphäre**, die den Malls meist abgeht.

Öffnungszeiten

Die allermeisten **Geschäfte** haben in der Regel Mo. bis Sa. von 9 bis 17 Uhr geöffnet, die **Shopping Malls** meistens sieben Tage in der Woche bis ca. 21 Uhr (außer sonntags). Viele Geschäfte, insbesondere jene entlang der Highways und in den Großstädten, stehen auch sonntags (längstens bis 18 Uhr) oder sogar 24 Stunden lang offen.

Souvenirs

Aus Pennsylvania bieten sich Ahornsirup, -pralinen und -bonbons sowie Quilts (▶ Baedeker Wissen, S. 460/461) und Patchwork-Decken von den Amischen an. Recht teuer, aber ihr Geld wert sind die schlichten, sehr funktionalen Möbel aus den Werkstätten der Shaker. Allgemein sehr beliebt sind Souvenirs wie Sweatshirts und Mützen aus den Nationalparks und Museen. Relativ preiswert: Elektronikartikel. **Preisgünstig** sind auch Kleidung (Jeans), Wäsche, Lederwaren (besonders Schuhe), Kosmetik und Sport- und Fanartikel, wobei man für beliebte Marken oft weniger ausgeben muss als hierzulande.

Farmers Markets

Produkte aus der Region

Salat, Kartoffeln, Mais und Paprika, Äpfel, Orangen, Blau- und Erdbeeren: Die Stände biegen sich unter der Last von frischem Obst und Gemüse. Die es angebaut haben, stehen seit Sonnenaufgang dahinter und preisen ihre Ware an. Nirgend sonst fällt der Kontakt zu Einheimischen leichter, macht das **Genießen des Lokalkolorits** so viel Spaß. Mehr und mehr geht es auf diesen Märkten auch um das Thema Gesundheit. Seit dem Siegeszug der »Local-Food«-Bewegung durch die USA stammen die Köstlichkeiten zunehmend aus ökologischem Anbau. Regionale Spezialitäten wie »summer sausages« von den Amischen in Pennsylvania oder Ahornsirup-Produkte aus Vermont erwirbt man am besten auf einem Farmers Market – ebenso lokales Kunsthandwerk. Nachfolgend einige der schönsten Farmers Markets im Nordosten:

DIE SCHÖNSTEN FARMERS MARKETS

NEW YORK CITY (NY)

UNION SQUARE MONDAY GREENMARKET

Das Konzept, allen New Yorkern Zugang zu frischem Obst und Gemüse aus regionalem Anbau zu verschaffen, ist seit 1976 bis heute höchst erfolgreich.
Union Square Park
Mo., Mi., Fr./Sa. 8–18 Uhr
http://www.grownyc.org/greenmarket

BIRD-IN-HAND (PA)

BIRD-IN-HAND FARMERS MARKET

Über 30 Farmer, Bäcker, Metzger und Künstler bieten hier im Land der Amischen ihre Erzeugnisse feil.
2710 Old Philadelphia Pike
Mi–Sa 8.30–17.30 Uhr
www.birdinhandfarmersmarket.com

LANCASTER (PA)

CENTRAL MARKET

60 Stände im ältesten Markt der USA - seit 1730

23 N. Market St.
Di., Fr. 6–16, Sa. 6–14 Uhr
https://centralmarketlancaster.com

MONTPELIER (VT)

CAPITAL CITY FARMERS MARKET

Über 100 Bauern, Gärtner, Bäcker, Metzger und Künstlerinnen aus dem grünsten Staat der USA, dazu Livemusik und allerlei Events
60 State St.
Mai–Okt Sa 9–13 Uhr
www.montpelierfarmersmarket.com

PORTLAND (ME)

PORTLAND FARMERS MARKET

Fast 250 Jahre gibt es diesen Markt bereits! Heute sind hier drei Dutzend Bauern und Gärtner aus dem Hinterland Portlands vertreten, dazu gibt es viel schönes Kunsthandwerk.
Deering Oaks Park, Park Ave.
Sa. 7–12 Uhr
Monument Square, Congress St.
Mi. 7–14 Uhr
www.portlandmainefarmersmarket.org

PORTSMOUTH (NH)

PORTSMOUTH FARMERS MARKET

Spielt seine Stärke v. a. bei ökologischem Obst und Gemüse sowie Blumen aus dem Hinterland aus. Dieser Markt liegt mitten in einem der schönsten Städtchen der Atlantikküste.
1 Junkins Ave., City Hall
Mai–Nov. Sa. 8–13 Uhr
www.seacoastgrowers.org

NANTUCKET (MA)

SUSTAINABLE NANTUCKET'S FARMERS & ARTISANS MARKET

Blumen- und Gemüsemarkt, Stände von Kunsthandwerkerinnen und Künstlern
Cambridge & North Union Streets
Mitte Juli/Aug. 15.30–18.30 Uhr
N. Union & Cambridge Streets
Mitte Juni–Mitte Okt. Sa. 9–13 Uhr
www.sustainablenantucket.org

WIE ENTSTEHT EIN QUILT?

BAEDEKER WISSEN

Quilts sind ein beliebtes, wenn auch nicht ganz billiges Souvenir. Europäische Auswanderer brachten Quilt-Decken in die Neue Welt. Die Frauen der Siedler hatten oft nur kleinste Stoffreste, die sie – meist gemeinsam – zu phantasievollen Decken verarbeiteten. Bis heute hat das Quilten daher auch eine soziale Funktion.

1 Die Auswahl des Stoffes

Grob lassen sich drei Arten für das Top – die Oberseite des Quilts – unterscheiden: A Plain Quilt B Crazy Quilt C Pieced Patchwork

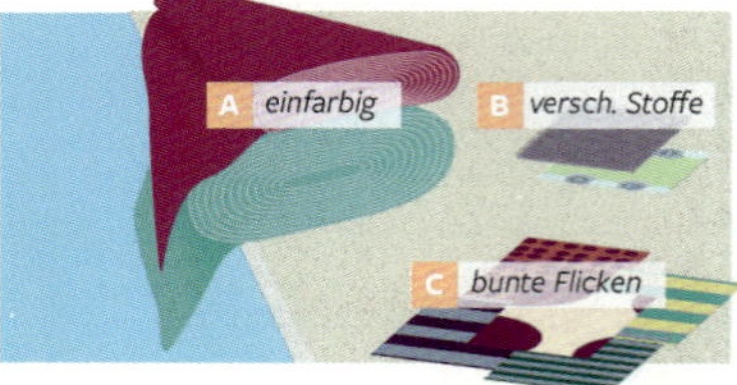

2 Die Materialien

Für das Mittelstück wird ein Vlies aus Baumwolle o.ä. benötigt und für das Backing – die Rückseite – eine Lage Stoff. Weitere Werkzeuge und Geräte:

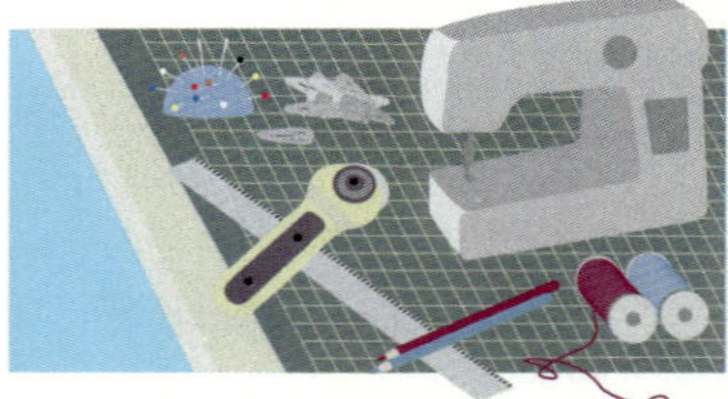

3 Die Skizze zum Anfang

Zu Beginn wird eine Skizze des Tops gezeichnet. Die einfachste Art sind gleichmäßig aneinandergereihte Quadrate.

4 Das Ausschneiden

Die Quadrate werden unterteilt und zugeschnitten. Aufwendigerere Tops können durch komplexere Formen (Rechteck, Dreieck, o.ä.) entstehen.

5 Das Top entsteht

Die Quadrate werden nach der Vorlage aneinandergelegt und zu Reihen zusammengenäht.

6 Das Quilt-Sandwich

Anschließend werden die Reihen zusammengenäht und zwischen Top und Rückseite wird ein Vlies gelegt. Diese Elemente werden mit Stecknadeln verstärkt.

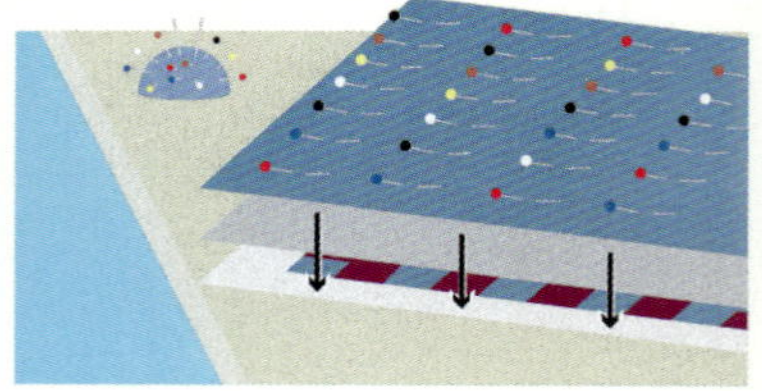

7 Das Quilten

Mit möglichst kleinen Stichen werden die Textilschichten des Sandwiches zusammengenäht. Dadurch soll verhindert werden, dass sich die Schichten verschieben. Beim Quilten mit der Hand wird eine kurze, dünne Nadel benutzt, beim Quilten mit der Maschine wird der Stoff freihändig geführt, sodass man bei der Gestaltung des Musters jegliche Freiheit hat. Durch das Quilt-Muster erhält die Steppdecke die plastische Dimension, wodurch ein Kontrast zu der Farbauswahl des Tops entsteht.

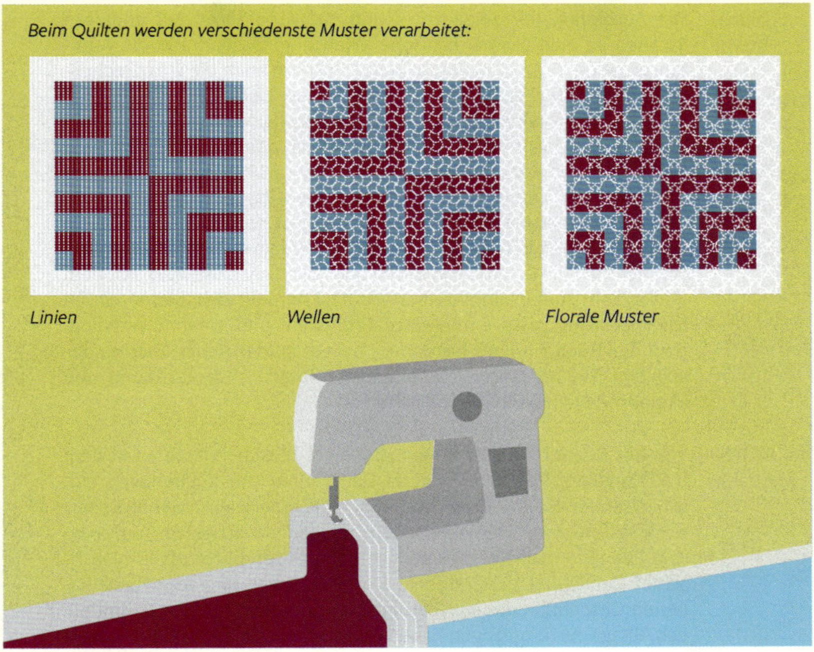

Beim Quilten werden verschiedenste Muster verarbeitet:

Linien — *Wellen* — *Florale Muster*

8 Das Binding

Nun ist der Quilt fast fertig, es fehlt das Binding – das Einfassen der Ränder. Hierfür werden Stoffstreifen zurechtgeschnitten, die mit der Maschine an dem Quilt angenäht werden. Danach werden die Ränder mit Klammern umgeschlagen und von Hand festgenäht.

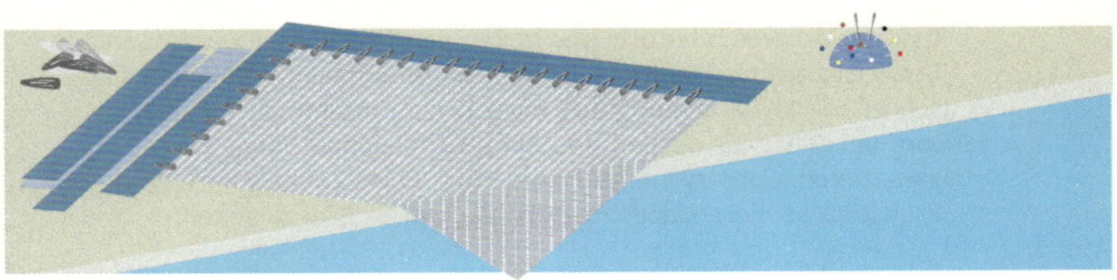

ÜBERNACHTEN

In den USA ist das Auto nach wie vor unverzichtbar: In vielen Großstädten ist gewissermaßen amputiert, wer kein Auto hat. Doch die eigenen vier Räder sind noch mehr als das: Sie helfen auch beim Ausbrechen aus dem bürgerlichen Alltag

Schlafen »on the road«

Die Autofahrt, der »Roadtrip« und das Autofahren auf endlosen Straßen ist eine uramerikanische Erfahrung. Deshalb hat die Autofahrernation ihren ohnehin rastlosen Bürgern auch die entsprechende Infrastruktur geschenkt. Zehntausende Unterkünfte jeder Art säumen die »roads«, highways« und »freeways«. Regelrecht archetypisch: das Motor-Hotel, oder kurz **Motel**, das man in Europa v. a. aus klassischen Road-Movies wie »Convoy« (1978) und »Thelma & Louise« (1991) kenn (und aus Hitchcocks »Psycho« ...). Bezahlbar und von der Straße aus leicht erreichbar, ist es von A bis Z auf die Bedürfnisse der Autofahrer eingestellt. Die fahren bis zur Rezeption vor, nehmen die Schlüssel in Besitz und rollen anschließend, mit dem Kofferraum zuerst, unmittelbar vor ihr Zimmer. Viele bieten ein im Übernachtungspreis enthaltenes Frühstück und einen Swimmingpool. Bei Roadtrip-Fans besonders beliebt ist der Retro-Charme der aus den 1950er-Jahren stammenden Motels – Neonreklame und klappernde Klimaanlage inbegriffen.

Vom B&B bis zur Lodge

Von der Bezeichnung darf man sich nicht täuschen lassen: Mit dem traditionellen, Familienanschluss und Dinner am Küchentisch einschließenden **Bed & Breakfast** haben die amerikanischen B&Bs nur noch selten etwas gemein. Zudem pflegen sie erheblich teurer zu sein. Sie sind deshalb eher als luxuriöse Unterkünfte oft in historischen Gemäuern zu verstehen. Deren Besitzer sind meist wohlhabende Geschäftsleute im Vorruhestand, die sich aus der Tretmühle des Alltags zurückgezogen haben und sich mit viel Liebe dem Projekt ihrer zweiten Lebenshälfte widmen. Mit Handschlag begrüßt zu werden gehört ebenso dazu wie das morgendliche Frühstück mit den übrigen Gästen im Salon, Tipps von Einheimischen und anderen Reisenden und manche nette Überraschung bei Einrichtung und Dekor. Auch **Country Inns** zeichnen sich durch unverwechselbaren Charakter aus. Sie pflegen in schönen alten Häusern in ländlicher Lage untergebracht zu sein, verfügen über einen Dining Room oder ein Restaurant, wo zwei oder drei Mahlzeiten pro Tag serviert werden. Der Service ist aufmerksam, das Personal grüßt den Gast mit Namen. Oft schließen sich die Country Inns einer Region zusammen, um gemeinsam um Gäste zu werben und ein gleichbleibend hohes Niveau zu garantieren. Country Inn B&Bs sind in der Regel Country Inns, die nur Frühstück servieren, aber zu groß sind, um als B&B zu gelten.

OBEN: Zwischenstopp im Isle View Motel in Trenton, ME
UNTEN: Eine gemütliche Sache: The Stowe Mountain Lodge in Vermont

Auch **Resorts** gibt es in vielen Varianten: Resort-Hotels, Resort-Lodges und Cottage-Resorts. Allen gemeinsam ist, dass sie in einer Landschaft mit Erholungswert liegen und über ein großes Freizeitangebot verfügen.
Unter **Lodges** und **Camps** wiederum versteht man abgelegene Unterkünfte unterschiedlichsten Niveaus. Lodges sind komfortabler als Camps und ziehen v. a. zahlungskräftigere Gäste an. Camps sind rustikaler und wenden sich fast nur an Angler und Jäger. Beide Kategorien bieten drei Mahlzeiten am Tag.

Kategorien, Ausstattung und Preise

Amerikanische Beherbergungsbetriebe lassen sich in die Kategorien **»einfach/günstig«**, **»komfortabel«** und **»luxuriös«** mit entsprechenden Zwischenstufen einteilen. Einfache Hotels und Motels sind zweckmäßig, aber ohne großen Komfort eingerichtet. Guten Komfort bieten Unterkünfte der Mittelklasse. Viele Häuser, darunter auch die meisten B&Bs, befriedigen durchaus auch gehobene Ansprüche an Service und Ausstattung. First-Class- und Luxus-Hotels bzw. Resorts bieten ein Höchstmaß an Ausstattung, Komfort und Service. Selbst in einfachen Unterkünften sind Doppelbett, Dusche, Klimaanlage, Radio, Farbfernseher und Telefon Standard. Zimmergröße und Ausstattung sind von der Unterkunftskategorie abhängig.

Frühstück

In den meisten Hotels und Motels ist im Gegensatz zu den B&Bs kein Frühstück im Zimmerpreis enthalten. Wenn ein **»complementary«** oder »continental breakfast« angeboten wird, ist es oft recht spartanisch. Opulent hingegen ist das Frühstück in einer B&B-Unterkunft.

Zimmerreservierung

Es ist ratsam, Zimmerreservierungen besonders während der Hauptreisezeiten **im Voraus** telefonisch oder per E-Mail vorzunehmen. Unterkunftsverzeichnisse (»accomodation guides«) sind bei den örtlichen Touristenbüros erhältlich und im Internet zu finden.

Youth Hostels, YMCA, YWCA, Dorms

Der US-Jugendherbergsverband Hostelling International – American Youth Hostels (HI-AYH) ist dem Internationalen Jugendherbergsverband angeschlossen und stattet seine Häuser nach dessen Normen aus. Die Preise bewegen sich zwischen 15 und 40 $ pro Nacht.
Achtung! Auch unter den Jugendherbergen gibt es schwarze Schafe, die nicht den HI-AYH-Normen entsprechen und dem Verband auch nicht angehören. Die echten Jugendherbergen erkennt man am dreieckigen HI-Logo mit dem üblichen Haus- und Baum-Symbol.
In größeren Städten können **junge Menschen** in Herbergen der christlichen Verbände YMCA (Young Men’s Christian Association) und YWCA (Young Women’s Christian Association) übernachten.
Während der **Hochschulferien** kann man recht preisgünstig in Dozenten- und Studentenwohnheimen (dorms) logieren. Informationen halten Tourismusbüros und Hochschulverwaltungen bereit.

NÜTZLICHE ADRESSEN

BED & BREAKFAST

PENNSYLVANIA ASSOCIATION OF BED & BREAKFAST INNS AND FARM STAYS
www.painns.com

NEW ENGLAND INNS AND RESORTS ASSOCIATION
Die schönsten und gar nicht mal teuersten Inns im Nordosten
Tel. 1 603 9 64 66 89
www.newenglandinnsandresorts.com

JUGENDUNTERKÜNFTE

HOSTELLING INTERNATIONAL USA
Tel. 1 240 6 50 21 00
www.hiusa.org

YMCA/YWCA
Tel. 1 888 4 77 96 22
www.ymca.int

CAMPING

KAMPGROUND OF AMERICA (KOA)
Tel. 1 888 5 62 00 00
www.koakampgrounds.com

Camping

Standard auf US-Campingplätzen ist eine Parzelle mit Stellplatz (Campsite), Tisch, Bank und Feuerstelle. Oft sind kleine Läden, Snack Bars und Swimming Pools vorhanden. Die staatlichen Campingplätze in National Parks und State Parks liegen oft sehr schön, dafür müssen Abstriche bezüglich Ausstattung und Komfort hingenommen werden. Vor allem während der Hauptferienzeit im Juli/August und an verlängerten Wochednenden ist eine rechtzeitige Buchung von Stellplätzen ratsam. Wildes Campen ist verboten.

P
PRAKTISCHE INFOS

Wichtig, hilfreich, präzise

Unsere Praktischen Infos helfen in allen Situationen im Nordosten der USA weiter.

Am Ende des Ocean Drives in der Narragansett Bay leuchtet das Castle Hill Lighthouse Schiffen immer noch den Weg. ▶

KURZ UND BÜNDIG

ELEKTRIZITÄT
110 Volt, 60 Hz Wechselstrom, 220-Volt-Geräte müssen umschaltbar sein. Steckdosenadapter sind erforderlich, erhältlich in einschlägigen Geschäften, Abteilung »Appliances«.

NOTRUFE

POLIZEI, AMBULANZ, FEUERWEHR
Tel. 911 (alternativ: »0« für den Operator der Telefonzentrale)

US-AUTOMOBILKLUB AAA
Tel. 1 800 AAA HELP
Tel. 1 800 2 22 43 57

NOTRUFSÄULEN
Entlang der Interstates sind Notrufsäulen aufgestellt.

ADAC-NOTRUF MÜNCHEN
Tel. 01149 89 22 22 22

ACE-NOTRUFZENTRALE STUTTGART
Tel. 01149 1802 34 35 36

DEUTSCHE RETTUNGSFLUGWACHT STUTTGART
Tel. 01149 711 70 10 70

SPERRNOTRUF
Für Bank- und Kreditkarten, Handys und Krankenkassenkarten:
Tel. 116 116 (aus dem Ausland mit Vorwahl 0049)
www.sperr-notruf.de

WAS KOSTET WIE VIEL?
Einfache Mahlzeit: ab 15 $
3-Gäng- Dinner: ab 35 $
1 Pint Bier: ab 8 $
Einfache Unterkunft: ab 60 $

WÄHRUNG/WECHSELKURSE
1 US-$ = 0,91 € | 1 € = 1,10 US-$
1 US-$ = 0,89 CHF | 1 CHF = 1,12 US-$
Aktuelle Kurse unter
www.oanda.com

ZEIT
Alle in diesem Reiseführer aufgeführten Staaten des Nordostens gilt **Eastern Time** (MEZ – 6 Std.).
Sommerzeit (Daylight Saving Time): Anf./Mitte März bis Anf. Nov.
Von Mitternacht bis 12 Uhr: a. m. (ante meridiem), von 12 bis 24 Uhr: p. m. (post meridium)
Beispiel: 8 Uhr = 8 a. m., 16 Uhr = 4 p. m.

ANREISE · REISEPLANUNG

Mit dem Flugzeug Von Flughäfen im deutschsprachigen Raum werden **Boston, New York** und **Philadelphia** direkt angeflogen. Via Kanada erreicht man gut den Norden der in diesem Reiseführer beschriebenen Region, wobei dann Montréal oder Toronto als Ziele infrage kommen.

Ein- und Ausreisebestimmungen

Vorabinformation

Wer eine Reise in die USA plant, sollte vorab unbedingt die tagesaktuellen Informationen von der US-Botschaft im jeweiligen Heimatland (▶ Auskunft, Botschaften) einholen.

Reisedokumente

Deutsche, österreichische und schweizerische Staatsangehörige nehmen am **Visa Waiver Program (VWP)** teil und können als Touristen bzw. Geschäftsreisende für eine Dauer von bis zu **90 Tage ohne Visum** einreisen, falls sie mit einer regulären Flug- oder Schifffahrtslinie ankommen und ein Rückflugticket vorweisen können.
Bei der Einreise werden digitale Abdrücke sämtlicher Finger sowie ein digitales Porträtfoto angefertigt. Auch bei der Ausreise werden Fingerabdrücke genommen. Die erlaubte **Aufenthaltsdauer** wird individuell festgelegt und soll dem Reisezweck entsprechen. Eine spätere Verlängerung ist nur für Personen möglich, die mit gültigem Visum eingereist sind. Der Tag, an dem man die USA spätestens wieder verlassen muss, wird bei der Einreise in den Pass eingestempelt.
Die US-Behörden akzeptieren nur noch **maschinenlesbare Pässe** für die visumfreie Einreise. Kinder benötigen einen eigenen Pass. Staatsangehörige von Ländern, die am Visa Waiver Program teilnehmen, müssen eine **elektronische Einreiseerlaubnis (ESTA)** vorweisen. Sie ist vor der Einreise gebührenpflichtig (derzeit 21 US-$ pro Antrag, online zu bezahlen) im Internet unter **https://esta.cbp.dhs.gov** einzuholen und gilt für beliebig viele Einreisen innerhalb eines Zeitraums von zwei Jahren.
In folgenden Fällen ist ein **Visum** erforderlich: Personen, die nicht mit einem regelmäßigen Verkehrsmittel einreisen oder eine Ausbildungsstätte besuchen wollen, Teilnehmende an Austauschprogrammen, Personen, die eine (auch nur vorübergehende) Tätigkeit ausüben wollen (auch Journalisten und Au-Pair-Mädchen!) oder eine Forschungsarbeit durchführen, sowie Personen, die in den USA heiraten und anschließend dort wohnen wollen.

Einreise von Kanada in die USA

Wer von Kanada in die USA einreisen will, benötigt bislang kein Visum. Die **aktuellen Bestimmungen** erfährt man bei den Visa-Diensten der US-Botschaften (www.usembassy.gov).

Ausreichende Finanzmittel

Bei der **Grenzkontrolle** müssen gegebenenfalls genügend finanzielle Mittel nachgewiesen werden können, um den Aufenthalt in den USA bezahlen bzw. ein Weiter- oder Rückreiseticket besorgen zu können.

Impfbestimmungen

Ein Impfzeugnis wird in der Regel nur verlangt, wenn man aus gefährdeten Gebieten einreist. Man sollte sich vor Reiseantritt beim zuständigen Konsulat über die **neuesten Vorschriften** erkundigen.

Haustiere Wer seinen **Hund** mitnehmen will, hat ein tierärztliches Gesundheits- und Tollwutimpfzeugnis vorzulegen, das mindestens einen Monat weniger als 12 Monate vor der Abreise ausgestellt sein muss und nicht länger als ein Jahr gilt. Für alle anderen Haustiere wird nur ein tierärztliches Gesundheitszeugnis verlangt.

Nationaler Führerschein Wer selbst ein Fahrzeug steuern will, muss einen gültigen Führerschein vorweisen. Der internationale Führerschein wird nur **zusammen** mit dem nationalen Führerschein anerkannt.

Sicherheitskontrollen Im Luft- und Seereiseverkehr werden äußerst penible Sicherheitskontrollen durchgeführt. Deshalb sollte man unbedingt **genügend Zeit** einplanen, um die Kontrollen rechtzeitig vor der Abreise passieren zu können.

Zollbestimmungen

Einreise in die USA Bei der Einreise in die Vereinigten Staaten sind eine **Immigration Card** (Einreiseerlaubnis) und eine **Customs Declaration** (Zollerklärung) auszufüllen.
Zollfrei eingeführt werden dürfen Gegenstände des persönlichen Bedarfs (u. a. Kleidungsstücke, Toilettenartikel), Fotoapparate und Videokameras, Filme, Ferngläser und Sportausrüstung; für über 21-Jährige 1 Quart (ca. 1 l) alkoholische Getränke, 200 Zigaretten oder 50 Zigarren oder 3 US-Pfund (lbs; ca. 1350 g) Tabak. Zusätzlich können pro Person Geschenke bis zum Gegenwert von 100 US-$ (Alkohol und Zigaretten sind davon ausgenommen) eingeführt werden. **Streng verboten** ist die Einfuhr von Lebensmitteln, Pflanzen, Süßigkeiten und Obst.

Wiedereinreise in EU-Staaten **Zollfrei** sind alle bereits in die USA mitgenommenen persönlichen Gebrauchsgegenstände, ebenso Reiseandenken bis zu einem Gesamtwert von 430 € (Erwachsene) bzw. 175 € (Kinder und Jugendliche unter 15 Jahren). Zusätzlich über das Genannte hinaus sind zollfrei: für Personen über 15 Jahre 500 g Kaffee oder 200 g Pulverkaffee und 100 g Tee oder 40 g Teeauszüge, 50 g Parfüm und 0,25 l Eau de Toilette sowie für Personen über 17 Jahre 1 l Spirituosen mit mehr als 22 Vol.-% Alkohol oder 2 l Spirituosen mit weniger als 22 Vol.-% Alkohol oder 2 l Schaumwein und 2 l Wein sowie 200 Zigaretten oder 100 Zigarillos oder 50 Zigarren oder 250 Gramm Rauchtabak.

Wiedereinreise in die Schweiz Für die Wiedereinreise in die Schweiz gelten folgende **Freimengengrenzen:** 250 g Kaffee, 100 g Tee, 200 Zigaretten oder 50 Zigarren oder 250 g Rauchtabak, 2 l alkoholische Getränke bis 15 Vol.-% und

1 l alkoholische Getränke über 15 Vol.-%. Souvenirs dürfen nur bis zu einem Höchstwert von **300 CHF zollfrei** eingeführt werden. Zuwiderhandlungen werden streng geahndet.

Reiseversicherungen

Kranken- und Unfallversicherung

Problematisch für Touristen aus Europa können die Kosten für eine medizinische Behandlung werden. Vor allem ein Krankenhausaufenthalt kann teuer werden. Behandlungen erfolgen **gegen Vorkasse oder direkte Bezahlung.** Eine Krankenversicherung unter Einschluss der USA wird ebenso dringend empfohlen wie eine belastbare Kreditkarte. Vor einer Reise in die USA sollte man unbedingt mit seiner Kranken- und Unfallversicherung Rücksprache halten, wie weit sich deren Schutz erstreckt. In den allermeisten Fällen empfiehlt sich der zusätzliche Reisekranken- und einer Reiseunfallversicherung.

Kfz-Haftpflichtversicherung

Da die deutsche Kfz-Haftpflichtversicherung nicht gilt, muss dort für das eventuell mitgebrachte eigene Fahrzeug und für einen Mietwagen eine Kfz-Haftpflichtversicherung **bei einem US-Versicherungsunternehmen** (3rd party liability) abgeschlossen werden.

AUSKUNFT

Keine Zentrale

Die USA betreiben kein zentrales Tourismusbüro in Deutschland, doch gibt es einige Marketingbüros, die über die in diesem Band beschriebenen Bundesstaaten informieren.

AUSKUNFT IN DEUTSCHLAND

NEUENGLANDSTAATEN
Discover New England
www.neuenglandusa.de

NEW YORK CITY
c/o Aviareps Tourism Public Relations
Josephspitalstr. 15
80331 München
Tel. +089 55 25 33-806
www.aviarepstourism.com

PENNSYLVANIA
c/o Wiechmann Tourism Service
Scheidswaldstr. 73
60385 Frankfurt am Main
Tel. 06 92 55 38
www.wiechmann.de

AUSKUNFT IN DEN USA

WELCOME CENTERS
Jeder Bundesstaat unterhält an seinen Grenzen an den wichtigsten Zufahrtstraßen Informationszentren, die gerne Kartenmaterial und Bro-

schüren ausgeben und in jeglicher Weise weiterhelfen.

CONNECTICUT
Connecticut Office of Tourism
450 Columbus Blvd., Suite 5
Hartford, CT 06103
www.ctvisit.com

MAINE
Maine Office of Tourism
PO Box 59, State House Station
Augusta, ME 04333
Tel. 1 888 6 24 63 45
www.visitmaine.com

MASSACHUSETTS
Massachusetts Office
of Travel & Tourism
136 Blackstone St, 5th Floor,
Boston, MA 02109
Tel. 1 617 9 73 85 00
www.massvacation.com

NEW HAMPSHIRE
New Hampshire Division
of Travel & Tourism
1 Eagle Square, Suite 100
Concord, NH 03301
Tel. 1 603 2 71 26 65
www.visitnh.gov

NEW YORK STATE
State of New York Tourist Office
PO Box 2603, Albany, NY 12220
Tel. 1 800 CALL NYS
www.iloveny.com

PENNSYLVANIA
Pennsylvania Tourism Office
Commonwealth Keystone Bldg.
400 North St.
Harrisburg, PA 17120-0225
Tel. 1 800 8 47 48 72
www.visitpa.com

RHODE ISLAND
Rhode Island Tourism Division
315 Iron Horse Way, Suite 101
Providence, RI 02908
Tel. 1 800 5 56 24 84
www.visitrhodeisland.com

VERMONT
Vermont Dept. of Tourism &
Marketing
National Life Bldg., 6th Floor
Montpelier, VT 05620-0501
Tel. 1 800 8 37 66 68
www.vermontvacation.com

DIPLOMATISCHE VERTRETUNGEN

US-BOTSCHAFT IN DEUTSCHLAND
Pariser Platz 2, 10117 Berlin
Postadresse: Clayallee 170
14191 Berlin, Tel. 030 8 30 50
Visamodalitäten:
Tel. 090 01 85 00 55
http://german.germany.usembassy.gov

US-BOTSCHAFT IN ÖSTERREICH
Boltzmanngasse 16, 1090 Wien
Tel. 01 31 33 90
http://austria.usembassy.gov

US-BOTSCHAFT IN DER SCHWEIZ
Sulgeneckstr. 19, 3007 Bern
Tel. 0 3 13 57 70 11
http://bern.usembassy.gov

BOTSCHAFT DER BUNDESREPUBLIK DEUTSCHLAND IN DEN USA
Reservoir Rd. NW,
Washington, DC 20007
Tel. 1 202 2 98 40 00
www.germany.info
Allgemein: Tel. 1 202 2 98 40 00
Visa- /Passfragen:
Tel. 1 202 2 98 42 24

GENERALKONSULATE
3 Copley Place, Suite 500
Boston, MA 02116
Tel. 1 617 3 69 49 00

871 United Nations Plaza
New York, NY 10017
Tel. 1 212 6 10 97 00

KONSULATE:
Buffalo, NY: Tel. 1 716 5 66 91 40
Philadelphia und Pittsburgh, PA:
Tel. 1 412 2 97 49 00

BOTSCHAFT DER REPUBLIK ÖSTERREICH
3524 International Court N. W.
Washington, DC 20008
Tel. 1 202 8 95 67 00
www.bmeia.gv.at

GENERALKONSULAT
31 E. 96th St.,
New York, NY 10021
Tel. 1 212 7 37 64 00

KONSULATE
Boston, MA: Tel. 1 617 2 27 31 31
Philadelphia, PA:
Tel. 1 215 2 22 02 35
Pittsburgh, PA:
Tel. 1 724 7 46 94 20

VERTRETUNGEN DER SCHWEIZ IN DEN USA
Botschaft der Schweizerischen Eidgenossenschaft (Embassy of Switzerland)
2900 Cathedral Ave. N. W.
Washington, DC 20008
Tel. 1 202 7 45 79 00
www.eda.admin.ch/eda/de

GENERALKONSULAT
Rolex Bldg., 633 Third Ave.
New York, NY 10017-6706
Tel. 1 212 5 99 57 00

KONSULATE
Boston, MA: Tel. 1 617 8 76 30 76
Philadelphia PA:
Tel. 1 215 3 80 67 09

INTERNET

WWW.USA.DE
Reiseportal für die gesamten USA

WWW.USACITYLINK.COM
Links,z. B. zu Sehenswürdigkeiten, Unterkunft, Veranstaltungen etc.

ETIKETTE

Gesetze zum Alkoholkonsum sind Sache der Bundesstaaten, in manchen Staaten gar der Counties, und variieren. Generell wird **kein Alkohol an Personen unter 21 Jahren** verkauft. Wein, Bier und sonstige Getränke mit niedrigem Alkoholgehalt sind in vielen Supermärkten und Lebensmittelgeschäften erhältlich, hochprozentige Spirituosen dagegen bekommt man in der Regel nur in »Liquor Stores«. Sonntags ist der Verkauf je nach Staat eingeschränkt bzw. verboten. In öffentlichen Anlagen (z. B. Badestrände, State Parks) darf kein Alkohol konsumiert werden; offener Alkoholkonsum auf der Straße ist ebenfalls verboten. Die Promillegrenze im Straßenverkehr liegt je nach Staat und County zwischen 0,0 und 1 Promille! Es ist auch untersagt, angebrochene oder leere Flaschen bzw. Dosen mit Alkohol im Innenraum des Autos mitzuführen – sie müssen im Kofferraum verstaut werden.

Rauchen verpönt In öffentlichen Gebäuden darf nicht mehr geraucht werden. In den Restaurants sind nur noch kleine Bereiche für Raucher ausgewiesen. Inzwischen riskiert sogar eine Konfrontation, wer in Gegenwart von Kindern qualmt.

Begrüßung Man redet sich mit dem Vornamen an, wobei jedoch Ältere registrieren, wenn man das höfliche »Mister« bzw. »Miss/Mrs.« benutzt. Die Nennung des Vornamens bedeutet keinesfalls sofortigen vertraulichen Umgang. Amerikaner bleiben Fremden gegenüber zunächst ebenso auf Distanz wie etwa Deutsche, nur sind sie **meist höflicher**.

Small Talk »It's a fine day, isn't it?« Egal, ob im Aufzug oder in einer Warteschlange: Wo man unversehens längere Zeit mit Amerikanern zusammen ist, äußern diese sich bald zu belanglosen Themen. Damit soll aber niemand in ein Gespräch verwickelt werden, sondern man empfindet dies einfach als höflich. Gar nichts zu sagen oder gar sich abzuwenden gilt als rüde und unhöflich – übrigens eine Eigenschaft, die i besonders den Deutschen nachgesagt wird.

Einladungen »Come and see us some time!« Man trifft viele nette Amerikaner und verbringt auch eine nette Zeit in angeregter Unterhaltung. Zum Schluss wird man oftmals mit einer Aufforderung zu einem neuen Treffen verabschiedet. Eine solche Einladung sollte man jedoch nicht allzu wörtlich nehmen, denn sie ist nur eine **Höflichkeitsfloskel.** In Wahrheit würden die amerikanischen Gesprächspartner staunen, käme man irgendwann tatsächlich einmal vorbei, ohne sich vorher rückversichert (»reconfirmed«) zu haben.

Diskussionen Das Gerücht, Amerikaner seien unbelesene Zeitgenossen hält sich unausrottbar. Die meisten US-Bürger kennen den Unterschied zwischen »Austria« und »Australia« und wissen auch, dass sie nicht im Paradies leben. **Kritik** aus »Old Europe« an amerikanischen Dauerproblemen wie Rassenfragen, Einwanderungspolitik, Schulsystem, Waffenbesitz usw. kann als Unhöflichkeit aufgefasst werden. Man wartet besser, bis man nach seiner Meinung gefragt wird. Dann merkt man, dass Amerikaner neugierige und diskutierfreudige Gesprächspartner sind.

GELD

Währung Währungseinheit der USA ist der US-Dollar (US-$). Außer Geldscheinen im Nennwert von 1, 5, 10, 20, 50 und 100 US-Dollar sind Münzen im Wert zu 1 (»Penny«), 5 (»Nickel«), 10 (»Dime«), 25

(»Quarter«), 50 Cents (half-dollar) und 1 Dollar im Umlauf. Man sollte unbedingt vor dem Abflug Geld tauschen und sich mit Kleingeld eindecken, denn der Wechselkurs ist in Europa günstiger als in den USA. In den USA ist ausländisches Bargeld nicht willkommen, die Reisekasse sollte möglichst aus **Kreditkarte, Dollar-Reiseschecks** und einigen **Dollars in bar** für den Anfang zusammengestellt sein.

Devisenbestimmungen

Die Ein- und Ausfuhr ausländischer und amerikanischer Zahlungsmittel unterliegt **keinen Beschränkungen.** Die Einfuhr von mehr als 10 000 US-$ muss deklariert werden.

Geldwechsel

Auf internationalen Flughäfen kann man in Bankfilialen **Devisen** gegen US-Dollar eintauschen. Auch in Touristenzentren akzeptieren manche Banken hin und wieder ausländisches Bargeld. In Hotels sollte man allerdings kein Geld tauschen, da der Wechselkurs dort viel schlechter ist.

Reiseschecks

Vor dem Abflug sollte man Dollar-Reiseschecks (Traveller Checks) kaufen, die **wie Bargeld** gehandhabt werden, in Hotels, Restaurants und Geschäften oft gegen Vorlage des Reisepasses oder des Führerscheins. Bei Diebstahl oder Verlust kann man bei den Filialen der ausstellenden Firmen unter Vorlage des Kontrollblatts sofort Ersatz für die verloren gegangenen Schecks erhalten.

Kreditkarten Bankkarten

Oft benutzt werden Kreditkarten; beim Mieten von Autos sind sie zur Kautionsleistung sogar **unerlässlich.** Man sollte sich eine der gängigen Karten anschaffen, mit der man an **Geldautomaten** (ATM = Automated Teller Machine) abheben kann.
Bankkarten mit blau-rotem Maestro-Zeichen können an Maestro-Kassen bzw. Maestro-Geldautomaten eingesetzt werden. Das gilt nicht für Bankkarten mit dem blau-gelben V PAY-Zeichen (z. B. von der Postbank).
Fast in jedem großen Einkaufszentrum und an Flughäfen findet man eine Bankfiliale bzw. einen Geldautomaten. **Banken** sind im Allgemeinen Mo.–Fr. 10–15, Do. oder Fr. bis 18 Uhr geöffnet, an Wochenenden und Feiertagen nur Bankschalter in internationalen Flughäfen.

GESUNDHEIT

Apotheken (Drugstore, Pharmacy)

Amerikanische Drugstores und Pharmacies ähneln deutschen Drogeriemärkten oder sind richtige Kaufhäuser. Frei zugänglich in Regalen liegt ein großes Sortiment an Medikamenten, die in Deutschland und anderswo verschreibungspflichtig sind. **Öffnungszeiten:** Drugstores bzw. Pharmacies sind 9–18, einige bis 21 Uhr oder länger geöffnet, z. B. in durchgehend geöffneten Supermärkten. **Notdienste:** Außerhalb der normalen Ladenöffnungszeiten gibt es keine speziellen Not- oder Nachtdienste. Notfalls muss man sich an die nächste Notaufnahme (Emergency Room, ER) wenden. Auch Krankenhäuser sind durchgehend geöffnet.

Ärztliche Hilfe ist teuer

Ein Krankenhausaufenthalt oder auch nur der Besuch in der Notaufnahme kann das Reisebudget kippen. Man sollte vor Antritt einer USA-Reise eine **Reisekrankenversicherung** abschließen.
Ärztlicher Notdienst: Niedergelassene Ärzte und Krankenhäuser findet man auf den »Yellow Pages« (Gelbe Seiten) der örtlichen Telefonbücher. In akuten Notfällen wählt man die **Notrufnummer 911 oder die 0 für den Operator,** der einen mit dem nächsten Emergency Room (Notaufnahme) verbindet.

LESE- UND FILMTIPPS

Romane und Lyrik

Harriet Beecher-Stowe: Onkel Toms Hütte (Anaconda 2013)
1852 erschienener Klassiker zum Thema Kampf gegen die Sklaverei: das Schicksal des Sklaven Tom und der Sklavin Eliza.

James Fenimore Cooper: Lederstrumpf (Bände 1 und 2, Ueberreuter 2010)
Der Klassiker ist alles andere als ein Jugendbuch: Die vierteilige Saga – darunter der berühmte »Letzte Mohikaner« – berichtet von der frühen Kolonialgeschichte im amerikanischen Nordosten und vom Zurückdrängen der Ureinwohner..

Amber Dermont: In guten Kreisen (mare 2015)
Ein Jugendlicher im Milieu der Ostküstenelite auf der Suche nach seinem Weg im Leben.

Brad Easton Ellis: American Psycho (Kiepenheuer & Witch, 2006)
Der Roman voller Gewalt und Pornografie handelt vom sinnentleerten Dasein eines New Yorker Börsenbrokers im Sinne des Raubtierkapitalismus. Die Veröffentlichung verursachte einen Skandal.

Robert Frost: Poems (Gedichte; St. Martin’s Paperbacks 2002)
Niemand hat die jahreszeitlichen Stimmungen in schönere lyrische Bilder umgesetzt als Robert Frost.

Siri Hustvedt: Damals (Rowohlt 2019)
Eine junge Frau kommt aus der Provinz nach New York und ist an allem Neuen interessiert.

John Irving: Garp und wie er die Welt sah (Diogenes, 2012)
Eine Neuenglandfamilie gerät durcheinander.

Nathaniel Hawthorne: Der scharlachrote Buchstabe (Insel, 2004)
Das Haus mit den sieben Giebeln (Manesse, 2004).
Das Thema ist die gnadenlose Intoleranz der Puritaner.

Herman Melville: Moby Dick (Aufbau Taschenbuch, 2010)
Kapitän Ahabs Jagd auf den weißen Wal ist ein Klassiker der amerikanischen Literatur und schildert – neben dem eigentlichen Abenteuer – das Leben der Walfänger von Nantucket im 19. Jahrhundert.

Arthur Miller: Hexenjagd (Fischer Taschenbuch, 1987)
Der Autor zieht eindrückliche Parallelen zwischen der Hexenjagd in Salem und der Kommunistenverfolgung der McCarthy-Ära.

Henry David Thoureau: Walden oder Leben in den Wäldern (Anaconda, 2009)
Ein Bericht über das Leben in den Wäldern bei Concord, MA.

Thomas Wolfe: Fegefeuer der Eitelkeiten (Rowohlt 2007)
Der Autor nimmt die New Yorker Society aufs Korn.

Don DeLillo: Falling Man (Schöningh im Westermann, 2011)
Wie die Anschläge auf das World Trade Center am 11. September 2001 das Leben von Menschen auf den Kopf stellten.

Brunonia Barry: Die Mondschwimmerin (btb Taschenbuch, 2011)
Spannender Roman über starke Frauen in Neuengland.

Filme

The Deer Hunter: Vietnam-Veteranen aus Pennsylvania versuchen, ins Leben zurückzufinden.

Mystic River: Dramatische Geschichte um einen Mordfall im irisch geprägten Bostoner Stadtteil South Boston.

Boston: Der Film mit Mark Wahlberg in der Hauptrolle rekonstruiert den Anschlag auf den Boston-Marathon im Jahr 2013.

On Golden Pond: Henry Fonda und Katharine Hepburn verleben als altes Ehepaar einen Sommer am Squam Lake, NH. Ein grandioser Film mit zwei Schauspiel-Ikonen!

Sex and the City: Vier muntere New Yorkerinnen auf der Suche nach dem richtigen Mann.

Der einzige Zeuge: Harrison Ford ermittelt bei den Amish.

Gone Baby Gone: Zwei Privatdetektive werden in den Fall eines entführten Mädchens im verarmten Bostoner Stadtbezirk Dorchester verstrickt.

MASSE UND GEWICHTE

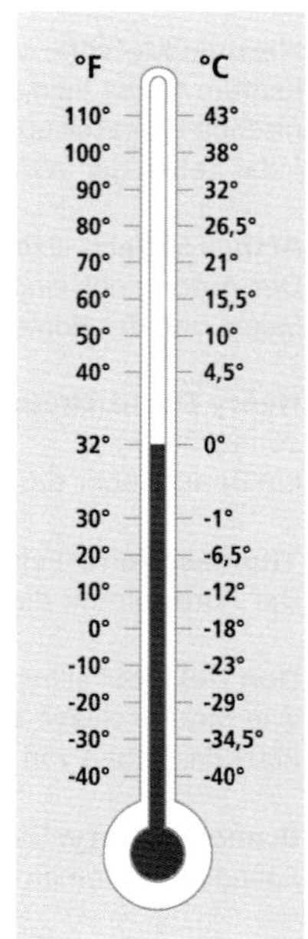

LÄNGENMASSE
1 inch (in; Zoll) = 2,54 cm
1 foot (ft; Fuß) = 30,48 cm
1 yard (yd; Elle) = 91,44 cm
1 mile (mi; Meile) = 1,61 km
1 km = 0,62 mi

FLÜSSIGKEITEN UND GEWICHTE
1 gill = 0,118 l
1 pint (pt) = 0,473 l
1 quart (qt) = 0,946 l
1 gallon (gal) = 3,787 l
1 ounce (oz; Unze) = 28,35 g
1 pound (lb; Pfund) = 453,59 g
1 stone = 6,35 kg

TEMPERATUREN
Umrechnung: Fahrenheit in Celsius: Zahl minus 32, dann geteilt durch 1,8

PREISE · VERGÜNSTIGUNGEN

Verkaufssteuern

Auf Preisschildern sind nur die Nettopreise vor Steuern angegeben. Die meisten Waren unterliegen der staatlichen **Sales Tax** (Verkaufssteuer) von derzeit 6 %. Einzelne Städte, Gemeinden und Counties erheben zusätzlich eine **General Sales Tax** (meist 1 %), einzelne Orte verlangen auch eine **Tourism Development Tax,** in etwa der deutschen Kurtaxe vergleichbar.

Viele Möglichkeiten

Kinder, Schüler, Studenten und Rentner bekommen Vergünstigungen beim Kauf von Flug- und Bahntickets, Hoteltarifen und Eintritten in Vergnügungsparks, National- und Staatsparks. Es lohnt sich, schon bei der Reiseplanung alle Anbieter touristischer Leistungen nach Sonderangeboten abzuklopfen.
In Tourismusbroschüren, die in Fremdenverkehrsbüros, Besucherzentren, Hotels, Tankstellen und Supermärkten ausliegen, sind meist **Coupons** mit Vergünstigungen beigeheftet, die von besonders günstigen Hotelübernachtungen bis zum Schnäppchen im nächsten Factory Outlet reichen. Das lohnt hin und wieder durchaus.

Trinkgeld (Tip)

Trinkgeld ist in der Regel nicht im Endpreis enthalten und wird gesondert gegeben. Dies ist zwar keine ausgesprochene Pflicht, doch das Personal in Restaurants und Hotels erhält nur bescheidene Löhne und ist auf Trinkgeld angewiesen. Üblich sind 15 % des Rechnungsbetrags vor Steuern. Der »tip« wird im Restaurant auf dem Tisch liegen gelassen. Hotelpagen erwarten 1 $ pro Koffer; Zimmermädchen bekommen 2 $ pro Tag. Man kann den Endbetrag beim Auschecken in einem Umschlag im Zimmer hinterlassen. Bietet ein Hotel oder Restaurant »valet parking« (Angestellte parken das Auto), erhalten diese 1 $.

REISEZEIT

Frühling

Der Frühling ist in den Neuenglandstaaten in der Regel ziemlich kurz und heftig. Bis Ende April kann es viel Schnee und strenge Nachtfröste geben. Ende April bzw. im Mai wird es im Allgemeinen schlagartig warm, die Vegetation explodiert förmlich. Im Juni beginnt die Sommerhitze.

Sommer

Juli und August sind die heißesten und sonnigsten Monate des Jahres. Die küstennahen Inseln sind gegenüber dem Festland im Hochsommer durch angenehmere Temperaturen, weniger Regen und – trotz einiger Nebeltage – auch mehr Sonnenschein begünstigt. Vor Neuengland hält der kalte **Neufundlandstrom** die Wassertemperaturen auch im August mit 20–21 °C bei Cape Cod und 17–18 °C vor Maine recht niedrig. Die Wassertemperaturen im Juli und September sind allgemein noch bzw. schon um 2–3 °C kälter.

Unglücklicherweise sorgt die kalte Meeresströmung im Atlantik ausgerechnet im Haupturlaubsmonat Juli für die meisten **Nebeltage.** Dann werden vor Maine durchschnittlich 7 bis 12 Tage, vor Massachusetts und Rhode Island sowie auf den Inseln Nantucket und Block Island bis zu 14 Tage mit Küsten- oder Seenebel beobachtet. Über Land lösen sich die Nebelfelder durch Sonneneinstrahlung oft auf.

Hurrikansaison Im Spätsommer und Herbst besteht in ganz Neuengland die Gefahr von Hurrikans. Die tropischen **Wirbelstürme,** die manchmal an der Ostküste nordostwärts wandern, sorgen nicht nur für heftige Gewitterstürme, sondern auch für sintflutartige Regenfälle mit großflächigen Überschwemmungen und Erdrutschen im Hinterland.

Herbst Während der September oft noch recht sommerlich mit hohen Temperaturen und gewittrigen Schauern bleibt, gibt es im Oktober typischerweise stabiles Hochdruckwetter mit milden Tagen und frostigen Nächten. Anfang Oktober erreicht der **Indian Summer** (► Baedeker Wissen, S.34/35) seinen Höhepunkt. Dann hüllen Fröste die Laubwälder in ein farbenprächtiges Kleid und klare Luft beschert ein erholsames Intermezzo zwischen der drückenden Hitze des Sommers und der bitteren Kälte des kommenden Winters, der oft schon Ende Oktober Einzug hält.

Winter Die Winter sind kalt, schneereich und windig; gelegentlich wird die Kälte durch Warmluftvorstöße abgeschwächt. In den Niederungen des südlichen Neuengland fallen die Niederschläge häufig als Regen. Massive Wetterstürze werden nicht selten von schweren Schnee- (Blizzards) und Eisstürmen eingeleitet oder begleitet. Danach kann es zu erheblichen Abweichungen von den für die Jahreszeit üblichen Temperaturen kommen. So wurden beispielsweise in einem Februar in Portland (ME) schon –39 °C, aber auch +18 °C gemessen.

SICHERHEIT

Kriminalität Spätestens seit Al Capone ist bekannt, dass manche Städte und Gegenden der USA Tummelplätze für dunkle Gestalten sind. Dies gilt insbesondere für dicht besiedelte Großräume, wo soziale Gegensätze besonders scharf ausgeprägt sind. New York City – zumindest da, wo Touristen hinkommen – hat es durch äußerst rigide Maßnahmen geschafft, wieder als sicher zu gelten. Die ländlichen Gegenden im Nordosten der USA kann man als sicher betrachten; in den Großstädten sollte man einige Verhaltensregeln beherzigen.

Einige Verhaltens-tipps

Nach Einbruch der Dunkelheit sollte man Parkanlagen, dunkle Viertel, unübersichtliche Straßen etc. meiden und nicht allein unterwegs sein. Falls man in einen **Unfall** verwickelt wird, der sich unter merkwürdigen Umständen ereignet hat, sollte man zunächst bei verschlossenen Türen im Auto sitzen bleiben und mit dem Aussteigen warten, bis man die ganze Situation überblickt.
Wertgegenstände und größere Geldbeträge deponiert man im Hotelsafe. Im Kofferraum des Fahrzeugs verschwindet alles, was Begehrlichkeiten wecken könnte. Tritt der Fall der Fälle doch ein, sollte man sich dem Gangster keinesfalls entgegenstellen. Heldenmut musste schon oft teuer bezahlt werden. In Notsituationen wendet man sich unbedingt an die nächste Polizeidienststelle: **Tel. 911.**

SPRACHE

Das amerikanische Englisch unterscheidet sich vom britischen Englisch und vom deutschen Schulenglisch in Aussprache, Betonung, und Wortschatz.

AMERIKANISCHES ENGLISCH

AUF EINEN BLICK

Ja/Nein	**yes/no**
Vielleicht	**perhaps/maybe**
Bitte	**Please**
Danke./Vielen Dank!	**Thank you./Thank you very much.**
Gern geschehen.	**You're welcome.**
Entschuldigung!	**Excuse me!**
Wie bitte?	**Pardon?**
Ich verstehe Sie/Dich nicht.	**I don't understand.**
Ich spreche nur wenig ...	**I only speak a bit of ...**
Können Sie mir bitte helfen?	**Can you help me, please?**
Ich möchte ...	**I'd like ...**
Das gefällt mir (nicht).	**I (don't) like this.**
Haben Sie ...?	**Do you have ...?**
Wie viel kostet es?	**How much is this?**
Wie viel Uhr ist es?	**What time is it?**
Wie heißt dies hier?	**What is this called?**

KENNENLERNEN

Guten Morgen!	**Good morning!**
Guten Tag!	**Good afternoon!**

Guten Abend!	**Good evening!**
Hallo! Grüß Dich!	**Hello!/Hi!**
Mein Name ist ...	**My name is ...**
Wie ist Ihr/Dein Name?	**What's your name?**
Wie geht es Ihnen/Dir?	**How are you?**
Danke. Und Ihnen/Dir?	**Fine thanks. And you?**
Auf Wiedersehen!	**Goodbye!/Bye-bye!**
Gute Nacht!	**Good night!**
Tschüs!	**See you!/Bye!**

AUSKUNFT/UNTERWEGS

links/rechts	**left/right**
geradeaus	**straight ahead**
nah/weit	**near/far**
Bitte, wo ist ...?	**Excuse me, where's ..., please?**
... der Bahnhof	**... the train station**
... die Bushaltestelle	**... the bus stop**
... der Hafen	**... the harbour**
... der Flughafen	**... the airport**
Wie weit ist das?	**How far is it?**
Ich möchte ein Auto mieten.	**I'd like to rent a car.**
Wie lange?	**How long?**

STRASSENVERKEHR

Ich habe eine Panne.	**My car's broken down.**
Gibt es in der Nähe eine Werkstatt?	**Is there a service station nearby?**
Wo ist die nächste Tankstelle?	**Where's the nearest gas station?**
Ich möchte ...	**I want**
Liter/Gallonen (3,8 l) ...	**... liters/gallons of ...**
... Normalbenzin.	**... regular.**
... Super.	**... premium.**
... Diesel.	**... diesel.**
... bleifrei.	**... unleaded**
Volltanken, bitte.	**Full, please.**
Hilfe!	**Help!**
Achtung!	**Attention!**
Vorsicht!	**Look out!**
Rufen Sie bitte ...	**Please call ...**
... einen Krankenwagen./die Polizei.	**... an ambulance./the police.**
Es war meine Schuld.	**It was my fault.**
Es war Ihre Schuld.	**It was your fault.**
Geben Sie mir bitte Namen und Anschrift.	**Please give me your name and address.**
Vorsicht vor ...	**Beware of ...**
Ortsumgehung (mit Straßennummer)	**Business (mit Straßennummer)**
Umgehungsstraße	**Bypass (Byp)**
Brücke, Pontonbrücke	**Causeway**
Achtung! Vorsicht!	**Caution!**
Bauarbeiten	**Construction**

Kreuzung, Überweg	**Crossing (Xing)**
Sackgasse	**Dead End**
Umleitung	**Detour**
Straße mit Mittelstreifen	**Divided Highway**
Einfahrt verboten	**Do not enter**
Ausfahrt	**Exit**
Steigung/Gefälle/unübersichtlich	**Hill (Überholverbot)**
Behindertenparkplatz	**Handicapped Parking**
Kreuzung, Abzweigung, Einmündung	**Junction (Jct)**
Abstand halten ...	**Keep off ...**
Ladezone	**Loading Zone**
Einmündender Verkehr	**Merge (Merging Traffic)**
Schmale Brücke	**Narrow Bridge**
Parken verboten	**No Parking**
Überholen verboten	**No Passing**
Rechtsabbiegen bei Rot verboten	**No Turn on Red**
Wenden erlaubt	**U Turn**
Wenden verboten	**No U Turn**
Einbahnstraße	**One Way**
Ein- und Aussteigen erlaubt	**Passenger Loading Zone**
Fußgängerüberweg	**Ped Xing**
Zeitlich begrenztes Parken erlaubt	**Restricted Parking Zone**
Vorfahrt	**Right of Way**
Straßenbauarbeiten	**Road Construction**
Schleudergefahr bei Nässe	**Slippery when wet**
Langsam fahren	**Slow**
Straßenbankette nicht befestigt	**Soft Shoulders**
Geschwindigkeitsbegrenzung	**Speed Limit**
Benutzungsgebühr, Maut	**Toll**
Absolutes Parkverbot, Abschleppzone	**Tow away Zone**
Kreuzung, Überweg	**Xing (Crossing)**
Vorfahrt beachten	**Yield**

EINKAUFEN

Wo finde ich ... eine/ein ..?	**Where can I find a ...?**
Apotheke	**pharmacy**
Bäckerei	**bakery**
Kaufhaus	**department store**
Lebensmittelgeschäft	**food store**
Supermarkt	**supermarket**

ÜBERNACHTUNG

Können Sie mir ... empfehlen?	**Could you recommend ... ?**
... ein Hotel/Motel	**... a hotel/motel**
... eine Frühstückspension	**... a bed & breakfast**
Haben Sie noch ...?	**Do you have ...?**
... ein Einzelzimmer /Doppelzimmer	**... a room for one/two**
... mit Dusche/Bad	**... with a shower/bath**

... für eine Nacht/Woche	**... for one night/week**
Ich habe ein Zimmer reserviert.	**I've reserved a room.**
Was kostet das Zimmer	**How much is the room**
... mit Frühstück?	**... with breakfast?**

ARZT

Können Sie mir einen guten Arzt empfehlen?	**Can you recommend ... a good doctor?**
Ich brauche einen Zahnarzt.	**I need a dentist.**
Ich habe hier Schmerzen.	**I feel some pain here.**
Ich habe Fieber.	**I've got a temperature.**
Rezept	**prescription**
Spritze	**injection/shot**

BANK/POST

Wo ist hier bitte eine Bank?	**Where's the nearest bank?**
Geldautomat	**ATM (Automated Teller Machine)**
Ich möchte Euros in Dollars wechseln.	**I'd like to change euros into dollars.**
Was kostet ...	**How much is ...**
... ein Brief ... / ... eine Postkarte ...	**... a letter ... / ... a postcard ...**
nach Europa?	**to Europe?**

ZAHLEN

1	**one**	2	**two**
3	**three**	4	**four**
5	**five**	6	**six**
7	**seven**	8	**eight**
9	**nine**	10	**ten**
11	**eleven**	12	**twelve**
13	**thirteen**	14	**fourteen**
15	**fifteen**	16	**sixteen**
17	**seventeen**	18	**eighteen**
19	**nineteen**	20	**twenty**
21	**twenty-one**	30	**thirty**
40	**forty**	50	**fifty**
60	**sixty**	70	**seventy**
80	**eighty**	90	**ninety**
100	**hundred**	1000	**one thousand**
1/2	**a half**	1/3	**a third**
1/4	**a quarter**		

RESTAURANT

Wo gibt es hier ein gutes Restaurant?	**Is there a good restaurant here?**
Reservieren Sie uns bitte für heute Abend einen Tisch!	**Would you reserve us a table for this evening, please?**
Die Speisekarte bitte!	**The menu please!**
Auf Ihr Wohl!	**Cheers!**

Bezahlen, bitte.	**Could I have the check, please?**
Wo ist bitte die Toilette?	**Where is the restroom, please?**

FRÜHSTÜCK	BREAKFAST
Kaffee (mit Sahne/Milch)	**coffee (with cream/milk)**
koffeinfreier Kaffee	**decaffeinated coffee**
heiße Schokolade	**hot chocolate**
Tee (mit Milch/Zitrone)	**tea (with milk/lemon)**
Rühreier	**scrambled eggs**
pochierte Eier	**poached eggs**
Eier mit Speck	**bacon and eggs**
Spiegeleier	**eggs sunny side up**
harte/weiche Eier	**hard-boiled/soft-boiled eggs**
(Käse-/Champignon-)Omelett	**(cheese/mushroom) omelette**
Pfannkuchen	**pancake**
Brot/Brötchen/Toast	**bread/rolls/toast**
Butter	**butter**
Zucker	**sugar**
Honig	**honey**
Marmelade/Orangenmarmelade	**jam/marmelade**
Joghurt	**yoghurt**
Obst	**fruit**

VORSPEISEN UND SUPPEN	STARTERS AND SOUPS
Fleischbrühe	**broth/consommé**
Hühnercremesuppe	**cream of chicken soup**
Tomatensuppe	**cream of tomato soup**
gemischter/grüner Salat	**mixed/green salad**
frittierte Zwiebelringe	**onion rings**
Meeresfrüchtesalat	**seafood salad**
Garnelen-/Krabbencocktail	**shrimp/prawn cocktail**
Räucherlachs	**smoked salmon**
Gemüsesuppe	**vegetable soup**

FISCH UND MEERESFRÜCHTE	FISH AND SEAFOOD
Kabeljau	**cod**
Krebs	**crab**
Aal	**eel**
Schellfisch	**haddock**
Hering	**herring**
Hummer	**lobster**
Muscheln	**mussels**
Austern	**oysters**
Barsch	**perch**
Scholle	**plaice**
Lachs	**salmon**
Jakobsmuscheln	**scallops**
Seezunge	**sole**

Tintenfisch	**squid**
Forelle	**trout**
Tunfisch	**tuna**

FLEISCH UND GEFLÜGEL	**MEAT AND POULTRY**
gegrillte Schweinerippchen	**barbecued spare ribs**
Rindfleisch	**beef**
Hähnchen	**chicken**
Geflügel	**poultry**
Kotelett	**chop/cutlet**
Filetsteak	**fillet**
(junge) Ente	**duck(ling)**
Schinkensteak	**gammon**
Fleischsoße	**gravy**
Hackfleisch vom Rind	**ground beef**
gekochter Schinken	**ham**
Nieren	**kidneys**
Lamm	**lamb**
Leber	**liver**
Schweinefleisch	**pork**
Würstchen	**sausages**
Lendenstück vom Rind, Steak	**sirloin steak**
Truthahn	**turkey**
Kalbfleisch	**veal**
Reh oder Hirsch	**venison**
NACHSPEISE UND KÄSE	**DESSERT AND CHEESE**
gedeckter Apfelkuchen	**apple pie**
Schokoladenplätzchen	**brownies**
Hüttenkäse	**cottage cheese**
Sahne	**cream**
Vanillesoße	**custard**
Obstsalat	**fruit salad**
Eiscreme	**icecream**
Gebäck	**pastries**

GEMÜSE UND SALAT	**VEGETABLES AND SALAD**
gebackene Kartoffeln in der Schale	**baked potatoes**
Pommes frites	**french fries**
Bratkartoffeln	**hash browns**
Kartoffelpüree	**mashed potatoes**
Kohl	**cabbage**
Karotten	**carrots**
Blumenkohl	**cauliflower**
Tomaten	**tomatoes**
Gurke	**cucumber**
Knoblauch	**garlic**
Lauch	**leek**
Kopfsalat	**lettuce**
Pilze	**mushrooms**
Zwiebeln	**onions**

Erbsen	**peas**
Paprika	**peppers**
Kürbis	**pumpkin**
Spinat	**spinach**
Mais	**sweet corn**
Maiskolben	**corn-on-the-cob**

OBST	FRUIT
Äpfel	**apples**
Birnen	**pears**
Aprikosen	**apricots**
Orange	**orange**
Brombeeren	**blackberries**
Pfirsiche	**peaches**
Kirschen	**cherries**
Ananas	**pineapple**
Weintrauben	**grapes**
Pflaumen	**plums**
Grapefruit	**grapefruit**
Himbeeren	**raspberries**
Zitrone	**lemon**
Erdbeeren	**strawberries**
Preiselbeeren	**cranberries**
GETRÄNKE	BEVERAGES
Bier (vom Fass)	**beer (on tap)**
Apfelwein	**cider**
Rotwein/Weißwein	**red wine/white wine**
trocken/lieblich	**dry/sweet**
Sekt, Schaumwein	**sparkling wine**
alkoholfreie Getränke	**soft drinks**
Fruchtsaft	**fruit juice**
gesüßter Zitronensaft	**lemonade**
Milch	**milk**
Mineralwasser	**mineral water/spring water**

TELEKOMMUNIKATION·POST

Telefon

Besonderheiten

Telefonwähltasten sind **auch mit Buchstaben** belegt, sodass viele Nummern als leicht merkbares Kennwort angegeben sind (z. B. landesweite Pannenhilfe: Tel. 1-800-AAA-HELP).

Öffentliche Telefone

Die meisten der verbliebenen öffentlichen Telefone funktionieren nur noch bargeldlos mit **Telefonkarte** (»Phone cCard«) oder Kreditkarte (»Credit Card«). Wenige Münzfernsprecher gibt es noch für Ortsgespräche (»Local Calls«). Gespräche **von Hoteltelefonen** sollte man vermeiden, da hier deftige Gebühren (»Surcharges«) anfallen.

Gebührenfreie Nummern

»Toll free«-Gespräche (800- oder 888-Nummern) können **gebührenfrei** nur **aus dem US-Festnetz** geführt werden. Bei Mobiltelefonen fallen die üblichen Gebühren an. Hinter 900-Nummern verbergen sich meist ziemlich teure **kommerzielle Dienste**.

Und so geht es

Bei Gesprächen innerhalb eines Telefonbezirks wählt man die »1« und nur die Teilnehmernummer. Innerhalb der USA wählt man zunächst die »1«, dann die Ortsvorwahl (»Area Code«) und schließlich die Teilnehmernummer. Für **internationale Gespräche** (»International Calls«) gilt: Von Privatanschlüssen wählt man »011«, dann die Länder- und Ortsnetzkennzahl ohne die »0« und schließlich die Teilnehmernummer. Von öffentlichen Telefonen wählt man die »0«. Es meldet sich der **Operator**, der alle weiteren Instruktionen erteilt. Für ein **R-Gespräch** wird ebenfalls die »0« gewählt, dann folgt die Rufnummer, und es meldet sich der Operator.

Telefonkarten

Für internationale Telefongespräche empfehlen sich »**Prepaid Phone Cards**«, die in Einkaufszentren, an Flughäfen, an Tankstellen usw. erhältlich sind. Die **UniversalCard** kann sowohl von einem Cellion-Mobilfunkanschluss (www.cellion.de) als auch von jedem US-Festnetztelefon und jeder US-Telefonzelle genutzt werden.

Mobiltelefon, Internet

Mobiltelefone werden in den USA als **Cell Phone** oder Mobile Phone bezeichnet. Es wird die Nutzung von Quad-Band-Geräten empfohlen, die sowohl in Europa als auch in den USA einsetzbar sind. Smartphones sind in den USA uneingeschränkt verwendbar. Bei Zugriff auf **kostenloses WLAN** – Hotspots gibt u. a. in Cafés, Fastfoodketten, Einkaufszentren, vielen Hotels und auf Flughäfen – kann man gratis skypen oder via Google Hangout, WhatsApp o. Ä. mit der Heimat kommunizieren. Wer ständig erreichbar bleiben möchte, sollte sich vor Ort eine Prepaid-Karte zulegen. Diese **SIM-Karten** erhält man in Florida u. a. bei Walmart, Publix und in den meisten Tankstellen.

Notfall-Telefon nach Deutschland

Bargeldloses Telefonieren ist im Notfall mit einem Gesprächspartner in Deutschland möglich über den **R-Talk** der Deutschen Telekom AG (früher R-Gespräch bzw. Deutschland-Direkt-Dienst). Dieser Telefondienst ist rund um die Uhr aus den Vereinigten Staaten erreichbar unter der Telefonnummer 1-800-292-004. Kommt ein Gespräch zustande, werden die Gebühren dem Empfänger nach dessen Einverständnis in Rechnung gestellt.

WICHTIGE TELEFONNUMMERN

TELEFONAUSKUNFT ...
... Inland 411
... Ausland 1-555-1212

LÄNDERVORWAHLEN

VON EUROPA ...
... in die USA: 001

VON DEN USA ...
... nach Deutschland: 011 49
... nach Österreich: 011 43
... in die Schweiz: 011 41
Die 0 der Ortsvorwahl entfällt.

R-GESPRÄCHE
0 (»Operator«)

Post

United States Postal Service

Der United States Postal Service (**USPS**) ist nur für die Brief- und Paketbeförderung (auch Geldüberweisungen) zuständig. **Briefmarken** erhält man in Postfilialen sowie an Automaten in Flughäfen, Bahnhöfen, Busstationen, Hotel-Lobbies und Drogerien.

Öffnungszeiten

Öffnungszeiten der durch **US-Flaggen** gekennzeichneten Postfilialen sind in der Regel: Mo.–Fr. 9–17/18, Sa. 8–12 Uhr. Kleinere Filialen machen eine Mittagspause. Die **blauen Briefkästen** tragen die Aufschrift »United States Postal Service« und einen stilisierten Adler.

Porto

Das Porto beträgt für Postkarten 34 Cents (innerhalb der USA) bzw. 1,15 $ (nach Europa); für Briefe 49 Cents (innerhalb der USA) bzw. 1,15 $ (nach Europa, 1 Unze/28 g).

VERKEHR

Flugverkehr

Die wichtigsten **Flughäfen** im Nordosten sind Boston, Philadelphia und die drei New Yorker Airports (JFK, LaGuardia und Newark/NJ). Von ihnen kann man täglich viele kleinere Flughäfen im Nordosten und auch andere Ziele in den USA erreichen. Alle größeren Flughäfen sind bestens in die Straßennetze eingebunden und haben gute Nahverkehrsanschlüsse in die Stadtzentren bzw. in wichtige Orte des Hinterlands. Viele Hotels, Mietwagenfirmen usw. unterhalten einen **Airport Shuttle Service**. An den größeren Flughäfen sind alle namhaften Autovermieter vertreten.

Bahnverkehr

Den Reisezugverkehr organisiert das Service-Unternehmen **Amtrak**. Es ist für die Fahrgastbetreuung und die Fahrplangestaltung zuständig. Für das Streckennetz und das rollende Material sind mehrere Eisenbahngesellschaften verantwortlich. Amtrak bietet verschiedene Rundreisepässe an, die aber nur außerhalb der USA günstig gekauft werden können. Sie gelten 15 oder 30 Tage. Der **National Rail Pass** gilt für das gesamte Streckennetz in den USA; für den Nordosten gibt es den Pass »Northeast«.

Busverkehr

Greyhound-Busse

Omnibusse der **Greyhound Inc.** pendeln zwischen allen wichtigen Städten und Touristenzentren des Nordostens. Der Greyhound Ameri-Pass, gültig für 4, 7, 15 oder 30 Tage, und der Greyhound Discovery-Pass eignen sich für Rundreisen im Nordosten. Diese Pässe können nur außerhalb der USA in Reisebüros erworben werden.

Mit dem Auto unterwegs

Wichtige Regeln

Jeder US-Bundesstaat hat neben bundesweiten auch eigene Verkehrsgesetze. Gegenüber den Bestimmungen in Europa bestehen ein paar Unterschiede. Nachstehend einige zu beherzigende Regelungen: Trotz Rechtsverkehrs hat an ungeregelten Kreuzungen der **Vorfahrt,** der zuerst da war. Nötigenfalls muss man sich verständigen.
4-Way Stop: An vielen Kreuzungen sind alle Einmündungen mit Stoppschildern versehen. Jeder Verkehrsteilnehmer muss hier anhalten. Wer zuerst an der Kreuzung war, darf als Erster weiterfahren.
Gurtpflicht: In den meisten Bundesstaaten ist das Anschnallen zumindest auf den Vordersitzen Pflicht. Kinder unter vier Jahren dürfen in allen Staaten nur in einem speziellen Kindersitz mitfahren.
In verkehrsberuhigten Innenstädten und Wohngebieten liegen die **Höchstgeschwindigkeiten** zwischen 20 mph/32 km/h und 35 mph/56 km/h; in der Nähe von Schulen, Altenheimen oder Krankenhäusern in Straßennähe kann die Höchstgeschwindigkeit nur 15 mph/24 km/h betragen! Auf Ausfallstraßen und Überlandstraßen mit Gegenverkehr darf man bis zu 45 mph/72 km/h schnell sein. Führt die Straße durch

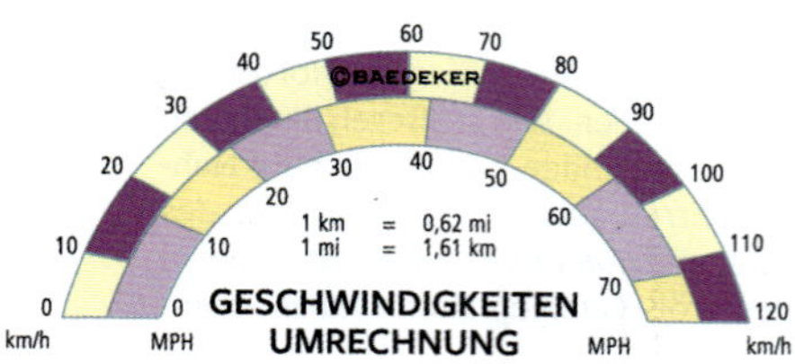

Gebiete mit Wildwechsel, sind bei Nacht nur noch 35 mph/ 56 km/h erlaubt. Auf mehrspurigen Straßen und Autobahnen (Highways) darf man bis zu 55 mph/88 km/h schnell sein, auf verkehrsarmen Abschnitten auch bis 70 mph/112 km/h.
Die **Promillegrenze** liegt je nach Staat und County zwischen 0,0 und 1 Promille! »Driving under influence« wird hart geahndet. Angebrochene alkoholische Getränke dürfen nur im Kofferraum transportiert werden, in Wohnmobilen außerhalb der Reichweite des Fahrers. Unter 21-Jährige dürfen keine alkoholischen Getränke dabei haben.
Schulbusse: Auf einer Straße mit Gegenverkehr muss man anhalten, wenn ein signaldunkelgelber Schulbus ein- und aussteigen lässt. Hält ein Schulbus auf einer durch einen breiten Grünstreifen bzw. durch eine Barriere vom Gegenverkehr getrennten Fahrbahn, so gilt diese Regelung nur für den in derselben Richtung fließenden Verkehr.
In den USA **hängen die Verkehrsampeln hinter (!) der Kreuzung**. Rechtsabbiegen trotz roter Ampel ist nach vollständigem Anhalten und bei Beachtung der Vorfahrt erlaubt. Verboten ist das Rechtsabbiegen bei Rot durch das Verkehrsschild »No turn on red«.
Abblendlicht: Bei tief stehender Sonne und auch bei Sichtweiten unter 300 m, bei Regen und Schnee sowie auf schnurgeraden Straßen mit Gegenverkehr muss mit eingeschaltetem Abblendlicht gefahren werden.
Parken: An Fernstraßen außerhalb von Siedlungen und an vielen Straßen innerorts darf nicht geparkt werden. Auch vor Hydranten und an Bushaltestellen ist Parken verboten.
Wenden: ist auf den meisten Straßen verboten und durch das Verkehrszeichen mit der Aufschrift »No U Turns« markiert.
Rechts überholen: Auf mehrspurigen Straßen (Interstates, manche Highways) ist rechts überholen gestattet.
Durchgezogene Linien: dürfen nicht überfahren werden, ebenso einfache durchgezogene Linien auf der Fahrerseite. Auf vielen Straßen sind Abbiegekorridore markiert.
Rush-Hour-Spuren: Auf mehrspurigen Straßen in Ballungsräumen sind Fahrspuren markiert, die im morgendlichen und abendlichen Stoßverkehr nur von Fahrzeugen mit zwei und mehr Insassen benutzt werden dürfen.
Xing (Crossing): Das englische »Crossing« (dt. = überqueren) wird sehr oft mit »Xing« abgekürzt. Ein Verkehrsschild mit der merkwürdigen Aufschrift »Ped Xing« (»Pedestrian Crossing«) kündigt also einen Fußgängerüberweg an.
Anhalter: Autostopp ist zwar erlaubt, aber auf Interstates und ihren Zufahrten ist Anhalten per Handzeichen streng untersagt.

Interstates, Highways

Interstates entsprechen deutschen Autobahnen und unterscheiden sich durch blau-weiß-rote Beschilderung von normalen Highways. Interstates mit geraden zweistelligen Nummern verlaufen in Ost-

VERKEHRSZEICHEN

Vorschriftszeichen

Halt!
Vorfahrt
gewähren

Stopsignal
für 4 Fahrspuren

Einfahrt
verboten

Vorfahrt
beachten

WRONG WAY

Falsche Richtung

Rechtsabbiegen
verboten

Wenden verboten

Radfahrverbot

Höchst-
geschwindig-
keit

Voranzeige für
Geschwindigkeitsbegrenzung

Kriechspur

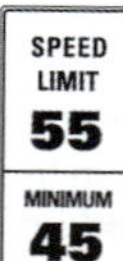

Höchstgeschwindigkeit
mit vorgeschriebener
Mindestgeschwindigkeit

Einbahn-
straße

Schulzone
Höchst-
geschwindigkeit

Getrennte
Fahrbahn

Nur tangentiales
Linksabbiegen
gestattet

Bei Rot
nicht abbiegen

Gefahrzeichen

Kreuzung

Einmündung

Voranzeige
Getrennte Fahrspuren

Gegenverkehr

Engpass

Bahnübergang

Überholverbot

Schmale Brücke

Kurven

Doppelkurve rechts beginnend

Kurvenreiche Strecke

Voranzeige Stopstelle

Voranzeige Vorfahrt beachten

Schüler

Schulbereich

Fußgänger

Gefährliches Gefälle

Schleudergefahr

Maximale Höhe

Schwerverkehr

Achtung! Alligatoren

Wildwechsel

Viehtrieb

Straßenbauarbeiten

Voranzeige Signalisations-person

Höchstgeschwindigkeit auf Autobahnausfahrten

Richtzeichen

Rastplatz

Telefon

Krankenhaus

Campingplatz

Caravaning

West-Richtung, solche mit ungeraden zweistelligen Nummern in Nord-Süd-Richtung. Dreistellige Nummern bezeichnen Schnellstraßen-Ringe und Stadtumfahrungen.

Highways sind das Pendant zu den deutschen Bundesstraßen, jedoch in den meisten Fällen mehrspurig ausgebaut. Weiße Schilder kennzeichnen sie als Bundes- (z. B. US 6) oder Staatsstraßen (State Roads; z. B. SR 28 bzw. MA 28). Auch hier definiert die Nummer die grobe Himmelsrichtung. Mit »ALT« (alternative) oder »BUS« (business) werden Umgehungsstraßen bezeichnet. Der wichtigste Unterschied zwischen Highways und Interstates besteht darin, dass Erstere meist nicht kreuzungsfrei sind. Bei Einmündungen und beim Linksabbiegen ist daher besondere Vorsicht geboten.

Toll steht für Straßenbenutzungsgebühr (Maut), die auf einigen Interstates und Highways sowie für die Benutzung von Brücken, Dammstraßen und Tunnels bzw. Unterführungen erhoben wird.

Ausfahrten: Auf Straßen mit baulich getrennten Fahrstreifen liegen die Ausfahrten normalerweise auf der rechten Seite. Bei beengten Verhältnissen kann sie aber auch auf der linken Seite sein.

Kraftstoffe

Angeboten werden **Diesel** (»Gasoil«) und **bleifreies Benzin** (»gas unleaded«) in den Sorten »Regular« (Normal) und »Premium« (Super). Um die Zapfsäule betriebsbereit zu machen, muss ein Hebel umgelegt oder eine Halterung nach oben gezogen werden. An vielen Tankstellen wird abends und nachts Vorauskasse verlangt.

Mietwagen

Verkehrsmittel der Wahl

Den Nordosten erkundet man am besten mit einem Mietwagen. Einige Vermieter bieten ihre Fahrzeuge zu interessanten Preisen an, wobei die Wochenpauschalen besonders günstig sind. Man sollte sich jedoch nicht von den extrem niedrigen Grundmieten blenden lassen, sondern auf einen **ausreichenden Versicherungsschutz** (Haftpflicht, Kasko, Selbstbeteiligung) und auf Freimeilen achten. Versicherungspakete können recht teuer sein. Zudem fallen noch die Steuern des jeweiligen Staates und eventuell sogar Flughafensteuern (Airport Taxes) an, Letztere jedoch nur bei Benutzung eines Airport Shuttle (Autobusdienst) vom Flughafen zum Autohof des Vermieters. Am besten: von zu Hause aus mieten!

Wer ein Fahrzeug anmieten will, muss einen nationalen oder international anerkannten **Führerschein** (driver's licence) vorlegen können und in der Regel mindestens **21 Jahre** alt sein.

Übergabe

Zwar hat jede Mietwagenfirma ihren Schalter am Flughafen, das Auto selbst erhält man aber woanders. Vom Flughafen zur Mietstation geht es per Shuttle Bus. Ist das bestellte Auto nicht verfügbar, hat man Anrecht auf ein Fahrzeug der nächsthöheren Klasse. Die Fahrzeuge werden nur gegen eine **Kaution** abgegeben, die bei den meisten Vermietern durch Vorlage einer Kreditkarte als geleistet gilt.

Autoversicherungen

Die Autovermieter bieten einen Wirrwarr unterschiedlicher Versicherungen an, die alle abzuschließen nicht unbedingt nötig ist: **CDW** (Collision Damage Waiver): Haftungsbefreiung für Unfallschäden am Fahrzeug (dringend empfohlen); **LDW** (Loss Damage Waiver): Haftungsbefreiung bei Verlust des Fahrzeugs; **PAI** (Personal Accident Insurance): Insassenunfallversicherung; **PEC** (Personal Effect Coverage): Reisegepäckversicherung; **LIS** bzw. **SLI**: Haftpflicht-Zusatzversicherung, mit der die Haftpflichtsumme der bestehenden gesetzlichen Haftpflichtversicherung erhöht wird.

REGISTER

C

D

E

F

I

J

K

L

M

N

O

P

Q

R

S

Y

Z

ATMOSFAIR

Reisen verbindet Menschen und Kulturen. Doch wer reist, erzeugt auch CO2. Der Flugverkehr trägt in erheblichem Maße zur globalen Erwärmung bei. Wer das Klima schützen will, sollte sich nach Möglichkeit für die schonendere Reiseform entscheiden (wie z.B. die Bahn). Gibt es keine Alternative zum Fliegen, kann man mit atmosfair klimafördernde Projekte unterstützen.
atmosfair ist eine gemeinnützige Klimaschutzorganisation unter der Schirmherrschaft von Klaus Töpfer. Flugpassagiere spenden einen kilometerabhängigen Betrag und finanzieren damit Projekte in Entwicklungsländern, die den Ausstoß von Klimagasen verringern helfen. Dazu berechnet man mit dem Emissionsrechner auf **www.atmosfair.de** wieviel CO2 der Flug produziert und was es kostet, eine vergleichbare Menge Klimagase einzusparen (z.B. Berlin – London – Berlin ca. 10 €). atmosfair garantiert die sorgfältige Verwendung Ihres Beitrags. Alle Informationen dazu auf www.atmosfair.de. Auch MairDumont fliegt mit atmosfair.

VERZEICHNIS DER KARTEN UND GRAFIKEN

BILDNACHWEIS

Adobe Stock fotolia/Gary 456 u.
Baedeker-Archiv 48, 50, 78, 109, 181, 208, 225, 282, 350, 370
Manfred Braunger 384, 423
DuMont Bildarchiv 64, 154, 185, 202/203, Frank Heuer 209, 247, 249, 252, 256 u., 426, Modrow 119 u., 230
Getty Images Pool 256 o.
huber-images Massimo Borchi 130, Susanne Kremer 449
iStock adlifemarketing 451 o., andipantz 24/25, BatCountry 206, burwell 127, EJJohnsonPhotography 98, gmnicholas 450 u., Haizhan-Zeng 142, Lady-Photo 22/23, Lynne Mitchell 447, U 7, mountinez 90, LaunPatterson 450 o., Sean Pavone 119 o., Debbie Smimoff 450 M., Denis Tangney Jr 7, 117, 190, PaulTessier 401, sbossert 110
Volkmar E.Janicke 387 u.
laif Aurora 407, Aurora/Svetlana Bahchevanova 244, Aurora/Cate Brown 351, Aurora/Scott Goldsmith 19 u., Aurora/Carl D. Walsh 14/15, Back 167, eyevine/Xinhua/Zhao Hanrong 445, Christian Heeb 198, 326, 456 o., 463 o., Le Figaro Magazine/Fautre 124, 463 u., Le Figaro Magazine/ Stephan Gladieu 363, Loop/John Greim 308, Modrow 441, Polaris/ Christopher Brown 149, Polaris/Les Stone 227, Redux/NYT/Richard Beaven 277, Redux/Mark Peterson 336, Redux/NYT/Jason Varney 3 o., 307
mauritius images Alamy/Classic Image 419, Alamy/culliganphoto 178, Alamy/Rob Francis 355, Alamy/Patti McConville 429, Alamy/Susan Pease 303, Alamy/Rolf_52 413 o., Walter Bibikow 214 o., 387 o., 431, Prisma/Christian Heeb 60, Science Source 397, SuperStock 44
picture-alliance 414, 417, 433 u., EPA-EFE/CJ Gunther 413 u., PictureLux 433 o., robertharding/Walter Rawlings 19 o.
Shutterstock John Arehart 376 o., Kimberly Boyles 343, Bri_Adventures 238, cdrin 371, 442, Danita Delimont 439, Michael Dubenetsky 76, edella 107, Enfi 2, 467, Esposito Photography 182, f11photo 3 u., 317, 319, 321, 323, flashbacknyc 398/399,
Jiri Flogel 20/21, Michael Gordon 241, Brent Hofacker 451 u., Icon Photo Design 162, Paul Jebara 79, jgorzynik 66, Richard Paul Kane 297; kingawo 47, James Kirkikis 129, 361, 394, Romiana Lee 49, Cherise Madigan 380, MFlynn 8/9, Dene` Miles 29, debra millet 214 u., Mark C. Morris 329, Kai Nishizawa 271 o., Les Palenik 281, Sean Pavone 16/17,135, 294/295, 299, 312, Pegasene 383, Bob Pool 27, Aaron Priest Photography 12/13, Alexander Prokopenko 56, Michael Shanafelt 346, Marcio Jose Bastos Silva 137, Alexey Smolyanyy 236/237, Paul Staniszewski 283, Nick Starichenko 271 u., mark stephens photography 96, Luboslav Tiles 88, T photography 114, travelview 11, Tspider 223, Wangkun Jia 220, Sara Winter 84/85, Wonders of Creation 340, Jay Yuan 144; AlexanderZam 376 u.

Titelbild: Getty Images/ franckreporter

IMPRESSUM

Ausstattung:
150 Abbildungen, 49 Karten und grafische Darstellungen, eine große Reisekarte

Text:
Ole Helmhausen, mit Beiträgen von-Rainer Eisenschmid, Helmut Linde, Reinhard Strüber, Werner Voran, Reinhard Zakrzewski

Bearbeitung:
red.sign, Stuttgart

Kartografie:
Christoph Gallus, Hohberg; Franz Huber, München; Klaus-Peter Lawall, Unterensingen; KOMPASS-Karten GmbH, A-6020 Innsbruck; MAIRDUMONT, D-73751 Ostfildern

3D-Illustrationen:
jangled nerves, Stuttgart

Infografiken:
Golden Section Graphics GmbH, Berlin

Gestalterisches Konzept:
RUPA GbR, München

10., aktualisierte Auflage 2024

Trotz aller Sorgfalt von Redaktion und Autoren zeigt die Erfahrung, dass Fehler und Änderungen nach Drucklegung nicht ausgeschlossen werden können. Dafür kann der Verlag leider keine Haftung übernehmen. Jede Karte wird stets nach neuesten Unterlagen und unter Berücksichtigung der aktuellen politischen De-facto-Administrationen (oder Zugehörigkeiten) überarbeitet. Dies kann dazu führen, dass die Angaben von der völkerrechtlichen Lage abweichen. Irrtümer können trotzdem nie ganz ausgeschlossen werden. Kritik, Berichtigungen und Verbesserungsvorschläge sind jederzeit willkommen. Schreiben Sie uns, mailen Sie oder rufen Sie an:

Baedeker-Redaktion
Postfach 3162, D-73751 Ostfildern
Tel. 0711 4502-262
www.baedeker.com

Printed in China

BAEDEKER VERLAGSPROGRAMM

Viele Baedeker-Titel sind als E-Book erhältlich.

A
Ägypten
Algarve
Allgäu
Amsterdam
Andalusien
Australien

B
Bali
Baltikum
Barcelona

Belgien
Berlin · Potsdam
Bodensee
Böhmen
Bretagne
Brüssel
Budapest
Burgund

C
China

D
Dänemark
Deutsche Nordseeküste
Deutschland
Dresden
Dubai · VAE

E
Elba
Elsass · Vogesen
England

F
Finnland
Florenz
Florida
Frankreich
Fuerteventura

G
Gardasee
Golf von Neapel
Gomera
Gran Canaria
Griechenland

H
Hamburg
Harz
Hongkong · Macao

I
Indien
Irland
Island
Israel · Palästina
Istanbul
Istrien · Kvarner Bucht
Italien

J
Japan

K
Kalifornien
Kanada · Osten
Kanada · Westen

Kanalinseln
Kapstadt · Garden Route
Kopenhagen
Korfu · Ionische Inseln
Korsika
Kreta
Kroatische Adriaküste · Dalmatien
Kuba

L
La Palma
Lanzarote
Lissabon
London

M
Madeira
Madrid
Mallorca
Malta · Gozo · Comino
Marrokko
Mecklenburg-Vorpommern
Menorca
Mexiko
München

N
Namibia
Neuseeland
New York
Niederlande

Norwegen

O
Oberbayern
Österreich

P
Paris
Polen
Polnische Ostseeküste · Danzing · Masuren
Portugal
Prag
Provence · Côte d'Azur

R
Rhodos
Rom
Rügen · Hiddensee
Rumänien

S
Sachsen
Salzburger Land
Sankt Petersburg
Sardinien
Schottland
Schwarzwald
Schweden
Schweiz
Sizilien
Skandinavien
Slowenien
Spanien
Sri Lanka
Südafrika
Südengland
Südschweden · Stockholm
Südtirol
Sylt

T
Teneriffa
Thailand
Thüringen
Toskana

U
USA · Nordosten
USA · Südwesten

Usedom

V
Venedig
Vietnam

W
Wien

Z
Zypern

Meine persönlichen Notizen

Meine persönlichen Notizen

New Liskeard
Cobalt
Rés. Cabonga
Lac Kempt
Lac Kipawa
Rés. Baskatong
Québec
Sudbury
Sturgeon Falls
North Bay
Copper Cliff
Mont-Laurier
Shawi
Maniwaki
Mt. Tremblant
968
Trois
Mattawa
Ottawa R.
CANADA
Lake Nipissing
Joliette
St.-Jérôme
Georgian Bay
Parry Sound
Pembroke
Renfrew
Gatineau
Montré
Huntsville
Bruce Penin.
Ottawa
Ontario
Cornwall
Smith Falls
Owen Sound
Midland
Lake Simcoe
Massena
Orillia
Brockville
St. Lawrence R.
Plattsburgh
Barrie
Peter-borough
Ogdens-burg
Burling
Kingston
Middle
Belleville
Thousand Islands
Adirondack
1629
Toronto
Oshawa
Water-town
Adirondack Park
Guelph
Kitchener
Lake Ontario
Mountains
Hamil-ton
Oswego
Brantford
Niagara Falls
Rochester
Rome
Erie Canal
London
Niagara Falls
Utica
Saratoga Sprs.
Welland
Syracuse
Mohawk Valley
Buffalo
Seneca L.
Schenectady
New York
Albany
Lake Erie
Dunkirk
Ithaca
Finger Lakes
Catskill Mts.
Erie
Jamestown
Binghamton
Hudson R.
Ashtabula
Elmira
Catskill Park
Valley
Kingston
Allegheny National Forest
Allegheny
Plateau
Allegheny R.
New-burgh
Hudson
Warren
Scranton
Mts.
U.S.A.
Williamsport
Youngstown
Wilkes-Barre
Pocono
Paterson
New Castle
Pennsylvania
Ohio
Allen-town
Newark
New
Steu-benville
Altoona
Delaware R.
Jersey City
Pittsburgh
Harris-burg
Johnstown
Laurel Highlands
Reading
Appalachian
Susquehanna R.
Wheeling
Lan-caster
Trenton
Long
Uniontown
Philadelphia
Mt. Davies
839
Gettys-burg
York
Pennsylvania Dutch Country
New Jersey
Southern Alleghenies
Fairmont
Cumber-land
Hagers-town
Wilming-ton
Clarksburg
Maryland
Winchester
Baltimore
Atlantic C
Dover
West Virginia
Washington (D.C.)
Anna-polis
Virginia
Delaware